HEYNE BÜCHER
SPHINX

David Feinstein · Stanley Krippner

Persönliche Mythologie

Die psychologische Entwicklung des Selbst

WILHELM HEYNE VERLAG
MÜNCHEN

SPHINX BEI HEYNE
Herausgegeben von Michael Görden
13/3026

Aus dem Amerikanischen
von Franziska Schnell

Umwelthinweis:
Dieses Buch wurde auf
chlor- und säurefreiem Papier gedruckt.

Die deutschsprachige Ausgabe erschien zuerst 1987
im Sphinx Medien Verlag, Basel

Genehmigte Taschenbuchlizenzausgabe 1998
im Wilhelm Heyne Verlag GmbH & Co. KG, München
Printed in Germany 1998
Umschlaggestaltung: Atelier Bachmann, Reischach
Umschlagabbildung: Bavaria Bildagentur/Artbank, Gauting
Technische Betreuung: Sibylle Hartl
Satz: Pinkuin Satz- und Datentechnik, Berlin
Druck und Bindung: Elsnerdruck, Berlin

ISBN 3-453-13289-0

In Liebe
Sol Feinstein und Edith Fuhrmann-Feinstein
gewidmet

Inhalt

Vorwort: Eine neue Mythologie

> Eine neue Art von Mythen entsteht in unserer Zeit: Mythen vom Erwachen, von neuer Kraft und Stärke, von neuen Möglichkeiten zu leben. Wir müssen uns wieder daran erinnern, wie wichtig Mythen für unsere Seele und für die gesamte Zivilisation sind, denn sie sind ... so etwas wie die DNS der menschlichen Seele. Sie rufen uns auf, den Traum wiederzubeleben, der so weit weggerückt ist ... Der Mythos ist immer Reiz, Wecker, Köder des Werdens. Er regt die Fähigkeiten unseres Herzens an und bereitet den Grund vor für die Veränderungen der Gesellschaft.
>
> *Jean Houston*[1]

Mythen – ob persönliche oder kulturelle – sind wie edles Kristallglas: Wir blicken hinein und erkennen den Sinn unseres Lebens, finden Leitung und Hilfe bei neuen Erfahrungen. Auf ihrer Suche nach Verstehen, Bedeutung und Sicherheit schaffen die Menschen sich Mythen, nach denen sie leben können; Mythen, die die Geheimnisse und Herausforderungen unserer Existenz erklären. Dieses Buch handelt von der menschlichen Neigung, Mythen zu bilden.

Der bedeutendste Mythenkenner unserer Zeit, Joseph Campbell, berichtet in einem seiner Bücher von dem primitiven Volk der Ainu. Sie sind überzeugt davon, daß diese Welt besser sei als das Jenseits. Nach ihrer Mythologie sind Tiere eigentlich göttliche Wesen, die in jener anderen Welt leben und uns besuchen. »Sie kommen in der Gestalt von Tieren, aber sobald sie diese Gestalt angenommen haben, können sie sie nicht mehr loswerden. Sie können darum auch nicht nach Hause zurückkehren – außer mit menschlicher Hilfe. Und die Ainu helfen ihnen, indem sie sie töten, ihre Tiergestalt entfernen und aufessen und dem nunmehr befreiten Besucher zeremoniell eine *gute Reise* wünschen.« Campbell erklärt diesen Mythos so: »Er dient ganz offensichtlich als psychische Abwehr gegen die Schuldgefühle und die Angst vor Rache, die ein primitives Volk von Jägern und Fischern empfindet, dessen ganze Existenz davon abhängt, daß es ständig gnadenlos Tiere tötet. Die gemordeten Tiere ... aber stellt man sich als willige Opfer vor; so werden ihre befreiten Seelen den Menschen, die sie töten und essen und damit von ihren materiellen Körpern befreien, dankbar sein, statt sie zu hassen.«[2]

In modernen Gesellschaften ist die Mythologie immer noch eine starke Kraft, auch wenn sie in neuem Gewand erscheint. So wird etwa in der westlichen Zivilisation das Selbstbild des Soldaten über Film, Fernsehen und Spielsachen im Bewußtsein fast jedes Jungen verankert. Miteinander verwobene Wertvorstellungen von Patriotismus, Männlichkeit und Heldentum unterstützen diese Krieger-Mythologie. Der Mythos der Ainu, daß Tiere gefangene Gottheiten seien, erleichtert den innerpsychischen Konflikt zwischen dem Mitgefühl mit der Kreatur und der Notwendigkeit, sie zu töten; jahrtausendelang haben Ideologien vom Krieg Männer dazu gebracht, sich über den Selbsterhaltungstrieb ebenso hinwegzusetzen wie über die Hemmung, einen Menschen zu töten.

Und während auch – und gerade – heute mit unglaublichem Aufwand für einen möglichen Krieg gerüstet wird, ändert sich doch die Einstellung zu Krieg und Nationalismus in einer Art und Weise, die in der Geschichte keine Parallele hat. Noch zu Beginn des Vietnamkrieges war es in den Vereinigten Staaten eine Selbstverständlichkeit, daß die Männer für ihr Land kämpften – ohne zu fragen, geschweige denn zu zweifeln. Als aber diese Soldaten zurückkehrten, da verachtete man sie für die Bereitwilligkeit, mit der sie bei etwas mitgemacht hatten, was man nun als skrupellose nationale Politik ansah. Man machte sie verantwortlich für ihre persönliche Mythologie, die den Mangel im führenden Mythos ihrer Kultur nicht hatte ausgleichen können.

Persönliche Verantwortung für die eigene Mythologie hätte es in früheren Kulturen und Gesellschaften nicht geben können. Fast immer in der Geschichte der Menschheit war der einzelne der Mythologie seiner Kultur verbunden und verpflichtet; Veränderungen entstanden nur aus den mythischen Visionen von Sehern und anderen Führern. So ist es kaum vorstellbar, daß etwa ein Ainu, der allein gelebt hätte, nun aus moralischen Gründen Vegetarier geworden wäre. In modernen Gesellschaften ist jedoch die Mythologie der Kultur für den einzelnen bei weitem nicht so bindend wie bei den Ainu. Daß die Mythologie etwas so Persönliches geworden ist, eröffnet uns unvergleichliche Möglichkeiten – ist aber auch eine große Herausforderung. Persönliche und kulturelle Mythen beeinflussen sich gegenseitig, manchmal so deutlich wie im Falle des Vietnamkrieges, und sie verändern sich auch gemeinsam. Daniel Yankelovich hat diese Überlappung persönlicher und kultureller Mythen in seinem Buch *New Rules* beschrieben, in welchem er die kulturellen und ökonomischen Kräfte darstellt, die unsere Suche nach Erfüllung mit atemberaubender Geschwindigkeit verändern. Er beschreibt zum Beispiel, wie ein junges Ehepaar darum kämpft, den traditionellen Rollenerwartungen zu entsprechen, und stellt dann fest, daß das »Normale« schon beinahe exotisch geworden ist und daß diese beiden repräsentativ sind für »die Minderheit von 20 Prozent aller Amerikaner, die es irgendwie fertiggebracht hat, die großen kulturellen Veränderungen zu ignorieren, die über den Rest der Nation hinweggefegt sind.«[3]

Das zentrale Thema unseres Buches ist: Jeder Mensch schafft sich seine persönliche, einzigartige Mythologie (die zwar vielleicht unbewußt ist, aber doch genauso bindend wie die kollektive Mythologie der Ainu); wird er sich dessen bewußt, dann kann er seinem Leben eine andere Richtung geben. Wir werden zeigen, daß die menschliche Evolution immer mehr in Richtung auf Individualität der Mythen steuerte, die unser Bewußtsein strukturieren – daß die Mythologie in den vergangenen paar tausend Jahren zu einer zunehmend persönlichen wie auch kollektiven Angelegenheit wurde. Wir wollen untersuchen, wie die Fortschritte, die die Verhaltenswissenschaften im letzten Jahrhundert gemacht haben, uns zwar einerseits herausfordern, uns andererseits aber auch helfen, dieser Herausforderung kreativ zu begegnen; und daß die moderne Psychologie es möglich macht, persönliche Mythen sinnvoll als »kognitive Strukturen« zu verstehen (ein Begriff, den wir im zweiten Kapitel genauer erläutern), die uns die Wirklichkeit wie durch ein Brillenglas deutlicher sehen lassen. Für den einzelnen erfüllen diese kognitiven Strukturen die gleichen Aufgaben wie kulturelle Mythen für dic Gesellschaft; dies zu verstehen, kann uns allen helfen, den großen mythischen Herausforderungen unserer Zeit besser zu begegnen. Wir werden vor allem auch zeigen, daß gerade dies niemals wichtiger gewesen ist als jetzt – für unser persönliches Glück ebenso wie für das Überleben des Planeten Erde.

Wenn wir bestimmte kognitive Strukturen als persönliche Mythen beschreiben, so verwenden wir den Begriff Mythologie nicht im speziellen oder gar klassischen Sinne; dort bezeichnet er die Erzählungen von den großartigsten und heiligsten Erfahrungen und Ereignissen im Leben eines Menschen. Sicher hätten weniger anspruchsvolle Begriffe wie »Skript« oder »persönliche Geschichte« oftmals auch genügt. Der umfassendere Begriff »persönliche Mythologie« schien uns aber notwendig, weil wir ja eine psychologische Rahmentheorie entwickeln wollten, die auch die »labyrinthischen« Dimensionen des menschlichen Lebens verständlich macht. Denn die Mythologie kann, anders als die Sprache der Psychologie, auch spirituelle Erfahrungen erfassen. Betrachtet man außerdem die Geschichte eines Menschen unter dem Aspekt, daß unbewußte Muster sich natürlich entfalten – wobei Himmel wie Hölle offenbar werden –, dann wird erst richtig deutlich, welch wunderbare Möglichkeiten Menschen haben. Zwar kann unsere kognitiv-mythische Beschreibung dessen, wie Menschen die Wirklichkeit strukturieren, mythische Erfahrungen – von denen Mystiker sagen, sie seien nicht in Worte zu fassen – sicher nicht angemessen wiedergeben; aber das kann auch keine Erzählung oder irgendeine andere Form verbalen oder symbolischen Ausdrucks.

Mythische Erneuerung: Bedürfnis und Möglichkeit

Eine ganz wichtige Funktion von Mythos und Tradition ist es, die Vergangenheit in die Gegenwart zu tragen. Dies Bindeglied zwischen den Zeiten gibt das angesammelte Wissen und die Weisheit einer Kultur an jede neue Generation weiter.[4] Wir aber leben in einer Zeit, in der sich die Lebensumstände mit verwirrender Geschwindigkeit ändern, schneller als in irgendeiner anderen Periode der Geschichte. Viele Mythen, nach denen die Generation unserer Eltern noch lebte, entsprechen überhaupt nicht mehr unseren Bedürfnissen. Nie war die Halbwertzeit eines Mythos kürzer. In einer umfassenden Studie über die sich immer mehr verändernden Vorstellungen, die Menschen von sich und ihrem Platz im Universum haben, stellt O. H. Markley fest, daß in einer Gesellschaft, die über die Grenzen ihrer traditionellen Vorstellungen hinausgeht,

> Politik und Verhalten (die ja beide noch auf alten Vorstellungen beruhen) immer mangelhafter, falsch und destruktiv werden – was dann zu einer Phase von Frustration, kultureller Zersplitterung und sozialer Krisen führt. Die Zeit ist dann reif für grundlegende Änderungen in den Vorstellungen und der Organisation des Systems. Verschiedene Anzeichen sprechen dafür, daß unsere Kultur sich einem solchen Stadium nähert – wenn sie nicht schon mitten drin ist.[5]

Dem würden sicher viele zustimmen. Rollo May meint, daß »die alten Mythen und Symbole, an denen wir uns orientiert haben, verschwunden sind; Angst geht um … Wir sind gezwungen, uns nach innen zu wenden.«[6] Jean Houston sieht kreative Möglichkeiten: »Es gibt eine Art Zwischenzeit zwischen dem Ende eines Zeitalters und der Entdeckung eben dieses Endes. Wir sind Kinder dieser Zwischenzeit, die Menschen einer Zeit, die gewissermaßen in Klammern steht – und es gibt keine bessere Zeit zu leben. Denn die Zukunft ist offen in dieser Zeit zwischen den Klammern – das neue Zeitalter wird geboren, neue Mythen tauchen allmählich auf.« Sie sieht in den »Mythen und symbolischen Bildern, die in der kulturellen Landschaft der letzten Jahre aufgeblüht sind ... neue Archetypen, die faszinieren ... neue Mythen, die am üblichen kritischen Bewußtsein vorübergehen und unsere inneren Tiefen ansprechen«.[7]

Welches sind diese neue Mythen, von denen Jean Houston spricht? Der dominierende Mythos der gegenwärtigen patriarchalischen westlichen Kultur war der Helden-Mythos des Einzelgängers, der die Sicherheit der Gemeinschaft verläßt und große Taten vollbringt. Im neuen Zeitalter, wie es nicht nur Jean Houston, sondern auch Marilyn Ferguson in *Die sanfte Verschwörung*[8] und John Naisbitt in *Megatrends*[9] sehen, sind soziale Muster charakterisiert durch ein neues Gefühl der Zusammengehörigkeit im »Städtchen Erde« und eine neu belebte Verbindung zur Natur. Der *unabhängige* Held beendet seine Reise; er kehrt in die Gemeinschaft zurück und lebt dort in der *gegenseitigen Abhängigkeit,* die Zusammenleben nun einmal bedeutet. Dies repräsentiert die Wiedereingliederung des bewußten Ich in die Reihe der seelischen Kräfte, von denen das Bewußtsein uns entfremdet hatte.

Auf der sozialen Ebene jedoch sind die kollektiven Kräfte, die zur Beherrschung der Natur geführt haben, zu weit gegangen, wie das bei neuen Mythen mit ihrer Einseitigkeit leicht passiert; einige Autoren meinen, daß dieser Zustand der Gegenbalance nicht mehr haltbar sei.[10] Die alte heroische Trennung von den eigenen natürlichen Ursprüngen, die das Ich über den Instinkt stellt, war wahrscheinlich ein notwendiger Schritt in der Entwicklung des Bewußtseins, hat aber ihren Höhepunkt als fortschrittlicher kultureller Wert längst überschritten. Die derzeitige Neigung, Schwierigkeiten dadurch zu begegnen, daß man sich noch mehr isoliert und das bewußte Ich noch stärker werden läßt, hat zu

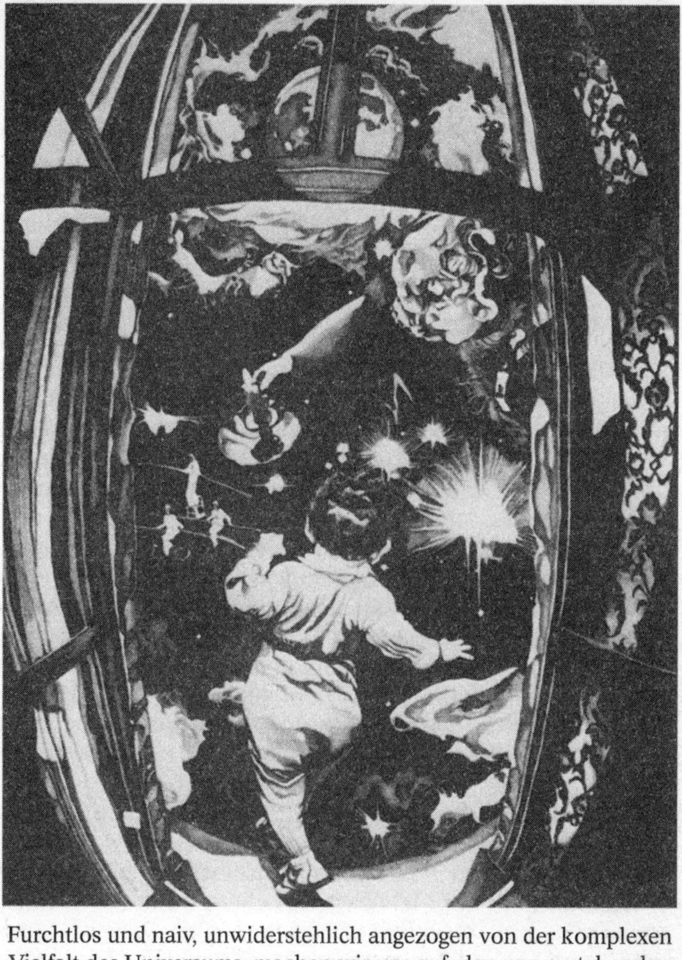

Furchtlos und naiv, unwiderstehlich angezogen von der komplexen Vielfalt des Universums, machen wir uns auf, den uns zustehenden Platz im Kosmos einzunehmen.

Narzißmus und Machthunger geführt, der, wenn er nicht kontrolliert wird, in Selbstzerstörung enden kann.

In diesem mythischen Konflikt geht es ums Überleben, und je mehr sich die Menschen der tiefen mythischen Dimensionen dieses Konfliktes bewußt sind, desto wirksamer und direkter können die Probleme, um die es hier geht, angegangen werden. Ihnen zu zeigen, wie ihre persönliche Mythologie funktioniert, heißt, ihnen Werkzeuge in die Hand zu geben und Einsichten zu vermitteln, die ihnen helfen, die Mythen ihrer Kultur neu zu schaffen.

Zur selben Zeit, da neue führende Mythen am Horizont auftauchen, sind die Verbindungen innerhalb der menschlichen Gemeinschaft – die früher vor allem vertikal waren – in dieser Ära der Satellitenkommunikation zunehmend horizontal geworden. Wic ein Netz umspannen sie die Erde. Eine unaufhörliche Folge erderschütternder Ereignisse betrifft uns alle. Wir alle müssen, ob allein oder in der Gemeinschaft, neue leitende Mythen entwickeln, mit denen wir den unvorhersehbaren Herausforderungen, von denen das Überleben unserer Erde abhängt, entgegentreten können. Hoffentlich wachsen mit den Herausforderungen auch die Möglichkeiten, ihnen zu begegnen. Früher entwickelten Mythen sich langsam über Generationen; heute gibt es kulturverbindende Kommunikationsmittel und die Computer, Ableger des menschlichen Gehirns, die, ob zum Guten oder zum Schlechten, eine – wie Joni Mitchell in einem ihrer Lieder sagt – »Mythen-Mach-Maschine« sein könnten. Eine Maschine, die vielleicht helfen kann, persönliche und kulturelle Mythen zu entwickeln, anzupassen und zu verändern, rund um den Erdball und in heute noch unvorstellbarem Ausmaß.

Wie bewältigt der Mensch sein Leben, wenn die Voraussetzungen und Vorschriften traditioneller Weisheit ihm kaum noch helfen können? Der alte chinesische Fluch »Mögest du in wechselhaften Zeiten leben« ist wahr geworden. Das Schlimme an schnellen sozialen Veränderungen sind nicht die Veränderungen selbst, sondern die Tatsache, daß die Mythen, die uns aufrechterhalten, leiten und trösten, nicht mehr funktionieren. Der Psychologe Jerome Bruner schreibt: »Wenn Mythen der inneren Situation dessen, der sie braucht, nicht mehr angepaßt sind, dann kann der Übergang zu neuen Mythen die Form einer chaotischen Reise ins eigene Innere annehmen, und an Stelle äußerer Sicherheiten tritt quälende Angst als Begleiter dieser inneren Reise.«[11]

Ist die kreative Vision eines großen politischen, spirituellen oder religiösen Führers zu stark in einer sozialen Struktur eingebettet, dann muß sie von Zeit zu Zeit neu belebt werden, sonst wird sie starr, schal und schließlich zerstörerisch – das lehrt die Geschichte wieder und wieder.[12, 13]

Zu solcher Erneuerung sind die Bereitschaft und die Fähigkeit, nach innen zu schauen, notwendig; man muß alte Wege verlassen können und neue Quellen mythischer Inspiration auftun. Die Sicherheit fester Strukturen aufzugeben, dazu bedarf es großen Mutes; aber die erschreckend-großartigen Visionen, die daraus entstehen können, sind meist notwendig, wenn ein Mensch alle seine Möglichkeiten ausschöpfen will. Mythen, die uns leiten und anregen, sind dabei sehr wichtig. Und wir hoffen, daß dieses Buch allen seinen Lesern, ob Laien oder Fachleuten, dabei helfen wird, neue, lebendigere Mythen zu entwickeln.

Die meisten Menschen haben eine Beziehung zu den inneren und oft unbewußten Kräften, die wir hier persönliche Mythen nennen – auch wenn sie das nicht in Worte fassen könnten. Wir erleben diese Kräfte in unseren Träumen, in Phantasien, in Momenten kreativer Inspiration; wir erleben sie auch, wenn uns destruktive Verhaltensmuster, ob bei uns selbst oder bei anderen, die wir lieben, schmerzlich bewußt werden. Einer der größten Fortschritte der Psychologie im letzten Jahrhundert war es, daß sie eine Methode entwickelte, mit der Menschen lernen können, sich mit diesen tieferen Bereichen ihres eigenen Seins bewußt auseinanderzusetzen. Der erste Schritt in diese Richtung ist, diese Bereiche zu benennen. Wir nennen sie »persönliche Mythologie«; dies ist für uns – aus guten Gründen, die wir noch erklären werden – der beste, sinnvollste Begriff.

Zunächst wollen wir zeigen, wie Menschen sich Mythen schaffen und von ihnen leiten lassen. Die persönlichen Mythen, die unser Denken und Handeln formen, entstehen ursprünglich aus der Biologie des Menschen, seinen frühen Erfahrungen und der Kultur, in der er lebt. Mythen entwickeln sich – ganz gleich, ob wir uns dessen bewußt sind oder nicht, ob wir daran teilhaben oder nicht. So wie Kinder mit Kuchenförmchen und Teig spielen, so formen auch wir unser Leben, indem wir neuen Situationen unsere Vorstellungen »aufstempeln«. Natürlich werden die Leitbilder, denen wir folgen, im Laufe unseres Lebens von unseren Erfahrungen verändert; sie müssen ständig revidiert und erweitert werden. Eines der größten Hindernisse, wenn es darum geht, sich befriedigend mit den Anforderungen des Lebens auseinanderzusetzen, ist unsere Neigung, weiter Mythen zu folgen, die überholt, hemmend oder gar zerstörerisch sind. Jeder Mensch steht ständig vor neuen Entscheidungen – Veränderung gehört zu den wenigen Dingen, die konstant sind –, und so müssen wir ständig die Mythen, nach denen wir leben, neu formen und anpassen.

Persönliche Mythen können Abwehr bedeuten, Regression, Dysfunktion, aber ebenso Inspiration, Fortschritt, Energie. Erfolgreiche Menschen nutzen ganz instinktiv kreative, bildhafte und lebendige Mythen, um mit ihren Schwierigkeiten fertig zu werden. Damit verfügen sie über innere Richtlinien in einer »außengerichteten« Kultur,[14] in der die mythischen Gefühle der Masse oft die innere Stimme des einzelnen übertönen. Buckminster Fuller, der große amerikanische Dichter und Futurist, beschreibt, was es für sein Leben bedeutet hat, daß er als Kind extrem schlecht sah. Er konnte überhaupt nur verschwommen sehen, und als er mit vier Jahren eine Brille bekam, war es ein sehr bewegendes Erlebnis für ihn, daß die Welt um ihn herum plötzlich klar wurde. Fuller vermutet, daß dieses Erlebnis der Grund dafür war, daß er sein Leben lang fest daran glaubte, Vorstellungen und Beziehungen, die zunächst nur verschwommen erscheinen, würden mit der Zeit klarer und deutlicher werden. Für ihn war dies ein positiver, realistischer, wirksamer Mythos, dem er sein Leben lang folgte. Auf diese Art und Weise können wir alle lernen, die Muster unseres Lebens durch phantasievolle und kreative Vorstellungen von dem, was wir sind und was wir tun werden, zu verändern.

Seit über zehn Jahren helfen wir Menschen, die Mythen,

die ihr Leben beherrschen, zu erkennen und zu verändern. Wir haben dieses Buch geschrieben, weil wir zeigen wollen, wie wichtig es ist, die ungeheure Kraft der Mythen zu verstehen, die unser Fühlen, Denken und Handeln formen. Wir wollen die Methoden und Konzepte, mit denen wir in Therapiegruppen und Seminaren so erfolgreich arbeiten, jedem zugänglich machen; viele der Methoden und Techniken der gegenwärtigen psychologischen Praxis sind darin enthalten. Unser Buch ist sowohl für Kollegen wie auch, mit einigen Vorsichtsmaßnahmen und Hilfestellungen in Kapitel drei, für jeden anderen Leser gedacht. Wir laden alle Leser ein, sich mit Hilfe unserer »Reise«-Anleitung in mythische Tiefen vorzuwagen, das verborgene Land zu erforschen, das sie dort finden, und dann vielleicht auch etwas zu ändern an der Art und Weise, wie sie ihre Wirklichkeit konstruieren.

Wer die Themen, die sein Leben beherrschen, also seine persönlichen Mythen, bewußtmachen kann, der kann dann auch seine Phantasie und Erfahrung nutzen, um reichere, buntere Mythen zu schaffen, die ihn inspirieren und ihm helfen, seine Möglichkeiten und Fähigkeiten zu entfalten. Je aktiver und bewußter wir unsere Mythen schaffen, desto mehr Herrschaft werden wir über unser Leben haben. Dieses Buch hilft Ihnen, sich Ihren mythischen Bereich bewußtzumachen, das eigene Leben in größeren Zusammenhängen zu sehen und innere Führung zu erlangen. Wer seine Wünsche, Träume und Konflikte im erweiterten Zusammenhang seiner persönlichen Mythologie versteht, der kann diese Aspekte seines Lebens mit größerer Bedeutung versehen und sie sehr viel eher auch bewußt beeinflussen.

Wir halten folgende Veränderungen für möglich:

1. Überholte oder sonstwie nicht mehr passende Mythen zu erkennen, die weitgehend außerhalb unseres Bewußtseins arbeiten und unser Fühlen, Denken und Handeln beeinflussen;
2. diese Mythen zu revidieren und auf den neuesten Stand zu bringen;
3. sich diese Mythen systematisch bewußtzumachen und sie ins alltägliche Leben zu integrieren.

Wer seine eigenen mythischen Abläufe kennt, versteht auch die Mythologie der Kultur besser, in der er lebt, er kann neue leitende Mythen für diese Kultur mitentwickeln.

Es gibt wohl überhaupt keine wichtigere Aufgabe für die Verhaltenswissenschaften, als mit ihrem Wissen und ihren Techniken ein System zu entwickeln, das den Menschen – und der ganzen Kultur – hilft, aktiv und überlegt die Mythen zu schaffen, nach denen wir alle leben. Dieses Buch ist ein erster Versuch, Wissen und Techniken aus dem weiten Feld der Psychologie zu einem System zu vereinigen, das sich mit den Mythen, die unser Leben beherrschen, beschäftigt.

Wir sehen das Bedürfnis des Menschen nach einer neuen Mythologie vor allem unter folgenden Aspekten. Zunächst ist der Held des großen alten Mythos unserer Kultur, der sich von der Gemeinschaft trennte und seine eigene Identität entwickelte, nun aufgerufen, zurückzukehren und die hart erarbeitete Autonomie in Richtung auf die kreative, gegenseitige Abhängigkeit der Gemeinschaft zu transzendieren. Psychodynamisch gesehen geht es hier um die Forderung, das eigenständige Ich wieder mit mehr ursprünglichen Kräften zu vereinigen. Die Möglichkeit, bewußt an der Entstehung neuer Mythen – ob unserer eigenen oder denen der Kultur – beteiligt zu sein, ist in Reichweite; mit dieser Möglichkeit wird aber die Notwendigkeit um so drängender, diese Veränderungen auch anzugehen. Und drittens ist in einer Kultur, deren vorherrschende Mythen uns auf dem Weg zur Erfüllung nicht mehr Führer sein können, der Mythos jedes einzelnen ständig gefordert, sich zu verändern, sich den Anforderungen innerer Reifungsprozesse und einer sich ständig verändernden Welt anzupassen.

In diesem Buch wollen wir das Bedürfnis nach einer neuen Mythologie auf zwei Ebenen ansprechen. Zum einen führen wir theoretische Ansätze für eine Psychologie des »Mythen-Entstehungs-Prozesses« fort. Dabei haben wir Theorien aus verschiedenen Unterdisziplinen der Psychologie wie auch aus anderen Bereichen der Sozialwissenschaften integriert. Zum zweiten haben wir in den letzten zehn Jahren eine Reihe von Techniken entwickelt, mit denen man persönliche Mythen erkennen, verstehen und neu formulieren kann. Diese Techniken sind hier nur so weit verändert, wie es für die schriftliche Form nötig war.

In den beiden ersten Kapiteln wollen wir die persönliche Mythologie im Kontext des gegenwärtigen wissenschaftlichen Verständnisses von menschlichem Bewußtsein und Denken darstellen. In den folgenden sechs Kapiteln zeigen wir, wie man sich bewußt mit seiner persönlichen Mythologie auseinandersetzt und mit inneren Bereichen arbeitet, die Probleme verursachen oder die eigene Weiterentwicklung hemmen. Wer sofort mit diesem Programm beginnen möchte, kann die Theoriekapitel überschlagen und bei Kapitel drei anfangen. Andererseits muß man das Programm nicht durcharbeiten, um unsere Methode zu verstehen; es genügt, die Anleitungen zu lesen. Zum Schluß zeigen wir, wie sich persönliche Mythen im Laufe des Lebens entwickeln und welchen Platz die persönliche Mythologie im modernen psychologischen Denken einnimmt. Im Nachwort berichten wir von den Erfahrungen, die wir mit den persönlichen Mythen all der Menschen gemacht haben, mit denen wir gearbeitet haben.

Wie das Konzept einer persönlichen Mythologie entstanden ist

Daß jeder Mensch nach einer »persönlichen Mythologie« lebt, ist keine neue Idee. Ein Vorläufer unseres Konzepts ist der »gelebte Mythos«, wie ihn Thomas Mann in seiner Rede zu Sigmund Freuds achtzigstem Geburtstag am 9. Mai 1936 in Wien beschreibt:

> »Im Leben der menschlichen Rasse ist das Mythische ein früher und primitiver Abschnitt, im Leben des einzelnen hingegen ein später und reifer. Einsicht in die höhere Wahrheit, die im Alltäglichen liegt, wird gewonnen; ein lächelndes Wissen vom Ewigen, Immer-Seienden und Authentischen; ein Wissen von dem Plan, in dem und nach dem der einzelne lebt.«[15]

Ernst Kris hat den Begriff »persönlicher Mythos« 1956 zuerst in die wissenschaftliche Literatur eingeführt; er beschreibt damit bestimmte, schwer zu fassende Bereiche der menschlichen Persönlichkeit, auf die Psychoanalytiker in ihrer Arbeit achten müssen, wenn die Veränderungen beim Patienten wirksam und andauernd sein sollen.[16] Arthur Warmoth schreibt 1965, daß bestimmte unvergeßliche Erfahrungen zu persönlichen Mythen werden können und daß diese Mythen auf der persönlichen Ebene dieselben Aufgaben erfüllen wie kulturelle Mythen im Laufe der Geschichte für ganze Gesellschaften.[17] C. G. Jung beschreibt seinen persönlichen Mythos in seiner Autobiographie *Erinnerungen, Träume, Gedanken*[18]. 1963 prägte Antonio Ferreira den Begriff »Familienmythos«: ein festgefügtes Glaubenssystem, das von allen Familienmitgliedern geteilt wird.[19] Dennis Bagarozzi und Steven Anderson haben seine Arbeit fortgeführt.[20] Montague Ullman und Nan Zimmerman verwenden den Begriff »persönlicher Mythos«, um den Zusammenhang zwischen unseren Träumen und dem wachen Leben deutlich zu machen.[21] Bei Anne Dosher beschreibt der Begriff »reflexive Wirklichkeit« die Art und Weise, wie die Mythologie einer Gesellschaft, einer Gemeinde oder anderer Organisationen sowohl die persönlichen Mythen der einzelnen Mitglieder widerspiegelt als auch von ihnen reflektiert wird.[22] 1984 macht die Oktober-Ausgabe der Zeitschrift *Human Potential* die Leser mit unseren Vorstellungen bekannt und zeigt auch die sehr verwandten theoretischen und praktischen Ansätze von Stephen und Robin Larsen, David Oldfield, Harrison Owen und anderen.

Die ersten Anfänge unseres Konzepts der »persönlichen Mythologie« liegen in der vergleichenden Untersuchung von 46 verschiedenen Theorien zum Thema »Psychotherapie, persönliches Wachstum und spirituelle Entwicklung«, die David Feinstein 1971 für die Abteilung für Psychiatrie und Verhaltenswissenschaften an der *John Hopkins University School of Medicine* durchführte. In einer Arbeit, die 1979 im *American Journal of Orthopsychiatry* veröffentlicht wurde, wird der Begriff »persönliche Mythologie« zum erstenmal formal gebraucht, um das veränderliche Gefühl für Wirklichkeit zu beschreiben, das offensichtlich ein zentrales Thema in den verschiedenen klinischen und spirituellen Bereichen war, die in der Hopkins-Studie dargestellt wurden.[23] In jener Arbeit war das Rahmenkonzept schon da, das wir in diesem Buch vervollständigt und ausgearbeitet haben: persönliche Mythologie als zentrale Dimension der Persönlichkeit, die sowohl den beherrschenden Mythen der Kultur eng verbunden ist wie auch der unbesiegbaren Stimme des menschlichen Geistes. Dieses Konzept verknüpfte die persönliche Mythologie mit dem gegenwärtigen wissenschaftlichen Verständnis kognitiver Prozesse und deutete die Möglichkeit an, daß die persönliche Mythologie eine ganz wichtige Perspektive der Psychologie werden könnte.

Unsere Zusammenarbeit begann mit vielen lebhaften Diskussionen über jene Arbeit, und wir entwickelten das Workshop-Konzept, mit dem wir heute arbeiten. 1979 leitete Stanley Krippner das Symposium *Persönliche Mythologie und Psychotherapie* beim jährlichen Treffen der amerikanischen Psychologenvereinigung in New York, bei dem auch viele Themen aus David Feinsteins Arbeit zur Diskussion standen. Im April 1982 war Stanley Krippner Mitherausgeber einer Extraausgabe des *Association for Humanistic Psychology Newsletter* zum Thema »persönliche Mythologie«: Sechs Praktiker (Jean Houston, Anne Dosher, Cecil Burney, Stephen Larson, Robin Larson und David Feinstein) diskutierten die Anwendung des Konzepts. Stanley Krippner hat die »persönliche Mythologie« schon in vielen Ländern präsentiert. Beide Autoren leiten – einzeln oder gemeinsam – Seminare zu diesem Thema.

Das Konzept der »persönlichen Mythologie« hat großen Einfluß auf unsere praktische Arbeit. Tausende von Menschen haben im Laufe der Jahre an unseren Seminaren und Workshops teilgenommen. Wir arbeiten damit auch in Einzel- oder Kleingruppentherapie und können hier besonders gut beobachten, wie man Probleme und Schwierigkeiten des täglichen Lebens damit lösen kann. Wir haben unser Konzept nie systematisch überprüft; aber was wir sehen und was uns die Teilnehmer unserer Gruppen während und nach ihrer Arbeit damit erzählt haben, überzeugt uns, daß das Konzept ein psychologischer Ansatz ist, mit dem man konstruktive Änderungen von Verhalten, Einstellungen und Selbstverständnis erreichen kann. Diese Überzeugung hat uns motiviert, dies Buch zu schreiben; wir haben versucht, unsere theoretischen Voraussetzungen so zu definieren und die Methode so zu beschreiben, wie es einer empirischen Untersuchung entsprechen würde.

Danksagung

Großen Dank schulden wir Dr. Joel Elkes, der 1970 als Vorsitzender der Abteilung für Psychiatrie und Sozialwissenschaften an der *John Hopkins University Medicine School* das Forschungsprojekt ins Leben rief, das letztlich zu unserem Konzept der »persönlichen Mythologie« führte.

Dr. Elkes holte Dr. C. Klein und Dr. Carl E. Young in sein Team, zwei besonders kompetente Gemeindepsychologen, die David Feinstein bei diesem Projekt überwachten. Sie haben sowohl zu dieser Arbeit wie auch zu seiner beruflichen Entwicklung sehr viel beigetragen. Unser erstes Zusammentreffen 1978, sieben Jahre nach jenem ersten Projekt, verdanken wir Joel Elkes.

Es ist schon erstaunlich, wie viele Menschen uns im Laufe der Jahre bei der Entwicklung unseres Konzepts der »persönlichen Mythologie« geholfen haben. Da sind einmal die Lehrer, die unser Berufsleben stark beeinflußt haben: Dr. Albert Upton, Dr. C. Eugene Mallory und Dr. Jerry Jud bei David Feinstein; Dr. Gwen Arnold, Dr. Gardner Murphy und Dr. Paul Witty bei Stanley Krippner. Auch die Menschen, die in unseren Workshops und Gruppen mit dem Konzept der persönlichen Mythologie gearbeitet haben, waren unsere Lehrer. Ebenso alle die, die unser Programm ausprobiert und uns darüber berichtet haben. Wir danken Rosie Adams, Denny Granger, Andreas Kerl, Steve Kierulff, Reid Meloy, Stelly Monday und Paul Das für ihre Mitarbeit und Kritik an Teilen dieses Buches. Peg Elliott hat mit ihren klugen und phantasievollen Ratschlägen mehr zu diesem Buch beigetragen, als wir überhaupt ermessen können. Wir danken auch Richard Prise und Rita Rohen; dank ihrer großzügigen Gastfreundschaft konnten wir Teile unseres Buches in der wunderschönen Umgebung des Esalen Instituts schreiben. Die Illustrationen stammen von unserer Freundin Dierdre Luzwick, die in ihren Arbeiten biblische Themen mit mythischen Bildern unserer Zeit interpretiert. Sie hat uns erlaubt, Kohlezeichnungen aus ihrem Band *The Surrealist's Bible* und aus ihrem *Christ-Kin-Project zu* verwenden.

Was unsere Ehepartner Donna Eden und Lelie Krippner mit ihrer Liebe und ihrem Verständnis für dieses Buch getan haben, läßt sich nicht in Worte fassen.

1

Mythologie in der Evolution von Kultur und Bewußtsein

> Die wichtigste Funktion von Mythologie und Ritus war es immer, Symbole zu schaffen, die den menschlichen Geist vorwärtsbringen.
> *Joseph Campbell*[1]

Der Verlauf der Ereignisse, seit Leben auf unserem Planeten entstand, ist, welchen Maßstab menschlicher Vorstellungskraft man auch immer anlegt, ein unvergleichlicher und eindrucksvoller Prozeß. Dieses grandiose Schauspiel hat ein zentrales Thema: Mit dem Fortschritt der Evolution und der Entfaltung des Lebens entwickelte sich das *Bewußtsein.* Dies ist die wichtigste Erkenntnis des großen Pierre Teilhard de Chardin[2], der Wissenschaftler, Theologe und Mystiker zugleich war; sie ist in allen Bereichen bestätigt worden, von der modernen Biologie bis hin zur Quantenphysik.[3] Und sie hat weitreichende Konsequenzen, die wir anhand folgender Punkte untersuchen wollen:

1. Die Strukturierung des menschlichen Bewußtseins schließt einen Prozeß ein, der seiner Natur nach mythisch ist.
2. Im Verlauf der letzten 12 000 Jahre haben die Menschen immer mehr auf sich selbst reflektiert, und damit wurde die Mythologie zu einer immer persönlicheren Angelegenheit.
3. Wir alle sind – weitgehend unbewußt – an der Entwicklung der persönlichen Mythen beteiligt, die unser Leben formen.
4. Man kann es lernen, am Prozeß der Mythenbildung aktiv und bewußt teilzuhaben; dies ist nicht nur sehr wichtig,

sondern entspricht auch der Richtung menschlicher Evolution.
5. Für die Psychologie gibt es nichts Wichtigeres, als Wissen und Techniken zu vermitteln, die den Menschen zu mehr Selbstbestimmung bei der Entwicklung persönlicher wie kollektiver Mythen verhelfen können.

Dieses Buch ist der Versuch, aus einer mythologischen Perspektive gegenwärtiges Wissen und Methoden so zu verknüpfen, daß der Weg in Richtung auf diese Freiheit deutlich wird. Ein systematisches Programm für die Arbeit mit persönlichen Mythen folgt in den Kapiteln drei bis acht.

Die mythische Natur des Bewußtseins

Wenn wir sagen, daß das Strukturieren des menschlichen Bewußtseins seiner Natur nach ein mythischer Prozeß ist, dann meinen wir damit zunächst: Der Verstand gibt der Erfahrung Sinn mit Hilfe von Symbolen. Ein Kleinkind, das zum erstenmal eine Kuh sieht, sagt vielleicht: »Pferd.« Noch viel früher im Leben des Kindes wurde der ständige Strom neuer Erfahrungen schrittweise differenziert in die primär subjektive Unterscheidung von »Ich« und »nicht-Ich«; »nicht-Ich« wird dabei zunächst unterteilt in angenehm (gutes Objekt) und unangenehm (böses Objekt).[4] Und ganz gleich, ob es sich um die ersten Versuche eines Kindes handelt, der Welt einen Sinn zu geben, oder um das fortschrittlichste wissenschaftliche Denken – immer gilt das Prinzip »Die Landkarte ist nicht das Land«.[5] Unsere Vorstellungen von der Welt mögen noch so entwickelt und verfeinert sein, sie sind und bleiben doch mythische Konstruktionen.

Mythos und Metapher. Das Bewußtsein kann seiner Natur nach nur eine subjektive Analogie sein zu dem, was immer die »wirkliche Welt« ist.[6] Daß der Vorgang der Wirklichkeitskonstruktion ein metaphorischer Prozeß ist, wird allgemein anerkannt.[7] Selbst aus strikt neurophysiologischer Perspektive ist der Verstand eine »Metaphernmaschine«, deren Inhalte analog sind zu den Aktivitäten chemischer Boten, die entlang komplexer neuraler Netze laufen.[8] Metaphern »bilden die Grundlage menschlichen Bewußtseins; wahrgenommene Wirklichkeit *ist* metaphorisch«.[9] Albert Upton meint, die Fähigkeit, Metaphern zu bilden – die wiederum in der Fähigkeit begründet liegt, Analogien zu sehen – sei grundlegend wichtig, um »Sinn in das ständig wechselnde Panorama des Lebens« zu bringen.[10]

Ernst Cassirer schreibt, daß die Metapher »das intellektuelle Bindeglied zwischen Sprache und Mythos ist«.[11] Objekte, Vorstellungen und Ereignisse bekommen Bedeutung durch die *Bildung von Metaphern* (»der grundlegende analogische Vorgang, der den Ablauf kreativer Intelligenz charakterisiert«)[12], aber die *Organisation* dieser Bedeutungseinheiten ist ein mythischer Prozeß. Mythen sind sicher Metaphern, aber sie sind mehr als *nur* sprachliche Metaphern. Mythen strukturieren Erfahrungen metaphorisch nach einem anderen System als die Metapher als Sprachfigur; sie sprechen die weiten Bereiche der Identität (»Wer bin ich?«), des Ziels (»Wohin gehe ich?«) und der Bedeutung (»Warum gehe ich dorthin?«) an. Die Unterscheidung zwischen Mythos und Metapher lautet für unseren Zusammenhang so: In einem weiteren Sinne organisieren Mythen die innere Welt und, nach Joseph Campbell, »wecken und richten psychische Energie«. In seiner Biographie des Künstlers, Dichters und Mystikers William Blake findet Mark Schorer eine besonders fruchtbare Definition von Mythos:

> »Mythen sind die Mittel, mit denen wir dauernd darum kämpfen, uns unsere Erfahrungen verständlich zu machen. Ein Mythos ist eine große, beherrschende Vorstellung, die den Tatsachen des täglichen Lebens philosophische Bedeutung gibt ... Ohne solche Bilder sind Erfahrungen chaotisch und stückhaft. Das mythische Bild ist Organisator und Energiespender für unser Handeln (und) impliziert vieles, das nur schwer in Worte zu fassen ist.«[13]

Mythen sind – so wie wir den Begriff verwenden – etwas anderes als Glaube, Einstellungen, Träume, Phantasien, Hoffnungen, Motive, Sehnsüchte, Gefühle oder Gedanken, obgleich der mythische Bereich Grundlage all dieser Aspekte bewußter Erfahrung sein mag. Sie alle können Ausdruck persönlicher Mythen sein.

Sind Mythen Irrtümer? Jede Wahrnehmung von Wirklichkeit ist ihrer Natur nach mythisch. Der Psychologe Seymour Carter meint, daß wir alle eine Weltsicht besitzen – und von ihr besessen werden –, die untermauert ist von Annahmen, welche wir im allgemeinen nicht in Worte fassen und daher auch nicht in Frage stellen. Er glaubt, daß wir zwar »die Annahmen hinter unserer Weltsicht ergründen, uns aber nie, höchstens ganz geringfügig, von ihr befreien können«.[14] Michel Foucault beschreibt, wie Menschen einen Wahrnehmungszusammenhang entwickeln, um ihre Erfahrungen zu verstehen – dann aber auch nur noch das wahrnehmen, was in dieses Verständnis paßt.[15]

Der Historiker James Robertson beschreibt Mythen als Verhaltens-, Glaubens- und Wahrnehmungsmuster, die einem Volk gemeinsam sind:

»Mythen werden weder absichtlich noch notwendigerweise bewußt erdacht und erfunden. Sie liefern gute, »praktikable« Möglichkeiten, mit den Gegensätzen, Widersprüchen und Konflikten in einer Gesellschaft, zwischen Menschen, Idealen und verwirrenden Realitäten, fertig zu werden. Wir alle lieben Geschichten; die meisten Menschen bewundern irgendeinen Helden, ein Ideal: in guten Geschichten stecken oft Mythen, die von Helden und Heldinnen erzählen. Aber Mythen gibt es nicht nur in Form von Erzählungen, sie können auch sehr abstrakt sein; und komplexe Mythen sind, besonders in gebildeten Gesellschaften wie der unseren, oft nicht leicht von Ideologien zu trennen.«[16]

Er beschreibt weiter, wie mythisches Denken auch in modernen Gesellschaften existiert, oft überlagert von Rationalität, Logik und wissenschaftlichem Denken.

Daß wir mit unseren Vorstellungen die Wirklichkeit erschaffen, ist natürlich kein besonders neuer Gedanke: »Wie er in seinem Herzen denkt, so ist er« *(Sprüche 23,7)*. Und

Hamlet sagt zu Rosenkranz und Güldenstern: »Es gibt nichts, das gut oder böse wäre, erst das Denken macht es dazu.« Linguisten wie Edward Sapir und Benjamin Whorf haben diese relativistische Sicht in unserer Kultur besonders deutlich formuliert: »Die *objektive* Welt ist nicht direkt zugänglich, sondern wird auf der Grundlage von Sprache, Wahrnehmung und Denken – die unauflöslich miteinander verknüpft sind – konstruiert.«[17] Wer sich von alten Vorstellungen zu lösen versucht – etwa in der Umstellung von Newtons Physik auf die neuen »Wirklichkeiten« der Quantenphysik –, der erfährt sozusagen am eigenen Leibe, was damit gemeint ist. Jede Konstruktion von Wirklichkeit hat mythische Proportionen, und das schadet wissenschaftlichen Darstellungen nicht, im Gegenteil: Sie gewinnen dadurch, daß man die Natur des Beobachtungsvorgangs mit in Betracht zieht. Sigmund Freud schreibt in einem Brief an Albert Einstein: »Es mag Ihnen so scheinen, als seien unsere Theorien eine Art von Mythologie ... Aber gelangt nicht jede Wissenschaft am Ende zu dieser Art von Mythologie? Kann man dasselbe heute nicht auch von Ihrer Physik sagen?«[18] Sam Keen beschreibt den Mythos als »das System von grundlegenden Metaphern, Vorstellungen und Geschichten, das Wahrnehmung, Gedächtnis und Wünsche eines Volkes inspiriert, ihm die Grundlage gibt für seine Institutionen, Rituale und Machtstrukturen und auch so etwas wie eine Landkarte für den Sinn des Lebens und seine verschiedenen Abschnitte«.[19]

Aber die Mythologie hatte in den letzten Jahrhunderten keine gute Presse. Stanton Marlan meint, daß »der moderne Mensch keineswegs weniger mythisch geworden ist, sondern unbewußt nach den Mythen der Logik und Wissenschaft lebt. Diese Mythen aber beschränken die Vertiefung des menschlichen Bewußtseins und verstärken das Gefühl der Entfremdung und des *Exils,* das in unseren Zeiten so verbreitet ist.«[20]

Die sozialen Strömungen, die bei unseren Kindern die Konstruktion der Wirklichkeit bestimmen, angefangen mit dem ersten Klaps auf den Hintern im neonbeleuchteten Entbindungsraum, verweisen im allgemeinen all das Wissen, das mit dem Verstand nicht zu begreifen ist, in den Bereich von

Aberglauben und Un-Wirklichkeit. Harry Levin spricht von der beinahe allgegenwärtigen Neigung, den »Mythos als Irrtum« zu denunzieren, und zwar »aus dem Blickpunkt eines rivalisierenden Mythos«.[21] In der jüngeren Geschichte wurden die Bereiche der Intuition, der Transzendenz und der Harmonie mit der Natur durch die materialistische, mechanistische und naturbeherrschende Weltsicht der industrialisierten Gesellschaften abgewertet.

Dieses Thema findet sich in der Geschichte immer wieder. Galilei wurde vor eine päpstliche Kommission der Inquisition gestellt und dann mit Hausarrest belegt, weil er für Kopernikus' Ansicht eintrat, daß die Erde sich um die Sonne drehe.

In einigen Teilen Indiens hatte der Buddhismus den Hinduismus verdrängt, als Alexander der Große Indien eroberte und neue Götter und Mythen mitbrachte, die nun ihre Rivalen ins Reich des Irrglaubens verwiesen. Als Alexander jedoch Indien verlassen hatte, da waren auch die griechischen Götter und Göttinnen bald vergessen. Ähnliches geschah, als die Azteken Mexiko eroberten, die dortigen Gottheiten entthronten und durch ihre eigenen ersetzten. Aber auch ihre Götter- und Mythenwelt wurde schließlich zerstört, als die christlichen Eroberer kamen und eine ganz neue mythische Ordnung mitbrachten. Für viele der frühen griechischen Philosophen waren Luft, Erde, Feuer und Wasser Bausteine des Universums. Im fünften Jahrhundert vor Christus stellte Demokrit diesen Mythos in Frage: Für ihn war das Atom das Grundelement. Damals war das eine sehr fortschrittliche Ansicht; heute aber hat selbst die moderne Version des Golfball-Modells von Protonen, Neutronen und Elektronen ausgedient angesichts der Weltsicht der Quantenphysik. Da gewohnte Vergleiche und Vorstellungen in diesem Bereich nicht mehr passen, verwenden die Physiker Begriffe wie »Geschmack«, »Farbe« und »Zauber«, um die unvorstellbar kleinen »Quarks« zu beschreiben – und dieser Begriff wiederum stammt aus *Finnegans Wake* von James Joyce.

Wir sollten hier zwischen den mythisch-magischen Eigenschaften des primitiven Denkens und der mythischen Natur allen Denkens unterscheiden. Ken Wilber spricht von einem »mythischen« Stadium in der Entwicklung des Bewußtseins, das zwar schon fortgeschrittener ist als das »primärprozeßhafte Denken«, das wir in Träumen finden; es hat aber noch nicht die logischen Eigenschaften entwickelt, die es möglich machen, eigene Annahmen mittels deduktiven Denkens zu überprüfen.[22] Der Primitive muß jede Erfahrung in Begriffen des Mythos interpretieren; der Mythos erschafft die gelebte Wirklichkeit, und die kognitiven Fähigkeiten, seine Brauchbarkeit in Zweifel zu ziehen, sind noch nicht entwickelt. Mit der Entwicklung des Bewußtseins jedoch entsteht auch die Fähigkeit zu reflektieren, aus dem Mythos herauszutreten und darüber nachzudenken, wie der Mythos die Erfahrung strukturiert. Dieses Heraustreten aus dem Mythos ist nicht leicht und geschieht auch nicht instinktiv; die Fähigkeit dazu zeigt, daß psychische Freiheit entsteht. Diese ungeheure, weitreichende Entwicklung hat zur Evolution der Wissenschaft geführt, zur Fähigkeit, die »kulturelle Relativität« denken, begreifen zu können; sie zeigt auch den Weg, uns von den Mängeln unserer mythischen Erbschaft zu befreien, und zwar durch bewußte Anstrengung statt per Zufall.

Die moderne Wissenschaft hatte fast unser ganzes Jahrhundert lang mit der Erkenntnis zu kämpfen, daß jede Art von Wirklichkeit abhängig ist von dem, der sie wahrnimmt. Beobachtung und Wahrnehmung sind ihrer Natur nach immer mythische Konstruktionen – alles, was wir denken, beruht auf Voraussetzungen, die letzten Endes nicht bewiesen werden können. Und so sind unsere alten Begriffe von objektivem Wissen in einem mythischen Niemandsland verlorengegangen. Dennoch machen wir weiter, schwimmend, wie die Fische im Meer, im Meer der Mythen, die unser Handeln bestimmen. Und ein Fisch ist natürlich der letzte, der weiß, daß so etwas wie Wasser existiert – es sei denn, der Teich trocknet aus. Aber dies ist letztlich die Methode, nach der wir arbeiten. Wir helfen Menschen, sich auf ihre Fähigkeit zur Selbst-Reflexion zu besinnen – was manche Psychologen das »beobachtende Ich« nennen, Hypnotiseure den »versteckten Beobachter« und die Meditation den »inneren Zeugen« –, um aus dem Teich herauszutreten und die persönlichen Mythen genauer zu betrachten, in denen ihr Gefühl für Wirklichkeit seinen Ursprung hat. Das Mythische ist ein wesentlicher Aspekt unseres inneren Lebens, ob wir uns dessen bewußt sind oder nicht.

Der Begriff »persönliche Mythologie«. Angesichts der Überfülle an neuen psychotherapeutischen Entwicklungen in den frühen siebziger Jahren suchten wir nach einem Begriff, der das beschreiben könnte, was für uns im Brennpunkt all dieser Ansätze zu liegen schien – die Art, wie Menschen sich selbst und ihre Welt begreifen. Wir beschlossen, unser Konzept auf den Begriff »persönliche Mythologie« zu bringen, und es war uns klar, wie provokativ diese Wahl war. Der Begriff »Mythos« ist ja, wie schon gesagt, abgegriffen und verzerrt; er steht für Irrtum und Aberglaube. Aber eben darum war es uns wichtig, seine tiefere Bedeutung wieder zum Leben zu erwecken. Er macht psychologische Erklärungen farbiger und lebendiger und spiegelt außerdem das Hypothetische wider, das *jeder* Konstruktion von Wirklichkeit innewohnt. Ein persönlicher Mythos ist kein Irrtum, sondern eine Möglichkeit, der Wirklichkeit Sinn zu geben, eine Möglichkeit allerdings, die auch manchmal daraufhin überprüft werden muß, ob sie für die Entwicklung des Menschen noch funktional und sinnvoll ist (abhängig, das sollte man hinzufügen, von dem jeweiligen Wertsystem unter den jeweiligen Umständen zu einem bestimmten Zeitpunkt). Wir müssen, da wir ständig neue Erfahrungen machen, unser mythologisches Verständnis der Welt immer wieder überprüfen und verändern. Wenn man weiß, daß unsere Wahrnehmung der Wirklichkeit ihrer Natur nach mythisch ist, dann braucht man nicht mehr so starr an überholten Vorstellungen festhalten und kann alte, eingefahrene Denkstrukturen leichter überprüfen und verändern.

Vielleicht fällt es manchem Leser schwer, sich mit diesem Gedanken anzufreunden. Betrachten Sie einmal genau, was Sie gerade vor Augen haben. Ihre Sinne vermitteln Ihnen eine unwiderlegbare Tatsache, nämlich die, daß die solide Buchseite, die Sie vor sich haben, aus schwarzen Zeichen auf weißem Grund besteht. Andererseits aber zeigt uns die

Quantenphysik, daß »feste« Materie aus weiten Räumen besteht, die von herumwirbelnden Elektronen begrenzt werden (oder, wenn wir an das alte Golfball-Modell des Atoms denken: Wenn ein Proton im Kern eines Kohlenstoffatoms zum Format eines Golfballs vergrößert würde, so wäre das nächste Elektron 35 Kilometer davon entfernt). Auch Schwarz und Weiß gibt es in der Natur nicht – unser visuelles System übersetzt den Eindruck von zwei bestimmten elektromagnetischen Frequenzen in die subjektive Erfahrung, die wir »schwarz« und »weiß« nennen. Wenn wir über einen Sinn verfügten, der die elektromagnetische Frequenz, die wir »ultraviolettes Licht« nennen, wahrnehmen könnte, dann würde unsere Konstruktion der Wirklichkeit eine ganz andere Dimension annehmen. Vielleicht würden wir die Schönheit eines Menschen danach beurteilen, wieviel ultraviolettes Licht er ausstrahlt.

Unsere Erfahrungen und die Art, wie wir diesen Erfahrungen einen Sinn geben (ein Prozeß, der von mythologischen Strukturen beherrscht wird), beeinflussen also unsere Vorstellungen von Wirklichkeit. Verändern wir die Art und Weise, wie wir unsere Erfahrungen organisieren und bewerten (und das kann systematisch gelehrt und gelernt werden), dann ändert sich auch die »Wirklichkeit« – diese Glorifizierung einer besonders weitverbreiteten Mythologie.

Die Evolution des Bewußtseins als Personalisierung der Mythologie

Vor einigen drei Millionen Jahren wanderten menschenähnliche Geschöpfe auf zwei Beinen herum und fertigten Werkzeuge an. Man glaubt, daß das Bewußtsein zu jener Zeit »ein traumähnlicher Zustand von echter Identität mit dem Leben des Körpers und seiner Umgebung« war.[23] Und vermutlich geschah es erst 200 000 Jahre vor unserer Zeitrechnung, und zwar bei den Neandertalern, daß sich allmählich die Fähigkeit entwickelte, klar zwischen sich selbst und der Umwelt zu unterscheiden. Diese Entwicklung war so bedeutsam wie die Entwicklung des Daumens, mit dem man auch komplexere Werkzeuge benutzen konnte; die Fähigkeit, den Unterschied zwischen SELBST und ANDERER in Begriffe zu fassen, bereitete den Weg für kognitive Fähigkeiten wie abstrakte Logik und Selbstreflexion. Auch die Vorstellung von Zukunft und das Bewußtsein des Todes tauchten auf. Höhere Formen von Sprache entwickelten sich vor etwa 50 000 Jahren beim Cro-Magnon, erreichten ihre volle Blüte aber vermutlich erst um 10 000 v. Chr. Nun waren alle Elemente des Mythos verfügbar:

Die faszinierenden Mythen des alten China, Kretas, Ägyptens, Griechenlands, Indiens, Libyens, Mexikos, Perus und Roms legen beredtes Zeugnis davon ab.

Jean Gebser beschreibt die Entfaltung des Bewußtseins als Abfolge vier großer »Strukturen des Bewußtseins«[24]:

1. Archaisch
2. Magisch
3. Mythisch und
4. Geistig/Rational.

Wir halten uns an Ken Wilbers scharfsinnige Synthese der Arbeiten von Gebser, Freud, Jung, Campbell, Erich Neumann, Ernst Cassirer, L. L. Whyte, Jean Piaget und Julian Jynes, wenn wir diese vier großen »Epochen« im Wachstum des Bewußtseins beschreiben und untersuchen, wie Mythenbildung eine immer persönlichere Angelegenheit wurde.

1. *Die archaische Zeit.* Wilber meint, daß es in der frühesten Zeit der Menschheit kein Gefühl für das Getrenntsein von Selbst und Körpererfahrung gab; die ersten Phasen der menschlichen Evolution waren »beherrscht von physischer Natur und dem Tierkörper«. Diese frühen Menschen lebten wie eingetaucht in die unterbewußten Bereiche ihrer biologischen Existenz. Sie erlebten sich nicht als getrennt von ihrer Umgebung. Die Welt und das *Selbst* waren »undifferenziert, miteinander verankert, verschmolzen …« In dieser primitiven Einheit, ohne die Fähigkeit zu verbaler Repräsentation oder wirklicher geistiger Reflexion, konnte es die Erfahrung der Angst (Furcht vor dem, was nicht da ist) und das Be-

Mythologie innerhalb der Evolution von Kultur und Bewußtsein.

greifen des Todes nicht geben, also auch keine existentiellen Ängste.[25]

Carl Sagan vermutet, daß »der Garten Eden vielleicht gar nicht so verschieden ist von der Erde, wie sie unsere Vorfahren vor drei oder vier Millionen Jahren erlebten – während eines legendären goldenen Zeitalters, als die Art *Homo* noch fest verbunden war mit Tieren und Pflanzen ... Sie (die Mythen vom Garten Eden) stehen recht gut im Einklang mit historischen und archäologischen Erkenntnissen.«[26]

Erich Neumann meint, daß diese Periode, die mythologisch durch den »Uroboros« (die Schlange, die sich in den Schwanz beißt) symbolisiert wird, »dem psychischen Stadium in der Vorgeschichte des Menschen entspricht, in dem der einzelne und die Gruppe, das Ich und das Unbewußte, der Mensch und die Welt so unlösbar miteinander verbunden waren, daß das Gesetz der *participation mystique*, der unbewußten Identität, zwischen ihnen herrschte«.[27]

Man könnte dies *die traumähnliche Epoche eines gemeinsamen ursprünglichen Körper-Mythos* nennen – sofern man in dieser Zeit überhaupt von Mythen sprechen kann. Das Bewußtsein war voll identifiziert mit dem Leben des Körpers, die beiden waren isomorph. Impulse und konditionierte Reaktionen funktionierten, ohne Konkurrenz durch »höhere« mentale Prozesse, als Antrieb dieser Urmenschen. Die Wirklichkeit wurde vorwiegend durch Lust, Schmerz und all die anderen Wahrnehmungen strukturiert, die aus der biologischen Ausstattung des Menschen und seinem Kontakt mit der Umwelt entstanden. Gedanken über die Aspekte des Lebens, die mythologisch strukturiert sind, wie Identität und Sinn, waren direkt und konkret. Wie Freud einmal schrieb: »Das Ich ist zuerst und vor allem ein Körper-Ich.«[28]

2. *Die magische Zeit.* Ernst Cassirer sieht die Geschichte des menschlichen Bewußtseins als die »schrittweise Befreiung eines kleinen, aber wachsenden und immer klarer und selbstbestimmender werdenden Zentrums innerer menschlicher Erfahrung aus einem traumähnlichen Zustand echter Identität mit ... dem Körper und seiner Umgebung.«[29]

Wilber meint, daß auf dieses primitive Verwobensein mit der physischen Natur »das Erwachen einer hochgradig individuellen Bewußtheit und ein *Verlust* des primitiven Schlummers, des fast *paradiesischen* Zustands einer Traumverwobenheit« folgte.[30]

Adam und Evas »Sündenfall« im Garten Eden kann man mit den einzelnen Stadien im Auftauchen aus der Symbiose mit der Natur vergleichen. Wilber sieht zwei Aspekte des Sündenfalls, von denen er glaubt, daß sie miteinander zusammenhängen. Zum einen den theologischen, wo die ursprüngliche Sünde das (illusorische) Gefühl der Trennung von der Quelle allen Seins ist. Dieser Aspekt wird unterstützt von der wissenschaftlichen Evolutionstheorie, für die der Sündenfall der Fall *»in* Selbst-Bewußtheit und damit Schmerz und Schuld« ist. In diesem zweiten Sinne »geschah der Sündenfall mehr oder weniger dann, als der Mensch vom unterbewußten (oder halbbewußten) Affen zum selbst-bewußten Menschen wurde, der dann auch über sein Schicksal nachdenken und sich darüber Sorgen machen konnte – und das war der Sündenfall«.[31] Wilber gibt zu bedenken, was es für die Menschen bedeutete, als »sie sich allmählich ihrer *getrennten* Existenz bewußt wurden, mit all ihren Möglichkeiten und Gefahren, während sie gleichzeitig die ursprüngliche und archaische Unschuld des uroborischen Garten Eden verloren hatten ... (Das menschliche Wesen) begann, seine Verwundbarkeit zu spüren, seine Grenzen, seine Unvollständigkeit.«[32]

In dieser Zeit erwacht der Sinn für das Selbst, der »sich entwickelnde Mittelpunkt der Erfahrung«. Wilber betont aber, daß das Selbst, auch wenn es sich von der natürlichen Umgebung unterscheidet, doch »magisch mit ihr verwoben bleibt«.[33] Das Selbst ist nun zwar von der Umgebung unterschieden, aber es ist immer noch eingebettet in den Körper und nicht getrennt von ihm, es ist noch ein »Körperselbst«. Repräsentativ für diese Epoche ist, so Wilber, das mythologische Bild von *Typhon*. Der Typhon, halb Mensch, halb Schlange, war der Sohn der Gaia, der Erdgöttin oder Mutter Erde; er hatte sich zwar von seiner Welt getrennt, aber war selbst noch nicht geteilt in »höheres Selbst« und »niederes

Selbst«. Wilber meint, der Typhon symbolisiere »das Selbst, das zwar seinen Körper von der Umgebung unterscheidet, aber noch nicht seinen Geist von seinem Körper«.[34]

Die Wirklichkeit wurde in dieser Zeit entsprechend der Wahrnehmung des »Ich« und des »anderen« strukturiert; sie wurde erfahren in der tranceähnlichen Beziehung des neuerwachten Selbst zur Welt. Gebser meint, daß »der Mensch zunächst von der *Harmonie* getrennt wurde, von seiner Identität mit dem Ganzen. Dies ist das erste Stadium des Bewußtwerdens ... Je ausgeprägter er sich von seiner Identität mit dem Ganzen absonderte ... desto mehr wurde er ein *besonderes* Wesen.«[35] Aber das Selbst, das nun da ist, wird noch nicht mit dem Geist, sondern mit dem Körper identifiziert. Wilber unterscheidet zwischen dem »Körper-Geist« und dem »Ich-Geist«. In jener magischen Zeit war ein »Ich-Geist« noch nicht aus dem unbewußten Grund aufgetaucht oder vom Körper unterschieden.[36]

In diesen frühen Zeiten der geistigen Evolution begann sich die Grenze zwischen Mensch und Umwelt zwar herauszubilden, aber sie war noch fließend und durchgängig. Subjekt und Objekt, Vorstellung und Wirklichkeit waren noch nicht völlig unterschieden. Die Menschen lebten im Mittelpunkt ihrer Welt und waren magisch mit ihr verwoben. Jean Gebser schreibt: »In der magischen Struktur werden die Verbindungen, die man fühlt, bewußt und äußern sich auf emotionale Weise in Handlungen.«[37] Ein Objekt wurde genauso behandelt wie sein Bild, ein Wort ebenso wie das, wofür es stand, ein Traum wie die äußere Wirklichkeit. Träumte ein Mann, daß einer seiner Nachbarn ihm etwas zuleide tat, so war dies für ihn nichts Künstliches oder Symbolisches, sondern – da er seine Erfahrungen noch nicht objektivieren konnte – eher etwas, das in der »anderen Welt« tatsächlich passiert war. Wir könnten uns vorstellen, daß er den Wunsch hatte, sich zu rächen für das, was ihm im Traum angetan worden war; aber vermutlich fand diese Rache auch im Traum oder in anderer symbolischer Form statt. Was man dem Symbol antut, tut man ja, entsprechend der magischen Logik (die Freud »primärprozeßhaftes Denken« nennt), auch dem Objekt an, das symbolisiert wird. Die Tierdarstellungen in den altsteinzeitlichen Höhlen sind vermutlich stumme Zeugen magischer Rituale, die den Erfolg der Jagd sichern sollten.[38] Kinder gehen durch dieses Stadium des »magischen Denkens«, und jeder von uns kehrt in seinen Träumen dorthin zurück, denn die Logik der Träume beruht auf »primärprozeßhaftem« Denken. Wilber faßt dies so zusammen:

Jene magische Welt, primitiv zwar, aber doch auch wirklich genug, die in uns modernen Menschen in den Zustand des Traums verbannt ist, war unseren fernen Vorfahren offenbar *bewußt.* Oder wie Freud es formuliert: »Was einst das wache Leben beherrschte, als der Geist noch jung und unzulänglich war, scheint nun in die Nacht verbannt zu sein.«[39]

Man kann diese Zeit, die noch vor-mythisch ist, im engeren (oder kognitiven) Sinne, in dem wir diesen Begriff später anwenden wollen, als *magische Epoche mythischer Teilnahme* bezeichnen. Das Selbst hatte sich von seiner Umgebung abgesetzt und nahm doch auf magische Weise an ihr teil. Der Mythos, der das Bewußtsein strukturierte, beruhte auf der Teilnahme an der neu entdeckten Welt, und diese Beteiligung war durchzogen von magischen Vorstellungen, die die Beziehung zwischen innerem und äußerem Leben verwirrten – auf täuschende, doch selbstvergrößernde Weise. Die primitive Mythologie des Klans oder Stammes bestimmte die Magie, die das Leben durchzog, und sie schrieb vor, wie jeder an dieser Magie teilzunehmen hatte. Die mythische Strukturierung der Wirklichkeit war noch immer auf den Körper beschränkt, noch nicht bestimmt vom kognitiven Denken, doch die Verantwortung für Ereignisse wird auch einer äußeren Welt und ihren Objekten zugeschrieben. Der Grundstein für einen Mythos, der das Selbst von den anderen trennt, war schon gelegt, aber die Folgen dieser Entwicklung mußten erst noch kommen.

3. *Die mythische Epoche.* Vor etwa 12 000 Jahren, so meint Wilber, »erlaubte eine ganz grundlegende und tiefgehende Erweiterung des Bewußtseins dem Menschen, sich die Zukunft klarer vorzustellen und damit für diese Zukunft auch

zu arbeiten und zu planen«.[40] »Die Menschheit erwachte allmählich aus ihrem prähistorischen Schlummer im Garten Eden, und zwar sehr schnell ... Die anthropologische Erkenntnis ist hier klar und unzweideutig: Als der Mensch zum Bauern wurde, machte er die erstaunlichste Mutation seines Bewußtseins durch.«[41]

Buchstäblich Millionen von Jahren lang wanderten Männer und Frauen über die Erde, sammelnd und jagend, wann immer sie etwas zu essen brauchten, ohne die Fähigkeit, das Wissen oder das Bedürfnis, den Boden zu bewirtschaften oder zu kultivieren. Das heißt, daß die Menschheit, den Lilien auf dem Felde noch sehr ähnlich, kaum ans Morgen dachte und darum die Erde auch nicht bearbeitete oder beakkerte ... Aber die Welt des Bauern ist die Welt der *ausgedehnten* Zeit, in der *gegenwärtige* Vorbereitungen für *zukünftige* Ernten getroffen werden, in der man gegenwärtiges Handeln mit wichtigen zukünftigen Zielen, Zwecken und Gewinnen verbinden können muß ... Die eigenen Impulse zu kontrollieren und ihre Befriedigung hinauszuschieben, überhaupt die Fähigkeit, instinktive körpergebundene Aktivitäten und typhonische Magie zu verschieben, zu kanalisieren, zu sublimieren und abzuleiten – das ist die neue Welt des Bauern.[42]

Wilber glaubt, die Sprache sei die wichtigste psychologische Antriebskraft dieser neuen Entwicklung des Bewußtseins gewesen. Er weist nach, daß die Menschheit während der magischen Zeit über keine wirklich entwickelte Sprache verfügte und daher strukturell nicht in der Lage war, ein ausgedehntes zeitliches Bewußtsein zu haben oder sich selbst in großen Gemeinschaften zu organisieren.

Da Sprache die Gegenwart transzendiert, konnte das neue Selbst nun auch den Körper transzendieren. Da Sprache das Gegebene transzendiert, konnte das neue Selbst den Blick ins Morgen richten. Da Sprache geistige Ziele und geistige Zukunft bedeutet, konnte das neue Selbst seine körperlichen Bedürfnisse zurückstellen und kanalisieren. Und schließlich und endlich: Weil Sprache das Körperliche transzendieren kann, kann sie auch körperliche Dinge mit geistigen Symbolen *darstellen* ... All dies war Teil einer Weiterentwicklung der menschlichen Natur auf einer neuen und höheren Stufe – der verbalen, kommunikativen, kulturellen. Mit Hilfe der Sprache konnte sich der *verbale Geist nun aus dem vorherigen Körperselbst herausdifferenzieren,* er konnte sich aus dem Gefängnis des Unmittelbar-Jetzigen *befreien* und weitreichende Ziele und Unternehmungen ausdenken und durchhalten ... Von diesem Moment an war die Menschheit in der Lage, sich nicht nur physisch (Nahrung) und biologisch (Sexualität) zu erhalten und fortzupflanzen, sondern auch kulturell (Geist). Denn die Weitergabe des menschlichen Geistes von Generation zu Generation ist eine Sache *verbaler Kommunikation*.[43]

In dieser Zeitspanne bestimmte die Kultur den Mythos – noch hat der Mensch nicht die geistigen Fähigkeiten zur Selbstreflexion. Wenn jemand ein Tabu oder eine andere Regel der Gruppe verletzte – selbst wenn dies aufgrund ungewöhnlicher oder unvermeidlicher Umstände geschah –, so wurde er bestraft, und keiner zweifelte daran, daß die Gruppe recht hatte. Ohne die Fähigkeit zur Selbstreflexion kann der einzelne soziale Regeln nicht in Frage stellen, auch ist die Gruppe nicht in der Lage, ungewöhnliche Umstände als Entschuldigung anzuerkennen. Ashley Montagu schreibt: »In illiteraten Gesellschaften glaubt man, daß das Handeln des einzelnen Folgen für die ganze Gruppe hat; also neigt der einzelne dazu, sein Verhalten danach auszurichten, was er als seine soziale Verantwortung der Gruppe gegenüber ansieht.«[44]

Unter solchen Bedingungen kommt die Mythologie zu voller Blüte. Der verbale Geist befreit sich vom Körper; die angesammelte Weisheit der Gruppe, im Mythos weitergegeben, gibt der Fähigkeit des Geistes, Wirklichkeit zu definieren, die Struktur. Diese Mythen werden über die Sprache von Generation zu Generation weitergetragen, aber auch mittels anderer Kulturformen wie Kunst, Ritual, religiöse und weltliche Sitten und Gebräuche. Das sich entwickelnde Selbst-Gefühl des einzelnen nimmt die Form an, die vom Mythos der Kultur vorgeschrieben wird. In dieser Zeit sind die kulturellen Mythen, die die Wirklichkeit strukturieren, allgegenwärtig und von unantastbarer Bedeutung. In der *vor-rationalistischen Epoche der kulturellen Mythologie* erlebt der gesellschaftliche Mythos seine höchste Blüte.

4. *Die geistig/rationale Epoche.* Wilber beschreibt die nächste Stufe der Evolution als die »endgültige Ausdifferenzierung und Kristallisierung des Geistes aus dem Körper«. Damit dies geschehen konnte, »mußte das Selbst sich gegen das Eingefügtsein und Verwobensein in Körper und Natur auflehnen …«[45] In einer ebenso sorgfältigen wie gewagten Analyse der geschichtlichen Entwicklung kultureller Mythen (auf die sich Wilber beruft, die er aber auch scharfsinnig kritisiert) kommt Julian Jaynes zu dem Schluß, daß die Menschheit vor dem 2. Jahrtausend v. Chr. »kein wie auch immer geartetes Ich hatte«.[46] Auch Gebser betont, daß in jener Zeit »Verantwortung der äußeren Welt und ihren Objekten zugeschoben wird, ein sicheres Zeichen für Ichlosigkeit«.[47] Jaynes glaubt, daß sich erst zwischen dem zweiten und ersten Jahrhundert v. Chr. in der westlichen Welt ein »Ich« entwickelt hat, auf der Grundlage sprachlicher Metaphern; ein »Ich«, das »sich alternatives Tun sprachlich ausmalen könnte«.[48] L. L. Whyte gibt folgende Zusammenfassung dieser Zeit:

> Anstatt vor allem von instinktiven Reaktionen auf äußere Reize und der Anpassung an die Regeln einer stabilen sozialen Tradition geleitet zu werden, war der Mensch nun in Entscheidungsmomenten immer mehr gelenkt und beherrscht von den Mustern seiner eigenen Denkprozesse … Instinktive und traditionelle Reaktionen auf die äußere Welt reichten nicht länger aus, um die ganze Breite des Verhaltens zu organisieren; Entscheidungen mußten nun immer öfter in Übereinstimmung mit eigenen inneren Mustern getroffen werden. So wurde der Mensch selbst-bewußt. Er wurde sich seines eigenen Gedankens bewußt.[49]

Diese Entwicklung zeigt sich auch in dem ganz grundlegenden Unterschied zwischen dem *Alten Testament,* wo Gott einen Vertrag mit dem ganzen Volk Israel hat, und dem *Neuen Testament,* in dem die Beziehung zu Gott eine persönliche und individuelle Angelegenheit geworden ist. Natürlich entwickelte sich das Ich in verschiedenen Kulturen zu verschiedenen Zeiten. Es gibt noch immer einige präliterate Gesellschaften, in denen vor allem die Verbindung zur Natur die Erfahrungen bestimmt.

Aus der Fähigkeit zur Selbstreflexion entstand die starke Betonung der Rationalität in der westlichen Kultur. Als es möglich wurde, eigene Annahmen bewußt zu formulieren und zu überprüfen, entwickelten sich bald festgelegte Abläufe hierfür, und daraus entstand dann das »Generalunternehmen Wissenschaft«. Die Grundregeln des rationalen Denkens wurden zum bestimmenden Maßstab in der Konstruktion der Wirklichkeit, zu beherrschenden Kriterien der autoritären Mythologie »betreffs Wahrheit«. Erfahrungsbereiche, die man mit den Begriffen dieser Rationalität nicht verstehen konnte, wurden systematisch aus dem offiziellen Bewußtsein ausgeschlossen. Das Ergebnis all dessen sind erfolgreiche Nierentransplantationen, menschliche Fußabdrücke auf dem Mond und eine Entfremdung von der Natur, die – darauf kommen wir im Nachwort noch zurück – zur Auslöschung der Spezies Mensch führen kann.

Die genaue Untersuchung der kollektiven Mythologie zu Beginn dieser Ich-Periode zeigt – so Wilber – sehr deutlich, daß »sich allmählich eine ganz andere Art des Mythos entwickelt ... und dies ist der *Helden-Mythos ... der Held ist ganz einfach die neue Ich-Struktur des Bewußtseins* ... die richtigen Helden-Mythen tauchen deshalb nicht vor dieser Periode auf, weil es davor kein Ich gab. Kurz, der charakteristische Drehpunkt dieser neuen Helden-Mythen und Philosophien ist (ausgehend von Joseph Campbells Begriff) das persönliche Ich mit dem *freien* Willen.«[50] Campbell beschreibt das so:

Jener Grundsatz ... der repräsentiert wird vom historisch effektiven Helden mit freiem Willen, hat nicht nur das Feld gewonnen, sondern es auch bis in die Gegenwart gehalten. Darüber hinaus begründet dieser Sieg des Grundsatzes vom freien Willen zusammen mit seiner moralischen Umrahmung von individueller Verantwortung das erste unterscheidende Charakteristikum eines spezifisch westlichen Mythos ... eine sich selbst bewegende Kraft, größer als die Macht irgendeines erdgebundenen Schlangen-Schicksals (steht) *vor allem als Protest gegen die Anbetung der Erde und die Dämonen (Geister) der Fruchtbarkeit dieser Erde.*[51]

Das Resultat war jedoch nicht nur die Unterscheidung von Geist und Körper, die ja in dieser Phase des menschlichen Bewußtseins durchaus notwendig war – es war auch die Entfremdung des Geistes vom Körper. Whytes klassische Analyse der Evolution macht deutlich, daß die Formel »Verstand und Instinkt bekämpfen einander« immer noch die wichtigste Frage in diesem Themenbereich ist.[52] Wilber zeigt, daß »das Problem nicht einfach in der Existenz von Verstand oder Instinkt liegt, sondern im Konflikt zwischen beiden ... in der Unfähigkeit, das neu entstandene Ich mit den älteren ... Bereichen des Instinkts, des Gefühls, der Empfindung und des Handelns aus dem Körper-Selbst heraus in Einklang zu bringen«.[53] Er betont, daß »selbst Neumann, der Großmeister des Helden-Mythos, klar erkannt hat, daß der heroische Schub zu weit gegangen ist, und *damit eine Neubewertung des Weiblichen beginnt, seine Wendung ins Negative, die dann in den patriarchalischen Religionen der westlichen Kulturen ins Extrem führte*«.[54]

Während also die geistig/rationale Stufe des Bewußtseins sowohl die Bewußtheit des Selbst als einer getrennten Einheit wie auch die Fähigkeit zur Selbstreflexion mit sich bringt, wird die Fähigkeit, diese Bewußtheit aufrechtzuerhalten und zugleich die Getrenntheit zu überwinden, nicht entwickelt. Neumann glaubte, daß »das Unbehagen in unserer Kultur, unsere kulturelle Krankheit, daraus entsteht, daß die Trennung der (physischen und geistigen) Systeme – an sich ein notwendiges Ergebnis der Evolution – zu einem Schisma degeneriert ist und eine psychische Krise auslöst, deren katastrophale Auswirkungen sich in der gegenwärtigen Geschichte widerspiegeln«.[55] Wilber erklärt dieses Dilemma, indem er das Bild von der Beziehung der Menschheit zu ihrer biologischen Natur, der mythischen Großen Mutter, benutzt:

Das Ich mußte sich im Verlauf seiner Entstehung notwendigerweise von der Großen Mutter bzw. seinem Eingebettetsein in die biologische Natur befreien. Das ist alles gut und schön – und das Ich hat es ja auch wirklich geschafft, sich von dieser Bindung zu befreien ... und sich als unabhängigen und eigenständigen Mittelpunkt des Bewußtseins einzurichten, eine Heldentat, die in den Helden-Mythen dargestellt wird. Aber im Eifer, seine Unabhängigkeit durchzusetzen, hat es die Große Mutter nicht nur *überwunden*, was wünschenswert war; es hat die Große Mutter auch *unterdrückt*, und das war verhängnisvoll. Und so legte das Ich – das westliche Ich – nicht nur ein neu erwachtes Selbstbewußtsein an den Tag, sondern blinde Arroganz ..., es gab keine Harmonie mehr mit dem Himmel ..., sondern eine technologische Vergewaltigung der Natur ... Es ist eine Sache, sich von den Schwankungen der Natur, der Gefühle, Instinkte und unserer Umwelt zu befreien – aber es ist etwas ganz anderes, sich ihnen zu entfremden.[56]

Der Cartesianische Dualismus von Geist und Körper, der in den letzten Jahren so heftig (und berechtigt) attackiert wurde, ist also nicht einfach der etwas unglückliche philosophische Irrtum des René Descartes; er spiegelt vielmehr die Art wider, in der sich das Bewußtsein in der westlichen Kultur entwickelte. Und dieser Dualismus beherrscht auch die gegenwärtige Philosophie; er ist die Quelle eines ständigen Kampfes im Mythos unserer Kultur.

Nach Wilbers Analyse ist der Ödipuskomplex symbolisch für diesen Konflikt. Er betont die Bedeutung des Mythos für den modernen Geist: »Man muß kein dogmatischer Anhänger Freuds sein, um beeindruckt zu sein von der Tatsache, daß der größte Psychologe dieses Jahrhunderts *einen* bestimmten Mythos als *zentral* für die menschliche Natur erklärte«, und folgert, daß »Freud den Ödipuskomplex im Mittelpunkt jeder Seele finden konnte, weil er tatsächlich im Mittelpunkt jenes allgemeinen, aber schwierigen Überganges vom Körper zum Geist steht, vom Schlangen-Typhon zum Ich-Selbst, von der Sphinx zum Menschen«.[57] Sehr sorgfältig macht er die Beziehung deutlich zwischen den schicksalhaften Abenteuern des Ödipus und dem Kampf der modernen Psyche, sich aus der behaglichen Welt der Großen Mutter zu befreien. Ödipus' tragisches Scheitern ist Folge seiner unbewußten Rebellion gegen eine höhere und forderndere Stufe des Bewußtseins; statt dessen gibt er Sehnsüchten nach, die zu stark sind, als daß man ihnen bewußt begegnen könnte. Unsere eigene Arbeit mit persönlicher

Mythologie zeigt, wie häufig sich die Disharmonie zwischen Instinkt und Intellekt in der mythischen Reise des modernen Menschen widerspiegelt; sie schlägt sich nieder in einem anscheinend dauernden Kampf zwischen natürlichem Impuls und »zivilisierter« Reaktion.

Die Entwicklungen des Bewußtseins sind bildlich gesehen gestaffelt wie eine Pyramide. Fortgeschrittene kulturelle Mythen beruhen auf früheren Mythen, die sich mit dem Leben des Körpers und der Trennung des Selbst von der Umwelt ausbildeten. Die zentrale Auffassung jeder folgenden Phase muß in den vorherigen enthalten sein; jede neue Periode kann mythische Erklärungen aus früheren Zeiten hinwegfegen. Als das Pendel zum Beispiel in den westlichen Kulturen in Richtung der Personalisierung der Mythen schwang, da stellte es dic Standhaftigkeit bestehender kultureller Mythen auf eine harte Probe.

Wir haben den mythischen Unterbau der Erfahrung bis in die frühen Zeiten zurückverfolgt, als seine Form noch ausschließlich von der Biologie beherrscht war; wir haben gesehen, wie er dann als neu herausgeformtes Selbst magisch an der äußeren Welt teilhatte; wie er in mentalen Konstrukten auftaucht, die zunächst von der Kultur geformt werden, schließlich aber von der Vorstellung des einzelnen von seiner persönlichen Erfahrung. Die geistig/rationale Epoche wird so zur *Epoche der persönlichen Mythologien;* sie entwickeln sich aus dem kulturellen Mythos in dem Moment, da die Menschen die Fähigkeit erlangen, über ihre Gedanken nachzudenken, und damit auch die Fähigkeit, die Mythen, die ihr Leben beherrschen, genauer anzuschauen und zu verändern. Wir wollen mit diesem Buch Verhaltenswissenschaftler dazu anregen, diesen natürlichen Prozeß in all seinen Dimensionen zu untersuchen. Die Ergebnisse solcher Untersuchungen könnten vielleicht dazu beitragen, daß wir alle mit unserer persönlichen und der Mythologie unserer Kultur verantwortlicher und bewußter umgehen.

Zukünftige Epochen. Wilbers Darstellung der vier Phasen konzentriert sich auf die Evolution des Bewußtseins, wie sie den Erfahrungen und der Bewußtseinsstufe des Durchschnittsmenschen entspricht. Aber in jeder Epoche gibt es auch Menschen, die an der »Spitze des menschlichen Bewußtseins« stehen. Sie sind die Vorboten zukünftiger Zeiten.

Wilber nennt diese Menschen, die sozusagen schon die nächste Stufe des Bewußtseins ausprobieren, »Helden«; die besonders Erleuchteten, die Weisen und Heiligen, sind für ihn Repräsentanten noch höherer Bereiche.

Bei primitiven Stämmen standen die Schamanen an der Spitze des menschlichen Bewußtseins; sie konnten ihr Bewußtsein willentlich verändern, um mit »nicht-alltäglicher« Wirklichkeit in Berührung zu kommen und aus solchen Erfahrungen Wissen mitzubringen, das dem ganzen Stamm helfen konnte. Viele dieser frühen Schamanen waren vermutlich phantasievolle Exzentriker oder gar trickreiche Spieler; viele andere aber waren besonders mutige, weise Menschen, die in die unbewußten Bereiche des Bewußtseins vordringen konnten. Von solchen »Reisen« brachten sie wundersame Geschichten und geheimnisvolle Prozeduren mit, mit denen man versuchte, Kranke zu heilen, Dürreperioden zu beenden, Geister zu besänftigen, Wild aufzuspüren, das Böse auszutreiben und Wohlstand und Wohlergehen für den Stamm zu sichern. Mircea Eliade nennt die Schamanen die »Techniker des Heiligen«; es ist belegt, daß sie von ihren außerkörperlichen Reisen oder der Vereinigung mit den Geistern mit bemerkenswerten Visionen zurückkehrten.[58] Oft faszinierten solche Visionen den Stamm derart, daß sie zu Mythen wurden, die jahrelang immer wieder erzählt wurden und Eingang fanden in die Gesänge, in Tanz, Kunst, Drama und Ritual. Die Reise des Schamanen war zwar eine einsame Unternehmung, aber sie wurde meist zur gemeinsamen Vision der ganzen Gemeinschaft; darum kann man sie nicht als rein persönlichen Mythos betrachten. Dennoch – in seinen Ursprüngen ist der Mythos des Schamanen eine einzigartige, persönliche Schöpfung; er ist Vorläufer der Entwicklung, die wir später im Kollektiv finden. Mit der Fähigkeit zur Selbst-Reflexion und einem Bewußtsein, das weit hinausgeht über das der vor-persönlichen Gesellschaften, sind rein persönliche Mythen ein Teil der Erfahrung des »Durchschnitts«-Menschen geworden.

Ein schönes Beispiel für die einsame mythische Vision eines Führers in einer sehr viel komplexeren Kultur ist der ägyptische Pharao Echnaton. Er verkündete den Glauben an einen einzigen Gott, an Aton, die Sonne. Er zwang diesen Glauben auch seinem widerstrebenden Volk auf, zusammen mit einer Philosophie von Frieden und Gerechtigkeit. Die neue Mythologie kollidierte jedoch heftig mit den Interessen von Priesterschaft und Adel, und Echnaton wurde entmachtet. Sein Vermächtnis tauchte aber später wieder auf; heute wird er oft als die erste historisch belegte »individuelle Person« der Geschichte betrachtet, wegen des dramatischen Kontrasts zwischen seiner persönlichen Vision und den dominierenden Mythen der Gesellschaft, in der er lebte.

Wilber läßt die Großen der westlichen Zivilisation, von Plato bis Einstein, Revue passieren und stellt Vermutungen an über die mögliche Richtung der menschlichen Evolution. Für ihn liegt das Auftauchen des persönlichen Ich, der Prozeß, den wir »Personalisierung der Mythologie« nennen, etwa im Mittelpunkt der Gesamtevolution des menschlichen Bewußtseins; er ist Teil eines Bogens, der sich vom vorpersönlichen Bewußtsein früherer Zeiten zu einem nachpersönlichen Bewußtsein schwingt, charakterisiert durch die wachsende Bewußtheit dessen, daß alle Dinge miteinander verbunden sind. Die Ausdifferenzierung des Selbst aus der Ganzheit der Natur ist die erste Hälfte des Bogens; die zweite Hälfte dagegen bewegt sich auf eine Wiedervereinigung und eine höhere Stufe des Bewußtseins zu. Diese Unterscheidung von Bewußtseinsformen »vor-« und »nach-« findet sich durchgängig in Wilbers Arbeiten;[59] sie ist so fruchtbar und sinnvoll, daß wir sie noch ein wenig vertiefen wollen.

Die meisten Traumforscher sind sich einig darüber, daß sich das normale Ich in der REM-Phase (rapid eye movement: schnelle Augenbewegung) des Schlafes »auflöst«. Wilber betont jedoch, daß das, was sich hier abspielt, eine von zwei Möglichkeiten nonverbaler, »nicht-ich«-Bewußtheit sein kann: entweder vor-verbal und »vor-Ich« oder verbal und »nach-Ich«. So macht uns der Traum ja nicht nur Erinnerungen aus der Kindheit und unterdrückte Triebimpulse zugänglich, sondern vermutlich auch telepathische und hellseherische Fähigkeiten.[60] Wilber meint, daß »das Versäumnis, diese verschiedenen »nicht-Ich«-Dimensionen des Traums zu erkennen, den Traumtheorien fast aller Forscher, ob im Westen oder im Osten, geschadet hat. Der Westen neigt dazu, Träume *nur* als vor-verbal anzusehen, der Osten hingegen betrachtet sie gern *nur* als nach-verbal.«[61]

Wilber wendet diesen Gesichtspunkt auf die Evolution des Bewußtseins an und vertritt die Auffassung, daß das paradiesische Eingetauchtsein des Kindes und des frühen Menschen in die Natur etwas ganz anderes ist als die mystische Einheit des Heiligen. Die Evolution verläuft vom traumähnlichen Zustand der Einheit mit allem hin zum wachen, transzendierenden Bewußtsein, das man heute schon bei sehr weitentwickelten Menschen beobachten kann und das wir, wie Wilber meint, irgendwann einmal alle haben werden. Da fallen einem die Menschen ein, von denen Abraham Maslow berichtet und denen er die Fähigkeit zur Selbstverwirklichung zuschreibt; er fand bei ihnen auch größere Kreativität, Autonomie, Offenheit gegenüber außergewöhnlichen oder mystischen Erfahrungen und eine demokratische Charakterstruktur.[62]

Individuelle Entwicklungsabläufe. Jean Houston hat ein Entwicklungsschema entworfen, das dem Wilbers sehr ähnlich ist; sie nennt es »die psychorevolutionäre Geschichte des Selbst«. Sie meint, daß es das Individuum als getrennte Einheit in den frühen Gesellschaften nicht gab, sondern daß es in einem Kontinuum »mit-bewußter« Teilnahme an allem, was die Gruppe betraf, lebte. Der Anthropologe Lucien Levy-Brühl nennt dies die *participation mystique.*[63] Jean Houston schreibt:

Das Denken des einzelnen war mystisch vereint mit dem des Stammes. Die Stammesgruppe handelte gemeinsam und dachte das gleiche; dieses gemeinsame Denken wurde von den Mitgliedern nie in Frage gestellt. Sie erlebten sich oft auch gar nicht als unterschieden von der Gruppe. Sie waren wie verschmolzen in einer kollektiven, gemeinsamen Persönlichkeit, die wiederum Teil einer unpersönlichen, alles durchdringenden Macht war.[64]

In ihrem *Psychohistorischen Modell der Entwicklung des Bewußtseins* vergleicht Jean Houston die Stadien in der Persönlichkeitsentwicklung des Menschen mit den Stufen, welche die Entwicklung der Menschheit durchlaufen hat. Die Entwicklung jedes einzelnen Menschen wird als Wiederholung der Menschheitsentwicklung gesehen, analog dem biologischen Grundsatz, daß die Ontogenese die Phylogenese wiederholt (der menschliche Fötus z. B. gleicht zunächst einem einfachen Organismus und durchläuft dann Stadien, in denen er Fischen und Reptilien ähnelt, bis er zum Schluß Säugetierform annimmt). Diese Analogie hat natürlich ihre Grenzen, aber immerhin – so Wilber – »ist sie eine sinnvolle Metapher für die Parallelen zwischen der Entwicklung des Kindes und der der Zivilisation«.[65]

Das Kind ist sich, wie die vor-individuelle Gesellschaft, seines Selbst noch nicht bewußt und erlebt sich als eins mit seiner Umwelt. Jean Houston ist der Ansicht, daß »das Kind nach der Geburt womöglich diese vor-individuelle kulturelle Stufe wiederholt – doch hier entsprechen dreißig Monate 400 000 Jahren in der Menschheitsentwicklung«.[66] Und dann kommt der Sündenfall. Das Kind erkennt, daß es eine Trennungslinie gibt zwischen dem Selbst und dem Rest der Welt, und damit wird ihm das unschuldige Gefühl der Allmacht geraubt, das zu dieser *participation mystique* gehört. Der ursprünglichste persönliche Mythos: daß Ganzheit die Struktur der Wirklichkeit sei, wird rüde zerschlagen mit diesem ersten Kosten der Frucht vom Baum der Erkenntnis, dem Heraufdämmern des Selbst-Bewußtseins. Nach Jean Houston entwickelten sich die Mythen vom Paradies und vom Sündenfall mit dem Entstehen des individuellen Bewußtseins, Mythen, die als »allgemeine Nostalgie nach der heilen Welt in der Kindheit der Menschheit« interpretiert worden sind.[67]

Dieses nie endende menschliche Dilemma, das in jeder Phase des Lebens wieder auftaucht, bedeutet auch, daß man die persönliche Mythologie, die so stark in Kindheitserfahrungen wurzelt, immer wieder mit der ständig wechselnden Realität des Erwachsenenlebens in Einklang bringen muß. Entwicklungspsychologen können heute viele solcher Übergangszeiten im Leben vorhersagen,[68] und jeder Übergang sollte Aufforderung sein, die Mythen, die unsere Weltsicht, unsere Einstellungen und unsere Art, auf die Welt zuzugehen, bestimmen, entsprechend zu verändern.

Der kulturelle Kontext der persönlichen Mythen

Das Verhalten der Tiere ist von ihren Instinkten bestimmt; die Menschen sind getrieben, ihren Mythen zu folgen. Sie haben das Bedürfnis, ihren inneren Erfahrungen und der äußeren Welt einen Sinn zu geben, und diesem Bedürfnis dienen die Mythen. Und wie sehr auch die Entwicklung von Mythen eine persönliche Angelegenheit geworden sein mag – dieser Prozeß spielt sich noch immer im Kontext der Kultur ab. Die Rolle, die die Kultur dabei spielt, bleibt wichtig, eben weil wir nicht allein auf der Welt sind; das Kind ist während der ersten Lebensjahre extrem abhängig von anderen Menschen, und auch der Erwachsene ist eingefügt in die soziale Ordnung. Der berühmte Anthropologe Bronislaw Malinowski macht die Rolle der kulturellen Mythologie in unserem Leben deutlich:

> Der Mythos, der die brutale und nackte Schönheit des urzeitlichen Denkens mit der Würde der Tradition und der Majestät des Geheiligten bekleidete, hat eine einzigartige Anziehungskraft auf den menschlichen Geist, ob zivilisiert und verfeinert oder einfach und unverbildet ... Aus Mythen und Volkserzählungen entstanden die ersten, aber auch die reifsten Kunstwerke: die ungezähmte Darstellung des Mythos bei Initiationen und Stammesfesten – aber auch die griechischen Tragödien, das Elisabethanische Theater und die Opern Richard Wagners.[69]

Eine brauchbare Mythologie muß flexibel sein, ihre traditionellen Komponenten veränderbar angesichts neuer Umstände – oder aber sie muß Neues in die Tradition aufnehmen können.[70] Als zum Beispiel die Piman-Indianer aus dem Südwesten Amerikas feststellten, daß die weißhäutigen Neuankömmlinge nicht wie sie erkrankten, wenn ein traditionelles Tabu verletzt wurde, da paßten sie ihren Mythos dieser Tatsache an. Die traditionelle Mythologie blieb, wie sie war, mit der Ausnahme, daß die Tabus nicht für die Weißen galten, sehr wohl aber weiterhin für die Pimans. Und noch ein interessantes Beispiel dafür, wie eine Mythologie Neues aufnimmt und zugleich ihre Tradition unverletzt beibehält: Die Afrikaner, die auf Sklavenschiffen nach Brasilien verschleppt wurden, taufte man dort gleich nach ihrer Ankunft. Sie kombinierten nun die christlichen Heiligen, die ihnen da aufgezwungen wurden, mit ihren traditionellen Göttern: Der heilige Michael war der natürliche Gegenpart zu Ogun, dem Gott der Waffen, und die Heilige Jungfrau wurde assoziiert mit Yemanja, der Göttin des Wassers. So konnten sie die »neuen« Mitglieder ihrer Götterwelt so begeistert verehren, wie es von ihnen erwartet wurde, und doch ihre alten Rituale beibehalten. Diese Verschmelzung erhielt ihre Tradition am Leben, und als die Sklaven befreit wurden, verbreitete sich diese afro-brasilianische Religion rasch durchs ganze Land und ist auch heute noch eine starke soziale Macht.

Kulturelle Mythen müssen sich im Lauf der Zeit nicht nur verändern, sondern auch lokalen Bedürfnissen anpassen. Ihre Nützlichkeit hängt davon ab, wie weit sie in der Familie und der Gemeinde akzeptiert werden. Bagarozzi und Anderson beschreiben, wie »Mythen durch die Familiengruppe verändert und überarbeitet werden, und zwar so, daß die Struktur der Familie stabilisiert und vorhersagbare Interaktionsmuster aufrechterhalten werden. Dieser Prozeß stabilisiert oder verändert auch das kulturelle Material. Ohne die Überarbeitung durch die Familie würden kulturelle Mythen ihre Bedeutung und ihre Kraft verlieren.«[71]

Primitive Mythologie. Wir alle kennen Mythen als Erzählungen aus alten Kulturen über die Erschaffung der Welt oder die Feste der Götter – faszinierende, bezaubernde Geschichten, die Mitgliedern jener Kulturen das Funktionieren ihrer Welt erklärten. Ein kultureller Mythos kann eine geheiligte Tradition sein, aber auch ein Erklärungsmodell, das der Existenz Bedeutung gibt und Wert verleiht. Ein Mythos ist eine Geschichte, die erzählt, wie etwas in ferner Vergangenheit entstand. Und da er etwas Heiliges ist, wird er zum Grundmodell aller geheiligten Rituale und anderer wichtiger Handlungen.

Mythen können Kulturen voranbringen, aber auch hemmen, indem sie bestimmen, was erlaubt und möglich ist. Das sumerische *Gilgamesch-Epos* zeigt sowohl die Macht der Herrscher, Entscheidungen zu treffen, wie auch die Unausweichlichkeit ihres Todes. Es handelt vor allem davon, wie wichtig es ist, den Tod zu verstehen, damit das Leben Bedeutung bekommen kann. Der Mythos zeigt die Kultur von ihrer negativen und ihrer positiven Seite, und, daß die Menschen die Wahl haben zwischen beidem. Gilgamesch lehnt die Kultur eine Zeitlang ab und lebt mit den Tieren, die für ihn die Freiheit symbolisieren.

Gilgamesch ist möglicherweise eine historische Gestalt, ein sumerischer König, der um 2500 v. Chr. lebte. Tatsächlich formen Mythen oft die Kultur, indem sie ein heroisches Vorbild entwerfen, dem man nacheifern kann.[72] So nimmt man an, daß es Shango, den Gott des Donners und Blitzes bei den Yoruba, wirklich gegeben hat; er war ein Herrscher, eine Mischung aus Führer und Schamane, der angeblich mit seinem Feueratem Menschen töten konnte. Der griechische Schriftsteller Euhemeros glaubte, daß die antiken Götter nach dem Vorbild von Helden entstanden, die in früher Zeit einmal gelebt hatten.

Primitive Mythen werden meist durch mündliche Tradition weitergegeben, oft aber auch schriftlich oder über die Kunst. Literatur, Kunst, Geschichtenerzählen und niedergeschriebene Regeln können wichtige kulturelle Funktionen haben, indem sie das rechte Handeln zeigen, es absetzen vom falschen Tun und die menschliche Verbindung zum Kosmos deutlich machen. Viele Mythen bieten Unterhaltung und dienen zugleich erzieherischen Zwecken, indem sie Fragen über die Natur beantworten und soziale Regeln erklären.

Eine wichtige Aufgabe der Mythologie ist es auch, die Kultur von der Vergangenheit in die Gegenwart zu tragen.

Die farbigsten und schönsten Mythen findet man bei primitiven Gesellschaften, deren Bewußtsein noch auf der Stufe der Vor-Ich-Zeit, also der »mythischen Epoche«, steht. Die Ainu aus Nordjapan, deren Tier-Mythos wir aus dem Vorwort kennen, haben eine einzigartige Sprache, die unterteilt ist in »normalen Ausdruck« und »schönen Ausdruck«. Die Ainu, die sehr musikalisch sind und Singen und Tanzen lieben, sprechen jeden Satz in einem bestimmten natürlichen Rhythmus. Aber bei zeremoniellen und offiziellen Gelegenheiten, bei Gebeten oder Gesängen, Debatten oder Verhandlungen, singen und psalmodieren sie, denn sie glauben, daß die Kraft der Worte ohne den richtigen Rhythmus nicht wirklich zum Tragen kommt. »Kamuy« ist ihr Wort für »heiliger Geist«; nur durch rhythmischen Ausdruck kann der »Kamuy« eines Menschen mit dem eines anderen in Kontakt kommen.[73]

Zwar gibt es Anlässe, bei denen die fachmännischen Dienste des »Tusukuv«, des Schamanen, notwendig sind; im übrigen aber wird von den Ainu erwartet, daß sie selbst wissen, wie sie den »Kamuy« im täglichen Leben beschwören. Während sie eine Pflanze zum Kochen vorbereitet, wird eine Frau vielleicht singen: »Oh, bitteres Gras, sei süß.« Bei einer Sonnenfinsternis schlagen die Ainu die Trommeln und singen: »Spuck die Sonne aus! Spuck die Sonne aus!« Es gibt Gesänge und Lieder für Jagen und Fischen, um Erdbeben und Flutwellen zu besänftigen, um Feuersbrünste und Krankheiten zu verhindern. Und jedes dieser Lieder hat seinen mythischen Hintergrund. Wird ein Jäger von einem wilden Tier getötet, dann gehen die Dorfbewohner dorthin, wo er starb, und beerdigen ihn sofort. Sie glauben, daß der »Kamuy« des Jägers nachlässig war und die bösen Geister nicht daran gehindert hat, Unglück über den Mann zu bringen; Singen und Tanzen aber wird seine Aufmerksamkeit erregen, so daß ein solches Malheur nicht noch einmal passiert.

Ein besonderes Lied ist das »Yaysama« (»So singe ich meinen Geist und imitiere mich selbst«). Es hilft den Sängern, ihre innersten Gefühle und Empfindungen zum Ausdruck zu bringen. Andere Lieder und Tänze ahmen die Töne und Bewegungen von Tieren nach, von Vögeln und Insekten – sie alle haben ihre eigenen »Kamuy«. Wird eine mythische Geschichte, ein »Yukar«, erzählt, dann nimmt der Erzähler den Charakter des Helden an, sei es ein Geist, ein Tier oder ein Dämon. So schlüpft der Erzähler gewissermaßen in diese Gestalt hinein und kann damit dessen Wissen und Kraft allen mitteilen. So wird die Untrennbarkeit der Ainu von der »Kamuy«-Natur des Universums immer wieder beschworen.

»Yukars«, die bis zu zehntausend Zeilen lang sein können, werden nur aus dem Gedächtnis wiedergegeben; schriftliche Aufzeichnungen gibt es nicht. »Yukars« beinhalten Schamanengesänge, Erzählungen über die »Kamuy«, Schöpfungslegenden, Heldenepen und romantische Geschichten. Sie sind etwa 600 Jahre alt; davor gab es eine geheime Tradition, die auf Schamanenvisionen früherer Zeiten beruhte.

Für die Ainu findet die Wirklichkeit des Heiligen ihren Ausdruck in der Welt der Natur. In den »Yukars« und den Ritualen (mit ihren Tänzen und Liedern) hat sich eine mythische Erbschaft erhalten, die alles durchzieht: Kunst, Wissenschaft und Religion. Der fremde Beobachter sieht nur, daß die Ainu auf den kargen nordjapanischen Inseln ein eintöniges, armseliges Leben führen. Aber sie selbst, mit dem Reichtum und der Kraft ihrer Mythen und ihrer rhythmischen Sprache, glauben, daß ihre Welt die »Wiege der Kamuy« sei – der schönste Ort der Welt, den die Geister allen andern vorziehen.

Mythologie in unserer Zeit. Man hat den Mythos die »alles durchdringende Atmosphäre einer Gesellschaft, die Luft, die sie atmet«, genannt.[74] In einer Reihe von Aufsätzen mit dem Titel *Mythen, die Amerika beherrschen* schreiben Herbert London und Albert Weeks unter anderem: »Mythen sind immer da, wo es Zivilisation gibt, ganz gleich, wie unsichtbar oder unberührbar sie auch sein mögen.«[75] Max Müller schreibt 1873 in seiner *Einführung in die Religionswissenschaft*: »Wir können sicher sein, daß es heute ebenso Mythologie gibt wie zu Homers Zeiten, nur nehmen wir sie nicht wahr, weil wir in ihrem Schatten leben.«[76] James Hillman meint, daß alles, was über die Welt geschrieben oder berichtet wird, mythisch ist: »Eine Geschichte wird (über das Ereignis) erzählt in den Metaphern der Geschichtswissenschaft, der Logik oder physikalischer Kausalität ... Alle Erklärungen, welcher Art sie auch immer sein mögen, kann man als erzählerische Phantasien betrachten und als Mythen identifizieren.«[77] Und James Robertson betont, daß »Mythen und die nichtrationalen Denkprozesse, deren Medium Mythen sind, Teil der menschlichen Lebensbedingungen überhaupt sind. Diesen Bedingungen entkommen wir nicht – und auch nicht den Mythologien, die damit verbunden sind.«[78]

Es gibt viele Anzeichen dafür, daß die Mythen unserer westlichen Kultur sich widersprechen, sich verändern: Konflikte in religiösen und sozialen Institutionen, das Aufkommen vieler verschiedener Interessengruppen, Veränderungen im politischen Klima wie auch in unseren Träumen, Zielen und unseren Leiden. Eine Gruppe von Geschichtswissenschaftlern, Psychologen und andern Sozialforschern ist all diesen Ereignissen ganz explizit unter dem Gesichtspunkt, daß sich hier die Mythologie einer Kultur verändert, nachgegangen; einige Mitglieder dieser Gruppe bemühen sich zur Zeit um eine Zusammenstellung dieser Beobachtungen.

Für James Robertson kombinieren Mythen »nichtrationale Elemente im menschlichen Denken und Handeln sehr effektiv mit dem Rationalen, Visionen und Ideale mit der Wirklichkeit«.[79] Mythen fanden traditionell ihren Ausdruck in Erzählungen, die zeigten, wie ein Volk in einer jeweiligen Kultur glaubte, daß die Welt sei; in modernen Gesellschaften nehmen sie viele verschiedene Formen an, auch die gemeinsamer Verhaltens-, Glaubens- und Wahrnehmungsmuster. Neuerdings stehen Mythen auch in Konkurrenz zueinander oder sind einem raschen Wechsel unterworfen.

So war zum Beispiel die »Gehirnwäsche« während des Korea-Krieges ein frontaler Angriff auf die Mythen amerikanischer Kriegsgefangener – Mythen, die ihr Land, ihre politische Ideologie und den Krieg überhaupt betrafen. Jerome Bruner hat festgestellt, daß der Mythos des »furchtlosen Soldaten« im Ersten Weltkrieg noch so stark war, daß die Soldaten ihre Angst völlig verdrängten. Das Ergebnis waren häufig geistige Verwirrung und Bewußtseinsstörungen, die man »Bomben-Schock« nannte (dieser irreführende Begriff beruhte auf der Annahme, daß die Erschütterung durch explodierende Bomben und Granaten winzige Blutungen im Gehirn auslöste; später zeigte sich, daß solche Verwirrungszustände vor allem mit unterdrückter Angst und anderen Schockerlebnissen zusammenhingen). Fünfundzwanzig Jahre später war der Zweite Weltkrieg von einem ganz anderen Mythos beherrscht: Auch Soldaten waren fehlbare Menschen und durften Angst haben. Die psychologischen Umstände waren so anders, daß ein neuer Begriff für ein neues emotionales Streßsyndrom geprägt wurde: »Kampfmüdigkeit« (auch dies ein irreführender Begriff, denn er basierte auf der Annahme, daß körperliche Erschöpfung der wichtigste Faktor sei). Bruner bemerkt, daß »die Fallgeschichten (aus den beiden Weltkriegen) so verschieden voneinander sind wie die Mythen, mit denen die Männer Angst und Erschöpfung zu kontrollieren versuchten«.[80]

London und Weeks betonen, daß »Mythen nützlich und zerstörerisch sein können. Sie können Leistungen von olympischen Dimensionen möglich machen, aber ebenso zu Trägheit und Rachsucht verführen.«[81] Nach Robertson sind »die amerikanischen Mythen in der Geschichte der Menschheit vergleichsweise neu. Aber sie sind nicht weniger stark und zäh, nur weil sie erst zehn oder fünfzehn Generationen alt sind.«[82] Frances Fitzgerald meint, daß der amerikanische Mythos »der Mythos von Kreativität und Fortschritt ist, des ständigen Vorwärtsgehens zu immer mehr Macht und Wohlstand, sowohl für den einzelnen wie auch für das ganze Land. Die Amerikaner sehen Geschichte als gerade Linie und sich selbst an deren Spitze, als Repräsentanten der ganzen Menschheit« (zitiert in [83]). London und Weeks verfolgen diese Entwicklung zurück:

Im neunzehnten Jahrhundert tauchte zusammen mit dem Glauben an Darwins Lehre der Mythos des Fortschritts auf. Er fand seinen Ausdruck in vielen Phänomenen, für die der Glaube an das »offene

Schicksal« typisch war. Er löste mit schlafwandlerischer Sicherheit den alten, »irrationalen« Glauben an eine von der Vorsehung geplante Zukunft ab ... Entsprechend war im letzten Jahrhundert wie auch in diesem Fortschritt ein Synonym für Optimismus (London und Weeks, op. cit. S. XIII–XIV).

William Irwin Thompson drückt das so aus: »Der ungemein attraktive Mythos der Freiheit in der industriellen Gesellschaft ist der Mythos *Vom Tellerwäscher zum Millionär* ... Dies ist der wichtigste Mythos der sich entfaltenden Mittelklasse. Und der industrielle Mythos der Freiheit läßt sich auf die – unausgesprochene – Formel bringen: *Du bist, was du besitzt.*«[84] Aber alle hier Zitierten würden sicher mit Bob Dylans Feststellung übereinstimmen: »Die Zeiten ändern sich.« Maxine Schnall beschreibt die Zeit zwischen den dreißiger und den siebziger Jahren in Amerika so: die depressiven Dreißiger, die patriotischen Vierziger, die konservativen Fünfziger, die revolutionären Sechziger, die selbstsüchtigen Siebziger. 1980 nennt sie die Herausforderungen, die das kommende Jahrzehnt mit sich bringt: » ... unsere wichtigsten Energiequellen sind erschöpft, unsere Wirtschaft ausgepumpt, unsere Regierung überfordert ...« – eine Zeit, die Historiker schon das »Zeitalter der Grenzen« genannt haben. Maxine Schnall aber spricht die Hoffnung aus, daß dieses Jahrzehnt eine Zeit der persönlichen Expansion werden könnte, die man vielleicht einmal die »beteiligten Achtziger« wird nennen können.[85]

Thompson geht so weit, zu sagen, daß »eine Technologie-Gesellschaft, die einen Schritt in die Zukunft tun will, das Gewicht von den Maschinen auf den Mythos verlegen muß«.[86] Wir wollen diesen provokativen Vorschlag vor allem im Bezug auf drei besonders schwierige Bereiche westlicher Mythologie erwägen: die Vorherrschaft einseitiger Mythen; die Dominanz einer positivistischen oder materialistischen Philosophie und ihre Mängel; das Erwachen eines neuen Mythos der Schwäche und Hilflosigkeit angesichts der gegenwärtigen Weltkrise.

Nach Gilbert Durand bedeutet das Festhalten an einseitigen Mythen, den Bereich des menschlichen Bewußtseins unzulässig einzuschränken, die Möglichkeiten des Menschen zu beschneiden und die allgegenwärtige Entfremdung noch zu verstärken.[87] London und Weeks nennen Beispiele für einseitige Mythen: der Mythos der absoluten Freiheit, der Mythos des Reichtums für jedermann, der Mythos der völligen Gleichheit, der Mythos, das Problem der Armut sei durch Regierungsmaßnahmen zu lösen, der Mythos, daß auch die meisten anderen sozialen Probleme ganz leicht zu lösen seien.[88] Die Einseitigkeit, das »Alles-oder-Nichts« dieser Mythen fördert die Entfremdung so sehr, daß sich viele Menschen in ihrer eigenen Kultur wie »im Exil« fühlen. In den großen Heldenmythen gab es immer ein freiwilliges oder erzwungenes Exil, eine Verbannung aus der eigenen Kultur, aber »die Mythen des Exils ergeben keinen Sinn ohne Mythen von Rückkehr und Erneuerung, Mythen, die eine Gemeinschaft mit dem Urgrund des Seins versprechen«.[89] Ohne das Gefühl des Wieder-ganz-Werdens, das diese Mythen bilden, sind wir wie Menschen, welche »die Richtung verloren« haben und vergeblich versuchen, zum »richtigen Weg« zurückzufinden.[90]

Viele Forscher meinen, daß unsere Schwierigkeiten auch aus der Überbewertung des Rationalen entstehen. Nach London und Weeks sind »wir so versessen auf angeblich *rationale* Vorstellungen, die auf wissenschaftlicher Logik und empirischen *Beweisen* beruhen, daß wir absichtlich Mythen zerstören oder anscheinend irrationale durch *neue,* rationale ersetzen«.[91] Der englische Gelehrte Owen Barfield analysiert die Situation treffend so: »Unter all den bedrohlichen Zeichen in der Mitte dieses zwanzigsten Jahrhunderts ist es wahrscheinlich das wachsende Gefühl der Bedeutungslosigkeit, das denkende Menschen mit den schlimmsten Ahnungen erfüllt. Denn es ist die Grundlage der meisten anderen Bedrohungen. Wie kommt es nur, daß der Mensch, je mehr er die Welt zu seinen Gunsten manipulieren kann, desto weniger Sinn in ihr wahrzunehmen vermag?«

Barfield verfolgt diesen Widerspruch zurück zu »einem klar identifizierbaren, relativ jungen Stück Geschichte«. Mit dem Beginn der wissenschaftlichen Revolution vor etwa 300 Jahren »begann der menschliche Verstand sich ganz anders auf die Welt zu beziehen. Man machte es sich zur Gewohnheit, die Tatsachen der Natur sorgfältig zu beobachten und systematisch in Begriffen von physikalischer Ursache und Wirkung zu interpretieren; diese Gewohnheit wurde immer stärker und hatte unberechenbare, aber meist wohltätige Folgen durch die Anhäufung praktischen Wissens, das die Manipulation der Natur möglich macht«. Im neunzehnten Jahrhundert wurde ein weiterer Schritt getan, als »die zur Gewohnheit gewordene Praxis bei der Suche nach Wissen zum Dogma wurde, das man *positive* Philosophie oder Positivismus nannte. Positivismus ist die philosophische Bezeichnung für einen Glauben, den man heute eher unter dem Namen *Materialismus* kennt. Er ist die Doktrin ... daß die oben erwähnte Methode, die Tatsachen der Natur zu interpretieren, nicht einfach eine nützliche, sondern die einzig sinnvolle Methode ist.«[92]

Barfield zeigt überzeugend den Zusammenhang zwischen diesem Reduktionismus und der gegenwärtigen Bedeutungskrise. Er sieht allerdings nicht, daß diese Bewegung sich auch leicht umkehren kann, und vergleicht dieses Dilemma mit einem anderen:

Wer sich mit dem mittelalterlichen Denken nicht beschäftigt hat, wird kaum glauben, wie hartnäckig und eingefleischt die Vorstellung war, es sei unmöglich, über Aristoteles hinauszugehen. Originalität, neue Entdeckungen, Experimente – all das war sehr willkommen, vorausgesetzt, es sprengte nicht den Rahmen Aristotelischer Vorstellungen: zum Beispiel, daß die Erde der Mittelpunkt des Universums sei, daß Himmelskörper kein Gewicht hätten, daß Glut oder Feuer eines der Elemente sei. Dies wurde für absolut selbstverständlich gehalten, und alles, was auch nur den Schatten eines Zweifels auf seine Gültigkeit zu werfen schien, rief – vor allem bei den anerkannt führenden Denkern dieser Zeit – eine heftige Reaktion hervor, wurde als Unsinn oder gar als Blasphemie verdammt. Die Beschäftigung mit dem Übergang vom mittelalterlichen zum modernen Denken ist zugleich auch die Beschäftigung mit dem qualvollen, schmerzlichen Kampf, sich von jenem Dogma zu lösen. Wenn wir nun statt »Aristotelisches Denken« »Positivismus« sagen, dann wird wenigstens andeutungsweise klar, was uns erwartet, wenn wir hier die ersten Zweifel hegen. Denn zu glauben, wir seien heute vernünftiger und toleranter, ist ein Fehler; wir sind nur in bezug auf ganz bestimmte Dinge tolerant und vernünftig.[93]

Der Positivismus erlaubt es dem einzelnen zwar – so Barfield –, der Natur mehr und mehr zu entreißen, und gibt ihm geradezu »wunderbare Möglichkeiten manipulativer Kontrolle ... Gleichzeitig aber hat der Mensch das Gefühl einer Gemeinschaft mit den inneren Ursprüngen äußerer Dinge verloren, das die Wahrnehmung ihrer Bedeutung möglich macht. Er kann dieses Gefühl nur dann wiedergewinnen, wenn er seine Wissenschaft über ihre gegenwärtigen positivistischen Begrenzungen hinaus entwickelt ...«[94]

London und Weeks sprechen zu Anfang der achtziger Jahre vom »Mythos der Hilflosigkeit«, der »sonst ganz rationale Geister wie ein Fieber erfaßt hat«. Zwar betonen sie das dringende Bedürfnis nach einem transzendierenden Mythos von Handeln und Einigkeit, fahren dann aber fort: »Optimismus – der den Blick in die Zukunft Amerikas noch bis vor fünfzehn Jahren prägte – ist durch Fatalismus ersetzt worden ... Die Zukunft, die einst vor herrlichen Möglichkeiten nur so barst, ist nun verstellt mit unlösbaren Problemen ... Zur Zeit ist es nicht übertrieben, zu sagen, daß Hoffnung und kulturelle Lebenskraft im Schwinden sind, während ein Mythos der Hilflosigkeit ihren Platz einnimmt.«[95]

Die moderne Zivilisation scheint einen Punkt erreicht zu haben, an dem die lebendigen kulturellen Mythen vergangener Zeiten bruchstückhaft geworden sind, verzerrt, schwach oder tot. Und so ist die Menschheit nun von den mythischen Bereichen abgeschnitten, die ihr Hilfe und Trost sein könnten. Die Armut an Ritualen, die man bei amerikanischen Familien beobachten kann, sei, so Jules Henry, ein Zeichen für den kulturellen Verfall. Wenn eine primitive Kultur sich unter dem Einfluß des Westens aufzulösen beginnt, so ist eines der ersten Zeichen dafür die Auflösung zeremonieller Systeme. Innere Disorganisation, Werteverlust und der allmähliche Zerfall zwischenmenschlicher Beziehungen folgen.[96] Es gibt keine *gemeinsame* Mythologie mehr, die all die Bedürfnisse vereinen könnte, denen kulturelle Mythen eben dienen; keine Mythologie mehr, die hilft, mit Widersprüchen fertig zu werden. Andererseits: die mythischen Entwicklungen unserer Tage, die am meisten Hoffnung und Leben bringen, entstehen alle aus Bewegungen, deren Thema – auf welche Art auch immer – die unvorstellbaren Schrecken sind, die uns alle bedrohen.

Wir glauben – und das werden wir in diesem Buch zeigen –, daß gerade diese Zeit die Menschen anspornt, neue Wege zu finden, indem sie sich den inneren Quellen menschlichen Geistes wieder zuwenden. Wir wissen, daß der traditionelle Weg, dies zu erreichen, an Gültigkeit verloren hat. Wir glauben aber, daß das Verständnis der mythischen Dimensionen unseres Bewußtseins zusammen mit neuesten wissenschaftlichen Erkenntnissen es möglich macht, eine systematische und rationelle Methode zu finden. Eine Methode, dieses große Dilemma schöpferisch und effektiv anzugehen – indem wir verstehen, wie wir unsere persönlichen Mythen entwickeln und uns auf sie beziehen. Zum Schluß dieses Kapitels wollen wir noch einen Blick auf die Veränderungen der Mythologie in der Familie werfen – der Institution, die besonders gefordert ist, für ihre Kinder persönliche Mythen zu entwickeln.

Mythisches Beben in der Familie

Die Familie ist so etwas wie ein Schmelztiegel, in dem aus Vererbung und kulturellem Mythos eine einzigartige mythische Form entsteht, die bestimmend ist für unser aller Entwicklung. Eine Voraussetzung für menschliche Kultur ist es, daß wir in unseren ersten Lebensjahren so überwältigend abhängig sind von anderen Menschen. Ashley Montagu betont, daß wir, »was immer wir als menschliche Wesen wissen und tun, zuvor von anderen menschlichen Wesen haben lernen müssen. Im Vergleich dazu müssen Tiere nur sehr wenig lernen. Für das meiste, was sie tun, sind sie durch den Instinkt ausgerüstet, das heißt, durch automatisches Handeln ohne Nachdenken oder Entwurf.«[97] Andererseits sind wir ausgezeichnet durch unsere außerordentlich »plastischen«

Möglichkeiten. Die Mythologie eines Menschen bestimmt weitgehend, welche dieser Möglichkeiten er entwickeln wird. Ein persönlicher Mythos kann eine Seite des Menschen besonders zur Entfaltung kommen lassen, eine andere völlig hemmen. Die Familie wählt und übernimmt »die kulturellen Mythen, deren Anteile und Symbole für jedes Familienmitglied wichtig und bedeutungsvoll sind«.[98] Sie ist dann auch die erste Instanz, die die Entwicklung des leitenden Mythos jedes Menschen beeinflußt und bestimmt. Ein Kommentar aus dem chinesischen *Buch der Wandlungen (I Ging)*, dem vermutlich ältesten Buch der Erde, zeigt die Familie als »Gesellschaft im Kleinen«:

Sie ist der Heimatboden, auf welchem die Ausübung moralischer Pflicht leicht wird durch natürliche Zuneigung, so daß im kleinen Kreis die Grundlage moralischer Lebensführung geschaffen wird. Dieser Kreis wird später erweitert, um menschliche Beziehungen im allgemeinen einzuschließen.[99]

Die moderne Familie auf unsicherem Grund. Der familiäre Schmelztiegel hat sich in der Hitze ständiger gesellschaftlicher Veränderungen mittlerweile selbst verformt. Mit dem eigenen Schicksal fertig zu werden ist auch in einer stabilen Gesellschaft Herausforderung genug. Heute aber verändert sich nicht nur der normale Lauf des Lebens mit atemberaubender Geschwindigkeit, nein, auch die Familie, der verläßliche Eckstein, welcher Orientierung und Sicherheit gewährte in den Wechselfällen des Lebens, auch sie versinkt im wirbelnden Chaos. Der »Tod der Familie« ist eines der beliebtesten Themen unserer Zeit, und, um das mindeste zu sagen, die Wiege schaukelt tatsächlich ziemlich heftig.

Noch bis vor kurzem war die Familie in den westlichen Industrienationen eine stabile Institution. Die Beziehungen zwischen den Geschlechtern und den Generationen – so ungleich und unfair sie auch oft waren – blieben meist auch in ansonsten stürmischen Zeiten ungestört. Die »ideale Familie« befand sich in schönster Übereinstimmung mit dem Mythos der Kultur. Die Soziologen Brigitte und Peter Berger stellen dazu fest:

Das Ideal konnte in eine Vorstellung übersetzt werden, und die wiederum diente als Modell für Handlungen und Wünsche zahlloser Menschen, die sozusagen diese Vorstellung mit ihrem eigenen Leben »ausfüllen« konnten. Diese Vorstellung ist leicht zu beschreiben: ein verheiratetes Paar mit kleinen Kindern, die im eigenen Haus zusammenleben und eine vertraute, schützende kleine Welt bilden, die Nahrung und Fürsorge für alle Beteiligten bietet. Bis vor ganz kurzer Zeit wurde diese kulturell begründete Vorstellung nicht nur von Kirche und Staat, sondern auch von den Medien und allen, die mit der Familie beruflich zu tun hatten, unterstützt. Jede Abweichung davon wurde als unnormal und unglücklich angesehen; sie gehörte zur Gegenvorstellung der »gestörten Familie«.[100]

In den letzten Jahren haben sich diese Normen in einem verblüffenden Ausmaß verändert; die Abweichungen von jenem Ideal sind Legion. In den fünfziger Jahren wiesen 70 Prozent aller amerikanischen Haushalte die »typische« Familienkonstellation auf, nämlich den geldverdienenden Vater, die Mutter als Hausfrau und dazu ein oder mehrere Kinder. Zwei Jahrzehnte später findet sich die »typische« amerikanische Familie nur noch in 15 Prozent aller Haushalte! Eine Anzeige im Magazin *Families* stellt fest, daß die heutige Familie so aussehen kann:

> Mutter, Vater und 2, 4 Kinder;
> ein Paar mit vier Kindern: ihre, seine, ihre gemeinsamen;
> eine sechsundzwanzigjährige Sekretärin und ihr Adoptivsohn;
> ein Paar, das alles miteinander teilt, nur nicht die Heiratsurkunde;
> ein pensioniertes Ehepaar, das den Enkel aufzieht.[101]

Nicht nur die Struktur der Familie hat sich geändert – auch Wertvorstellungen, die für die westliche Kultur und Moral von entscheidender Bedeutung sind, wurden zu heftig umkämpften Streitpunkten: von der Abtreibung über die Kindererziehung bis hin zur homosexuellen Ehe. Das neunzehnte Jahrhundert hat die Blütezeit der Viktorianischen Epoche gesehen, einer Zeit mit einem ganz neuen Familienmythos. Dieser Mythos betonte die »hochstehende« Moral und feste sexuelle Richtlinien, das Wohlergehen und die richtige Erziehung der Kinder, Wertvorstellungen, die zu ökonomischem Erfolg und bürgerlicher Harmonie führten, den äußeren Anschein von Religiosität und Begeisterung für die schönen Künste und nicht zuletzt die Verpflichtung zur Wohltätigkeit. Einer der wichtigsten Aspekte der viktorianischen Mythologie war die neue Rolle der Frau als Verfechterin all dieser Regeln, sowohl zu Hause, wo sie meist die Verantwortung hatte, wie auch in der Öffentlichkeit. »Die bürgerlichen Frauen in England und Amerika waren die Sturmspitzen all jener Bewegungen, die die anderen Klassen der Gesellschaft zu den Segnungen des Mittelklasse-Familienethos bekehren wollten, sei es durch gute Werke privater Natur oder indem sie Politiker zu neuer Gesetzgebung drängten.«[102]

In unserem Jahrhundert haben die »Spannungen der Modernisierung« die Familie von allen Seiten bedrängt. Die Marxisten kritisierten sowohl die bürgerliche wie auch die Familie der Arbeiterklasse; die eine war die Verkörperung aller Laster der ausbeutenden Klasse, die andere das schweigende Opfer dieser Ausbeutung.[103] Die »Kernfamilie« wurde in einer immer beweglicheren Gesellschaft immer isolierter. Die Familie wurde nicht länger gebraucht, um ihre wichtigen Aufgaben früherer Zeiten zu erfüllen: etwa die Bildung wirtschaftlicher Produktionseinheiten. Und sie erfüllte auch andere Aufgaben nicht mehr zuverlässig, zum Beispiel die praktikabler Rollenfestschreibungen und emotionaler Unterstützung für die Großeltern-Generation. In den vierziger Jahren, zwei Jahrzehnte, bevor die Scheidung in Mode kommt, schreibt Margaret Mead:

Das amerikanische Eheideal ist eins der deutlichsten Beispiele dafür, wie wir darauf bestehen, nach den Sternen zu greifen. Es ist wohl die schwierigste Form von Ehe, die die Menschheit sich je hat einfallen lassen, und wenn man bedenkt, welch umfangreiche Aufgabe dies ist, dann sind die Fehlschläge noch erstaunlich geringfügig. Aber dieses Ideal steht so hoch, und der Schwierigkeiten sind so viele, daß man in diesem Bereich des amerikanischen Lebens sicher eine rigorose Überprüfung der Beziehung zwischen Ideal und Praxis fordern muß.[104]

Dieser prophetische Rat wurde nicht befolgt, und die Folgen waren noch nicht aufgearbeitet zu Anfang der fünfziger Jahre, als Kriegsveteranen und kriegsdienstverpflichtete Frauen nach Hause zurückkehrten, der Baby-Boom seinem Höhepunkt zusteuerte, der Reichtum der Nachkriegszeit das Vorstadtleben gedeihen ließ und geographische und soziale Beweglichkeit zum »way of life« wurden. Die Mittelklasse-Familie war der große Erfolg, konzentrierte sich immer mehr auf die Kinder, legte die Frauen auf die Rolle der Mutter, Ehefrau und Hausfrau fest.[105]

Diese Hausfrau war jedoch ganz auf sich selbst zurückgeworfen im sozialen Vakuum der Mittelklasse-Vorstädte, wo »die Frauen sowohl örtlich als auch sozial von den nichthäuslichen Aktivitäten ihrer Ehemänner getrennt waren und häufig eine Art Käfig-Effekt erlebten«.[106] Einige Frauen wehrten sich dagegen, aus eigenem Antrieb oder anderen Gründen, diese Rolle als wichtigste Mission ihres Lebens zu akzeptieren. Psychotherapeuten, die meist ihre Aufgabe darin sehen, Menschen dabei zu helfen, sich dem Mythos ihrer Kultur erfolgreicher anzupassen, haben diesen Widerstand häufig als neurotische Störung behandelt. Und die Probleme niederer sozialer Schichten oder ganzer ethnischer Bevölkerungsgruppen, die diesem neuen Bild familiären Erfolgs ganz und gar nicht entsprachen, wurden oft mit einer gewissen Verachtung den Sozialarbeitern oder anderen Mitgliedern der »Helfer«-Berufe zugeschoben.

Gleichzeitig aber wurde »die Erfolgsgeschichte der neuen Mittelklasse-Familie in ihrer puren Form schon sauer«.[107] Die kritischen Stimmen, die in den fünfziger Jahren nur ein Murmeln gewesen waren, schwollen in den Sechzigern zu einem Crescendo an. Dieses neue Gefühl bekam Gestalt durch Betty Friedans Buch *The Feminine Mystique.*[108] »Friedan griff eine unterschwellige Stimmung auf, gab ihr eine literarische Form und half dann, sie zu verbreiten und zu rechtfertigen. Die Rebellion war da, gegen die Familienideale des vorhergegangenen Jahrzehnts, gegen seinen Privatismus ... und seine *Repressivität.*«[109] Mit Schlagwörtern wie »Der Kult der Häuslichkeit«, »Die unwandelbaren Gesichter Evas« und »Das Problem, das keinen Namen hat« trug Betty Friedan dazu bei, dem Bewußtsein der Kultur einzuprägen, wie ungerecht die repressiven Mythen über Frauen und ihre Rolle waren. Den vorherrschenden Familienmythos in Frage zu stellen wurde zum Hauptanliegen sozialer Bewegungen, die für Abtreibung, die Rechte älterer Bürger, die Befreiung der Homosexuellen und für die Sache der Feministinnen kämpften. In den siebziger Jahren wurde über all das nicht nur heftig diskutiert, sondern auch viel daran verändert: in der Wohlfahrt, bei der Geburtenregelung, bei Kindesmißbrauch und der Mißhandlung von Ehefrauen. Und wie so oft, wenn ein neuer Mythos konventionelle Werte in Frage stellt, wurden auch hier die Gegenkräfte gestärkt und nahmen Gestalt an. Eine Bewegung »für die Familie« entstand, um die traditionellen Werte zu verteidigen und gegen die phantasierten Schrekken von Abtreibung, Feminismus, Homosexualität und Verweltlichung zu Felde zu ziehen. Der Konflikt zwischen diesen Gruppen tobte bis in die achtziger Jahre, oft zugespitzt in dramatischen Konfrontationen. In der Zwischenzeit aber arbeitete die Hälfte aller verheirateten Frauen außer Hause, und über ein Drittel der amerikanischen Ehen endete mit der Scheidung.

Prüfstein Geschlechtsidentität. Aus diesem Tumult in der Familie erwuchs, ob zum Guten oder zum Schlechten, die Identität des modernen Menschen. Das Chaos in der Familienstruktur brachte auch eine Verarmung an inspirierenden Heldenbildern und sozialen Visionen mit sich, mit denen sich die Menschen hätten identifizieren können. Es ist nichts weniger als erstaunlich, daß die Verwirrung darüber, wie man sein und wonach man streben sollte, allgegenwärtig ist. Die Frage, was es bedeutet, eine Frau in einer Familie zu sein, oder was es heißt, ein Mann zu sein, war besonders konfliktträchtig. Der Zusammenbruch der stereotypen Geschlechterrollen hat sicher viele neue Möglichkeiten mit sich gebracht; er hat aber auch für quälende Verwirrung und Unsicherheit gesorgt. Frauen, die in dem Glauben erzogen worden waren, daß Mutterschaft das Wichtigste im Leben sei, mußten nun hören, wie Freunde und angesehene Fachleute Mutterschaft und Ehe der Sklaverei gleichstellten. Junge Männer, denen man beigebracht hatte, daß Arbeit und Pflichterfüllung die größten Tugenden seien, sahen sich als »Workaholics« abgestempelt oder wegen ihres »hohen Leistungsbedürfnisses« verachtet. Frauen, die höhere Ränge in Firmen oder Institutionen einnehmen, haben heute ebenso oft Bluthochdruck, Magengeschwüre und Herzkrankheiten wie Männer. Männern, die der Frauenbewegung recht gaben, was die Beschränktheit gegenwärtiger Mythen bezüglich der männlichen Rolle angeht, und versuchten, sensibler und gefühlvoller zu sein, hat man vorgeworfen, sie hätten ihre Männlichkeit geopfert.

Der Dichter Robert Bly hat versucht, eine Trennungslinie zu ziehen zwischen den mythologischen Bildern, die Männer brauchen, um in unserer Zeit ihre Fähigkeiten zu entwikkeln, und der »starken, aber destruktiven chauvinistischen Persönlichkeit, von der wir *weg*kommen wollen«. Anhand des Grimmschen Märchens vom *Eisernen Hans* zeigt er, wie wichtig es für den Mann ist, die Kräfte wiederzuerwecken, die in tiefen und primitiven Instinkten liegen:

Der Mann, der mit dem Wilden in sich in Berührung ist, ist wirklich stark: er kann laut sagen, was er will, wie es der Mann der sechziger und siebziger Jahre nicht kann. Die Annäherung an den eigenen weiblichen Bereich aber, die der Mann der sechziger und siebziger Jahre vollzogen hat, ist unendlich wertvoll und darf nicht aufgegeben werden. Die Fähigkeit eines Mannes, laut zu brüllen und wütend zu sein, bedeutet *nicht*, Menschen als Objekte zu behandeln, Länder und Reiche zu fordern, destruktive Aggression zu zeigen – das Modell des Mannes in den fünfziger Jahren. In Berührung zu kommen mit dem Wilden in sich selbst bedeutet religiöses Leben für den Mann – im weitesten Sinne des Begriffs. Der Mann der fünfziger Jahre war fast völlig weltlich; wir sprechen hier also nicht von einer Bewegung zurück.[110]

Während die körperlichen Unterschiede zwischen den Geschlechtern offensichtlich sind, hat es über das Ausmaß angeborener psychischer Unterschiede viel Streit gegeben. Viele Kulturen, unsere eingeschlossen, setzen »maskuline« und »feminine« Eigenschaften als Gegensätze einander gegenüber, etwa in der folgenden Art: Von Frauen erwartet man, daß sie passiv sind, weich, vorsorgend, geduldig, abhängig und aufs Häusliche beschränkt. Männer hingegen sollen aktiv sein, hart, beschützend, fordernd, aggressiv und fürs Öffentliche zuständig. Indessen sind diese Stereotype für die meisten Menschen nicht mehr wahr oder praktikabel. Und die, die meinen, daß in jedem Menschen beides zu finden sei, verweisen oft auf mythische Schöpfungsgeschichten. So erzählt Plato, daß die Menschen einst am Rücken miteinander verbunden waren, bis die Götter sie in der Mitte teilten, damit sie einander ins Gesicht sehen und sich lieben konnten. In der *Genesis* wird Eva aus Adams Rippe erschaffen, damit er eine Gefährtin hat.

Diese und andere androgyne Schöpfungsmythen erinnern uns daran, daß nicht nur der menschliche Körper sowohl männliche wie weibliche Hormone enthält, sondern daß auch die Seele des Menschen Eigenschaften beider Geschlechter hat. Gesellschaften unterscheiden sich in ihren Vorstellungen von »männlich« und »weiblich« und darin, welche Varianten entwickelt werden. Soziale Regeln können Geschlechtsunterschiede schaffen, sie aber auch unterdrükken. In westlichen Kulturen verändert sich heute die Haarlänge bei Männern und Frauen mit der Tagesmode. In anderen Kulturen jedoch, etwa bei den Tikopians, tragen die Frauen die Haare kurzgeschoren und die Männer lang und offen, so daß sie malerisch hin und her wehen wie die Gischt des Ozeans, wenn die Männer den »Kanu-Bogen-Tanz« tanzen. Es gibt auch Kulturen, wo die Frauen die Arbeit tun, während die Männer tratschen, und wo Männer liebevoll getröstet werden, wenn sie schreckliche »Wehenschmerzen« erleiden, während ihre Frauen Kinder bekommen.

Gloria Steinem erinnert sich, daß die weiblichen Charaktere der Comics, die sie als Kind las, dem Rollen-Stereotyp entsprachen: Die Frauen bewunderten die Leistungen der

Männer, durften auch ein bißchen helfen, wenn es nicht gar so wichtig war; im übrigen waren sie passiv, wurden beschützt und – im Falle der Gefahr – vom Mann gerettet. Aber dann geschah etwas:

> Aus dieser mißlichen Lage wurde ich im Alter von sieben oder acht Jahren gerettet, gerettet (bei Hera!) von einer Frau. Sie war so weise wie Athene, so schön wie Aphrodite; aber sie war auch so schnell wie Merkur und so stark wie Herkules. Natürlich brachte sie als Amazone die besten Voraussetzungen für all das mit, aber sie hatte auch auf ganz menschliche Weise dafür trainiert, indem sie mit ihren Amazonenschwestern Wettkämpfe in Schnelligkeit und Gewandtheit abhielt ... Sie war schön, tapfer und lebte ganz ausgesprochen dafür, »eine Welt, die zerrissen ist vom Krieg und Haß der Männer«, zu verändern. Sie war »Wonder Woman«. Wenn ich heute an diese »Wonder-Woman«-Geschichten der vierziger Jahre denke, dann bin ich eigentlich erstaunt über ihre feministische Botschaft.[111]

Viele Leser, die noch ganz am Patriarchat hängen, dürften sehr verblüfft gewesen sein über Bücher wie Merlin Stones *When God was a Woman*[112] und Naomi Goldenbergs *Changing of the Gods*[113], die sehr beredt deutlich machen, wie sehr das Geschlecht des höchsten Wesens von der jeweiligen Kultur abhängig ist. Als die mächtigsten Götter noch weiblich waren, war auch der kulturelle Stil wesentlich anders als nach dem Auftauchen männlicher Gottheiten. Die Geschlechtsstereotypen, die unser Leben so sehr beeinflussen, spiegeln oft religiöse Vorstellungen wider.

Zugleich mit solchen Erschütterungen patriarchalisch-religiöser Institutionen kamen in den letzten Jahren einige sehr lebendige psychospirituelle Bücher heraus, die sich mit den mythischen Vorstellungen von Frauen befassen.[114–117, 24] Marta Weigle meint, da die meisten noch existierenden Dokumente, Felddaten und Interpretationen von Männern – Schriftstellern, Gelehrten und Künstlern – stammten, wüßten wir mittlerweile zwar einiges über Frauen *in* der Mythologie, aber fast nichts über die *Mythologie der Frauen* – die Geschichten, die Frauen »untereinander und in Gesellschaft ihrer kleinen Kinder erzählen, ihre Rituale und Ansichten, ihre Auslegungen und ihre Bewertung der symbolischen Ausdrucksweisen, ihrer eigenen und der ihrer Männer«.[118] 1981 schrieb Betty Friedan, daß »die Frauenbewegung so weit gekommen ist, wie es mit Begriffen von Frauen allein möglich ist«.[119] Sie fährt fort, daß »das zweite Stadium« der Frauenbewegung sich mit der Familie auseinandersetzen muß, vielleicht auch die Veränderung politischer Institutionen zum Thema haben könnte, und daß Männer bei diesem Prozeß vermutlich sehr wichtig sein werden. Inzwischen gibt es Anzeichen, daß das Familienleben wieder neu bewertet wird, auch wenn die Familienstrukturen unterschiedlicher sind als je zuvor.[120]

Auch die Vorstellungen von der stereotypen »Idealfamilie« und die entsprechenden Geschlechtsidentitäts-Mythen aus früheren Zeiten verlieren an Grund; neue Ansichten, die ihren Platz einnehmen werden, entwickeln sich in den persönlichen Mythen der Menschen, die ihr Leben ohne die sicheren Strukturen der Vergangenheit leben müssen.

Mythische Grundlagen für die Zukunft der Familie. Vorteil einer mythologisch orientierten Psychologie ist der, daß Themen, die auf der sozialen Ebene ohnehin auftauchen werden, vorweggenommen, verstanden und beeinflußt werden können. Erklärungen und Voraussagen sind Teil des mythologischen Verständnisses sozialer Abläufe. Wie wir zeigen werden, sind die Grundlagen für die zukünftige Entwicklung der Familie schon in mythischen Motiven enthalten, die in momentanen gesellschaftlichen Entwicklungen nach Ausdruck verlangen.

Der vorherrschende Mythos in der jüngeren Geschichte war die Reise des Helden, die auf psychologischer Ebene – wir sagten es schon – das Auftauchen des selbst-bewußten, persönlichen Ich mit freiem Willen widerspiegelt. Joseph Campbell meint, daß »der übliche Weg im mythologischen Abenteuer des Helden sozusagen eine Vergrößerung dessen ist, was wir in Initiationsriten finden: Trennung – Initiation – Rückkehr«.[121] Campbells Arbeit basiert auf seinen vergleichenden Untersuchungen von Mythologien im Laufe der Geschichte; wir wissen aber, daß es die typische Heldenreise auch bei seelischen Regressionen gibt. Und Campbell ist denn auch sehr verblüfft, als er John Weir Perrys[122] Untersuchungen zur Psychose liest und feststellt, daß »die Bilderwelt schizophrener Phantasien jener der mythologischen Heldenreise perfekt entspricht«, wie er sie mehr als zehn Jahre zuvor beschrieben hatte.[123]

Das Problem moderner Heldenreisen liegt darin, daß uns die Mythologien der Vergangenheit zwar mit überreichem Bildmaterial für die *Trennung* des Helden versorgen, daß aber die »Landkarten« für seine *Rückkehr* nicht länger zum Terrain passen. Diesem Mißverhältnis zwischen Landkarte und Landschaft liegen verschiedene Entwicklungen der modernen Gesellschaft zugrunde. Das Industriezeitalter hat dem Menschen immer mehr Trennung von der Natur wie auch von der menschlichen Gemeinschaft aufgezwungen, und so klafft mittlerweile eine fast unüberbrückbare Lücke zwischen der Trennung einerseits und verwendbaren Vorstellungen von der Rückkehr andererseits. Außerdem hat die Entwicklung des Individualismus in den westlichen Kulturen mittlerweile aus der Reise des Helden eher einen ausgetretenen Pfad gemacht als den Weg weniger Auserwählter. Auch ist das Heim, zu welchem der Held aus der Fremde zurückzukehren sich sehnt, nicht mehr dasselbe: Es ist nicht mehr die friedliche Gemeinde, die den Heimkehrer begrüßt und seine oder ihre Gaben freudig empfängt. All dies macht neue Arten von sozialer Ordnung notwendig, aber auch möglich – Formen, die vor der Individualisierung des Bewußtseins nicht denkbar gewesen wären.

Wohl das berühmteste Beispiel für die Rückkehr des Helden in der klassischen Mythologie ist die Rückkehr des Odysseus, eines der griechischen Helden im Trojanischen Krieg. Diese Rückkehr, wie Homer sie in der *Odyssee* beschreibt, ist gesäumt von Gefahren – die Lotusesser, die Zyklopen, die Sirenen –, aber auch von Liebe und Bezauberung – Circe, Calypso, Nausikaa. Mit List und Stärke findet Odysseus zurück zu seinem Königreich Ithaka, zu seiner Frau Penelope und seinem Sohn Telemach. Odysseus, der immerhin zwanzig Jahre fort war, wird zuerst nur von seinem alten Jagdhund erkannt. Später entdeckt er sich seinem Sohn, der ihm nun hilft, die Freier, die Penelope belagern, zu töten, seinen Titel und seine Stellung wiederzugewinnen. Odysseus, Repräsentant der ewigen Suche des männlichen Helden, hat sich während all seiner Irrfahrten nach Penelope und seiner Heimat zurückgesehnt. Homer vergleicht Penelope mit der »sonnenwarmen Erde«, nach der »sich der Schiffbrüchige in den rauhen Wogen des Meeres sehnt«. Während all der Zeit bleibt Odysseus in Kontakt mit seiner eigenen Natur und der natürlichen Ordnung. Auch in Penelopes Haltung und Lebensweise wird diese Verbindung zum Natürlichen deutlich. Ihrer beider Ehebett ist buchstäblich in der Erde verwurzelt, denn ein Olivenbaum dient als Bettpfosten; und es ist das Lebewesen, das der Erde noch am nächsten ist – der Jagdhund –, das Odysseus zuerst erkennt. Odysseus lebt in ungestörtem Einklang mit der Natur, und das hat ihm den Weg zurück nach Hause frei gemacht.

In diesen frühen Mythen sind die Helden und Heldinnen noch herausragende einzelne. Mit dem Auftauchen des selbst-bewußten Ich wurde die Reise des Helden zum Abenteuer für jedermann. Und diese Helden haben – anders als Odysseus und Penelope – ihre Verbindung zur natürlichen Ordnung verloren; da ihre Heimat mit vielen anderen, ebenso verbindungslosen Helden bevölkert ist, sind auch die Erfahrungen, die sie formen, Erfahrungen der Entfremdung. Sharon Doubiago meint, daß der Archetyp des »Wandernden Juden« der Archetyp des zwanzigsten Jahrhunderts sei.[124] Und Martin Buber schreibt, daß »das Licht Gottes verdunkelt zu sein scheint« in diesen Zeiten, in denen die Widersprüche der sozialen Existenz »so anwachsen, daß sie im Bewußtsein des Menschen von seiner Existenz immer mehr den Charakter des Schicksals annehmen«. Die Theologie kann keine Erlösungsstrategien mehr bieten »in dieser so unerlösten Wirklichkeit der Menschwelt mit all ihren Schrecken«.[125] Buber führt aus, daß im Judaismus »die unerlöste Seele sich weigert, das Wissen um die unerlöste Welt, an der sie leidet, aufzugeben, um es für die Rettung der eigenen Seele einzutauschen«.[126] Vielleicht wird dies, da Technologie und Überbevölkerung den Globus zu einer einzigen sozialen Einheit schrumpfen lassen, die Einstellung, die allen Helden und Heldinnen aufgezwungen wird, die heimkehren wollen. Buber sieht Entsprechungen dazu in Franz Kafkas Werken *Der Prozeß* und *Das Schloß*, wo die Erlösung, die Heimkehr, sich allen Anstrengungen in einer unerlösten Welt entzieht. Wir meinen, daß die Unfähigkeit des wandernden Helden, in der modernen Welt den Frieden der Heimkehr zu finden, *die* mythische Krise unserer Zeit ist.

Demokratische Regierungsformen bieten das notwendige Gegengewicht zu der wachsenden Unabhängigkeit, die die Personalisierung der Mythologie begleitet. Während in der Vergangenheit die großen Menschen »ein Bewußtsein besaßen und für das Kollektiv in der Rolle des Führers standen«, so Erich Neumann, muß der weitere Verlauf der Evolution »eine fortschreitende Demokratisierung« bringen, in der viele *Einzel-Bewußtseine* an der gemeinsamen menschlichen Aufgabe zusammenarbeiten«.[127] Ken Wilber meint, daß die fortgeschrittensten Mitglieder einer Gesellschaft schon die Eigenschaften aufweisen, die später allgemein sein werden; in diesem Zusammenhang ist es sehr interessant, wenn Maslow feststellt, daß Menschen, die sich selbst verwirklichen, »ohne Ausnahme demokratisch im wahrsten Sinne des Wortes sind«.[128] Aus mythologischer Sicht kann man Demokratie definieren als eine soziale Ordnung, in der die Gruppe gemeinsam die mythischen Visionen auswählt, die dann für alle gültig sind. Demokratie als Kulturform macht es einer Gesamtheit von Helden und Heldinnen möglich, Gemeinschaften zu bilden, die im Einklang stehen mit den pluralistischen Bedürfnissen von Individuen mit freiem Willen.

In früheren Zeiten, als Bewußtsein ausschließlich Widerspiegelung von Biologie und Kultur war, konnten einzelne Führer die mythischen Bedürfnisse ihrer Anhänger befriedigen. In modernen Kulturen jedoch leben Massen von hochindividuellen Helden und Heldinnen in einer zunehmend vernetzten Welt; hier scheint die demokratische Sozialordnung der gangbarste Weg zu sein, wenn die mythische Reise zu einer Erneuerung der Verbindung zur menschlichen Gemeinschaft führen soll. Hält man sich an das französische Ideal von Demokratie aus dem achtzehnten Jahrhundert, so kann man darauf vertrauen, daß die Mehrheit am besten weiß, was gut für sie ist; sie sollte mit der höchsten Regierungsmacht betraut werden.[129] Für Thomas Jefferson, der die »natürlichen Rechte« des Individuums verteidigte, war der Grundstein der Demokratie »gleiche und genaue Gerechtigkeit für alle Menschen«[130]. Wir sprechen hier nicht im engen politischen Sinne von Demokratie, sondern meinen damit die Anerkennung des Rechts und der Fähigkeit aller Menschen, an den Entscheidungen teilzunehmen, die ihr Schicksal bestimmen. Nach dem Zweiten Weltkrieg finanzierte die UNESCO eine Untersuchung, bei der mehr als hundert Wissenschaftler – Kapitalisten und Kommunisten, Christen, Hindus, Moslems und Juden aus dem Osten wie dem Westen – nach ihrer Ansicht zur Demokratie gefragt wurden. Das Ergebnis war erstaunlich:

> Es gab keine einzige Antwort, die sich gegen die Demokratie richtete. Die Demokratie wird einmütig als die ideale, richtige Vorstellung von politischen Systemen oder sozialen Ordnungen angesehen – das ist wohl einmalig in der Geschichte.

Man muß natürlich auch in Betracht ziehen, wie die Wirklichkeit heutiger Demokratien aussieht. Die sogenannten »Volksdemokratien« in marxistischen Ländern sorgen für Vollbeschäftigung und garantieren die Befriedigung grundlegender materieller Bedürfnisse, aber sie verweigern wichtige politische Rechte. Die westlichen Demokratien hingegen sind angekränkelt durch Konkurrenz, Entfremdung und Ungleichheit der Chancen. Doch finden sich erste Anzeichen von Teilnahme, Dezentralisierung und neuen Bindungen.[131] Noch in den sechziger Jahren galt das Gesetz des Patriarchats im Grunde noch sowohl in der Familie wie auch am Arbeitsplatz, und das sogar in den westlichen Industrienationen, die politisch die Ideale der Demokratie vertraten. Die Frauenbewegung hat das unnachgiebig bekämpft. Und während männliche Mythen die Pflicht zur *Trennung* betonen, handeln weibliche Mythen sehr viel eher von Bindung und können uns so vielleicht den Weg zeigen für die *Rückkehr* des Helden, einen Weg, der bis jetzt noch im Dunkeln liegt.

Ob in Zeiten der Ruhe oder des Sturms – die Familie war immer eine stabile Einrichtung, die den Patriarchen, der gefangen war in der Trennungsphase der Heldenreise, tröstete. Isoliert von der Natur und der größeren Gemeinschaft, gab ihm doch die Familie das wärmende Gefühl von Heim und Bindung. Nun jedoch ist »der wichtigste Baustein der Gesellschaft allmählich nicht mehr die Familie, sondern der einzelne«.[132] Die Turbulenzen in der Familienstruktur und die Verwirrung in der Geschlechtsidentität sind vielleicht das Echo, der Ausdruck demokratischer Strömungen auf individueller Ebene. Der Sturm brach mit solcher Gewalt über die traditionelle Familie herein, daß er fast wie eine kollektive Reaktion auf einen unsichtbaren Sog erschien. Veränderungen, die von tiefen Verschiebungen im Mythos einer Kultur ausgelöst werden, sehen oft so aus. Letty Cottin Pogrebin, Gründungsmitglied des *MS Magazine,* meint, daß »die traditionelle patriarchalische Familie die *Ursünde* der Demokratie ist; sie ist der elementare Mangel eines sonst durchaus vervollkommnungsfähigen Systems ... Es ist ganz einfach: Solange die Grundeinheit unserer Gesellschaft, die Familie, undemokratisch und unfrei ist, ist es unmöglich, die Ziele des demokratischen Traums und die freie und volle Entwicklung jedes Menschen zu erreichen.«

Untersuchungen heutiger Familien lassen vermuten, daß die glücklichsten Ehen die sind, in denen beide Partner gleichwertig und gleichberechtigt sind; Unzufriedenheit kommt häufiger vor, wenn einer der Partner dominiert. In der vordemokratischen Ehe der fünfziger Jahre und der Zeit davor lag die Verpflichtung der Partner darin, vorgeschriebenen Rollenerwartungen gerecht zu werden. In der Form der Ehe, wie sie sich heute zu entwickeln scheint, geht es viel eher darum, eine Beziehung zwischen Gleichen aufzubauen und zu erhalten. Vor dem Auftauchen des individuellen Ich war die autokratische Herrschaft die logische Ordnung für soziale Beziehungen. Wir finden ihre Überreste noch immer in Familien und Regierungen, aber im Grunde ist sie aus der Mode gekommen. Pogrebin betont, daß »ebenso wie die autoritäre Familie im Kleinen das ist, was der autoritäre Staat im Großen, so ist auch die demokratische Familie der beste

Übungsplatz für ein Leben in der Demokratie«.[133] Es hat auf dieser Erde nie eine perfekte Demokratie gegeben. Das Athen der Antike, für viele Symbol der Demokratie, war ein Hauptumschlagsplatz im Sklavenhandel, und seine Frauen waren weder Bürger im rechtlichen Sinne, noch hatten sie das Wahlrecht. Bürger heutiger Demokratien leben oft in einer Gleichförmigkeit und Isolation, die geradezu eine Perversion des demokratischen Ideals sind. Es ist gut möglich, daß die Demokratisierung der Ehe und die Gleichheit in der Beziehung zwischen den Geschlechtern notwendige Schritte sind, bevor der nächste Schritt in der Evolution der Demokratie getan werden kann.

Zum Schluß des Kapitels wollen wir noch einmal den roten Faden deutlich machen, der unsere Theorie durchzieht, und zwar hinsichtlich der Beziehung zwischen der Heldenreise, den demokratischen Sozialordnungen und der rapiden Veränderung von Familienstruktur und Geschlechtsidentität. Die Heldenreise, die den Weg freimachte für die Entwicklung des individuellen Ich, hat die Menschen von ihren Bindungen zu Natur, Tradition und Gemeinschaft gelöst. Sie erfüllte damit eine wichtige Aufgabe in der sozialen Evolution zu Zeiten, als nur einzelne, außergewöhnliche Menschen dieses Wagnis eingingen, unbehindert von vorherrschenden kulturellen Mythen in spirituelle Tiefen eindrangen und der Gemeinschaft mythische Erneuerung brachten. Als das individuelle Ich aber Eigentum der Gemeinschaft wurde statt nur einzelner, herausragender Mitglieder, da wurde auch die Heldenreise ein Anliegen der Massen.

Und damit waren ganze Gesellschaften in der Lage, sich von Natur, Tradition und Gemeinschaft fortzubewegen. Führerschaft bekam einen anderen Stellenwert und ebenso die »Rückkehr des Helden«. Die Mitglieder der Gesellschaft reagierten nicht mehr instinktiv auf autokratische Ordnung, sondern mehr auf ihre eigene innere Autorität. Die gegenwärtige Entwicklung der Demokratie gibt uns vielleicht eine Struktur, in der eine Gesellschaft von Helden sich gemeinsam selbst regiert und ein Zuhause bildet, zu dem die Helden zurückkehren können, ohne ihre harterkämpfte Individualität aufzugeben. Die Wendung von alten zu neuen Herrschaftsformen vollzieht sich parallel – wenn auch oft verzögert – zu den Veränderungen des Bewußtseins und ist oft begleitet von Gewalt. In den folgenden Kapiteln werden wir sehen, daß sich auch in der menschlichen Seele ähnliches abspielen kann wie in den stürmischen Zeiten mythologischer Krisen. Erst in allerjüngster Zeit haben soziale Kräfte es möglich gemacht, daß sich die Demokratisierung der Regierung – unausweichlich, wenn auch heftig bekämpft – auch in die Familie und die Beziehung zwischen den Geschlechtern auszudehnen beginnt.

2

Struktur und Dynamik persönlicher Mythen

> Der Mythos ist fundamental, eine dramatische Darstellung unseres tiefsten Instinktlebens, Repräsentant einer ursprünglichen Bewußtheit des Menschen im Universum, von dem all unsere Meinungen und Einstellungen abhängig sind.
>
> *Mark Shorer*[1]

Das Wissen, daß wir alle wieder zu Staub werden, schwächt auch die mythologischen Stützen, die wir uns geschaffen haben, um Leitung, Trost und Hilfe zu haben auf unserem Weg. Dennoch – die faszinierende Fähigkeit, Wirklichkeit mythisch zu verschlüsseln, gab der Menschheit Schwung und evolutionäre Vorteile. So wie die Ausbildung des Daumens zum Erfolg der Spezies Mensch beigetragen hat, so hat auch die Mythologie den frühen Gemeinschaften des *Homo sapiens* nicht nur geholfen zu überleben, sondern auch zu blühen und gedeihen. Mit dem Auftauchen des individuellen Ich, wie wir es im vorigen Kapitel beschrieben haben, wurde das Mythen-Machen sowohl zur Sache des einzelnen wie auch zur Gemeinschaftsangelegenheit. Joseph Campbell hat festgestellt, daß in frühen Zeiten »alle Bedeutung in der Gruppe lag«, während heute »alle Bedeutung beim Individuum liegt«.[2] Das bedeutet auch, daß jeder sich bemühen muß – soweit es in seinen Fähigkeiten liegt –, seine Mythen den jeweiligen Lebensumständen anzupassen. Das wollen wir mit diesem Buch erreichen: aus psychologischem Wissen und mythischen Einsichten einen Ansatz zu entwickeln, der uns hilft, uns mit unseren mythischen Grundlagen auseinanderzusetzen.

Im Verlauf der Bewußtseinsentwicklung hat die Menschheit heute einen Punkt erreicht, wo wir in der Lage sind, unbewußte Motive in Begriffe zu fassen. Damit eröffnet sich auch die Möglichkeit, bewußt an der Bildung eigener und kollektiver Mythologien teilzunehmen. Und es gibt wahrhaftig gute Gründe, diese Möglichkeiten auszubauen angesichts der menschlichen Tragödien, die daraus erwachsen, daß Menschen nach Mythen leben, die weder ihren Bedürfnissen noch ihren Fähigkeiten angemessen sind. So wie es in der modernen Zivilisation notwendig ist, primitive biologische Reaktionen wie die »Kampf-oder-Flucht«-Reaktion durch andere zu ersetzen (das Bedürfnis, durch Joggen oder Aerobic mit Streß fertig zu werden, ist eine Folge unserer sitzenden Lebensweise), so machen es auch die sozialen Veränderungen nötig, die Mythen, die uns im täglichen Leben leiten, immer wieder zu überprüfen. Das Verständnis persönlicher und kollektiver Mythen macht eine solche ständige Anpassung an neue Lebensumstände leichter.

Im folgenden wollen wir die Struktur und Entwicklung persönlicher Mythen eher unter technischen Gesichtspunkten betrachten, wobei wir uns auf neueste wissenschaftliche Erkenntnisse stützen. Zunächst beschäftigen wir uns mit dem Bedürfnis und der Fähigkeit des Menschen, seine Erfahrungen zu ordnen; wir werden den Begriff »persönlicher Mythos« mit Hilfe der kognitiven Psychologie wie auch der kulturellen Mythologie definieren. Vier Quellen, aus denen die persönliche Mythologie entsteht, wollen wir besprechen: Biologie, Kultur, persönliche Geschichte und zwischenmenschliche Einflüsse. Wir befassen uns auch mit der Struktur des persönlichen Mythos, seinen drei Komponenten: Erkennen, Ausführen, Motivieren. Und schließlich wollen wir uns noch genauer ansehen, wie persönliche Mythen sich entwickeln.

Versuche, von den Prinzipien, die menschliche Erfahrung formen, ein gültiges und sinnvolles Verständnis zu gewinnen, stoßen immer auf Grenzen: auf die Grenzen unseres rationalen Verstandes, der ja selber ein Teil dessen ist, das er untersucht, nämlich der Psyche. Unter Psyche verstehen wir die Ganzheit unseres inneren Lebens, die alles umfaßt: Gedanken und Gefühle, Bewußtes und Unbewußtes. C. G. Jung betont immer wieder, daß die Tiefen, aus denen das Bewußtsein auftaucht, unerkennbar sind: »Die Natur des Seelischen reicht in dunkle Bereiche, die weit hinter dem Horizont des Verständnisses liegen.« In seinem klassischen Werk zur Traumdeutung spricht Freud von »einem Wirrwarr von Traumgedanken, das nicht entwirrt werden kann ... Das ist das Zentrum des Traums, der Punkt, an dem er hinunterreicht ins Unbekannte.« Gibt es einen legitimen Weg, diese tiefen und flüchtigen Kräfte der Seele in Begriffe zu fassen, deren Dimensionen weder den Zwängen linearer Logik gehorchen oder den üblichen Meßvorgängen zugänglich sind? Ja, man kann jene flüchtigen Geheimnisse der menschlichen Seele in praktikable und wissenschaftliche Bereiche fassen – mittels einer Kombination von kognitiver Psychologie und mythologischem Denken. Der Anthropologe Eugene d'Aquili prägte den Begriff »kognitiver Imperativ«; er meinte damit den Zwang, dem der Mensch unterliegt, Wirklichkeit so zu ordnen, daß Bedeutung entsteht.[3] Diese Fähigkeit und dieses Bedürfnis, der Erfahrung Bedeutung beizulegen, unterscheidet den Menschen von allen anderen Lebewesen.

Der Mensch, den Naturgewalten hilflos ausgeliefert, muß eine kognitive Struktur entwickeln, die ihm eine Erklärung für diese Gewalten liefert, Gründe, warum sie ihn treffen, und vor allem Mittel, durch die er sie kontrollieren kann ... Der Mensch hat den Trieb (den wir »kognitiven Imperativ« nennen), unerklärte äußere Reize in eine zusammenhängende kognitive Matrix zu organisieren. Diese Matrix hat in nichtindustriellen Gesellschaften die Form von Mythen, in den industrialisierten westlichen Gesellschaften ist sie eine Mischung von Wissenschaft und Mythos.[4]

In ihrer sehr gut fundierten These, die einem interdisziplinären Ansatz entstammt, postulieren d'Aquili und seine Kollegen, daß der kognitive Imperativ ein universeller, biologisch verwurzelter menschlicher Trieb sei, unerklärte äußere Reize so zu ordnen, daß Bedeutung entsteht, und daß die Evolution dieses kognitiven Imperativs »die letzte Entwicklung« gewesen sei, »die für die Entstehung von Kultur notwendig war«.[5] Ob sich die biologische Grundlage des kognitiven Imperativs nachweisen läßt, bleibt abzuwarten; sicher ist, daß jeder Mensch seine Erfahrungen anhand bestimmter Grundsätze ordnet und bewältigt und daß bestimmte Stile in der psychologischen Konstruktion von Wirklichkeit festgestellt wurden.[6]

Mythen der Kultur: Ein Modell. Wenn also der kognitive Imperativ für die menschliche Neigung, der Welt Ordnung und Bedeutung zuzuschreiben, verantwortlich ist – nach welchen Organisationsrichtlinien funktionieren dann diese Denksysteme, die sich ganze Kulturen, aber auch einzelne schaffen? Durch die Jahrtausende hat jede Kultur ihre eigenen Mythen formuliert, um Wahrnehmungen zu organisieren, Wirklichkeit zu beschreiben und zu entscheiden, wie man die Welt und sich selbst anzusehen hatte. Mythen waren traditionell die Grundlage, auf der Übereinstimmung entstehen konnte, Übereinstimmung über innere Erfahrungen und die Art und Weise, mit den Widersprüchen und Schwierigkeiten des Lebens fertig zu werden. Ob als Erzählung, Ritual oder Kunstwerk – sie boten Mittel, mit Entsetzen, Angst und anderen existentiellen Schrecknissen umzugehen. Sie stellten die kulturell akzeptierte Struktur der Wirklichkeit in zugänglicher Form dar und halfen bei alltäglichen wie auch bei außergewöhnlichen Entscheidungen.[7] In der Vergangenheit wurden solche Entscheidungshilfen oft in Geschichten verpackt, mit vielen Personen, Verwicklungen, Handlungssträngen und Intrigen. Mit dem Rationalismus im modernen westlichen Denken wurden Mythen geschickt hinter anspruchsvollen Erklärungen, logischen Erläuterungen und Regeln versteckt. Man hat die Wissenschaft *den* Mythos der westlichen Kulturen genannt; vom mythologischen Reichtum früherer Zeiten sind uns nur Reste geblieben, so zum Beispiel manche unserer Tages- und Monatsnamen: Germanische Götter und Göttinnen gaben dem Donnerstag (Donars Tag) und dem Freitag (Freijas Tag) den Namen, römische Gottheiten finden sich in Januar (Janus) und März (Mars).

Mythen sind auch so etwas wie Prämissen, die sozusagen die Rohdaten der Erfahrung in Denken und Handeln organisieren. Für Joseph Campbell haben kulturelle Mythen vier Aufgaben[8]:

1. *Instruktion* – Mythen zeigen den Weg durch die Lebensphasen, von der Abhängigkeit in der Kindheit über die Reife des Erwachsenenseins bis zum Übergang in den Tod;
2. *Sozial* – Mythen erhalten und bestätigen die sozialen Gebräuche einer Kultur, die moralische Ordnung, die sozioökonomischen Wertvorstellungen;
3. *Mystisch* – Mythen geben den Menschen das Gefühl, daß sie an den gewaltigen Wundern und Geheimnissen des Universums teilhaben, und
4. *Kosmisch* – Mythen vermitteln uns eine Sicht der Natur, die alle ihre Erscheinungsformen in ein Bild übersetzt, das der Mensch verstehen und auf das sich die Gesellschaft beziehen kann.

Weil Mythen-Machen etwas ganz Natürliches ist für den Menschen, weil die Mythologie innerseelische Abläufe widerspiegelt, weil Mythen das gemeinschaftliche Streben formen, das Menschen von allen anderen Lebewesen unterscheidet – darum beziehen wir uns auf die kulturelle Mythologie, wenn wir versuchen, eine Metapher zu finden für das systematische Verständnis der Art, wie Menschen Wirklichkeit konstruieren.

Persönliche Mythologie: Eine Definition. Wir definieren *persönliche Mythen* als kognitive Strukturen, die dem *einzelnen* die Welt erklären, seine Entwicklung leiten, eine Beziehung zu den Geheimnissen der Existenz herstellen, und zwar in einer *Form*, die jener *entspricht*, in der kulturelle Mythen diese Aufgaben für ganze Gesellschaften erfüllen. Der Kern dieser Definition liegt in der Analogie zwischen der Funktion, die bestimmte kognitive Strukturen beim Individuum haben, und den Funktionen, die kulturelle Mythen – wie Campbell sie beschreibt[9] – für ganze Gesellschaften haben. Wir definieren also persönliche Mythen als Subsystem kognitiver Strukturen, die kulturellen Mythen funktionell analog sind. Diese Dimensionen des individuellen kognitiv-affektiven Systems nennen wir *persönliche Mythen.*

Unsere Definition legt nahe, daß es Parallelen gibt zwischen der Art und Weise, wie die Mythologie beim Individuum arbeitet und wie sie es für das Kollektiv tut; sowie daß man diese parallellaufenden Prozesse angemessen in persönliche Mythen und kulturelle Mythen unterteilt. Wir meinen, daß es zunächst am sinnvollsten ist, sich auf die kognitiv-affektive Ebene psychischer Tätigkeit zu konzentrieren, um die individuelle mythische Konstruktion von Wirklichkeit zu erfassen. Wenn wir persönliche Mythen als *kognitive Strukturen* definieren, dann können wir uns der Erkenntnisse der kognitiven Psychologie bedienen, um zu verstehen, wie persönliche Mythen arbeiten. So hat man etwa herausgefunden, daß kognitive Strukturen verbal oder bildlich kodiert sind, daß sie bewußt sein können oder auch nicht, daß sie durch Vererbung und (oder) Erfahrung bestimmt werden, auf verschiedenen Ebenen des menschlichen Lebens funktionieren und daß sie sich bestimmten Gesetzmäßigkeiten entsprechend ändern können, etwa nach Piagets Konzepten von Assimilation und Akkomodation.[10] Und da wir persönliche Mythen als eine Art kognitiver Strukturen definiert haben, treffen alle diese Feststellungen auf sie zu.

So ist es möglich, die Art und Entwicklung psychischer Prozesse zu untersuchen, indem man die vergleichsweise präzisen Konzepte der kognitiven Psychologie verwendet; und man kann dieses kognitive Modell der individuellen Entwicklung auch in den größeren anthropologischen Zusammenhang der kulturellen Mythologie einbauen. Persönliche Mythen sind die Schablonen, nach denen Menschen ihre Version der Wirklichkeit formen, und zwar aus etwas, das F. S. C. Northrop das »undifferenzierte ästhetische Kontinuum« genannt hat.[11] Wenn Mythologie dem rationalen Verstand so flüchtig erscheint, dann deshalb, weil sie die geheimnisvollen Tiefen der Seele widerspiegelt. Aber obwohl Mythen – persönliche wie kulturelle – weitgehend aus irrationalen Quellen stammen, so versorgen sie uns doch mit sozial nützlichen Erklärungen, geben praktische Anleitung, notwendige Richtlinien und lassen uns die Verbindung zwischen dem Individuum, der Gesellschaft und dem Kosmos mit seinen unergründlichen Geheimnissen erkennen.

Wir haben persönliche Mythen als kognitive Strukturen definiert, die die Vorstellung formen, welche Menschen von der Welt und ihrem Platz darin haben – ebenso wie kollektive Mythen dies für die Gesellschaft tun. Unsere Definition entstammt sowohl den Theorien kognitiver Psychologen wie auch der ausdrucksvollen Sprache und der Bilderwelt, mit der kulturelle Mythen die menschliche Geschichte erzählen. Indem wir mythologisches Verständnis und psychologische Prinzipien mischen, erhalten wir einen Rahmen, der beides enthält: die erhabene Schönheit mythologischer Erklärungen und die Genauigkeit und Verläßlichkeit der Wissenschaft. Und wir meinen, daß dies die beste Möglichkeit bietet, Menschen dabei zu helfen, ihre inneren Tiefen zu erkennen.

Ein kognitiver Rahmen für die persönliche Mythologie

Colin Martindale beschreibt kognitive Psychologie als »die Untersuchung, wie Wissen gesammelt, bewahrt und genutzt wird«. Dieser Wissenschaftsbereich begründet sich auf der Annahme, daß Wissen in Form interner oder mentaler Repräsentationen existiere. Empfindungen und Wahrnehmungen sind die grundlegendsten internen Repräsentationen – aber alle diese »Bilder« der Wirklichkeit sind anders als die Wirklichkeit, die sie darstellen (»Die Landkarte ist nicht die Landschaft«).[12] Terence Wilson schreibt: »Verstehen, daß Erkenntnisse einen wichtigen Einfluß haben … macht die menschliche Fähigkeit deutlich, selbst das eigene Verhalten zu ändern.«[13] Wir beziehen uns also auf die Grundlagen der kognitiven Psychologie, wenn wir jetzt beschreiben, wie persönliche Mythen entstehen und sich weiterentwickeln.

Kognitive Strukturen. Jean Piaget beschreibt drei Arten von Wissen:

a) angeborenes Wissen, wie Triebe und Instinkte;
b) das Wissen über die physikalische Welt, das auf Sinneswahrnehmungen beruht; und
c) kognitive Strukturen: das Ergebnis reflexiver Abstraktion der beiden anderen Wissensformen.[14]

Impulse und Sinneswahrnehmungen sind also das Rohmaterial, aus dem allmählich kognitive Strukturen entstehen. Das Konzept der kognitiven Strukturen bzw. Schemata ist zentral in der modernen Psychologie. Der Begriff »kognitive Struktur« läßt sich in den Schriften von Edward Tolman[15] und Kurt Lewin[16] bis in die dreißiger Jahre zurückverfolgen. Lewin spricht davon, daß kognitive Strukturen darüber entscheiden, wie ein Individuum »die physikalische und soziale Welt sieht, wie seine Vorstellungen, sein Glaube, seine Erwartungen beschaffen sind«.[17] George Kellys Konzept *der persönlichen Konstrukte* ist eine frühe, systematische Ausformulierung der Idee von der kognitiven Struktur. Kelly schreibt:

Der Mensch schaut auf die Welt wie durch eine Brille aus Mustern oder Schablonen, die er selbst geschaffen hat und die er nun der Wirklichkeit dieser Welt überzustülpen sucht ... Wir wollen diese Schablonen, die wir der Welt anlegen, *Konstrukte* nennen. Sie sollen uns die Welt erklären. Sie machen es dem Menschen möglich, sich Verhaltensrichtlinien zu geben – Richtlinien, die fein ausformuliert sind oder ganz und gar unausgesprochen, mit Worten auszudrücken oder völlig unartikulierbar, übereinstimmend mit anderen Verhaltensrichtlinien oder ihnen völlig widersprechend, mit dem Verstand begründet oder rein vom Gefühl beherrscht.[18]

Die Ansicht, daß Verhalten und Erfahrungen durch kognitive Strukturen vermittelt werden – daß die Menschen nicht auf Reize, sondern auf ihre Interpretation dieser Reize reagieren –, ist eines der wichtigsten Konzepte in der modernen Psychologie, die stark zur kognitiven Psychologie hinneigt. Der griechische Philosoph Epiktet hat das so formuliert: »Nicht die Ereignisse beunruhigen die Menschen, sondern die Vorstellung, die sie von diesen Ereignissen haben.« Dieser Satz ist geradezu zum Schlachtruf kognitiver Therapeuten geworden. Die kognitive Perspektive machte einen außerordentlich flexiblen Ansatz möglich, der mehrere Bereiche der Psychologie umfaßt. Robert Kegan[19] wie auch Seymour Epstein[20] haben zum Beispiel ein kognitives Modell entworfen, das die Kernsätze verhaltenstheoretischer, existentialpsychologischer und psychoanalytischer Ansätze zu einem umfassenden theoretischen System vereinigt. Solche Modelle betonen natürlich die kognitive Dimension des Menschen, anerkennen allerdings auch die Untrennbarkeit von Gefühl und Intellekt. So schreibt Kegan zum Beispiel ausdrücklich, daß sein Ansatz

> weder die Gefühle dem kognitiven Bereich unterordnet, wie das traditionelle Piaget-Anhänger oft tun ... noch das intellektuelle Leben zum Abkömmling und Diener des Gefühls macht, wozu die Psychoanalyse neigt ... Wie Piaget sagt (obwohl dies in seiner Arbeit nicht gerade deutlich wird): »Es gibt nicht zwei getrennte Entwicklungen, eine kognitive und eine affektive, nicht zwei getrennte psychische Funktionen, und auch nicht zwei Arten von Objekten: alle Objekte sind sowohl kognitiv wie affektiv.«[21]

Wenn wir also den Begriff »kognitiv« verwenden, so immer unter der Voraussetzung, daß kognitive Ereignisse kognitiv-affektiv sind und kognitive Strukturen kognitiv-affektive Strukturen.

Wir entwerfen also ein kognitives Modell, das die kognitive Dimension nicht den komplexen psychologischen Prozessen entnimmt, wie das manchmal in Mode zu sein scheint, sondern sie viel eher als die phylogenetische Spitze der Pyramide ansieht, die die neurologischen Aktivitäten des

Menschen bilden. Dieses Modell ist eine gute Grundlage, um Beobachtungen auf den verschiedenen Ebenen psychologischen Funktionierens zu ordnen. *Betrachtet man Mythen kognitiv,* so kann man Mythologie rational, systematisch und wissenschaftlich untersuchen. *Betrachtet man umgekehrt Kognition mythisch,* so ist die wissenschaftliche Untersuchung des Bewußtseins ganzheitlicher und umfaßt auch die faszinierenden mythischen Dimensionen menschlicher Erfahrung.

Eine kognitive Theorie persönlicher Mythologie. Der Psychologe Seymour Epstein spricht von einer »kognitiven Selbst-Theorie der Persönlichkeit«, die in vieler Hinsicht unserem Konstrukt entspricht.[22] Mit Bezug auf Prescott Lecky[23] und George Kelly[24] schreibt Epstein: »So wie Wissenschaftler Theorien brauchen, um Informationen zu organisieren und ihr Verhalten im Labor zu regeln, so brauchen die Menschen Theorien, um ihre Erfahrungen zu organisieren, Geschehnisse vorwegnehmen zu können und ihr Verhalten im täglichen Leben zu regeln.«[25] Epstein nennt solche Konzepte »persönliche Theorien der Wirklichkeit«, und diese Theorien wiederum haben Unterabteilungen mit Theorien über das eigene Selbst, Theorien über die Welt und solche, die beides verbinden. Für Epstein ist die persönliche Theorie der Wirklichkeit eine implizite Theorie, die sich, ohne daß wir davon wissen, im Laufe des Lebens entwickelt. Ihre Inhalte kann man an immer wiederkehrenden Verhaltensmustern, Stimmungen und Gefühlen erkennen, wie auch auf indirektem Weg etwa über projektive Tests. Epstein unterscheidet deutlich zwischen seiner Theorie und verwandten phänomenologischen Ansätzen wie etwa denen von Lecky, Carl Rogers und anderen, die bewußte Prozesse hervorheben und das Bedürfnis, die Unverletzlichkeit des Konzept-Systems zu bewahren. Zwar erkennt Epstein an, daß diese Überlegungen wichtig sind; für ihn sind jedoch auch vorbewußte und unbewußte Bereiche des intellektuellen Funktionierens von Bedeutung, wie etwa das Bedürfnis, eine angenehme Lust/Schmerz-Balance aufrechtzuerhalten und das richtige Maß an Selbstwertgefühl. Im Gegensatz zu Kellys Theorie der persönlichen Konstrukte betont Epstein die Rolle psychodynamischer Prozesse, wie Abwehrmechanismen, Gefühle, Motive, Selbstkonzept, vorbewußte und unbewußte Ebenen intellektuellen Funktionierens und die Bedeutung früher Erfahrungen.

Die grundlegenden Annahmen einer persönlichen Theorie der Realität sind »induktive Verallgemeinerungen auf vorbewußter Ebene über die Natur des eigenen Selbst und der Welt«.[26] Solche Verallgemeinerungen sind zum Beispiel Vorstellungen von der Natur des eigenen Selbst und der Umwelt (Vorstellungs-Annahmen) und Vorschriften darüber, was man tun muß, um das zu bekommen, was man sich wünscht, und das zu vermeiden, was man fürchtet (Motiv-Annahmen). Diese Annahmen sind – so Epstein – hierarchisch geordnet. »Annahmen, die in der Hierarchie weiter unten stehen, hängen oft mit momentanen Erfahrungen zusammen und sind sehr situationsspezifisch«, während hierarchisch höher stehende Annahmen »Verallgemeinerungen sind, die aus einer Vielzahl von Erfahrungen entstehen und die leicht als *self-fulfilling prophecy* wirken«.[27] So ist zum Beispiel die Verallgemeinerung »Ich bin ein guter Mathematikstudent« eine beschreibende Annahme niederer Ordnung. Annahmen jeweils höherer Ordnung sind: »Ich bin ein guter Student«, »Ich bin ein fähiger Mensch« und »Ich bin ein wertvoller Mensch«. Für Epstein sind auch Karen Horneys Beschreibungen von der Art, wie Menschen sich aufeinander beziehen – sich hinbewegen, sich wegbewegen, sich gegen den anderen wenden – wichtige Motivations-Annahmen höherer Ordnung. »Es sind fundierte Vorstellungen darüber, wie man sich auf andere beziehen muß, um Angst zu vermeiden und das zu bekommen, was man sich vom Leben wünscht.«[28]

Für Epstein ist vor allem das *Selbstwertgefühl* eine der wichtigsten Annahmen in der implizierten Theorie der Realität.

Selbstwertgefühl ist außerordentlich widerstandsfähig gegenüber Veränderungen; wenn es sich aber doch ändert, dann hat das große Verschiebungen im ganzen Konzeptgefüge zur Folge ... So wie die

Eltern ihre Liebe einst automatisch gaben oder vorenthielten, je nachdem, wie sie das Verhalten des Kindes bewerteten, so lernt das Kind, sich nun selbst zu lieben oder nicht zu lieben, je nachdem, wie es das eigene Verhalten beurteilt ... Selbsteinschätzung wird unter intensiver emotionaler Beteiligung gelernt, und dies, so meinen wir, läßt Annahmen entstehen, die sehr allgemein und gegen Veränderungen außerordentlich resistent sind.[29]

Zwar paßt unser Modell, da es mit der Mythologie verbunden ist, in einen größeren kulturellen Kontext als Epsteins Persönlichkeitstheorie; dennoch ist das, was er sagt, sehr hilfreich und stimmt verblüffend mit unseren Beobachtungen überein. Was wir von seiner Auffassung über persönliche Theorien hier zitiert haben, paßt ganz und gar zu unserem Verständnis von persönlicher Mythologie. Im folgenden befassen wir uns mit seiner Theorie, und dann mit der Auffassung des eher kognitiv orientierten Entwicklungspsychologen Robert Kegan; wir wollen damit zeigen, wie der gegenwärtige Wissensstand der kognitiven Psychologie die Grundlage für die Entwicklung einer kognitiven Theorie der persönlichen Mythologie sein kann.

Bewußte, vorbewußte und unbewußte Bereiche der persönlichen Mythologie. Epstein meint, daß persönliche Theorien der Wirklichkeit »in einem vorbewußten Bereich angesiedelt sind, welcher der Selbstbeobachtung nicht direkt zugänglich ist«.[30] Das *Vorbewußte* enthält Gedanken und Bilder, die uns zwar nicht unmittelbar bewußt sind, die jedoch mit geringer Anstrengung ins Bewußtsein gehoben werden können. Das *Bewußte* umfaßt Material, das uns unmittelbar bewußt ist. Die Inhalte des *Unbewußten* sind dem Bewußtsein unter normalen Bedingungen nicht zugänglich. Nun sind diese drei Bereiche nicht klar unterscheidbar; sie liegen auf einem Kontinuum mit undeutlichen Übergängen. Unbewußtes und Vorbewußtes bilden zusammen das »Unterbewußte« – den Bereich der Wahrnehmungen, Tatsachen, Vorstellungen und Eindrücke, die zu jedem Zeitpunkt außerhalb des Bewußtseins liegen. Mit einiger Anstrengung kann man sich zwar Inhalte des Vorbewußten bewußt machen;

der Bereich des Unbewußten ist jedoch nicht so leicht zugänglich: seine Inhalte finden sich in Träumen oder anderen veränderten Bewußtseinszuständen, auch dann, wenn man von starken Gefühlen bewegt wird.

Epstein schreibt, daß sich das begriffliche Denken auf der vorbewußten Ebene von dem auf der bewußten oder unbewußten unterscheidet; er betont, wie wichtig es ist, zu verstehen, daß jede der drei Arten von Denken ihre eigenen logischen Regeln und besondern Adaptationsfunktionen hat. Jeder Bewußtseinsbereich ist mit einem anderen Begriffssystem verbunden. Auf der Stufe des Bewußtseins finden wir, was Epstein das »rationale Begriffssystem« nennt; auf der Stufe des Vorbewußten das »experimentelle« oder »affektiv-begriffliche System«; und auf der Stufe des Unbewußten das »assoziative Begriffssystem«. Während sich die drei Bereiche des Bewußtseins auf einem Kontinuum befinden, das bestimmt ist von der *Zugänglichkeit zum Bewußtsein*, sind die drei Begriffssysteme funktionell völlig verschiedene – wenn auch voneinander abhängige – Operationssysteme.

Die logischen Regeln des bewußten Denkens, das wir im rationalen Begriffssystem finden, entsprechen unserem gewohnten, alltäglichen Denken im Wachzustand. Dieses System verwendet konventionelle Symbole wie Wörter oder Zahlen und hält sich an die sozial anerkannten Regeln des Erkennens und Verstehens. Es ist das, was wir lineares, logisches Denken nennen.

Das affektiv-begriffliche System des vorbewußten Denkens befaßt sich vor allem mit Gefühlen und unserem persönlichen Wohlbefinden. Es hat »ganz automatisch und aus Gewohnheit« eine sehr private, persönliche Sprache. Der Mensch ist sich dieses inneren Dialogs, des Sprechens mit sich selbst, im allgemeinen nicht bewußt, kann ihn sich aber bewußt machen. Das affektiv-begriffliche System verwendet bildhafte und sehr persönliche Symbole; sie stehen für ausführliche verbale Begriffe, die allmählich verblaßt sind, deren Bedeutung aber in solch persönlichen, vorbewußten Kürzeln festgehalten ist. Die logischen Regeln des affektiv-begrifflichen Systems sind weniger konventionell, ich-bezogener und weniger eng miteinander verbunden als die des rationalen Systems. Das affektiv-begriffliche System bezieht sich auch wesentlich enger auf Gefühle, ist konkreter, handlungsorientierter, und wird eher passiv erlebt, so, als ob Ereignisse und Empfindungen sich dem Menschen einfach aufdrängten. Die Unterscheidung zwischen dem bewußten, rationalen Begriffssystem des Denkens und dem vorbewußten, affektiv-begrifflichen System hilft bei der Klärung der Frage, ob Gefühl oder Denken zuerst da sei. Psychoanalytiker glauben, daß Gefühl an erster Stelle stehe und das Denken erst an zweiter (»wir erleben ein Gefühl und erklären uns dann dieses Gefühl«), während kognitiv orientierte Therapeuten der gegenteiligen Ansicht sind (»unsere Gefühle sind Reaktionen auf die Interpretation unserer Erfahrung«). Epstein zeigt, daß die übliche Abfolge: das Gefühl erleben, nachdem das Ereignis eingetreten ist, zunächst einfach die automatische, vorbewußte Interpretation des Ereignisses ist; dann folgt eine emotionale Reaktion; und oft, aber nicht notwendigerweise, eine bewußte, kognitive Ausarbeitung jener emotionalen Reaktion. Wissenschaftler, für die das Denken an erster Stelle steht, konzentrieren sich auf das vorbewußte, intuitive Erkenntnisvermögen, das noch jenseits des Denkens Ereignisse interpretiert und dem die emotionale Reaktion folgt. Wer hingegen das Gefühl an die erste Stelle setzt, sieht vor allem die emotionale Reaktion und dann die bewußten kognitiven Anstrengungen, die ihr folgen.

Das assoziative Begriffssystem des unbewußten Denkens, das wir hier »Primärprozeß-System« nennen wollen, verwendet Metaphern, um bedeutsame Erfahrungen mit anderen, verwandten Erfahrungen zu assoziieren. Seine Begriffe finden ihren Ausdruck in bildhaften Vorstellungen und folgen den logischen Regeln, die Freud dem primärprozeßhaften Denken zuschrieb: Verschiebung, Verdichtung, Wunschdenken, Unabhängigkeit von Zeit und Raum. Typisch für das unbewußte Denken ist, daß seine Inhalte dem Bewußtsein normalerweise nicht zugänglich sind; wenn sie sich zeigen, wie etwa in Träumen, dann sind sie meist verborgen in Metaphern und Symbolen. Epstein führt die zwei Ursachen an, die Freud für die Unzugänglichkeit mentaler Inhalte verantwortlich machte: solche Inhalte sind vorverbal oder nonverbal, also sprachlich nicht ausdrückbar, oder aber sie enthalten tabuisierte Anteile, die Schuldgefühle hervorrufen. Epstein fügt eine dritte Ursache hinzu, die für das Verständnis persönlicher Theorien der Wirklichkeit besonders relevant ist: seelische Inhalte, die Stabilität oder Zusammenhalt des Begriffssystems bedrohen, müssen ebenfalls ausgeblendet werden. Dies ist – wie wir noch sehen werden – ein zentraler Mechanismus bei dem, was wir den »Gegen-Mythos« nennen.

Mythische Wirklichkeit im Primärprozeßsystem ist vorkognitiv im Hinblick auf die verdichteten kognitiv-affektiven Strukturen, die wir persönliche Mythen nennen. Erst im kognitiv fortgeschritteneren affektiv-begrifflichen System nehmen persönliche Mythen Gestalt an. Dennoch ist das Primärprozeßsystem Ursprung aller persönlicher Mythen. Epstein schreibt, daß der unbewußte Bereich des Denkens eine kreative, spielerische Seite hat, die sich, wenn sie nicht durch andere Systeme reguliert wird, in der Psychose manifestieren kann. In diesen tiefen seelischen Schichten, ihren primitiven, kreativen, sogar archetypischen Inhalten, hat mythisches Erklären die größte Macht.

Wir glauben, daß es mythische Funktionsbereiche gibt, die den drei Begriffssystemen Epsteins entsprechen und die den logischen Regeln des jeweiligen Systems unterworfen sind. Persönliche Mythen arbeiten weitgehend so, wie es in den Grundannahmen der persönlichen Theorie der Realität formuliert ist; und wir geben Epstein recht, wenn er diese Grundannahmen vor allem im ich-bezogenen, handlungsorientierten und vor-reflexiven affektiv-begrifflichen System sieht. Wenn es allerdings um das mythische Verständnis menschlicher Erfahrung geht, so sind alle drei Bereiche von Wichtigkeit. Die unbewußte, primärprozeßhafte Dimension der Seele ist die tiefste Stufe mythischer Aktivität; was hier entsteht, wird zusammen mit unseren Erfahrungen zu den kognitiv-affektiven Strukturen des affektiv-begrifflichen Systems geformt. Diese vor-reflexiven Strukturen werden dann im rationalen Begriffssystem ausgearbeitet und verfeinert; hier werden sie bewußt und zugänglich, sind aber nun sehr weit entfernt von ihrem Ursprung.

Definiert man persönliche Mythen als kognitive Strukturen, die den Funktionen kultureller Mythen entsprechen, so umfaßt dieses Denkmodell – wie wir meinen – sowohl das rationale wie auch das affektive und das primärprozeßhafte Begriffssystem. Es wirkt wie ein Vergrößerungsglas, ganz gleich, welchen seelischen Bereich man damit betrachtet. Man kann damit ebenso die unbewußten Tiefen der Seele erforschen wie auch Probleme des Alltags angehen. Es umfaßt eine Reihe von Techniken, mit denen man nicht nur vorbewußte, sondern sogar unbewußte Bereiche der eigenen persönlichen Mythologie erkennen und in Worte fassen kann. Es bringt sowohl affektiv-begriffliches wie auch primärprozeßhaftes Material an das Licht unseres Bewußtseins, so daß wir es untersuchen, verstehen und – wenn nötig – auch verändern können; zugleich aber fördert es die Harmonie zwischen den drei Ebenen unserer persönlichen Mythologie.

Die mythische Macht der Subpersönlichkeiten. Wir verstehen das *Ich* als die organisierende Kraft des bewußten, rationalen Begriffssystems. Es vermittelt zwischen uns und unserer Umgebung und integriert neue Erfahrungen in die verschiedenen Persönlichkeitsbereiche.[31] Da der Ausdruck unserer Persönlichkeit sich von Moment zu Moment wandelt, hat man den Begriff »Ich-Zustand« geprägt, um diesen Wandlungen in unserer Stimmung, unserem Denken und Verhalten gerecht zu werden.[32] Ein Ich-Zustand ist ein zusammenhängendes System von Gefühlen, das eine dazugehörige Gruppe von Verhaltensmustern in Gang setzt.[33] Der amerikanische Psychoanalytiker Eric Berne hat Freuds Begriffe des Es, Ich und Über-Ich zwar etwas gewagt, aber sehr bildhaft in »Kind-Ich«, »Erwachsenen-Ich« und »Eltern-Ich« übersetzt.[34] Jacob Moreno, der das Psychodrama entwickelte, läßt seine Klienten die verschiedenen Ich-Zustände darstellen[35]; in Fritz Perls' Gestalttherapie findet sich der Dialog zwischen diesen Ich-Zuständen; Fritz Perls nannte die einander bekämpfenden Aspekte der Persönlichkeit auch »Top dog« und »Underdog«.[36] Jeder Ich-Zustand kann jederzeit beherrschend sein oder auch völlig untätig. Der

Psychologe John Watkins nennt den Ich-Zustand, der gerade aktiv ist, den »ausführenden Ich-Zustand«:

Damit ist derjenige Ich-Zustand gemeint, der so aktiv und energetisch ist, daß er im gegenwärtigen Moment als der einzig Tätige betrachtet werden kann. Er ist das »Selbst« im »Hier und Jetzt« ... Tritt eine Veränderung ein, so wird ein anderer Ich-Zustand der Ausführende ... Der Ich-Zustand, der zuvor ausführend war und nun deaktiviert ist, nimmt seinen Platz unter den anderen, im Moment untätigen Ich-Zuständen wieder ein.[37]

Da Ich-Zustände sich eher in Gefühlen als im Denken begründen, werden sie weitgehend vom vorbewußten, affektivbegrifflichen System bestimmt. Epstein schreibt:

In einer bestimmten Gefühlslage wird ein Individuum sich an spezielle Erfahrungen seiner Vergangenheit erinnern und Pläne für die Zukunft machen, die dieser Gefühlslage entsprechen. Daß bestimmte Gefühlslagen mit ganz bestimmten Begriffsnetzen assoziiert sind, macht deutlich, daß es vergleichsweise unabhängige, vorbewußte Begriffssysteme gibt, von denen jedes unter bestimmten Umständen vorherrschend werden kann.[38]

Epstein zeigt, daß der vorbewußte Bereich seelischer Tätigkeit affektiv-begriffliche Untersysteme enthält, die halbautonom sind (also: Ich-Zustände) und dominant werden können, wenn ein Gefühl geweckt wird.

Eine der wichtigsten Aufgaben des Ich ist es, zwischen diesen Ich-Zuständen zu vermitteln. Es ist gebunden an das »Realitätsprinzip« und damit vor allem an die Logik des rationalen Begriffssystems. Andererseits aber funktionieren Ich-Zustände vor allem auf der vorbewußten, affektiv-begrifflichen Ebene, derselben, auf der mythisches Material sich zu kognitiven Strukturen verdichtet. Was nun die Beziehung zwischen Ich-Zuständen und persönlichen Mythen angeht, so meinen wir, daß die wichtigste Triebkraft in jedem Ich-Zustand eine bestimmte kognitive Struktur, also ein persönlicher Mythos ist. Für unsere Überlegungen zu den Ich-Zuständen wollen wir uns den Begriff »Subpersönlichkeit«

ausborgen; er stammt aus der *Psychosynthese,* einem psychotherapeutischen System, das der italienische Psychiater Roberto Assagioli entwickelt hat.[39] In unserem Zusammenhang ist die Subpersönlichkeit ein Ich-Zustand, der von einem bestimmten persönlichen Mythos beherrscht wird.

So haben also die mythischen Strukturen, die innerhalb des rationalen Begriffssystems die Wirklichkeit bestimmen, die Aufgabe des Ich: nämlich zu vermitteln zwischen den verschiedenen Subpersönlichkeiten. Und die persönlichen Mythen auf der vorbewußten, affektiv-begrifflichen Ebene beherrschen bestimmte Subpersönlichkeiten. So wie es – nach Campbell – eine Aufgabe kultureller Mythen ist, »den Mitgliedern einer Kultur einen gangbaren Weg durch die Phasen des Lebens zu ebnen«, so helfen uns die persönlichen Mythen auf der Ich-Stufe dabei, die verschiedenen Ich-Zustände, aus denen unser seelisches Leben besteht, »unter einen Hut zu bringen«. So muß ein Mensch vielleicht mit einer eifersüchtigen Subpersönlichkeit fertig werden, oder einer arroganten, unabhängigen, oder einer idealistischen, oder einer sehr pessimistischen, die sich hoffnungslos und benachteiligt fühlt. Unsere persönliche Mythologie aber hat etwas, das alles einigend überspannt, das uns Hilfe und »gangbare Wege« bietet, um all diese Aspekte unseres seelischen Lebens zu bewältigen. Henry Murray schreibt: »Die Persönlichkeit ist wie eine große Versammlung – da gibt es Demagogen, Kinder, Machiavellis ... Caesaren und Christusse.«[40] Der Mythos, der im rationalen Ich-Bereich arbeitet, versucht, mit dieser Versammlung fertig zu werden; Spannungen zwischen der Logik des rationalen Systems und der des affektiv-begrifflichen Systems sind oft das Ergebnis dieser Mühen.

Dazu ein Beispiel aus unserer therapeutischen Praxis: Ein sehr begabter junger Mann kommt in Therapie, weil er immer dann, wenn er beruflich Erfolg haben könnte, zurücksteckt und jemand anderen vorläßt. Es ist, als ob ein ihm völlig unverständlicher Teil von ihm selbst all seine Anstrengungen sabotiere. Im Verlauf der Therapie entdeckt er, daß er auf der vorbewußten Ebene davon überzeugt ist, daß er es nie schaffen wird; sein Vater hatte ihm immer wieder vorgeworfen, er sei ja nur ein Angeber. Er hatte also internalisiert, daß seine Fähigkeiten in Wirklichkeit ziemlich begrenzt seien, und interpretierte alle Zeichen eines möglichen Erfolgs als Täuschungen, hervorgerufen durch seine Angeberei.

Rein vom Verstand her wollte er Erfolg haben; stärker als diese bewußte Absicht aber war der Mythos, der all seine Anstrengungen immer wieder in die Richtung lenkte, die ihm seine vorbewußte Erwartung, zu versagen, nur bestätigte. Die Unterpersönlichkeit, die um diesen persönlichen Mythos organisiert war, arbeitete so lange effektiv, bis er sich den Mythos bewußtmachen konnte und ihn neu formulierte.

Auch C. G. Jung behandelt bestimmte seelische Manifestationen als Subpersönlichkeiten – ohne allerdings diesen Begriff zu verwenden. Er charakterisiert persönliche Archetypen zum Beispiel als »weiser alter Mann« oder »Mutter Erde« und erklärt das so: »Die Tatsache, daß sich das Unbewußte spontan personifiziert ... ist der Grund, warum ich diese Personifikationen in meine Terminologie übernommen habe und sie mit solchen Namen belege.«[41] James Hillman bemerkt, daß in der Jungianischen Therapiepraxis die strukturellen Komponenten der Persönlichkeit

> *immer als Teilpersönlichkeit behandelt werden*. Ihr Zusammenspiel stellt man sich dort eher romanhaft vor als wissenschaftlich. Wir sind nicht einfach ein Kräftefeld, sondern viel eher ein Feld, auf dem sich persönliche innere Beziehungen abspielen, eine innere Gemeinschaft, Machtpolitik im Körper. Psychodynamik wird hier zur Psychodramatik; unser Leben ist weniger das Ergebnis von Druck und Gegendruck, sondern vielmehr eine Aufführung mythischer Texte.[42]

Die persönliche Mythologie eines Menschen ist sein (oder ihr) System von miteinander befreundeten oder verfeindeten persönlichen Mythen, aktiv oder untätig, bewußt oder unbewußt, anerkannt oder nicht anerkannt. Selbst eine sehr harmonische persönliche Mythologie enthält unvermeidbar widersprüchliche Mythen. Epstein meint, die Untersysteme der Persönlichkeit seien immer Quelle möglicher Konflikte, einfach weil ein Mensch nicht gleichzeitig widersprüchlichen Botschaften gehorchen kann. Solche Konflikte sind meist weitgehend unbewußt; daß es widerstreitende Mythen gibt, merkt man daran, daß bei einem Menschen zu verschiedenen Zeiten verschiedene Subpersönlichkeiten zum Ausdruck kommen. So fordern wir denn auch unsere Klienten auf, die Subpersönlichkeiten, die immer wieder auftauchen, zu beachten, sich über Eigenschaften und Zweck einer jeden klar zu werden, und die durchzuspielen, welche in ihrem Leben besonders wichtig sind.

Watkins beschreibt die komplexen, ganz und gar nicht linearen Beziehungen zwischen den Ich-Zuständen, indem er sie mit Staaten auf einer Landkarte vergleicht, allerdings mit dem Unterschied, daß Ich-Zustände sich überlappen können:

> Ein einzelnes seelisches Element kann Bürger vieler verschiedener Staaten sein. Darüber hinaus sind die Grenzen dieser Staaten, wenn sie sich auch Veränderungen widersetzen, doch durchgängig, flexibel und vielen Veränderungen ausgesetzt. Ein Staat vergrößert sich vielleicht so sehr, daß er nun Elemente einschließt, die vorher zu anderen Staaten gehört haben; oder aber er zieht sich zusammen und gibt Elemente auf, die einst in seinen Grenzen lagen. Diese Struktur des Ich ist ein dynamisches System des Gleichgewichts; und wie andere solche Systeme ... verändert es ständig seinen Energiezustand, um seine Unverletztheit zu bewahren – angesichts einer ständigen Flut von Reizen, die von außen kommen, wie auch seines eigenen »Output« in Form von Verhalten, Denken, Fühlen oder anderer seelischer Bewegungen.[43]

Man kann sich das »Ich« als Kern der verschiedenen Subsysteme der Persönlichkeit vorstellen. Disharmonie innerhalb und zwischen den Subsystemen kann zu Streß und unangepaßtem Verhalten führen.[44] Zwar gibt es in der Persönlichkeit den Drang nach Vervollkommnung und Einheit; jedoch ist auch die relative Autonomie der Subsysteme, die wir Subpersönlichkeiten nennen, von Bedeutung. Für Epstein besteht wirksame Anpassung sowohl in der Ausdifferenzierung der Subsysteme innerhalb der Persönlichkeitsstruktur eines Menschen wie auch in der Integration dieser Subpersönlichkeiten.

Ursprünge persönlicher Mythologie

Persönliche Mythen werden von innen wie von außen bestimmt. Ihr Ursprung liegt im Organismus; geformt werden sie durch die Umwelt. Der organische Ursprung persönlicher Mythologie ist sowohl der *biologische* (im traditionellen Sinne) wie auch der biologisch fundierte, jedoch *transpersonale*. Einflüsse der Umwelt sind sowohl *kulturelle Einflüsse* wie auch die jeweils einzigartigen Erfahrungen, aus denen sich die *persönliche Biographie* eines Menschen zusammensetzt. Diese zwar verschiedenen, jedoch voneinander abhängigen Ursprünge persönlicher Mythologie wollen wir im folgenden besprechen, und zwar in der Reihenfolge, die den Stadien in der Evolution des Bewußtseins entsprechen: biologisch, kulturell, persönlich und transpersonal. Rollo May hat die Faktoren, die das persönliche Schicksal bestimmen, mit ähnlichen Begriffen beschrieben: genetisch, kulturell, sich aus den Umständen ergebend, kosmisch.[45]

Biologische Ursprünge. Persönliche Mythen beruhen auf der Struktur des zentralen Nervensystems und seinen biochemischen Abläufen. Menschen denken mythisch, weil das menschliche Gehirn auf einzigartige Weise so organisiert ist, daß es die Welt in symbolischen Begriffen darstellen und diese Symbole benutzen kann. Bestimmte Bereiche im Gehirn machen feine, koordinierte Bewegungen der Zunge, der Lippen und des Sprechapparates möglich; die Ausreifung dieser Gehirnteile versetzt uns in die Lage, sprachliche Symbole bei der Beschreibung unserer Erfahrungen zu verwenden. Kinder haben die angeborene Fähigkeit, Sprache zu verstehen und zu lernen, und auch, diese Sprache dazu zu verwenden, Geschichten zu erfinden – ob beim Spiel oder beim Erzählen. Es sind ebenfalls angeborene Strukturen, die uns befähigen, Wirklichkeit auf immer höheren Stufen der Komplexität zu ordnen. Diese genetische Ausstattung ist verantwortlich für den Anpassungsvorteil des Menschen. D'Aquili und Laughlin schreiben dazu:

Angesichts eines unbekannten Reizes unternimmt der menschliche Organismus spontan den Versuch, diesen Reiz in einen bekannten Rahmen einzuordnen ... Diese kognitive Organisation äußerer Reize in eine lineare, kausale, verbale Form von Bewußtsein ist Ergebnis neuronaler Mechanismen ... Genau diese lineare, analytische und verbale Art der Kognition ist die wirksamste Form der Anpassung des Menschen an bestimmte Umgebungsbedingungen.[46]

Die Fähigkeit, an sich chaotische Daten aus der äußeren Umgebung in ein zusammenhängendes System zu ordnen, mit dem Verhalten vorhersagbar ist, wurzelt »in bestimmten neuronalen Mechanismen. Sie werden genetisch kontrolliert und haben sich im Prozeß der natürlichen Selektion entwikkelt.«[47]

Außerdem beeinflussen biologische Impulse und konstitutionelle Faktoren die Richtung, in die sich die Mythologie eines Menschen entwickelt. So wird vielleicht die Mythologie des einen eher introvertiert, die eines anderen eher extravertiert sein, eher optimistisch, leidenschaftlich, oder eher melancholisch. Freud nannte die erste Bewußtheit des Selbst das Körper-Ich.[48] Sein Konzept *Es* enthält die dynamische Interaktion zwischen physiologischen und seelischen Ereignissen:

Der ältesten seelischen Provinz geben wir den Namen *Es.* Sie enthält alles, was ererbt, bei der Geburt vorhanden, konstitutionell festgelegt ist – und daher vor allem die Triebe, die der körperlichen Organisation entspringen und ihren ersten seelischen Ausdruck im Es finden, in Formen, die uns unbekannt sind.[49]

Während sich die Mythologie eines Menschen entwickelt, sind die wichtigsten Prinzipien des seelischen Lebens zunächst das Erlangen von Lust und das Vermeiden von Schmerz – entsprechend den Regeln des Es, wie Freud sie formulierte. Körperliche Lust und körperlicher Schmerz verlieren jedoch an Bedeutung, sobald seelische Bedürfnisse wie etwa das nach Selbstachtung auftauchen.[50] Abraham Maslow meint, daß sogar das Bedürfnis nach Liebe, Anerkennung oder kreativem Ausdruck »instinktoid« bzw. biologisch fundiert ist. Zwar beeinflußten Mythologie wie auch körperliche Fähigkeiten die Art der Befriedigung solcher Bedürfnisse; die Bedürfnisse selbst jedoch, die zum Teil sicher angeboren sind, bleiben sich gleich.[51] Schon immer haben sich die Menschen Mythen geschaffen und gelebt, die sich um Nahrung, Schutz, Sicherheit, Anerkennung und Liebe ranken.

Das biologische Fundament des Bewußtseins wird sowohl von der Umwelt wie auch von der Vererbung beeinflußt. Das Ungleichgewicht der Neurotransmitter im Gehirn zum Beispiel, das vermutlich eine wichtige Rolle spielt bei Depressionen, Hyperaktivität, Promiskuität, Alkoholismus und Psychosen, kann offensichtlich sowohl angeboren wie auch erworben sein.[52] Selbst die Entwicklung des zentralen Nervensystems beim ungeborenen Kind hängt davon ab, wie sich die Mutter ernährt, wie gesund sie ist und in welcher Umgebung sie lebt.

Unsere intellektuellen Fähigkeiten sind nicht nur abhängig von der richtigen Entwicklung angeborener Strukturen, sondern auch davon, wie bestimmte Ereignisse verarbeitet werden. Die Erforschung der molekularen Grundlagen von Lernen und Gedächtnis läßt vermuten, daß neue kognitive Strukturen organisch erst mit der Synthese bestimmter Proteine im Gehirngewebe möglich werden.[53] Die Phasen kognitiver Entwicklung, wie sie Piaget beschreibt, verlaufen parallel zu Wachstumsprozessen im zentralen Nervensystem.[54] Man kann die kognitive Entwicklung also als fortlaufenden Prozeß beschreiben, bei dem neuronal kodierte Information beständig anwächst und so allmählich eine Vorstellung des eigenen Selbst, der Umwelt und der Erfahrung entsteht.[55] Physiologie und Seele beeinflussen sich gegenseitig. Auch Gedanken setzen physiologische Prozesse in Gang. Denkt man an sein Lieblingsessen, so kann dadurch Magensaft produziert werden. Umgekehrt beeinflussen körperliche Vorgänge seelische Abläufe. Wer hungrig zu Bett geht, träumt vielleicht vom Essen. Je deutlicher diese enge Beziehung zwischen Körper und Geist wird, desto unhaltbarer werden die philosophischen Implikationen des Cartesianischen Dualismus, dessen innere Widersprüche allmählich durch den Begriff »bodymind« aufgelöst werden.[56]

Vorstellungen und Bilder sind so etwas wie eine Brücke in diesem Körper-Seele-Kontinuum.[57] Techniken wie Entspannungstraining, gelenkte Phantasiearbeit und Hypnose können nachweislich psychophysische Reaktionen hervorrufen: von der Abgabe stimmungsaufhellender Hormone bis zur Stärkung des Immunsystems. »Gehirn-Opiate« wie Beta-Endorphin können Nervensignale auf ihrem Weg zu höheren Gehirnbereichen abblocken, wo sie als Schmerz wahrgenommen werden würden.[58] Diese natürlichen Opiate werden im allgemeinen spontan freigesetzt, mittlerweile auch durch physische Stimulation wie Akupunktur; sie können aber auch durch Suggestion oder Vorstellungskraft produziert werden. Das Zusammenspiel von Körper und Seele läßt vermuten, daß persönliche Mythen nicht nur von der Biologie geformt werden, sondern daß sie umgekehrt auch physiologische Prozesse beeinflussen können.

Neuronale Strukturen und genetische Dispositionen haben großen Einfluß auf die Form des mythischen Systems. Der spezifische Inhalt dieser Mythen und das Verhalten, das sie vorschreiben, bleiben jedoch bemerkenswert formbar. Die persönliche Mythologie hat biologische Grundlagen, entwickelt sich dann aber in einem Netz relativ freier Regeln, das aus der Verbindung von Mythologie und symbolischen Prozessen entsteht. Instinktgesteuertes, genetisch programmiertes Verhalten – so allbestimmend bei den anderen Arten – hat für den Menschen eine geringere Bedeutung, weil wir dazu neigen, auf innere Reize, wie etwa auf inneres Sprechen und innere Symbole zu reagieren. Darum spielt die Kultur eine große Rolle bei der Entwicklung des menschlichen Bewußtseins und der Mythologien, die ihm Form geben.

Kulturelle Ursprünge. In den frühesten Zeiten der Menschheit verlief die Entwicklung des Bewußtseins parallel zu der des Großhirns. Mit dem Entstehen der durch Regeln organisierten Sprache waren die Menschen in der Lage, mit Hilfe von Lautzeichen (als abstrakte Repräsentationen für Objekte und Ereignisse) über ihre unmittelbaren physischen Erfahrungen hinauszugehen. Als dann formale Sprachsysteme zur Verfügung standen, um Mythen von einer Generation zur anderen weiterzugeben, wuchs die kulturelle Formenvielfalt exponentiell. Die Evolution des menschlichen Bewußtseins hing nicht länger in erster Linie von Veränderungen der Gehirnstruktur ab. Mit dem Wechsel von der Jäger-und-Sammler-Kultur zur Ackerbaugesellschaft – wohl erst vor 12000 Jahren – kam eine tiefgreifende Entwicklung in Gang: Die Erfindung des Ackerbaus machte Planung zwingend notwendig, Planung, die für nutzbringendes Pflanzen, Pflegen und Ernten der Feldfrüchte erforderlich war. Das Denken in längeren Zeitspannen war nun wichtig, der Zeitbegriff erweiterte sich. Seither haben sich Bewußtsein und Kultur an für die Zukunft gesetzten Zielen gebildet, und über die Fähigkeit, ansonsten instinktgesteuerte Handlungen aufzuschieben, zu kanalisieren, zu sublimieren.[59]

Die Art, wie die kulturelle Umgebung auf die kognitiven Strukturen einwirkt, die wir persönliche Mythen nennen, entspricht der Beziehung zwischen der spezifischen Sprachumgebung, in der ein Kind aufwächst, und seiner angeborenen Fähigkeit, Sprache zu entwickeln. Der Mensch unterscheidet sich von allen anderen Geschöpfen – so Ashley Montagu – durch seine komplexe Intelligenz und die hochentwickelte Fähigkeit zu symbolischem Denken, zu Sprache, Erziehbarkeit und Veränderung. Ob und wie ein Mensch sein Potential jedoch verwirklicht, hängt davon ab, ob er dem anregenden Einfluß anderer Menschen ausgesetzt ist.[60] Montagu sieht den Menschen als relativ frei von den instinktiven, automatischen Reaktionen auf Umgebungsreize, die für Tierverhalten so charakteristisch sind. Dies sei eine der Bedingungen, durch die die Entwicklung der Kultur möglich und notwendig wurde.

Man wird sich noch lange darüber streiten, zu welchen Anteilen genetische Programmierung bzw. Lernen unser Verhalten beeinflussen.[61] Die Lernkapazität von Kindern während der sehr langen Zeit ihrer Abhängigkeit von Erwachsenen ist auf jeden Fall bemerkenswert. Das kognitive System eines Kindes ist zunächst so etwas wie ein unbeschriebenes Blatt und »wartet« nur darauf, daß seine Neurochemie kodiert wird. Die Gesellschaft besorgt einen großen Teil dieser Kodierung durch den alles durchdringenden Einfluß ihrer kulturellen Mythologie.

Der Begriff »Kultur« bezeichnet die Gebräuche und Traditionen eines Volkes und die Einstellungen, die den Angehörigen dieses Volkes bezüglich der wichtigsten Aspekte des Lebens gemeinsam sind. Da wir soziale Wesen sind, formt uns die Kultur, in der wir aufwachsen, mit ihren ganz eigenen Vorschriften, die uns sagen, wie wir denken, handeln und die Wirklichkeit interpretieren sollen. Jede Kultur erzeugt ihren eigenen kollektiven Mythos, der sich ausdrückt in ihrer Sprache, ihrer Folklore, ihren Ritualen, Normen, Werten, Rollenerwartungen und ihren sozialen Strukturen, die alle wieder starken Einfluß nehmen auf die persönlichen Mythen der Mitglieder dieser Kultur. Man kann die Lebensgeschichte eines Menschen als Geschichte seiner Anpassung an die Schemata und Verhaltensstandards ansehen, die er von der Gemeinschaft ererbt hat.[62] Rollo May schreibt: »Wir finden unsere Mythen um uns herum in den unbewußten Vorannahmen unserer Kultur; wir formen die Mythen und nutzen sie als Bilder, in denen wir uns selbst, unsere Freunde und Mitmenschen erkennen; wir nutzen sie als Führer auf unserem Lebensweg.«[63]

Hält man sich als Besucher in einer Kultur auf, die sich deutlich von der eigenen unterscheidet, so erlebt man den Begriff der *kulturellen Relativität* – der Einfluß der Kultur auf unsere Art zu leben, unsere Glaubenssysteme und das, was wir für wirklich halten – ganz unmittelbar. Die Kultur bestimmt, wie jemand die Grundbedürfnisse für sein leibliches Wohl, nach Schutz, Sicherheit, menschlicher Gesellschaft und der Achtung seiner Mitmenschen erfüllen kann. Die Kultur bestimmt auch, wie man nach den großen schöpferischen Erfahrungsmöglichkeiten streben kann, die tief in uns verborgen sind.[64] Und die Kultur liefert Glaubenssätze und Bilder für die Phasen und Krisen, die die Abschnitte des menschlichen Lebens formen und verbinden. Solche Instruktionen werden traditionell in Kunstwerken und Geschichten weitergegeben, die Helden und übernatürliche Wesen schildern.

Struktur und Dynamik der persönlichen Mythen.

Der Einfluß von Göttern und Geistern wird in den komplizierten, Technologie-orientierten Gesellschaften der Gegenwart nicht mehr ernstgenommen – doch wann immer ein Kind den Fernsehapparat anschaltet, treten die Helden und Heldinnen der Gegenwart in Erscheinung. Sie nehmen die Gestalt von Filmschauspielern, Rock-Stars oder Athleten an und bombardieren den Zuschauer mit den Mythen unserer Kultur, oberflächlichen und tiefgehenden. Die Sozialisationsprozesse, durch die kulturelle Mythen dem Menschen eingeprägt werden, sind sehr stark und alles durchdringend. Die Einstellungen und Verhaltensweisen des einzelnen werden bestimmt durch die Belohnungen, die eine Gesellschaft austeilt – in Form von Reichtum, Macht, Respekt und Prestige.

Auch Familie und Freunde üben einen starken Einfluß aus. Schule, Kirche, Arbeitsumgebung und andere soziale Institutionen machen die Mitglieder einer Gesellschaft zu Bürgern, deren persönliche Mythen übereinstimmen mit den in der Gesellschaft am höchsten geschätzten Formen des Denkens, Fühlens, Empfindens und Verhaltens.

Natürlich kann ein einzelner nicht mehr die ganze Skala mythischer Einflüsse in sich aufnehmen, die in modernen Kulturen überall gegenwärtig sind. In früheren Zeiten war der Mythos eines Stammes zuallererst eine einende Kraft, die dem einzelnen nur wenig abweichendes Verhalten oder persönliche Wahl gestattete. Die Mythologien gegenwärtiger Kulturen sind dagegen hoch komplex und oft widersprüchlich und unzusammenhängend. Regionale, ethnische, wirtschaftliche, soziale, politische und berufliche Gruppen verkörpern oft Positionen, die innerhalb des zu einer Einheit verschmolzenen allgemeinen Mythos der Kultur miteinander in Konflikt stehen. Überdies führen schnelle soziale Veränderungen dazu, daß sich die leitenden Mythen ständig selbst überleben; in solchen Zeiten der Veränderung ist ein tiefer innerer Aufruhr zu spüren. Unter diesen Bedingungen müssen die Mitglieder heutiger Gesellschaften unter tausend und abertausend von kulturellen Einflußgrößen eine Auswahl treffen, wenn sie eine persönliche Mythologie bilden, die in sich stimmig und funktionsfähig ist und zu ihren Bedürfnissen und Lebensumständen paßt.

Lebensgeschichtliche Ursprünge. Jeder Mensch ist vom Augenblick seiner Geburt an bis zu seinem Tode dabei, seine einzigartige persönliche Geschichte zu entwerfen, fügt Erfahrung zu Erfahrung und lernt – vegetativ und kognitiv – über sich selbst und seine Umwelt. Diese persönliche Geschichte hat großen und ständigen Einfluß auf die Mythologie des Menschen. Die ersten Eindrücke werden im Mutterleib aufgenommen, wo das Ungeborene zwar geschützt, aber auch schädlichen Einflüssen ausgesetzt ist: durch toxische Chemikalien, emotionale oder physische Schwierigkeiten der Mutter. Dennoch betrachtet man diese frühe Einheit zwischen Mutter und Kind oft als die Zeit der »heiteren Wonnen« des vorgeburtlichen Daseins. Und obwohl es noch immer eine Streitfrage ist, ob das Geburtstrauma bleibende Auswirkungen auf die Psyche des Kindes hat, haben sich Persönlichkeitspsychologen eben auch mit dieser Frage beschäftigt. Der Psychiater Stanislav Grof spricht von der »No exit«-Situation, die während den frühen Stadien der Entbindung entsteht. Zu diesem Zeitpunkt ist der Muttermund noch nicht erweitert, die Kontraktionen der Gebärmutter üben jedoch einen beengenden Druck auf das Kind aus.[65] Auf diese Situation einer traumatischen Sackgasse folgt die Austreibung durch den Geburtskanal und der sie begleitende Kampf ums Überleben, wobei intensive Erstickungsanfälle auftreten müssen. Schließlich kommt Erleichterung, der erste Atemzug, und die Nabelschnur wird durchgeschnitten.

Selbst das nicht ausgereifte Nervensystem des Neugeborenen wird fähig sein, einige dieser dramatischen Geburtserfahrungen zu erfassen und als Erinnerungen zu kodieren. Berichte über Geburtserfahrungen, die in Träumen, unter Hypnose, dem Einfluß von Drogen wie LSD oder mit Hilfe eines Psychotherapeuten wiedererinnert oder wiedererlebt wurden, sind nicht ungewöhnlich. Manchmal wurden sogar Details des Geburtsvorganges, die der Betreffende eigentlich nicht wissen konnte, im Gespräch mit einem Elternteil verifiziert.[66] Grof arbeitete verschiedene »perinatale Bedingungsmatrizen« heraus, die jemanden zu bestimmten Verhaltens- und Erlebensweisen prädisponieren. So kann es zum Beispiel vorkommen, daß Menschen, die in ihrem Leben ständig blockiert zu sein scheinen, die »No exit«-Phase der Geburt immer wieder durchleben. Es gibt viele Möglichkeiten, wie diese frühen Eindrücke die spätere Entwicklung beeinflussen und so die Bühne für nachfolgende Erfahrungen errichten können. Solche Einflüsse sind eine ganz wichtige Quelle der persönlichen Mythologie, die sich zu diesem Zeitpunkt ja schon entwickelt. All das hat natürlich auch Konsequenzen für die Geburtshilfe.

So hat zum Beispiel Frédérick Leboyer *gewaltfreie* Geburtshilfetechniken entwickelt; es wird berichtet, daß »Leboyer-Kinder« ausnehmend viel Urvertrauen und Neugierverhalten zeigen.[67, 68]

Während das Kind biologisch heranreift, kann jede Interaktion mit der Umwelt seine Entwicklung beeinflussen. Das Kind wird auf frühe Erfahrungen zurückgreifen, wenn es wichtige mythologische Entscheidungen treffen muß, etwa die Entscheidung, ob die Welt vertrauenswürdig ist oder nicht, ob Handlungsimpulse in Richtung Autonomie geduldet werden und ob Initiative belohnt wird.[69] Natürlich beeinflussen sich dieser Prozeß des Erfahrungsammelns und die körperlichen Reifungsstadien ständig gegenseitig. Freud sprach von einer Folge psychosexueller Entwicklungsstadien in der Frühzeit des Lebens. Erik H. Erikson erweiterte diesen Gedankengang, indem er eine Reihe psychosozialer Konflikte beschrieb, die sich bis in die Erwachsenenzeit und ins Alter ziehen. Die Notwendigkeit, während unseres ganzen Lebens verantwortliche und sinnvolle Entscheidungen zu treffen, drückt um so mehr, als die mythischen Leitsätze, die wir uns in einem Wachstumsstadium mühevoll angeeignet haben, sich schon im nächsten als unpassend oder sogar irreführend erweisen können.

Noch anderes beeinflußt die Entwicklung persönlicher Mythen. Alfred Adler zum Beispiel betont das Bedürfnis nach Selbstachtung und sozialen Bindungen, die Minderwertigkeitsgefühle verringern. Erich Fromm beschreibt die Einflüsse der Gesellschaft auf die Reifung des Menschen und betont besonders, daß der Mensch sich dann am vollkommensten entwickelt, wenn die Gemeinschaft ihn in seinen Potentialen fördert. Rollo May und die Existentialisten konzentrieren sich auf die Suche des Menschen nach Bedeutung. Maslow und andere Vertreter der Humanistischen Psychologie haben Faktoren wie Kreativität, Humor und ein positives Selbstkonzept als entscheidend für die volle Entwicklung eines Menschen herausgestellt. Jede Erfahrung, die uns dazu zwingt, mit den Forderungen und Möglichkeiten unserer Biologie, der Gemeinschaft, in der wir leben, und unseren Lebensumständen zu kämpfen, kann unsere persönliche Mythologie erweitern und bereichern.

Im folgenden zeigen wir einen weiteren Ursprung persönlicher Mythologie, und zwar einen, der über gewohnte Vorstellungen von biologischen und sozialen Einflüssen hinausgeht.

Transpersonale Ursprünge. In verschiedensten Wissenschaftsdisziplinen sammeln sich allmählich Beweise an, die den Schluß nahelegen, daß es eine spezielle Dimension menschlicher Erfahrung gibt, die nicht durch die Lebensgeschichte des Menschen, seine Umgebung oder herkömmliche Konzepte der Biologie erklärbar ist. Wir müssen folglich einen vierten Ursprung persönlicher Mythologie annehmen. Auf der Suche nach Begriffen, die diese Dimension der Erfahrung beschreiben könnten, machen wir Anleihen bei der transpersonalen Psychologie; sie beschäftigt sich mit den Parametern des Bewußtseins und der Bedeutung »spiritueller Erfahrungen«, von denen in allen Kulturen der Welt berichtet wird.[70] Der Begriff »transpersonal« wird in sehr unterschiedlicher Weise verwendet; für uns bedeutet er Erweiterung der Identität sowohl über die eigene Individualität als auch über die eigene Persönlichkeit hinaus.[71] Intensive transpersonale Erfahrungen können einen zeitweiligen Verlust der Selbstwahrnehmung und ein Gefühl der »Vereinigung« mit der Natur einschließen. Solche Erfahrungen haben oft transzendentale Einsichten zum Ergebnis, wobei der Betroffene von einer neuen oder »höheren Ebene« des Verstehens berichtet, die ihm vorher nicht zugänglich gewesen sei. Das Konstrukt der persönlichen Mythologie hat den Vorzug, mit solchen schwer faßbaren Bereichen des Überpersönlichen kompatibel zu sein; so werden wir die transpersonalen Wurzeln persönlicher Mythen eingehender diskutieren als ihre anderen Ursprünge.

Der erste Beweis dafür, daß persönliche Mythen transpersonale Inhalte haben, liegt darin, daß bestimmte universelle Symbole und Schemata immer wieder auftauchen, auch »in Kulturen, die räumlich und zeitlich so weit voneinander entfernt sind, daß eine geschichtliche Beeinflussung oder ein kausaler Zusammenhang unwahrscheinlich sind«.[72] Studenten der vergleichenden Mythologieforschung entdeckten, daß Kulturen zu allen Zeiten und auf allen Erdteilen in ihren Mythen und Ritualen ähnliche Formen entwickelten. Adolf Bastian, ein Ethnologe und Weltreisender des 19. Jahrhunderts, fand gemeinsame Themen in den Mythen und Festbräuchen, die er beobachtete. Er nannte sie *Elementargedanken.*[73] Jung glaubte, diese Ähnlichkeit ergebe sich aus bestimmten Schemata des Unbewußten, die der gesamten Menschheit gemeinsam seien. Wiederholt belegte er die Existenz solcher universeller Symbole in den Träumen seiner Patienten und anderer Personen. Er nannte diese eingeborenen Schemata »Archetypen« und nahm an, daß sie durch Erbfaktoren zustande kämen (der Begriff »Archetypus« stammt vom heiligen Augustinus; er bezeichnete damit die Hauptgedanken der menschlichen Kultur). Obwohl das Konzept des »Archetypus« natürlich umstritten ist, hat der Psychologe Anthony Stevens ein starkes Argument für seine Gültigkeit vorgebracht.[74] Er meint, daß sich die menschliche Entwicklung in einer stark vorherbestimmten Folge von Entwicklungsschritten vollziehe, wobei jeder dieser Schritte durch einen bestimmten Verhaltenstyp, wie zum Beispiel Mutterbeziehung, Spracherwerb, Spiel mit Gleichaltrigen und Bindung an einen Partner des anderen Geschlechts gekennzeichnet ist. Stevens greift auf die Übereinstimmung der Ergebnisse verschiedener Forschungsgebiete zurück:

> Obwohl Jungs Einsichten in die Existenz des Archetypen-Phänomens persönlich und größtenteils subjektiv waren, werden sie durch immer mehr wissenschaftliche Ergebnisse nicht nur aus der Mythologieforschung und der Psychiatrie, sondern seit neuestem auch aus der Ethnologie und der Soziobiologie bestätigt. Sorgfältige Beobach-

tungen der Verhaltensmuster in den verschiedensten menschlichen Gesellschaften und bei unterschiedlichen Tierarten führen einen unvoreingenommenen Geist zu dem Schluß, daß es wirklich universelle Formen instinktiven und sozialen Verhaltens gibt und auch überall wiederkehrende Symbole und Motive; und daß diese Erscheinungsformen nicht weniger Gegenstand des im wesentlichen auf biologischer Ebene ablaufenden Prozesses der Evolution sind, als die anatomischen und physiologischen Strukturen, deren Entsprechung zuerst die Wahrheit der Darwinschen Theorie bewies.[75]

Archetypen sind jedoch keine »Ideen«, die wir von unseren Vorfahren im Sinne einer Lamarckschen Evolution erben, wonach die erworbenen Eigenschaften einer Generation genetisch der nächsten weitervererbt werden. Stevens und andere Autoren gehen davon aus, daß archetypische Muster auf Stukturen des Gehirns zurückgehen und – ähnlich wie biologische Strukturen – sich im Verlauf von Prozessen entwickelt haben, die der natürlichen Auslese analog sind. Archetypische Elemente »haben die Kraft, sich ihre Verwirklichung im Verhalten und der Persönlichkeit des Individuums zu suchen«.[76]

Erich Neumann schreibt, daß Archetypen nicht nur ein »Hauptbestandteil der Mythologie« sind, sondern daß sie auch das Wachstum und die Entwicklung des Bewußtseins bestimmen. »Bewußtsein entwickelt sich, indem es durch eine Reihe *ewiger Bilder* wandert, und auch das Ich verändert sich bei dieser Wanderung und erfährt ständig eine neue Beziehung zum Archetypen ...«[77] Seiner Meinung nach entfaltet sich nacheinander eine ganze Folge von Archetypen, die die psychische Entwicklung des Menschen von der Geburt an durch verschiedene Reifestadien leiten. Wenn die Handlungsrichtlinien eines Archetypen unannehmbar und unwirksam werden, steht sozusagen schon ein anderer Archetyp bereit und übernimmt die Aufgabe, Erfahrung zu organisieren und den Menschen auf dem Weg seiner Entwicklung hin zum nächsten Reifestadium zu geleiten. Archetypen können einander widersprechen: Sie enthalten Elemente, die grundlegenden Aspekten vorangegangener Archetypen zuwiderlaufen. Der Archetyp des Helden zum Beispiel treibt den Jugendlichen aus seiner Bindung an den Archetyp der Großen Mutter, der im Zuhause und der Ursprungsfamilie manifestiert wurde. Der Archetyp, der ursprünglich Mutter und Kind verband, wird verdrängt von Archetypen, die Unabhängigkeit thematisieren. Neumann dachte sich Archetypen als Elemente der psychischen Struktur, die in einer organischen Beziehung zueinander stehen und »die Reifung der Persönlichkeit bestimmen, ähnlich wie biologische Hormonkomponenten die körperliche Reifung steuern«.[78]

Träume und kulturvergleichende Forschungsstudien haben das dramatische Beweismaterial für die Existenz dieser Archetypen-Muster geliefert. Es wird durch Berichte über außergewöhnliche Erfahrungen gestützt, Berichte, auf die man in geschichtlicher Zeit immer wieder stößt. Joseph Campbell schreibt:

> Es ist immer die Aufgabe der großen Seher (in Indien als *Rishis,* zu biblischen Zeiten als *Propheten,* primitiven Völkern als *Schamanen* und in unseren Tagen als *Dichter* und *Künstler* bekannt) gewesen, das strahlende, schreckliche und doch sanfte, dunkle, unbeschreibliche Licht jenseits des Schleiers zu erkennen, mit dem sich die Natur den Wissenschaften der jeweiligen Zeit verhüllte. Und es ist immer ihre Aufgabe gewesen, durch ihre Worte und Bilder den Sinn des endlosen Schweigens zu enthüllen, das der Grund allen Seins ist.[79]

Im Verlauf der Geschichte haben die höchst verehrten Mitglieder der menschlichen Gemeinschaft oft von visionären Erfahrungen erzählt, die sie mit ihrer Stammesgruppe teilten – und diese Vision erweiterte das Bewußtsein aller Gruppenmitglieder. Ken Wilber hat Berichten über solche transpersonalen Erfahrungen durch die ganze Zeit der Evolution des menschlichen Bewußtseins hindurch nachgespürt und schreibt ihnen bedeutende Fortschritte im Bewußtwerdungsprozeß zu. Da die Existenz des transpersonalen Bereichs von den religiösen Traditionen aller Zeitalter geltend gemacht worden ist, neigt man dazu, transpersonale Erfahrungen mit religiösen Enthüllungen zu verbinden und mit den weisen Männern früherer Zeiten, die als Ergebnis ihrer tiefen transzendentalen Einsichten auch berühmte Lehrer wurden.

Doch haben die meisten Menschen schon transpersonale Erfahrungen gemacht, ob in einer Liebesbeziehung, als Reaktion auf etwas besonders Schönes oder im Zustand tiefer Versenkung.[80] Eine Sammlung von Forschungsergebnissen, die der Psychologe Andrew Neher zusammenstellte, ergab, daß – je nach Untersuchung – 50 bis 85 % aller Amerikaner von transpersonalen Erfahrungen berichteten – Situationen, in denen sie fühlten, daß sie sich in einem anderen Bereich der Wirklichkeit bewegten, eine Erfahrung, die ihnen anscheinend ein direktes und übernatürliches Verstehen tieferer Wahrheiten brachte.[81] Abraham Maslow erforschte solche Momente, die er »Gipfelerfahrungen« nannte. Er fand, daß sie charakterisiert sind durch das Gefühl, über die gewöhnlichen Alltagsgrenzen hinauszugehen, daß sie auch Gefühle der Verzückung einschließen, kreative Wahrnehmungen und eine Bewußtheit, die über das normale Wachbewußtsein hinausreicht.[82] Wohl jeder von uns war schon gefangen von der Schönheit eines verblassenden Sonnenuntergangs, stand ehrfürchtig vor dem Wunder eines neugeborenen Kindes oder war hingerissen vom Anblick oder Klang eines außergewöhnlichen Kunstwerkes. Anscheinend erlauben Gipfelerfahrungen es auch uns, hinter den Schleier der äußeren Erscheinung in die dahinterliegende Ordnung der Wirklichkeit zu sehen, eine Ordnung, die die normale sinnliche Wahrnehmung übersteigt oder zumindest steigert. Maslow erzählt von einem persönlichen Erlebnis:

... ich langweilte mich bei einer akademischen Prozession und kam mir etwas lächerlich vor in meinem Talar. Plötzlich kippte meine Sichtweise, und ich fühlte mich als ein Symbol im Hinblick auf die Ewigkeit, nicht mehr einfach als gelangweiltes und leicht gereiztes Individuum, das sich eben in diesem Moment an diesem Platz befand. Meine Vision – oder Vorstellung – war, daß die akademische Prozession sich weiter erstreckte, als ich sehen konnte, und daß Sokrates an ihrer Spitze ging. Ich denke mir, das bedeutete, daß viele der Menschen weiter vorne in der Prozession früheren Generationen angehörten und daß ich ein Nachfolger all der großen Akademiker, Professoren und Gelehrten war. Dann sah ich die Prozession sich hinter mir immer weiter erstrecken in eine neblige, undeutliche Unendlichkeit, wo Menschen mitgingen, die noch gar nicht geboren waren, die erst in der Zukunft Wissenschaftler, Philosophen oder Gelehrte sein würden. Der Gedanke, daß ich in einer solchen Prozession dabei war, wühlte mich auf, ich fühlte ihre Würde, die Würde meiner Robe und auch meiner selbst als einer Person, die zu dieser Prozession gehörte.[83]

Das Geburtserlebnis ist offenbar häufig Ursache transpersonaler Erfahrungen. In Interviews kurz nach der Geburt beschreiben 60% der 56 interviewten Frauen irgendeinen Aspekt der Geburt in Begriffen, die auch in Berichten über transzendentale Erlebnisse gebraucht werden.[84] Vermutlich am häufigsten erleben wir in der sexuellen Vereinigung Transzendenz. In bestimmten Tantra-Disziplinen des Ostens bedient man sich sexueller Praktiken, um die Vereinigung mit dem »Einen« zu fördern. Orgiastische Dionysos-Rituale des Altertums brachten die Teilnehmer den so verehrten Gottheiten näher. In einer Untersuchung der evolutionären Grundlagen geschlechtlichen Verhaltens berichtet die Psychologin Dorothy Tenov von buchstäblich völliger Übereinstimmung unter ihren Interviewpartnern in einem Punkt: daß Sex mit einem geliebten Partner im optimalen Fall die größte Freude brachte, die sie überhaupt kannten.[85] Unter dem Gesichtspunkt der Soziobiologie betrachtet, ist dieses Ineinanderspielen transpersonaler Erfahrungen und der Vermehrung eine »Tour de Force« genetischer Programmierung. Daß die Natur das Versprechen gibt, diese tiefe Erfahrung machen zu können, und es mit der praktischen Notwendigkeit verknüpft, Nachkommen mit einem Langzeitpartner zu zeugen, ist ein verblüffendes Beispiel dafür, wie erfinderisch die Evolution sein kann.

Natürlich sind transpersonale Erfahrungen letzten Endes in der Biologie unseres Organismus begründet. Stevens gibt einen Überblick über die Debatte um den Sitz der Archetypen im Gehirn; er selbst vertritt den Standpunkt, daß er im limbischen System zu vermuten sei. Da nämlich das menschliche Bewußtsein darauf trainiert sei, Impulse aus der nichtdominanten Gehirnhälfte, dem Hirnstamm und dem limbischen System zu ignorieren, könnten solche Impulse eine numinose Qualität erhalten, wenn sie doch einmal ins Bewußtsein drängen: »Das *Mysterium tremendeans et fascinans* archetypischer Symbole kann an der angeborenen Unfähigkeit der linken Hemisphäre liegen, sie ganz zu verstehen.«[86] Stevens stellt die These auf, daß die überall gültigen religiösen Gebräuche der Menschheit – Gebet, Ritual und der Gebrauch von Mantras und Mandalas – »als ein Mittel« angesehen werden können, »die Interaktion zwischen beiden Gehirnhälften zu erreichen, und als Versuch, die kulturell verursachte Unterdrückung der rechten Gehirnhälfte durch die linke zu korrigieren«.[87]

Viele physiologische Interventionen können transpersonale Erfahrungen ermöglichen; oft werden sie auch kombiniert in Gebet, Ritual, Meditation und anderen Versuchen, dem Leben religiösen Sinn zu geben. Transpersonale Erfahrungen kann man zum Beispiel dann machen, wenn man das Sauerstoff-Kohlendioxid-Gleichgewicht im Blut durch sehr langsames oder sehr schnelles Atmen verändert. Die Informationsverarbeitung im Nervensystem kann durch sensorische Überbeanspruchung (wie in religiösen Wiedererwekkungsveranstaltungen) oder sensorische Deprivation (etwa bei der Suche nach Visionen in der Einsamkeit) verändert werden. Veränderungen in der chemischen Zusammensetzung des Blutes kann man durch Fasten, Schlafentzug und große körperliche Anstrengung bewirken – und mit all diesen Mitteln hat man auch schon transpersonale Erfahrungen hervorgerufen. Ebenso hat der rituelle Gebrauch von bewußtseinsverändernden Drogen – etwa Peyote – oft als Katalysator bei der Beschwörung religiöser Erlebnisse gedient.

Physiologische Veränderungen, die zu transpersonalen Erfahrungen führen, können auch unbeabsichtigt vorkommen: hohes Fieber, subliminale Wahrnehmung und körperliche Überanstrengung produzieren oft ganz unerwartete Gefühle, Vorstellungen und Einsichten. Teilnehmer an sportlichen Wettkämpfen oder Menschen, die eine lebensbedrohende Krankheit durchgemacht haben, berichten oft über ausgesprochen transpersonale Erfahrungen. Nehrer erwähnt Richard Buke, William James und Evelyn Underhill, die viele Fälle anführen, in denen anscheinend mystische Erfahrungen für die Gesundung nach ernsthafter Krankheit zumindest mitverantwortlich waren.[88] Die mit solchen Erfahrungen verbundenen euphorischen Gefühle können auch durch elektrische Stimulation einiger niederer Gehirnzentren hervorgerufen werden.[89] Der Vorgang des Träumens zeigt uns jede Nacht, daß das Gehirn dafür gemacht ist, Bilder zu erzeugen. Unter guten Bedingungen können kreative bildhafte Vorstellungen auch im Wachzustand auftauchen, und, wenn sie gefördert und intensiviert werden, große Veränderungen bewirken.

Die außergewöhnlichsten transpersonalen Erfahrungen – »satori«, »nirvana«, »Erleuchtung« und »Erkenntnis« – werden als unbeschreiblich beschrieben. Es heißt, man könne einfach nicht wirklich vermitteln, was ihr Sinn und ihre Bedeutung für den Menschen ist, der sie erlebt hat. Über ihre Auswirkungen gibt es jedoch reichlich Berichte.

Buddha, Laotse und Zarathustra, die ersten Weisen mit dem Anspruch, transpersonales »Einssein mit der Schöpfung zu erreichen«, lebten um das sechste Jahrhundert v. Chr.[90] Nach Stevens beinhalten diese tiefen Erfahrungen:

> Befreiung zusammen mit einer inneren Stärke, die daraus entsteht, daß man einen Zustand der Harmonie erreicht hat. Dies ist der Kern aller »religiöser Erfahrung« und entspricht der christlichen Lehre, daß auf die Kreuzigung die Auferstehung folgt, der Wille des Ich dem Willen Gottes weicht.[91]

Studien über transpersonale Erfahrungen haben gezeigt, daß sie viel gemeinsam haben: Sie ähneln einander in bemerkenswerter Weise, unabhängig von der Kultur, in der sie gemacht wurden; die Erfahrung wird als Enthüllung tiefer Wahrheiten über einen Aspekt der Wirklichkeit erlebt; sie betrifft tiefe emotionale Schichten und hat starke Auswirkungen auf die betroffene Person und manchmal auch auf deren soziale Bezugsgruppe.[92] Der bekannte Religionshistoriker Mircea Eliade meint, solche Erfahrungen seien »Grundlage des Menschseins«, obwohl sich Interpretation und Auswertung transpersonaler Erfahrungen über die Zeiten, Religionen und Kulturen hinweg verändert haben.[93]

Transpersonale Erfahrungen sind – und waren – für viele Menschen etwas ganz Besonderes, ja Heiliges; die Sozialwissenschaftler hingegen neigen dazu, sie zu ignorieren, zu verleugnen und als Teil der typischen Gebräuche primitiver Völker zu behandeln. Disziplinen wie die transpersonale Psychologie, die Parapsychologie und die Analytische Psychologie C. G. Jungs haben solche Erlebnisse systematisch dokumentiert und erforscht. Die Hauptströmungen der Psychologie jedoch, deren Methodologie erfordert, daß der Forschungsgegenstand beobachtbar und meßbar und die Datenerhebung wiederholbar sei, schließen alle Phänomene aus, die sich ihrer Natur nach direkter Beobachtung und Messung entziehen und auch nicht nach Plan wiederholt werden können. Wissenschaftliche Forschungen zum Thema »Transpersonale Erfahrungen« sind meist voreingenommen und haben den unverhüllten Zweck, ihre pathologische Grundlage nachzuweisen. So sagt man oft, sie seien »regressiver Natur« – unreife Versuche, symbolisch in den Mutterleib oder zu einer infantilen Symbiose zurückzukehren. Wilber jedoch unterscheidet sehr klar zwischen regressiven Episoden und transzendentalen Erfahrungen, die zwar auch eine Auflösung des Ich beinhalten, aber Fortschritt fördern sowie ein besseres Verständnis des eigenen Selbst und der Welt.[94]

Diese Kontroversen spiegeln heftige Konflikte im Zusammenhang mit dem Mythos der positivistischen Wissenschaft wieder – wir werden sie hier nicht lösen können. Wir wenden unsere Aufmerksamkeit also den Auswirkungen zu, die archetypische Muster auf die persönliche Mythologie haben. Wenn wir offen sind für das Auftauchen archetypischer Muster in der persönlichen Mythologie eines Menschen, dann können wir seine Entwicklung in einem viel größeren Zusammenhang verstehen. Außerdem werden transpersonale Erfahrungen als Enthüllung der tieferen Ordnung der Wirklichkeit erfahren und sind subjektiv sehr einflußreich; darum können sie die Glaubenshaltungen, Annahmen und Verhaltensweisen eines Menschen für alle Zeit ändern. Maslow hat sehr beredt Argumente für die Verwurzelung unseres Wertsystems im biologischen Bereich vorgebracht.[95] Donald Campbell hat in einer Ansprache, die er als ihr Präsident an die Versammlung der Amerikanischen Psychologenvereinigung richtete, die Annahme einer biologischen Basis für moralisches und ethisches Verhalten vorgeschlagen.[96]

Transpersonale Erfahrungen werden sowohl als Vorstellungen wie auch als Verhaltensrichtlinien in die persönliche Mythologie integriert. In seiner Anthologie »Die ewige Philosophie« spürt Huxley der Tatsache nach, daß alle großen Seher der Geschichte ein ähnliches Bild der Natur und der Beziehung zwischen Mensch und Kosmos entworfen haben.[97] Er merkt jedoch an, die Religionsgeschichte lege den Schluß nahe, daß »die letzte Wirklichkeit klar und direkt nur von denen erfaßt werden kann, die zu lieben und Geist und Herz zu reinigen gelernt haben«.[98]

Maslow beschreibt vierzehn grundlegende Qualitäten wie Wahrheit, Schönheit und Gerechtigkeit, die in den Gipfelerfahrungen vieler seiner Versuchspersonen – die fähig waren zur Selbstverwirklichung – hervortraten. Das auf die Gipfelerfahrung folgende Suchen nach diesen Werten wurde für diese Menschen oft zu einer wichtigen motivierenden Kraft.[99]

Diese Erfahrungen umgehen anscheinend die kognitiven Strukturen – der Betroffene spürt, daß er eine andere Art des Wissens direkt erfährt. Die tiefen Gefühle, die sie begleiten, bringen oft die Entschlossenheit mit sich, das eigene Leben zu ändern. Die heilige Katharina von Siena entschloß sich als Folge einer mystischen Erfahrung, die späteren Jahre ihres kurzen Lebens dem Dienst an den Armen zu widmen. John Wesleys mystische Erlebnisse führten zur Gründung der methodistischen Kirche. William James bemerkt in seiner berühmten Abhandlung über religiöse Erfahrungen:

> Nachdrücklich und ausgesprochen als mystisch empfundene Zustände erlangen gewöhnlich maßgebenden Einfluß auf die betroffenen Personen ... Mystische Erfahrungen werden von denen, die sie machen, ebenso als direkte Wahrnehmung der Wirklichkeit genommen wie irgendwelche alltäglichen Empfindungen.[100]

Ungeachtet des Einflusses, den transpersonale Erfahrungen auf einen Menschen ausüben können, betonen wir noch einmal, daß der Bereich des Transpersonalen – wegen seiner schwer faßbaren, transkognitiven Natur – kognitiv nicht als persönlicher Mythos dargestellt werden kann. Die persönliche Mythologie kann dennoch versuchen, den transpersonalen Bereich zu *beschreiben,* sich darauf zu *beziehen* und Erfahrungen aus diesem Bereich in die Struktur des Mythos *einzubeziehen.* Ob transpersonale Erfahrungen produktiv ins eigene Verhalten eingebaut werden können, hängt auch davon ab, wie weit sie in die Interpretationsrahmen der Kultur und bestimmter Lehrer und Therapeuten passen. Das mythische Verständnis menschlicher Erfahrung hat auch den Vorteil, daß Mythologie vermutlich das beste Konzept darstellt, um transpersonale Erfahrungen zu beschreiben und zu verstehen. Für Philip Wheelwright ist »der Kern des Mythos das erschauernde Bewußtsein, daß transzendentale Kräfte sich durch die Risse des sichtbaren Universums zeigen«.[101]

Einige Psychologen sind wie James Hillman der Meinung, die Hauptaufgabe der Tiefenpsychologie bestehe darin, das bewußte Ich in Übereinstimmung mit den starken Unterströmungen archetypischer Mächte im Seelenleben zu bringen, oft dadurch, daß man ihnen nachgibt. Sie sehen die Herausforderung an den Menschen darin, in seiner Entwicklung Harmonie mit dem Mythos, den auszuleben seine Bestimmung ist, zu erreichen und aufrechtzuerhalten. Das Ziel sei es jedenfalls nicht, die Ich-Kräfte in dem Versuch, der eigenen Bestimmung zu entgehen, zu binden.[102] Wir stimmen dem zu: Man muß den transpersonalen Teil seiner persönlichen Mythologie sehen, respektieren, sich damit auseinandersetzen und schließlich versöhnen. Wir glauben, die psychologischen Techniken, die wir hier zeigen werden, sind nützlich, wenn man das bewußte Ich mit den archetypischen Kräften versöhnen will, die in persönlichen Mythen enthalten sind. Unsere Methode eignet sich aber auch dafür, offenkundig unbrauchbare Aspekte der persönlichen Mythologie, die im Verlauf des Lebens und durch kulturelle Einflüsse entstanden sind, zu ändern.

Wechselwirkungen. Die verschiedenen Ursprünge persönlicher Mythen beeinflussen sich gegenseitig. Ererbte Eigenschaften, die an und für sich untergeordnete Bedeutung haben, können zum Beispiel großes Gewicht bekommen, wenn die Mythen einer Kultur ihnen besonderen Wert beimessen. Ob jemand von Geburt groß oder klein, schwarz oder weiß, dünn oder dick, Mann oder Frau, schwach oder stark ist, kann großen Einfluß auf sein Leben haben. Wird man als Schwarzer in eine Kultur unter weißer Vorherrschaft hineingeboren, so entwickelt man unvermeidlich eine ganz andere persönliche Mythologie als ein Weißer. Ein kleines Mädchen in einer autoritären, von Männern beherrschten Gesellschaft wird eine andere persönliche Mythologie entwickeln als die Jungen dieser Gesellschaft. Ähnliches gilt für Kinder, die unter Geburtsschäden leiden, Kinder, die den Schönheitsstandards ihrer Kultur entsprechen oder nicht entsprechen, und Jugendliche, die von der Erbanlage her mit besonderer Stärke und Anpassungsfähigkeit ausgestattet sind.

Selbst die oberflächlichen Werte einer Gesellschaft können große Auswirkungen auf die persönlichen Mythen ihrer Mitglieder haben. Ein intelligentes, attraktives und fröhliches Mädchen entwickelt vielleicht nur eine kleine Brust. In einer Kultur, in der weibliche Schönheit mit einem großen Busen verbunden ist, fühlt sie sich dann zum erstenmal in ihrem Leben unattraktiv. Unter Umständen formt sie diese Gefühle in den Mythos um, daß Männer sie nicht anziehend finden. Solche persönlichen Mythen werden manchmal zu *Selffulfilling prophecies.* Versucht das Mädchen, ihre »Mängel« auszugleichen, indem sie andere Qualitäten entwickelt, von denen sie glaubt, daß diese sie attraktiver machen, dann kann dies auch dazu führen, daß sie sich sozial immer mehr isoliert. Das andere Extrem wäre etwa ein junger Mann, groß und sportlich, der Topsportler wird. Frühe Erfolge und das Ansehen, das er deshalb genießt, formen die persönlichen Mythen im Bezug auf sich selbst. Wie er älter wird, genügen die sportlichen Fähigkeiten nicht mehr, um seinen sozialen Status aufrechtzuerhalten; wenn er sich nicht an die schmerzhafte Aufgabe macht, seine selbstverherrlichenden Mythen der Realität anzupassen, kann es sein, daß er scheitert und in seinen mittleren Jahren verzweifelt. Ein Junge mit herausragenden künstlerischen oder handwerklichen Fähigkeiten kommt vielleicht dahin, sich selbst für dumm zu halten, weil er in dem engen Bereich schulischer Intelligenzanforderungen nur über begrenzte Fähigkeiten verfügt.

Diese Beispiele zeigen, wie Wechselwirkungen zwischen genetischem Erbgut und kulturellem Hintergrund formenden Einfluß auf unsere persönliche Mythologie nehmen können. Umgekehrt kann auch die Art, wie sich der Körper entwickelt, persönliche Mythen widerspiegeln. Es ist oft beeindruckend, wie erfahrene Körpertherapeuten überprüfbare Feststellungen über die frühen Traumata und augenblicklichen Konflikte eines neuen Klienten machen – und dies nur anhand seiner Atmung, Hautfärbung, Haltung, Gewebebeschaffenheit, seiner Spannungen und Verkrampfungen. Wilhelm Reich war der erste, der in seinen Schriften zum »Charakterpanzer« den großen Einfluß von kulturellem Hintergrund und persönlicher Erfahrung auf die Entwicklung körperlicher Strukturen beschrieb.[103] Methoden, durch die man lernt, sich zu entspannen, zu strecken, Anspannungen zu lockern und neue Haltungen einzuüben, können einem helfen, seine persönliche Mythologie neu zu gestalten. In unserer Arbeit mit der persönlichen Mythologie unserer Klienten verwenden wir solche Techniken.

Die Entwicklung des leitenden Mythos in bezug auf romantische Liebe zeigt, wie die Ursprünge der persönlichen Mythologie zusammenspielen. Der Sexualtrieb läßt junge Erwachsene mehr oder minder ständig nach einem Partner des anderen Geschlechts suchen. Die physiologischen Reaktionen auf den Duft, den Anblick, die Berührungen des Partners sind wichtige biologische Reizgrößen, die von den Schönheitsvorstellungen einer Kultur noch stark beeinflußt werden. Außerdem läuft das alles zudem ja in einer Umgebung ab, die von den expliziten und impliziten Modellen romantischer Liebe in dieser Kultur bestimmt wird. Solche Modelle werden ständig über Institutionen wie Schule, Kirche, Fernsehen und Schlager angeboten. Die Ehe der eigenen Eltern liefert ein Modell, ebenso die psychodynamischen Faktoren, die sich aus der Beziehung zwischen dem

Kind und dem Elternteil des gleichen bzw. des anderen Geschlechts ergeben.

Jede neue romantisch getönte Situation, die das Kind und der Heranwachsende beobachten oder erleben, kann den Mythos über die romantische Liebe erweitern oder verändern. Schließlich enthält die Erfahrung des Sichverliebens mit ihrer Mischung aus Physiologie, Faszination und großen Gefühlen transzendentale Elemente, die alte Mythen zerstören oder auf eine höhere Ebene heben können. Eine romantische Episode kann also das Ergebnis der Wechselwirkung biologischer, kultureller, biographischer und transpersonaler Quellen der persönlichen Mythologie sein.

Die funktionellen Bestandteile des persönlichen Mythos

Persönliche Mythen setzen sich, wie wir meinen, aus drei Komponenten zusammen: einer Komponente des Wiedererkennens, einer Erklärungskomponente und einer Motivationskomponente.

Diese drei Aspekte eines persönlichen Mythos entwickeln sich in gesetzmäßiger Weise, wenn wir reifer werden und Erfahrungen sammeln. Sie sind so sehr miteinander verwoben, daß man sie sich nicht als klar unterscheidbare Kategorien denken sollte, sondern eher als funktionelle Bestandteile, die für Definitionszwecke nützlich sind. Wir wollen sie mit der Geschichte einer Klientin illustrieren: Eine Börsenmaklerin, die wir hier Diana nennen, reagierte jedesmal ungewöhnlich zornig, wenn sie kritisiert wurde. Die übermäßige Intensität dieses Reaktionsmusters konnte auf eine feindselige Mutter zurückgeführt werden, von der sich Diana erst nach schweren Auseinandersetzungen löste. Sie gipfelten darin, daß sie mit siebzehn Jahren ihre Mutter körperlich angriff, worauf sie sofort und für immer von zu Hause auszog.

Die Wiedererkennungskomponente. Sie ist das Element eines persönlichen Mythos, das die Mischung von Wahrnehmungen und Gefühlen definiert, die, wenn man sie erlebt, den persönlichen Mythos aktivieren. Dianas leitender Mythos bezüglich Kritik wurde wachgerufen, wenn sie ein Gefühl des Unbehagens bei sich wahrnahm, nachdem jemand in einer Autoritätsposition eine Bemerkung über ihr Verhalten gemacht hatte, ohne zu lächeln oder sich sonstwie freundlich zu verhalten.

Die Erklärungskomponente. Dieses Element eines persönlichen Mythos setzt schon existierende Konzeptionen über das Selbst und die Welt zusammen und wendet sie auf die Situation an, durch welche die Wiedererkennungskomponente des Mythos aktiviert wurde. Diese Komponente liefert weitere Definitionen über die Bedeutung der betreffenden Situation, der Beziehungen zwischen Objekten, Ursachen und Folgen, und sie setzt zusätzlich Gefühle frei, die zu diesen Definitionen passen. War Dianas Mythos einmal durch die Wiedererkennungskomponente wachgerufen, so nahm sie die Bemerkungen ihres Gegenüber wie durch ein Vergrößerungsglas wahr, das jede implizite oder explizite Kritik überdeutlich machte. Die Skala ihrer Gefühle reichte dabei von Am-Boden-zerstört-Sein bis Wut.

Die Motivationskomponente. Sie schreibt die Handlungsrichtung vor, in die es den Menschen schließlich drängt. Wenn eine Situation der Wiedererkennungskomponente des Mythos entspricht und die Bedeutung dieser Situation durch die Erklärungskomponente des Mythos ausgearbeitet worden ist, dann wird der Mensch das Verhalten zeigen, das die Motivationskomponente vorschreibt. Wenn Diana sich respektlos behandelt fühlte (Erklärungskomponente), dann *mußte* sie mit gleicher Münze heimzahlen (Motivationskomponente). Meist machte sie dann ärgerliche oder beißende Bemerkungen, die Auseinandersetzung eskalierte und führte oft zum Abbruch der Beziehung. Reue und Schuldgefühle waren die Folgen.

Die therapeutische Arbeit mit Dianas Mythologie hätte an jedem der drei Elemente ihres Mythos ansetzen können: der Wiedererkennungskomponente, der Erklärungskomponente oder der Motivationskomponente. Jede dieser Ebenen konnte man überprüfen und so umformen, daß sie Dianas augenblicklicher Situation und ihrem wohlverstandenen Interesse besser angepaßt war. Wir konzentrierten uns zuerst auf die Wiedererkennungskomponente, damit sie besser unterscheiden konnte zwischen Situationen, in denen die Bedrohung wirklich so schwerwiegend war, daß die heftigen Reaktionen, die ihr der Mythos vorschrieb, tatsächlich paßten, und solchen Situationen, die anders besser zu lösen waren. Wir führten eine Rekonditionierung durch, um ihre unmittelbaren Gefühlsreaktionen für Situationen umzutrainieren, in denen sie – wenn sie nur einen Moment ruhig überlegte – selbst empfand, daß die Heftigkeit ihrer Gefühle nicht angemessen war. Das Langzeitziel war, die Erklärungs- und die Handlungskomponente ihres Mythos anzugehen, die tief in der Beziehung zu ihrer Mutter verwurzelt waren – und die bearbeitet werden mußten, damit sie überhaupt einmal wirkliche Nähe zu einem anderen Menschen erleben konnte. In der Zwischenzeit arbeiteten wir an der Veränderung der Wiedererkennungskomponente. Als Folge konnte sie bald besser mit den Situationen umgehen, die bisher Quelle von Ärgernissen gewesen waren, besonders in ihrem beruflichen Umfeld.

Dieses dreiteilige Modell des persönlichen Mythos hat Parallelen zum gegenwärtigen psychologischen Verständnis von Emotionen. Man nimmt an, daß sie eine komplexe Kette von Ereignissen einschließen, die meist von Reizen aus der Umgebung ausgelöst werden. Dem auslösenden Ereignis folgt ein subjektiver Gefühlszustand (Furcht, Trauer, Freude usw.), begleitet von physiologischen Veränderungen. Meist tritt auch ein Handlungsimpuls auf (Wegrennen, Neugier, Paarungsverhalten usw.).[104] Die Bindeglieder zwischen Gedanken und Handlungen müssen noch genauer erforscht werden.[105] In ihrer grundlegenden Arbeit *Plans and the Structure of Behavior* machen Miller, Galanter und Pribram eine deutliche Unterscheidung zwischen »Vorstellungen« und »Plänen«.[106]

Sie kritisieren, daß die traditionelle Psychologie behavioristischer Prägung »den Organismus mehr in der Rolle eines Zuschauers beläßt als in der eines aktiven Teilnehmers am Drama des Lebens«. Sie schlagen folgende Sichtweise vor:

Menschen schaffen sich Vorstellungen, wenn sie einer Situation gegenüberstehen; sie entwerfen aber auch *Pläne,* um es mit neuen Bedingungen aufzunehmen. Vorstellungen sind das organisierte Wissen, das ein Mensch über sich selbst und seine Umwelt angesammelt hat. Sie beinhalten sowohl Werte wie Tatsachen (die Erklärungskomponente des persönlichen Mythos). Pläne sind Programme zur Problemlösung, die die Handlungsabfolge des Organismus kontrollieren (die Motivationskomponente des persönlichen Mythos). Bei Unstimmigkeiten vermittelt eine »Rückmeldungsschleife« zwischen dem erwünschten und dem Ist-Zustand. Wenn wir einen Nagel in ein Brett geschlagen haben, überprüfen wir ja auch, ob er schön glatt im Holz sitzt und nicht hervorsteht. Ist das der Fall, wenden wir uns etwas anderem zu. Ist es nicht der Fall, dann hämmern wir weiter. Die Motivationskomponente eines persönlichen Mythos schreibt eine Reihe von Verhaltensweisen vor, die wir meist so lange fortsetzen, bis die Bedingungen, die der Mythos vorschreibt, erreicht sind.

Die Struktur eines persönlichen Mythos kann man in die Begriffe Wiedererkennungskomponente, Erklärungskomponente und Handlungskomponente fassen. Der Inhalt des persönlichen Mythos schließt immer feiner und komplizierter ausgearbeitete Auffassungen vom Selbst und der Beziehungseinheit Selbst/Anderer ein. Theoretiker der Objektbeziehung wie Fairbairn, Guntrip, Jacobson, Mahler und Winnicott haben die Phänomene in diesem Bereich am besten dargestellt. Modell für die erste Gußform einer persönlichen Mythologie ist die Art und Weise, in der sich für das Kind das Selbst vom anderen abzuheben beginnt – darauf werden wir im neunten Kapitel noch zurückkommen. Während unseres ganzen Lebens wiederholen sich Zyklen von Differenzierung und Reintegration: Sie sind Orientierungsmarken in der Evolution unserer persönlichen Mythologie.

Wie sich persönliche Mythen entwickeln

Von den vielen psychosozialen Möglichkeiten, die in einem neugeborenen Kind stecken, kann nur ein Bruchteil je realisiert werden. Die persönlichen Mythen eines Menschen lenken die Entscheidungen, die er laufend treffen muß, und sind damit eine mächtige Einflußgröße, wenn es darum geht, welche Potentiale entwickelt und *wie* sie realisiert werden. Daß man die persönliche Mythologie eines Menschen verändern kann, hat darum weitreichende klinische, pädagogische und politische Implikationen. Mit unserer Methode, einem selbstgesteuerten System, wird der Einfluß auf persönliche Mythen möglich. Wir geben nun einen Abriß der theoretischen Grundlagen unserer Methode und beschreiben unser Verständnis der Mechanismen, durch die sich persönliche Mythen entwickeln.

Wie maßgebende Mythen revidiert werden. Nach Epstein sind die grundlegenden Annahmen einer persönlichen Theorie der Wirklichkeit Verallgemeinerungen, die wir aus emotional bedeutsamen Erfahrungen ziehen. Die Annahmen, die wir in den ersten Jahren unseres Lebens entwickeln, sind besonders wichtig, weil sie sozusagen ganz frisch aus neuen Erfahrungen entstehen und die Form späterer Annahmen bestimmen. Nur eine ganz außergewöhnliche Erfahrung wird solche einmal gemachten Vorannahmen wieder ändern können.[107] Die Grundsätze, die wir in unseren frühen Jahren über unsere Welt und den Einfluß, den unser Verhalten auf sie hat, formulieren, sind nur grobe Annäherungen. Ihre Mängel entstehen zum Beispiel aus unangemessenen Generalisierungen und Fehlattributierungen. Während unseres ganzen Lebens verfeinern wir ständig unsere persönliche Mythologie entsprechend den Erfahrungen, die wir machen. Rückmeldungsschleifen zwischen Gedanken, Verhalten und Wahrnehmung der Folgen unseres Verhaltens lassen immer bessere Entsprechungen zwischen unserem inneren Modell der Wirklichkeit und unseren Erfahrungen entstehen. Als kognitive Strukturen betrachtet, entwickeln sich persönliche Mythen nach einigen festen Prinzipien: Verhaltenskonsequenzen, die Modellwirkung anderer Menschen und die Art, wie ein Mensch Informationen verarbeitet.[108]

Ausdrückliches Ziel einiger Vertreter kognitiver Therapierichtungen ist es, den Klienten zu lehren, wie er »Wissenschaftler der eigenen Person« wird. Als dieser »Wissenschaftler« soll der Klient Problemlösungsstrategien entwickeln, unzureichende innere Vorstellungen über die Wirklichkeit erweitern, revidieren oder ersetzen.[109] George Kelly sah seine Klienten als »Wissenschaftler« an, die »persönliche Theorien« aufbauen. Seiner Meinung nach ist es Aufgabe des Therapeuten, den Menschen, den er vor sich hat, in den Begriffen dessen persönlicher Theorien zu verstehen und ihm zu helfen, diese Theorien zu überprüfen und eventuell bessere Alternativen zu formulieren.[110]

Piaget charakterisiert die Entwicklung des Denkens so: Ein Zustand des kognitiven Gleichgewichts wird durch eine Periode des Ungleichgewichts gestört. Darauf folgt die Restabilisierung auf einem gedanklich höheren Organisationsniveau. Persönliche Mythen entwickeln sich, während wir den ständigen Informationsfluß aus ihren Ursprüngen zu einem Ganzen zusammensetzen. Macht jemand Erfahrungen, die in keine seiner Mythen passen, so löst er diese Widersprüche meist dadurch, daß er entweder die eingehenden Informationen verzerrt oder den Mythos ändert. Unter Assimilation versteht Piaget die Filterung oder Abänderung der Information, unter Akkomodation die Veränderung innerer Schemata, um neuen Erfahrungen gerecht zu werden.[111] Epstein merkt an, daß emotional wichtige Erfahrungen, die nicht zur impliziten Wirklichkeitstheorie eines Menschen passen, durch Abwehrmechanismen verleugnet oder verzerrt werden können; oder aber sie bewirken eine Veränderung in der persönlichen Theorie, was wiederum mehr Verfeinerung, Integration oder größere Bandbreite des Begriffssystems zur Folge hat.[112]

Wahrnehmung ist ein ständiger Anpassungsprozeß.[113] Passen Wahrnehmungen und innere Vorstellungsstrukturen genau zusammen, so bleiben beide unverändert. Klaffen sie jedoch auseinander, dann heißt das Erregung, Aufmerksamkeit, Denken und Handeln, was alles darauf abzielt, Unpassendes durch besser Passendes zu ersetzen. Entweder werden die inneren Muster so verändert, daß sie zur Wahrnehmung der Wirklichkeit passen, oder aber die Wahrnehmung der Realität wird dem inneren Schema angepaßt. Nicht einzuordnende Vorstellungen werden so durch unbewußte Verzerrungen assimiliert und damit bestehenden mythischen Strukturen angeglichen. Solche Erfahrungen können aber auch als Katalysatoren wirken: Bestehende mythische Strukturen werden revidiert und können nun die neueingegangene Information integrieren. Ein Mythos kann eine neue Information verzerren, um unverändert zu bleiben – oder er verändert sich selbst zu besserer Genauigkeit, Anpassungsfähigkeit und Übereinstimmung mit neuen Erfahrungen.

Wie neue Mythen entstehen. Das Konzept der Assimilation erklärt, wie alte Mythen inmitten ihnen widersprechender Erfahrungen aufrechterhalten werden. Das Konzept der Akkomodation erklärt, wie Mythen verbessert werden. Es gibt noch einen dritten Prozeß, durch den neue mythische Strukturen entstehen: Manchmal, so Piaget, ist ein Schema so gründlich revidiert worden, daß es mehr oder minder »abgenutzt« ist. Erfahrungen, die nicht zum Mythos passen, überschreiten mit immer größerer Wahrscheinlichkeit das, was Piaget die *Akkomodationskapazität* des Schemas nannte. Eine kognitive Struktur höherer Ordnung wird notwendig.[114] Epstein weist darauf hin, daß der Zusammenbruch einer persönlichen Theorie der Wirklichkeit auch konstruktiv sein kann, weil damit eine neue, verbesserte Theorie entstehen kann. Er fügt jedoch hinzu, daß die persönliche Theorie der Wirklichkeit um so starrer und widerspenstiger gegen Veränderungen ist, je größer die Angst ist, die mit ihrer Hilfe bewältigt werden soll.[115] Alte Mythen sterben schwer.

Es bilden sich dennoch ständig alternative mythische Strukturen: wenn neue Erfahrungen nicht mit der Konstruktion der Wirklichkeit in unserem bestehenden Mythos übereinstimmen; wenn sie seine Akkomodationskapazität überschreiten; wenn jemand mit den Verhaltensvorschriften des alten Mythos deutlich schlechte Erfahrungen gemacht hat – immer dann sind die Bedingungen dafür da, daß neue Sicht der Wirklichkeit entsteht. Problematische Erfahrungen wurden verzerrt oder ignoriert, weil sie zum bestehenden Mythos in Widerspruch standen, oft jedoch unbewußt zur

Kenntnis genommen und gespeichert. Epstein legt Erkenntnisse vor, die den Schluß zulassen, daß psychische Inhalte wahrgenommen und kodiert werden können, ohne daß man sich dessen bewußt ist.[116] Werden Erfahrungen, die mit der persönlichen Mythologie nicht zusammenpassen, auf diese Weise abgespalten, so bilden sie unter Umständen den Kern einer neuen mythischen Struktur; diese neue Struktur organisiert Wahrnehmungen auf eine Art, die dem Muster des alten Mythos genau entgegengesetzt ist. Abgespaltenes Material formiert sich – nach Epstein – zu einem eigenen Untersystem, das vom Rest des Begriffssystems isoliert wird. Wir nennen dieses neue Untersystem Gegenmythos, weil es auf Erfahrungen basiert, die einen Gegenpol zur existierenden Mythologie darstellen. Der Gegenmythos kann lange Zeit außerhalb des Bewußtseins bleiben, während neue Erfahrungen, die mit dem bestehenden Mythos nicht übereinstimmen, ständig seine Masse vergrößern. Schließlich bricht er ins Bewußtsein durch, oft in Träumen, Phantasien, neuen Ideen oder in Gestalt einer kaum flüggen Subpersönlichkeit. Nach Epstein wird das neue Subsystem, selbst wenn es der bewußten Wahrnehmung noch nicht zugänglich ist, von denselben affektiv-begrifflichen Regeln gesteuert wie das alte Subsystem. Entwicklungstheorien, die sich mit den emotionalen, interpersonalen und kognitiven Dimensionen seelischen Wachstums beschäftigen, legen den Schluß nahe, daß der Erwerb neuer kognitiver Strukturen, Verhaltensweisen und Möglichkeiten davon abhängt, daß vorhergehende Entwicklungsaufgaben gelöst wurden.[117] Gegenmythen können im Zusammenhang mit Persönlichkeitsaspekten auftauchen, die vom alten Mythos nicht angemessen entwickelt oder unterstützt wurden. Sie drängen dann nach weiterer Artikulation. Jedes neue Stadium der kognitiv-affektiven Entwicklung findet seine notwendige Vorbedingung darin, daß das unmittelbar vorhergehende Stadium einigermaßen gut durchlaufen wurde. In diesem Prozeß werden die in der Vergangenheit entwickelten Formen und Strukturen auf die Probe gestellt, jedoch niemals ganz verworfen. Niemand fängt wieder als unbeschriebenes Blatt an. Der seelische Wachstumsprozeß nimmt so eine *dialektische* Struktur an –

er bewegt sich zwischen Kontinuität mit der Vergangenheit und Auseinandersetzung mit neu auftauchenden Notwendigkeiten, Erfahrungen und Möglichkeiten.

Persönliche Mythen und der dialektische Prozeß. Für uns sind Konflikt und Ausgleich zwischen schon existierenden und neu entstehenden mythischen Strukturen die wesentlichen Prozesse, durch die sich unsere Mythologie entwickelt. Nach Epstein gibt es ein grundlegendes Streben nach Einheit und Zusammenhang im impliziten organisierten Begriffssystem eines Menschen. Es ergeben sich aber auch unvermeidbare Konflikte zwischen und innerhalb von Subsystemen und zwischen Glaubenssätzen und Erfahrungen.[118] L. L. Whyte beobachtete, daß sogar in der biologischen Entwicklung ein Konflikt oder Dualismus immer auf einer vorhergehenden Einheit gründet.[119] Die Spannung zwischen dem, was ist, und dem, was sein könnte oder sollte, ist grundlegender Teil des Wachstums, sowohl auf psychologischer als auch biologischer Ebene. Persönlichkeitseigenschaften entstehen aus dem Zusammenspiel innerer Gegensätze und anscheinend entgegengesetzter Aspekte unserer Grundnatur. Im Westen wird die Gut-Böse-Polarität oft durch den Mythos der Begegnung Adams und Evas mit dem Satan symbolisiert. Ihr Sündenfall und die Vertreibung aus dem Garten Eden brachten ein klarumrissenes Wissen von Gut und Böse mit sich. In der östlichen Philosophie des Altertums stellt die Yin-Yang-Polarität zwei einander ergänzende Prinzipien dar. Wörtlich »die dunklen und die hellen Seiten des Hügels«. Yin wird durch »Erde«, »weiblich«, »Nacht« und »Winter«, Yang durch »Himmel«, »männlich«, »Tag« und »Sommer« repräsentiert. Anders als im westlichen Gegensatzpaar, besteht etwas Yin auch immer im Yang und etwas Yang auch immer im Yin. Nach der östlichen Philosophie soll der Mensch sich im Wechsel zwischen Gegensätzen hin und her bewegen, Konflikte ausgleichen und harmonisieren und »mit dem *Tao* (dem Weg der Natur) fließen«. Der Unterschied zwischen östlichem und westlichem Mythos wird sehr deutlich in den entsprechenden Kulturen, auch in der Art, Konflikte zu lösen und mit Gegensätzen umzugehen.

John-Raphael Staude meint, daß »eine dialektische Psychologie und Soziologie wie auch die dialektische Philosophie der angloamerikanischen empiristischen Tradition fremd ist, daß die Dialektik aber zu den Grundlagen der intellektuellen Tradition Europas gehört. Sie kann dort bis auf Plato zurückgeführt werden, der Dialektik als *die Fähigkeit, die Verbindungen zwischen den Dingen zu sehen* ansah«.[120] G. W. F. Hegel baute sein philosophisches System auf der Dialektik auf. Er betonte dabei die natürlichen Tendenzen in Richtung einer Synthese zwischen einer »These« und einer ihr entgegengesetzten »Antithese«. Thomas Kuhn verwendet ein ähnliches Modell, um zu beschreiben, wie neue Paradigmata, während der Entwicklung wissenschaftlichen Denkens, alte in Frage stellen. Das Ptolemäische Weltbild zum Beispiel ging davon aus, daß die Sonne sich um die Erde drehte. Diese These wurde jahrhundertelang für wahr gehalten, bis Kopernikus' Synthese aus alten, unbestrittenen Beobachtungen und neuen Daten, die mit den früheren Annahmen in Konflikt standen, akzeptiert wurde. Dies führte zu der neuen Annahme, daß sich die Erde um die Sonne drehe. Kopernikus' System berücksichtigte die meisten der damals existierenden Daten über Himmelskörper, stellte aber auch eine neue Theorie zur Verfügung, die den Tatsachen besser angepaßt war als das schwerfällige Modell des Ptolemäus, das ständig durch zusätzliche Annahmen verbessert werden mußte, um Schritt halten zu können mit den sich häufenden wissenschaftlichen Beobachtungen über Planetenbewegungen.[121] Die Tendenz zu einer Synthese, die die wichtigsten Elemente zweier entgegengesetzter Denksysteme in sich vereint, ist für dialektische Prozesse charakteristisch. Sie führt zu einem umfassenderen Verständnis des Lebens, der Wachstumsmuster und der Zusammenhänge. Die Dialektik von Karl Marx unterscheidet sich, nebenbei bemerkt, ganz erheblich von der Hegels, worauf Whyte ausdrücklich und etwas spöttisch hingewiesen hat: »Der Versuch, die Hegelsche Dialektik des Geistes, das heißt, die Entwicklungsprozesse des Geistes, in einen dialektischen Materialismus zu übersetzen, ist nicht nur logisch absurd, sondern vom Standpunkt der Philosophie aus gesehen katastrophal«.[122] Marx selbst schreibt: »Meine Dialektik ist nicht nur verschieden von der Hegels, sondern sie ist ihr genaues Gegenteil.«[123]

So wie jeder Mensch die angeborene Fähigkeit hat, Sprache zu lernen, so scheinen auch bestimmte kognitive Muster überall verbreitet zu sein. Der Anthropologe Lévi-Strauss, Claude entdeckte im Mythos einen *binären Kode,* der seiner Meinung nach die Struktur des Geistes selbst sichtbar werden läßt. Der Geist enthält eine rhythmische Folge von Gegensätzen, in der jeder Punkt seinen Gegenpunkt hat. Dieser binäre Kode nimmt Formen an, die dem Konflikt zwischen These und Antithese im dialektischen Prozeß ähneln. Durch die griechischen Mythen etwa verläuft der Kode – so Lévi-Strauss – in Themen wie »Schicksal versus Freiheit« und »Stolz versus Frömmigkeit«.[124] Jede Seite der Gegensätze in einem Menschen wird unter Umständen von ihrem eigenen Mythos begleitet. Rollo May hat das reich illustriert in Arbeiten wie *Love and Will*[125], *Power and Innocence*[126] und *Freedom and Destiny*[127] – existentielle Abhandlungen über grundsätzliche Gegensatzpaare. In seiner Theorie der persönlichen Konstrukte stellt George Kelly, um die Pole persönlicher Konstrukte zu beschreiben, verschiedene Begriffe einander gegenüber – »etwa gesellig versus ungesellig«, »hohe Leistung versus niedrige Leistung«.[128] Der Anthropologe Bronislaw Malinowski schreibt:

> Die Mischung unvereinbarer Extreme, des Schändlichen und des Heiligen, des Anmutigen und des Rohen, des Fleischlichen und des Geistigen, des Tragischen und des Komischen umgibt den Mythos mit einer Atmosphäre des Geheimnisvollen und gibt ihm eine Bedeutung, die den Künstler immer angeregt und den Studenten immer verwirrt hat.[129]

Donald Campbell vertritt in seiner Theorie der kognitiven Evolution die Ansicht, daß geschichtliche Veränderungen bei kognitiven Produkten (etwa Sprache, Kunst oder Wissenschaft) durch einen evolutionären Prozeß bestimmt werden, der drei Kriterien genügt: Erstens muß *Variation* gegeben sein. Bei der biologischen Evolution ergibt sich Variation aus Faktoren wie der Gen-Mutation. Bei der kognitiven Evolution wird die Variation gesichert durch Unterschiede zwischen Gruppen und Einzelpersonen in bezug auf Gedächtnis, Lernen und die Kombination von Elementen in neue Zusammenhänge. Der zweite notwendige Faktor ist *Auslese:* Irgendein stetig ablaufender Vorgang muß bewirken, daß eine bestimmte Eigenschaft bevorzugt wird. Im biologischen Bereich vergrößert eine anpassungsgünstige Eigenschaft die Wahrscheinlichkeit, daß ihr Träger überlebt und Nachkommen haben wird. In der kognitiven Evolution pflegen sich die Ideen zu halten, die von der Gesellschaft verstärkt werden (weil sie interessant, nützlich oder angenehm sind). Schließlich muß es einen Mechanismus geben, durch den die Evolution Sinnvolles *beibehalten* kann. In der Biologie stellt die geschlechtliche Vermehrung sicher, daß die ausgelesenen Eigenschaften beibehalten und an Nachkommen weitergegeben werden. In der kognitiven Evolution werden Sprache und Ideen über die Interaktion mit anderen gelernt. Campbells Theorie entspricht unserer Theorie zur Entwicklung persönlicher Mythen und hilft uns, die Vielfalt möglicher Mythen zu verstehen und auch die Art und Weise, in der bestimmte Mythen ausgewählt und für Individuum und Gruppe beibehalten werden.[130]

Der dialektische Prozeß ist, so meinen wir, das beste Modell, das uns für die Darstellung der Art, wie sich die Mythologie eines Menschen entwickelt, zur Verfügung steht. Man kann auch im psychologisch-wissenschaftlichen Verständnis der menschlichen Entwicklung einen Wechsel von der dualistischen Sichtweise Descartes' hin zu einer Perspektive im Sinne Hegels feststellen.[131] Hegel behauptete, daß alles seine eigene Negation in sich trage: Leben endet mit Tod, Verfall mit Erneuerung. Ein persönlicher Mythos trägt ebenfalls die Keime eines Gegen-Mythos in sich, der sich schließlich zeigen und den alten Mythos in Frage stellen kann. Weil das Strukturieren der Wirklichkeit es geradezu erfordert, daß Grenzen gezogen werden, wird der alte Mythos eine Reihe von Begrenzungen beinhalten, die im Verlauf der Entwicklung der Persönlichkeit notwendigerweise überschritten werden müssen. Wir sagen »Gegen-Mythos«, um deutlich zu machen, wie dieser neue Mythos – der entsteht, um neue Entwicklungslinien zu unterstützen – den Begrenzungen des alten Mythos ausdrücklich zuwiderläuft. Die beiden einander entgegengesetzten mythischen Strukturen entsprechen meist einem klassischen dialektischen Muster: der These (bestehender Mythos) tritt eine Antithese (Gegen-Mythos) gegenüber. Die Synthese zwischen beiden wird durch Prozesse der Assimilation und Akkomodation gefördert. Die Tendenz zur Auflösung von Gegensätzen innerhalb der Psyche, die Jung die »transzendente Funktion« nannte, wird offenbar. Ken Wilber schreibt dazu:

> Das Leben von der Mythologie her zu leben bedeutet, daß wir anfangen, das Transzendente zu begreifen, es in uns selbst lebendig zu sehen, in unserem Leben, unserer Arbeit, unseren Freunden und unserer Umgebung. Mythologie eröffnet uns eine ganze Welt der Transzendenz ... Und soweit die Welt der wirklichen Dinge keine Grenzen hat, kommt die Sprache und Bilderwelt der Mythologie dieser Wirklichkeit viel näher als die lineare Logik und das abstrakte Denken.[132]

Solche Spekulationen werden von Abraham Maslow unterstützt: Menschen, die sich selbst verwirklichen, sind mehr als andere in der Lage, Wertungsgegensätze aufzulösen und ein ins Extreme getriebenes philosophisches Dilemma ausgleichend zu entscheiden.[133]

Wenn wir an dialektischen Prozessen arbeiten, bitten wir unsere Klienten oft, im Rollenspiel die Teilpersönlichkeit Weise alte Frau oder Weiser alter Mann zu entwerfen, wenn sie zwischen bestehendem Mythos und Gegen-Mythos vermitteln wollen. Dabei erscheinen Mythos und Gegen-Mythos im Rollenspiel ebenfalls als Personen. Wir verwenden einige Anstrengungen darauf, dem Klienten zu helfen, sich mit dieser weisen Seite seiner selbst klar zu identifizieren, deren Symbolisierung sich oft auf Großvater oder Großmutter, einen Lehrer, spritituellen Führer, eine Romanfigur oder einen älteren Freund zurückführen läßt. Mit solchen Techniken kann man den dialektischen Prozeß bewußt fördern. Technisch gesehen ist dieser Ansatz jedoch eher ein trialektisches Modell: Zwischen These und Antithese vermittelt das beobachtende Ich. So wurde denn auch das Konzept der Dialektik vor kurzem erheblich kritisiert, weil es nicht das Bezugssystem berücksichtigt, von dem die Dialektik einen Teil ausmacht. Eine neue »trialektische« Theorie wurde entworfen.[134]

Ein Modell in fünf Stufen, zur Förderung der Entwicklung persönlicher Mythen: Wir haben Tausende von Menschen bei der Arbeit an ihren persönlichen Mythen beobachtet. Aus diesen Beobachtungen haben wir fünf Stufen des Prozesses abstrahiert, durch den man bewußt und effektiv Veränderungen seiner persönlichen Mythologie erreichen kann.

1. Den Störungsbereich im inneren oder äußeren Leben erkennen und zurückverfolgen bis zu dem zugrundeliegenden mythischen Konflikt.
2. Den alten Mythos und den Gegen-Mythos an der Wurzel des Konflikts erkennen und die Quellen beider Mythen erforschen.
3. Einen dialektischen Prozeß in Richtung einer kognitiv-affektiven Lösung des Konflikts zwischen den Mythen fördern.
4. Den neuen Mythos, der diese Lösung beinhaltet, formulieren und darstellen.
5. Mit kognitiv-verhaltensorientierten Techniken arbeiten, die Gedanken, Gefühle und Verhalten für den neuen Mythos öffnen.

Diese Stufen sind mit unserer Theorie vereinbar; die Dialektik zwischen den beiden Mythen ist das Kernstück des Prozesses. Die Stufen entsprechen auch den Stadien der Veränderung in erfolgreichen Psychotherapien: Beobachtung, Betrachtung, Entscheidungsfindung, Handlung und Aufrechterhaltung des Erreichten.[135] Wenn wir mit einem einzelnen Klienten arbeiten, dann können wir immer sehen, in welchem Stadium mythischer Entwicklung er sich gerade befindet. Wir wählen dann die therapeutischen Interventionen, die für den erfolgreichen Durchgang durch dieses Stadium am besten sind. Für Gruppen und selbständige Arbeit haben wir eine Reihe von vorstrukturierten Übungen entwickelt, die sicher durch diese anscheinend naturgegebenen Stufen leiten. Diese Übungen haben wir schon oft angewandt – bei Seminaren, Workshops und in der Klinikarbeit. Das nächste Kapitel gibt eine Einführung in das Arbeitsprogramm. In den darauffolgenden Kapiteln finden Sie die Instruktionen.

3

In mythischen Tiefen

> Mythische Vorstellungen ... sind Bilder, die uns sowohl psychisch betreffen – wenn wir körperlich reagieren – wie auch geistig, indem sie unser Denken inspirieren. Wer sich bewußt ist, daß er mythisch lebt, der erlebt sein Leben intensiver und reflektierender.
>
> *Naomi Goldenberg*[1]

Den Menschen zu zeigen, wie sie mit ihren persönlichen Mythen umgehen können, ist eine der wichtigsten Aufgaben der Psychologie – eine Herausforderung mit großen Konsequenzen sowohl für die seelische Gesundheit des einzelnen wie auch für die Lebenskraft der Kultur. Wir haben unser Konzept der persönlichen Mythologie theoretisch skizziert; und wir haben gesagt, daß ein systematischer Ansatz für die Auseinandersetzung mit der eigenen Mythologie nicht nur theoretisch möglich, sondern – in erster Formulierung – für jeden schon verfügbar ist. Diese unsere Methode wollen wir hier und in den folgenden fünf Kapiteln darstellen: mit ihr können Menschen lernen, sich dessen bewußt zu werden, daß sie »mythisch leben«, wie Naomi Goldenberg sagt. Am Ende dieses Kapitels werden wir einen persönlicheren Ton anschlagen und Sie einladen, sich auf eine sorgfältig arrangierte Folge von Erfahrungen einzulassen – in einer Text-Version unserer Workshops. Wir könnten natürlich unser System weiterhin eher theoretisch beschreiben, so wie in den ersten beiden und dann noch einmal in den letzten Kapiteln. Aber wir meinen, wenn wir beide Seiten bieten, die theoretische und die praktische, dann ist das Verständnis tiefer, persönlicher, umfassender. Auch ist dieses Buch dann besser für die praktische Arbeit in Therapie und Erziehung geeignet. Dennoch – niemand muß mitmachen. Wir haben die folgenden Kapitel so formuliert, daß man unsere Methode auch dann kennenlernt, wenn man sie nur durchliest und nicht durcharbeitet.

Mythen zu schaffen ist für den menschlichen Geist ebenso selbstverständlich, wie Sprache zu lernen; die Mythen, die wir unbewußt entwickeln, formen unser Denken, Fühlen und Handeln ganz erheblich. Will man Menschen lehren, ihr Leben mythisch zu leben, so braucht es dazu bestimmte Techniken, Aufmerksamkeit zu konzentrieren, Erfahrungen zu symbolisieren und mit Konflikten zwischen mythischen Strukturen fertig zu werden. Sie lesen hier das Ergebnis einer fruchtbaren Zusammenarbeit: Stanley Krippner ist Erziehungspsychologe, der sich vor allem mit Träumen, Kreativität, veränderten Bewußtseinszuständen und volkstümlichen Heilmethoden befaßt; David Feinstein hat in seiner Arbeit als klinischer Gemeindepsychologe Menschen psychologisches Wissen vermittelt, das ihnen in ihrer Entwicklung weiterhalf und damit auch ihren Familien und der Gemeinschaft, in der sie leben. Unter anderem wollen wir mit diesem Buch eine Methode anbieten, die das soziale Leben durch das Wissen um und das Verständnis für unsere Mythen bereichert; und zugleich Richtlinien dafür, wie wir diese Mythen lebendiger machen und harmonisch mit ihnen leben können. Es geht uns ganz und gar nicht darum, ein noch neueres, noch besseres Therapiesystem auf den »Psycho-Markt« zu werfen, das nun alle anderen aus dem Felde schlagen soll. Im Gegenteil: Unsere Methode ist auch aus der Beobachtung entstanden, daß Psychotherapeuten – ganz gleich, welcher Orientierung – schon seit jeher mit dem arbeiten, was wir die »persönliche Mythologie« eines Menschen nennen – manche allerdings bewußter und tiefgehender als andere. Wenn wir also unseren Kollegen diesen Ansatz vorstellen, so meinen wir damit sicher nicht, sie sollten nun ihre Methoden, ihre theoretische Orientierung aufgeben. Wir hoffen vielmehr, daß wir hier einen Rahmen zur Verfügung stellen, innerhalb dessen alle Psychotherapeuten ihre Fähigkeiten dafür einsetzen können, das Wissen über persönliche und kollektive Mythen weiterzugeben.

Erfahrene Psychotherapeuten brauchen keine besondere theoretische Einführung, um unsere Methode anzuwenden; drei ganz wichtige Grundvoraussetzungen wollen wir aber doch anführen:

1. Der Gesichtspunkt, daß Anlage und Umwelt die menschliche Entwicklung bestimmen, ist eine Grundlage unseres Ansatzes.[2] Die Selbstbestimmung des menschlichen Organismus und der formende Einfluß der Umgebung – beides ist in unserem Modell enthalten. Man kann bei der Arbeit mit persönlichen Mythen also kognitive Techniken anwenden, etwa wenn es darum geht, nicht mehr funktionierende Mythen zu erkennen; psychodynamische Methoden, um ihre Bedeutung in der Lebensgeschichte des Betreffenden zu verstehen; und verhaltenspsychologische Interventionen eignen sich wohl am besten, um die Verhaltensmuster zu ändern, die mit dysfunktionalen Mythen verbunden sind. Nur sehr dogmatische Anhänger bestimmter Schulen können mit unserer Methode nichts anfangen; ansonsten haben wir festgestellt, daß die meisten Psychotherapeuten sie sehr gut nutzen können, ohne ihre eigene darum aufzugeben.
2. Zweierlei ist uns wichtig: Gemeindearbeit und kulturelle Praktiken, die die persönliche Entwicklung auf psychologisch sinnvolle Weise fördern. Die Kosten intensiver Einzel- oder Kleingruppenpsychotherapie sind so hoch, daß sie sich die meisten Menschen gar nicht leisten können. Außerdem basiert Psychotherapie meist noch auf dem »Medizinischen Modell«: Therapie ist nur etwas für Kranke, für Neurotiker. Unser mythologischer Ansatz hingegen geht davon aus, daß jeder Mensch zuzeiten Hilfe brauchen kann: da nämlich, wo in seiner Entwicklung vorhersehbare mythische Krisen auftreten. Früher zeigten Rituale und Initiationsriten den Weg an diesen Kreuzpunkten des Lebens; mit der Personalisierung der Mythologie haben sie fast ganz ihre Bedeutung verloren. Hier ist

einer der Vorzüge unserer Methode: Sie kann uns, auf mythischer Ebene, Verständnis und Sensibilität für die zentralen Themen des menschlichen Lebens wiedergeben.

3. Die Lösungen für die Schwierigkeiten unseres Lebens, die Antworten auf unsere Fragen liegen in uns selbst. Auch das ist eine Grundlage unseres Ansatzes. Dies hat vor allem Carl Rogers in seiner klient-zentrierten Gesprächstherapie formuliert: Jeder Mensch ist einzigartig und hat das Recht und die Fähigkeit, seinen Weg selbst zu wählen.[3] Psychoanalytiker betonen, daß zwar unser Unbewußtes alles enthält, Gut und Böse, Wachstum und Verfall, Ordnung und Chaos, daß aber die Seele ein selbstregulierendes System sei, mit einer Tendenz zu Gleichgewicht und Ganzheit.[4] Und selbst die Verhaltenstherapie mit ihren effektiven Techniken zur Veränderung von Verhaltensmustern und emotionalen Reaktionen beruft sich doch auch meist auf das Recht und die Fähigkeit des Menschen, selbst zu bestimmen, was er verändern will.[5] In unserem Ansatz geht es darum, mit unbewußten Prozessen in Berührung zu kommen, die tiefsten Erfahrungen, die Menschen in ihrem Leben machen, als gültig und wertvoll erlebbar zu machen, die eigene innere Weisheit zu finden und eine Sprache zu lehren, in der man all das ausdrükken kann.

In Kapitel vier bis acht stellen wir unser Fünf-Stufen-Modell vor. Natürlich läuft die lebendige Erfahrung nicht so geordnet in fünf Stufen ab; aber das Modell hilft, zu verstehen, was geschieht, und dient als Orientierung und Stütze. Darum präsentieren wir das Programm hier so, wie es etwa in einem Fünf-Tage-Workshop zur persönlichen Mythologie ablaufen würde. In jedem dieser Kapitel bieten wir sechs oder sieben strukturierte Übungen an, die wir »persönliche Rituale« nennen; mit ihrer Hilfe kann man die jeweilige Entwicklungsstufe im eigenen mythischen Bereich durcharbeiten. Die Übungen sind so formuliert, daß sie genau die Themen wachrufen, die der jeweiligen Stufe entsprechen, und führen durch eine Folge von Erfahrungen, die helfen, sich mit diesen Themen auseinanderzusetzen.

Begegnung mit mythischen Dimensionen

Sich auf die mythischen Dimensionen des Lebens einzustimmen, kann – so meinen wir – für viele Menschen größere Klarheit, Freiheit und mehr Nähe zu den Tiefen des eigenen Seins bedeuten. Hunderte von Menschen, die ihre persönliche Mythologie erforscht haben, beschrieben das nachher so oder ähnlich.

So träumte eine Frau immer wieder davon, daß sie in einem Wald eine Brücke überquerte. Mehr geschah nicht in dem Traum, aber was sie dabei fühlte, war überwältigende Frustration. Sie wurde nun gebeten, sich einmal vorzustellen, daß sie selbst die Brücke in ihrem Traum war – eine sehr bekannte Technik in der Arbeit mit Träumen und Phantasievorstellungen, die von Fritz Perls stammt.[6] Sie schloß die Augen, entspannte sich, stellte sich vor, die Brücke zu sein – und bald schluchzte sie leise.

Sie erzählte nachher, daß sie zuerst große Befriedigung darüber fühlte, daß sie Menschen half, vom einen Teil des Waldes in den anderen zu gelangen. Aber als dann immer mehr Menschen über sie gingen, fühlte sie sich alt und gebrechlich, so, als ob sie jeden Augenblick zusammenbrechen und auseinanderfallen würde. Dann wurde ihr klar, daß sie *wirklich* die Brücke *war*. Die Brücke war Symbol dafür, daß sie ihren Mann bediente, ihre Kinder versorgte, ihre alten Eltern pflegte und fast nichts für sich tat. Sie lebte nach den Vorschriften eines persönlichen Mythos, der sie nur für andere sorgen ließ, unbemerkt, unbewußt, unbelohnt. Ihr wurde klar, daß sie, wenn sie so weitermachte, tatsächlich zusammenbrechen und auseinanderfallen würde. Der Traum zeigte ihr, daß ein Teil von ihr litt – unter der nicht hinterfragten Übereinstimmung mit dem Bild der Frau und Mutter, das sie seit ihrer Kindheit gehabt hatte. Der Traum sagte ihr auch, wie wichtig es war, diese mythische Vorstellung zu revidieren, indem er den Einfluß ihres Mythos auf eine Weise in Symbole faßte, die sie zwangen, den Schmerz zu spüren, der ihr da zugefügt wurde.

Der Traum beinhaltete auch einen Impuls, einen neu auftauchenden Mythos, der ihr dabei helfen konnte, sich mit ihrer alten Mythologie auseinanderzusetzen. Dieser neue Mythos war wie ein Wegweiser hin zu einem besseren und erfüllteren Leben. Der Traum kam nie wieder, nachdem sie seine Botschaft verstanden hatte und begann, danach zu handeln – so, als hätte er seine Aufgabe erfüllt und würde nun nicht mehr gebraucht.

Bewußt mythisch zu leben heißt, zu wissen, daß unser Leben von Kräften geformt wird, die innerhalb unserer Kontrolle liegen, und solchen, die wir nicht beeinflussen können. Dieses Buch soll helfen, eine persönliche Mythologie zu entwickeln, mit der wir die einen Kräfte gestalten und mit den anderen in Harmonie leben können – zu beeinflussen, was in unserer Macht steht, und zu akzeptieren, was außerhalb unserer Kontrolle liegt. Die Frau mit dem Brücken-Traum begriff, daß sie, obwohl sie immer geglaubt hatte, sie müsse sich ihrer Verantwortung für andere fraglos unterwerfen, doch fähig war, sich ein wesentlich erfüllenderes Leitbild für ihr Leben zu schaffen. Sie hatte ihr Lebensgleichgewicht verloren, weil sie glaubte, sie müsse alles annehmen, wie es ist – das Umgekehrte ist allerdings ein ebensolcher Irrtum. Viele Menschen leben geradezu dafür, Dinge zu ändern, die man nicht ändern kann, lassen sich also von einem unrealistischen Mythos vorwärtstreiben, ganz gleich, wie offensichtlich es ist, daß sie ihr Ziel nie erreichen werden. So wie der junge Mann, der zwar kein besonders guter Sportler war, es sich aber in den Kopf gesetzt hatte, ein Fußballstar zu werden: Als man ihn in seinem kleinen Fußballverein nicht mehr aufstellte, nahm er sich das Leben. Im Bewußtsein des Mythischen zu leben heißt, ein Gleichgewicht zu finden zwischen Akzeptieren und Verändern, zwischen den Fähigkeiten, etwas aufzunehmen, und denen, etwas zu erschaffen – Harmonie zwischen dem Yin und dem Yang in uns.

Die meisten Lebewesen auf diesem Planeten haben ein wesentlich effizienteres System innerer Führung als die Menschen. Sie werden von ihren Instinkten geleitet. Menschen jedoch folgen wie unter Zwang einem weitgehend unbewußten, oft sehr uneinheitlichen Komplex von Ideen und Vorstellungen – was wir die persönliche Mythologie nennen. Und da Menschen mit Mythen leben und nicht einfach per Instinkt – so irritierend das auch manchmal sein mag –, haben sie die faszinierende Fähigkeit, sich den unterschiedlichsten Umständen anzupassen. Sie können große Zivilisationen hervorbringen und die Grenzen, die die Biologie ihnen setzt, weit überschreiten. Auf der anderen Seite aber stehen Schrecknisse wie Jonestown, der Archipel Gulag, das Dritte Reich, Inquisition, Terror, Kriege, so schrecklich, daß man sie kaum mit dem Wort »Mensch« in Verbindung bringen mag – und all das auch deshalb, weil Menschen Mythen folgen und nicht Instinkten.

Wie kulturelle Mythen bei einem Volk das Beste wie auch das Schlechteste ans Licht bringen können, so tun das persönliche Mythen beim einzelnen. Eine unserer wichtigsten Prämissen aus Kapitel eins lautet, daß die Mythologie, die immer kollektiv gewesen war, in den letzten paar Jahrtausenden auch immer mehr zur persönlichen Angelegenheit geworden ist. Zwar formen kulturelle Mythen noch immer die Gesellschaft, der moderne Mensch aber ist weit weniger in das Kollektiv eingebunden, als man sich je hätte vorstellen können. Der Weg, der vor jedem Neugeborenen liegt, wird mit sehr persönlichen Mythen gepflastert sein – Mythen, die einzig ihm eigen sein werden. Darüber hinaus eröffnet die Ära »nach Freud« jedem freien Menschen ganz unvorhersehbare Möglichkeiten, seine persönlichen Mythen bewußt und verantwortlich mitzuentwickeln.

Vieles, was die Entwicklung der persönlichen Mythologie beeinflußt, liegt außerhalb unserer bewußten Kontrolle. Vererbung, frühe Kindheitserfahrungen, die Gebräuche und Mythen der Kultur, in der man aufwächst – all das hat großen Einfluß. Aber er ist nicht endgültig. Daraus, wie Menschen über das Leben denken, aus Erfahrungen lernen, sich Herausforderungen stellen oder sich davor abwenden, entsteht ein ständiger Dialog zwischen den persönlichen Mythen ihrer biosozialen Erbschaft und der Folge von Entscheidungen und Einsichten, die ihr bewußtes Leben markieren. So investiert ein Mensch vielleicht einen großen Teil seiner Energie in Ziele und Erwartungen, die er als Kind einmal gehabt hat. Damals waren sie wichtig für sein Selbstgefühl und sein Selbstbewußtsein. Mittlerweile haben sie jedoch an Bedeutung verloren und hemmen nun seine Entwicklung, seine Selbstverwirklichung. Versteht er, welches ihr Platz in seiner persönlichen Mythologie ist, dann kann er klarer und genauer entscheiden, ob sie mit seiner inneren Natur übereinstimmen und ob sie ihn sich entwickeln lassen oder zurückhalten.

Melanie war das einzige Kind einer schauspielsüchtigen Mutter; ihre Eltern trennten sich, als sie zwei Jahre alt war. Sie war ein süßes »Alete-Baby«, und so wurde sie bald zu Schönheitswettbewerben geschleppt; später mußte sie vorsingen und vortanzen und bekam Tanz- und Schauspielunterricht. Ihre Mutter drängte sie, sich beständig um ihr Aussehen zu kümmern und immer noch hübscher und noch charmanter zu werden, damit sie die anderen kleinen Mädchen ausstechen konnte, wenn es um Rollen in Werbefilmen oder auf der Bühne ging. Entsprechend den Anforderungen ihrer Kinder-»Karriere« hatte sie oft Hauslehrer und ging kaum je zur Schule. Mit vierzehn war sie sicher, die neue Marilyn Monroe zu werden. In Wirklichkeit aber war sie eine zwar attraktive, doch nicht außergewöhnlich schöne junge Frau mit verzerrten Wertvorstellungen, die kaum wußte, daß sie auch so etwas wie Verstand haben könnte. Mit zwanzig war sie schrecklich unglücklich, fühlte sich leer, betrogen und war voller Zorn. Ihr Mythos, daß körperliche Schönheit ihr gewaltigen Ruhm und Beifall einbringen würde, war, ohne daß sie es wußte, zur zerstörerischen Macht geworden – und dennoch baute sie weiterhin ihr Leben um diesen Mythos auf.

Macht man sich leitende Mythen bewußt, dann kann man ihre Gültigkeit noch einmal überprüfen. Dabei kommen vielleicht ganz unpraktikable Denk- und Verhaltensmuster ans Licht, die von veralteten Mythen noch unterstützt werden. Die zwanghafte Sorge um Kleinigkeiten zum Beispiel kann in einer alten Angst vor Kritik wurzeln; wer ständig andere glücklich machen will, hat vielleicht einmal verzweifelt um die Liebe einer kühlen Mutter oder eines distanzierten Vaters gekämpft.

Derek nahm an einem Managertraining teil, bei dem Videoaufnahmen den Teilnehmern helfen sollten, die persönlichen Mythen zu erkennen, die ihr Verhalten beeinflußten. Als Derek die Aufnahmen von sich sah, kam sein Selbstbild stark ins Wanken. Er hatte erwartet, einen selbstbewußten und aggressiven jungen Verkaufsleiter zu sehen. Statt dessen zeigte er in Sprache, Gestik, überhaupt seinem ganzen Verhalten das Bild eines großen, schüchternen, zurückhaltenden jungen Mannes. Erinnerungen überfluteten ihn. Gefühle von früh erlittenen Demütigungen kamen hoch. Wie er sich da auf dem Bildschirm sah, sah er wieder den Schüler Derek, der, weil er so groß und tolpatschig war, verzweifelt versuchte, nicht auf sich aufmerksam zu machen. Zwar hatte er mittlerweile an Selbstvertrauen gewonnen, und die Liste seiner beruflichen Erfolge war eindrucksvoll; aber die Überbleibsel des alten Mythos fanden immer noch ihren Ausdruck in seiner Stimme, seinen Körperbewegungen, seiner Mimik – und sie behinderten ihn in seinem Beruf wie in seinem Privatleben.

Wird man sich solcher Muster und ihrer Ursprünge in der persönlichen Mythologie bewußt, dann kann man sich von ihnen befreien und sich weiterentwickeln.

Es ist beeindruckend, wie Menschen ihr Leben verändern können, wenn sie sich auf mythische Bereiche einlassen; es ist allerdings nicht minder beeindruckend, wie sich die Seele bewußtem Verstehen und bewußter Kontrolle entziehen kann. Ein theologisches Sprichwort sagt, daß Menschen, die Gott zu begreifen suchen, einer Amöbe vergleichbar seien, die durch das Mikroskop hinaufschaut, um den Wissenschaftler zu studieren. C. G. Jung und viele andere Tiefenpsychologen meinen, daß der bewußte Verstand zur Seele in einer ähnlichen Beziehung stünde. Menschen können die tiefsten Bereiche der Seele einfach nicht begreifen, ohne sie zu einer Widerspiegelung des geistigen Auges zu reduzieren.

Aber es sind nun einmal diese unbegreiflichen Bereiche der Seele, in denen Erleben entsteht und persönliche Mythen geformt und immer wieder neu gestaltet werden. Und wenn wir auch wissen, daß unser Verstand schnell auf Grenzen stößt, wenn er versucht, diese geheimnisvollen Gebiete zu erforschen, so können wir doch nicht aufhören, verstehen zu wollen. Erfahrungen zeigen, daß Menschen, die sehr geduldig und einfühlsam in jene tiefsten Bereiche ihrer selbst zu schauen versuchen, schließlich doch mehr verstehen, Einsichten gewinnen, auf Kräfte stoßen, die eben diesen Verstand, der die Suche nach dem Unbegreiflichen begann, verändern werden. Das ist unsere Hoffnung und auch unser Versprechen an den Leser, wenn wir ihm hier eine Begegnung mit seiner persönlichen Mythologie anbieten.

Marco Corsini: Mit mythischer Perspektive durch eine Lebenskrise

Die folgende Fallstudie stammt von einem Kollegen, der unsere Methode in einem unserer Workshops kennengelernt hatte. Sie zeigt, wie Bewußtheit des Mythischen wie ein Leuchtfeuer die Richtung zeigen kann, wenn man ein zerstörtes Leben wieder aufbauen will. In Klammern haben wir die jeweilige Stufe unseres Programms angemerkt.

Marco Corsini war der Sohn italienischer Einwanderer, die hart arbeiteten, um ihre große Familie zu ernähren. Ihre Arbeit war unterbezahlt, ihr Leben hart, ein ewiger Kampf ums Überleben – und so gaben sie ihren Kindern eine rigide Arbeitsmoral mit und den Traum vom Erfolg, der darin bestand, ein eigenes Haus zu haben, mit dem Kopf statt mit den Händen zu arbeiten und in der Gesellschaft aufzusteigen. Marco, ihre sechstes Kind und vierter Sohn, zeigte schon früh ein großes Interesse für Pflanzen, besonders Blumen. Sein Vater Gino nahm ihn mit, wenn er zur Arbeit ging – als Gärtner bei wohlhabenden Villenbesitzern. Als Marco sein Interesse an tropischen Pflanzen immer deutlicher zeigte, war sein Vater alarmiert. Da er Angst hatte, sein Sohn würde enden wie er selbst – gegen geringes Entgelt für andere arbeiten –, verbot er Marco, ihn zu begleiten, und nahm einen jüngeren Sohn als Helfer mit. Marco war enttäuscht, aber er gehorchte, bewährte sich auf der Oberschule so gut, daß er ein Stipendium für das Studium der Wirtschaftswissenschaften bekam. Dort konzentrierte er sich ganz auf die Arbeit – Freizeit oder Privatleben gab es nicht für ihn. Voll Optimismus und Selbstvertrauen machte er sich auf die Suche nach einer Stelle. Und zum großen Stolz seiner Eltern stand er schon bald auf den unteren Stufen der Karriereleiter. Mit dreiundfünfzig war er im mittleren Management, seit siebenundzwanzig Jahren verheiratet, hatte drei erwachsene Söhne und einen ausgezeichneten Ruf. Manchmal fragte er sich, ob finanzielle Sicherheit und harte Arbeit wirklich alles seien – aber meist war er ganz zufrieden mit seinem Leben. Zweimal während der ganzen Zeit seiner Ehe hatte er kurze Affären gehabt, auf Geschäftsreisen, aber ansonsten hatte er sich auf ein ruhiges Leben eingerichtet, in dem keine Veränderung vorgesehen war – bis Barbara seine Sekretärin wurde.

Sie war frisch und naiv, mochte seinen Humor, suchte seinen Rat – das alles faszinierte ihn. Er fühlte sich nicht länger alt, festgefahren, langweilig. Wenn sie zusammen zu Mittag aßen oder zu Abend in einem Motel, auf einer Geschäftsreise, dann war er wieder jung, optimistisch und anerkannt auf eine Weise, wie er es nie zuvor erlebt hatte. Einmal nahm er sie mit in den Botanischen Garten, den er selten besuchte, weil er wenig Zeit hatte. Zwischen den Bougainvilleen, Orchideen und Farnen kam es ihm vor, als erwache ein Teil von ihm, der lange geschlafen hatte, wieder zum Leben. Barbara war so schön und zart wie die Blumen um ihn herum. Er spürte ihr Parfüm, einen schweren Blumenduft. Interesse erwachte in ihm, Begehren, Neugier; er fühlte sich wieder jung und offen. Dieses neue Gefühl von Kraft und Lebendigkeit wurde von nun an wichtiger als alles andere in seinem Leben.

Wenige Monate später hatte er seine Frau Marga verlassen und war mit Barbara in ein kleines Haus am Strand gezogen. Als das bekannt wurde, bekam er Schwierigkeiten in der Firma: Man zog die geplante Beförderung zurück und drohte ihm mit Kündigung. Marga war tief verletzt und wütend und reichte die Scheidung ein; seine Söhne waren verwirrt und ablehnend. Kaum einer seiner vielen Bekannten sprach noch freundlich mit ihm. Aber all das störte ihn nicht – bis Barbara immer unruhiger wurde und ihn schließlich verließ, mit einem Mann, der halb so alt war wie er. Er war nun völlig aus dem Gleichgewicht gebracht. Er versuchte, seine Ehe zu retten, aber Marga, noch immer verletzt und andererseits auch ganz angetan von der neuen Freiheit, ließ nicht mit sich reden. Er verurteilte sich selbst für das, was er getan hatte, und das ließ ihn in eine tiefe Depression rutschen. Völlig verzweifelt, inmitten der Trümmer seines Lebens, nahm er schließlich den Rat eines der wenigen Freunde, die ihm noch geblieben waren, an: Er ging zu einem Sozialpädagogen in Therapie, der mit unserer Methode arbeitete.

In der Nacht nach der ersten Therapiestunde hatte Marco einen niederschmetternden Traum. Er saß in einem flachen Boot, das auf einem undefinierbaren Gewässer schwamm, und war umgeben von dickem Nebel. Er war voller Angst und hatte keine Ahnung, wo er sich befand; da sah er auf dem Sitz gegenüber ein Telefon. Er versuchte verzweifelt, seine Frau und seine Söhne anzurufen, aber er bekam keinen Anschluß. So schleuderte er den Apparat ins Wasser und sah, daß da gar kein Kabel war. In Tränen gebadet wachte er auf und spürte so deutlich wie nie, wie isoliert er war und wie sinnlos sein Leben.

Er fing an zu begreifen, daß er sich in seinem Leben von einem persönlichen Mythos hatte leiten lassen, der ihn zu äußerem Erfolg trieb, seine Bedürfnisse aber nur teilweise befriedigte und ihn von vielen anderen Wünschen völlig abschnitt (Stufe eins: Den Konflikt in der persönlichen Mythologie erkennen). Er hatte geglaubt, daß er Erfolg haben würde – und damit Glück –, wenn er sich an die vorgegebenen Regeln hielt: eine ordentliche Ehe, ein schönes Haus, eine höhere Position. Er war seiner Frau und seinen Söhnen nie wirklich nahe gewesen, weil er viel zu sehr damit beschäftigt gewesen war, die Karriereleiter hochzusteigen. Er traute seinen Kollegen nicht und hatte auch keine Freunde unter ihnen. Er war ein einsamer, enttäuschter Mann, der sich außer für seine Arbeit für nichts interessierte und keine wirklichen Beziehungen zu anderen Menschen hatte. Er fühlte sich alt und ausgebrannt. Zwei seiner alten Bekannten waren kürzlich an Herzinfarkt gestorben – würde er der nächste sein?

Nach mehreren Wochen intensiver Therapie hatte er einen anderen Traum, der zu einem wichtigen Angelpunkt wurde. In diesem Traum befand er sich, zu Däumlingsgröße geschrumpft, auf dem Blütenblatt einer Venus-Fliegenfalle, einer wunderschönen, aber fleischfressenden Pflanze. Sie duftete stark nach Gardenien, was ihm sofort Barbara und ihre Sinnlichkeit in Erinnerung rief. Im Rachen der Blüte sah er die halbverdauten Überreste von Männerkörpern, und doch fühlte er sich stark angezogen. Lang saß er auf dem Blütenblatt, vor Schreck erstarrt *und* zugleich hingezogen. Eine kräftige Liane hing in der Nähe herab, mit Blättern, an denen man sich festhalten konnte. Halb betäubt vom Duft der Venus-Fliegenfalle, griff er nach der Liane und hangelte sich widerstrebend aus der Reichweite dieser fatalen Versuchung. Manchmal fühlte er, wie ihn die Kräfte verließen, und sehnte sich danach, sich einfach fallen zu lassen, damit es vorüber wäre. In diesen Momenten war er so sicher, zu versagen, wie er sich sonst immer des Erfolgs sicher gewesen war. Es schien so aussichtslos, denn wie sehr er sich auch bemühte, in dem dichten Blattwerk konnte er nicht erkennen, wohin er kletterte. Aber er kletterte weiter, getrieben mehr von Angst als von Hoffnung. Er setzte all die Sturheit und das Durchhaltevermögen ein, die ihn in seinem Beruf so weit gebracht hatten, und schaffte es. Als er mit seinem Mut und seiner Kraft wirklich am Ende war, da teilte sich plötzlich das Blattwerk, und er fand sich auf einem Ast. Um ihn herum waren lauter Äste und Zweige, auf denen Männer und Frauen saßen. Manche sahen so erschöpft aus, wie er sich fühlte, andere schienen sich schon erholt zu haben. Sie sprachen ihn an und fragten ihn nach seiner Geschichte. Und er hörte ihnen zu, als sie ihm ihre erzählten.

Er erwachte aus diesem Traum und war fasziniert von der Vorstellung, daß er nicht der einzige Mensch auf der Welt war, der sich auf etwas Dummes und Gefährliches eingelassen hatte, weil er nach etwas Gültigem suchte, nach Sinnlichkeit und Abenteuer. Er war nicht allein.

Barbara war der Katalysator gewesen, damit Marco sich wieder begehrenswert fühlen konnte, charmant, sinnlich, aufregend und vor allem jung. Jung sein bedeutete, von Lebenskraft, Neugier und Optimismus erfüllt zu sein. Den Teil seiner Person, hinter der jener starke Mythos stand, nannte er »Held der Arbeiterklasse«, den anderen, den Barbara aus ihm herausgeholt hatte, »Playboy der westlichen Welt« (Stufe zwei: Sich auf gegensätzliche Mythen konzentrieren).

Nun ließ er die beiden in seiner Phantasie miteinander sprechen. Der »Held« war steif, kühl, reserviert, konservativ und zugeknöpft. Der »Playboy« lachte viel, liebte das Risiko, war hinter schönen Frauen her und dachte nie an die Folgen dessen, was er tat. Es gab viel Zorn, Anklagen und gegenseitige Ablehnung, bevor diese beiden Teile seiner selbst etwas Gutes aneinander sehen konnten. Über Monate arbeitete er an diesem Konflikt, in der Therapie, in seinen Träumen; dann war es allmählich soweit, daß jede Seite die andere einigermaßen akzeptieren konnte (Stufe drei: Es kommt zur Lösung).

Er sah nun, daß beide Mythen wichtig für ihn waren, daß aber keiner von beiden seine Bedürfnisse ganz erfüllen konnte. So machte er sich daran, einen neuen Mythos zu formulieren, der die besten Eigenschaften der beiden anderen in sich vereinigen würde (Stufe vier: Einen neuen Mythos gestalten).

Er hatte mehrere Träume, in denen er fliegen konnte. Er wußte nicht recht, was sie ihm sagen wollten; sein Therapeut meinte, es sei wohl wichtig, daß das Gefühl der Freiheit in diesen Träumen in seiner neuen Mythologie einen Platz bekomme. Marco wurde klar, daß er sich alte Träume erfüllen und neue Möglichkeiten ausloten könne, ohne darum Vorsicht und einen gewissen Konservatismus – etwa an seinem Arbeitsplatz – aufzugeben. Dieser neue Mythos war für ihn »Zorba der Bedachtsame«: Er integrierte Fleiß und persönliche Vitalität als wichtigste Werte.

In der Therapie ging es für ihn nun vor allem darum, diesen neuen Mythos zu stärken, indem er ihn in sein tägliches Leben einbaute (Stufe fünf: Die neue Mythologie in Ihr Leben integrieren).

Er lernte, bewußt zu registrieren, wenn der »Held« das Steuer in der Hand hatte; in solchen Momenten sagte er zu sich selbst: »Ich darf mir Zeit nehmen zu denken und für mich zu handeln.« Einen anderen Satz benutzte er wie ein Mantra, wenn er spazierenging oder sich sonstwie körperlich-sinnlich betätigte: »Ich bin lebendig und gut, und ich verdiene es, meinen Interessen nachzugehen.«

Er lernte, daß er unter ganz bestimmten Umständen zu Selbstmitleid neigte und dazu, rücksichtslos und unklug zu handeln. Wenn er mehr als drei Tage arbeitete, ohne sich zu bewegen, oder Sport zu treiben, dann wurde er reizbar und bekam ein Gefühl der Hoffnungslosigkeit. Früher hat er viel Alkohol getrunken, um sich zu entspannen: soziale Kontakte wurden leichter, auch der Schlaf kam eher. Nun merkte er, daß Alkohol nur zur Selbstanklage und Selbstverdammung führte. Vor allem aber entdeckte er die Freude am Lernen und daran, sein Wissen weiterzugeben.

Insgeheim hatte er sich schon immer gewünscht, einmal eine Fahrt auf dem Amazonas zu machen; er hatte viele Bücher darüber gelesen und schon als Kind tropische Pflanzen geliebt. In seinem neuen Leben mit »Zorba dem Bedachtsamen« entstand nun ein Plan, dessen Verwirklichung ihn drei Jahre Mühe und Arbeit kostete. Anderthalb Jahre lang lebte er sehr bescheiden, machte Abendkurse in Portugiesisch, Anthropologie und Botanik. Dann nahm er vier Monate frei, bereitete sich gut vor und ging auf die Reise. Sie war wunderschön – und hatte unerwartete Folgen.

Marco fing an, Vorträge über den Amazonas zu halten, und fand großes Interesse. Er ging weiter zur Universität und machte einen Abschluß in Botanik. Und als er in Pension ging, wurde das sein neuer Beruf. Er baute sich ein Gewächshaus und wurde Orchideenspezialist. Er lernte eine Anthropologieprofessorin in den Vierzigern kennen, in die er sich verliebte. Sechs Jahre nach dem Ende seiner ersten Ehe heirateten sie.

Annahmen in einem mythischen Ansatz

Marcos Erfahrungen zeigen, wie auch die schwierigste Lebenssituation im Lichte der Mythologie angesehen und gelöst werden kann. Die Abfolge in unserem Fünf-Stufen-Modell entspricht dem natürlichen Ablauf, wie wir ihn bei Tausenden von Menschen in der Arbeit mit ihrer persönlichen Mythologie beobachtet haben. Auf jeder Stufe dieses Prozesses müssen bestimmte Aufgaben erfüllt werden. Solche Aufgaben sind zum Beispiel:

1. Einen Konfliktbereich in der persönlichen Mythologie erkennen,

2. jede Seite des Konflikts herausarbeiten,
3. die Dialektik zwischen beiden Seiten deutlich werden lassen,
4. aus dieser Dialektik eine neue mythische Vorstellung entstehen lassen, die die Stärke beider Seiten enthält, und
5. diesen neuen Mythos im eigenen Leben verankern.

Bei der Arbeit an all dem kann man viele verschiedene Techniken verwenden – und das ist ja auch ein großer Vorteil unseres Modells, daß es so viele psychotherapeutische Methoden der letzten zwanzig Jahre in sich vereinigen kann. Um die Übungen für dieses Buch auszuwählen, haben wir Dutzende verschiedener Möglichkeiten ausprobiert. Zwei Kriterien waren dabei bestimmend: ihre Wirksamkeit, damit die Erfordernisse der jeweiligen Stufe auch wirklich erfüllt wurden; und, inwieweit sie in ein solches Selbsthilfesystem paßten, wie wir es hier vorstellen. Unsere Formulierung der fünf Stufen und ihrer jeweils wichtigsten Aufgaben basiert auf bestimmten Annahmen, die wir im folgenden erklären wollen. Annahmen, die aus klinischen Beobachtungen und unserem theoretischen Verständnis resultieren.

1. *Persönliche Probleme sind Ausdruck mythischer Konflikte.* Wirrwarr in den Gefühlen, im Denken, in den Wertvorstellungen, Schwierigkeiten in Beziehungen und bei der Arbeit – all das führt oft zur Erkenntnis tiefer Konflikte in der persönlichen Mythologie. Konflikte, die man mit den Methoden, die wir in Kapitel vier zeigen werden, angehen und artikulieren kann, sind meist reif für konstruktive Bearbeitung.

Dies ist der erste Schritt, wenn es darum geht, das alltägliche Leben mythisch zu sehen. Solche Schwierigkeiten werden oft ganz direkt erlebt, oft sind sie aber auch weitgehend unbewußt und finden ihren Ausdruck nur in Träumen, widersprüchlichem Verhalten, Streitigkeiten über Nebensächliches oder in organisch nicht erklärbaren Symptomen wie Kopfschmerzen, Magenbeschwerden, Lethargie und Schlaflosigkeit. Auch Gefühle der Sinnlosigkeit, Verzweiflung oder Leere – Maslow nannte sie »Metapathologien«[7] – lassen sich oft auf Konflikte in der persönlichen Mythologie zurückführen.

2. *Auf der einen Seite des mythischen Konflikts steht ein hemmender Mythos, der in vergangenen Erfahrungen wurzelt.* Spannungen zwischen den Impulsen des Kindes und den Forderungen von Familie und Gesellschaft werden allmählich durch internalisierte Mythen behoben, die die Wünsche und Neigungen des Kindes so ausrichten, daß sie mit den Anforderungen der Erwachsenenwelt übereinstimmen. Freuds hypothetisches »Es«, der Instinktbereich der Seele, wird durch Funktionen des »Ich« (des »Realitätsprinzips«) reguliert. Das Über-Ich, entstanden aus dem Ich, ist der weitgehend unbewußte innerpsychische Repräsentant der Gesellschaft; es findet seinen Ausdruck in Moral, Gewissen und Idealvorstellungen. Der alte, nicht mehr funktionierende Mythos steht meist für die Zwänge des Über-Ich, wie es in der Kindheit entwickelt wurde. Einstellungen wie »Ich muß immer höflich sein«, »Ich muß Autoritätspersonen immer gehorchen« und »Ich muß meine Familie unter allen Umständen glücklich machen« spiegeln persönliche Mythen wider, die auf soziale Erwartungen hin orientiert sind. Andererseits gibt es auch Über-Ich-Gebote, die später entstanden, elterlichen Regeln zuwiderlaufen und bestimmte ursprüngliche Impulse geradezu glorifizieren, etwa: »Ich lasse mich nicht zum Schweigen bringen!« oder »Was gut ist für mich, das tue ich!«

3. *Der alte Mythos ist am ehesten verständlich, wenn man seine ursprüngliche, konstruktive Bedeutung erkennt.* Zu Beginn des Fünf-Stufen-Prozesses bringen wir die gegenwärtigen Schwierigkeiten und Gefühle eines Menschen mit vergangenen Erfahrungen in Verbindung; wir betonen dabei, daß das Jetzige symbolisch sei für Vergangenes, und geben damit dem ganzen Programm eine mythische Färbung. Diese mythische Interpretation macht die Begegnung eines Menschen mit sich selbst schöner und leichter, wenn er sein Leben ansieht als die heilige Reise eines menschlichen Geistes durch die äußere und innere Welt. Zudem war der alte My-

thos, so wenig er heute funktionieren mag, einmal der beste Weg, mit der Welt der frühen Kindheit fertig zu werden. Wenn man versteht, daß dieser alte Mythos einmal einen Sinn hatte und wichtige Aufgaben zu erfüllen, dann ist es leichter, ihn im rechten Licht zu sehen, und auch, ihn loszulassen, statt sozusagen gewaltsam mit ihm zu brechen, was zu Brüchen im Selbstkonzept und Selbstwertgefühl führen kann.

4. *Auf der anderen Seite des Konflikts steht ein Gegen-Mythos, der in Richtung auf Expansion der Persönlichkeit drängt, und zwar in den Bereichen, die der alte Mythos ausgegrenzt hat.* So wie die Seele Träume hervorbringt, die uns neue Wege zeigen, so schafft sie auch neue mythische Strukturen, die in starkem Gegensatz zu alten, hemmenden Mythen stehen können. Die Ursprünge des Gegen-Mythos sind dieselben wie die des alten (siehe Kapitel zwei); er entsteht aus den Erfahrungen des täglichen Lebens, aus einer entwicklungsbedingten Bereitschaft, fortgeschrittenere kulturelle Mythen anzunehmen, und aus dem unbewußten Reservoir primitiver Impulse und archetypischen Materials. Der Gegen-Mythos nimmt die Teile von einem selbst, die unter den Zwängen des alten Mythos verkümmert sind, wieder auf. In seiner Arbeit mit dem Unbewußten, seinen progressiven wie regressiven Kräften, war C. G. Jung der Pionier, der dies Territorium absteckte. Er sieht die Entwicklung der Persönlichkeit als eine Abfolge verschiedener Phasen, in denen neue Möglichkeiten, die Wirklichkeit zu organisieren, aus den unbewußten Tiefen der Seele auftauchen – in Richtung auf mehr Vollständigkeit und Ganzheit der Persönlichkeit. Der »schlafende Riese« in uns erwacht allmählich. Für Jungianer besteht der erste Schritt zu größerer Bewußtheit darin, unerkannte ursprüngliche Triebe »aus dem Schattenland, wo sie versteckt waren« ans Licht zu bringen, »und ihnen direkt ins Gesicht zu sehen«.[8] Je reifer die Persönlichkeit wird, desto mehr werden solche Kräfte ins Bewußtsein integriert. Wir sehen den Gegen-Mythos als einen primären Mechanismus, durch den dies zustande kommen kann. Kulturelle Mythen, welche zu dem noch unartikulierten mythi-

schen Rumoren in den Tiefen der Seele passen, können den Gegen-Mythos ins Bewußtsein bringen, ebenso auch die persönlichen Rituale, welche in den folgenden Kapiteln beschrieben werden.

5. *Beide Seiten des Konflikts werden somatisch, kognitiv sowie im Verhalten verschlüsselt und ausgedrückt.* Die biologischen Dimensionen eines persönlichen Mythos (siehe Kapitel zwei) reichen vom körperlichen Mikrosystem (etwa die neurologische Grundlage der kognitiven Strukturen, die persönliche Mythen kodieren) zum Makrosystem (etwa chronische Verspannungen in bestimmten Körperbereichen – Wilhelm Reich nannte sie »Charakterpanzer«[9] –, die Ausdruck von Mythen sein können).

Die kognitiven und affektiven Dimensionen eines persönlichen Mythos zeigen sich in der Art, wie Menschen ihren Erfahrungen Sinn geben, und in ihren Vorstellungen darüber, wie man der Welt begegnen soll. Sie spiegeln sich wider in Verhaltensmustern, unbewußten Reaktionen auf bestimmte Reize und in projektiven Mitteln, die wir nutzen, wie persönlichen Märchen, Mottos und privatem Symbolismus. Die Frage, unter welchen Bedingungen Interventionen auf den verschiedenen Ebenen einer persönlichen Mythologie wirksam sind und zu konstruktiven Veränderungen führen, wäre eine sorgfältige Untersuchung wert. Wir glauben, daß zur Kunst der Therapie auch die Fähigkeit gehört, sich instinktiv auf die Bereiche zu konzentrieren, die für den Menschen im Moment am wichtigsten sind. Wir haben versucht, unser Programm in diesem Buch so auszurichten, daß gleichzeitig so viele dieser Bereiche wie nur möglich angesprochen werden.

6. *Der Konflikt zwischen dem alten Mythos und dem Gegen-Mythos wird deutlich im Denken, Fühlen und Handeln – beide Mythen haben aber auch eine dialektische Beziehung.* Der Drang zur Ganzheit ist ein wichtiger Teil der Jungschen Theorie;[10] Ganzheit wird erreicht durch den Mechanismus der Dialektik, den wir im letzten Kapitel beschrieben haben. Der dialektische Prozeß ist ohnehin eine

seelische Funktion; die beste Lösung des Konflikts erreicht man jedoch mit Hilfe von Techniken, die tiefere Prozesse bewußt machen, wie etwa der aktiven Imagination Jungs.[11] Nutzt man solche Techniken – wir zeigen sie in den folgenden Kapiteln –, so tauchen schließlich Symbole der Veränderung auf (als visuelle, kinästhetische oder gedankliche Bilder), die auf die Lösung des mythischen Konflikts hinführen und zu mehr Ganzheit der Persönlichkeit. Solche Symbole können für das Gefühlsleben eines Menschen ebenso wichtig sein wie für sein ganz alltägliches Leben; und wer sich bewußt einläßt auf die Richtung, in die sie weisen, der vergrößert ihre Kraft noch. Zusammengefaßt kann man sagen: Unangepaßtes Verhalten entsteht oft aus nicht mehr funktionierenden Mythen, die verzerrte Vorstellungen über uns selbst und die Welt entstehen lassen; es genügt jedoch nicht, einfach festzustellen, daß es diese Verzerrungen gibt und wie sie entstanden sind. Man muß auch mit Bildern, Phantasien und anderen Manifestationen des alten und des neuen Gegen-Mythos und an der dialektischen Beziehung zwischen beiden arbeiten; erst dadurch nimmt ein neuer, sinnvollerer, konstruktiver Mythos allmählich Form an und läßt sich schließlich in Worte fassen. Im Idealfall ist dieser neue Mythos eine kreative Synthese aus den besten Anteilen des alten und des Gegen-Mythos und gewährt so verläßlich innere Führung auf neuen Wegen.

7. *Den neuen Mythos ins eigene Leben zu integrieren gibt wichtige Hilfen für die persönliche Weiterentwicklung.* Das Entstehen des alten Mythos zu begreifen, den Gegen-Mythos in Worte zu fassen und den neuen Mythos zu entwickeln – das alles ebnet den Weg zu mehr Verantwortlichkeit für die eigene Entwicklung. Aber die Macht alter Gewohnheiten, Konditionierungen und Sichtweisen ist nach wie vor groß. In der letzten Phase unseres Programms verschiebt sich der Schwerpunkt von der inneren Welt zur äußeren, vom Geistig-Seelischen hin zum Verhalten. Hier arbeiten wir mit Techniken aus kognitiven Therapieformen und aus der Verhaltenstherapie – etwa Verhaltenseinübung, Kontingenz-Management, Einstellungsänderung, um damit mythi-

sche Vorstellungen im täglichen Leben zum Ausdruck zu bringen. Die Spannung zwischen der Struktur des Lebens und den Möglichkeiten, die man vielleicht leben könnte, gehört zur menschlichen Entwicklung; ein wichtiges Ziel unseres Systems ist es, mit dieser Spannung bewußter, kreativer und realistischer fertig zu werden.

Persönliche Rituale für die Begegnung mit dem Mythischen

Jedes der folgenden Kapitel befaßt sich mit einer der fünf Stufen unseres Programms. In jedem Kapitel werden wir Sie zu sechs oder sieben strukturierten Übungen auffordern, die wir »persönliche Rituale« nennen. Diese Rituale reichen von gelenkten Phantasiereisen über den Entwurf eines »persönlichen Märchens«, in dem ein bestimmter persönlicher Mythos seinen Ausdruck findet. Die Rituale bauen aufeinander auf, mit dem Ziel, Ihre persönliche Mythologie ganz praktisch und systematisch zu erforschen. Sie können die Rituale allein, mit einem Partner oder auch in einer kleinen Gruppe ausführen.

Rituale früher und heute. Ein Ritual oder Ritus ist ein symbolischer Akt; man feiert, verehrt oder erinnert damit an ein besonderes Ereignis oder einen besonderen Ablauf von Ereignissen. Rituale stärken oder verändern die Beziehung der Teilnehmer zu den Rhythmen der Natur, zu den Aufgaben des einzelnen oder der Gemeinschaft, zu den Aspekten des Kosmos, die ihnen heilig oder göttlich erscheinen. Ein Ritual kann jahrhundertealt sein oder nur einmal ausgeführt werden, zu einer ganz bestimmten Gelegenheit. Es kann regelmäßig zelebriert werden, nur gelegentlich oder nur einmal. Es kann ein privates Ritual sein oder ein gemeinschaftliches. Im allgemeinen denken wir bei Ritualen an Zeremonien, die von Familien, Gruppen oder ganzen Stämmen ausgeführt werden. Ein privates Ritual kann zum Beispiel so aussehen, daß man einen Abschiedsbrief schreibt und ihn dann zeremoniell vergräbt oder verbrennt. Öffentliche Rituale haben meist feste Regeln; oft gehört eine bestimmte

Musik dazu, besondere Worte sind zu sprechen, oder bewußtseinsverändernde Techniken werden verwendet.[12]

Kulturanthropologen unterscheiden verschiedene Arten von Ritualen. Das *Übergangsritual* ist ein Initiationsritus bei Ereignissen wie Geburt, Pubertät, Heirat und Tod. Wir werden Ihnen in den folgenden Kapiteln Übergangsrituale anbieten, die Ihnen helfen, neue persönliche Mythen in Ihr Leben zu integrieren. Das *Heilritual* hilft bei speziellen Problemen des einzelnen oder der Gemeinschaft. Von emotionellen Verletzungen, früh im Leben entstanden, stammen oft die Mythen, die heute nicht mehr funktionieren; Heilrituale werden Ihnen helfen, diese frühen Wunden verheilen zu lassen. Bei *Umkehrritualen* werden während eines Festes oder anderer »Ausnahmezeiten« die Rollen gewechselt. So gibt es zum Beispiel Stämme, bei denen an einem bestimmten Tag im Jahr die Frauen die Männer beherrschen. Bei solchen Ritualen tragen etwa Männer Frauenkleider, Erwachsene benehmen sich wie Kinder, die Reichen tun, als wären sie arm, oder ein ganz durchschnittlicher Mensch wird zur Verkörperung eines großes Geistes. Bei einem unserer persönlichen Rituale wird es darum gehen, sehr schnell zwischen den verschiedenen Rollen zu wechseln, die ihnen der Konflikt in Ihrer persönlichen Mythologie vorschreibt. *Rituale der Beständigkeit* vermitteln Sicherheit auch in bewegten Zeiten, etwa Erntedankfeste oder Abschiedsfeste für Freunde oder Familienmitglieder.[13] Mit seiner persönlichen Mythologie zu arbeiten kann zwischendurch auch verwirrend sein; darum bringen wir am Ende dieses Kapitels unter der Überschrift »Selbsthilfe in mythischen Tiefen« eine Reihe von Ritualen der Beständigkeit.

Rituale befriedigen anscheinend ganz grundlegende menschliche Bedürfnisse, sowohl beim einzelnen wie auch bei der Gemeinschaft.[14] Zentrum von Ritualen können geschichtliche Personen oder Ereignisse sein, Götter oder Geister, Dinge, die man erreicht hat oder erreichen möchte. Unglücksfälle oder Tragödien, eine bestimmte Zeit oder ein besonderer Ort, die Bitte um Schutz, Nahrung, Segen. Aldous Huxley meint, Rituale seien so etwas wie »das Tor, durch das die Seele aus der Zeit in die Ewigkeit schlüpft«.[15] Rituale

In mythischen Tiefen.

unterscheiden sich von sozialen Ereignissen wie Partys oder sonstigen Versammlungen dadurch, daß sie vorher geplant sind, nach festgelegtem Muster ablaufen und daß nur bestimmte Personen daran teilnehmen dürfen. Rituale sollen die Kraft haben, das Leben der Menschen mehr oder weniger einschneidend zu verändern; das, worum es dabei geht, ist vielleicht weder sichtbar noch berührbar; die Prozedur hat etwas Besonderes, Heiliges – das auch verletzt werden kann, wenn sie nicht richtig ausgeführt wird. Rituale können, wie persönliche Mythen, funktionieren oder auch nicht.

In einer Zeit, in der die Religion mit ihren Ritualen und Sakramenten bei weitem nicht mehr die Macht von einst hat, gibt es auch weniger soziale Zeremonien ritueller Art. Aber das Bedürfnis bleibt, und es ist erstaunlich, wie viele Menschen sich persönliche Rituale schaffen – um seelisch gesünder zu sein, Streß zu reduzieren, ihr Selbstvertrauen zu stärken und ein Gefühl persönlicher Bedeutung zu bekommen.

Margaret Willson sprach mit 133 Menschen von ganz verschiedenem ethnischen, kulturellen und ökonomischen Hintergrund, um mehr über solche persönlichen Rituale zu erfahren. Sie nennt sie »Grundsteine«. Grundsteine tragen ein Haus und geben ihm Halt im Grund. So dient der Begriff als Metapher für alles, was einem Menschen zur »Grundberührung« verhilft, ihn seinen inneren Kräften näher bringt. In ihrer Untersuchung teilte Margaret Willson solche Grundsteine in drei Kategorien ein: zwischenmenschliche Beziehungen, bestimmte Orte, besondere Tätigkeiten.

Zwischenmenschliche Beziehungen, die als Grundsteine dienen, reichen von Treffen mit der Pfarrgemeinde über Selbsthilfegruppen wie die »Anonymen Alkoholiker« bis hin zu Brieffreundschaften. Bestimmte Orte sind zum Beispiel: die Berge, die See, ein besonderer Baum oder Felsen, Marktplätze, Gärten, auch ein Café, ein Stuhl oder die Badewanne. Tätigkeiten, die als Grundsteine dienen, sind: zu Sportereignissen oder Rockkonzerten gehen, Pflanzen ziehen, mit jemandem schlafen, malen, Bergsteigen, mit den eigenen Händen arbeiten, um etwas zu »schaffen« (statt etwas zu »leisten«), oder rein zum Spaß spielen oder Sport treiben. Ganz allgemein haben Grundsteine sehr viel mit dem »Hier und Jetzt« zu tun; in der Unmittelbarkeit der Erfahrung vergißt man seine Probleme. Auffallend viele Grundsteine hatten auch etwas mit Humor zu tun. Nach dem Kontakt mit dem Grundstein fühlten sich die meisten eher in der Lage, mit Frustrationen, persönlichen und zwischenmenschlichen Angelegenheiten fertig zu werden. Viele meinten, der Grundstein gebe ihnen so etwas wie ein »Gefühl der Gemeinschaft mit etwas außerhalb meiner selbst«.[16]

Margaret Willsons Untersuchung zeigt deutlich das Bedürfnis nach Ritualen – größeren oder kleineren – als einem Prozeß, der Kräfte konzentriert und Energien bringt. Rituale kanalisieren ursprüngliche Energien in notwendige Handlungen, bringen ein Stück Besonderheit und Würde ins tägliche Leben, lassen uns die Ewigkeit berühren – und das bringt Kraft, Frische und Sinn in unser Leben. Die Übungen in diesem Buch haben die lehrende, heilende und erneuernde Funktion des Rituals. Damit können Sie einen Hauch des Ewigen, des Heiligen in Ihren Alltag bringen.

Zu den Ritualen in diesem Buch. Wir möchten noch auf verschiedene Punkte in unserem Programm, das ja für ein Selbsthilfe-Programm relativ komplex und intensiv ist, eingehen. Themen, die in unseren Seminaren immer wieder auftauchen und die auch von denen, die dieses Programm durchgearbeitet haben, angesprochen wurden, haben wir hier aufgenommen. Jedes Ritual baut auf dem vorhergehenden auf. So ergibt sich eine eng zusammenhängende Folge von Erfahrungen mit einer Dynamik, die mehr ist als einfach die Summe verschiedener Einzelübungen. Die folgenden Überlegungen sind wichtig für Sie, wenn Sie sich darauf einlassen wollen:

1. *Das persönliche Tagebuch.* Ira Progoff war der erste, für den das intensiv geführte persönliche Tagebuch ein psychologisches Hilfsmittel war, wenn es darum ging, innere Kraftquellen und neuen Sinn im eigenen Leben zu finden.[17] Wir werden Sie bitten, ein solches Tagebuch zu führen, um Ihre

Erfahrungen mit den persönlichen Ritualen und Ihre Gedanken dazu aufzuschreiben. Die Vorteile sind: a) das Tagebuch ist ein Bericht über Ihre innere Entwicklung; b) da die persönlichen Rituale aufeinander aufbauen, werden wir Sie zwischendurch immer wieder bitten, sich noch einmal mit der schon getanen Arbeit zu befassen; und c) Ihre Erfahrungen mit persönlichen Ritualen aufzuschreiben kann dazu führen, daß Ihnen beim Schreiben neue Einsichten kommen und tieferes Verständnis. Aus Erfahrung wissen wir, daß das Niederschreiben die Erlebnisse vertieft, neue Einsichten bringt und tiefere Bedeutung erkennen läßt. Es geht also nicht so sehr darum, Ihre Erfahrungen mit den persönlichen Ritualen genau so festzuhalten, wie sie passiert sind, sondern sie vielmehr mit dem, was Ihnen beim Schreiben noch einfällt, auszuschmücken und zu ergänzen.

Nach jedem persönlichen Ritual geben wir Ihnen Anleitung, wie Sie es in Ihr Tagebuch eintragen sollen. Ein Notizbuch ist als Tagebuch wohl das beste; manche benutzen auch den Kassettenrekorder und neuerdings sogar ihren Heimcomputer. Ein Kassettenrekorder hat den Vorteil, daß Sie spontan, natürlich und ungehemmt sprechen; er hat allerdings auch den großen Nachteil, daß das Suchen und Hin- und Zurückspulen ziemlich lästig ist, wenn man sich mit früheren Erfahrungsberichten noch einmal befassen will. Manche unserer Teilnehmer nutzen beides: in erster Linie das Tagebuch und dazu den Rekorder. So kann man Gedanken und Einfälle schnell festhalten, um sie nachher in Ruhe ins Tagebuch zu schreiben.

2. *Gelenkte Phantasiereisen.* In unseren Workshops ist die Stimme des Therapeuten der Führer auf der inneren Reise durch Gefühl und Phantasie. Schriftliche Anleitungen haben da ihre Nachteile, die man aber einigermaßen wettmachen kann. Sie können sich zum Beispiel die Anweisung von einem Partner vorlesen lassen oder sie selbst auf Band sprechen und sich dann von der eigenen Stimme leiten lassen.

Hier ein paar Ratschläge, falls Sie die Anweisungen auf Band sprechen. Lesen Sie die Instruktionen langsam und mit Bedacht. Sicher müssen Sie mit Sprechton und Geschwindigkeit ein bißchen experimentieren; der häufigste Fehler ist aber, daß man zu schnell liest. Beim Wort »Pause« warten Sie zehn Sekunden, ebenso nach dem Ende eines Satzes oder nach jedem Wort in Großbuchstaben (zum Beispiel: »... tief atmen, EINS, ZWEI, DREI, VIER, FÜNF«). Sie können auch leise Musik im Hintergrund spielen lassen, wenn Sie das mögen. Die Teilnehmer in unseren Seminaren mögen neben klassischer Musik vor allem die Flötenmusik von Paul Horn, die Harfe von Georgia Kelley, die »minimal music« von Phillip Glass, die Stücke von Steven Halprin oder andere meditative Musik. Hintergrundmusik ist nicht unbedingt notwendig, aber probieren Sie es ruhig aus, wenn Sie Lust haben. Wenn Sie mit dem Rekorder arbeiten, und Sie brauchen mehr Zeit, als vorgegeben, dann stoppen Sie das Band; das gleiche gilt, wenn Ihnen ein Partner die Anweisungen vorliest: Sagen Sie ihm, wenn Sie mehr Zeit für einen Teil der Übung brauchen.

Es gibt auch fertige Kassetten mit meditativer Musik, allerdings nur eine amerikanische Version (bei genügend Nachfrage wäre eine deutsche Version möglich). Diese Kassetten enthalten aber nur die Anleitung für die persönlichen Rituale, sind also nur eine Ergänzung zu diesem Buch. Eine andere Möglichkeit: Lesen Sie die Anweisungen gründlich durch. Wenn Sie ein gutes Gedächtnis haben, können Sie sich selbst, ohne alle Hilfsmittel, durch die persönlichen Rituale führen.

3. *Umgang mit dem Programm.* Unser Programm hat fünf Stufen, und jede dieser Stufen wird in einem Kapitel beschrieben. Alles, was Sie dafür brauchen, ist Ihr Tagebuch, Papier und Malstifte, einen Kassettenrekorder und Kassetten. Die persönlichen Rituale sind die Substanz des Programms; dazu kommen Anleitungen, um Träume zu initiieren, die bestimmte Fragen klären können. Diese Art von Traumarbeit brauchen Sie nicht zu machen, aber sie kann Ihnen neue Einsichten und mehr Nähe zu Ihrem inneren Leben bringen.

Es gibt verschiedene Möglichkeiten, mit dem Programm umzugehen. Sie können es zum Beispiel mehrmals durchgehen und dabei immer wieder andere Bereiche Ihrer persönlichen Mythologie kennenlernen. Es geht darum, zu lernen, *wie* man mit den mythischen Dimensionen des Lebens umgeht, und nicht darum, mehr oder weniger mechanisch eine bestimmte Anzahl von Übungen zu absolvieren. Wir hoffen vielmehr, daß Sie das, was Sie hier lernen, auch später auf die Probleme anwenden, die Ihnen im Leben immer wieder begegnen werden. Beim erstenmal würden wir Ihnen empfehlen, sich pro Kapitel/Stufe eine Woche Zeit zu lassen. Sie sollten auch das Kapitel nicht auf einmal durcharbeiten, sondern lieber in mehreren Sitzungen, die jeweils etwa fünf bis sieben Stunden in Anspruch nehmen, ohne die Zeit, die Sie fürs Niederschreiben brauchen oder die Arbeit mit Ihren Träumen. Das hängt natürlich auch davon ab, ob Sie kurze Tagebuchberichte schreiben oder sehr ausführliche – das ist bei jedem anders und sollte ganz nach Ihrem Gefühl entschieden werden –, ob Sie mit einem Partner arbeiten usw. Sie können sich auch ein langes Wochenende reservieren. Die meisten Menschen können in dieser Zeit die ersten vier Stufen durcharbeiten und die fünfte vorbereiten. Wenn Sie dann in Ihr Alltagsleben zurückkehren, sind Sie bereit für die Arbeit der fünften Stufe: die neue persönliche Mythologie in Ihr Leben zu integrieren.

Jeder Mensch reagiert anders auf das Programm. Passen Sie unsere Kommentare und Anleitungen für die persönlichen Rituale ruhig Ihrem Arbeitsstil und Ihren Bedürfnissen an. Die persönlichen Rituale sind so angelegt, daß Sie eine Instruktion auch einmal radikal ändern können, ohne daß der Sinn der Übung verlorengeht. Wir werden Sie zum Beispiel bitten, ein Märchen in drei Teilen zu schreiben. Manche Leute nun erzählen ihr Märchen nicht als Geschichte, sondern malen statt dessen Bilder, machen Tonfiguren, Gedichte oder Lieder. Es ist also nicht nur nicht verboten, sondern geradezu erwünscht, daß Sie mit den persönlichen Ritualen so umgehen – sie verändern, anpassen, revidieren –, wie es für Sie am sinnvollsten ist, damit Sie mit Ihrer persönlichen Mythologie so kreativ wie möglich arbeiten können.

Ist das nun Psychotherapie?

Dieses Buch ist ein Handbuch, das helfen soll, mythischer zu leben und effektiver mit mythischen Problemen umzugehen, die zu unserem Leben und unserer Entwicklung gehören. Es ist weder ein Ersatz für Psychotherapie noch der Versuch, die Persönlichkeit tiefgreifend zu verändern. Die Ergebnisse unseres Programms können denen einer Therapie entsprechen – man versteht mehr, kann leichter Entscheidungen treffen, innere Konflikte lösen und bisher verborgene Anteile der eigenen Persönlichkeit entwickeln –, dennoch ist das Buch kein Therapeutenersatz. Unter bestimmten Umständen würden wir Psychotherapie empfehlen. Bei großen emotionalen Problemen, ständiger Depression, überwältigenden Lebenskrisen oder destruktiven Verhaltensmustern kann die Therapie beim richtigen Therapeuten von allergrößtem Wert sein. Wir glauben, daß Psychotherapie die beste Möglichkeit bietet, von dem großen Vorrat menschlichen Wissens und angewandter Techniken aus Psychologie, Psychiatrie und verwandten Bereichen zu profitieren. Wenn Sie gerade in Therapie sind oder glauben, daß Sie sie brauchen, dann sollten Sie das Programm zusammen mit einem Therapeuten durcharbeiten.

Wir sind uns bewußt, daß manche der Übungen in diesem Buch starke Gefühle auslösen und bis dahin verborgene Problembereiche aufdecken können. Daher haben wir uns sehr bemüht, das Programm so zu gestalten, daß es Ihren Bedürfnissen und Gefühlen entspricht. Wir haben das Programm von vielen Leuten testen lassen, und dabei gab es keine unerfreulichen oder problematischen Erfahrungen. Sollte es Ihnen jedoch passieren, daß Sie von zu starken Gefühlen überwältigt werden oder sich sonstwie überfordert fühlen, und Ihnen auch die Anweisungen in »Selbsthilfe in mythischen Tiefen« nicht helfen, dann suchen Sie sich bitte sofort angemessene Unterstützung oder professionelle Hilfe.

Wir haben uns nicht allein auf unsere Erfahrung aus vielen Workshops und Therapien verlassen; sondern haben, wie schon gesagt, mehrere Dutzend Menschen gebeten, das Programm durchzuarbeiten, und ihre Erfahrungen sehr sorgfältig miteinbezogen. Wir haben uns auch sehr bemüht, alles, was wir hier sagen oder vorschlagen, immer unter den zwei Gesichtspunkten zu sehen: daß es den Begrenzungen eines Selbsthilfeprogramms Rechnung trägt und den Problemen, die die Arbeit mit der unbewußten Dynamik eines Menschen nun einmal mit sich bringt.

Es gibt viele Gründe, warum ein Buch keine Therapie ersetzen kann. Zuerst und vor allem die simple Tatsache, daß der therapeutische Prozeß Beziehung bedeutet – Interaktion und Widerspiegelung, Herausforderung und Rückmeldung, Verstärkung und Vorbild. Zum zweiten klammert sich jeder Mensch geradezu verzweifelt an bestimmte fundamentale Mythen, die ungemein wichtig sind für seine Identität; sie aufzugeben würde bedeuten, einen der – wie Elisabeth Kübler-Ross das nennt – »kleinen Tode« im Leben zu erleiden. So ist etwa die persönliche Mythologie junger Menschen oft von einer bestimmten Vorstellung beherrscht, einer Vorstellung davon, was es bedeutet, so zu sein, wie sie glauben, sein zu wollen. Ein Teil dieses Bildes ist vielleicht, immer freundlich und nett zu sein. Ihre ganze Selbstkritik, all ihre Motivation, sich zu ändern, richtet sich darauf, diesem Bild perfekt zu entsprechen – und dabei unterdrücken sie alles, was sie irritiert am Leben, ihre Wut über Ungerechtigkeiten oder was immer, und werden zu puppenähnlichen Karikaturen eines lebendigen menschlichen Wesens.

Auch in der therapeutischen Situation fällt es nicht leicht, solch fundamentale Mythen kritisch zu überprüfen; natürlich sabotiert man die Therapie nicht absichtlich, aber die Abwehrmechanismen des Ich sind oft stärker als das bewußte Wollen. So hatte zum Beispiel eine Krankenschwester große Schwierigkeiten, sich mit dem überwältigenden Gefühl des Unbefriedigtseins, an dem sie litt, in der Therapie auseinanderzusetzen: Sie wehrte sich heftig, wann immer der Therapeut sie dazu bewegen wollte, sich einmal mit ihrem Selbstbild vom selbstlosen Helfer zu befassen. Erst als sie im Lauf der Therapie den lang unterdrückten Wunsch, Jazzpiano zu spielen, wiederentdeckte und dann auch Stunden nahm, verschwand ihre Unzufriedenheit allmählich. Wir betonen diesen speziellen Widerstand gegen die Selbsterkenntnis deshalb, weil wir festgestellt haben, daß das Bewußtwerden der natürlichen Tendenz, bestimmte Selbstdefinitionen auf Kosten anderer Möglichkeiten zu unterstützen, es den Menschen erlaubt, bis zu einem gewissen Grad Ersatz zu finden für diesen Widerstand gegen tiefgehende Veränderung. Dieses Dilemma meint der Psychologe Sheldon Kopp, wenn er sagt, es sei eine der wichtigsten Fähigkeiten des Therapeuten, »dort zu sein, wo sie (die Klienten, A. d. Ü.) nicht sind«.[18]

Mit all dem wollen wir natürlich nicht sagen, daß ein Selbsthilfeprogramm nicht dabei helfen könnte, eigene Möglichkeiten besser zu entfalten. Nein – der Weg zur besseren Bewußtheit der eigenen Mythologie, ihrer Grenzen, aber auch zu neuen und effektiven persönlichen Mythen ist gangbar und wird hier geboten. Aber Sie werden nicht nur die Grenzen Ihrer Mythologie erkennen, sondern auch die Fähigkeit in sich finden, sie zu erweitern, beweglicher zu machen, Ihrer Lebenssituation besser anzupassen, und sie in Gleichklang zu bringen mit Ihren Bedürfnissen und Möglichkeiten. Wir meinen, daß das Erlangen dieser Harmonie die intensivste, aber auch sanfteste Art ist, die eigene Persönlichkeit weiterzuentwickeln.

Eine Therapie für unsere Zeit. C. G. Jungs therapeutische Methode war auch darum etwas Besonderes, weil sie auch für Menschen zugeschnitten war, die nicht im üblichen Sinne seelisch krank waren, sondern an einem Gefühl der Sinnlosigkeit und Leere litten – »die allgemeine Neurose unserer Zeit«.[19] Veränderungen Ihrer persönlichen Mythologie können auch die Beziehung zu der Gesellschaft, in der Sie leben, beeinflussen. Wenn die leitenden Mythen der Kultur widersprüchlich sind, dann kann der Weg des einzelnen einsam, verwirrend und voller Schrecken sein. Die grundsätzlichen Entscheidungen, die er für sein Leben trifft, mögen gut und richtig sein; wer aber zur Melodie eines veralteten Mythos tanzt, welcher nicht mehr funktioniert, der findet sich oft in Sackgassen wieder. Das war das unausgesprochene Leiden vieler Frauen, die nach traditionellen Rollenerwartungen lebten, bevor die Frauenbewegung das Unterdrückende ihrer Situation ans Licht brachte.

Sätze wie »Als sie aufhörte, dem traditionellen Bild des Weiblichen zu entsprechen, fing sie endlich an, ihr Frausein zu genießen« in Betty Friedans 1963 veröffentlichtem Buch *The Feminine Mystique*[20] brachten ein neues Bewußtsein. Wir waren Zeugen eines ungeheuren Geschehens: In dem kulturgeschichtlich winzigen Zeitraum von nur einem Jahrzehnt veränderte sich einer der wichtigsten Bereiche der westlichen Mythologie, die Rolle der Frau, völlig. Daß die Auseinandersetzung mit nicht mehr funktionierenden sozialen Mythen möglicherweise die beste Therapie ist, wird deutlich im Titel des Buches *Feminism as Therapy.*[21] Auch andere sozial aktive Gruppen glauben, daß eine Veränderung der Mythen und der sozialen Bedingungen, die Selbstbild, Status und die soziale Rolle bestimmen, der beste Weg sei.

Hindernisse auf dem Weg. Feste Gewohnheiten im Denken und Handeln entstehen im allgemeinen durch 1) tiefverwurzelte kulturelle und familiäre Mythen, 2) die gemeinsame Wirklichkeit der Gruppe, in der man lebt, und 3) mythische Muster, die aus Problemlösungen der frühen Kindheit resultieren. Wer sein Leben unter mythischer Perspektive ansieht, der muß diese festen Muster untersuchen, ihre Bedeutung verstehen und prüfen, wie sinnvoll sie noch sind. Diese Herausforderung wird natürlich auf Widerstand stoßen, auf den Widerstand unserer inneren Organisation, die für das seelische Gleichgewicht sorgt. Die Trägheit des Systems sorgt dafür, daß unser Gefühl für unsere eigene Wirklichkeit unverletzt bleibt, aber sie wird auch dann tätig, wenn die Mythen, die diese Wirklichkeit aufrechterhalten, nicht mehr richtig funktionieren. Konfrontationen mit der Art und Weise, wie wir uns selbst und die Welt sehen, oder wie wir von anderen gesehen werden, haben oft psychische Rückschläge zur Folge.

Lebensbereiche, die mythische Erneuerung dringend nötig haben, werden chaotisch, unorganisiert, erschreckend, wenn alte Mythen die Kraft verlieren, angemessene Erklärung und Führung zu liefern. Bevor Marco (siehe Seite 148ff.) zum Beispiel überhaupt merkte, daß er mitten in einer handfesten Lebenskrise steckte, hatte er schon seine

Karriere gefährdet und seine Ehe zerstört. Da die Abwehrmechanismen daran arbeiten, seelische Konflikte aus dem Bewußtsein herauszuhalten, werden solche Konflikte oft ausagiert statt erkannt, oder auf äußere Umstände projiziert, was zu Fehlwahrnehmungen und Verwirrung führt. Solche Verzerrungen sollen die Mythologie unverletzt halten, die die Wirklichkeit eines Menschen bestimmt, aber sie können ebenso zu innerer Zersplitterung und Konfusion führen.

Ein anderes Hindernis sind innere Widerstände, die bewußte Versuche zu mythischen Veränderungen behindern:

Barbara Mai war ein etwas grobknochiges Mädchen vom Lande, das seit seinem dreizehnten Geburtstag erheblich zugenommen hatte. Sie war intelligent, interessiert und hatte Humor; aber niemand verliebte sich in sie, wie sie es sich so sehr wünschte. Als sie daran ging, die persönlichen Mythen zu erforschen, die ihre Frustration verursachten, stellte sie fest, daß allein die Vorstellung, es zu tun, in schrecklichen Kopfschmerzen, Abwehr und Wut endete. Schließlich wurde ihr klar, daß in ihrer Familie der Wert eines Menschen an seiner Stärke gemessen wurde, und diese wiederum an seinem Umfang. Ein schwerer Kaltblüter war mehr wert als ein Rennpferd, weil er arbeiten konnte. Ein dicker Mensch konnte mehr, hatte mehr Humor, »war mehr Teil unserer Familie, in der alle immer dicker werden, je älter sie werden«.

Auch Veränderungen, die sinnvoll sind und die man sich wünscht, begegnen starken Widerständen, die nur schwer verständlich sind. Die Paradoxe, die im selbstgesteuerten persönlichen Wachstum stecken, werden nirgendwo deutlicher als im Phänomen des Widerstands. Neue Mythen werden zugunsten veralteter mythischer Strukturen ignoriert und abgewertet. Umgekehrt aber gilt: »Dem man widersteht, das übersteht«,[22] wie es der Psychiater Harold Bloomfield formuliert hat. Der innere Antrieb, der nach Veränderung im Denken und Handeln drängt, wird durch den Widerstand paradoxerweise gestärkt. Warum aber überhaupt dieser Widerstand? Es ist etwas Tröstliches im Status quo, er bietet Sicherheit; dazu kommt das ganz natürliche Widerstreben, gewohntes Terrain zu verlassen und sich auf unbekannten, unsicheren Grund zu begeben – ganz gleich, welche Schwierigkeiten das Altgewohnte auch verursacht und wie verlockend die neuen Aussichten auch sein mögen. Jung ging sogar so weit, zu sagen, daß »Menschen alles tun werden, wie absurd es auch sein mag, um sich nur ja nicht mit der eigenen Seele zu konfrontieren«.[23] Wenn man allerdings bedenkt, daß wir unser ganzes Leben dafür gebraucht haben, um das zu entwickeln, was wir nun verändern wollen, dann ist dieser Widerwille eigentlich ganz und gar nicht absurd.

Auch wenn man schon die ersten Schritte getan hat und nun daran geht, persönliche Mythen genauer anzuschauen, kann man Widerständen begegnen. So etwa, wenn jemand, der gern und gut mit unserem Programm arbeitet, vielleicht gar einem Durchbruch nahe ist, plötzlich das Buch verlegt, Tagebuchaufzeichnungen verliert oder das Ganze überhaupt hinschmeißt. Es ist auch nicht ungewöhnlich, wenn jemand, der sonst seine Träume jeden Morgen klar und lebhaft vor Augen hat, sich plötzlich an gar nichts mehr erinnern kann, wenn er am Abend zuvor mit unseren Anleitungen zur Traumerinnerung gearbeitet hat. Solche Erfahrungen mit Widerständen beweisen einmal mehr ganz klar, daß das bewußte Ich nicht die einzige seelische Kraft ist. Die Seele ergibt sich nicht leicht, wenn ihre bewußten Anteile das Grundgleichgewicht bedrohen oder die Kontrolle über Teile des Unbewußten zu erlangen versuchen – und das aus gutem Grund. In zivilisierten Kulturen versucht das bewußte Ich ja häufig, natürlichen Trieben und Impulsen die Daumenschrauben persönlicher Ziele oder gesellschaftlicher Erwartungen anzulegen. Und so wehrt sich die Seele hartnäckig gegen solch imperialistische Pläne des bewußten Ich.

Hilfen. Wir haben versucht, auf mögliche Hindernisse Rücksicht zu nehmen und unser Programm so zu gestalten, daß der Prozeß der mythischen Erneuerung in klarer Folge abläuft und einsichtig wird. Natürlich hat die Selbsthilfe in diesem Bereich ihre Grenzen, und sicher wäre es das beste, das Programm unter Anleitung eines Therapeuten oder erfahrenen Helfers durchzuarbeiten. Manche Psychotherapeuten würden sicher einwenden, daß man Menschen überhaupt nicht dazu anleiten soll, in unbewußte Prozesse einzugreifen. Dagegen wenden wir uns nun allerdings mit aller Schärfe, denn wir wissen aus Erfahrung, daß Menschen sehr wohl lernen können, konstruktiv mit mythischen Prozessen zu arbeiten. Es wird hoffentlich im weiteren Verlauf auch jedem Leser deutlich werden, daß dies kein Versuch ist, unbewußte Prozesse dem Diktat des Intellekts zu unterwerfen, den Konditionierungen der Kindheit oder sozialen Erwartungen. Es geht vielmehr darum, alle Bereiche der Seele in Harmonie zu bringen. Im folgenden beschreiben wir verschiedene Strategien, die Sie in Ihrer Arbeit mit diesem Programm unterstützen und Ihnen weiterhelfen.

1. *Die Einstellung zum eigenen Widerstand.* Derselbe Widerstand, der Ihnen als so großes Hindernis auf Ihrem Weg erscheint, kann auch ein weiser Lehrer sein. Machen Sie sich klar, daß Widerstand etwas ganz Natürliches ist, daß Selbsterkenntnis schmerzlich sein kann und daß Sie zwischendurch vermutlich auch mal ziemlich im dunkeln tappen werden. Wenn ein Teil von Ihnen sich widersetzt, dann gibt es dafür meist gute Gründe: Akzeptieren Sie also den Widerstand, gehen Sie mit Neugier daran, und mit dem Wissen, daß Sie in seinem Inneren ein Stück Einsicht finden werden. Widerstand ist oft ein Zeichen dafür, daß ein Teil Ihrer Seele Sie auf ein Problem aufmerksam machen will. Sie arbeiten ja mit diesem Programm, um sich Ihres inneren Selbst bewußter zu werden; dabei können Sie aus Ihrem Widerstand genauso viel lernen wie aus jedem anderen Konflikt in Ihrem Leben.

Hören Sie auf das, was Ihr Widerstand Ihnen zu sagen versucht; es wird Ihre Arbeit bereichern und die Ergebnisse verbessern. Falls Sie die Zeit vertrödeln, die eigentlich für die Arbeit mit diesem Programm gedacht war, falls Sie Ihr Tagebuch verlieren, oder wie auch immer Ihr Widerstand sich sonst äußert – widerstehen Sie dann auch der Versuchung, sich deshalb als faul, dumm oder unfähig abzustempeln. Auch solche ungewollten Handlungen geben Ihnen Informationen über sich selbst. Vielleicht strengen Sie sich zu sehr an, vielleicht versuchen Sie, Eigenschaften zu ändern, die wichtig für Sie sind, vielleicht sollten Sie mal lokkerlassen und sich entspannen, statt die nächste Aufgabe des Programms verbissen in Angriff zu nehmen. Machen Sie sich klar, daß die Arbeit mit diesem Programm anstrengend ist und fordernd und daß Sie, wie das so ist bei Dingen, die große Mühe kosten, zwischendurch vielleicht auch mal zweifeln, ob es der Mühe wert ist. Ein erfolgreicher junger Kaufmann zum Beispiel stellte fest, daß er außerordentliche Widerstände dagegen hatte, sich seine Träume genauer anzuschauen. Als er diesen Widerstand untersuchte, kam er darauf, daß in seiner Familie der Satz gegolten hatte: »Träumer träumen, Männer handeln«, was in seiner Ausbildung zum *harten* Geschäftsmann noch verstärkt worden war. Er war sich nicht bewußt gewesen, daß dieses Ethos viele seiner Entscheidungen bestimmte, und ihm wurde klar, wie sehr er viele seiner Sehnsüchte und Wünsche unterdrückte.

Wenn Sie Widerstand als Wegweiser sehen, dann ist er Lehrer und nicht Tyrann. Wird er begleitet von Gefühlen der Minderwertigkeit, der Selbstabwertung, dann sind auch diese Gefühle wichtige Hinweise auf Bereiche Ihrer persönlichen Mythologie, denen Sie Ihre Aufmerksamkeit zuwenden sollten.

Es kann passieren, daß, je intensiver Sie arbeiten, je mehr Sie erreichen wollen, Ihr Unbewußtes desto weniger hergibt. Es kann sehr entmutigend sein, wenn eine bestimmte Übung einfach nicht gelingen will. Sie machen vielleicht eine Phantasieübung, und es kommt gar nichts dabei heraus. Oder Sie versuchen Abend für Abend, einen Traum zu initiieren, und am nächsten Morgen ist Ihre Erinnerung wie leergefegt. *Das ist ganz normal!* Es muß immer ein Gleichgewicht da sein zwischen Initiative und Aufnahmebereitschaft, zwischen Besonnenheit und Spontaneität, und in solchen Momenten muß diese Balance erst wieder hergestellt werden. Arbeiten Sie jetzt einfach mit dem, was da ist. Wenn in der Entspannung mit geschlossenen Augen kein Symbol in Ihnen auftaucht, dann machen Sie die Augen auf und zeichnen Sie eins. Wenn Sie sich nicht an Träume erinnern können, dann denken Sie sich einen aus. All das ist ja auch eine Widerspiegelung Ihres Seelenlebens. Nehmen Sie an, was immer da kommt: Alles ist Ausdruck Ihres Inneren.

2. *Verhaltensweisen, die Einsicht fördern.* Hier geht es um etwas, das man mit der regelmäßigen Ausübung von Körpertraining, Meditation, Yoga usw. vergleichen kann. Sie werden wohl kaum in der Lage sein, mit reiner Willenskraft Einsichten zu produzieren; Sie können sich aber regelmäßig eine bestimmte Zeit freihalten und einen besonderen Ort – nur für die Begegnung mit sich selbst, um die es hier geht.

Herauszutreten aus der Alltagsroutine und den Zwängen, die uns normalerweise beherrschen, macht es leichter, mit unserem inneren Sein, unseren inneren Kräften in Berührung zu kommen. Dies ist ja auch schon immer der Sinn des *Sonntags* gewesen. Wenn Sie sich regelmäßig eine bestimmte Zeit nur für die Besinnung, die Auseinandersetzung mit sich selbst reservieren, dann entsteht daraus allmählich so etwas wie eine konditionierte Reaktion, eine Bereitschaft, für die innere Reise. Machen Sie eine Gewohnheit daraus, und irgendwann werden Sie merken, daß Sie sich auf diese Zeit freuen, eine Zeit, die nur für Sie und Ihre Begegnung mit dem Mythischen da ist.

3. *Ein besonderer Platz für die Arbeit mit sich selbst.* Dieser Platz sollte eine gute Atmosphäre haben; Sie sollten vor Ablenkung und Störung durch Fernsehen oder Telefon geschützt sein. Manche arbeiten im Schaukelstuhl, andere am Schreibtisch oder haben sich im Wohnzimmer ein ruhiges Eckchen eingerichtet. Den amerikanischen Indianern sind wichtige Orte heilig; sie befragen die Geister, ob sich ein Platz fürs Jagen eignet, zum Wohnen oder für Zeremonien. Wir meinen, auch Sie sollten Ihren Arbeitsplatz als etwas Besonderes ansehen, als etwas, was auf ähnliche Weise Ehrfurcht verdient.

4. *Die Inspiration fördern.* Manche benutzen dazu Kerzen, Räucherstäbchen, Dinge aus der Natur wie Steine, Federn, Pflanzen. Andere benutzen Bilder, Bücher, oder Musik. All dies schafft eine gute Atmosphäre; es kann Ihnen aber auch

helfen, wenn Sie nicht weiterkommen oder eine Pause brauchen. Sich auf Dinge, die Sie lieben, zu konzentrieren, gibt Ihnen Zuflucht, wenn die Arbeit mit Ihrer persönlichen Mythologie beängstigend intensiv wird – Zuflucht, aber nicht Flucht, denn Sie bleiben ja bei sich und unterbrechen insofern die Arbeit nicht. Wenn Sie merken, daß Sie einem bestimmten persönlichen Ritual großen Widerstand entgegensetzen, dann kann es gut sein, eine Pause einzulegen und sich mit etwas zu beschäftigen, das Sie erfreut und inspiriert. Eine Frau pflegte zum Beispiel, wenn sie sich festgefahren fühlte, die Gedichte von Walt Whitman zu lesen, in einer wunderschönen alten Ausgabe von 1893, und dies führte oft zu neuer Inspiration. Ein Mann, der dazu neigte, sich in einer Welt von Worten zu verlieren und sich damit von der jeweiligen Übung weit entfernte, meditierte mit dem Blick auf einen schönen, glatten Stein, den seine Tochter ihm geschenkt hatte, und das half ihm, wieder in »Grundberührung« zu kommen. Zwingen Sie sich also nicht, aber bleiben Sie in Berührung mit sich selbst: Dann wird Ihre Seele, wenn sie bereit ist, von selbst wieder zu dem zurückkehren, um das es ging. Wenn Sie den inneren Fluß in Bewegung halten, dann bauen Sie damit die Gewohnheit täglicher Selbstreflexion auf; und Sie geraten so auch nicht in die falsche Ecke einer »Super-Lösungs-Theorie des Jahres für persönliches Wachstum«, die bedeuten würde, daß Ihr bewußter Verstand all Ihre natürlichen Impulse beherrscht.

5. *Rückzug.* Viele große religiöse Führer haben die Inspiration in der Einsamkeit gefunden, in der Wüste oder den Bergen. Inspiration kommt oft erst dann, wenn man sich innerlich, vielleicht auch äußerlich, aus dem Alltag zurückzieht und sich eine gute, ruhige Atmosphäre schafft. In Selbsterfahrungs- oder Therapiezentren geht man meist wegen eines bestimmten Gruppenleiters oder einer Gruppe; man kann hier aber auch einfach für ein paar Tage die Ruhe und Abgeschiedenheit finden, die man für die Arbeit mit unserem Programm braucht. Auch viele Klöster nehmen gern Gäste auf, die ein bißchen Zeit und Raum für sich selbst brauchen.

6. *Mit anderen arbeiten.* In der Beziehung zu anderen gewinnen wir Kraft. Das gilt auch für die Arbeit an der persönlichen Mythologie. Wer das Programm zusammen mit einem Partner oder einer kleinen Gruppe durcharbeitet, nutzt die heilende Kraft der Gemeinschaft mit anderen. Das Programm ist so gestaltet, daß es sich für jede mögliche Kombination eignet: zusammen mit einem Partner, mit einer kleinen Gruppe, einer größeren Gruppe mit Gruppenleiter oder auch als Grundlage für Psychotherapeuten, die Gruppen zur persönlichen Mythologie anbieten wollen. Zusammen mit anderen ist es zum Beispiel leichter, den eigenen Widerstand zu erkennen und zu bearbeiten. Andere sehen die blinden Flecke besser, die ja für uns selbst – per definitionem – kaum zu erkennen sind. Und ganz gleich, ob Sie nur zu zweit sind oder in einer kleinen Gruppe, oder ob Ihr Partner gar nicht selber seine persönliche Mythologie durcharbeitet, sondern Sie nur dabei begleitet – es kann eine schöne und gute Erfahrung für alle Beteiligten werden.

Mit anderen zu arbeiten macht die Arbeit intensiver, gibt Hilfe, Unterstützung und Resonanz. Dennoch – es gibt ein paar Grundregeln, die Sie vorher festlegen und an die Sie sich unbedingt halten müssen. Respekt vor den Gefühlen des anderen, seiner Abwehr und seinem Widerstand gegen Veränderungen ist absolute Voraussetzung! Dies ist nicht die Zeit, »Therapeut zu spielen«, an den Erfahrungen des anderen herumzuinterpretieren, ihm tiefe Gefühle oder dunkle Geheimnisse entlocken zu wollen, von denen man glaubt, daß er sie vermeidet. Wer festgefahrene Gewohnheiten im Denken und Handeln ändern will, der braucht Unterstützung und das Gefühl, so angenommen zu werden, wie er ist: einfühlende Begleitung, ohne Urteile, ohne Ratschläge, ist hier das einzig Richtige. Wenn Sie also vorhaben, das Programm zusammen mit einem Partner oder einer Gruppe durchzuarbeiten, dann sollten Sie vorher ausführlich darüber sprechen, welche Bedürfnisse Sie haben und welche Ängste.

Selbsthilfe in mythischen Tiefen

In unseren Workshops und Seminaren haben wir nie erlebt, daß jemand mit den persönlichen Ritualen schlechte Erfahrungen gemacht hätte. Im Gegenteil: Wir wurden oft gefragt, ob man die Übungen nicht noch intensivieren könnte. Ein paar Methoden, mit denen man das erreichen kann, haben wir in dieses Buch aufgenommen. Trotzdem – was kann man tun, wenn die Arbeit mit diesem Buch tatsächlich zu intensiv wird, einen so verstört und verängstigt, daß man damit nicht mehr umgehen kann? Manche Menschen haben ihre Probleme über lange Zeit stark verdrängt. Wenn sie dann kurz vor dem Durchbruch stehen, dann kann fast jedes intensive Erlebnis diesen Durchbruch auslösen: ein bewegender Film, ein Streit mit einem geliebten Menschen, eine kritische Bemerkung von einem Freund oder eben auch eine der Übungen in diesem Buch.

Da kann es dann höchste Zeit für eine Therapie sein. Fürs erste aber helfen die Methoden der »psychologischen Ersten Hilfe«. Die einfachste ist: Legen Sie das Buch beiseite und tun Sie etwas anderes, arbeiten Sie im Garten, hören Sie Musik, rufen Sie Freunde an, spielen Sie Ball oder schauen Sie fern. Die Entspannungs- und Meditationstechniken, die wir im folgenden beschreiben, sind gute Möglichkeiten zur emotionalen Selbsthilfe. Eine andere finden Sie am Ende des vierten Kapitels: der »persönliche Schild« zum Schutz vor eigenen Gefühlen. Hilfreich ist es auch, die Dinge einmal anders anzusehen; vielleicht gibt es etwas daran, worüber Sie lächeln können. Versuchen Sie, sich selbst nicht gar zu ernst zu nehmen – Humor ist heilsam. Denken Sie an etwas Lustiges, das Sie erlebt haben, besuchen Sie jemanden, dessen Witz Sie mögen, schauen Sie sich einen komischen Film an. Manchen hilft es, sich vorzustellen, sie würden von einem »heilenden Licht« beschienen (weiß, grün, rosa oder golden, je nachdem, was sie damit verbinden). Andere singen ein beruhigendes Mantra oder sagen sich immer wieder einen Satz vor, der ihnen hilft (wie Marco mit seinem Satz: »Ich bin lebendig und gut, und ich verdiene es, meinen Interessen nachzugehen«).

Es geht hier darum, solche Bereiche Ihrer persönlichen Mythologie auszumachen und zu verändern, die Ihnen nicht mehr helfen, sondern Sie hemmen; darum werden Sie sich mit Erinnerungen und Gefühlen befassen müssen, die schwierig und unangenehm sind. Man wird mit eigenen Fehlern und Schwächen konfrontiert, die man nie hat sehen wollen. Es ist natürlich wichtig, sich selbst realistisch zu sehen, aber das sollte nicht auf Kosten des Selbstwertgefühls gehen. Eine ganz einfache Übung kann da helfen: Denken Sie an ein Erlebnis in Ihrer Vergangenheit, durch das Sie sich selbst oder die Welt in einem besseren Licht sahen, eine Erfahrung, die Ihnen Ihre Stärken und Möglichkeiten zeigte. Erinnern Sie sich an die Gefühle, die damit verbunden waren, und die Konsequenzen, die das für Sie hatte. Beschreiben Sie dann in Ihrem Tagebuch, wie jene Erfahrung für Sie immer wieder eine Quelle der Kraft gewesen ist. Sie können diese Übung vor jeder Arbeitssitzung machen.

Und hier noch eine Übung gegen emotionalen Streß und Überforderung. Führen Sie sie durch, wann immer die Konfrontation mit Ihrer persönlichen Mythologie zu anstrengend wird:

> Legen Sie, wenn Sie die unangenehmen Gefühle und Erinnerungen noch im Bewußtsein haben, Ihre Finger auf die Stirn. Die Spitzen der Mittelfinger sollen auf den »Hörnern« liegen, den beiden Erhebungen auf der Stirn. Sie finden sie, wenn Sie beide Finger in die Mitte der Stirn legen und dann etwa zweieinhalb Zentimeter nach außen bewegen. Erleben Sie nun die Erinnerung noch einmal, so lange, bis Ihre Finger den Pulsschlag spüren. Das dauert etwa eine Minute.

Diese Technik wird mittlerweile sehr häufig angewandt, etwa bei Sportveranstaltungen oder in der medizinischen Nothilfe. Es ist eine Methode aus der Akupressur, die den emotionalen Streß vermindert, der traumatische Ereignisse begleitet.[24] Die Erinnerung daran bleibt bestehen, aber die schädlichen Folgen, die aufgestauter Streß haben kann, werden verhindert.

Die persönlichen Rituale intensivieren

Anleitungen, die Ihnen helfen, sich zu entspannen und auf Ihren inneren Rhythmus einzustimmen, finden Sie vor den meisten persönlichen Ritualen in diesem Buch. Hier geben wir Ihnen zwei ausführlichere Anleitungen, die Sie vor jedem persönlichen Ritual befolgen können – beide vertiefen die Erfahrung, machen sie intensiver.

Progressive Entspannung. Unsere erste Übung entstand in Anlehnung an Edmund Jacobsons klassische Methode, die »progressive Entspannung«.[25] Angst ist verbunden mit muskulären Verspannungen; Angst und Entspannung, so folgerte Jacobson, sind unvereinbar, und so entwickelte er seine Technik. Man liegt dabei und sollte so passiv wie möglich sein (Sie sollten also die Anleitung auf Band sprechen oder sich vorlesen lassen):

> Machen Sie es sich wirklich bequem, und konzentrieren Sie sich auf Ihre Atmung. Fühlen Sie jedes Einatmen und jedes Ausatmen. (Pause) Spüren Sie, wie Brust und Bauch sich beim Atmen heben und tief werden; entspannen Sie mehr und mehr mit jedem der nächsten fünf Atemzüge – EINS, ZWEI, DREI, VIER, FÜNF. Ziehen Sie nun Ihre Zehen hoch und nach vorne, so daß sie auf Ihren Kopf zeigen (Füße und Beine bleiben dabei am Boden), halten Sie sie so und spannen Sie gleichzeitig die Muskeln in Unterschenkeln, Knien, Oberschenkeln und Gesäß an – ANSPANNEN, EINS, ZWEI, DREI, VIER, FÜNF, SECHS, SIEBEN, ENTSPANNEN. Achten Sie auf das Gefühl in Ihren Füßen und Beinen, während Sie sich mehr und mehr entspannen. Lassen Sie alles, was noch an Spannung oder »abgestandener Energie« im unteren Teil Ihres Körpers ist, durch die Zehen abfließen, als wären Ihre Zehen Wasserhähne, die geöffnet wurden. Spüren Sie, wie die Spannung durch Ihre Zehen hinausfließt. (Pause von 20 Sekunden) Richten Sie Ihre Zehen noch einmal auf, spannen Sie Füße und Beine hoch einmal an – ANSPANNEN, EINS, ZWEI, DREI, VIER, FÜNF, SECHS, SIE-

> BEN, ENTSPANNEN (Pause von 20 Sekunden). Biegen Sie nun Hände und Finger auf ähnliche Weise zurück, und spannen Sie dabei die Arme an – ANSPANNEN, EINS, ZWEI, DREI, VIER, FÜNF, SECHS, SIEBEN, ENTSPANNEN. Achten Sie auf die Gefühle in Armen und Händen, während Sie sich mehr und mehr entspannen. Lassen Sie alles, was noch an Spannung oder »abgestandener Energie« in Ihrem Oberkörper ist, durch Ihre Finger abfließen, als wären sie Wasserhähne, die aufgedreht wurden. Fühlen Sie, wie die Spannung durch Ihre Finger abfließt. Biegen Sie nun die Hände noch einmal nach rückwärts und spannen Sie die Arme an – ANSPANNEN, EINS, ZWEI, DREI, VIER, FÜNF, SECHS, SIEBEN, ENTSPANNEN. Spüren Sie das Gefühl in Ihrem Körper, während Sie sich tiefer entspannen (Pause von 20 Sekunden). Ziehen Sie nun die Schultern hoch, spannen Sie die Muskeln in Nacken, Brust, Bauch, Rücken und im Gesicht an – ANSPANNEN, EINS, ZWEI, DREI, VIER, FÜNF, SECHS, SIEBEN, ENTSPANNEN. (Pause von 20 Sekunden). Gehen Sie in Gedanken durch Ihren Körper – gibt es Bereiche, wo Sie sich noch tiefer entspannen möchten? Spannen Sie die Muskeln in diesen Bereichen an – EINS, ZWEI, DREI, VIER, FÜNF, SECHS, SIEBEN, ENTSPANNEN. (Pause von 20 Sekunden)

Die Baum-des-Lebens-Meditation. Eine der ältesten Meditationen der Welt beruht auf einem Symbol aus der *Kabbala.* Es ist der Baum des Lebens – ein Bild, das auch in vielen anderen Traditionen auftaucht. Bei der Baum-des-Lebens-Meditation sitzt man mit möglichst aufrechter Wirbelsäule:

> Atmen Sie langsam und tief. Richten Sie Ihre Wirbelsäule auf und gehen Sie dabei immer tiefer in die Meditation (Pause von 20 Sekunden). Stellen Sie sich vor, Ihre Wirbelsäule sei der Stamm eines Baumes. Von ihrer Basis gehen Wurzeln aus, tief in die Erde hinein, bis zum Mittelpunkt der Erde. (Pause) Aus dieser Erde können Sie Kraft aufnehmen. Fühlen Sie, wie mit jedem Atemzug Energie in Ihnen aufsteigt, wie der Saft im Stamm eines Baumes.

(Pause von 20 Sekunden) Fühlen Sie, wie die Kraft in Ihrer Wirbelsäule hochsteigt. Spüren Sie, wie Sie mit jedem Atemzug lebendiger werden. (Pause von 20 Sekunden) Stellen Sie sich vor, Zweige wüchsen aus der Krone Ihres Kopfes. Diese Zweige bewegen sich hoch in die Luft und dann wieder hinunter, wo sie die Erde berühren. (Pause) Fühlen Sie die Kraft, die aus der Krone Ihres Kopfes aufsteigt. (Pause) Spüren Sie, wie diese Kraft durch die Zweige strömt, bis sie wieder die Erde berühren. (Pause) Fühlen Sie, wie das einen Kreis ergibt. (Pause) Spüren Sie, wie daraus ein Kreislauf wird. (Pause) Spüren Sie, wie die Kraft zu ihrer Quelle zurückkehrt. (Pause)[26]

Der Unterschied zwischen der *progressiven Entspannung* und der *Baum-des-Lebens-Meditation* liegt zum einen in der Position: Man liegt bei der Entspannung und sitzt bei der Meditation. Bei der Entspannung gibt es keinerlei bildliche Vorstellung (von der Jacobson glaubte, sie würde Anspannung bewirken); für die Meditation ist sie außerordentlich wichtig. Jacobsons Methode bewirkt eher passive Entspannung, die Meditation eher aktive. Mit beiden Techniken aber kann man – sofern man sie regelmäßig anwendet – alle Vorteile erreichen, die mit tiefer Entspannung verbunden sind. Macht man sie vor den persönlichen Ritualen, dann intensivieren sie die Erfahrungen, die das Ritual in Ihnen auslöst.

Progressive Entspannung und die *Baum-des-Lebens-Meditation* verlangsamen interne Prozesse; man kann die Arbeit mit dem eigenen Inneren aber auch auf ganz entgegengesetzte Weise unterstützen – mit dem, was bei Sportlern das »Läufer-Hoch« genannt wird. Bei durchtrainierten Menschen kann ausdauernde körperliche Anstrengung bewirken, daß gewohnte Denkmuster und Wahrnehmungsweisen sich ändern, das nichtlineare Denken intensiviert wird und daß man offener wird für neue Erfahrungen und Einsichten. Wiederholt man beim Training immer wieder einen wichtigen Satz – wie wir das bei Marco beschrieben haben –, so kann das dabei helfen, den Inhalt dieses Satzes gewissermaßen tiefer im eigenen Inneren zu verwurzeln.

Träume – Der Königsweg in die mythische Unterwelt

Träume. Mit seinem Buch *Die Traumdeutung,* das im Jahre 1900 erschien, rückte Freud die Geheimnisse des Traums mitten ins Licht der wissenschaftlichen Forschung. Für ihn waren Träume die »Via Regia (der Königsweg) zum Unbewußten«, auch wenn ihre Bedeutung meist nur schwer zu erkennen war. Für Alfred Adler, einen der ersten Psychoanalytiker, waren Traumsymbole Darstellungen der momentanen Situation eines Menschen, im Sinne eines »Lebensthemas«. C. G. Jung bestand darauf, daß das Traumsymbol eher Einsichten *enthüllt,* als Informationen verhüllt. Damit ging Jung weit über Freud hinaus: Er bat seine Klienten, ihre Träume aufzuschreiben, und ließ sie bei der Interpretation des Traumes intensiv mitarbeiten. Und nicht nur in Märchen, sondern auch in der Literatur finden wir häufig Träume, die als Annäherung ans Unbewußte angesehen werden. So läßt Dostojewski einen seiner Helden sagen: »Es ist, als ob dir etwas Neues, Prophetisches, auf das du gewartet hast, in deinem Traum gesagt worden wäre«, und an anderer Stelle schreibt er, der Traum erfülle »etwas, das zu deinem täglichen Leben gehört, etwas, das in deinem Herzen ist und schon immer war«. Mit Träumen zu arbeiten ist eine der besten Möglichkeiten, mit tiefen Gefühlen, Konflikten und Antrieben in Berührung zu kommen, denn der Traum ist vermutlich der direkteste Weg zu unbewußten Erfahrungen.

Was man von Träumen erinnert, sind meist Gefühle, Vorstellungen und Bilder. In diesem Programm werden Sie sich auf die Bilder aus Träumen, Tagträumen und Phantasien konzentrieren und einige dieser bildhaften Vorstellungen als Symbole begreifen lernen, die Teile Ihrer persönlichen Mythologie erkennen lassen. Bildhafte Vorstellungen, Bilder und Symbole sind nicht dasselbe. Ein Bild ist eine Quasi-Wahrnehmung, die unabhängig von einem momentanen äußeren Reiz entsteht.[27] Vorstellungen dienen unter anderem dazu, Erfahrungen wiederzubeleben, Handlungen zu planen, Wünsche stellvertretend für die Wirklichkeit zu erfüllen; manchmal fungieren sie auch als Symbole. Die Vorstellung von einem neuen Sportwagen zum Beispiel kann als Symbol für Prestige stehen, für körperlich spürbare Freude oder für die Entmutigung angesichts finanzieller Schwierigkeiten. Ein Symbol repräsentiert ein Objekt, ein Gefühl oder eine Vorstellung durch Assoziationen, die oft unterbewußt sind – und nicht notwendigerweise mittels einer objektiven oder gewollten Ähnlichkeit.[28]

Tagträume, Phantasien und andere spontan entstehende Vorstellungen können, genau wie Träume, wichtiges unbewußtes Material enthalten. Sie gewähren uns auch den Zugang zu den persönlichen Mythen, die unseren alltäglichen Schwierigkeiten und den Problemen unseres Lebens überhaupt zugrunde liegen. Jerome L. Singer, führend auf diesem Forschungsgebiet, berichtet, daß Kinder, die häufig tagträumen, mit geringerer Wahrscheinlichkeit an Schizophrenie erkranken als andere, und daß die Tagträume des Erwachsenen ihm helfen, innerseelische Abläufe zu akzeptieren und zwischen Phantasie und Wirklichkeit genauer zu unterscheiden.[29]

Der Talmud sagt: »Ein Traum, der nicht verstanden wird, ist wie ein Brief, der nicht geöffnet wird.« Wie aber kann man diese mysteriösen nächtlichen Dramen verstehen?

Es gibt eine ganze Reihe ausgezeichneter Bücher, die einem dabei helfen können[30-34]; und wir wollen Ihnen im folgenden auch ein paar Hinweise geben, wie die Arbeit mit Ihren Träumen zu einem besseren Verständnis Ihrer persönlichen Mythologie führen kann.

Träume bestehen im allgemeinen aus einer Reihe von – meist visuellen – Vorstellungen, die zu einer Geschichte gruppiert sind. Träume entstehen meist – nicht immer – in der Schlafphase, die charakterisiert ist durch schnelle Augenbewegungen und andere Anzeichen physiologischer Aktivierung. Das periodische Auftreten von Träumen beruht anscheinend auf der Interaktion zweier Zellgruppen im Stammhirn, von denen die eine exzitatorisch, die andere inhibitorisch wirkt.[35] Traumähnliche Erlebnisse können auch von Drogen wie LSD bewirkt werden; einige Forscher meinen, daß diese Chemikalien die Aktivitätsmuster im Gehirn auf ähnliche Weise verschieben, wie das während der REM-

Phase geschieht. Und tatsächlich ist LSD eine der wenigen Drogen, die diesen aktiven Schlafzustand verlängern, in dem die meisten Träume vorkommen.[36] Manchmal sind Traumszenen – ob im Schlaf oder unter LSD – nur chaotisch oder auch ziemlich banal. Meist aber zeugen sie von einer einzigartigen Kreativität, was für die Richtigkeit der Theorien spricht, die annehmen, daß die Fähigkeit, Geschichten zu erzählen und Mythen zu machen, im Nervensystem sozusagen eingebaut ist.[37] Diese Fähigkeit, sich Handlungen und Charaktere auszudenken, zeigt sich ja schon bei Kindern im zweiten Lebensjahr: wenn sie ihren Puppen zu essen geben, wenn sie Eltern spielen oder zum Kaffee einladen, wobei der Ablauf immer gleich bleibt, bis hin zum symbolischen Trinken imaginärer Getränke. Im Alter von vier bis fünf Jahren können die meisten Kinder Geschichten erzählen, oft mit mythischen Themen: wie sie von Ungeheuern verfolgt wurden, durch ein unbekanntes Land reisten usw.[38]

Eine Aufgabe des Traumes ist – unter dem Gesichtspunkt der persönlichen Mythologie gesehen – die Vermittlung zwischen unserer Alltagserfahrung und der Mythologie, die wir, bewußt oder unbewußt, haben.

Helgas Sohn starb im Alter von sechzehn Jahren bei einem Tauchunfall. Er war ihr einziges Kind, das all ihre Hoffnungen und unerfüllten Träume einmal wahr machen sollte. Es war ihr unmöglich, die grausame Wirklichkeit seines Todes mit den Vorstellungen, die sie sich von seinem großen Erfolg gemacht hatte, zu vereinbaren. Sie hatte mehrere Träume, die ihr zunächst nur seltsam und unverständlich schienen. In diesen Träumen befand sie sich auf einem Feld, im Wald oder in einem Garten und suchte verzweifelt nach Werkzeugen, um den Boden zu bearbeiten. Mit der Zeit wurde ihr klar, daß die Wiedererweckung zum Leben, hier symbolisiert durch Säen und Pflanzen, für sie sehr wichtig war, damit sie den Tod ihres Sohnes verarbeiten konnte.

Wenn die Erfahrungen eines Menschen mit seiner mythischen Konstruktion der Wirklichkeit nicht übereinstimmen, dann können Träume helfen, die Mythologie zu verändern und mit den Erfahrungen in Einklang zu bringen. Sie können allerdings auch umgekehrt die Wahrnehmung unserer Erfahrung verändern, so daß wir unbewußt bleiben und unberührt von Diskrepanzen. Und sie können archetypisches Material zutage fördern und solche Erfahrungen in unsere Mythologie integrieren.

Wir finden es sehr sinnvoll, Träume im Lichte der persönlichen Mythologie anzusehen und umgekehrt die persönliche Mythologie durch Träume besser zu verstehen. Wir respektieren die Ansicht, vor allem der Jungianer, daß Träume einfach als Ausdruck seelischer Bewegungen verstanden und nicht durch intellektuelle Konzepte verfälscht werden sollten. Andererseits möchten wir aber, daß unsere Klienten die Beziehung zwischen ihren Träumen und der Entwicklung ihrer persönlichen Mythen verstehen lernen. So nehmen wir also in der Kontroverse, ob und wie weit Träume interpretiert werden sollten, eine Mittelposition ein: Wir sagen unseren Klienten, daß Trauminterpretation sinnvoll und nützlich ist, daß sie aber nicht überintellektuell oder vom Gefühl losgelöst sein darf. Die Traumarbeit ist ein zweites Gleis in diesem Programm; sie kann Ihre Arbeit intensivieren und bereichern. Wir haben das Programm aber so gestaltet, daß Sie auch nur die persönlichen Rituale durchführen und Ihre Träume ganz außer acht lassen können.

Sich an Träume erinnern. Manche Menschen erinnern sich fast täglich an einen oder gar mehrere Träume. Für alle anderen gibt es ein paar einfache Techniken, die dabei helfen können. Am besten ist es, kurz vor dem Einschlafen tief einzuatmen, sich zu entspannen und sich zwanzig- bis dreißigmal zu sagen: »Ich werde mich an einen Traum erinnern, wenn ich aufwache.« Sie sollten Papier und Bleistift oder auch einen Kassettenrekorder auf dem Nachttisch haben, damit Sie Ihre Träume gleich nach dem Aufwachen festhalten können.

Es ist wichtig, Träume sofort aufzuschreiben. Sie sind flüchtig und vergänglich, und wenn Sie nur ein paar Minuten warten, kann es sein, daß Sie den Traum schon vergessen haben. Aber je vertrauter und entspannter Sie mit Ihren Träumen umgehen, desto eher werden Sie sich an sie erinnern. Ein Traum ist wie ein Tiger, sagt ein Sprichwort: »Wenn man nur gerade einen Blick von ihm erhascht, hat man ihn schon am Schwanz und kann ihn hervorziehen.« Auch wenn Sie nur das Fragment eines Traumes festhalten, vielleicht nur das Gefühl, mit dem Sie aufgewacht sind – aus diesem kurzen Blick wird manchmal die vollständige Erinnerung.

Benutzen Sie ein Tagebuch, oder sprechen Sie Ihre Träume auf Band. Manche haben ein eigenes Traumtagebuch neben dem Tagebuch, das sie für die Arbeit mit den persönlichen Ritualen verwenden, andere haben lieber alles in einem. Es kann ein paar Tage dauern, bevor die Übungen zur Traumerinnerung zu wirken beginnen, lassen Sie sich also nicht entmutigen. Und vergessen Sie nicht, daß die Traumarbeit in diesem Programm eher Beiwerk ist als Hauptsache. Sie werden wahrscheinlich auch feststellen, daß Sie, je öfter Sie die Übung machen, sich allmählich immer besser an Träume erinnern können, ähnlich wie Körpertraining langsam, aber stetig einen Muskel kräftigt und entwickelt. Und machen Sie sich keine Gedanken, wenn Ihnen die Bedeutung eines Traumes nicht sofort klar ist. Wir zeigen Ihnen hier, wie Sie lernen können, Träume zu verstehen; mehr darüber finden Sie in den Büchern, die wir Ihnen empfohlen haben.

Freunde und Teilnehmer unserer Workshops haben uns ganz persönliche Tips zur Traumerinnerung gegeben. Alkohol und Drogen hemmen das Träumen, bestimmte Kräutertees und ähnliche Mittel sollen es fördern. Bei manchen Menschen hilft Vitamin B_6; sie nehmen zwischen 50 und 250 Milligramm vor dem Schlafengehen und erinnern sich anderntags besser an ihre Träume. Wenn es bei Ihnen keine ärztlichen Einwände gegen die Einnahme von Vitamin B_6 gibt, dann sollten Sie es bei Gelegenheit versuchen – auch wenn zu vermuten ist, daß hier die Erwartungen, die man in das Mittel setzt, besser helfen als das Mittel selbst. Andere stellen den Wecker auf eine frühe Stunde, so daß es wahrscheinlicher ist, daß sie mitten in einem Traum geweckt werden und sich leichter erinnern. Das kann man zwar kaum als ständige Praxis empfehlen, aber zwischendurch ist es vielleicht ein interessantes Experiment.

Wenn Sie sich beim Aufwachen an keinen Traum erinnern können, dann ändern Sie Ihre Lage, ja, legen Sie sich so hin, wie Sie glauben, gelegen zu haben, als Sie schliefen und träumten. Achten Sie den Vormittag über darauf, ob nicht irgendein Vorfall, eine Assoziation Ihnen den Traum ins Gedächtnis zurückruft.

Auch wenn Sie sich einmal an gar nichts erinnern – allein der Versuch zur Traumerinnerung fördert oft schon neue Einsichten. Man möchte etwas träumen, das ein bestimmtes Problem klarer werden läßt, und dann wacht man zwar ohne Traumerinnerung auf, aber mit einem neuen Verständnis dieses Problems. Wenn Sie sich also mal nicht an Träume erinnern können, dann seien Sie nicht enttäuscht, und vor allem, machen Sie sich keine Vorwürfe, weil Sie da etwas nicht »können«; bleiben Sie nach dem Aufwachen ein paar Minuten im Bett liegen und achten Sie auf das, was Ihnen durch den Kopf geht oder was Sie fühlen.

Mit Träumen arbeiten. C. G. Jung schreibt: »Wenn wir über einen Traum lange und gründlich meditieren, ihn mit uns herumtragen und von allen Seiten betrachten, dann kommt fast immer etwas dabei heraus.«[39] Wer sich einfühlsam und gründlich mit seinen Träumen beschäftigt, der wird immer etwas dabei gewinnen: Er wird sich selbst besser verstehen und mit tiefen seelischen Bereichen in Berührung kommen. Was wir Ihnen im folgenden zeigen wollen, entspricht im Grunde dem, was Jung sagt: Es sind Methoden, Träume kreativ »von allen Seiten« zu betrachten. Die älteste und meistverwendete Methode der Traumarbeit besteht ganz einfach darin, den Traum jemand anderem oder auch sich selbst mit allen Einzelheiten zu erzählen bzw. ihn aufzuschreiben. Das allein macht oft schon klar, welches seine Botschaft ist und welche Bedeutung er für Sie hat. Und hier nun fünf besonders effektive Methoden der Traumarbeit:

1. *Die Elemente des Traums.* Manche Traumforscher unterscheiden beim Inhalt des Traums verschiedene Kategorien oder Traumelemente. Einen Traum unter dem Gesichtspunkt zu betrachten, welche Elemente er enthält, hilft oft, neue Be-

ziehungen zwischen Teilen des Traums zu sehen bzw. sich besser an Einzelheiten zu erinnern. Es gibt zehn verschiedene Traumelemente:

Charaktere (Freunde, berühmte Menschen, Fremde, mythische Wesen);
Natur (Bäume, Vögel, Sterne, Wasser usw.);
Objekte (Kleidung, Waffen, Computer, Gebäude usw.);
Gefühle (Wut, Liebe, Angst, Einsamkeit usw.);
Empfindungen (Wärme, Schmerz, ein Laut, Geruch, Geschmack usw.);
Umgebung (Zuhause, Frankreich im 19. Jahrhundert, Mitternacht, Weltraum usw.);
Dinge, die man allein tut (Laufen, Essen, Fernsehen, im Garten arbeiten usw.);
Gemeinsames Handeln (Gespräche, Pingpong spielen, Lieben, Duell usw.);
Bestimmungen (klein, hübsch, rot, alt, groß usw.);
Ergebnisse (Versagen, Sieg, Verwirrung, Unvollständigkeit usw.).

Zwar enthält ein Traum kaum je alle zehn Elemente, aber wir haben sie alle aufgelistet, damit Sie eine Übersicht haben. Wenn Sie Ihre Träume regelmäßig festhalten, werden Sie mit der Zeit feststellen, daß sich bestimmte Träume oder Traumelemente wiederholen; da werden dann Muster deutlich, mit denen Sie sich befassen sollten, und zwar auf ähnliche Weise, wie man einzelne Traumsymbole untersucht.

2. *Identifikation mit Traumelementen.* Viele Therapeuten meinen, daß die verschiedenen Traumelemente verschiedene Teile der Persönlichkeit des Träumers repräsentieren. Die Traumarbeit jener Frau, die von einer Brücke im Wald träumte und dann diese Brücke »war«, ist ein Beispiel für diese Technik in der Arbeit mit Träumen. Man wählt ein Element des Traumes aus, meist eins, das einen verwirrt, verstört oder einem besonders unklar ist, und identifiziert sich damit – ganz gleich, ob es ein Mensch ist, ein Ort, ein Ding, eine Eigenschaft oder Tätigkeit. Eine Möglichkeit der Identifikation mit dem Element ist es, den Traum »wiederzuträu-

men«. Nehmen wir an, das Traumelement, das Sie irritiert, ist ein Bärenfell. Schließen Sie die Augen und stellen Sie sich vor, Sie träumten den Traum noch einmal, aber diesmal sind Sie das Bärenfell. Was denkt es, was fühlt es? Vielleicht hat es das Gefühl, daß man auf ihm herumtritt und es nicht zur Kenntnis nimmt. Aber vielleicht ist es auch ein Zauberteppich, der sich in einen lebenden Bären verwandeln kann, wenn es notwendig wird, zu kämpfen. Eine zweite Möglichkeit der Identifikation mit dem Traumelement ist das Rollenspiel. In dem Fall würden Sie den Traum darstellen und dabei sozusagen die Rolle des Bärenfells spielen, es sprechen und handeln lassen. Achten Sie, während Sie den Traum durchspielen, auf Impulse oder Einfälle, die Sie in bezug auf andere Traumelemente haben. Sie können auch einen imaginären Dialog führen, etwa zwischen dem Bärenfell und einem anderen Traumelement. So sagt das Bärenfell vielleicht zu dem Zimmer, in dem es liegt: »Warum bist du so kalt?« Sie *sind* nun das Zimmer, antworten, wechseln wieder über zum Bärenfell und führen so im Wechselspiel den Dialog fort.

3. *Frei assoziieren.* Sie können auch zu einem bestimmten Traumelement einfach frei assoziieren; schreiben Sie sofort auf, was Ihnen dazu einfällt. Nehmen wir an, Sie haben von einem Roboter geträumt. Schreiben Sie nun, so schnell es geht, alle Assoziationen zu »Roboter« auf, zum Beispiel »mechanisch, effizient, futuristisch, kalt, programmiert«. Schauen Sie dann die Liste durch: Was macht Sinn im Traumzusammenhang, was hat Bedeutung für das, was in Ihrem Leben geschieht? Wenn Sie mit einem Partner arbeiten, dann sollte der Ihnen dazu ganz naive Fragen stellen, so, als stamme er aus einer anderen Kultur, wisse nichts von der unseren und brauche für alles Erklärungen. Er könnte zum Beispiel fragen: »Was ist ein Roboter?«, und wenn Sie antworten: »Ein mechanischer Mensch«, so fragt er vielleicht weiter: »Was meinst du mit mechanisch?«

Überlassen Sie Ihrem Partner die Führung; es sollte so schnell gehen, daß Sie spontan antworten, ohne lange nachzudenken. Eine Variation wäre, daß Sie gewissermaßen das

Traumelement befragen. Sie fragen etwa das Bärenfell oder den Roboter, was sie in Ihrem Traum zu schaffen haben und was sie Ihnen sagen wollen.

4. *Den Traum ausarbeiten.* Manchmal wacht man mit einem Traum auf, der unfertig oder ungelöst zu sein scheint. Träumen Sie den Traum in Ihrer Vorstellung noch einmal, aber diesmal mit einem Ende oder einer Lösung. So könnten Sie etwa das Bärenfell lebendig werden lassen: Es verläßt den kalten Raum und erlebt allerhand Abenteuerliches.

5. *Wendepunkte.* Träumen Sie den Traum in Ihrer Vorstellung noch mal, aber so, als ob Sie einen Film sehen. Wann immer die Szene sich ändert, eine neue Figur auftaucht, die Grundstimmung anders wird, halten Sie den Film an und konzentrieren sich auf diesen Wendepunkt. Was passiert gerade, welche Einzelheiten fallen Ihnen auf? So geraten Sie sozusagen mitten in den Traum hinein, können seine Elemente deutlicher erkennen, können sie auch fragen, welche Rolle sie in diesem Drama spielen.

Nun hat sicher nicht jeder Trauminhalt symbolische Bedeutung. In manchen Träumen finden wir einfach das, was Freud »Tagesreste« nannte, und das hat dann keine tiefere Bedeutung, sondern ist eine Fortführung oder Wiederholung von dem, was wir am Tag erlebt haben. So stellt vielleicht ein Traum über Ihren Vorgesetzten oder Bürokollegen wirklich nur diese Personen und Ihre ganze reale Beziehung zu ihnen dar. Träume können sich ebenso mit ganz konkreten Tatsachen Ihres täglichen Lebens beschäftigen wie auch mit eher unbewußten Aspekten Ihrer selbst. Einige wenige Wissenschaftler sind allerdings der Meinung, daß Träume nur zufällig entstandene Bilder sind, die keinerlei Bedeutung haben, außer der, die wir ihnen zuschreiben. Das mag für manche Träume zutreffen, aber es fällt schwer, dieser Ansicht generell zuzustimmen, wenn man sieht, wie durch kreative Traumarbeit Schwierigkeiten und Probleme neu verstanden oder gelöst werden können oder wenn Wiederholungsträume bestimmte Themen der gegenwärtigen Lebensphase so unbezweifelbar widerspiegeln.

So hatte zum Beispiel ein erfolgreicher Geschäftsmann den Traum, daß ein Einbrecher sein Apartment heimsuchte, ohne weitere Probleme den Safe aufbrach, 10 000 Mark stahl und damit in die Südsee entschwand, wo er das Geld verjubelte. Da dieser Traum immer wiederkehrte, bekam der Mann Angst, ließ seine Haustür mit einem weiteren Schloß sichern und änderte die Safe-Kombination. Dies war die Reaktion auf seine Interpretation des Traumes, eine Interpretation, die, wie Sie sicher schon ahnen, das Wesentliche nicht erfaßte. Der Traum kam weiterhin alle paar Nächte wieder. Nun litt dieser Mann an Bluthochdruck, und sein Arzt hatte ihm schon lange zugeredet, einmal richtig Ferien zu machen. Er hatte das immer abgelehnt: Seine Arbeit ließ ihm keine Zeit dazu. Es ging ihm aber schlechter und schlechter, und so ließ er sich schließlich überreden, Ferien zu machen. *Ganz zufällig* fuhr er zu diesem Zweck in die Südsee und gab dafür, alles in allem, etwa 10 000 Mark aus. Er genoß diese Reise so sehr, daß er von nun an seine Geschäfte so führte, daß er zwischendurch immer wieder verreisen konnte. Jenen Traum träumte er nie wieder.

Eine talentierte Bildhauerin erlebte eine andere Überraschung, als sie anfing, bewußt mit ihren Träumen zu arbeiten. Im allgemeinen erinnerte sie sich sehr gut an ihre Träume, bis plötzlich überhaupt keine Erinnerung mehr kam. Zugleich aber entwickelte sie in ihrer Arbeit ganz neue und faszinierende Wege. Wir rieten ihr, mit den Techniken der Traumarbeit die Symbole in ihren Skulpturen zu erforschen. Sie fand heraus, daß ihre künstlerische Neuentwicklung eine tiefe persönliche Bedeutung hatte. Achten Sie also darauf, wie Ihre Seele zu Ihnen spricht; das muß nämlich keineswegs immer auf dieselbe Art und Weise geschehen, sondern kann ganz unvorhergesehene und außergewöhnliche Formen annehmen. Das *Tao of Psychology* macht uns solche »bedeutungsvollen Zufälle«, die im Leben ja immer wieder vorkommen, sehr schön deutlich.[40]

Durch Träume die persönliche Mythologie erkennen. Wenn Sie also in diesem Programm auch mit Träumen arbeiten wollen, dann schaffen Sie sich als erstes ein Traumtagebuch an und wenden Sie die Techniken an, die Traumerinnerung leichter machen. Ein paarmal in den folgenden Kapiteln geben wir Ihnen auch die Anleitung für den »Traum-Fokus«. Wir haben festgestellt, daß die Träume, an die man sich während der Arbeit mit diesem Programm spontan erinnert, oft sehr viel mit den Erfordernissen der Phase zu tun haben, in der man sich gerade befindet. Sie sollten dann Ihr Tagebuch noch einmal daraufhin durchschauen, ob bestimmte Themen in Ihren Träumen in irgendeiner Beziehung zu der jeweiligen Arbeitsphase stehen. So werden wir Sie auf der ersten Stufe, in der es um das Erkennen von Konflikten in Ihrer persönlichen Mythologie geht, bitten, auf Träume zu achten, in denen Konflikte in Ihrem Seelenleben vorkommen.

Außerdem zeigen wir Ihnen die Technik der sogenannten »Trauminkubation« oder Trauminitiierung; dabei geht es darum, einen Traum hervorzurufen, der Ihnen zu bestimmten Fragen oder Problemen neue Klarheit bringt. Das ist eine Möglichkeit, wenn Sie spontan keine Träume zu einem Thema erinnern oder wenn Sie es noch tiefer verstehen wollen.

Wenn Sie einen Traum hervorrufen wollen, sollten Sie sich vor dem Einschlafen noch einmal gründlich mit dem zur Frage stehenden Thema beschäftigen; machen Sie sich dazu Notizen oder Zeichnungen in Ihr Traumtagebuch. Lassen Sie die Gefühle zu, die es in Ihnen erweckt. Schreiben Sie einen Satz auf, in dem Ihr Problem oder Ihre Frage formuliert ist, etwa: »Warum habe ich so schreckliche Angst, wenn ich an ein Fenster gehe?« oder: »Zeig mir, was mich in meiner Ehe so unglücklich macht!« Legen Sie das Tagebuch neben Ihr Bett, und wiederholen Sie diesen Satz wieder und wieder; dann sagen Sie sich (etwa zwanzig- bis dreißigmal): »Ich werde heute nacht davon träumen und mich morgen daran erinnern.« Es gibt viele ausgezeichnete Bücher und Artikel über »Trauminkubation«[41–43] und auch über »klares Träumen«: man ist sich während des Träumens *bewußt*, daß man träumt.[44,45]

Sie sollten nicht jede Nacht einen Traum hervorrufen. Die Seele hat ihre eigenen Regeln; man sollte sie bei ihren nächtlichen Anstrengungen, durch Träume das innere Gleichgewicht wieder herzustellen, frei handeln lassen. Manchmal aber kann die Trauminkubation helfen, bestimmte Bereiche des eigenen Lebens besser zu verstehen. Oft funktioniert es nicht gleich beim erstenmal und bei manchen nie. Es gibt auch Phasen im Leben, in denen es nicht gelingt, Träume hervorzurufen. Auch hier gilt: Haben Sie Geduld mit sich, zwingen Sie sich nicht, akzeptieren Sie, was da kommt oder auch nicht kommt. Machen Sie einfach weiter mit den persönlichen Ritualen, und wenn Sie sich danach fühlen, versuchen Sie es noch mal.

Bitten Sie zu Beginn des Programms um einen Traum, der Sie vorbereitet auf die Begegnung mit sich selbst, die vor Ihnen liegt. Fragen Sie, mit Ihren eigenen Worten, wie Sie sich am besten auf die Arbeit mit Ihrer persönlichen Mythologie vorbereiten können. Vor dem Einschlafen wiederholen Sie diese Frage zwanzig- bis dreißigmal. Wenn Sie sich am nächsten Morgen an einen Traum erinnern, schreiben Sie ihn sofort auf, und benutzen Sie dann eine der Methoden zur Traumarbeit, die wir beschrieben haben.

Ihre Träume können Ihnen bei der Arbeit mit diesem Programm immer neue Einsichten in die geheimnisvollen Abläufe des Unbewußten gewähren – in einer faszinierenden Mischung aus Erzählung und Symbolik. Sie mögen Ihnen vielleicht kein eindeutiges Bild Ihrer persönlichen Mythologie zeigen, auf jeden Fall aber geben sie Ihnen wichtige Hinweise für Ihr mythisches Abenteuer.

Auf zu Stufe eins. Hier beginnt nun Ihre Reise – auf dem Weg der Träume, Rituale, Geschichten – in die Gegenden Ihres Inneren, wo die Mythen entstehen. Lassen Sie sich auf die Herausforderung ein, neues Wissen darüber zu gewinnen, wie Ihre persönliche Mythologie sich entwickelt, um die Mythen, die Ihr Denken und Handeln bestimmen, in einem neuen Licht zu sehen und so Ihr Leben bewußter und befriedigender zu leben.

4

Der erste Schritt: Konflikte in der persönlichen Mythologie

Wir haben die Wahl zwischen dem seelischen Kampf in uns selbst und der körperlichen Auseinandersetzung mit anderen.

Charles Hampden-Turner
nach *William Blake*[1]

Die persönlichen Rituale in den folgenden Kapiteln sollen Ihre Aufmerksamkeit, Kreativität und Energie auf die Bereiche Ihrer persönlichen Mythologie lenken, mit denen Sie nicht zurechtkommen und die Sie ändern wollen. Mit unserer Methode können Sie persönliche Mythen verstehen lernen, sie systematisch klären und ändern. Es ist eine Herausforderung, sich auf diese Auseinandersetzung mit der persönlichen Mythologie einzulassen, es kann zuzeiten anstrengend und enttäuschend sein – aber es kann Ihnen auch helfen, die Art, wie Sie Ihr Leben leben, grundlegend zu verändern. Die Vorschläge, die wir machen, haben wir in unserer gemeinsamen Arbeit in Gruppen und Seminaren entwickelt; wir haben sie nur so weit verändert, daß jeder auch allein damit arbeiten kann.

Den Anfang bei der Erforschung persönlicher Mythen macht man am besten mit Konflikten, Problemen – (Ängste, Phobien, körperliche Symptome, verwirrende Träume, Widersprüche in uns selbst) und mit Gefühlen wie Verwirrung, Ambivalenz und Unzufriedenheit. Stoßen Sie in tiefere seelische Bereiche vor, werden Sie vielleicht feststellen, daß hinter solchen Konflikten widersprüchliche persönliche Mythen stehen, die Sie gegensätzliche Ziele verfolgen lassen. Wenn

Sie etwa ständig klagen, daß Sie zuviel zu tun haben, gleichzeitig aber jedes bißchen Freizeit mit Terminen überladen, dann steht vielleicht der persönliche Mythos, mit dem Sie sich bewußt identifizieren, im Widerspruch zu einem unbewußten, stärkeren Mythos, der bestimmt, was Sie tun. Macht man sich solche gegensätzlichen Mythen bewußt, dann ist der Weg für eine konstruktive Lösung offen. Ja, wir meinen sogar, daß der Weg zu innerem Wachstum und menschlicher Reife nur an diesem Abgrund entlangführt, in dem die Konflikte unserer persönlichen Mythologie schimmern.

Der Prozeß dieser Auseinandersetzung mit sich selbst beinhaltet fünf Stufen:

1. Konflikte in Ihrer persönlichen Mythologie erkennen;
2. Beide Seiten des Konflikts klar hervortreten lassen;
3. Eine Lösung des Konflikts erarbeiten;
4. Einen neuen Mythos entwickeln, der das Problem kreativ und wirksam löst;
5. Diesen neuen Mythos in das Bewußtsein und Verhalten integrieren.

Margrets Reise

Margret ist 55 Jahre alt und freiberufliche Journalistin. Sie hat unser Programm, so wie wir es hier präsentieren, durchgearbeitet. Ihre Erfahrungen und Erlebnisse, die sie aufgezeichnet hat, sollen uns durch die folgenden Kapitel begleiten, damit Ihnen die einzelnen Schritte auf diesem Weg noch deutlicher werden. Wir werden noch einen weiteren Begleiter haben: Frank, 37 Jahre alt, Anlageberater. Er wird jeweils nach den Anweisungen zu den persönlichen Ritualen zu Wort kommen. Margrets und Franks Erfahrungen stehen für die vieler anderer Menschen, die mit diesem Programm gearbeitet haben, und wir haben die Berichte dieser beiden ausgewählt, weil sie die Arbeit an der eigenen inneren Welt besonders deutlich zeigen. Ihre Namen und bestimmte persönliche Details wurden geändert; außerdem hatten Margret und Frank Gelegenheit, Abschnitte, die ihnen nicht klar genug erschienen, umzuschreiben. So geben diese Aufzeichnungen authentisch ihre Erfahrungen wider.

Was Margret gleich berichten wird, soll Ihnen einen ersten Eindruck davon geben, wie das Verständnis für die eigene innere Entwicklung unter mythischer Perspektive entsteht. Sie werden auch sehen, wie man sich über Unsicherheiten, Bedürfnisse und persönliche Konflikte klarwerden kann und wie sich dann gewissermaßen ein Tor öffnet, durch das wir in das Reich unserer mythischen »Unterwelt« blikken können.

Das erste persönliche Ritual beinhaltet eine Phantasiereise, die Margret zu einer glücklichen Kindheitserinnerung zurückführte. In ihrem Tagebuch beschreibt sie das so:

Ich bin sieben Jahre alt und befinde mich am Point Loma. Es gibt keine Häuser, nur windzerzauste Büsche auf den Felsabhängen über dem Ozean. Ich fühle mich geschmeidig und stark, so als wäre ich unsterblich. Wagemutig klettere ich den Abhang hinunter zu den einzelnen Felsen, die das Wasser ausgewaschen hat. Meine Gelenke bewegen sich ganz glatt, meine Hände und Füße sind stark und finden leicht Absätze, an denen ich mich halten kann. Das Meer ist ruhig, die Luft süß-salzig. Es ist warm; ich fühle mich wohl in Shorts und T-Shirt. Hoch in der Luft fliegen Möwen, und Pelikane gleiten auf den Luftströmungen über den hereinbrechenden Wellen. Ich steige auf den Felsen herum; meine Fußsohlen scheinen unverletzbar durch Felsspitzen oder Muschelsplitter. In den Gezeitentümpeln beobachte ich Seeanemonen, zerbrochene Muscheln und Seeigel. In einem finde ich eine wunderschöne Abalonemuschel. Außen ist sie rauh und wie ein Felsen, mit sieben kleinen Löchern am Rand, durch die sich das Tier, als es noch darin lebte, am Felsen festhielt. Das Innere ist wie ein schillernder Regenbogen aus Wellenlinien, die ineinander fließen. Diese Muschel ist das Wertvollste, was ich je hatte, und so habe ich keine Skrupel, sie mitzunehmen. Ich bin allein, glücklich, frei; es gibt nichts, was ich tun müßte, und ich vergesse die Zeit, Vergangenheit und Zukunft.

Margret entwarf nun ihren *persönlichen Schild* mit vier Abschnitten, deren jeder eine Phase ihres Lebens repräsentierte, betitelt mit *Das Paradies, Das verlorene Paradies,*

Die Suche und *Das wiedergefundene Paradies.* In jedes der vier Felder zeichnete sie ein Symbol. Dann machte sie eine Übung, in der sie sich mit diesen Symbolen identifizierte, indem sie das Symbol war.

Das Paradies (die Zeichnung zeigt die Abalonemuschel, an die sie sich auf der Phantasiereise erinnert hatte): Ich bin eine unberührte Abalonemuschel in einem Gezeitentümpel an einer unzerstörten Küste. Eine wunderbare Naturerscheinung – ich bin nur Schönheit und Anmut. Die Hand Gottes hat mich aus reiner Freude an der Schöpfung erschaffen.
Das verlorene Paradies (die Zeichnung zeigt eine Spritze, die in die Haut einsticht): Ich bin eine Spritze, ein wirksames Instrument, um Medikamente in den menschlichen Körper zu bringen. Ich bin ein Werkzeug, ohne Geist und Verstand, wirksam, verwendbar, wohltuend oder tödlich, abhängig von dem Gebrauch, den man von mir macht. Als Margret ein Kind war, kannte sie mich, weil sie mich sah und benutzte. Sie sah, wie ich abwechselnd Morphium und Adrenalin in den Körper ihrer Mutter spritzte. Sie lernte, mich zu benutzen, um das Leben ihrer Mutter zu retten. Mir ist es gleich, wer mich benutzt, ich habe keine Moral, kein Gefühl.
Die Suche (die Zeichnung zeigt ein Wappen, in dessen vier Felder die Worte »Freiheit, Stärke, gut, fähig« geschrieben sind): Ich bin stark, schützend, bedeckend; ich bin aus Leder und Eichenholz gemacht, um Margret auf ihrer Reise durchs Leben zu beschützen. Nur wenige Waffen können mich durchstoßen, und Margret legt mich nur selten beiseite. Was man nicht sehen kann, ist meine geflickte und schäbige Rückseite. Ich trage die Zeichen, die ihr wertvoll sind, wenn sie sie auch nur selten wirklich ganz lebt. Ich spreche von Freiheit, Freiheit des Gedankens und der Tat, Freiheit von Konventionen und orthodoxen Beschränkungen. Hinter mir (auf der Rückseite des Schildes) ist die Angst vor Zensur und Entfremdung. Ich verstecke diese Rückseite gut. In einem meiner Felder steht »stark« – stark in Entscheidungen, im Körper, in Werten, im Mut. Die Rückseite von »stark« ist »starr« – unwillig, unfähig, etwas zu erreichen, ohne zusammenzubrechen. Auf meiner Vorderseite steht auch »fähig« – die Entwicklung von Fähigkeiten und Möglichkeiten in einem sehr begrenzten Handlungsbereich (Kunst, Muttersein, Schreiben – einfache Sachen). Auf der Rückseite stehen »Faulheit und Abwehr« – un-

willig, mich an schwierigen oder langweiligen Aufgaben zu versuchen, unwillig, meine Unfähigkeit zuzugeben, mit Geld umzugehen, mit menschlichen Beziehungen, mit körperlichen Herausforderungen. Im letzten Feld steht »gut« – ich möchte ein gutes Herz haben, gute Dinge tun, guten Willens sein, ein gutes Leben haben und einen guten Tod. Gut ist für mich »nichts Böses tun«. Auf der Rückseite jedoch steht »Selbstbedienung«.

Das wiedergefundene Paradies (die Zeichnung zeigt ein Yin-Yang-Symbol): Ich bin ein Symbol der Einheit, ein Yin-Yang. Alle Gegensätze sind in mir vereint, ich spiegele das Tao wider, Gott, das Prinzip der Vereinigung. Ich umgebe vorurteilslos Schöpfung und Zeit. Ich bin eins mit allem, gottähnlich und demütig, Schöpfer und Auflöser, das Ganze und das Zersprengte.

Margret beschäftigte sich nun mit der Bedeutung dieser Symbole und mit der Art, in der sie sich mit ihnen identifizierte. Sie schrieb auf, was zum Beispiel die Spritze, die das »verlorene Paradies« symbolisierte, für sie bedeutete:

Ich fühle mich sehr jung, wenn ich an diese Spritze denke. Ich erinnere mich an meine Mutter, wie sie erbricht und meinen Vater um eine Spritze anfleht: »Bert, bitte, nur eine Spritze!« Das war während des Entzugs vom Morphium, das man ihr verschrieben hatte, und dieser Entzug fand jeden Monat statt. Sie war in einem Teufelskreis aus Asthma, das ihr bis zur Bewußtlosigkeit die Luft nahm, worauf sie Adrenalin bekam, das sie wiederum so aufdrehte, daß sie Morphium nehmen mußte, um wieder ruhig zu werden, worauf sie süchtig danach wurde.

Ich habe so viel Mitgefühl mit dem kleinen Kind, das trostlos in seinem Bett kauerte, das jahrelang jeden Monat dieses Spucken und Schreien hörte. Fast noch mehr tut mir das Kind leid, das im Alter von neun Jahren lernte, wie man eine Spritze gibt.

Meine schrecklichste Kindheitserinnerung ist jener Tag, an dem ich nachmittags um halb vier aus der Schule kam und sie in der Küche fand, mit dem Oberkörper auf dem Küchentisch, die Finger in einer Tasse mit kaltem Kaffee. Ich tat, was man mir beigebracht hatte: Ich füllte die Spritze bis zum Fünf-Kubikzentimeter-Strich, ließ vorsichtig die Luft raus und zerrte sie dann vom Tisch weg. Das war das Schlimmste. Sie war nicht schwer, aber sie war bewußtlos, und ich war erst neun Jahre alt. Ich lehnte sie im Stuhl zurück und öffnete ihr Kleid. Ich hatte noch nie die Brüste meiner Mutter gesehen. Als man mir erklärte, was ich in einem Notfall tun sollte, hatten sie mir an meiner eigenen dünnen Brust gezeigt, wie man die Rippen zählt und wo die Stelle am Brustbein ist, an der man die Nadel reinstecken muß. Sie hatten mich das Spritzen an einer Zitrone üben lassen. Aber es war unendlich viel schwieriger, die Nadel in den Körper meiner Mutter zu stechen – einen Moment lang fürchtete ich, sie würde verbiegen oder brechen. Dann hatte ich es geschafft. Innerhalb weniger Minuten war sie wieder soweit, daß sie sich allein auf die Couch legen konnte. Nach einer Stunde kam mein Vater und rief den Doktor.

Vater sagte später, ich wäre ein »tapferer kleiner Soldat« und hätte meine Sache sehr gut gemacht. Ich glaube, ich habe nie wegen dieser Geschichte geweint, erst später, als ich erwachsen war. Ich habe wohl fast mein ganzes Leben lang versucht, ein »tapferer kleiner Soldat« zu sein, nicht zu weinen, meine Sache gut zu machen. Ich habe auch eine stille Verachtung für Menschen, die chronisch krank sind; für mich sind sie unzuverlässig und ausbeuterisch. Ich habe oft Sympathie gefühlt, aber ohne Einfühlung – leere Leidenschaft und viel Ablehnung. Ich bin im Grund sehr empfindlich – ich konnte meine Kinder pflegen, wenn sie krank waren, kann mit Notsituationen umgehen oder Geburtshilfe leisten, aber im Innersten macht mich alles krank, was nicht gesund ist. Ich habe mich immer gehaßt, wenn ich krank war, weil mich das an meine Mutter erinnerte mit ihrer verhaßten Hilflosigkeit, meine Mutter, die meine Kindheit und das Leben meines Vaters zerstört hat mit ihrer ständigen Hilfsbedürftigkeit, bis sie starb – in dem Monat, als ich zwölf Jahre alt wurde.

Nachdem sie sich die Erfahrungen und Sehnsüchte, die mit jedem der vier Felder auf ihrem Schild verbunden sind, bewußtgemacht hatte, stellte Margret eine Liste der Konflikte auf, die in ihrem Leben am stärksten waren. Sie verwendete dabei drei Kategorien:

1. Situationen, in denen ich mich unverhältnismäßig unwohl fühle, unsicher oder ängstlich:
   Wenn ich mich von einem Standpunkt zurückziehen muß, den ich eingenommen habe, und nicht weiß wie, ohne wie ein Idiot dazustehen.

Wenn eine hübsche Frau meinem Mann Aufmerksamkeit schenkt (obwohl ich weiß, daß er solche Bestätigung braucht und daß sie ihm guttut).
Wenn ich krank bin; ich jammere oder ziehe mich zurück.
Auch in Situationen, die nur mittelmäßig unbehaglich sind, habe ich Phantasien, daß ich sterbe und damit den Schwierigkeiten entgehe.
In der Gesellschaft von gepflegten Frauen mittleren Alters, die »ihre Schuldigkeit getan haben« und mit ihrem konventionellen Leben zufrieden sind.
Wenn ich das Gefühl habe, jemand zwingt mir etwas auf, macht sich lustig über mich oder spricht hinter meinem Rücken über mich.

2. Szenen oder Symbole aus Träumen und Phantasien:
Die Spritze von meinem Schild.
Im Traum habe ich oft einen versteckten Schatz. Ich weiß nicht, was das für ein Schatz ist, wie ich ihn beschützen soll und wer der Feind ist.

3. Bereiche von Ambivalenz, Verwirrung oder Unzufriedenheit:
Ich komme mir wie ein Betrüger vor, wenn ich mich mit etwas Schönem wie der Abalonemuschel oder dem Yin-Yang-Symbol identifiziere.
Ich sehe an meinem Körper, wie ich älter werde, und schäme mich deswegen, als wäre das ein Verbrechen.
Ich scheine dazu verdammt zu sein, mich in Geldangelegenheiten dumm anzustellen.
Ich habe oft das Bedürfnis, unangenehme Wahrheiten über mich selbst zu verstecken oder wegzulügen, und traue anderen nicht zu, daß sie mich großzügig beurteilen.
Ich weiß nicht, wozu ich da bin.
Ich bin schrecklich knauserig und selbstsüchtig, außer wenn es leicht ist, zu geben.

Margret bat um einen Traum, der ihr helfen könnte, herauszufinden, in welchem Bereich des mythischen Konflikts sie am besten weiterarbeiten sollte. Sie erinnerte einen Traum, in dem sie in Badeanzug und Taucherausrüstung unter Wasser schwamm. Ein anderer Taucher, ein Mann, der zugleich abstoßend und anziehend auf sie wirkte, versuchte sie zu überzeugen, daß sie mit ihm in eine Höhle käme, die ihr unheilvoll erschien. Dann bemerkte sie, daß ihr Atemschlauch nicht mit den Sauerstofftanks verbunden war; wenn sie nicht zu dem anderen Taucher hinüberschwamm, damit er seine Luft mit ihr teilte, würde sie keine Überlebenschance haben. Sie konnte unten bleiben und ertrinken oder schnell aufsteigen und an der rapiden Druckveränderung sterben. In diesem Moment erwachte sie mit einem Gefühl in der Brust, als ob sie lange Zeit den Atem angehalten hätte. Sie dachte über die verschiedenen Symbole in diesem Traum nach und beschloß, sich mit der Taucherausrüstung näher zu befassen – so, wie sie es schon mit den Symbolen auf ihrem Schild getan hatte:

Ich bin Margrets Taucherausrüstung. Ich beschütze sie, wenn sie an Orte geht, wo sie verwundbar ist, fremd und ungeschützt. Ohne mich würde sie dort schnell sterben, denn ich versorge sie mit Luft, dem wichtigsten, was man zum Leben braucht. Ich sehe unförmig aus, schwer, schmucklos, bin nur dafür gemacht, meine Aufgabe zu erfüllen. Es gibt viele Haken, Klammern und Nähte, die meine Einzelteile zu einer effektiven Einheit machen. Ich habe Sauerstofftanks und Pumpen für die frische Luft und für die verbrauchte. Ich habe Gurte, damit ich fest an ihrem Körper gehalten werde, am Rücken und vorne. Ich bin ein Widerstand, der sie am Schwimmen hindert, aber nicht zu sehr. Ich könnte wohl eine schönere Form haben und besser zu tragen sein.

Margret hat gerade gemerkt, daß mein Luftschlauch nicht an ihre Tauchermaske angeschlossen ist, sondern frei hängt; die Luft entweicht in Blasen aus meinen Tanks und verströmt nutzlos in den Ozean. Eine meiner Klammern hat sich gelöst, aber sie hat es nicht gemerkt, daß die kleine Schraube, die Luftschlauch und Maske zusammenhält, durchgerostet und gebrochen ist. Aber vorübergehend kann ich noch funktionieren, wenn sie das lose Ende des Luftschlauchs fest in die Maske stopft und es festhält, während sie aufsteigt.

Himmel, ist sie dumm! Sie sieht nur, daß sie entweder bleibt, wo sie ist, und sinnlos stirbt, oder schnell aufsteigt, so daß es sie zerreißt, oder in diese schreckliche Höhle geht mit diesem anziehend-abstoßenden Mann. Vielleicht stirbt sie, weil sie mich nicht instand gehalten hat. Wenn sie sich um mich gekümmert hätte, dann könnte ich repariert werden, damit sie wieder mit mir tauchen kann.

Beim Nachdenken über diesen Traum wurde Margret klar, daß er große Ähnlichkeit hatte mit den inneren Widersprüchen, mit denen sie sich in den letzten zehn Jahren herumgeschlagen hatte. Sie machte nun eine gelenkte Phantasieübung, in der es sowohl um das Symbol wie auch um das Gefühl ging, das sie mit ihrem Konflikt in Verbindung brachte. »Das Symbol meines Konflikts ist die Taucherausrüstung. Das unangenehme Gefühl war, nicht am rechten Platz zu sein, unter lebensbedrohlichen Umständen eine Entscheidung treffen, ruhig bleiben zu müssen, während alles in mir in Panik war.«

Mit diesem Gefühl ging sie in ihrer Vorstellung zurück zu einem der ersten Male, wo sie ähnliches gespürt hatte. Sie ging zurück zu dem Moment, da sie neun Jahre alt war und ihrer Mutter die Adrenalinspritze geben mußte. Sie dachte auch darüber nach, welche Lebensregeln und Verhaltensvorschriften sie aufgrund dieses Erlebnisses und anderer, die ähnlich waren, für sich aufgestellt hatte:

Ich lernte, daß ich ruhig und kühl sein mußte, um Dinge zu tun, die zwar unvereinbar waren mit mir selbst, die ich aber tun mußte, um meine Existenz zu rechtfertigen. Ich mußte noch besser sein, als man es von mir erwarten konnte. Ich lernte, daß ich echtes, ehrliches, von Herzen kommendes Lob bekommen konnte von dem Menschen, der für mich der wichtigste auf der Welt war – von Vater –, wenn ich ein »tapferer kleiner Soldat« war. Ich wußte nicht, was ich mit der Panik tun sollte, die mich erfüllte, aber ich beschloß, sie zu verstekken, da sie nicht in das Bild des »tapferen kleinen Soldaten« paßte. Ich habe gelernt, daß man mit Verstellung und Vorspiegelung die eigene Existenz rechtfertigt, und ich bin zu dem Schluß gekommen, daß die Darstellung, die ich gebe, ziemlich suspekt, schwach und falsch ist. Ich mache den Menschen vor, daß ich ein »tapferer kleiner Soldat« bin, während darunter in Wirklichkeit ein verängstigtes, unfähiges kleines Kind sitzt, das sich schämt zuzugeben, daß es eigentlich teuflisch wütend ist, weil die Eltern, der Doktor und der liebe Gott es auf dieses Podest gesetzt haben. Es ist unfair, aber es kann das nicht zugeben, ohne auf die Freude zu verzichten, als »tapferer kleiner Soldat« geliebt zu werden.

Ein Teil von mir glaubt, daß jeder durch mich durchsehen kann und weiß, daß die großartige Fassade nur aus Worten und Gesten besteht, aber keine Substanz hat. Ein anderer Teil widerspricht heftig, weil ich wirklich eine fähige, liebenswerte Frau mit einem warmen Herzen bin. Ich achte sehr darauf, wen ich an meinen Geheimnissen teilhaben lasse; ich spiele Ehrlichkeit und Offenheit vor, die nicht wirklich sind. Ich sehe meine Rolle im Leben als »Nährende«, aber Gott helfe denen, die mein »selbstloses Geben« nicht schätzen und anerkennen. Wenn Menschen auf mich als den »tapferen kleinen Soldaten« nicht reagieren, dann lasse ich sie nicht an mich heran.

Nun war es für Margret nicht mehr schwer, den ersten Teil der Reise zu beenden: den Konflikt in ihrer persönlichen Mythologie, der offenbar der Mittelpunkt ihres Lebens war, in Worte zu fassen. »Ich glaube, mein Konfliktbereich ist klar«, schrieb sie: »Wie kann ich das zornige kleine Mädchen mit dem tapferen kleinen Soldaten zusammenbringen?«

Die ewige Suche

Wir sagten es schon zu Anfang: Die Entwicklung von Bewußtsein ist eng verbunden mit der Entstehung von Mythologie. Die grundlegendste Entwicklung innerhalb des historischen Zeitraums, den die westliche Zivilisation umfaßt, war die Ausbildung des individuellen Ich, das Gefühl eines eigenen, abgegrenzten Selbst, das Entstehen persönlicher Mythen aus der kollektiven Mythologie. Seit dieses individuelle Bewußtsein entstand, hat jeder Mensch gewissermaßen seinen eigenen kleinen Teil von Mythologie aus dem großen kulturellen Hintergrund geschnitten, wobei jeder dieser Teile durch die Unterschiede in der Biologie und der persönlichen Erfahrung einzigartig war.

Biologisch gesehen werden wir im Moment der Geburt

zum Individuum, psychologisch gesehen dann, wenn das Kind die Trennung von der Mutter empfindet. Im Sinne der Sozialanthropologie geschah die Entwicklung des Individuellen, als sich persönliches Bewußtsein langsam aus der *participation mystique*[2], dem Gefühl der Einheit, zuerst mit der Natur, dann mit der Urhorde, abspaltete. Theologisch gesehen entstand das Individuum aus der Trennung vom Schöpfer, aus dem Sündenfall, dem Verlust der Unschuld, der Übernahme eigener Verantwortung.

Aber ganz gleich, aus welcher Perspektive wir es betrachten: Aus der erfolgreichen Entwicklung zum individuellen Selbst entstand notwendig das Bewußtsein des Getrenntseins. Dies Bewußtsein aber ist eine schreckliche Bürde, bedeutet immerwährende Angst in dem Wissen, daß wir allein sind und daß alle Wege, die wir gehen können, nur ein Ziel haben: den Tod. Jede Mythologie dieser Welt aber enthält Anweisungen für die Suche, für die Reise auf dem Weg hin zur Überwindung dieser Angst, eine Überwindung, die uns und die Bedürfnisse der Gemeinschaft, in der wir leben, reifer werden läßt. Natürlich unterscheiden sich Art und Zweck dieser Suche in den verschiedenen Mythen, abhängig von Kultur und Gebräuchen; auch sind die Helden und Heldinnen, die sich auf die Suche begeben, immer andere. Aber die Größe all dieser Mythen speist sich aus derselben Quelle: aus der tiefen Angst, die das Bewußtsein der Getrenntheit auslöst. Im tiefsten Herzen tragen die Helden und Heldinnen aller Mythen dieselbe Sehnsucht: die Sehnsucht, heimzufinden.

Diese Angst bleibt unbewußt, solange die Suche einigermaßen erfolgreich ist. In Zeiten wie den unseren jedoch sind die Vorstellungen von der spirituellen Suche und die Vorbilder, die wir in der ererbten Mythologie und in der Realität finden, weder für den einzelnen noch für die Gesellschaft befriedigend. Die Suche nach dem Weg, auf dem man die spirituelle Reise machen kann, ist zum Kern unseres Lebens geworden, und die Enttäuschung, diesen Weg nicht zu finden, läßt uns hinter Ersatzbefriedigungen herjagen, die unsere Ängste beruhigen sollen. Dieses Dilemma ist im tiefsten Grund ein spirituelles, das heißt, es ist verknüpft mit einem

Grundprinzip des Lebens überhaupt. Folgt man den Mystikern, dann sollte die spirituelle Reise der mythologischen Helden und Heldinnen, wie auch die Suche jedes Menschen, als Bedürfnis nach Einheit mit dem Ursprung allen Lebens gesehen werden, als Überwindung des Getrenntseins des Individuums, als die Rückkehr zur Verschmelzung mit dem Kosmos (in der wir vor der Geburt lebten). Zugleich aber ist in diesem Stadium der Bewußtseinsentwicklung unsere ganze Aufmerksamkeit darauf gerichtet, unser individuelles Selbst noch weiter zu entwickeln. Ken Wilber beschreibt diesen Widerspruch so: »Jeder Mensch will vor allem wirkliche Transzendenz … aber

jeder fürchtet vor allem den Verlust des getrennten, eigenen Selbst, den Tod des isolierten Ich. Alles was der Mensch will, ist Ganzheit, aber alles, was er tut, ist, sie zu fürchten und ihr zu widerstehen (denn Ganzheit würde den Tod seines persönlichen Selbst beinhalten). Dies ist das Dilemma, das Doppelzeichen im Antlitz der Ewigkeit.«[3]

Das grundlegende Dilemma in der menschlichen Seele entsteht also aus diesen widersprüchlichen Antrieben: Wir wollen einerseits unsere einzigartige Individualität bewahren und andererseits zu dem Gefühl der Einheit mit allem, von dem wir herkommen, zurückkehren. In der Frühzeit der Geschichte war das menschliche Bewußtsein – ob individuell oder kollektiv – eingebunden in die Einheit und Identifikation mit der Natur. Für das Erwachen aus diesem Zustand der Harmonie mußte der Mensch bezahlen: mit der Sehnsucht nach Überwindung seines Getrenntseins und Rückkehr zur paradiesischen Einheit mit der Natur. Jedoch suchen wir, so Ken Wilber, »die Transzendenz mit Mitteln, die sie verhindern und uns den symbolischen Ersatz geradezu aufzwingen. Dieser Ersatz hat viele Variationen: Sex, Essen, Geld, Ruhm, Wissen, Macht – letzten Endes sind das alles Ersatzbefriedigungen für das Aufgehen in der Ganzheit.«[4]

Die Gesellschaft kann uns die mythische Führung auf unserer spirituellen Reise nicht geben. Die Entdeckung des Unbewußten hingegen, des Unbewußten sowohl in seiner himmlischen wie in seiner teuflischen Dimension, eröffnet unvorstellbare Möglichkeiten, vertrauenswürdige Führung in uns selbst zu finden. Erich Neumann gibt eine mythische Erklärung, wie das möglich ist:

»Die Entdeckung der Wirklichkeit der Seele entspricht mythologisch der Befreiung eines Gefangenen oder dem Ausgraben eines versteckten Schatzes. Die ursprünglichen kreativen Kräfte der Seele, die in allen Schöpfungsmythen auf den Kosmos projiziert wurden, kann der Mensch nun erfahren ... Indem er den Gefangenen befreit und den Schatz ausgräbt, gewinnt der Mensch die Schätze seiner Seele, und die sind nicht nur *Wünsche,* sondern Möglichkeiten.«[5]

Ihre persönliche Suche

Tief in Ihrem Unbewußten schlummern vielleicht zarte Bilder aus der Zeit, bevor Sie bewußt und getrennt waren – einer Zeit, in der das Leben wie ein Traum von Frieden und paradiesischer Harmonie war. Vielleicht war die Glückseligkeit im Mutterleib das erste, was Sie von Ihrem beginnenden Leben wahrnahmen. Diese ersten Eindrücke sind die vielleicht stabile, vielleicht schwankende Grundlage, auf der alle Gefühle der folgenden Jahre aufbauen. Vielleicht haben Sie auch glückliche Kindheitserinnerungen, durchdrungen von einem Gefühl der Sicherheit und des Wunderbaren. Vielleicht finden sich irgendwo in den Gründen Ihrer Seele sogar archetypische Eindrücke eines irdischen »Paradieses«, einer Welt vor dem »Sündenfall«. Die persönlichen Rituale sollen Sie – in der Erinnerung oder in der Vorstellung – zu diesem unschuldigen Sein zurückführen.

Persönliches Ritual I-1: Die Paradies-Phantasie. Sie sollten es bei den persönlichen Ritualen so einrichten, daß Sie sich richtig entspannen können und von den Anleitungen durch Ihr Erleben geleitet werden. Dabei gibt es, wie wir schon sagten, drei Möglichkeiten.

1. Jemand liest Ihnen die Instruktionen vor, während Sie sich entspannen, 2. Sie sprechen die Instruktionen auf Band

und lassen es ablaufen, oder 3. Sie machen sich mit den Instruktionen so vertraut, daß Sie sie im Kopf haben und sich selbst durch das Ritual führen können. Setzen oder legen Sie sich dann bequem hin, schließen Sie die Augen, und atmen Sie mehrmals tief ein und aus:

Während Sie es sich richtig bequem machen, konzentrieren Sie sich auf Ihren Atem. Horchen Sie auf jedes Einatmen und jedes Ausatmen. (Pause) Lassen Sie Ihre Atemzüge langsam und tief werden, während Sie sich mit jedem der nächsten fünf Atemzüge mehr und mehr entspannen – EINS, ZWEI, DREI, VIER, FÜNF.

Denken Sie zurück an Ihre glücklichsten Kindheitserinnerungen.

(Pause) Suchen Sie eine aus und versuchen Sie, sich an so viele Einzelheiten wie möglich zu erinnern. Wie alt sind Sie? Wer ist noch dabei? Was tun Sie gerade, was haben Sie an, was denken Sie, was fühlen Sie? Was nehmen Ihre Sinne auf? Was können Sie riechen? Welche Farben sehen Sie? Welche Geräusche hören Sie? (Pause) Wenn Sie sich an die Einzelheiten nicht erinnern können, dann ergänzen Sie sie mit Hilfe Ihrer Phantasie. (Pause) Manche Menschen können sich an nichts Angenehmes in ihrer Kindheit erinnern; sie erleben statt dessen Gefühle der Verzweiflung über ihre unglückliche Kindheit.

Sollten paradiesische Kindheitserinnerungen auch für Sie graue Theorie sein, dann nutzen Sie Ihre Phantasie und Kreativität: Stellen Sie sich vor, wie es wohl wäre, ein glückliches Kind zu sein, oder wie schön es hätte sein können. Lassen Sie Ihren Atem bei dieser Erinnerungsphantasie ruhig und gleichmäßig werden, und versuchen Sie, sich wirklich in das Erinnerte hineinzuversetzen, es zu erleben, statt es nur zu beobachten. (Pause) Lassen Sie die friedlichsten, schönsten Gefühle aus jener Zeit Ihren ganzen Körper erfüllen. (Pause) Stellen Sie sich vor, daß jede Zelle Ihres Körpers lächelt, während diese schönen Gefühle durch Ihren Körper hindurchfließen. Bleiben Sie dabei, bis das Gefühl nicht mehr stärker wird.

Lassen Sie nun alle Bilder oder Gedanken los und konzentrieren Sie sich auf das schönste der Körpergefühle, die Sie gerade erleben. Vertiefen Sie dieses Gefühl mit den nächsten Atemzügen. (Pause von 30 Sekunden) Lassen Sie aus dieser friedlichen, angenehmen Ruhe heraus ein neues Bild auftauchen. Was immer dieses Bild zeigt – es wird irgendwie Ihre angenehmen Körpergefühle repräsentieren. Vielleicht hat es etwas mit dem zu tun, woran Sie sich vorhin erinnert haben, vielleicht steht es ganz direkt für die Gefühle, die Sie gerade erleben, vielleicht ist es auch eine mythische Vision des »Paradieses«. Lassen Sie zu, daß das Bild sich ganz von selbst entwickelt – verändern Sie nichts, beschleunigen Sie nichts. (Pause) Es beginnt vielleicht als ein Gefühl, ein Geschmack, ein Geräusch oder ein Geruch. Konzentrieren Sie sich weiter darauf, bis Sie es wirklich spüren. (Pause von 30 Sekunden) Wenn Sie soweit sind, zählen Sie von eins bis fünf. EINS, beginnen Sie. ZWEI, DREI. VIER, atmen Sie tief ein. Und FÜNF, öffnen Sie die Augen, Sie sind wieder hier.

Schreiben Sie nun alles, was Sie erlebt haben, in Ihr Tagebuch: die Szene, zu der Sie zurückkehrten, Ihre Körpergefühle, Ihr Bild vom »Paradies«. Wie leicht oder schwer war es für Sie, diese gefühlsmäßige Vorstellung vom Paradies zu erreichen? Überlegen Sie auch, wie dieses Gefühl vom »Paradies« – oder auch das Fehlen eines solchen Gefühls – Sie beeinflußt: Ihre persönliche Mythologie, Ihr Gefühl für die Möglichkeiten, die Sie haben, Ihre innersten Motive.

Traumarbeit I-1: Ein Traum vom »Paradies«: Wenn Sie ein Traumtagebuch haben, dann schauen Sie jetzt nach, ob irgendeines Ihrer Traumbilder Ihnen je dieses Gefühl vom »Paradies« gegeben hat. Die Arbeit mit einem »Paradies«-Traum hat dasselbe Ziel wie die mit der »Paradies«-Phantasie; für viele aber ist die »Paradies«-Erfahrung wesentlich intensiver, wenn sie sie in einem Traum erleben. Finden Sie solche »Paradies«-Elemente in einem der Träume aus der letzten Zeit, dann sehen Sie sich noch einmal die Fragen an, die wir Ihnen nach der »Paradies«-Phantasie gestellt haben, und ergänzen Sie sie mit jeder beliebigen Technik zur Traumarbeit aus dem vorigen Kapitel. Wenn Sie kein Traumtagebuch haben oder in der letzten Zeit keinen »Paradies«-Traum geträumt haben, dann können Sie versuchen, sich einen solchen Traum zu schaffen.

Gehen Sie vor dem Einschlafen noch einmal alle Stufen der »Paradies«-Phantasie durch, aber lassen Sie den letzten Teil (»Lassen Sie nun alle Bilder und Gedanken los ...«) weg, und ersetzen Sie ihn durch das Folgende:

> Sobald Sie diesen angenehmen Zustand von Körper und Geist erreicht haben, geben Sie sich zehn- bis zwanzigmal folgende Anweisung (laut oder in Gedanken): »Ich wünsche mir einen Traum, der mir das Bild eines früheren Paradieses zeigt, ein Bild von der Schönheit und dem Glück des Lebens, vielleicht auch davon, was das Leben mir und allen anderen Menschen verspricht. Sofort nach dem Aufwachen werde ich mich an all das aus meinen Träumen erinnern, das für mich gut und wichtig zu wissen ist.«

Legen Sie sich etwas zum Schreiben oder ein Tonbandgerät neben das Bett, damit Sie Ihre Träume sofort nach dem Aufwachen festhalten können. Man braucht oft mehrere Nächte, um einen Traum zu initiieren; sollte es Ihnen gar nicht gelingen, dann macht das auch nichts – es ist ja nur eine von vielen Möglichkeiten. Es kann auch sein, daß die Träume, an die Sie sich erinnern, mit dem Paradies anscheinend nicht viel zu tun haben. Diese Technik bietet natürlich keine Garantie für herrliche Träume vom Paradies; statt dessen ruft sie vielleicht ganz andere Bilder und Gefühle hervor. Sie werden vielleicht feststellen, daß Träume, die alles andere als paradiesisch und freudvoll sind, eine wichtige Bedeutung haben; sie zeigen vielleicht die Hindernisse, die Ihrem Glück im Wege stehen. Sehen Sie sich also auch solche Träume genauer an, und schreiben Sie sie auf jeden Fall auf, denn Sie werden beim nächsten persönlichen Ritual mit ihnen arbeiten können.

Der Weg zum »wiedergefundenen Paradies«: Manche Fachleute meinen, daß ein Thema sich wie ein roter Faden durch alle Mythen zieht: die Sehnsucht, in den Frieden und die Sicherheit des paradiesischen Zustands zurückzukehren, zur kindlichen Allmacht dieser ersten und wichtigsten Quelle jeder persönlichen Mythologie. Aus diesem persönlichen und kollektiven Paradies entstanden irgendwann das Bewußtsein unserer selbst, Bewußtheit und die psychische Individualität. Der beglückende Frieden wird unterbrochen, die Einheit zerstört, der »Sündenfall« ist da und damit das Wissen um unsere Getrenntheit, und so beginnt unser Weg als vereinzelte und einzigartige Ich-Wesen. Der »Sündenfall«, das »verlorene Paradies« – sie sind unvermeidbar in der menschlichen Entwicklung; der eine erlebt sie vielleicht schon als Trauma im Uterus, der andere bei einer schweren Geburt, wieder andere dann, wenn sie betrogen werden von denen, die sie liebten, denen sie vertrauten, von denen sie abhängig waren. Melanie Morgan aus San Francisco stellt dieses Thema in den Mittelpunkt ihrer Workshops zur persönlichen Mythologie. Sie meint, daß die spirituelle Reise des Menschen zur Reife folgende Stadien durchläuft: »Das Paradies«, »Das verlorene Paradies« (und in der Folge »Dunkelheit« und »Verzweiflung«), »Die Suche nach dem Paradies« und »Das wiedergewonnene Paradies«.

Der Konflikt, den wir als den »Scheideweg des persönlichen Wachstums« ansehen, besteht oft zwischen dem Mythos, den man entwickelt, um mit dem »verlorenen Paradies« fertig zu werden, und dem Mythos, der entsteht, wenn jener andere uns dies »Paradies« nicht, wie gewünscht, wieder eröffnet. Wir unterscheiden hier zwischen dem »alten vorherrschenden Mythos« und dem »neuen Gegen-Mythos«. Der Gegen-Mythos entsteht aus der »Verzweiflung«, wenn wir begreifen, daß uns der »vorherrschende Mythos« nicht zum »Paradies« zurückführen wird. Auch wenn diese Verzweiflung zu völliger Dunkelheit geworden ist, die unser inneres Leben lähmt, so entstehen doch neue Gegen-Mythen, denn in all der Dunkelheit existiert immer noch der Drang nach Leben und Licht. Der »Gegen-Mythos«, der mehr nach Erfüllung drängt als nach Wirklichkeit, basiert oft auf Phantasiedenken oder idealisierten kulturellen Vorbildern; er wird die »Suche« möglicherweise in eine völlig andere Richtung lenken als der alte Mythos. Der Kampf zwischen diesen beiden ist gewissermaßen das Pflaster des »Weges der Prüfungen«,[6] der zu einem zwar weniger phantastischen, dafür aber vernünftigeren »wiedergewonnenen Paradies« führt. Die Suche danach kann turbulent und voller Kämpfe sein, sie kann aber auch eher ruhig und passiv ablaufen. So hat Melanie Morgan beobachtet, daß viele Frauen unseres Kulturkreises zu Beginn dieser Phase gar nicht so sehr als kämpferische Helden dastehen, sondern viel eher als *Dornröschen.* Oft haben solche Frauen sehr früh geheiratet und dann in einer Art »Dunkelheit« gelebt, bis sie mit Anfang Vierzig allmählich aufwachen und ihre Stärken und Möglichkeiten erkennen.

Am Ende dieses Kapitels werden auch Sie die Konflikte in Ihrer persönlichen Mythologie erkannt haben, Konflikte, die Sie zu Ihrem »verlorenen Paradies« hinführen und Ihnen zeigen, wie Ihre »Suche« aussehen könnte. In den folgenden Kapiteln werden wir dann zeigen, wie man diese Konflikte bearbeitet und so zum »wiedergewonnenen Paradies« hinfindet.

Persönliches Ritual I-2: Der persönliche Schild. Wir bitten Sie nun, Ihren »persönlichen Schild« zu entwerfen. Diese Idee entstand aus unseren Erfahrungen mit der Kultur der amerikanischen Indianer und ihrem Gebrauch von Totempfählen, Medizinrädern, Sandbildern und eben persönlichen Schilden. Tatsächlich haben viele der persönlichen Schilde, wie sie Teilnehmer unserer Workshops entwerfen, oft Ähnlichkeit mit den Steinkalendern der Azteken, mit südafrikanischen Felsenbildern und tibetanischen Mandalas. Sie alle enthalten Symbole, die eine tiefe mythische Bedeutung für den einzelnen wie auch für die Gruppe haben; sie versuchen, einem chaotischen Universum einen Sinn zu geben und den Menschen mit höheren Mächten in Verbindung zu bringen. Oft erscheinen diese Symbole den Menschen im Traum, in Visionen, bei Reinigungszeremonien oder in Fastenzeiten. Der persönliche Schild hat übrigens ähnliche Funktionen wie die Wappenschilde der Könige und Adeligen im Mittelalter. Der Wappenschild symbolisierte

Macht und Tradition einer alten Familie, aus der die Mitglieder dieser Familie Kraft und Selbstbewußtsein bezogen.

Nehmen Sie ein großes Stück Pappe oder festes Papier, malen Sie einen Kreis darauf und unterteilen Sie ihn in vier Abschnitte. Sie können Bleistifte, Filzstifte, Wasserfarben oder was immer Ihnen am liebsten ist benutzen. Wichtig ist aber, daß Sie eine große Farbskala zur Verfügung haben, denn auch die Wahl der Farben sagt etwas über Gefühle aus, die Ihnen vielleicht noch unbewußt sind. Benennen Sie nun die einzelnen Abschnitte mit: »Das Paradies«, »Das verlorene Paradies«, »Meine Suche« und »Das wiedergewonnene Paradies«.

Jetzt geht es darum, daß Sie mit der Welt von Bildern und Symbolen in Berührung kommen, die Ihren persönlichen Schild schmücken sollen. Lesen Sie noch einmal die Beschreibung Ihrer »Paradies«-Phantasie, beziehungsweise, soweit vorhanden, die »Paradies«-Träume in Ihrem Traumtagebuch. Was Sie sich hier schon erarbeitet haben, wird die folgenden Erfahrungen intensivieren. Machen Sie es sich nun bequem und folgen Sie den Anweisungen auf den Weg, an dessen Ende Ihr persönlicher Schild steht:

Machen Sie es sich bequem; Ihr Tagebuch, Ihr Schild und die Farbstifte sollten zur Hand sein. Atmen Sie mehrmals tief durch. (Pause von 20 Sekunden) Schauen Sie auf das Feld Ihres Schildes mit der Aufschrift »Paradies«. Schließen Sie die Augen und lassen Sie Bilder oder Gefühle, die für Sie mit dem Begriff »Paradies« verbunden sind, aufsteigen. Vielleicht kommen jetzt Erinnerungen an Ihre »Paradies«-Phantasie oder Bilder und Symbole aus einem Traum; vielleicht Erinnerungen an Augenblicke, in denen Sie sich sehr geliebt und versorgt fühlten; vielleicht ein besonders schöner Moment Ihrer Kindheit; vielleicht einfach ein Glücksgefühl, das weit in die Vergangenheit zurückreicht. (Pause) Wenn Sie sich an solche Augenblicke nicht erinnern können, dann stellen Sie sich vor, wie es hätte sein können. (Pause) Lassen Sie dieses gute Gefühl durch Ihren ganzen Körper strömen; stellen Sie sich vor, jede Zelle Ihres Körpers wäre davon erfüllt. (Pause) Lassen Sie aus diesem wunderbaren Gefühl in

Ihrem Körper ein Symbol erstehen. In welchem Teil Ihres Körpers ist das Gefühl, das für Sie Glück bedeutet, am stärksten? (Pause) Welche Farbe könnte diesem Gefühl am ehesten entsprechen, welche Form könnte es haben, welche Struktur? (Pause) Lassen Sie aus dem Bild, das Sie jetzt haben, ein Symbol werden. (Pause) Es kann ein Bild sein, ein Wort, ein Ton. Vielleicht ändert es sich noch; lassen Sie es nun Form annehmen. (Pause) Wenn Sie noch keine Vorstellung haben, schaffen Sie sich eine. (Pause) Sobald ein Symbol da ist, öffnen Sie die Augen, und zeichnen Sie es in das »Paradies«-Feld Ihres Schildes. Vielleicht ändert sich das Bild, während Sie es zeichnen, vielleicht gibt es für Sie mehrere Bilder, vielleicht kommt noch eins dazu, während Sie zeichnen. Malen Sie hin, was immer Ihnen in den Sinn kommt. Kümmern Sie sich nicht darum, ob es auch *ästhetisch* ist oder *richtig* – wenn Sie sich zu sehr um Stil oder Technik sorgen, stören Sie nur den Vorgang, mit dem sich Ihr Unbewußtes direkt durch Muskeln und Finger ausdrückt. (Sollten Sie diese Anweisungen auf Band sprechen, dann fügen Sie jetzt hinzu: »Schalte das Tonband aus, bis du das Symbol fertig gezeichnet hast.«)

Wenn Sie mit dem »Paradies«-Symbol auf Ihrem Schild fertig sind, schauen Sie auf das Feld mit der Bezeichnung »Das verlorene Paradies«. (Pause) Schließen Sie die Augen und bewegen Sie sich in der Zeit zurück bis zu dem Punkt, wo das Glück, das für Sie das »Paradies« ist, gestört wurde. Das kann ein Vertrauensbruch von Vater oder Mutter gewesen sein, vielleicht nur ein dummer Fehler, ein Mißgeschick, vielleicht aber auch eine persönliche Tragödie. (Pause) Was geschah damals mit Ihnen? (Pause) Lassen Sie wie vorhin ein Symbol dieser Zeit, dieses Augenblicks, erstehen. (Pause) Lassen Sie es immer klarer hervortreten. (Pause) Ist das Symbol ganz deutlich, dann öffnen Sie die Augen und zeichnen Sie es in das Feld des »verlorenen Paradieses«. (Sollten Sie diese Anweisungen auf Band sprechen, sagen Sie jetzt: »Stelle das Gerät ab, bis du das Symbol gezeichnet hast.«)

Atmen Sie, wenn Sie mit dem zweiten Symbol fertig sind, tief ein und aus und lassen Sie mit dem Ausatmen alle unangenehmen Gefühle oder Körperspannungen, die mit diesen Erinnerungen verbunden sind, raus. (Pause von 20 Sekunden) Nun sehen Sie auf das Feld Ihres Schildes mit der Überschrift »Meine Suche«. (Pause) Wenn wir mit Enttäuschungen konfrontiert werden, wie sie mit dem »verlorenen Paradies« zusammenhängen, machen wir uns oft Vorstellungen, wie alles wieder gut werden könnte. Schließen Sie wieder die Augen. Gehen Sie vom »verlorenen Paradies« aus weiter und erinnern Sie sich, wie und womit Sie versucht haben, Ihr Leben wieder schön zu machen: Dinge, die Sie getan haben, Eigenschaften, die Sie entwickelt haben, Leistungen, die Sie vollbracht haben. (Pause) Welche Ambivalenzen oder Widersprüche haben Sie dabei erlebt, wie sind Sie damit umgegangen, was ist dabei herausgekommen? (Pause) Lassen Sie eines oder mehrere Symbole, die für diese Anstrengungen stehen, sich verdichten. (Pause) Lassen Sie das Symbol Konturen bekommen. (Pause) Wenn das Symbol (oder die Symbole), das diese Suche repräsentiert, klar ist, dann öffnen Sie die Augen und zeichnen Sie es in das Feld, das mit »Meine Suche« überschrieben ist. (Wenn Sie die Anweisungen auf Band sprechen, fügen Sie jetzt hinzu: »Schalte das Gerät aus, bis du das Symbol gezeichnet hast.«)

Sehen Sie nun auf das Feld Ihres Schildes mit der Überschrift »Das wiedergewonnene Paradies«. (Pause) Bei unseren Versuchen, unser Leben zu dem zu machen, was wir uns wünschen, entwickeln wir oft Vorstellungen, wie das auszusehen hätte. Schließen Sie die Augen und denken Sie daran, welche Ideale und Phantasien Sie über Ihr Leben haben. (Pause) Was wünschen Sie sich für sich selbst? (Pause) Finden Sie dafür ein Symbol (oder mehrere). (Pause) Lassen Sie das Symbol immer klarer werden. (Pause) Wenn dieses Symbol dafür, wie Ihr Leben sein könnte, deutlich genug ist, dann öffnen Sie die Augen und zeichnen Sie es in Ihr Tagebuch, *nicht* auf Ihren Schild. Das Feld auf dem Schild mit der Überschrift »Das wiedergewonnene Paradies« kommt erst später dran. Fürs erste findet dieses Symbol seinen Platz in Ihrem Tagebuch, und zwar unter der Überschrift:

»Erstes Bild des *wiedergewonnenen Paradieses*«.

Wenn Sie einen Rahmen um Ihren Schild malen oder ihn sonstwie verschönern wollen, dann tun Sie das. Malen Sie ihn fertig, so wie Sie ihn sich vorstellen. Nun betrachten Sie ihn in aller Ruhe und beschreiben Sie ihn dann in Ihrem Tagebuch unter der Überschrift *Mein persönlicher Schild.* Notieren Sie auch, wie er entstanden ist. Gab es dabei Überraschungen? Aus welchen Erfahrungen ist Ihre persönliche Mythologie entstanden, welche Erlebnisse haben Sie bewegt, erschüttert, klüger werden lassen? Hat Ihr Schild Sie zu Entdeckungen geführt, die Sie nicht gemacht hätten, wenn Sie über all das nur geredet oder geschrieben hätten? Was kann Ihnen der Schild sagen und was nicht? Ist Ihnen über Ihre Träume oder Ihre Vergangenheit manches klarer geworden? Haben die Symbole auf Ihrem Schild noch mehr oder andere Bedeutungen, als Ihnen anfangs, als Sie sie zeichneten, klar war?

Wir können hier nicht den ganzen persönlichen Schild von Frank, unserem zweiten Begleiter, beschreiben. Aber wir wollen doch hören, was ihm zu einem der Symbole einfiel:

Das Symbol für mein »verlorenes Paradies« ist das Bild einer Faust, die in einen ungeschützten, »unschuldigen« Bauch schlägt – in meinen Bauch, als ich viereinhalb Jahre alt war. Aus der Wärme, Sicherheit und Liebe meines – vermutlich überbeschützenden – Elternhauses war ich in den Kindergarten gekommen. Ich war völlig überwältigt. Ich wußte nie, was los war, hatte keine Ahnung, was man von mir erwartete oder wie ich mich den anderen Kindern gegenüber verhalten sollte. Eines Tages spielte einer der starken Jungen mit einer Holzeisenbahn. Er ging weg, und ich spielte damit. Ich war nicht sicher, ob er wirklich fertig war mit Spielen, aber er war ja weggegangen, und so spielte ich nun – innerlich leise zitternd – mit der Eisenbahn. Aber er kam wieder, sah mich und schlug mir – ohne ein Wort zu sagen – in den Magen. Ich hatte nicht gewußt, daß etwas so weh tun könnte; ich bekam keine Luft mehr und erfuhr zum erstenmal, was es heißt, daß jemandem schwarz wird vor Augen. Ich bin nie auf den Gedanken gekommen, daß es gemein und falsch war, mich zu schlagen – ich fand immer, er sei im Recht gewesen, denn ich hätte ja wissen müssen, daß er zurückkommen würde, und hätte nicht mit seinen Sachen spielen sollen.

Persönliches Ritual I-3: Die Bedeutung der Symbole erforschen. Wählen Sie ein Symbol aus, das vielleicht mehr Bedeutung für Sie hat, als es zunächst scheint. Nehmen Sie am besten eines, das Unbehagen in Ihnen hervorruft, Traurigkeit, Zorn oder andere unangenehme Gefühle. Betrachten Sie es genau und stellen Sie sich dann vor, Sie wären das Symbol. Geben Sie ihm eine Stimme. Beschreiben Sie sich selbst als das Symbol, und zwar im Präsens und in der ersten Person. Ist das Symbol etwa ein Ruderboot, dann könnten Sie so beginnen: »Ich bin ein kleines Boot, blau, und bewege mich auf stürmischer See ...« und so weiter. Denken Sie nicht lange nach, bevor Sie sprechen; lassen Sie die Worte aus sich herausfließen, so wie Margret, als sie sich mit der Spritze identifizierte. Wenn Sie allein arbeiten, dann wäre es gut, alles auf Band aufzunehmen. Zeichnen Sie das Symbol in Ihr Tagebuch, in das Kapitel »Persönlicher Schild«, und notieren Sie auch, was Sie in der Identifikation mit dem Symbol erleben. Frank »war« die Faust auf seinem Schild:

Ich bin eine Faust. Ich bin geballt. Ich bewege mich sehr schnell. Ich habe große Wut in mir. Ich habe unglaublichen Zorn in mir. Der Zorn will herauskommen. Will zuschlagen. Der Zorn ist stark. Und da ist dieses Kind, das mit meinen Sachen spielt. Ich habe eine gute Entschuldigung, meinen Zorn direkt in seinen Bauch zu rammen. Und das tue ich. Zack! Das tut gut. Ich fühle mich stark – nicht hilflos, wie sonst. Ich habe Kontakt, wo ich vorher isoliert war. Ich fühle Macht, wo ich vorher unterdrückt war. Ich fühle Schmerz in meiner Hand, aber ich kann damit umgehen. Es tut nicht so furchtbar weh; es ist ein Ausdruck meiner Stärke. Ich liebe es!

Überlegen Sie nun – allein oder mit Ihrem Partner –, welche Einsichten Sie aus der Identifikation mit dem Symbol gewinnen. Bei Frank sah das so aus:

Diese Faust repräsentiert für mich die irrationale Autorität, die mich immer an meinem Platz gehalten hat. Ich begriff nicht, was mit mir geschah, als ich damals geschlagen wurde, und so trug ich von da an ein Gefühl mit mir herum, unterdrückt zu sein von Stärke und Autorität, ein Gefühl, das ich nie in Frage stellte. Ich habe nie darüber nachgedacht, was hinter dieser Faust ist. Selber die Faust zu sein hat sie für mich sehr menschlich gemacht. Was ich sagte, als ich die Faust war, ist vielleicht das, was in dem anderen Jungen vorgegangen ist. Ich hatte die Faust dieses Jungen all die Jahre über vergessen; jetzt wird mir klar, daß ich aus diesem Erlebnis das Gefühl mitnahm, sehr vorsichtig sein zu müssen, eine Art Selbstunterdrükkung, die ich immer noch mit mir herumtrage. Irgendwie habe ich damals geglaubt, ich sei böse, weil ich mit der Holzeisenbahn spielte. So legte ich mir die Einschränkung auf, nie wieder irgendeine Regel zu brechen, mich selbst an ungeschriebene, unsichtbare, unbekannte Regeln zu halten. Ich brauchte immer Unmengen von Energie, um herauszufinden, was jemanden vielleicht verletzen könnte, was jemanden dazu bringen könnte, auf mich wütend zu sein; das endete damit, daß ich meine Spontaneität abwürgte und mich schrecklich unwohl fühle, wenn ich mit anderen Menschen zusammen bin. Ich gab mir wahnsinnige Mühe, niemanden ärgerlich zu machen – nicht den Lehrer, nicht die Schulkameraden, nicht einmal Fremde. Das gilt auch heute noch: Jeder soll sich wohl fühlen, wenn er mit mir zusammen ist, und keinen Grund haben, mich als jemanden einzuschätzen, der etwas falsch macht. Was für eine Last! Es verblüfft mich, daß ich dem Jungen damals so viel Macht gab, die Macht, über mich zu urteilen. Die Erfahrung, die ich jetzt gemacht habe, hilft mir, jene Faust als eine sehr bedrückende unbewußte Vorstellung zu erkennen.

Eine Teilnehmerin aus einem unserer Workshops berichtete, nachdem sie sich mit einem der Symbole ihres Schildes identifiziert hatte:

Ohne lange nachzudenken, war ich sofort der Bumerang von meinem Schild – kein besonders ausgefallenes Symbol für jemanden, der gerade nach neun Jahren aus Australien zurückgekommen ist. Ich beschrieb mich selbst als schlank und braun, glatt und frei; mühelos sauste ich durch die klare Luft über der Küste von Nord-Queensland und dem Great Barrier-Riff ... dann zurück nach Sidney, wo die Luft schmutzig und staubig ist und ich an Flugzeuge und Hochspannungsdrähte stoße ... der staubige Wind wirft mich umher. Ich drehe und drehe mich in einem wirbelnden Sog und werde müde, aber ich versuche nicht, zu entkommen – ich weiß nicht einmal, ob ich diesem endlosen wirbelnden staubigen Luftstrom überhaupt je entkommen kann.

Und hier ihre Überlegungen dazu:

Seit ich wieder in Amerika bin, fühle ich mich wie herumgestoßen, herumgewirbelt und hin und her gerissen von der Art zu leben hier, den Möglichkeiten, die es hier anscheinend für mich gibt. Aber ich tue nichts. Ich bin gefangen in diesem Wirbel. Ich lasse es geschehen; ich versuche nicht einmal, herauszukommen an einen ruhigen Ort. Ich drehe mich im Kreise und weiß nicht, ob es überhaupt einen Weg gibt, herauszukommen. Das ist mein Konflikt in dieser Übung – und mein Konflikt im Leben.

Wenn Sie mit der Arbeit an diesem Symbol fertig sind, haben Sie vielleicht Lust, auch eines der anderen oder alle genauer zu betrachten. Tun Sie das. Sehen Sie sich dann noch einmal in Ruhe Ihren Schild an, und schreiben Sie in Ihr Tagebuch, was Sie an neuen Einsichten gewonnen haben.

Persönliches Ritual I-4: Ihr Schild als Autobiographie. In unseren Seminaren bitten wir die Teilnehmer zu diesem Zeitpunkt, ihre Autobiographie zu entwerfen. Sie haben dafür sieben Minuten Zeit. Sie beschreiben ihre psychische Geschichte, indem sie der Kleingruppe, mit der sie während des ganzen Seminars zusammenarbeiten, die Symbole auf ihrem Schild erklären. Das ist oft eine intensive und sehr bewegende Erfahrung. Wenn Sie mit einem Partner arbeiten, dann beschreiben Sie ihm, anhand der Symbole auf Ihrem Schild, die wichtigsten Momente in Ihrer psychischen Entwicklung. Auch wenn Sie allein arbeiten, wäre es gut, dies einem Menschen zu erzählen, der Ihnen nahesteht; ansonsten sprechen Sie den Bericht auf Band oder schreiben Sie ihn in Ihr Tagebuch.

Ihr persönlicher Schild ist wie eine Landkarte, die die Wege, Kreuzungen und Sackgassen Ihrer Geschichte und Mythologie zeigt. Vielleicht hängen Sie ihn an einem besonderen Platz auf, damit Sie dieses Bild Ihres inneren Lebens immer vor Augen haben. Je weiter Sie fortschreiten, desto mehr Bedeutung wird Ihr Schild für Sie bekommen; Sie werden ein sehr viel tieferes Verständnis seiner Symbole gewinnen. Wir werden Ihnen auch zeigen, wie Sie den Schild als emotionalen Schutz gebrauchen können, wenn Sie tiefer in Ihr Unbewußtes vordringen. Fügen Sie ruhig neue Symbole hinzu, wenn Ihnen danach ist; Sie können auch diese Symbole besser verstehen lernen, indem Sie die Identifikationsübung machen.

Konflikte in der persönlichen Mythologie erkennen

Sie erinnern sich, wie Margret einen ganz entscheidenden mythischen Konflikt zu entdecken begann. Das nächste persönliche Ritual wird Ihnen helfen, Ihre Konfliktbereiche auf ähnliche Weise zu finden; wie Sie solche Konflikte in Ihrer persönlichen Mythologie lösen können, zeigen wir Ihnen dann in den folgenden Kapiteln.

Persönliches Ritual I-5: Konflikt-Übersicht. Schreiben Sie auf eine neue Seite Ihres Tagebuchs die Überschrift »Konflikt-Übersicht« und legen Sie drei Spalten an: 1. Situationen, in denen ich mich unangemessen unwohl fühle, unsicher oder ängstlich; 2. Träume und andere Symbole des Konflikts; und 3. Bereiche, in denen ich verwirrt, ambivalent und unzufrieden bin. Anzeichen für Konfliktbereiche sind: Entscheidungen, die Sie nicht treffen können, übertriebene, unrealistische Ängste, körperliche Symptome, Verhaltensmuster, bei denen Sie ständig anders handeln, als Sie beabsichtigen, Lebensbereiche, in denen Sie immer unsicher sind. In die erste Spalte schreiben Sie Situationen, in denen Sie sich unwohl fühlen und das Gefühl haben, daß Ihre Reaktion übertrieben ist bzw. daß es den meisten anderen Menschen nicht so geht. In der zweiten Spalte beschreiben oder zeichnen Sie die Symbole (von Ihrem Schild, aus Träumen oder Phantasien, aus Bildern, die Sie gemalt haben), die Sie beunruhigen. Die dritte Spalte ist reserviert für Probleme in Ihrem

Leben, die Ihnen ungelöst scheinen: Gewohnheiten, die Sie nicht ändern, Entscheidungen, die Sie nicht treffen können, oder andere Verhaltensweisen, mit denen Sie unzufrieden sind.

Aus Franks Tagebuch: Die Spalte »Unbehagen, Unsicherheit, Angst« beinhaltet:

Ich glaube, ich habe zuviel Angst vor körperlichem Schmerz oder Verlust.

Obwohl ich glaube, daß Meditation gut ist, meditiere ich kaum, und ich bezweifle auch, daß ich es könnte. Ähnlich geht es mir mit Spiel und Freude. Ich habe Angst, daß ich niemals fähig sein werde, meine ganze Liebe und Leidenschaft einer einzigen Frau zu geben.

Bei Partys fühle ich mich unbehaglich.

Die Spalte »Träume und Symbole«:

Die Faust von meinem Schild.

Der Satz »Streng dich an, streng dich noch mehr an!« aus dem Feld »Die Suche«.

Kürzlich habe ich von einem riesigen, köstlichen Sandwich geträumt. Ich bin sehr hungrig, und obwohl das Sandwich so groß ist, daß jeder davon satt werden kann, traue ich mich nicht, hineinzubeißen und damit den schönen Anblick für die anderen zu zerstören.

Manchmal fühle ich eine Enge in der Brust, die mich wie »zusammenschnürt« und mir angst macht.

In der Spalte »Ambivalenz, Verwirrung, Unzufriedenheit«:

Ich schätze die Zeit, die ich für etwas brauche, immer falsch ein und bin deshalb immer in Eile und ständig unter Druck.

Freizeit und Ruhe gehen in dieser Hast völlig unter.

Ich erwarte so viel von mir, daß ich nie zufrieden bin.

Ich fühle mich hin und her gerissen zwischen meinen persönlichen Bedürfnissen (die egozentrisch und selbstsüchtig sind, dafür aber auch sofort befriedigend), und der Verantwortung für die Gemeinschaft, die ich als privilegiertes Mitglied der Weltgemeinde fühle.

Wenn Sie Zeit haben, sollten Sie Ihr Tagebuch mindestens einen Tag lang mit sich herumtragen, damit Sie alles, was Ihnen noch dazu einfällt, in die Spalten eintragen können. (Das geht natürlich nicht, wenn Sie dieses Programm während eines Wochenend-Workshops oder unter ähnlicher Zeitbeschränkung durcharbeiten.) Kreuzen Sie die Punkte an, mit denen Sie sich noch intensiv beschäftigen wollen. Sobald Sie einen guten Überblick über die Konfliktbereiche in Ihrem Leben haben, stellen Sie die Punkte, die Sie angekreuzt haben, in einer gesonderten Liste zusammen, und zwar in der Reihenfolge vom schwierigsten bis zum einfachsten Problembereich. Suchen Sie für das persönliche Ritual I-6 einen Bereich aus.

Hier passiert es manchmal, daß jemand sich darin verrennt, den »idealen«, den »perfekten« Konflikt finden zu wollen. Sollte es Ihnen auch so gehen, dann bitte, lösen Sie sich von dieser Vorstellung – entspannen Sie sich. Natürlich beeinflußt die Wahl, die Sie jetzt treffen, Ihre ganze weitere Arbeit mit diesem Programm; andererseits haben wir immer wieder festgestellt, daß die Seele ganz von selbst das »richtige« Thema wählt, nämlich meist genau das, mit dem Sie sich jetzt gerade auseinandersetzen können. Persönliche Mythen sind »holographisch«, wie wir sagen: Ganz gleich, mit welchem Mythos Sie sich beschäftigen – in gewisser Weise verkörpert er Ihr gesamtes mythisches System. Wenn Sie einen Konfliktbereich durcharbeiten, so ist eben nicht nur dieser betroffen, sondern andere mit ihm. Es geht also nicht darum, daß Sie sich den Kopf zerbrechen, welcher Konfliktbereich nun der wichtigste und grundlegendste sei; wichtig ist, daß Sie den wählen, für den sich Ihr Gefühl entscheidet. Lassen Sie sich führen. Wenn Sie noch Schwierigkeiten mit Ihrer Liste oder mit der Entscheidung haben, dann hilft Ihnen vielleicht die folgende Traumarbeit weiter.

Traumarbeit I-2: Den Konflikt finden. Vielleicht finden Sie in Ihrem Tagebuch einen Traum aus der letzten Zeit, der einen Konflikt symbolisiert, von dem Sie das Gefühl haben, er könnte an diesem Punkt Ihrer Arbeit wichtig sein; falls nicht, möchten Sie sich einen solchen Traum viel-

1. Stufe – Das Identifizieren von Konflikten in der persönlichen Mythologie.

leicht schaffen. Wünschen Sie sich also einen Traum, der einen Konfliktbereich deutlich macht, an dem Sie gerade jetzt sinnvoll arbeiten könnten. Sind Sie sich nicht ganz im klaren über die Bedeutung eines Traumes, der Ihnen wichtig erscheint, dann arbeiten Sie an diesem Traum mit einer der Methoden aus dem vorigen Kapitel. Auch wenn es Ihnen nicht gelingt, einen Traum zu initiieren, so werden Sie wahrscheinlich doch mit neuen Einsichten aufwachen. Als Frank den Traum von dem Riesensandwich träumte, hatte er seine Konfliktübersicht fast fertig. Aber beim Aufwachen war ihm sofort klar, daß keiner der Punkte auf seiner Liste den Konfliktbereich so deutlich darstellte wie das Gefühl, das er im Traum gehabt hatte. Er war heißhungrig und gierig gewesen, aber obwohl genug da war für alle, hatte er nicht in das Sandwich gebissen, weil vielleicht jemand ärgerlich geworden wäre, wenn die Schönheit des Riesensandwichs dadurch zerstört worden wäre. Daraufhin wählte er einen Konfliktbereich, den er »meine gehemmte Leidenschaft« nannte – wir werden später noch darauf zurückkommen.

Die Frau, die sich mit dem Bumerang identifiziert hatte, erzählte folgenden Traum:

Ich hatte einen kurzen Traum von einem Hummer in der Wüste. Er kroch rückwärts, bis er in einem Felsloch steckenblieb. Seine Fühler bewegten sich unaufhörlich und heftig. Als ich mich fragte, welchen Mythos dieser Traum symbolisierte, kam ich wieder auf den Bumerang. Sowohl das Bumerang-Symbol wie auch der Hummer-Traum brachten mir zu Bewußtsein, wie groß meine Angst davor ist, in dieser Welt von Konkurrenz und Wettbewerb unterzugehen – in einer schwierigen Situation oder einer feindseligen Umwelt kann ich nicht mehr ruhig und überlegt meinen Weg gehen. Es hat nicht lange gedauert, bis mir klar wurde, wie dieser »alte Mythos« mich am Leben hinderte und mich festhängen ließ wie den Hummer in der Felsspalte.

Auch wenn Sie jetzt noch keinen Konfliktbereich gefunden haben, an dem Sie weiterarbeiten wollen – die folgenden persönlichen Rituale werden Ihnen sicher dazu verhelfen.

Persönliches Ritual I-6: Machen Sie Ihren Konflikt zu einem Symbol. Diese kurze Phantasieübung soll Ihnen helfen, die Gefühle, die Sie bezüglich Ihres Konflikts haben, zu einem einzigen Symbol zu verdichten. Sie werden dann besser verstehen, was der Konflikt für Ihr inneres Leben bedeutet, und auch eher wissen, auf welchen Konflikt Sie sich im weiteren konzentrieren wollen. Lassen Sie sich nun von den Anweisungen leiten.

> Machen Sie es sich bequem und atmen Sie langsam und tief. (Pause) Nehmen Sie sich Zeit und entspannen Sie sich, bis Ihr Körper ganz locker ist. (Pause von 30 Sekunden) Denken Sie an die Konfliktbereiche auf Ihrer Liste. (Pause) Wenn Sie schon einen ausgewählt haben, denken Sie an diesen Konflikt. (Pause) Lassen Sie sich auf die Gefühle ein, die dieser Konflikt oder Ihre Konfliktübersicht in Ihnen wachrufen. Sollte Ihr Konflikt der sein, einen Konflikt auszuwählen, dann lassen Sie sich darauf ein. (Pause) Wo in Ihrem Körper spüren Sie diese Gefühle? (Pause) Welche Empfindungen sind damit verbunden? (Pause) Welche Begrenzungen haben sie? Welche Form? Welche Farbe? (Pause) Können Sie ihre Struktur spüren? (Pause) Lassen Sie nun dieses Gefühl (oder diese Gefühle) sich in Ihrem Körper zu einem Symbol verdichten, einem Symbol, das für den Konfliktbereich steht, den Ihr inneres Selbst sich bewußtmachen will. Ein Symbol kann ein Bild sein, ein Wort, ein Satz, ein deutliches Gefühl, das Sie benennen können. Vielleicht ist es ein Bild, das Sie schon im Traum oder auf Ihrem Schild gesehen haben; vielleicht ist es Ihnen aber auch ganz neu. Lassen Sie das Symbol nun immer deutlicher und klarer werden. (Pause) Wenn noch keins da ist, lassen Sie eins entstehen. Auch wenn Ihnen die Bedeutung dieses Symbols noch nicht klar ist – es ist das Symbol eines Konflikts, mit dem zu arbeiten gut für Sie wäre; Sie werden noch genug Gelegenheit haben, die Bedeutung zu verstehen. Konzentrieren Sie sich während der nächsten Pause auf das Symbol. (Pause von 30 Sekunden) Wenn Sie fertig sind, zählen Sie bis fünf. Wenn Sie

bei fünf sind, öffnen Sie die Augen und fühlen sich klar, erfrischt und entspannt.

Zeichnen Sie das Symbol in Ihr Tagebuch (oder beschreiben Sie es) und schreiben Sie auch auf, was Ihnen zu seiner Bedeutung einfällt. Frank schrieb dazu:

Wenn ich über meinen Konflikt nachdenke, fühle ich Schmerz darüber, daß ich nicht leidenschaftlicher lebe. Das Gefühl in meinem Körper war wie ein schwarzer Bereich, schmal und lang. Er begann in meinem Hals, wo er am breitesten war, und verlief durch meinen Rücken nach vorne zum Mittelpunkt meines Körpers. Er war ungefähr fünf Zentimeter breit. Ich ließ ihn zu einem Bild werden, und er wurde zu einem riesigen Rachen, der eine kleine Ausgabe von mir ergriff und zwischen seinen Zähnen hielt. Die Zähne verletzten mich nicht, aber sie hielten mich ganz fest. Dieses Bild paßt gut zu dem Gefühl der Steifheit, das ich mit meinen Hemmungen verbinde, die ich loswerden möchte.

Persönliches Ritual I-7: Mit dem Konflikt zurück in die Vergangenheit. Sie haben Ihre persönliche Mythologie auf Ihrem Schild dargestellt, sich einen Überblick über die Konfliktbereiche in Ihrem Leben verschafft und entweder schon einen Konfliktbereich gefunden, an dem Sie weiterarbeiten wollen, oder aber ein Symbol, das die Gefühle repräsentiert, die mit diesem Konflikt verbunden sind. Man kann sich über die mythischen Hintergründe von Lebensproblemen sehr gut klarwerden, indem man gegenwärtige Gefühle mit vergangenen Erfahrungen in Verbindung bringt. Dafür gibt es eine wirksame Methode, die wir Ihnen zeigen werden; sie hilft Ihnen auch, den mythischen Untergrund Ihres Konfliktes besser zu verstehen, denn dieses Ritual macht die nicht mehr funktionierenden Mythen hinter den Problembereichen deutlicher. Es ist immer hilfreich, wenn man innere Konflikte bearbeiten will, und bleibt wirksam, ganz gleich, wie oft Sie es durchführen. Bereiten Sie sich wie gewohnt auf eine gelenkte Phantasieübung vor, machen Sie es sich bequem, schließen Sie die Augen, und atmen Sie tief ein und aus:

Während Sie es sich auf Ihrem Platz bequem machen, konzentrieren Sie sich auf Ihren Atem. Hören Sie auf jedes Einatmen (Pause) und jedes Ausatmen (Pause). Spüren Sie, wie Brust und Bauch sich heben und senken. (Pause) Atmen Sie langsamer und tiefer, während Sie sich mit jedem der nächsten fünf Atemzüge mehr und mehr entspannen – EINS, ZWEI, DREI, VIER, FÜNF. Denken Sie an Ihren Konflikt und (oder) an das Symbol des Konflikts aus dem letzten persönlichen Ritual. Solche Konfliktbereiche rufen meist unangenehme Gefühle hervor – scheuen Sie sich nicht, diese Gefühle und Stimmungen, die mit dem Konflikt verbunden sind, zuzulassen und zu erleben. (Pause) Wenn Sie Schwierigkeiten haben, sich jetzt darauf einzulassen, dann rufen Sie in sich ein unangenehmes Gefühl wach, das Sie in Ihrem täglichen Leben öfters haben. (Pause) Wenn der Konflikt verschiedene Gefühle in Ihnen wachruft, konzentrieren Sie sich auf das stärkste und unangenehmste. In welchem Teil Ihres Körpers spüren Sie es? (Pause) Wenn Sie es nur sehr schwach fühlen können, dann stellen Sie sich vor, daß Sie in das Gefühl hineinatmen und es mit Ihrem Atem verstärken. Ist es andererseits zu stark, dann stellen Sie sich vor, daß Sie mit dem Ausatmen die überschüssige Intensität herauslassen. Beobachten Sie, wie Ihr Körper reagiert, während Sie das Gefühl Ihr ganzes Bewußtsein durchdringen lassen.

Wie könnten Sie dieses Gefühl nennen? Einsamkeit? Verzweiflung? Frustration? Zorn? Verwirrung? Irritation? Feindseligkeit? Eifersucht? Finden Sie ein Wort, welches des Gefühl beschreibt und auch das, was es in Ihrem Körper an Empfindungen auslöst. (Pause) Entspricht das Wort, das Sie gefunden haben, wirklich dem Gefühl? (Pause) Lassen Sie die beiden, das Wort und das Gefühl, sich treffen und schauen Sie, ob sie zueinander passen. (Pause) Wenn nicht, suchen Sie ein anderes Wort und probieren Sie es aus. Tun Sie das so lange, bis Sie ein Wort gefunden haben, welches das Gefühl wirklich gut beschreibt.

Machen Sie nun mit diesem Gefühl eine Reise zurück

in die Vergangenheit. Erleben Sie dasselbe Gefühl in anderen, früheren Zusammenhängen. Benutzen Sie das Gefühl wie einen fliegenden Teppich, der in die Vergangenheit zurückführt, oder stellen Sie sich vor, es sei eine Brükke, die Sie mit einer früheren Zeit in Ihrem Leben verbindet – mit einer Zeit, in der Sie ein ähnliches Gefühl gehabt haben. Wann haben Sie dies Gefühl schon einmal gehabt? (Pause) Vielleicht erinnern Sie sich daran, es kürzlich einmal gehabt zu haben? Das ist ein Anfang. Nun gehen Sie weiter zurück, in Ihre Jugend, Ihre Kinderzeit. (Pause) Vielleicht gelangen Sie sogar bis in Ihre Kleinkinderzeit. Nehmen Sie nun das Gefühl mit zurück bis zu dem Zeitpunkt, wo Sie es zum erstenmal hatten oder gehabt haben könnten. (Pause) Wenn Sie nicht sicher sind, nutzen Sie Ihre Vorstellungskraft. Was taten Sie, als Sie das Gefühl zum erstenmal hatten? (Pause) Wenn Ihr Gedächtnis Sie im Stich läßt, füllen Sie die leeren Stellen mit Ihrer Phantasie. Wie alt waren Sie? Wie sahen Sie aus? Was hatten Sie an? Wie sah die Umgebung aus? Wer war bei Ihnen? Oder waren Sie allein? Wo waren Sie? Welche Bilder, Töne, Gerüche, Geschmacksqualitäten verbinden Sie mit dem Ereignis? Was genau löste das Gefühl aus? Erinnern Sie sich an so viele Einzelheiten wie möglich, stellen Sie sich diese vor. (Pause von 20 Sekunden)

Denken Sie nun darüber nach, welche Entscheidungen Sie vielleicht aufgrund dieser und ähnlicher Erfahrungen getroffen haben. (Pause) Welche Ansichten und Vorstellungen über sich selbst und die Welt waren das Ergebnis? Welche Regeln und Verhaltensvorschriften haben Sie aufgestellt? Welche Einstellungen gegenüber anderen Menschen entwickelten sich? Welche Sicht der Welt? Welche Lebensphilosophie? (Pause von 30 Sekunden)

Nun stellen Sie sich vor, wie Sie, als der Mensch, der Sie jetzt sind, mit dieser, ihrer jüngeren Ausgabe ein Gespräch führen. (Pause) Helfen Sie diesem jüngeren Ich, wo immer Sie können. Was hätten Sie sich damals gewünscht, daß ein Erwachsener für Sie tut? Welcher Rat hätte Ihnen geholfen? Welcher Ausdruck von Zuneigung hätte Sie unterstützt? Welche Art von Zuneigung hätte Ihnen geholfen, mit den Gefühlen fertig zu werden, die diese Erfahrung in Ihnen ausgelöst hat? (Pause) Welche Worte und Taten hätten dieses Ereignis zu einer positiven Lernerfahrung werden lassen, statt zu etwas, das einen hemmenden persönlichen Mythos entstehen ließ oder verstärkte? (Pause) Vielleicht entwickelt sich ein Gespräch zwischen Ihnen und Ihrem jüngeren Ich. Erzählen Sie ihm von dem, was noch kommt und was es wissen sollte. Was immer in der folgenden Pause in Ihnen hochkommt, lassen Sie sich darauf ein. (Pause von 30 Sekunden)

Es ist Zeit, dem jüngeren Ich auf Wiedersehen zu sagen. Viele Teilnehmer unserer Workshops haben erzählt, daß sie ihr jüngeres Ich in der Phantasie spontan umarmten. Gönnen Sie sich noch ein paar Momente zusammen – und jetzt verabschieden Sie sich. (Pause) Kehren Sie jetzt in den Zustand des Wachbewußtseins zurück. Sie werden sich an alles erinnern können, was Sie eben erlebt haben. Bei ZEHN werden Sie wach, entspannt und erfrischt sein, so, als ob Sie gut geschlafen hätten. EINS, kommen Sie langsam zurück. ZWEI, DREI, VIER, FÜNF, SECHS, bewegen Sie Zehen und Füße, werden Sie langsam wach. SIEBEN, bewegen Sie Finger und Hände. ACHT, dehnen Sie Schultern, Hals und Gesichtsmuskeln. NEUN, atmen Sie tief ein. Und ZEHN, öffnen Sie die Augen, Sie sind wieder ganz wach.

Schreiben Sie nun alles, was Sie erlebt haben, in Ihr Tagebuch. Bedenken Sie dabei die folgenden Punkte:

1. Mit welchem Konflikt oder Symbol haben Sie die Phantasieübung begonnen?
2. Welches unangenehme Gefühl rief der Konflikt bzw. das Symbol in Ihnen wach?
3. Beschreiben Sie die Szene aus Ihrer Kindheit, zu der Sie zurückkehrten, so genau wie möglich.
4. Welche Verhaltensweisen und Verhaltensvorschriften haben Sie aufgrund dieser oder ähnlicher Erfahrungen angenommen? Welche Zielvorstellungen, welche Einschränkungen?

5. Welche Einstellungen gegenüber den Menschen, welche Sicht der Welt, welche Lebensphilosophie entstand aus solchen Erfahrungen?
6. In welcher Beziehung stehen diese Regeln, Vorschriften, Einstellungen, Ansichten, diese Lebensphilosophie zu Ihrem ursprünglichen Konflikt, zu Träumen aus der letzten Zeit, zu Ihrem Schild oder anderen Symbolen?
7. Wie beeinflussen diese Ihr heutiges Leben – sind sie vielleicht veraltet, wenn ja, auf welche Weise?

Die Antworten auf diese Fragen werden Ihnen viel über den persönlichen Mythos sagen, den Sie vielleicht schon sehr früh in Ihrem Leben entwickelt haben. So kehren viele Menschen bei ihrer Zeitreise auf dem fliegenden Teppich des Gefühls zu einer schmerzlichen Erfahrung mit Vater oder Mutter (oder beiden) zurück. Vielleicht war die Konsequenz jener Erfahrung, daß Sie beschlossen, niemals wieder etwas zu tun, was Sie um die Liebe oder Anerkennung Ihrer Eltern bringen könnte. Oder Sie beschlossen, Ihren Eltern nie wieder zu vertrauen.

Vielleicht kamen Sie auch zu dem Ergebnis, daß Sie sich von jemandem abhängig machen mußten, oder zum Gegenteil, nämlich nie wieder von jemandem abhängig sein zu wollen. Teilnehmer unserer Workshops haben solche Einstellungen und Werte so formuliert: »Man kann den Menschen nicht vertrauen.« »Ich bin schwach und abhängig.« »Die Welt ist ein Dschungel.« »Ich bin es nicht wert, daß man mich liebt oder beachtet.«

Vielleicht hat der Mythos, den Sie damals entwickelten, immer noch Sinn und Wert für Sie. Vielleicht hat er auch längst seine Kraft verloren, obwohl er einstmals sehr stark war. Meist jedoch sind die Mythen, die man bei solchen Phantasiereisen entdeckt, noch ziemlich lebendig und tätig, allerdings in einem negativen Sinne: Sie hemmen und stören heute Ihre Entwicklung und Ihre Lebenskraft, auch wenn sie früher einmal notwendig und nützlich für Sie gewesen sind. Eine unserer Klientinnen zum Beispiel war schon sehr früh zu dem Ergebnis gekommen, daß man sich auf die Menschen nicht verlassen könne. Diese Einstellung wirkte sich in vieler Hinsicht sehr positiv aus: Sie entwickelte ein starkes Vertrauen zu sich und ihren Fähigkeiten. Andererseits hatte sie im Laufe der Jahre viele Erfahrungen gemacht, die es immerhin möglich scheinen ließen, daß sie den Menschen vielleicht doch vertrauen könne, auch wenn sie davor Angst hatte. Dennoch revidierte sie ihren alten Mythos nicht, bis ihr der Widerspruch zwischen der Wirklichkeit, die sie ja wahrnahm, und ihrem alten Verhalten während einer Übung so deutlich wurde, daß sie ihn nicht mehr übersehen konnte. Allmählich lernte sie nun, Hilfe und Freundschaft anzunehmen, und ihre Beziehungen zu anderen Menschen wurden wärmer und intensiver. Gleichzeitig aber konnte sie sich das Selbstvertrauen, das ihr in der Kindheit so geholfen hatte, erhalten.

Frank schrieb dies in sein Tagebuch:

Ich konzentrierte mich darauf, wie sehr ich »zivilisiert« worden bin, so sehr, daß ich alle starken, lebendigen Gefühle in mir abschnürte. Das Gefühl, das dann in mir wach wurde, war Frustration, so stark, daß es mir die Luft nahm. Ich ging zurück in die Vergangenheit und fand viele Erfahrungen, die mich gezwungen hatten, meine Impulse zu hemmen – alles Erlebnisse, an die ich mich auch vorher schon erinnert hatte: endlose Stunden Unkrautjäten auf dem Rasen, während die anderen Kinder um mich herum spielten; am Eßtisch sitzen bleiben müssen, bis ich diese schrecklich schmeckenden, mittlerweile kalt gewordenen Kartoffeln hinuntergewürgt hatte; am Klavier vorspielen zu müssen, was ich haßte. Ich ging noch weiter zurück zu einem Erlebnis, das ich vergessen hatte. Ich war fünf und in der ersten Klasse; Frau Hofinger, die Lehrerin, hatte mich nach der Schule dabehalten. Ich war damals »Pausenaufpasser«, mußte also auf dem Hof während der Pause aufpassen, ob jemand etwas Unerlaubtes tat, und das dann dem Lehrer melden. Ich war während der letzten Pause besonders erfolgreich gewesen und hatte gleich drei Kinder gemeldet. Ich war sehr stolz darauf und glaubte, Frau Hofinger hätte mich dabehalten, um mich für meine gute Arbeit zu loben. Ich wollte damals nämlich unbedingt Polizist werden. Statt dessen aber gab sich die gute alte Frau Hofinger auf ihre freundliche großmütterliche Art alle Mühe, mir klarzumachen, daß niemand Leute mag, die petzen. Ich war völlig verblüfft. Ich begriff weder, was dieses Wort bedeutete, noch verstand ich, daß es irgend etwas anderes als eine sehr verdienstvolle Tat sein könnte, Leute anzuzeigen, die gegen Regeln verstoßen.

Als diese Erinnerung in mir hochstieg, wurde mir sofort klar, warum mein Unbewußtes ausgerechnet dieses anscheinend so nebensächliche Ereignis wachgerufen hatte. Die Faust auf meinem Schild stand für die Hemmung meiner Impulse – ich konnte nicht mehr frei hinausgehen in die Welt, Risiken auf mich nehmen – nicht mehr stark, lebendig, spontan fühlen. Durch diese Erinnerung wurde mir klar, daß ich etwa ein Jahr später mein lebendiges Gefühl schon eingekapselt hatte und nur noch für ein Ziel nutzte: andere zufriedenzustellen, und zwar die, die oben standen, die die Macht hatten. Das waren damals die Lehrer, die sozusagen über uns Kindern schwebten als Repräsentanten des *Richtigen* und die mir vor allem den deutlichen Weg zum richtigen Handeln zeigten. Ich ging diesen Weg ohne zu zögern, ohne nach rechts und links zu sehen, und belohnt wurde ich mit der ungeheuren Sicherheit, die die Bestätigung mir gab. All das löste sich in Luft auf, als Frau Hofinger mit mir sprach – was sie mir sagen wollte, war gut gemeint und richtig, das weiß ich heute. Aber damals bedeutete es nur, daß sie mir die Bestätigung vorenthielt, sie, die ja auch ein Repräsentant alles *Guten* und *Richtigen* war. Und vor allem: Der Weg, den ich gegangen war und für den sie mich nun nicht lobte, war ja der einzige, der mir übrigblieb, war der Weg, den ich mit ganzem Herzen ging, der einzige, dem ich traute. Ich war völlig zerstört.

Welche Lebensregeln, welche Verhaltensweisen entstanden aus diesem Erlebnis? Ich begann, mich völlig in mich selbst zurückzuziehen. Ich würde es nicht mehr riskieren, mich auf irgend etwas einzulassen, was mit anderen Menschen zu tun hatte. Ich würde mich und alle meine Gefühle nur noch Dingen widmen, von denen ich sicher wußte, daß sie richtig waren, bewundernswert, sicher. Dieser Bereich war nun noch einmal drastisch eingeengt worden. Alles, was mir blieb, war, meine ganze Leidenschaft dem Lernen zuzuwenden – und das war ein sehr guter Weg, sie abzukühlen. Es hat mich sehr bewegt, mein jüngeres Ich zu sehen. Ich wußte keinen Weg, wie ich diesem kleinen, unbeholfenen, schüchternen, sozial gehemmten Kind hätte helfen können, es selbst zu sein, sicher und ohne Einschränkung. Ich wünschte mir, ich könnte jeden Tag bei ihm sein, ihm helfen, ihm zeigen, wie man mit den anderen Kindern umgeht, wie ein älterer Bruder vielleicht. Ihm zeigen, wie man mit Sticheleien umgeht, auf Angriffe reagiert, wie man einsteckt und austeilt. Aber es war ganz allein und sehr schlecht gerüstet. Ich habe ihm nur gesagt, es solle nicht verzweifeln – das Leben würde besser werden. Ich umarmte es, und es hielt sich ganz fest an mich gedrückt. Und obwohl mein Leben wirklich viel besser geworden ist, lebt das verwundete Kind noch immer in mir, und ich hemme meine Gefühle, um es nicht zu ängstigen.

Wir haben mit mehreren hundert Menschen gearbeitet, die diese Phantasiereise gemacht haben. Dabei konnten wir einige Gemeinsamkeiten beobachten. So gut wie jeder gelangt auf diesem Weg zurück in die Kindheit zu einer Erfahrung, die ihm hilft, Einstellungen und Verhaltensweisen zu erkennen, hinter denen ein alter Mythos steht – der Mythos, der mit ihren jetzigen Wünschen und Bedürfnissen kollidiert. Dieser persönliche Mythos ist veraltet; er steht in unausweichlichem Konflikt zu einem neuen, den die Seele sich geschaffen hat, um mit den Problemen fertig zu werden, die der alte Mythos verursacht oder jedenfalls nicht löst. Dieser Gegen-Mythos ist jedoch oft unbewußt. Im nächsten Kapitel werden wir sehen, wie man ihn bewußtmachen kann.

Unsere Methode, mit dem Konflikt zurück in die Vergangenheit zu gehen (die wir aus einer Hypnosetechnik entwikkelt haben, welche »Affektbrücke« genannt wird)[7], ist eine sehr effektive Möglichkeit, mit den mythischen Dimensionen unseres inneren Lebens in Berührung zu kommen. Sie können damit in den verschiedensten Situationen immer wieder arbeiten. Es gibt natürlich auch viele andere Wege, mythische Konflikte aufzudecken und mit frühen Erfahrungen in Verbindung zu bringen. So werden unbewußte mythische Konflikte oft somatisiert, das heißt, sie zeigen sich als körperliche Symbole – von Erkältungen über Hautausschläge bis hin zu ernsten Erkrankungen. Techniken wie das sogenannte Focusing, das wir im nächsten Kapitel beschreiben, können helfen, Konflikte bewußtzumachen, die hinter solchen Körpersymptomen stehen. Indem man die »Last des Wissens« sozusagen von der körperlichen auf die Ebene des Bewußtseins verlagert, befreit man den Körper von der Aufgabe, einen mythischen Konflikt auf eigene Kosten zum Ausdruck zu bringen.[8]

Die Teilnehmer unserer Gruppen arbeiten mit diesen Techniken auch zu Hause weiter, und je vertrauter sie damit werden, desto mehr beginnen sie, eigene neue Methoden zu entwickeln. Wir ermutigen solche Experimente, denn letzten Endes weiß niemand besser als man selbst, wie man die Geheimnisse der eigenen Seele entdeckt. Wir möchten Sie allerdings an das erinnern, was wir im vorigen Kapitel sagten: Gehen Sie vorsichtig, liebevoll und verantwortlich mit sich selbst und den eigenen Gefühlen um, sowohl bei den Übungen, die wir Ihnen vorschlagen, wie auch bei denen, die Sie selbst entwickeln. Die folgende Übung zeigt Ihnen, wie Sie Ihren persönlichen Schild dazu verwenden können, sich selbst zu schützen.

Ihr Schild als Schutz für Ihre Gefühle. Wenn man Kontakt mit dem eigenen Unbewußten aufnimmt – ob durch einen Traum, eine Phantasie oder anderes –, kann das auch unbehaglich und beängstigend werden. So erlebte zum Beispiel eine Klientin, die zurück in die Vergangenheit ging, eine Kindheitserinnerung wieder, in der sie sexuell belästigt wurde. Sie war nicht fähig, an diesem Erlebnis zu arbeiten; schon die Erinnerung daran versetzte sie in Angst und Aufregung. Wir baten sie, ein Symbol für diese Erfahrung zu finden und es auf ihren persönlichen Schild zu zeichnen, in das Feld »Das verlorene Paradies«. Dann sollte sie sich vorstellen, daß sie die starken Gefühle, die damit verknüpft waren, in dieses Symbol hineinschickte, sie also buchstäblich von ihrem Körper auf den Schild übertrug. Auf diese Weise brauchte sie die Erfahrung weder zu verdrängen noch daran zu arbeiten, bevor sie dafür bereit war. Wie es so oft geschieht – die holographische Eigenschaft persönlicher Mythen wird hier wieder deutlich –, tauchte einiges aus dieser Erinnerung später bei dem Konflikt auf, mit dem zu arbeiten sie sich entschlossen hatte, einem Konflikt, der zunächst anscheinend gar nichts mit ersterem zu tun hatte, nämlich ihrer Neigung, sich von ihren Kindern bei Auseinandersetzungen überfahren zu lassen. Diese Erinnerungssplitter befanden sich aber nun auf einer symbolischen und weit weniger intensiven Ebene, so daß sie damit umgehen konnte. Und diese Erfahrung wiederum machte den Weg frei, sich schließlich und endlich doch noch mit jenen alten Gefühlen auseinanderzusetzen.

Auch Sie können Ihren Schild so benutzen, wann immer ein Traum oder eines der Rituale eine erschreckende Erinnerung oder beängstigende Gefühle wachruft, mit denen Sie sich zu diesem Zeitpunkt nicht auseinandersetzen wollen. Manchmal werden Sie zu diesem Zweck ein neues Symbol auf Ihren Schild malen müssen; meist aber eignet sich eines der schon vorhandenen Symbole gut dafür, das beängstigende Gefühl darauf zu projizieren. Halten Sie den Schild in Augenhöhe vor sich. Lassen Sie nun das Gefühl noch einmal ganz zu und stellen Sie sich vor, daß seine Kraft durch Ihren Blick und jedes Ausatmen von Ihrem Körper auf den Schild übertragen wird. Atmen Sie kräftig aus, genau auf das Symbol – wie ein Drache, der seinen Feueratem hinausbläst. Sobald Sie sich klarer und freier fühlen – nach ein, zwei Minuten –, sehen Sie Ihren Schild genau an und stellen Sie sich ganz intensiv vor, daß er Sie emotional schützen kann, wann immer Sie das brauchen. Dann entspannen Sie sich so tief wie möglich – mit der »Progressiven Entspannung«, der »Baum-des-Lebens-Meditation« oder der Akupressur-Technik, die wir Ihnen im vorigen Kapitel gezeigt haben. Wenn Ihnen mehr nach Bewegung zumute ist, schütteln Sie alles, was noch an beängstigenden Gefühlen übrig ist, ab, indem Sie sich mit Ihrem ganzen Körper heftig bewegen.

Auf zur zweiten Stufe. An diesem Punkt fühlen sich manche unserer Klienten sehr entmutigt: Scheint es nicht hoffnungslos, das Verhaltensmuster, das sie gerade entdeckt haben, ändern zu wollen? Wenn es Ihnen ähnlich geht, dann bedenken Sie bitte: Sie haben Ihre Seele gewissermaßen dazu aufgefordert, Konflikte deutlich werden zu lassen. Unsere Methoden sind so angelegt, daß vor allem solche Aspekte Ihrer persönlichen Mythologie bewußt werden, für die Sie auch bereit sind, mit denen Sie sinnvoll arbeiten können. Der Prozeß, mit dem Sie jetzt begonnen haben, gibt – und das werden Sie in den folgenden vier Kapiteln noch erfahren – vor allem Kraft, Mut und Hoffnung. Es ist aber, wie wir schon sagten, auch möglich, daß Konflikte auftauchen, für die Sie noch nicht bereit sind, die Ihnen noch zuviel Angst machen; in solchen Fällen ist die Arbeit mit dem persönlichen Schild, wie wir sie eben beschrieben haben, oder auch die »Erste Hilfe in mythischen Tiefen« aus dem letzten Kapitel, eine zuverlässige Hilfe.

Wir haben nun den ersten Teil dieser Reise in mythische Tiefen hinter uns: Sie haben einen wichtigen Konfliktbereich in Ihrer persönlichen Mythologie erkannt und auch – zumindest ansatzweise – verstanden, wie er in Ihrer Geschichte verwurzelt ist. Im nächsten Kapitel werden wir deutlicher herausarbeiten, welchen Einfluß und welche Dimensionen der alte Mythos wie auch der neue Gegen-Mythos haben – sie sind ja die Grundlage des Konflikts, den Sie in diesem Kapitel identifiziert haben.

5

Der zweite Schritt: Die widersprüchlichen Mythen herausarbeiten

> Das ist die Aufgabe: So tief wie möglich in die Dunkelheit vorzustoßen, dem Schmerz, den man dort findet, einen Namen zu geben, die Wahrheit der eigenen Wahrnehmung zu erkennen und dann auf der anderen Seite wieder aufzutauchen mit der Erlaubnis, unsere eigene Wirklichkeit auch aus unserem eigensten Blickwinkel zu sehen und zu benennen.
>
> *Anthea Francine*[1]

Die gelenkten Phantasieübungen, mit denen wir gearbeitet haben, sollten Ihnen helfen, herauszufinden, wie ein persönlicher Mythos Ihr Leben bestimmt und Ihnen Schwierigkeiten macht. Die meisten Menschen stellen bei dieser Reise in die Vergangenheit fest, daß es zwischen Kindheitserlebnissen und der Entstehung des Mythos Zusammenhänge gibt. Und – noch wichtiger – sie fangen an, zu begreifen, daß sie ihr Leben auch anders leben könnten als nach den Vorschriften dieses Mythos.

Wenn ein Bereich Ihrer persönlichen Mythologie veraltet ist, in dem Sinne, daß Ihre Lebensumstände sich geändert haben oder daß Sie mittlerweile andere Bedürfnisse haben, sich weiterentwickeln wollen, dann entsteht ein Konflikt zwischen dem alten Mythos und neuen Mythen, Sehnsüchten, Anschauungen. Sofern Ihre Lebenskraft nicht ganz und gnadenlos eingekerkert und gelähmt wurde, sucht Ihre Seele

– bewußt oder unbewußt – beständig nach neuen Möglichkeiten zu leben. Zwei Kräfte sind dabei besonders stark. Die eine drängt danach, »unerledigte Geschäfte« abzuschließen, also frühe emotionale Konflikte und Traumata zu bearbeiten und zu lösen; die andere arbeitet daran, Fähigkeiten und Möglichkeiten, die brachliegen, zu entwickeln. Solche Entwicklungen im mythischen Bereich erkennt man oft zuerst durch die »Fenster in der Mauer« zwischen Unbewußtem und Bewußtem: Träume, Tagträume, intuitive Handlungen und Reaktionen, kreativer Ausdruck. Auch gelenkte Erfahrungen, wie unsere Phantasieübungen, können helfen, die beginnende mythische Entwicklung deutlich zu machen.

Die Seele läßt neue Mythen entstehen, um die Mängel des alten vorherrschenden Mythos auszugleichen, und so ist der Konflikt zwischen dem alten und dem neuen Mythos unausweichlich. Wegen dieser engen, aber gegensätzlichen Beziehung zwischen beiden nennen wir den neu entstehenden den »Gegen-Mythos«. Wer in den Phantasieübungen die starken Kräfte wiedererlebt, denen er in seiner Kindheit ausgesetzt war, wird besser verstehen und akzeptieren können, daß er seine damaligen Schwierigkeiten mit Hilfe des alten Mythos zu lösen versuchte – all seinen Mängeln zum Trotz. Und dieses Verständnis der familiären, psychodynamischen und kulturellen Kräfte, die den alten Mythos entstehen ließen und formten, ist sehr wichtig. Es hilft Ihnen, die Auseinandersetzung mit Ihrer persönlichen Mythologie selbstbewußt zu führen, anstatt sich mit Schuldgefühlen und destruktiver Selbstkritik zu quälen. Der Rückblick auf das, was gewesen ist, und das Begreifen, warum es so war, verbessern die Beziehung zwischen Ihrem »inneren Zeugen« und den Anteilen Ihrer selbst, die der alte Mythos repräsentiert. Es hilft Ihnen auch, Abschied zu nehmen und zu trauern: sich von einem alten, vertrauten Mythos zu trennen, bedeutet auch, daß etwas in uns stirbt.

Es kann sehr viel schwieriger sein, neue Gegen-Mythen zu erkennen als alte Mythen: Sie sind ja nicht schon »fix und fertig« wie der alte Mythos, sind vielmehr oft noch in der Entwicklung und lassen sich darum nicht so klar ins Bewußtsein heben. Dennoch sind sie starke innere Kräfte, erwachsen aus unseren unbewußten Tiefen oder geprägt von den Mythen anderer Menschen, welche uns sehr wichtig sind, oder auch von den Mythen unserer Kultur geformt. So ein Gegen-Mythos ist oft phantasievoll, belebend und voller Kraft, andererseits aber auch meist nicht besonders realistisch oder praktikabel, so daß man ihn so, wie er ist, nicht leben kann. Indem Sie Ihre Aufmerksamkeit auf ihn konzentrieren, werden Sie sich seines Einflusses bewußt und können ihn weiterentwickeln und ausarbeiten. Wir werden in diesem Kapitel mit gelenkten Phantasien, Metaphern und Allegorien arbeiten, und Sie werden feststellen, daß man damit diese neuen mythischen Bereiche erstaunlich klar erkennen kann. Wenn Sie sich solcher Entwicklungen in Ihrem inneren Leben bewußt sind, dann können Sie den neuen Mythos auch bewußter und eigenständiger formen und sind darauf eingestellt, daß er Ihre Wahrnehmungen, Ihre Gefühle und Ihr Verhalten beeinflussen wird.

Der nächste Schritt in der Arbeit mit Ihrer persönlichen Mythologie wird der sein, sowohl den alten vorherrschenden wie auch den neuen auftauchenden Gegen-Mythos so deutlich wie möglich herauszuarbeiten. Ein Weg dahin ist es, ihre Ursprünge zu untersuchen. Wir werden Ihnen zeigen, wie Sie die Wurzeln des alten Mythos verstehen und die neuen Mythen erkennen und begreifen können, Mythen, die zu diesem Zeitpunkt mehr oder weniger im Bereich Ihrer bewußten Wahrnehmung liegen.

Margrets nächster Schritt

Zurück zu Margret, die jetzt daran arbeitet, sowohl den alten wie den neuen Mythos klarer zu erkennen. Sie schreibt ein persönliches Märchen. Dabei bezieht sie auch ein, was sie über die Aspekte »Das Paradies«, »Das verlorene Paradies« und »Meine Suche« in ihrer eigenen Vergangenheit schon erarbeitet hat.

Es war einmal vor langer Zeit eine Insel. Sie war vom Festland durch eine Meerenge getrennt, deren wilde Wasser niemand passieren konnte. Auf dieser Insel lebte ein kleines Mädchen, Juanita Margret. Sie war den ganzen Tag lang beschäftigt, vom Morgengrauen bis zum Abend. Zweimal am Tag ging sie zu den Klippen, um Flut und Ebbe zu beobachten. Sie sah nach den Wachtelnestern, ob Eier darin lagen oder ob die jungen Vögel schon ausgeschlüpft waren. Sie erlebte, wie die Kaulquappen sich wie durch Zauber in Frösche verwandelten, und sah staunend, wie aus einer Larve ein Schmetterling schlüpfte und vorsichtig seine Flügel bewegte. Sie pflückte Sträuße von wilden Blumen und Kräutern und sammelte das silbergraue Treibholz, das die Wellen zu seltsamen Gestalten geformt hatten. Sie aß Pfirsiche und Apfelsinen, die auf den Bäumen wuchsen, und sammelte Algen und Muscheln von den Felsen an der Küste.

Sie hatte ein kleines Eichhörnchen, das sie aufgezogen hatte, weil seine Eltern tot waren, einen lahmen Coyoten und viele Schwalbennester in ihrer Höhle. Das Eichhörnchen lehrte sie alles über Samen, Sparsamkeit, Fleiß, Voraussicht und Pflanzen. Der Coyote zeigte ihr, wie wichtig Geduld, Geschmeidigkeit und Sich-verstecken-Können sind. Von den Schwalben lernte sie Freude, Nestbau und Freiheit. Am Abend schlief sie in einer kleinen Höhle ein, die sie sich in einer Felsspalte eingerichtet hatte, mit dem Gesicht zur untergehenden Sonne. Der Mond und die Stürme waren ihre Gefährten.

Juanita Margret wußte nicht, daß sie im Exil lebte, daß sie ein bemitleidenswertes Geschöpf war, das für die Menschen auf dem Festland auf irritierende Weise etwas Besonderes war. Auch diese Menschen waren sehr geschäftig, eilten von einem Ort zum anderen, sprachen über Eigentum und Vermögenswerte, arrangierten ihre Kleider und ihren Gesichtsausdruck, hatten miteinander zu tun in einem ständigen Wechsel von Auseinandersetzung, Verführung, Täuschung, Ablehnung, Qual und Illusion. Daß Juanita Margret so ganz sie selbst war, störte die Menschen auf dem Festland.

Niemand erinnerte sich daran, wie und warum sie auf die Insel gekommen war; aber sie waren es selbst gewesen, die Juanita Margret dorthin gebracht hatten. Sie brachten sie auf die Insel, als sie merkten, daß sie lieber auf Bäume kletterte, als ein neues Kleid anzuprobieren. Als sie merkten, daß sie laut, fordernd, neugierig und ungehemmt war, wurden sie ärgerlich über ihr rohes und natürliches Benehmen. Sie schickten sie zum Spielen nach draußen, damit sie in Ruhe ihre Zeitungen und Magazine lesen konnten. Eines Morgens ging sie fort und kam nie zurück. Alle schienen erleichtert zu sein.

Eines Tages betrachtete ein Mann vom Festland die Insel durch ein Fernrohr. Er sah, daß dort viele wunderschöne Obstbäume wuchsen und wie sauber und klar das Wasser an den kleinen Stränden unterhalb der Klippen war. Er dachte: »Ich könnte dort ein Ferienzentrum bauen und eine Million Dollar daran verdienen.« Es dauerte nicht lange, und Ingenieure untersuchten die Meerenge zwischen dem Festland und Juanita Margrets Insel. Sie bauten eine Brücke, über die eine Autostraße führte. Sie fällten die Pfirsich- und Apfelsinenbäume, um an diese Stelle das »Hotel zum Obstgarten« zu bauen. In der Eingangshalle des Hotels stellten sie einen Pfirsichbaum und einen Apfelsinenbaum in Töpfen auf. Sie schlugen Stufen in die Felsen, brachten Handläufe an und machten die Treppen mit Zement so haltbar wie möglich. Die Abfalleimer quollen über.

Ein paar Männer kamen und sahen Juanita Margret im Schatten der Büsche am Parkplatz sitzen und Essensreste essen, die die Leute aus den Autos geworfen hatten. Erst wollte sie nicht mit ihnen gehen, aber dann lockten sie sie mit warmen Strümpfen und Zimtbrötchen, und schließlich ging sie mit.

Sie verließ das Eichhörnchen, den Coyoten und die Schwalben – sie mußten selbst sehen, wie sie sich retten konnten, denn Juanita Margret wußte nicht, was sie für sie hätte tun können. Sie ging nun zur Schule und war ein kleines Mädchen wie tausend andere. Sie mußte in einem Bett schlafen, sich in der Badewanne waschen statt im Ozean, leise sprechen, artig sein, sich so verhalten, daß die anderen stolz auf sie sein konnten, und entsprechend ihren Fähigkeiten leben. Sie durfte nicht mehr einfach pinkeln, wenn ihr danach war. Sie mußte dafür an einen bestimmten Ort gehen und so tun, als wolle sie sich die Hände waschen. Sie durfte sich nicht mehr mit ihrem Körper oder ihren Gedanken beschäftigen, wann immer sie das wollte. Sie lernte, auf das zu hören, was man ihr sagte. Man sagte ihr: »Über so was spricht man nicht« oder: »Dein Temperament wird dich noch mal umbringen.« Wenn jemand seine Arbeit schlecht gemacht hatte, so war der schlimmste Vorwurf: »Wie eine Frau.« Sie sollte nun lernen, eine nette, junge Frau zu werden.

Dies ist der erste Teil des Märchens. Mit der Focusing-Technik erforschte Margret die Gefühle, die Teile ihres Märchens in ihr hervorriefen. So zum Beispiel ihre körperlichen Reaktionen, wenn sie daran dachte, wie die Menschen vom Festland Juanita Margret bemitleideten, weil sie allein auf der Insel lebte, und wie irritiert sie waren.

Mein Gesicht fühlt sich heiß und rot an, ein Gefühl der Unzulänglichkeit ist da. Meine Augen wollen trotzig oder herausfordernd schauen. Ich fühle Widerstand in meinem Mund: angespannte Lippen, zusammengebissene Zähne, zurückgehaltenen Atem. Ich fühle mich aber auch selbstzufrieden und überlegen. Ich spüre das in meiner Oberlippe, fühle auch so etwas wie ein spöttisches Lächeln in meinem Gesicht.

Sie fragt sich, was diese Reaktionen für sie bedeuten:

Ich habe es immer gehaßt, wenn man sich über mich lustig machte oder mich von oben herab behandelte – auch wenn ich das nur ganz leicht spürte. Ich habe sehr schnell das Gefühl, daß sich jemand über mich lustig macht, und verteidige mich dann rücksichtslos. Ich habe immer dazu geneigt, Menschen, von denen ich glaubte, sie würden mich heruntermachen, abzulehnen und zum Sündenbock zu machen – ganz gleich, ob das einzelne waren oder Gruppen. Ich habe solchen Leuten gegenüber nie verwundbar sein wollen. Wann immer ich in Situationen war, wo es diplomatisch und klug gewesen wäre, um Erlaubnis zu bitten, überfreundlich zu sein, mich selbst kleiner zu machen oder mich an dumme bürokratische Regeln, Vorschriften und Anweisungen zu halten, habe ich völlig versagt.

Sie denkt daran, was geschieht, wenn Juanita Margret »nach draußen geschickt« wird, weil sie laut, neugierig und ungehemmt war:

Mein Magen ist angespannt, er revoltiert nicht, aber die Muskeln sind straff gespannt. Ich atme bewußt, kontrolliert, langsam. Ich fühle mich steinern, unbeweglich, starr, unnachgiebig, gewalttätig in meinem Entschluß, nicht nachzugeben. Ich fühle das »Ich will nicht« in meinem Nacken, in den Kiefern, in den Augen.

Was bedeuten diese Reaktionen für Margret?

Ich habe nie gelernt, mit Anmut nachzugeben. Ich fühlte nur Mordlust und Zerstörungswut. Ich brach zusammen. Ich gab nur unter Kämpfen nach. Ich knallte die Türen. Ich brachte mich beinahe um. Ich habe gelernt, ehrlich zu sagen: »Es tut mir leid«, aber nicht, einen Standpunkt aufzugeben, der für mich etwas Grundsätzliches hat. Ich kann Kompromisse eingehen und ein guter Partner sein, solange ich nicht das Gefühl habe, herabgesetzt zu werden oder einen Grundsatz aufgeben zu müssen. Ich bin immer überempfindlich gewesen, was Beleidigungen angeht, habe sie geradezu erwartet und dadurch oft herausgefordert. Wie schrecklich ist es, das so klar zu sehen. Wieviel verliere ich doch dabei, wenn ich so lebe!

Soviel zum ersten Teil von Margrets persönlichem Märchen. Sie macht sich nun daran, Erfahrungen aus ihrer Vergangenheit näher zu erforschen, welche die Grundlage für den zweiten Teil ihrer Geschichte sein könnten: Teil zwei soll so etwas wie eine idealisierte »Suche« sein, die sie zum »Paradies« zurückführt, das sie im ersten Teil des Märchens verloren hat. Sie unternimmt eine weitere Phantasiereise zurück in die Vergangenheit. Diesmal geht es jedoch nicht um die unangenehmen Gefühle, die mit ihrem Konflikt verbunden sind, sondern um deren genaues Gegenteil:

Das Gegenteil von Wut ist Gelassenheit, heitere Gemütsruhe, und das Gegenteil von Widerstand ist Hinnehmen, Akzeptieren. Bei dem Wort »Gelassenheit« kam mir die Abalonemuschel in den Sinn, ich war wieder auf den Klippen, untersuchte die Gezeitentümpel, fühlte mich stark und sorglos und vergaß, daß ich sterblich bin. Ich höre das Meer, den Wind, die Schreie der Vögel, meinen eigenen Atem. Ich habe keine Furcht, muß nichts erreichen, um nichts kämpfen, brauche nur ganz da zu sein. Ich liebe das Gefühl, ganz allein zu sein und zu wissen, daß es unendlich viele Wunder gibt, die ich noch entdecken werde. Ich fühle mich überhaupt nicht eingeschränkt.

Sie überlegt, welche Einstellungen, Ansichten und Verhaltensweisen mit dieser und ähnlichen Erinnerungen verbunden sind:

Es kommt mir vor, als hätte ich mein ganzes Leben lang nach diesem Gefühl von Freiheit und Entdeckungslust gesucht. Phantasielosigkeit und Nüchternheit habe ich immer gehaßt, ob bei mir oder anderen, und ich habe kompromißlos immer meine eigenen Entscheidungen getroffen (während ich Ausschau hielt nach jemandem, der weiser und klüger ist als ich und der mir weiterhelfen könnte). Ich hasse es, zu etwas gezwungen zu werden. Ich liebe alles, was natürlich ist: Muscheln, knorriges Holz, Muster im Sand, Wolken, Körper. Ich mag keine Kniffe, Einengungen, Konventionen. Ich fühle mich unbehaglich in Menschenmengen, bei Geschäftssitzungen, politischen Veranstaltungen, Cocktailpartys. Ich fühle mich draußen in der Natur gut, fühle mich gut, wenn ich mit wenigen Menschen zusammen bin, die ähnlich denken wie ich, oder mit Büchern. Mein ganzes Leben lang mußte ich Kompromisse schließen und habe doch ständig innerlich rebelliert. Ich habe mich nicht elegant an die Welt anpassen können. Ich habe mir immer die Nase blutig geschlagen dabei. Ich frage mich, wie man das lernt: sich geschmeidig der verdummenden Wirklichkeit anzupassen?

Sie geht zurück in die Vergangenheit, um ihr jüngeres Ich zu treffen:

Mein jetziges Ich rät dem jüngeren, weicher zu werden, nicht immer zu glauben, daß die Menschen, die einen einschätzen und kritisieren, sich deshalb gleich über einen lustig machen. Es soll sich ruhig als einzigartig ansehen, aber zugleich auch als Teil eines sozialen Ganzen. Es soll aufhören mit der Rechthaberei, gut sein zu sich und Menschen suchen, die gut sind zu ihm.

Aus dieser Erfahrung entsteht der zweite Teil von Margrets Geschichte; er soll eine magische Lösung für die Probleme bieten, die die Heldin im ersten Teil hatte.

Juanita Margret war innerlich sehr wütend über all die Veränderungen in ihrem Leben und über die Leute, die ihr sagten, was sie tun sollte, ohne sie überhaupt nach ihrer Meinung zu fragen. Selbst auf ihren weiblichen Körper war sie ärgerlich – er war so schwach und beeinflußbar durch den monatlichen Zyklus, dem er unterworfen war. In der Schule hatte sie Lesen und Rechnen gelernt, aber sie mochte die Lehrer nicht, die sie nie gefragt hatten, was sie eigentlich gerne lernen würde. Wenn sie mit den anderen am Tisch saß, waren ihre Manieren erstklassig. Graziös brach sie das Brot in kleine Stükke, bevor sie Butter draufschmierte, und nie legte sie das benutzte Besteck auf das Tischtuch. War sie aber allein, dann stopfte sie das Essen in den Mund, ließ die Krümel fallen, machte ihr Kleid schmutzig und schmatzte laut mit offenem Mund. Die Leute meinten, sie würde sich ganz gut entwickeln, so gut eben, wie man es erwarten konnte, aber daß sie noch einen harten Weg vor sich hätte.

Eines Tages saß sie am Strand und sah über die wilden Wogen hinüber zu ihrer zerstörten Insel. Sie sah die Brücke aus Stahl und Asphalt, auf der, Ameisen gleich, die Autos hinüberfuhren in einem endlosen Strom. Sie trug ein hübsches rosa Kleid mit Rüschen, aber es war verdorben, weil sie mit jungen Hunden gespielt hatte, deren Pfotenabdrücke nun die Rüschen zierten. Stellt euch ihr Erstaunen vor, als ein Delphin den flachen Strand hinaufschwamm und ihr zurief: »Juanita Margret! Ich bin gekommen, dich zu retten! Steig auf meinen Rücken, und ich werde dich mitnehmen auf eine große Reise!«

Er lächelte ihr zu; seine Stimme vibrierte wie der rote Hals eines Kolibris. Sie kletterte auf seinen graublauen Rücken, legte die Beine fest um seinen Körper und hielt sich an seiner Rückenflosse fest. In fröhlichen Sprüngen bewegte er sich durch das Wasser und sang. Juanita Margret vergaß, daß sie anders war als die anderen, seltsam und fremd, während sie auf dem Rücken des Delphins in ihrem rosa Rüschenkleid durch das Wasser schoß.

»Du wirst etwas Wunderbares lernen, Juanita Margret, auf die Art, auf die du am besten lernst – indem du es tust. Vergiß diese Lektion nie: Nimm dir in deinem Leben die Zeit, spontan und natürlich zu sein, ohne Terminkalender, ohne Zeitbeschränkung, dann wirst du von deinen Sorgen erlöst sein. Ich werde mit dir nun noch ein paar andere Lehrer besuchen. Fürchte nicht, daß dir ein Leid geschieht, wenn ich unter das Wasser tauche. Du bist ausgerüstet, es zu überleben, und dein Glaube wird dich auch in einer fremden Umgebung schützen.«

Indem er so sprach, sprang der Delphin in die Höhe und tauchte dann tief hinunter, Juanita Margret sicher auf seinem Rücken. Die Welt unter Wasser schimmerte grün und golden, der weiße Sand war zu sanften Hügeln geformt, und ein großer Wald aus Tang wuchs auf schwarzen Felsen. Der Delphin schwamm hinein in diesen Wald aus wogenden Pflanzen, von denen jede für sich von der Strömung bewegt wurde. »Siebst du, wie beweglich diese Stämme und Blätter sind, wie sie auf die Strömung reagieren? Wenn die großen Stürme den Ozean bewegen, dann wird dieser Wald aus Tang hin und her gepeitscht, und Treibsand durchflutet ihn, bis an die Grenzen seiner Belastbarkeit. Nur die alten oder schlechtverwurzelten Pflanzen werden losgerissen und an die Küste gespült. Die Pflanzen aber, die sich fest in den Steinen verwurzelt und starke Stämme gebildet haben, sind sicher, ja, sie werden sogar noch stärker mit jedem Sturm. Du siehst also: Es ist möglich, stark zu sein und doch mit der Strömung mitzugehen, sei sie sanft oder kräftig.« Und Juanita Margret glaubte zu verstehen, was er sagte.

Er brachte sie nun zu einem Riff unter Wasser, und sie sah, daß es über und über mit Abalonemuscheln bedeckt war. Die Muscheln waren so schwarz wie das Riff, geformt wie ovale Tassen und bedeckt mit Entenmuscheln, Einsiedlerkrebsen und Algen. Wenn sie sie nicht vor langer Zeit schon einmal gesehen hätte, als die Insel noch ihr allein gehörte, sie hätte geglaubt, es seien nur Ausbuchtungen des Felsens. Der Delphin forderte sie auf, mit der größten Muschel zu sprechen. »Hallo«, sagte Juanita Margret versuchsweise.

»Hallo du«, sagte die Abalonemuschel, und ihre Stimme klang desinteressiert und gelangweilt. »Was bringt dich hierher?«

»Ich dachte, du solltest mich etwas lehren?«

»Hast du eine Ahnung, was?« fragte die Abalone, etwas irritiert und ziemlich zurückhaltend.

»Vielleicht beschreibst du einfach mal dich und dein Leben, und dann werde ich wohl sehen, worum es geht. Im Moment finde ich dich ziemlich düster und langweilig.« Juanita Margret hatte die Angewohnheit, alles zu sagen, was sie dachte, ohne lange darüber nachzudenken, wie das wohl auf den anderen wirkte.

Die Abalone schwieg lange Zeit; immer weniger Blasen kamen aus ihren Atemlöchern. Als sie schließlich sprach, tat sie das sehr zurückhaltend, so, als ob sie mit Juanita Margret eigentlich nichts zu tun haben wollte, sich aber doch zu einer Antwort verpflichtet fühlte. »Ich bin dumm und langweilig, genau wie du sagst. Ich bin schon viele Jahre an diesem Ort. Es ist ein guter Platz, denn die Strömung bringt viel Plankton mit, und ich blühe und gedeihe. Es ist schon wahr, daß ich nicht gerade eine schillernde Persönlichkeit bin, daß ich politisch isoliert bin, ein bißchen schwerfällig und nicht gerade brillant und witzig. Ich habe nie Preise gewonnen und war nie im Krieg. Mein Körper ist muskulös, meine Persönlichkeit wie ein Gähnen, meine Einstellung ist Zähigkeit. Ich fürchte mich nur vor dem räuberischen Seestern, denn er ist zäh und beweglich; er kann mich von meinem Felsen losreißen und fressen.

Aber ich habe ein Geheimnis, Juanita Margret. Hinter meinem unscheinbaren, langweiligen Äußeren bin ich ein großer Künstler. Ich gehe nirgendwo hin, zu keiner gesellschaftlichen Veranstaltung, nicht mal zu Familienfesten, denn ich arbeite an dem großartigsten Kunstwerk, das man sich vorstellen kann. Ich arbeite an der Innenseite meiner Muschel, die niemand sehen kann, und mache daraus ein immerwährendes Denkmal zu Ehren Gottes. Wenn du von mir lernen willst, dann mußt du dich weniger um das Äußere deiner Muschel kümmern, sondern lieber die Innenseite so schön wie möglich machen. Meine verborgene Schönheit wird niemand sehen, bis ich sterbe. Und deine? Was ist mit deiner?» Die Abalone gab eine Wolke aus Luftblasen von sich, und Juanita Margret wußte, daß sie gesagt hatte, was zu sagen war. Wie in Trance überdachte Juanita Margret das, was sie vom Delphin, vom Tang und von der Abalone gelernt hatte. Sie nahm sich fest vor, sich die Zeit zu nehmen, lebendig zu sein und sich in der Natur zu vergessen wie der Delphin; mit den Strömungen des Lebens mitzugehen und doch fest verwurzelt zu sein wie der Tang; und sich nicht durch schmuckloses Äußeres stören zu lassen und statt dessen ohne lautes Geschrei ihr Inneres zu verschönern wie die Abalone. Der Delphin brachte sie wieder zum Strand zurück, sie hatte nun viel, worüber sie nachdenken mußte – und viel zu tun.

Das abschließende persönliche Ritual dieser zweiten Stufe ist eine Übersicht über die Arbeit, die bis jetzt getan wurde, die zeigt, was man nun über den alten und den Gegen-Mythos weiß. Wir beginnen damit, jedem der Mythen ein Motto beizulegen. So sah das bei Margret aus:

Das Motto des alten Mythos: Das Erwachsenenleben verdirbt alles. Als ich meiner kranken Mutter helfen mußte, wurde mir klar, daß sehr vieles im Leben einfach widerwärtig und schwierig ist. Das einzige, für das es sich wirklich zu leben lohnte, schienen Lob und

Anerkennung meines Vaters zu sein, für den ich der tapfere kleine Soldat war. Das hat mich nicht nur entweiblicht, sondern mich auch unter den Druck gesetzt, nun immer von unerschütterlichem Mut sein zu müssen und Dinge zu tun, die mich nicht nur erschrecken, sondern die mir auch ganz und gar nicht entsprachen. Ich glaube, mein Paradies war deshalb so wunderschön, weil ich darin ein Teil von etwas Unverdorbenem, Gesundem, Natürlichem war; es gab keine Forderungen an mich, dafür aber viel zu entdecken. Das Paradies ging verloren mit den Zwängen und Forderungen der Außenwelt, ihren Regeln und Vorschriften. Die Schönheit wurde der Zweckmäßigkeit geopfert.

Das Motto des Gegen-Mythos: Das Leben ist immer schön und spannend. Übersetzt man das, was einen die Natur lehrt, in ein System von Regeln und Werten, die einem entsprechen, dann bekommt man wieder ein Gefühl für den Sinn des Lebens. Wer hofft, handelt und entdeckt, wird merken, daß ein Leben mit Werten und Klarheit ein gutes Ziel ist, und wird auch aufhören, sich zu sehr um Anerkennung von außen zu bemühen. Was ich für mein Leben brauche, ist dies: die Freude, Freiheit und Entdeckungslust meines Paradieses zu kombinieren (und damit natürlich auch zu relativieren) mit der Fähigkeit, den Forderungen des täglichen Lebens nachzugeben, sie zu verstehen und ihnen zu entsprechen. Meine Abwehr hat mir mehr geschadet als genützt, und ich bin nun bereit auszuprobieren, wie ich lebe, wenn ich beweglicher und vertrauensvoller bin.

Geschichten, die uns mit dem Mythischen verbinden

Wer die mythischen Dimensionen des eigenen Lebens erkennt, dem eröffnet sich eine Tür zu Freiheit und Macht: Freiheit von den Kräften, welche die meisten Menschen beherrschen, ohne daß sie es wissen, und zugleich Macht über diese Kräfte. Für Aristoteles war der tragische Held ein guter Mensch, der einen tragischen Irrtum begeht. Claude Steiner formuliert das so: »Der tragische Irrweg in jeder Tragödie ist es, in Blindheit einherzugehen.«[2] Oder in unseren Worten: Blind einherzugehen bedeutet, sich bei dem, was man tut, von unerkannten, nicht mehr funktionierenden persönlichen Mythen leiten zu lassen. Die Mythologie, nach der wir als Erwachsene leben, ist weitgehend von Mythen beeinflußt, die wir als Kinder entwickelten, um mit den Konflikten umgehen zu können, die durch unsere Lebensumstände und die Kultur, in der wir lebten, entstanden. Es gibt viele Techniken und Methoden, die hier Veränderungen möglich machen, Veränderungen, die sich aus den tiefsten Quellen Ihrer eigenen Weisheit ergeben. Für Margret war ihr persönliches Märchen ein guter Weg, mit diesem Bereich in Berührung zu kommen.

Solche Märchen können mythische Botschaften enthalten, die das Verhalten stark beeinflussen. Sam Keen und Anne Valley Fox schreiben in ihrem Buch *Telling Your Story:* »Solange die Menschen Geschichte machen, solange Kinder geboren werden und alte Menschen sterben, so lange wird es Märchen geben, die erklären, warum menschliches Leid den Tag verdunkelt und warum Sterne die Nacht füllen. Wir erfinden Geschichten über den Ursprung des Lebens und sein Ende, weil ... sie uns helfen, unseren Weg zu finden und unseren Platz im Herzen des Geheimnisses.«[3]

Der Psychologe David McClelland und seine Mitarbeiter untersuchten, wie Geschichten und Märchen die Motivation von Kindern beeinflussen; ihre Schlußfolgerungen über den Zusammenhang zwischen dem Inhalt von Kinderbüchern und dem Leistungsstand einer Kultur sind aufsehenerregend.[4] Was Kinder durch Märchen und Geschichten an Mythen aufnehmen, sagt genau voraus, welchen Grad an leistungsorientiertem Verhalten man bei ihnen finden wird, wenn sie erwachsen sind. Diese Untersuchung zeigt eine deutliche Beziehung zwischen der Bedeutung, welche die Märchen einer Kultur der Leistung zumessen (und entsprechend die kindlichen Leser) und dem Ausmaß der industriellen Produktion in dieser Gesellschaft, wenn die betreffende Kindergeneration erwachsen und im Arbeitsprozeß ist. Ähnliche Zusammenhänge wurden auch für viele andere Kulturen und für fast alle Zeiträume der Geschichte gefunden.

In Kunst, Literatur und Schauspiel haben sensible Menschen schon immer Wege gefunden, sich der verborgenen Dimension ihrer eigenen Mythologie zu nähern. Letzten Endes aber werden Sie Ihre persönliche Mythologie dann am besten verstehen können, wenn Sie diese in die Sprache fassen, in der Sie selbst denken. Spontane Bilder, Einfälle, Träume helfen uns zunächst zu diesem Verstehen; ein anderer Weg dahin ist es, die eigene Vergangenheit wie eine große mythische Geschichte zu betrachten. Unsere Vergangenheit hat großen Einfluß auf unbewußte mythische Muster, auf bewußte Einstellungen und Glaubenshaltungen. Wenn wir unsere Erinnerung umsetzen in eine Geschichtenfolge über unsere Vergangenheit, so kann dies ein sehr gangbarer Weg sein, die persönliche Mythologie begreifen zu lernen.

Der Psychiater Richard Gardner verwendet persönliche Märchen in seiner Arbeit mit gestörten Kindern.[5] Er bittet seine Patienten, ihm eine Geschichte zu erzählen, die einen Anfang, eine Mitte, ein Ende und eine Moral hat. Gardner achtet auf die zentralen Themen in diesen Geschichten, die ungelöste Spannungen und Konflikte deutlich machen. Dann erzählt auch er eine Geschichte – mit Anfang, Mitte, Ende und Moral –, die oft dieselben Konflikte behandelt wie die des Kindes. In Gardners Geschichte jedoch finden die handelnden Personen bessere Möglichkeiten, den zentralen Konflikt zu lösen. So unterhält er sich mit dem Kind gewissermaßen auf mythischer Ebene und gibt ihm dabei die Möglichkeit, einen neuen persönlichen Mythos zu finden, der hilfreicher und sinnvoller ist als der bisherige.

Unter anderem berichtet Gardner von einer Geschichte, die ihm Martin erzählte, ein scheuer, zurückgezogener Siebenjähriger, dessen Mutter ihn einem ständigen Wechselbad der Gefühle aussetzte: Einmal war sie zärtlich und liebevoll, dann wieder zeigte sie offene Abneigung. Martins Geschichte handelte von einem Bären, der vergeblich versuchte, Honig aus einem Bienenstock herauszubekommen, ohne dabei gestochen zu werden. Der Bär in Gardners Geschichte war auch wild auf Honig, aber er wußte genau, daß er nur dann Honig von den Bienen bekommen würde, wenn sie freundlich gestimmt waren; sonst würde es für ihn nur schmerzhafte Stiche geben. Zudem ging Gardners Bär lieber in einen anderen Teil des Waldes, wo es Ahornbäume und damit Ahornsirup gab. Gardner bot Martin hier also eine Mythologie an, die ihm zeigte, wie er Liebe von seiner Mutter bekommen konnte, ohne ihre Feindseligkeit zu provozieren, und wie er Alternativen finden konnte, also Zuneigung, die ihn für die Mängel seiner Mutter entschädigte.

Wir können lernen, unsere Geschichten so zu erzählen, daß unsere *innere Weisheit* die Dunkelheit erhellt und damit die verschiedenen Entwicklungsstufen unserer persönlichen Mythologie beleuchtet. Eine Frau, deren Vater die Familie verlassen hatte, als sie fünf Jahre alt war, ließ ihr persönliches Märchen so beginnen:

Es gab einmal eine wunderbare Königsfamilie mit drei Kindern. Aber es kamen schlechte Zeiten, und der König mußte in den Krieg ziehen. Die Königin tat, was sie konnte, um die Familie zusammmenzuhalten, aber schließlich hatte sie keine andere Wahl, sie mußte die Kinder an einen anderen Ort schicken, wo sie sicherer waren. Die älteste Prinzessin trauerte tief. Sie tat alles, was ihr einfiel, um die Familie wieder zusammenzubringen. Nie gab sie die Hoffnung auf. Sie wußte, wenn sie nur genug betete und hoffte, dann würde alles wieder gut werden – so, wie es früher gewesen war.

Dies ist Teil eins einer dreiteiligen Geschichte, von dieser Frau während eines Workshops zur persönlichen Mythologie entworfen. Teil zwei beginnt mit den Worten: »Aber sie kamen nie wieder zusammen«, beschreibt weiter, wie sie mit den Problemen ihrer Kindheit umging, und gipfelt in der magischen Lösung aller Schwierigkeiten der Heldin, einer Lösung allerdings, die außerhalb aller realen Möglichkeiten lag. Im dritten Teil findet die Heldin einen Weg, diese magische Lösung mit den realen Zwängen ihres Problems zu kombinieren; sie gelangt zu einer neuen Vision, die dann in den neuen, hoffnungsvolleren, positiveren und vor allem auch praktizierbaren persönlichen Mythos eingeht, den sie entwirft.

In den persönlichen Ritualen, die nun folgen, werden Sie Ihre Lebensgeschichte in die mythische Form eines persönlichen Märchens umsetzen. Sich selbst als den Helden oder die Heldin des eigenen mythischen Dramas zu sehen muß nicht heißen, wie Narziß am eigenen Spiegelbild hängen zu bleiben; es bedeutet vielmehr, tiefer in die eigene innere Natur zu blicken und die Größe des menschlichen Lebens in der eigenen Geschichte wiederzufinden. Anthea Francine schreibt: »Daß wir Individuen sind, bedeutet auch, daß jeder von uns die Offenbarung des Göttlichen auch in der Geschichte des eigenen Lebens finden kann und nicht nur in den kollektiven Erzählungen des Stammes oder der Nation, zu der er gehört. Was wir früher nur in Mythen und Märchen offenbart fanden, müssen wir heute auch in der eigenen Lebensgeschichte suchen.«[6] Wenn Sie Ihre Handlungen und Entscheidungen jeden Tag noch einmal unter dem Gesichtspunkt ihrer mythischen Dimension Revue passieren lassen, so können Sie mit dem richtigen Verständnis Ihre Mythologie neu formulieren, näher an Ihren eigenen Wünschen und Sehnsüchten.

Den alten und den auftauchenden Mythos herausarbeiten

Die eigenen Mythen mit Hilfe eines persönlichen Märchens zu erkennen und zu verstehen ist eine einfache und phantasievolle Art, das schwierige Gebiet der Seele zu entdecken; wir sollten sie ernst nehmen. Viele kulturelle Mythen finden ihren Ausdruck in Geschichten, die den Menschen mit ihren Gleichnissen Anleitung geben. Wir erkennen uns darin wieder und lernen aus Bildern und Allegorien. Die Märchen der Sufis, die Geschichten der Chassidim, die Erzählungen der Bibel – wie in allen spirituellen Texten werden hier Allegorien verwendet, um das Wissen über das Menschsein zu vermitteln. Wenn wir nun unsere eigenen Parabeln entwerfen, so gewinnen wir Distanz zu unseren Kämpfen und Leiden, während unsere schöpferische Vorstellungskraft uns hilft, diese Kämpfe und Leiden unter mythischem Gesichtspunkt zu sehen.

Persönliches Ritual II-1: Teil eins Ihres persönlichen Märchens. Sie haben schon viel Rohmaterial für Ihr persönliches Märchen gesammelt. Der erste Teil wird auf sehr persönliche Weise die archetypische Austreibung aus dem Paradies symbolisieren und auch zeigen, wie Sie mit jener Enttäuschung, dem Verlust und dem Gefühl, verraten worden zu sein, umgegangen sind. Aus Ihren Träumen, die von diesem frühen Konflikt handeln, wie auch aus Ihrer Phantasiereise zurück in die Vergangenheit werden vielleicht einige Elemente in Ihr persönliches Märchen übergehen; ebenso wie die Entscheidungen, die Sie damals trafen, die Verhaltensregeln und die Lebensphilosophie, die Sie annahmen, darin enthalten sein sollten. Was Sie in die Abschnitte »Das verlorene Paradies« und »Meine Suche« Ihres persönlichen Schildes gemalt haben, ist sozusagen die Illustration zu den Themen, von denen der erste Teil Ihres Märchens handeln wird. Sie haben sich mit einigen dieser Themen schon intensiver auseinandergesetzt, indem Sie die »Ich-bin«-Technik verwendeten. Vielleicht wollen Sie hier eine kleine Pause einlegen und noch einmal die Tagebucheinträge durchsehen, die die Überlegungen zu Ihrem Schild, Ihren Träumen und Konfliktsymbolen und zu Ihrer Reise zurück in die Vergangenheit enthalten. Sie können all dies Material verwenden für Ihre Geschichte, die den Ursprung des alten Mythos zum Thema hat.

Bei der Szenerie, in der Ihr persönliches Märchen spielt, sind Ihrer Phantasie keine Grenzen gesetzt: Sie kann ein mittelalterliches Königreich, eine Stadt der Zukunft, eine weit entfernte Galaxie, ein Märchenland mit Elfen und Gnomen, eine primitive Kultur, eine geschichtliche Epoche, Steinzeit oder Biedermeier darstellen. Sie können Ihre Geschichte auch unter Tieren spielen lassen, in einer Hirschfamilie, unter Eichhörnchen, Schimpansen oder Seeottern. Diese Szenerie hat natürlich Einfluß auf die Umstände Ihrer Geschichte, auf die Orte, Figuren und alles, was dem Helden oder der Heldin zustößt. Auch darauf, wie er oder sie den Problemen gegenübertritt. Überlegen Sie es sich also gut, bzw. lassen Sie Ihre Phantasie wählen, welche Szenerie für Ihr persönliches Märchen die beste sein könnte. Zuerst aber überschreiben Sie eine neue Seite in Ihrem Tagebuch mit »Mein persönliches Märchen – Teil eins«.

Die Teilnehmer unserer Workshops erzählen ihr Märchen einfach einem Partner, sozusagen aus dem Stand, ohne lange zu überlegen – und sind meist sehr überrascht, wie leicht das geht, wie locker die Geschichte aus ihnen herausfließt. Sie können natürlich auch mit einem Partner arbeiten; Sie können auf Band sprechen oder Ihre Geschichte in Ihr Tagebuch schreiben. Beginnen Sie mit den Worten »Es war einmal ...«, und sprechen oder schreiben Sie dann einfach weiter – lassen Sie die Geschichte sich entfalten. Üben Sie nicht und denken Sie auch nicht allzuviel nach. Lassen Sie Ihre Geschichte sich entwickeln und gehen Sie mit. Bearbeiten und interpretieren können Sie später; wenn Sie während des Erzählens schon dauernd beurteilen, ob das so gut ist oder was es wohl bedeuten soll, dann behindern Sie sich nur. Sie werden wahrscheinlich überrascht sein über all die unerwarteten Wendungen und neuen Charaktere, die in Ihrer Geschichte auftauchen, wenn Sie Ihrer Phantasie und Ihrem Gefühl freien Lauf lassen.

Sie können auch anders vorgehen: Zeigen Sie Ihrem Partner oder einem Menschen, dem Sie vertrauen, Ihren Schild, das Konfliktsymbol, lassen Sie ihn die Träume lesen, die mit dem Konflikt zu tun haben, und die Beschreibung Ihrer Phantasiereise zurück in die Vergangenheit. Bitten Sie nun den anderen, eine Geschichte über Sie zu erzählen. Schreiben Sie dann diese Geschichte in Ihr Tagebuch, wobei Sie das verändern, was Ihrem Gefühl nach anders sein müßte. Auf diese Weise geht nicht nur Ihr eigenes intuitives Wissen über sich selbst in Ihr persönliches Märchen ein, sondern auch das eines Menschen, der Sie kennt und dem Sie vertrauen.

Beginnen Sie nun mit dem ersten Teil Ihres persönlichen Märchens; entspannen Sie sich ganz tief und lassen Sie es unbehindert in Ihrer Phantasie entstehen; schreiben Sie es auf, sprechen Sie es auf Band, erzählen Sie es einem Partner, oder lassen Sie es den anderen erzählen.

Noch einmal in Kürze: Der erste Teil des persönlichen Märchens soll von einem Trauma handeln, einem Verlust, einer Tragödie, die das Leben der Hauptperson überschattet; und er soll zeigen, wie diese Person damit fertig wird, welche

Entscheidungen sie trifft, welche Folgerungen sie zieht. Er sollte sozusagen der Text zu den Bildern und Symbolen sein, die sich auf Ihrem persönlichen Schild unter den Überschriften »Paradies«, »Das verlorene Paradies« und »Die Suche« befinden.

Das ist der erste Teil von Franks Märchen:

Es war einmal vor langer, langer Zeit in einem fernen Land ein Prinz, der lebte in einem wunderschönen Schloß zusammen mit seiner Mutter, der Königin, seinem Vater, dem König, und all den anderen Mitgliedern seiner Familie und des königlichen Hofstaates. König und Königin liebten ihren Sohn, den Prinzen Francesco, von ganzem Herzen, sie spielten mit ihm, wann immer sie konnten, und taten ihm alles zuliebe. Er war der fröhlichste Junge im ganzen Königreich. Er fühlte sich sehr, sehr sicher und aus tiefstem Herzen geliebt. Eines Tages sagte die Königin zum Prinzen, daß etwas ganz besonders Schönes passieren würde, daß er nämlich zur Schule gehen würde. Das machte ihn sehr glücklich, denn im Schloß lebten keine Kinder seines Alters, und er mußte immer allein spielen, wenn der König und die Königin unterwegs waren, weil sie sich um ihr Land kümmern mußten.

Am ersten Tag begleitete ihn seine Mutter zur Schule, und Prinz Francesco war glücklich und aufgeregt, bis ihm plötzlich klar wurde, daß seine Mutter nicht bei ihm bleiben, sondern ihn in dieser fremden und seltsamen Umgebung allein lassen würde. Und dann war er wirklich allein und so viele Kinder seines Alters um ihn herum, wie er es noch nie erlebt hatte. Und an diesem Tag entdeckte er etwas sehr Erschreckendes – alle diese Kinder hatten Könige und Königinnen als Eltern, und wenn jedermann ein König oder eine Königin war, dann war das also nichts Außergewöhnliches. Aber es kam noch schlimmer: Die Lehrerin sagte nun der Klasse, was sie tun solle, und jeder tat es, außer ihm. Er war ganz beschämt und verwirrt, denn er schien nie zu verstehen, worum es ging, und die Lehrerin mußte ihm alles noch einmal erklären. Bald lachten die anderen Kinder über ihn und mieden ihn, und er mußte sich nicht nur damit abfinden, ein ganz normaler Junge zu sein, sondern auch die demütigende Erfahrung machen, daß er als »ganz normaler Junge« nicht einmal besonders gut war. Die Kinder nannten ihn auch nicht Prinz Francesco – sie nannten ihn Frankie, wenn sie ihn überhaupt ansprachen.

Aber am schrecklichsten war der nächste Morgen, als ihm klar wurde, daß er wieder zurück mußte zu diesem Alptraum, den sie »Schule« nannten, und daß er von jetzt an jeden Tag dorthin würde gehen müssen. Er war ganz sicher, daß irgendein böser Geist einen schrecklichen Fluch über ihn ausgesprochen hatte.

Jeden Tag ging Frankie nun zur Schule, und jeder Tag war voller Kritik, Auslachen, Demütigung und Versagen, bis seine Kraft und Lebensfreude zerstört waren. Schließlich, als er ganz am Ende war, regte sich etwas tief in seiner Seele: Er biß die Zähne zusammen, ballte die Fäuste, hielt seinen Atem unter Kontrolle und raffte alles, was er noch an Mut und Energie hatte, zusammen, um zu lernen, wie er seine Lehrer zufriedenstellen, seinen Mitschülern imponieren und vor allem akzeptiert werden konnte. Er beschloß, den Fluch, der über ihm hing, zu brechen, und zwar mit reiner Willenskraft. Er war weit davon entfernt, das begabteste Kind seiner Klasse zu sein, aber er wurde das fleißigste. Und zu seiner unendlichen Erleichterung wurde er nun akzeptiert. Er war ein freudloses, gehemmtes Arbeitstier – aber er wurde akzeptiert.

Wenn Sie den ersten Teil Ihres Märchens in Ihr Tagebuch geschrieben haben, lesen Sie ihn noch einmal durch. Sie können ruhig noch etwas verändern, wenn Ihnen das notwendig erscheint, aber ändern Sie nicht zu viel. Grundsätzlich sollten Sie bei dem bleiben, was Sie spontan entwickelt haben. Mit der folgenden Technik können Sie Ihr persönliches Märchen interpretieren und besser verstehen.

Anleitung zum Focusing. Sie können erstaunlich viel über Ihre persönliche Mythologie erfahren, wenn Sie sich auf die Gefühle einlassen, welche die Vorstellung einer bestimmten Situation in Ihnen auslöst. Die Arbeit mit der persönlichen Mythologie bekommt eine viel stabilere Basis, wenn Sie sich nicht nur mit Ihren Gedanken und Überlegungen beschäftigen, sondern auch lernen, die Botschaften Ihres Körpers zu verstehen. In vielen unserer Rituale ist die Körpererfahrung ein wichtiger Teil, und so wollen wir hier eine besonders effektive Technik vorstellen, das Focusing (engl. to focus = konzentrieren). Es ist eine sehr wertvolle Methode, Gefühle zu erforschen, Erfahrungen aus einem anderen Blickwinkel zu sehen – es kann die Arbeit mit Ihrer persönlichen Mythologie sehr viel intensiver machen.

Focusing wurde von Eugene Gendlin entwickelt; er hatte beobachtet, daß die Klienten, die die Therapie besonders gut zu nutzen verstanden, über bestimmte Fähigkeiten verfügten. Diese Fähigkeiten, so meinte Gendlin, könne man auch anderen vermitteln. Die Technik hilft dem Klienten, seine Aufmerksamkeit auf Aspekte seines inneren Lebens zu konzentrieren, für die er noch keine Worte hat.[7] Ellie Hinterkopf hat eine besonders gute Methode entwickelt, die Technik des Focusing zu vermitteln, die wir in sehr komprimierter Form hier darstellen wollen.[8]

1. Während Sie die Situation erleben, auf die Sie sich konzentrieren, bleiben Sie in Kontakt mit Ihren Körpergefühlen. Versuchen Sie, sie in Worte zu fassen (z. B. heiß, kalt, ruhig, aufgeregt).
2. Beschreiben Sie auch jedes andere Gefühl, das auftaucht (z. B. glücklich, traurig, zornig, verletzt).
3. Konzentrieren Sie sich wieder auf körperliche Empfindungen und Gefühle, und lassen Sie den Einfällen, worum es bei diesen Gefühlen gehen könnte, freien Lauf. Zunächst kommen vielleicht ganz spontane Gedanken und Interpretationen zu der Situation, die Sie sich vorstellen. Das ist ein guter Anfang, aber Sie können noch tiefer gehen. Bleiben Sie in Berührung mit Ihren Gefühlen, lassen Sie sich auf sie ein, fragen Sie, was sie bedeuten. Das Bewußtwerden kommt vielleicht nur langsam und besteht vielleicht nur in ein paar Bildern, Worten und Sätzen, und die mögen Ihnen fremd erscheinen, unverständlich, sinnlos.

Ob sie »richtig« sind, läßt sich auch nicht durch eine logische Analyse erschließen, sondern durch die Reaktion Ihres Körpers, etwa wenn Sie sich körperlich entspannt und erleichtert fühlen. Der *erste Grundsatz* beim Focusing lautet: Wenn Ihr Körper auf die Worte und Bilder, die aufgetaucht sind, nicht mit Erleichterung oder Entspannung reagiert, dann waren es vermutlich nicht die richtigen. Versuchen Sie es noch einmal. Der *zweite Grundsatz* besagt: Seien Sie eher passiv-aufnehmend als aktiv. Statt zu sich zu sprechen, hören Sie sich zu. Sie spüren dann, wie sich Ihre Aufmerksamkeit nach innen wendet, wie Sie sich Ihrer Atmung oder anderer Körperfunktionen bewußt werden. Der *dritte Grundsatz:* Konzentrieren Sie sich auf alles, was da kommt. Gehen Sie mit dem, was auftaucht, anstatt auf das zu warten, was Ihrer Meinung nach kommen *sollte*. Wenn Sie sich zum Beispiel auf ein bestimmtes Problem konzentrieren, taucht vielleicht der Gedanke an Ihre Kinder auf und läßt sich nicht verscheuchen, dann bleiben Sie dabei. Ein *vierter Grundsatz* beschäftigt sich mit der richtigen Distanz zum Prozeß. Ellie Hinterkopf schreibt dazu:

Die meisten Menschen gehen entweder zu nahe an ihr Problem heran und werden dann davon überwältigt, oder aber sie bleiben zu weit davon entfernt, als daß sie noch etwas fühlen könnten. Sie kommen zum Beispiel zu nahe heran, indem sie sich von ihren Gefühlen überwältigen lassen, oder sie entfernen sich zu sehr, weil sie nur mit dem Verstand arbeiten. Weder das eine noch das andere funktioniert. Beim Focusing ist es sehr wichtig, genau die richtige Distanz einzuhalten. Und richtig ist die Nähe oder Entfernung, mit der man das Problem im eigenen Körper fühlen kann, ohne davon überwältigt zu werden.[9]

Wenn man ein bißchen Übung und Erfahrung hat, ist es nicht schwer, die richtige Distanz zum Problem einzuhalten. Es ist wie bei bestimmten Formen der Meditation, bei denen es darauf ankommt, die eigenen Gedanken und Gefühle zu beobachten, ohne sich zu stark mit ihnen zu identifizieren.

Persönliches Ritual II-2: Focusing bei Teil eins des persönlichen Märchens. Dieses Ritual ist nicht unabdingbar notwendig für den Verlauf Ihrer Arbeit. Es ist natürlich eine gute Gelegenheit, die Technik des Focusing gleich auszuprobieren. Wenn Sie aber das Gefühl haben, daß Sie die Bedeutung des Märchens völlig verstehen, daß Ihnen die Einsichten nur so zufließen, dann können Sie sich das Focusing auch aufheben für einen Zeitpunkt, an dem Sie es wirklich brauchen werden.

2. Stufe – Widersprüchliche Mythen bewußt werden lassen.

Wenn Sie aber jetzt mit Focusing arbeiten wollen, dann schauen Sie sich die vier Grundregeln noch einmal genau an. Dann versenken Sie sich in Ihr Märchen, lesen Sie es langsam durch und erleben Sie seine Handlung so intensiv wie möglich. Schreiben Sie auf, an welchen Punkten der Handlung Sie am stärksten reagieren. Erleben Sie diese Momente mit Hilfe des Focusing noch einmal, entsprechend den drei Schritten, die wir beschrieben haben und die in Franks Erfahrung gleich illustriert werden. Schreiben Sie Ihre Erfahrungen ins Tagebuch. Gönnen Sie sich nun ein paar Minuten Ruhe mit dem, was Sie da erlebt haben, kehren Sie dann zurück zu Ihrem Tagebuch, versehen Sie eine neue Seite mit der Überschrift »Interpretationen« und untersuchen Sie nun Ihre Assoziationen zu den Figuren, den Umständen, den Ereignissen und sonstigen wichtigen Einzelheiten Ihrer Geschichte.

Frank reagierte besonders lebhaft bei der Erinnerung daran, wie sich die Kinder in der Schule über ihn lustig machten, weil er nicht verstand, was die Lehrerin sagte, und darauf, wie er seinen Körper anspannte und den Atem kontrollierte. Seine Assoziationen zu der Situation, lächerlich gemacht zu werden:

1. *Körperreaktionen:* Zuerst fühlten sich meine Augen und mein Hals schwer an, was ich mit Tränen und Traurigkeit assoziierte. Ich blieb dabei, und im weiteren Verlauf spürte ich etwas wie Druck und Zurückgestoßenwerden in meinem Körper, als wäre ich gegen eine unsichtbare Wand gelaufen und als hätte es mir den Atem verschlagen.

2. *Gefühle:* Ich war verwirrt und spürte so etwas wie einen schmerzhaften Schlag, so daß ich stark das Bedürfnis hatte, die Bremsen anzuziehen, mich zurückzuziehen, mich zurückzuhalten.

3. *Laß das Wissen darum, was die Reaktionen und Gefühle bedeuten, auftauchen:* Mein erster Impuls war, es Feigheit zu nennen. Aber es paßte nicht wirklich, und vor allem führte es nicht dazu, daß mein Körper sich entspannte. Dann wurde mir klar, daß Vorsicht sozusagen in meinen Körper eingebaut ist. Ich halte mich automatisch

zurück. Es ist, als hätte ich gar nicht die Wahl, mich zu öffnen, wenn ich das will. Als ich das dachte, spürte ich eine deutliche Erleichterung – der Druck in meiner Brust ließ nach.

4. *Interpretation:* Ich glaube, das bedeutet, daß ich den schockartigen Wechsel von meinem sicheren Zuhause in diesen schrecklichen Dschungel »Schule« niemals wirklich überwunden habe. Als ich so hart an jene unsichtbare Wand prallte, zog ich mich mit all meiner Stärke in mich selbst zurück, denn es war gefährlich, draußen in dieser neuen Welt zu sein. Ich ließ mich nie wieder so verwunden wie damals, als ich das erstemal jenes Klassenzimmer betrat – seitdem habe ich mich immer zurückgehalten, habe versucht, alles unter Kontrolle zu halten, statt es einfach laufen zu lassen. Obwohl der Fluch aus meinem Märchen allmählich zu verschwinden schien, bewegte ich mich doch weiterhin so vorsichtig, als ob der böse Geist hinter jeder Ecke stünde und nur darauf wartete, mich wieder zu befallen. Obwohl ich wirklich alles tat, um mein Leben zu kontrollieren, so war ich doch tief drinnen überzeugt davon, daß ich im Grunde nichts beeinflussen könne. Ich glaubte nie wirklich, ich könne es schaffen, obwohl ich fest dazu entschlossen war. Sosehr ich mich auch bemühte – ich tat es ohne Selbstvertrauen, und so war ein Teil meiner Kraft gehemmt und nicht verfügbar, selbst wenn ich mein Bestes tat. Und doch sah ich keine andere Möglichkeit, als es immer weiter zu versuchen, weiter und immer weiter.

Persönliches Ritual II-3: Mit einer Hoffnung zurück in die Vergangenheit. Der alte Mythos vom für immer »verlorenen Paradies« entstand bei Frank durch den Schock seiner ersten Begegnung mit der Welt »draußen«, bei anderen durch andere traumatische Erfahrungen, Erfahrungen von Verrat oder Verlust. Und doch erhalten sich die meisten Menschen ein Stückchen Hoffnung, gut versteckt, unbewußt vielleicht, daß irgendwann das verlorene Paradies wieder da sein wird. Beim nächsten Ritual geht es um die kreative Energie, die in dieser Hoffnung steckt; so können Sie wieder ein Gefühl für Ihre eigenen Möglichkeiten bekommen.

Wir gehen genauso vor wie bei der gelenkten Phantasieübung im letzten Kapitel, als Sie sich zurückversetzten in Ihre frühe Kindheit; dort begannen Sie jedoch mit einem unangenehmen Gefühl, das etwas mit Ihrem Konflikt zu tun hatte, während Sie sich diesmal auf ein positives Gefühl konzentrieren sollen. Sie können sich die Anleitung wiederum vorlesen lassen, sie auf Band sprechen und das Band ablaufen lassen oder sich damit so vertraut machen, daß Sie sich selbst durch die Übung leiten können. Machen Sie sich's also bequem, schließen Sie die Augen und holen Sie tief Atem:

> Konzentrieren Sie sich auf Ihren Atem. Achten Sie auf jedes Ein- und Ausatmen. (Pause) Fühlen Sie, wie Ihre Brust sich hebt und senkt. (Pause) Lassen Sie Ihren Atem langsam und tief werden, während Sie sich immer weiter entspannen, und zwar mit den nächsten fünf Atemzügen – EINS, ZWEI, DREI, VIER, FÜNF.
>
> Wie würden Sie sich fühlen, wenn alle die Probleme aus dem ersten Teil Ihres Märchens gelöst wären, wenn der Held oder die Heldin diese Schwierigkeiten nicht mehr hätte? (Pause) Lassen Sie die guten Gefühle, die Sie jetzt vielleicht fühlen, durch Ihren ganzen Körper gehen. (Pause) Versinken Sie in diesen Gefühlen; lassen Sie sie mit jedem Atemzug stärker werden. (Pause) Wenn Sie keine positiven oder hoffnungsvollen Gefühle in sich wachrufen können, dann gehen Sie hier in die entgegengesetzte Richtung. Erinnern Sie sich an die unangenehmen Gefühle, die mit dem »Verlorenen Paradies« oder dem ersten Teil Ihres Märchens verbunden sind. (Pause) Wenn Sie diese Gefühle deutlich spüren, dann lassen Sie nun Ihren Körper das genaue Gegenteil dieser Gefühle fühlen. Sobald ein positives Gefühl da ist, konzentrieren Sie sich darauf und finden Sie heraus, in welchem Teil Ihres Körpers es besonders deutlich spürbar ist. (Pause) Ist es nur schwach und undeutlich, so stellen Sie sich vor, Sie atmeten in es hinein und würden es dadurch beleben und stärken. Wird es aber zu stark, dann stellen Sie sich vor, daß Sie mit den nächsten paar Atemzügen etwas von dieser überschüssigen Intensität ausatmen. (Pause) Beobachten Sie die Körperreaktionen, die mit diesem Gefühl einhergehen.

Suchen Sie nun einen Namen für diese angenehme Körperreaktion, dieses Gefühl oder diese Stimmung. (Pause) Ist es Trost? Liebe? Glück? Selbstvertrauen? (Pause) Paßt der Begriff genau auf das Gefühl? (Pause) Lassen Sie das Wort und das Gefühl einander treffen und schauen Sie, ob die beiden zueinander passen. (Pause) Wenn nicht, versuchen Sie es mit einem anderen Wort. (Pause) Tun Sie das so lange, bis Sie das Wort oder den Satz gefunden haben, der das Gefühl so genau wie möglich beschreibt.

Gleich werden Sie mit diesem Gefühl zurückreisen in die Vergangenheit. Sie werden es unter jenen früheren, anderen Umständen Ihres Lebens erfahren. Benutzen Sie das Gefühl wie einen fliegenden Teppich, der in die Vergangenheit zurückführt, oder stellen Sie sich vor, es wäre eine Brücke, die Sie mit einer früheren Zeit in Ihrem Leben verbindet – mit einer Zeit, in der Sie ein ähnliches Gefühl gehabt haben. Wann haben Sie dies Gefühl schon einmal gehabt? (Pause) Vielleicht erinnern Sie sich, daß das erst kürzlich war. Das ist ein Anfang. Nun gehen Sie weiter zurück, in Ihre Jugend, in Ihre Kinderzeit. (Pause) Möglich, daß Sie sogar bis in Ihre Kleinkinderzeit gelangen. Nehmen Sie nun das Gefühl mit zurück bis zu dem Zeitpunkt, als Sie es zum erstenmal hatten oder gehabt haben könnten. (Pause) Wenn Sie nicht sicher sind, nutzen Sie Ihre Vorstellungskraft. Was taten Sie, als Sie das Gefühl zum erstenmal hatten? Wenn Ihr Gedächtnis Sie im Stich läßt, füllen Sie die leeren Stellen mit Ihrer Phantasie. Wie alt waren Sie? Wie sahen Sie aus? Was hatten Sie an? Wie sah die Umgebung aus? Wer war mit Ihnen? Waren Sie allein? Wo waren Sie? Welche Bilder, Töne, Gerüche verbinden Sie mit dem Ereignis? Was löste das Gefühl aus? Erinnern Sie sich an so viele Einzelheiten wie möglich bzw. stellen Sie sie sich vor. (Pause von 20 Sekunden)

Denken Sie nun darüber nach, welche Entscheidungen Sie vielleicht aufgrund dieser und ähnlicher Erfahrungen getroffen haben. (Pause) Welche Ansichten und Vorstellungen über Sie selbst und die Welt waren das Ergebnis?

Welche Regeln und Verhaltensvorschriften haben Sie aufgestellt? Welche Einstellung anderen Menschen gegenüber entstand? Welche Sicht der Welt? Welche Lebensphilosophie? (Pause von 30 Sekunden)

Nun stellen Sie sich vor, wie Sie als *der* Mensch, der Sie jetzt sind, mit dieser jüngeren Ausgabe von sich ein Gespräch führen. (Pause) Helfen Sie diesem jüngeren Ich, wo immer Sie können. Wovon hätten Sie sich damals gewünscht, daß ein Erwachsener es für Sie tue? Welcher Rat hätte Ihnen geholfen? Welcher Ausdruck von Zuneigung Sie unterstützt? (Pause) Welche Worte und Taten hätten dies zu einer positiveren Lernerfahrung werden lassen? (Pause) Vielleicht entwickelt sich ein Gespräch zwischen Ihnen und Ihrem jüngeren Ich. Erzählen Sie ihm etwas von dem, was noch kommt und was es wissen sollte. Was immer in der folgenden Pause in Ihnen aufsteigt, lassen Sie sich darauf ein. (Pause von 30 Sekunden)

Es ist Zeit, dem jüngeren Ich auf Wiedersehen zu sagen. Gönnen Sie sich noch ein paar Momente zusammen – und jetzt verabschieden Sie sich. (Pause) Kehren Sie in den Zustand des Wachbewußtseins zurück. Sie werden sich an alles erinnern können, was Sie eben erlebt haben. Bei ZEHN werden Sie wach, entspannt und erfrischt sein, so, als ob Sie gut geschlafen hätten. EINS, kommen Sie langsam zurück. ZWEI, DREI, VIER, FÜNF. SECHS, bewegen Sie Zehen und Füße, werden Sie langsam wach. SIEBEN, bewegen Sie Finger und Hände. ACHT, strekken Sie Schultern, Hals und Gesichtsmuskeln. NEUN, atmen Sie tief ein. Und ZEHN, öffnen Sie die Augen. Sie sind wieder ganz wach.

Schreiben Sie nun alles, was Sie erlebt haben, in Ihr Tagebuch. Bedenken Sie dabei die folgenden Punkte:

1. Mit welchem positiven Gefühl haben Sie die Phantasie begonnen?
2. Beschreiben Sie die Szene Ihrer Kindheit, zu der Sie zurückkehrten, so genau wie möglich.

3. Welche Regeln und Verhaltensweisen haben Sie aufgrund der damaligen Erfahrung angenommen? Welche Ziele und welche Einschränkungen?
4. Welche Einstellung gegenüber den Menschen, welche Sicht der Welt, welche Lebensphilosophie entwickelte sich bei Ihnen durch diese Erfahrung?
5. Was haben diese Regeln, Vorschriften, Einstellungen und Ansichten mit Ihrer »persönlichen Suche« zu tun, Ihrer Suche nach bestimmten Vorstellungen des »wiedergewonnenen Paradieses«?
6. Wie beeinflussen sie Ihr heutiges Leben? Sind sie in mancher Hinsicht vielleicht veraltet?

Bei dieser Reise in die Vergangenheit haben die meisten angenehme Erfahrungen, die ihnen Kraft und Energie geben; die mythischen Entscheidungen, die oft die Folge dieser Erfahrungen sind, wirken wie eine Richtschnur, eine neue Energiequelle im Leben. Solche Richtungen, die sich zunächst hoffnungsvoll eröffnen, müssen allerdings aufgrund späterer Erfahrungen oft revidiert werden. Aber wie auch immer: Die Erinnerung an diese gute Erfahrung kann Ihnen Kraft geben, wenn Sie sich an die Arbeit mit dem Gegen-Mythos machen, und sie ist eine gute Grundlage, wenn es darum geht, kreative Lösungen für Ihre Probleme zu finden. Bei Frank sah das so aus:

Das Gegenteil meiner inneren Spannung und meines Bedürfnisses, mich zurückzuziehen, war für mich die Leidenschaft, die ich immer so gerne spüren wollte, das Gefühl, lebendig zu sein, ein Strahlen, das vom Herzen ausgeht und meinen ganzen Körper mit Lebenslust füllt. Ich ging in meiner Phantasie zurück in die Zeit, als ich acht Jahre alt war. Damals war ich zum erstenmal bei etwas wirklich gut. Ich hatte ein Jahr lang Klavierstunden gehabt, und zufällig fand genau in der Woche, in der ich ganz besonders fleißig gewesen war, in der Schule ein Wettbewerb statt: Wer hatte in dieser Woche die meisten neuen Musikstücke gelernt? An der Spitze stand ich mit fünfen, der nächste nach mir konnte drei, und so wurde ich vor den 120 anderen Schülern derart mit Lob überschüttet, daß ich vor Stolz und Wärme und Glück nur so glühte. Ich vergaß, daß ich nicht zur königlichen

Familie gehörte. Ich ging nun darauf aus, Leistung zu bringen. Ich hatte neue Kraft zur Verfügung, und die steckte ich in alles, was mir irgendwie Lob eintragen konnte; meine Verhaltensregel lautete: Nutze diese Kraft für alles, das es wert ist. Meine Lebensphilosophie war: Gelobt werden ist besser als Spaß haben. Vermutlich habe ich auch einiges von meiner aufgestauten Leidenschaft für diese Ziele eingesetzt, aber der Rat, den mein älteres Ich dem jüngeren gab, lautete: Bring deine Lebenslust genauso ins Spiel wie in die Arbeit.

Traumarbeit II-1: Ein neues Bild des »wiedergewonnenen Paradieses«. Sie erinnern sich: Bei unserer letzten Traumarbeit ging es um einen Traum vom »Paradies«, einen Traum davon, wie es hätte sein können. Jetzt geht es um einen Traum, der davon handelt, wie es werden könnte. Er zeigt vielleicht die besten Möglichkeiten, die Sie in sich fühlen, die schönste Zukunft, die Sie sich vorstellen können. Vielleicht weist er Ihnen auch einen Weg, wie die Schwierigkeiten des Helden oder der Heldin im ersten Teil Ihres Märchens überwunden werden können. Es findet sich vielleicht auch eine neue Art der »Suche« nach dem »wiedergewonnenen Paradies«. Suchen Sie nach einer idealen Lösung für die Probleme, die der alte Mythos verursacht. Diese Lösung muß nicht realistisch sein. Sie darf ruhig extravagant sein, ja sogar so etwas wie eine reife Version des »Paradieses«. Bei diesem Traum geht es nicht unbedingt um praktische Anleitungen, sondern eher um eine bildhafte und befriedigende Phantasie.

Vielleicht finden Sie in Ihrem Tagebuch einen Traum, der einige dieser Elemente hat. Wenn Sie einen solchen Traum initiieren wollen, dann rufen Sie sich das Symbol des »wiedergewonnenen Paradieses« von Ihrem Schild ins Gedächtnis, angenehme Bilder aus der letzten Phantasiereise oder was immer Sie sonst an hoffnungsfrohen Vorstellungen haben; und lassen Sie die Gefühle, die Sie damit verbinden, Ihren Körper ganz erfüllen. Bevor Sie dann einschlafen, wiederholen Sie zehn- bis zwanzigmal sinngemäß folgende Anweisung: »Ich wünsche mir einen Traum, der mir eine kreative Antwort gibt (beschreiben Sie hier den alten Mythos oder die Probleme, die er Ihnen macht). Beim Aufwachen werde ich mich an den Traum erinnern.« Halten Sie gleich nach dem Aufwachen alle Träume fest, an die Sie sich erinnern. Wenn Sie keinerlei Traumerinnerung haben, achten Sie auf die Gedanken, Einsichten und Phantasien, die Ihnen während des Morgens durch den Kopf gehen. Mit den Techniken der Traumarbeit aus dem vorigen Kapitel können Sie dann den Traum (oder die Träume) erforschen und interpretieren.

Nach mehreren erfolglosen Versuchen, sich einen Traum vom »wiedergewonnenen Paradies« zu schaffen, träumte Frank schließlich diesen Traum:

In meinem Traum war ich ein olympischer Ringer im alten Griechenland (zufällig fanden in Los Angeles gerade die Olympischen Spiele statt). Ich war stark, fühlte, wie ich schwitzte, hatte Vertrauen in mich, konzentrierte mich auf jede Bewegung des Gegners, respektierte ihn, war froh, dabei zu sein, reagierte schnell und gewandt wie eine Katze. Ich fühlte mich sehr stark, so als ob alle meine Muskeln bis zur vollen Kapazität entwickelt wären. Ich fühlte mich so kraftvoll und lebendig, daß es mir vorkam, als müsse ein Leuchten von mir ausgehen. Ich erinnere mich nicht, wie der Kampf endete, aber es war eigentlich keine Frage, daß ich gewonnen hatte, und dann trug ich plötzlich das Olympische Feuer durch das riesige Stadion, und mein Blick und meine Kraft trafen ungeschmälert auf die beifallklatschende riesige Menge. Als ich aufwachte, fielen mir sofort einige Dinge aus diesem Traum ein, die viel mit meinem »wiedergewonnenen Paradies« zu tun hatten. Ich war extravertiert, ich genoß es, mit anderen in Kontakt zu kommen, allem und jedem nahe zu sein – den Bäumen, den Menschen, einfach allem. Ich war nicht mehr schüchtern, zurückhaltend, ängstlich. Und dann pulsierte eine wunderbare Energie, eine *joie de vivre* in mir. Von was auch immer dieser Traum handelte, auf jeden Fall gibt er ein wunderbares Bild davon, wo ich hinmöchte.

Persönliches Ritual II-4: Der zweite Teil des persönlichen Märchens. Beim zweiten Teil Ihres Märchens geht es um ein Gleichnis für den Gegen-Mythos, an dessen Konflikt mit dem vorherrschenden alten Mythos Sie gerade arbeiten. Dieser Teil soll die beste Lösung darstellen, die Sie sich für die Schwierigkeiten vorstellen können, die in Teil eins auftauchten. Jener erste Teil bezog sich ja auf tatsächliche Ereignisse aus Ihrem Leben; hingegen wird der zweite Abschnitt mit Ihrer wirklichen Geschichte nicht so viel zu tun haben. Sie sollen vielmehr mit Hilfe Ihrer Phantasie und Vorstellungskraft die ideale Lösung für Ihr Problem finden.

Die Reise in die Vergangenheit, die Sie vorhin unternommen haben, brachte Sie zu einer Erfahrung zurück, die etwas mit Ihrer »Suche« zu tun hat. Sie ist eine wichtige Information für die Beschreibung des zweiten Teils. In welcher Weise war dieser Versuch einer »Suche« erfolgreich, in welcher ungenügend oder gar schmerzhaft? Für Frank scheint es ziemlich klar zu sein, daß es keine ideale Lösung war, seine Lebenslust zugunsten von Anstrengung und Erfolg zu beschneiden. Sie können Elemente Ihrer realen »Suche« in den zweiten Abschnitt des persönlichen Märchens aufnehmen, aber Sie sind nicht an das »Realitätsprinzip« gebunden. Sie können sich auch märchenhafte, magische Lösungen ausdenken, die Ihren innersten Wünschen entsprechen. Sie können sich die ausgefallensten Vorstellungen davon machen, wie diese Lösungen zu finden seien; vielleicht lassen Sie auch Elemente aus Träumen, Phantasien oder Symbolen vom »wiedergewonnenen Paradies« in Ihr Märchen eingehen. Sie werden wahrscheinlich feststellen, daß der Gegen-Mythos in diesem zweiten Abschnitt wie manche Träume eine Mischung aus der Wirklichkeit Ihrer Erfahrungen, an die Sie sich gerade erinnerten, und ungebändigter schöpferischer Phantasie ist.

Die Regeln für Teil zwei sind grundsätzlich dieselben wie für Teil eins. Auch hier wird derselbe Held, dieselbe Heldin die Probleme zu lösen versuchen, um die es im ersten Abschnitt schon ging. Nur soll hier die Lösung der Probleme vorkommen – aber nicht schlicht und direkt, sondern eher als Drama im Drama, als Traum, Tagtraum oder Vision; der Held sieht ein Schauspiel, liest eine Geschichte, trifft einen weisen Lehrer; vielleicht spricht auch ein Tier zu ihm oder ein Stein. Auf diese Weise haben Sie größtmögliche dichterische Freiheit, damit Ihre Geschichte sich wirklich phantasievoll und kreativ entwickeln kann.

Dies alles kann Rohmaterial für den zweiten Teil sein:

Träume vom »wiedergewonnenen Paradies«; die guten Gefühle aus dem letzten Ritual und der frühen Erfahrung, zu der Sie dabei zurückkehrten; die Zeichnungen oder Symbole der Abschnitte »Das Paradies« und »Das wiedergewonnene Paradies« von Ihrem Schild; die »Paradies«-Träume aus dem letzten Kapitel; und natürlich alles, was Ihnen einfällt, während Sie die Geschichte schreiben. Vielleicht lesen Sie noch einmal die Einträge in Ihrem Tagebuch, um die Erinnerung an das, was bis jetzt passiert ist, aufzufrischen.

Beginnen Sie nun mit dem zweiten Teil Ihres persönlichen Märchens. Sie erinnern sich: aufschreiben, auf Band sprechen, einem Partner erzählen oder es sich von ihm erzählen lassen und dann mit Ihren eigenen Vorstellungen ergänzen. Sie sollten sich tief entspannen und die Geschichte aus sich »herausfließen« lassen, sie ihren eigenen Weg gehen lassen, ohne sie schon zu analysieren oder zu interpretieren. Wenn Sie fertig sind, notieren Sie alles ausführlich in Ihrem Tagebuch.

Und dies ist Franks zweiter Teil:

Frankie lernte, anderen zu gefallen und ihren Erwartungen zu entsprechen, und er vergaß, wie schön es gewesen war, in den Türmen des Schlosses zu spielen, im großen See zu schwimmen und sich im Uferschlamm so richtig dreckig zu machen. Er hatte nun keine Zeit mehr für solchen Unsinn. Er war ein konzentrierter, strenger und ernster Junge geworden, der immer mehr Erfolg hatte. Er wurde größer und stärker und gewann mehr Selbstvertrauen. Aber er war nicht mehr der fröhliche Junge, der er einst gewesen war.

Eines Tages – in Erinnerung an jene fernen, fast vergessenen Tage – schloß er sich einer Gruppe fahrender Sänger an, die durch das Königreich reisten. Mit ihnen war ein weiser, freundlicher alter Zauberer, der besaß eine Kristallkugel, und wer immer in diese Kugel sah, konnte darin seine Herzenswünsche in der Zukunft erfüllt sehen. Frankie dachte wenig an die Zukunft, weil er so sehr damit beschäftigt war, in der Gegenwart vorwärtszukommen. Aber dann wurde er doch so neugierig, daß er dem alten Zauberer die Silbermünze gab, die er in der Woche verdient hatte, indem er seinem Lehrer die Rüstung putzte.

Als Frankie in die Kugel sah, erkannte er sich selbst in der Zukunft als König Francesco. König Francesco gab sich so würdig und selbstbewußt, wie man es von jemandem mit königlichem Blut erwarten konnte. Er war wegen seiner guten Herrschaft im ganzen Land respektiert. Aber er war ein ungewöhnlicher König, denn er liebte Spaß und Freude mehr als irgendein anderer im ganzen Reich. Er hatte immer Spaß, ganz gleich was er tat oder mit wem er zusammen war. Immer war er neugierig, wach und von einer Frische, die jede Minute des Tages lebendig machte und Freude und Lachen hervorrief. Hindernisse und Probleme machte er zu anregenden Herausforderungen. Und so waren alle gern mit ihm zusammen.

Frankie fand das, was er sah, wunderbar, aber er wurde doch auch sehr verzagt und hoffnungslos, als ihm klarwurde, daß er auf dem besten Wege war, ein ganz anderer Mensch zu werden als der König, den er da in der Kristallkugel sah.

Persönliches Ritual II-5: Focusing und der zweite Teil des Märchens. Wenn Sie wollen, können Sie jetzt mittels Focusing Ihr Verständnis des Märchens vertiefen. Lesen Sie sich die Anweisungen für Focusing noch einmal durch. Dann vertiefen Sie sich in den zweiten Teil Ihrer Geschichte – lesen Sie ihn langsam und erleben Sie mit, was geschieht. Notieren Sie, an welchen Punkten Sie die stärksten Reaktionen haben. Konzentrieren Sie sich nun auf diese Reaktionen (entsprechend den Grundprinzipien der Focusing-Technik). Schreiben Sie dann alles, was Sie erlebt haben, in Ihr Tagebuch, machen Sie eine kurze Pause, fangen Sie eine neue Seite an mit der Überschrift »Interpretationen« und notieren Sie hier alle Assoziationen zu den Umständen, Figuren, Ereignissen und Einzelheiten des zweiten Teils.

So sah das bei Frank aus:

Während ich mir die Szenen in der Kristallkugel noch einmal vorstellte, fühlte ich eine entspannte Offenheit in meiner Brust, ein starkes, fast zu starkes Prickeln, und ich hatte das Gefühl, daß mein Atem sehr tief und voll war. Es war ein Gefühl von Kraft, so, als hätte ich sehr viel Energie zu meiner Verfügung. Ich hatte auch ein Gefühl der Erwartung, der Bereitschaft für die Auseinandersetzung mit der Welt. Was bedeutet das? Wenn ich schon durch solche Vorstellungen mehr Lebenslust spüre, dann muß ich ein größeres Reservoir davon haben, als ich je genutzt habe. Ich habe mich immer zurückgehalten, weil das bequemer ist. Wenn ich mich aber öffne, dann fühle ich mich stärker, voller Energie und Selbstvertrauen.

Es ist mittlerweile wohl klar, wie wertvoll Focusing sein kann, wenn es darum geht, Gefühle und Erfahrungen, die uns vielleicht verwirren, besser und tiefer zu verstehen. Wir werden Sie im weiteren nicht ständig daran erinnern, können Ihnen aber empfehlen, Focusing nach eigenem Gutdünken immer dann anzuwenden, wenn Sie mehr Klarheit haben wollen über Gefühle oder Erfahrungen bei dieser Arbeit an Ihrer Mythologie; im übrigen können Sie es natürlich auch in jedem anderen Lebensbereich anwenden.

Beschränken Sie sich nicht nur auf die Anleitungen, die wir Ihnen hier geben, wenn es darum geht, den Gegen-Mythos klar zu erkennen. Bleiben Sie auch für andere Erfahrungen offen, die in diese Richtung weisen können. Es kann gut sein, daß in der Kultur, dem Umfeld, in dem Sie leben, schon sehr deutliche Formulierungen des Mythos, der da gerade in Ihnen auftaucht, existieren. Vielleicht treffen Sie in einem Roman, einem Film oder einem Bühnenstück auf eine Figur, die mit ähnlichen Themen beschäftigt ist. Vielleicht gibt es Menschen, die Ihnen etwas darüber sagen können, oder Bücher, die Ihnen weiterhelfen. Beim nächsten persönlichen Ritual geht es darum, Gedanken, Gefühle und Verhaltensweisen zu identifizieren, die zum alten Mythos bzw. zum Gegen-Mythos gehören.

Persönliches Ritual II-6: Die Auswirkungen des alten Mythos und des Gegen-Mythos. Wie funktionieren die beiden Mythen in Ihrem Leben; in welchen Lebensbereichen und Situationen ist der eine aktiv, in welchen der andere? Wir werden darüber eine Liste aufstellen, auf die Sie auch im weiteren Verlauf der Arbeit immer wieder zurückgreifen können.

1. Gehen Sie Ihr Tagebuch durch und versuchen Sie so klar wie möglich zu formulieren, in welcher Weise jeder der beiden Mythen Ihr Leben beeinflußt und bestimmt.

(Nachdem er den zweiten Teil seines Märchens noch einmal durchgelesen hatte, stellte Frank zum Beispiel fest: »Mein alter Mythos trieb mich in die ängstliche Sicherheit von Anstrengung und Leistung – auf Kosten von Leidenschaft, Lebenslust und Freude.« Dem stellte er das Gebot seines Gegen-Mythos entgegen, das lautete: »Ich fülle jede Minute meines Lebens mit Freude, Leidenschaft und Lebenslust.«)

2. Teilen Sie ein leeres Blatt Ihres Tagebuchs durch einen Strich in der Mitte in zwei Spalten. Die eine trägt die Überschrift »Alter vorherrschender Mythos«, die andere »Neuer Gegen-Mythos«.
3. Setzen Sie an den Anfang jeder Spalte ein Motto, das den Mythos charakterisiert. (Franks Motto für den alten Mythos war: »Streng dich an, so sehr du kannst, von ganzem Herzen, ganzer Seele, mit aller Kraft.« Das Motto für den Gegen-Mythos lautete: »Gehe Risiken ein, fließe über vor Selbstvertrauen, Freude, Zutrauen.«) Sie können sich dieses Motto selbst ausdenken; Sie können aber auch ein Sprichwort nehmen, einen Satz aus einem Buch, eine Zeile aus einem Lied. Wenn Ihnen jetzt nichts einfällt, dann behalten Sie die Frage nach dem Motto einfach in Ihrem Bewußtsein, während Sie hier im Text weitermachen.
4. Denken Sie nach über Ihre Handlungen, Gedanken und Gefühle während der letzten paar Stunden. Notieren Sie in der jeweiligen Spalte, welche dieser Gefühle, Gedanken und Handlungen mehr von dem einen, welche mehr von dem anderen Mythos geleitet wurden. Wie war das in den letzten Tagen? Dann fragen Sie nach immer wiederkehrenden Gedanken, Gefühlen und Handlungen. Manchen Menschen fällt es sehr schwer, solche Zusammenhänge zu erkennen; sollte Ihnen nach ehrlichem Bemühen einfach nichts dazu einfallen, dann zwingen Sie sich nicht dazu. Es wäre aber gut, wenn Sie Ihr Tagebuch in den nächsten Tagen immer bei sich hätten, damit Sie, wann immer Ihnen etwas einfällt, es gleich festhalten können. Manche setzen sich auch jeden Abend eine Weile ruhig hin und denken nach, was sie am vergangenen Tag getan haben. (So war Frank zum Beispiel an einem Sams-

tagmorgen, einem wunderschönen Wintertag, intensiv damit beschäftigt, noch ein paar Extraberichte zu schreiben – sie waren zwar nicht unbedingt nötig, würden aber sicher einen guten Eindruck auf seine Kunden machen –, als ein Freund anrief, der fragte, ob er mit zum Langlaufen gehen wolle. Deutlicher als in dieser Alternative konnte sein Konflikt wohl kaum symbolisiert werden. Nach seiner Gewohnheit würde er natürlich die sichere Befriedigung, etwas – war es auch noch so nebensächlich – zu leisten, einer Unternehmung vorziehen, deren Ergebnis wohl kaum dem Zeitaufwand und der Unbequemlichkeit entsprach, die damit verbunden waren – auch wenn es vielleicht viel Spaß machen würde. Den Impuls, zu Hause zu bleiben und zu arbeiten, trug er als Ausdruck des alten Mythos in die entsprechende Spalte ein; zu gehen würde auf der Linie des Gegen-Mythos liegen. Er behandelte also diese eher banale, nebensächliche Entscheidung als etwas, das im Rahmen seiner persönlichen Mythologie und deren Konflikten durchaus wichtig war, und nutzte sie, um sich mit seinem mythischen Konflikt auseinanderzusetzen; und so entschied er sich schließlich fürs Langlaufen, weil das eine Bestätigung der Richtung war, die er für sich entwickeln wollte.)

5. Wenn Sie in beiden Spalten genug Material haben, dann sehen Sie sich einmal an, welche Konsequenzen diese beiden Mythen in Ihrem Leben haben. Stehen der alte und der neue Mythos in einem klaren Gegensatz zueinander? Oder stimmen sie in mancher Hinsicht überein? Schreiben Sie alles auf, was Ihnen hierzu einfällt.

Versuchen Sie ab jetzt, sich Ihres mythischen Dramas immer bewußt zu sein. (Frank notierte dies: »Für mich war ab jetzt jede, auch die nebensächlichste Situation ein Anlaß, mehr Lebenslust und Freude zu empfinden und auszudrücken. Und wenn ich mich zurückhalte oder mich mit unwichtigen, leblosen Dingen beschäftige, dann bin ich mir dessen bewußt. Diese Bewußtheit allein verändert schon die Erfahrung. Für mich ist das ein Schritt vorwärts auf dem Weg, mit mehr Energie und Freude zu leben.«)

Auf zur Stufe drei. Fassen wir noch einmal zusammen: Sie haben Ihren persönlichen Schild entworfen, auf dem Ihre Beziehung zu den Begriffen »Das Paradies«, »Das verlorene Paradies«, die »persönliche Suche« und »Das wiedergewonnene Paradies« deutlich wird. Sie haben sich mit der Bedeutung Ihres Schildes und seiner Symbole befaßt und Ihren Schild als ein Stück Autobiographie betrachtet. Sie haben eine Übersicht über die Konflikte in Ihrem Leben aufgestellt und einige von ihnen mit inneren Konflikten in Verbindung gebracht. Sie identifizierten ein unangenehmes Gefühl, das mit diesen Konflikten zu tun hat, und gingen dann mit diesem Gefühl auf die Reise zurück in die Vergangenheit. Sie haben festgestellt, welche Verhaltensregeln, Vorschriften, Einstellungen und welche Lebensphilosophie sich aus frühen traumatischen Kindheitserfahrungen entwickelt haben. Im letzten Teil von Kapitel vier haben Sie gelernt, sich mit Ihrem Schild emotional zu schützen.

In diesem Kapitel nun haben wir einen alten Mythos und einen neuen Gegen-Mythos herausgearbeitet, die in Konkurrenz zueinander Ihre Gedanken, Gefühle und Handlungsweisen beherrschen – bezogen auf den Konflikt, um den es geht. Mit dem Material, das Sie auf Ihrer ersten »Reise in die Vergangenheit« über ein schwieriges Erlebnis Ihrer Kindheit gewannen, schrieben Sie den ersten Teil Ihres persönlichen Märchens; Ihre Schwierigkeiten zu der Zeit und die Art, wie Sie damit umgingen, waren sein Thema. Nachdem Sie sich mit diesem ersten Abschnitt beschäftigt hatten, gingen Sie auf eine zweite »Reise in die Vergangenheit«. Hier war ein Gefühl das Thema, das gerade das Gegenteil sein sollte von dem Gefühl, das Sie auf der ersten Reise begleitet hatte; und es ging um Ihre »persönliche Suche«.

Dann baten Sie um einen Traum, um Symbole zu finden, die vielleicht neue Richtungen weisen würden. Nun schrieben Sie den zweiten Teil Ihres persönlichen Märchens, in dem es darum ging, eine »ideale« (und nicht notwendigerweise realistische) Lösung für das Problem aus dem ersten Teil zu finden. Dann arbeiteten Sie den alten und den Gegen-Mythos noch deutlicher heraus, indem Sie Ihre Gedanken, Gefühle und Handlungen daraufhin überprüften, von welchem der beiden Mythen sie bestimmt werden. Im nächsten Kapitel werden wir darangehen, den Konflikt zwischen dem alten und dem neu auftauchenden Mythos konstruktiv zu lösen.

6

Der dritte Schritt: Dialektische Annäherung an mythische Lösungen

> Die regulierende Funktion von … Gegensätzen ist der menschlichen Natur eingeboren.
>
> *Frieda Fordham*[1]

Sie haben gegensätzliche Aspekte Ihrer persönlichen Mythologie herausgearbeitet und Ursprung und Zweck dieser miteinander in Konflikt liegenden inneren »Führungsinstanzen« untersucht. Nun geht es darum, sie wieder zusammenzufügen zu einem neuen Mythos, der all das enthält, was an den beiden anderen nützlich und lebensbejahend ist.

Seit Ihren ersten Lebenserfahrungen hat Ihre Seele eine einzigartige Konstruktion der Wirklichkeit geschaffen, die Ihnen half, der Welt Sinn und Bedeutung zu geben, mit ihr fertig zu werden und Ihren inneren Potentialen Ausdruck zu verleihen. Die mythische Struktur, die Sie entwickelten, um all dies zu erreichen, paßt vielleicht nicht mehr zur Wirklichkeit und zu den Forderungen Ihres Erwachsenenlebens. Dennoch besitzt sie immer noch all die Kraft, die dem Vertrauten innewohnt, hat die Stärke lebenslanger Gewohnheit.

Unsere Seele kompensiert die Mängel des alten und veralteten Mythos, indem sie neue Formen entwickelt, um Impulse und Erfahrungen zu organisieren – diese neuen Formen nennen wir Gegen-Mythen. Gegen-Mythen funktionieren meist auf der Ebene des Unbewußten; vielleicht brechen sie später, wenn sie reifer werden, ins Bewußtsein durch. Sie bringen die Inspiration einer neuen Sicht der Dinge mit sich, frische Vorstellungskraft und das Versprechen der Erfüllung im Angesicht des Mangels. Wie die Fluten eines Wasserreservoirs einen Staudamm durchschlagen können, so bricht vielleicht auch der auftauchende Gegen-Mythos eines Tages durch und überflutet das ausgedörrte Land mit lebenspendendem Wasser. Jedoch: Es gibt zwar kein Leben in der Wüste, aber es wächst auch nichts in den Fluten. Nur Erde und Wasser zusammen machen das Leben möglich. So geht es in diesem Kapitel darum, eine Synthese zu finden, in der die wichtigsten Elemente beider Mythen zusammenfinden.

Da der alte Mythos Ihre Reaktion auf die Erfahrung des »verlorenen Paradieses« war, kann der Gedanke daran, ihn aufzugeben, sehr schmerzhaft sein. Lassen Sie uns darum wieder das Bild von der spirituellen Reise eines Helden oder einer Heldin aufgreifen. In all der Dunkelheit des unbewußten mythischen Konflikts, der Verzweiflung und Verwirrung in unserem Leben hervorruft, können wir uns eine Vision schaffen, die unsere Suche nach dem »wiedergewonnenen Paradies« erhellt und leitet. Darum geht es bei dieser dritten Stufe in der Arbeit mit dem mythischen Konflikt. Der folgende Bericht macht einiges davon deutlich:

Einer unserer Klienten suchte Hilfe, denn, so sagte er: »Ich versage als Ehemann und habe Angst, daß meine Ehe kaputtgeht.« In der Umgebung, in der er aufgewachsen war, wurde auf familiäre Loyalität allergrößter Wert gelegt; sein Vater, den er aus tiefstem Herzen bewunderte, war geradezu die Karikatur des *treusorgenden Familienvaters.* In seiner eigenen Ehe versuchte der Sohn nicht nur, dem Vater nachzueifern, sondern er verdoppelte gewissermaßen den Einsatz, indem er eine Frau heiratete, die ein so abhängiger Mensch war, daß er, egal was er anstellte, sie nie zufriedenstellen konnte. Seine Frau war sehr unsicher und brauchte alle seine Zeit und Aufmerksamkeit; wann immer er ihren Forderungen nicht entsprach, litt sie unter den schrecklichsten psychosomatischen Krankheiten. Wenn man bedenkt, wie die Rolle des Ehemannes in seiner persönlichen Mythologie definiert war, so konnte er eigentlich bei ihren Krankheiten nur mitfühlend sein, sie besonders gut pflegen und sich unter Schuldgefühlen und Selbstvorwürfen schwören, sie noch mehr zu lieben, so daß er sie nie wieder enttäuschen würde. Aber natürlich war sie immer wieder enttäuscht. Denn er gab ihr genau das Gegenteil von dem, was sie gebraucht hätte, wollte sie sich über die Unsicherheit und Abhängigkeit hinaus weiterentwickeln, an die sie sich in dieser Ehe klammerte.

Wie das oft der Fall ist, sah auch er sein Problem zunächst durch die Brille des alten Mythos. Er war überzeugt davon, daß er für die Schwierigkeiten in seiner Ehe verantwortlich sei. Aber in der Dämmerzone zwischen Bewußtsein und Unbewußtem flackerte schon, zwar schwach, aber doch vorhanden, das Licht eines neuen Mythos. Dieser neue Mythos konzentrierte sich auf seine Bedürfnisse als Individuum, unabhängig von seiner Frau und seiner Ehe. Dies schien ihm eine reichlich flatterhafte, egoistische Einstellung zu sein, die er nicht mochte und mit der er nichts zu tun haben wollte.

Aber der Wunsch, mehr nach seinen eigenen Bedürfnissen zu leben, blieb wach, machte sich auf subtile Weise immer wieder bemerkbar und war immer schwieriger zu ignorieren. Der Weg, auf dem dieser neue Mythos sich Ausdruck verschaffte, erstaunte ihn. Wann immer er von seiner ehelichen Loyalität sprach, war Zorn in seiner Stimme und in seinem Gesichtsausdruck, ein Zorn, dessen er sich selbst überhaupt nicht bewußt war. Nachdem er öfters damit konfrontiert worden war, befreundete er sich langsam mit der Möglichkeit, daß er tatsächlich vielleicht so etwas wie Ärger verspürte darüber, daß er so viel gegeben hatte und wenig Anerkennung zurückbekam. Als ihm klar wurde, daß dieser Zorn, den er weder verstand noch haben wollte, die Reaktion des Teils von ihm war, der nicht von der Mythologie beherrscht wurde, die ihm so lieb und wert war, da wurde er neugierig auf das, was dahintersteckte. Um seinen Erfahrungen einen Sinn zu geben, hatte seine Seele noch eine andere Sicht der Dinge entwickelt, die offenbar der, mit welcher er aufgewachsen war, völlig widersprach. Indem er dies immerhin als Möglichkeit annahm, konnte er allmählich Gefühle erleben, die er zwar als selbstsüchtig verurteilte und kaum akzeptieren, aber andererseits auch nicht länger verleugnen konnte.

Man kann sich die Schwierigkeiten und den inneren Aufruhr leicht vorstellen, in den er geriet, als ihm klar wurde, daß ein Teil von ihm sich den übertriebenen Forderungen seiner Frau keineswegs unterwerfen wollte. Das paßte nicht zu seiner Identität als erfolgreicher und verantwortungsvoller Erwachsener. Für eine kurze Zeit geriet nun sein Gefühl dafür, wer er war und wie er sich in der Welt definierte, ziemlich durcheinander. In manchen Situationen waren seine Ansichten, Wahrnehmungen und Reaktionen in perfekter Harmonie mit dem vertrauten alten Mythos; aber schon in der nächsten Sekunde konnte es passieren, daß er wie ein Pendel ins andere Extrem schwang, weit hinein in den Bereich des Gegen-Mythos, und selbstsüchtig und boshaft wurde. Dann, als würde der neue Mythos durch den alten wieder in den Schatten gestellt, fand er sich gequält von Schuldgefühlen und Gewissensbissen.

Alte vorherrschende Mythen werden ständig mit neuen Informationen und Erfahrungen konfrontiert, die sich aus unserem täglichen Leben ergeben; möglicherweise sind sie fähig, sich ständig ändernd und erweiternd den jeweiligen Lebensumständen anzupassen. Sind unsere Lebenserfahrungen nicht mehr mit unserer Mythologie vereinbar, dann werden sie zum störenden Element in der bestehenden Struktur. Das passiert zum Beispiel dann, wenn eine neue Situation grundlegend verschieden ist von den Umständen, die zur Entstehung des alten Mythos führten. Manchmal ist die Information – unter dem Blickwinkel des alten Mythos gesehen – auch so schmerzlich oder unangenehm, daß unser Inneres sie entweder ignoriert oder so verzerrt, daß sie in das System paßt. Jean Piaget[2] hat untersucht, wie Menschen auf neue Informationen reagieren, und dabei festgestellt, daß es drei Möglichkeiten gibt: Unser kognitives System ändert die Information, es ändert sich selbst, oder beides geschieht. Das heißt: a) Wir können unsere Erfahrungen und neue Informationen so verzerren, daß sie sich unseren Mythen anpassen; b) wir lassen es zu, daß neue Informationen unsere Mythologie erweitern oder verändern; oder c) ein Zusammenspiel aus beiden Möglichkeiten findet statt.

Eine junge Frau war von ihrem Vater emotional verlassen worden, als sie noch sehr jung war. Sie entwickelte in ihrer persönlichen Mythologie ein negatives Selbstbild, das den Zweck hatte, diesem Verlassenwerden einen Sinn zu geben. Sie erlebte unbewußt jede unerfreuliche Erfahrung mit einem Mann als Wiederholung der damaligen Situation. Jede neue Enttäuschung diente dazu, den vorherrschenden Mythos zu bestätigen, der besagte, daß sie der ständigen

Zuneigung eines Mannes nicht wert war und daher immer wieder verlassen werden mußte. Die Folge davon war, daß sie in keiner Beziehung lange bleiben konnte, denn sobald es Schwierigkeiten gab, zog sie sich sofort zurück, weil sie überzeugt war, daß sie nun zurückgewiesen würde. Der Titel jenes amerikanischen Country-Songs *Wenn du mich nicht verläßt, dann werde ich schon jemand anderen finden, der es tut,* hätte das Motto ihres Mythos sein können.

Schließlich lernte sie einen Mann kennen, der sie sehr liebte. Eines Abends jedoch kam er nicht zu einer Verabredung, weil sein Wagen streikte; es fand sich auch kein Telefon, so daß er sie nicht einmal anrufen konnte. Wie es ihrem Muster entsprach, versuchte sie nun, dies als Beweis zu nehmen, daß selbst er sie verließ, und all seine Erklärungen, Argumente und Proteste halfen nicht. Er aber hatte beobachtet, daß und wie dieses Verhaltensmuster bei ihr ablief; er konfrontierte sie damit, heftig und zugleich liebevoll, so daß sie nicht anders konnte, als die Wahrheit zu sehen. Dies war der Beginn einer grundlegenden Veränderung in ihrem alten Mythos.

Dies zeigt, daß neue Erfahrungen entweder so verändert werden, daß sie sich dem Mythos anpassen, oder aber sie verändern und erweitern den Mythos so, daß er integrieren kann, was eigentlich nicht in sein System paßt. Piaget kam zu der Auffassung, daß im Entwicklungsprozeß unseres kognitiven Systems auf Phasen des Gleichgewichts solche des Ungleichgewichtes folgen, daß aber auf diese unorganisierten Perioden immer wieder Restabilisierung auf höherer Organisationsstufe folgt.

Man braucht viel Mut und Einsichtsfähigkeit, um sich mit den eigenen Widersprüchen zu konfrontieren, wie Sie dies im Verlauf dieser Arbeit schon getan haben. Abwehrmechanismen wie Verdrängung, Rationalisierung, Verschiebung und Projektion sind vor allem dazu da, uns vor der Konfrontation mit solchen Impulsen oder Gefühlen, die unserem Selbstbild widersprechen, zu schützen. Wenn unsere Worte und Taten nicht mehr zusammenpassen, wenn wir große Schwierigkeiten haben, Entscheidungen zu treffen, wenn unsere Gefühle in Aufruhr sind und wir nicht mehr wissen, wie wir eigentlich leben wollen – dann ist all das Ausdruck eines Konflikts in unserer persönlichen Mythologie, und es mag zunächst einfacher scheinen, nicht daran zu rühren.

John Bowlby hat untersucht, wie kleine Kinder reagieren, wenn sie einen Elternteil verlieren. Erst protestieren sie wild, dann fallen sie in Verzweiflung, und schließlich, wenn Vater oder Mutter nicht zurückkehrt, erstarren sie in Abwehr dagegen, daß ihnen der Schmerz solch unerfüllter Sehnsucht, solch schrecklichen Verlusts noch einmal zustößt.[3] Menschen, die sich von einem alten Mythos trennen, gehen durch ähnliche Phasen. Erlebt man diesen Übergangsprozeß jedoch bewußt, dann ist das Risiko, daß der Verlust in Abwehr und Selbsteinschränkung endet, verringert. Je bewußter die Trennung von einem alten Mythos verläuft, desto wahrscheinlicher wird sie uns zu neuen, harmonischen und flexibleren Mythen führen.

Was passiert, wenn Sie Ihre Erfahrungen und Impulse immer wieder ins Streckbett des alten Mythos zwängen? Können Sie sich daran erinnern, Ihre Wahrnehmungen und Handlungen verzerrt und verändert zu haben, damit ein Glaube, eine Meinung nicht zerstört wurden, woran Sie unbedingt festhalten wollten? Die Psychologen nennen einen solchen Konflikt eine »kognitive Dissonanz« und haben die Mechanismen beschrieben, mit denen wir versuchen, solche Dissonanzen auszumerzen! Wie im folgenden Beispiel:

Viele Männer in unserer Kultur betrachten sich als phantastische Liebhaber, als Casanovas, denen keine Frau widerstehen kann. Dieser persönliche Mythos wird so beherrschend, daß ein solcher Mann, wenn er von einer Frau abgelehnt wird, die Ablehnung als Bestätigung, nicht als Widerlegung seines Mythos erlebt. Er sagt sich, daß seine Anziehungskraft so stark und überwältigend ist, daß diese Frau es einfach nicht aushält und sich zurückzieht, um sich einen weniger männlichen Mann zu suchen, der ihr nicht so viel Angst macht.

Doch auch wenn wir die Realität so verzerren, daß sie in unsere Weltanschauung paßt – ein Teil unserer Seele speichert anscheinend solche Erfahrungen pur und unverzerrt, ohne daß wir uns dessen bewußt sind. Könnte man jenen Casanovas »ins Herz schauen«, so würde man ohne Frage verborgene Ängste und Unsicherheiten entdecken – das pure Gegenteil des Supermannes, den sie hervorkehren.

Es gibt noch einen anderen Prozeß, in dem ein neuer Mythos entsteht. Der alte Mythos hat sich vielleicht entwickelt, als Sie noch sehr jung waren; Sie haben sich gewissenhaft mit Ihren Erfahrungen auseinandergesetzt und den alten Mythos laufend auf den neuesten Stand gebracht, um neue Erfahrungen verarbeiten zu können. Dennoch verliert der alte Mythos im Laufe der Zeit seine Elastizität. In Piagets Worten: Seine Akkomodationsfähigkeit ist erschöpft. Er ist verbraucht und löcherig geworden, weil mehr Akkomodation von ihm gefordert wurde, als er leisten konnte. Wenn so etwas geschieht, dann entsteht in der Seele ein neuer Mythos, der versucht, die Welt effektiver zu organisieren.

Während sich der Gegen-Mythos entwickelt, entsteht zwischen ihm und dem alten Mythos unvermeidbar ein Konflikt: Sie konkurrieren darum, die Wahrnehmungen zu beherrschen und das Verhalten zu lenken. Ein dialektischer Wettkampf erhebt sich, vergleichbar einer Art *natürlicher Auslese* im Seelenhaushalt, einem *Überleben des Stärkeren.* Dies kann eine sehr verwirrende Zeit sein. Es gibt viele Methoden, mit denen man in den Prozeß eingreifen kann, um eine bewußtere und konstruktivere Lösung des Konflikts zu erreichen. Die Seele steuert diesen Prozeß, ob uns das bewußt ist oder nicht. Wir haben nur die Wahl, ob wir bewußt daran teilnehmen wollen, und diese Entscheidung kann gewaltige Folgen haben. In diesem Kapitel wollen wir Ihnen zeigen, wie Sie die Begegnung mit Ihrer persönlichen Mythologie fortsetzen können, indem Sie dialektisch ablaufende Entwicklungen bewußt fördern.

Fassen wir zusammen: Wenn man einen maßgebenden, aber überholten Mythos opfert und damit die Vertrautheit, den Trost und die Identifikationsmöglichkeiten, die er bot, dann kann das so weh tun, daß man den entstehenden Gegen-Mythos von ganzem Herzen bekämpft. Andererseits kann das Versagen des alten Mythos in bestimmten Bereichen auch so quälend für Sie sein, daß Sie das Gegenteil tun, ihn also ganz fallenlassen und den Gegen-Mythos ohne Abstriche übernehmen. Meist jedoch funktioniert der Gegen-Mythos auch nicht in allen Lebensbereichen, einfach deshalb, weil er ja als Ausgleich zum alten Mythos entwickelt wurde. Wenn man diese Gegensätze versteht, kann man leichter einschätzen, was gerade geschieht – besonders dann, wenn Sie spüren, wie Sie hin und her schwanken zwischen dem alten und dem Gegen-Mythos. Paradoxerweise hilft es, aus dem alten Mythos herauszuwachsen, wenn man die Rolle akzeptiert, die er im bisherigen Leben gespielt hat, versteht, warum man ihn eine ganze Zeit lang brauchte, und diejenigen seiner Leitsätze, die immer noch Gültigkeit haben, beibehält. Der alte und der neue Mythos werden natürlich – oft außerhalb unserer bewußten Wahrnehmung – in einem dialektischen Prozeß aufeinandertreffen und darum kämpfen, wer bestimmt, wie Sie Ihre Wahrnehmung strukturieren. In diesem Buch geht es uns auch darum, daß Sie diesen Prozeß ins Licht des Bewußtseins bringen, damit Sie ihn beeinflussen können; dann wird das Ergebnis konstruktiver, einheitlicher und harmonischer. Begleiten wir nun wieder Margret, die sich gerade durch dieses Stadium hindurcharbeitet.

Margrets nächster Schritt

Sie erinnern sich: Margret hatte für jede Seite ihres mythischen Konflikts ein Motto gefunden (»Das Erwachsenenleben verdirbt alles« und »Das Leben ist immer schön und spannend«). Nun führte sie ein Ritual durch, indem sie beide Mythen personifizierte. Die Figur, die die Leitsätze des alten Mythos darstellte, nannte sie »Die anständige junge Dame«, der Figur, die für den neuen Mythos stand, gab sie den Namen »Das wiedergeborene Kind«. In einem Rollenspiel ließ sie die beiden ins Gespräch kommen. Dieses Gespräch nahm sie auf, schrieb es ab und ergänzte es dabei noch ein bißchen:

Anständige junge Dame (in vorwurfsvollem Ton, mit erhobenem Zeigefinger): Schau dich nur an! Du bist eine Schande für mich und jeden in deiner Umgebung!

Wiedergeborenes Kind (verwirrt): Wovon redest du?
Anständige junge Dame (zeigt auf das Kind): Deine Kleider sind abgetragen, voller Flecke, und es fehlen ein paar Knöpfe! Dein Haar ist nicht gekämmt, und (verurteilender, bewertender Tonfall) du bist barfuß!
Wiedergeborenes Kind (verteidigender Tonfall): Ich spiele gerade.
Anständige junge Dame (seufzt ärgerlich, schüttelt den Kopf und preßt die Lippen zusammen): Ja, ich weiß. Du spielst viel zuviel. Das Leben ist kein Spiel, das Leben ist ernst. Du verstehst nicht, was ich meine.
Wiedergeborenes Kind (geht zum Angriff über): Du willst, daß ich so bin wie du ... sauber, ordentlich und mit Gefühlsverstopfung! Kein Haar, das nicht liegt, wie es soll, und kein eigenständiger Gedanke. Eine Busfahrt ist für dich schon ein Abenteuer! Du hast zu viele Regeln, zu viele Pflichten, die du selbst nicht magst, zu wenig Phantasie. Du hast eine Heidenangst davor, einen Fehler zu machen.
Anständige junge Dame (schockiert und beleidigt): Wie kannst du nur! Du arbeitest nicht eine Sekunde, wenn es dir keinen Spaß macht! Du trägst keine Verantwortung! Du hast keine Ahnung von Vergangenheit und Zukunft! Du wagst es, dich über mich lustig zu machen? Ich habe gelebt und gelitten! Ich weiß zehnmal mehr über das Leben als du! Wagst du wirklich, nicht auf das zu hören, was ich dir zu sagen habe?
Wiedergeborenes Kind (rollt sich einen Abhang hinunter, wobei seine Jeans Grasflecke bekommen): Genau. Ich brauch' das nicht, was du mir beibringen kannst!
Anständige junge Dame (frustriert): Setz dich hin und hör mir zu! Es ist unhöflich, so zerzaust herumzulaufen!
Wiedergeborenes Kind (lacht): Ich werde nie höflich sein. Ich bin statt dessen lieber ehrlich. Ich werde sagen, was ich denke und fühle, und das tun, was ich gut finde! Das zum Beispiel! (Wirft einen wassergefüllten Luftballon auf die konservativ gekleidete anständige junge Dame).
Anständige junge Dame (durchnäßt und wütend): Du widerliches Biest! Du bequemes, rücksichtsloses, dreckiges Kind! Ich werd's dir zeigen (geht auf das wiedergeborene Kind los, das ihr gerade noch entwischt).

Wie man sieht, macht dies Rollenspiel es Margret möglich, den Konflikt zwischen ihren Mythen nach außen zu verlegen und dabei auch noch Spaß zu haben. In ihrem Tagebuch beschreibt sie das so:

Das hat wirklich Spaß gemacht. Leute sagen mir manchmal, ich sei »stark« oder »selbstsicher«, und bis zu einem gewissen Grad haben sie recht. Ich habe aber oft das Gefühl, daß ich steckengeblieben bin in der Haltung des Kindes, das sich nicht fügen will. Es ist, als ob selbst diese Rolle mich in eine vorgegebene Form zwinge und ich auch darin nicht wirklich frei sei. Und ich stecke mein Terrain sorgfältig ab und vermeide Kontakt mit traditionsorientierten, konservativen, etablierten Leuten – ich fühle mich für die Ebene, auf der sie sich bewegen, einfach nicht gut ausgestattet. Ich wünsche mir irgendwie, ich könnte als »normal« durchgehen, so wie früher Schwarze mit einer sehr hellen Haut versucht haben, als Weiße zu gelten. Aber das hat für sie nie wirklich funktioniert, und ich glaube nicht, daß es bei mir besser funktionieren würde. Ich muß mich vielleicht einfach als jemanden akzeptieren, der etwas außerhalb der Normalität steht, dankbar sein für die Liebe, die ich als Exzentrikerin bekomme, und mir keine Gedanken mehr machen, wie ich mich besser anpassen könnte.

Beim nächsten Ritual zeigten wir Margret, wie sie ihren Konflikt körperlich darstellen konnte. Sie ließ ihre linke Hand das »wiedergeborene Kind« darstellen und die rechte die »anständige junge Dame«. Mit der Anmerkung, daß sie ausgeprägte Rechtshänderin sei, beschrieb sie ihre Erfahrung:

Meine linke Hand ist sehr ungeschickt, wenn es um präzise Bewegungen geht; sie ist besser für lebhafte, flüssige, runde Bewegungen und Gesten geeignet. Sie ist weniger stark als die rechte, dafür aber beweglicher. Meine rechte Hand hat etwas Geschäftsmäßiges, sie ist fähig und tüchtig. Sie ist stark und trägt die Spuren von Verbrauch und Arbeit (Brandnarben, abgebrochene Fingernägel, Schwielen). Als ich beide Hände zusammenlegte, kam es mir ganz natürlich vor, daß die Rechte die Linke packte. Dabei blieb die linke Hand einen Moment lang passiv, dann wand sie sich, um freizukommen. Aber die Rechte hielt zäh fest, bis die Linke sich unterordnete, dabei aber in unbehaglicher Rastlosigkeit verharrte.

Margrets nächste Aufgabe war es, die Eigenschaften des alten bzw. des Gegen-Mythos zu finden, die sie am wenigsten akzeptieren konnte, und diese Eigenschaften einer rituellen Umwandlung zu unterziehen. Dieses Vorgehen sollte ihr verborgene Stärken der beiden Mythen deutlich machen und ihr zeigen, wie diese für sie so unannehmbaren Eigenschaften ihrer Entwicklung weiterhelfen können. Sie konzentrierte sich auf die Selbstgerechtigkeit der »anständigen jungen Dame« und den Trotz des »wiedergeborenen Kindes«, die »beide so oft zum Vorschein kommen«. Im Ritual verlor die Selbstgerechtigkeit bald ihre Starre und der Trotz die Beimischung von Zorn. Später schrieb sie, als sie über diese beiden Eigenschaften nachdachte, in ihr Tagebuch: »Sie sind wie Perversionen zweier *positiver* Seiten meiner Persönlichkeit – Selbstsicherheit und Individualismus.«

Im nächsten persönlichen Ritual kehrte Margret zu der Körperphantasie zurück, die sie zur Darstellung ihres Konflikts verwendet hatte, und verwandelte diese Körperphantasie in ein Phantasiespiel, um zusätzliche Dimensionen des Konflikts auszuloten:

Ich stelle mir vor, daß meine linke Hand (wiedergeborenes Kind) mit meinem Hund spielt, ihm den Hals krault und daß er die Hand mit seinen Zähnen umfaßt, die eigentlich so gefährlich, aber jetzt so sanft sind. Meine Hand fühlt seine Ohren, die weich sind wie Handschuhleder, und krault ihn unter dem Kinn. Es war einfach schön, wie die Energie zwischen uns floß.

Meine rechte Hand (anständige junge Dame) hielt die Leine, die am Halsband befestigt war. Sie war glatt und stark, hatte einen Klickverschluß und einen schweren Handgriff. Meine Hand fühlte sich beschäftigt und nützlich, aber eingeschränkt.

Die Symbole in dieser Phantasie sind wirklich zum Lachen einfach. Mein Hund ist voller Vertrauen, sehr stark, aber gutmütig, einfach die Unschuld und der Charme selbst. Er hat keine Ahnung, wie er sich in der Welt zurechtfinden soll, und würde schnell verletzt und getötet werden, wenn ich seiner Freiheit nicht Grenzen setzen würde. Ich liebe ihn, und er lehrt mich vieles, aber ich muß für sein Wohlergehen sorgen, für Essen, Schutz und – im Interesse seiner Sicherheit – für Grenzen.

Die Leine beschränkt einerseits seine Aktivität und Bewegungsfreiheit. Andererseits ist sie nützlich und lebenswichtig, aber wann immer ich sie ihm vernünftigerweise abnehmen kann, tue ich es. Im Wald lasse ich ihn frei laufen. Ich könnte ihn durch Anleinen bestrafen, und manchmal benimmt er sich so, als ob ich das getan hätte. Es ist wichtig, daß ich mir darüber im klaren bin, warum ich die Leine benutze – wenn ich Kontrolle um der Kontrolle willen ausübe, so ist das unrecht und beleidigt ihn. Wenn ich ihn kontrolliere, um ihn vor Schmerz oder Verwirrung zu schützen, so ist es gerechtfertigt, ob er es nun versteht oder nicht.

Als nächstes sollte sie je ein Bild für den alten und den neuen Mythos finden und dann mit einer bestimmten Methode diese Bilder zu einem neuen, dritten Bild verschmelzen, das die beiden anderen integrierte.

Bild des alten Mythos: Eine italienische Lederleine mit einer schweren geflochtenen Schlaufe.

Bild des Gegen-Mythos: Mein Hund, wie er frei und fröhlich am Strand herumtollt.

Kombiniertes Bild: Ein Hydrant an einer belebten Straße. Die Leine ist um den Hydranten geschlungen, und das Halsband hängt herunter. Mein Hund muß nicht an die Leine, solange er am Strand bleibt, aber er darf nicht auf die Straße, nicht einmal den Hydranten inspizieren, wenn er nicht angeleint ist.

Im letzten Ritual dieses Kapitels sollte Margret den Konflikt noch einmal auf der Körperebene darstellen. Das regte sie zu der folgenden Phantasie an, die dann zu weiteren Lösungen führte:

Ich hüpfe und drehe mich, laufe in Kreislinien am Strand entlang. Mein Hund springt und tollt an meiner Seite. Der Wind ist frisch, aber nicht kühl, die Wellen wunderschön, nicht stürmisch. Mein Hund nimmt die Leine, die ich in der Hand habe, zwischen die Zähne und zieht daran. Das bringt mich dazu, meinerseits zu ziehen, ihn herumzureißen, bevor er mir die Leine aus der Hand zerrt. Ich habe einen festen Griff und weiß, daß er mir die Leine nicht wegnehmen kann, aber ich schaffe es auch nicht, ihm das andere Ende aus dem Maul zu ziehen. Wir haben beide unsere Freude an dem Wettkampf.

Mir fällt ein, daß die Leine ein wertvoller Teil meines Lebens werden und mir endlosen Kummer und viele Schwierigkeiten ersparen kann, wenn ich es schaffe, sie spielerisch und verantwortlich zu benutzen. Mein unschuldiger Teil braucht meinen erfahrenen Teil – und umgekehrt. Ich liege nicht mehr so sehr im Krieg mit mir wie zuvor.

Die schöpferische Integration von Mythos und Gegen-Mythos

Die meisten Menschen beginnen den ersten Teil ihres Märchens mit der symbolischen Darstellung einer idyllischen Zeit während der ersten Jahre ihres Lebens oder wenigstens jener besseren Zeiten mit dem Hauch von Unschuld. Meist beschreibt die Geschichte dann – in den Begriffen Ihres Schildes – die Vertreibung aus dem »Paradies« oder aus jenem Zustand der Unschuld, sowie die Handlungsstrategie, mit der diese neue Widrigkeit bewältigt werden sollte. Der zweite Teil wiederum beinhaltet meist die Vision einer Rückkehr zu jenem verlorengegangenen Gefühl von Frieden und Zufriedenheit, einen persönlichen Traum vom »wiedergewonnenen Paradies«. Durch diese beiden Abschnitte des Märchens, die im allgemeinen Extremversionen des alten wie des Gegen-Mythos darstellen, wird die Funktionsweise beider Mythen klarer definiert. Ihre Gegensätzlichkeit kommt deutlicher heraus, und man gewinnt ein praktisches Verständnis davon, welche Rolle sie im eigenen Leben spielen. Die persönlichen Rituale, die nun folgen, sollen Ihre Aufmerksamkeit auf die dialektische Auseinandersetzung zwischen den Aspekten Ihrer persönlichen Mythologie richten, die zum alten bzw. zum Gegen-Mythos gehören. Das macht es möglich, den Konflikt innerlich durchzuarbeiten, statt ihn im täglichen Leben ausagieren zu müssen. Außerdem werden Sie so eher zu einer Lösung kommen, die die besten Eigenschaften von Mythos und Gegen-Mythos in sich vereinigt.

Persönliches Ritual III-1: Widerstreitende Mythen im Gespräch. Hier sollen Sie, so wie Margret vorhin, zwischen den beiden Seiten Ihres mythischen Konflikts ein Gespräch entstehen lassen, indem Sie jede Seite personifizieren. Stellen Sie sich vor, diese beiden Personen seien so etwas wie Subpersönlichkeiten,[4] Aspekte Ihrer selbst, die jeweils den Leitsätzen des alten bzw. des Gegen-Mythos gehorchen. Geben Sie ihnen Spitznamen. Lassen Sie sich ganz auf diese Übung ein, nehmen Sie die jeweils passende Haltung ein, und spielen Sie den Dialog dramatisch durch. Da ist nicht nur Ihr Verstand beteiligt, sondern auch Ihr Gefühl. Außerdem wird Sie das auf vielleicht wichtige »Körpererinnerungen« oder andere körperliche Aspekte des alten und des Gegen-Mythos einstimmen. Lassen Sie auch Ihren Sinn für Humor mitspielen, um die Unterschiede zwischen beiden Figuren deutlicher herauszuarbeiten und besser würdigen zu können.

Dieses Ritual wirkt noch stärker, wenn jemand, dem Sie vertrauen und dem Ihre persönliche Entwicklung am Herzen liegt, dabei ist. Die Gegenwart eines solchen Menschen gibt dem Ganzen noch mehr Gewicht und Würde. Dieser Partner kann Ihnen durch die Instruktionen helfen und später seine Beobachtungen mitteilen. Haben Sie keinen Partner, dann können Sie sich per Tonband durch die Übung leiten lassen und das, was Sie erleben, auch auf Band sprechen. Sie werden ein unbespieltes Band brauchen und eins, auf das Sie die Instruktionen aufgenommen haben (wir werden es Ihnen jeweils sagen, wenn Sie das leere Band benutzen sollen). Neue Einsichten über die Beziehung zwischen altem und neuem Mythos ergeben sich oft, wenn man sich die Auseinandersetzung noch einmal anhört. So können Sie zum Beispiel deutlich erkennen, wann in einer bestimmten Situation der alte Mythos dominiert. Noch einmal in Kürze: Die folgende Anleitung kann auf Band aufgenommen werden, Sie können sie sich von einem Partner vorlesen lassen, oder Sie machen sich damit so vertraut, daß Sie sich dann selbst durch die Übung leiten.

Beginnen Sie mit der Hauptperson aus dem ersten Teil Ihres Märchens. Nehmen Sie die Haltung ein, die die Einstellung dieser Person zum Leben und den Mythos, der diese Lebenshaltung unterstützt, am besten charakterisiert. Welcher Gesichtsausdruck paßt am besten? Lächeln, Grimassen schneiden, finster oder starr blicken, lachen, die Stirn runzeln, nervöses Zucken? Welche Gesten würden gut zu dieser Person passen? Mit erhobenem Zeigefinger reden, die Hände in die Taschen vergraben, sich selbst umarmen, nervös zittern, tanzen, Beifall klatschen, springen, beten, kriechen?

Wenn Sie die Haltung für die Hauptperson im ersten Teil Ihres Märchens gefunden haben, treten Sie aus dieser Rolle heraus, stellen sich dieser »Person« gegenüber und nehmen nun die Haltung ein, die derjenigen aus dem zweiten Teil entspricht. Lassen Sie sich genug Zeit, um sich in diese Rolle einzuleben. Probieren Sie verschiedene Haltungen aus, damit Sie ein Gefühl dafür bekommen, welche Haltung am besten zu diesem Aspekt Ihrer selbst paßt. Nehmen Sie wahr, was mit Ihren Muskeln passiert, wie sich Ihr Gleichgewicht verändert und ob Sie Ihr Gewicht verlagern. Wenn Sie die Haltung und den Gesichtsausdruck gefunden haben, der beiden Charakteren am besten entspricht, dann wechseln Sie ein paarmal den Standort, seien Sie also einmal die eine, dann die andere Person. Lassen Sie jede die andere anschauen und einschätzen. Wenn Sie mit dem Rollenspieldialog angefangen haben, kümmern Sie sich nicht darum, ob eine der Figuren sich über den Charakter hinausentwickelt, den sie im Märchen hatte. Das kann sogar sehr wertvoll sein – sorgen Sie nur dafür, daß der Charakter weiterhin mit dem Mythos übereinstimmt, den er repräsentiert.

Jetzt ist es Zeit, mit dem Dialog anzufangen. Gehen Sie zu einem der beiden Orte im Raum, die Sie für die beiden Charaktere gefunden haben, und fangen Sie an, als diese Person zur anderen zu sprechen. Nehmen Sie in jeder der beiden Rollen immer die entsprechende Haltung an, und wählen Sie auch die Worte entsprechend, wenn Sie Ihre

Gedanken und Gefühle ausdrücken. Welche Stimme würde am besten passen? Sollte sie weich oder rauh klingen? Voll oder dünn? Sollten Sie schnell oder langsam sprechen? Krächzen? Sollte Ihre Stimme näselnd klingen, guttural? Sollten Sie stottern? Wäre es besser, flüssig zu sprechen oder zögernd? Wenn die erste Person gesprochen hat, gehen Sie zum Platz der anderen, nehmen Sie die passende Haltung ein und antworten. Achten Sie auch hier auf die richtige Stimmqualität. Wechseln Sie so immer wieder zwischen den beiden Figuren, ihren Eigenschaften und – das ist wichtig – ihren Plätzen hin und her und lassen Sie den Dialog sich entwickeln.

Lassen Sie die Worte bei dieser Begegnung zweier Teile Ihrer selbst aus sich »herausfließen«. Machen Sie keine langen Pausen, damit Sie nicht zu sehr ins Nachdenken kommen. Versuchen Sie, spontan zu reagieren. Gehen Sie jeweils zu einem der beiden Plätze im Raum und nehmen Sie die passende Haltung ein, während Sie die betreffende Person sprechen lassen. Gehen Sie dann zum Platz gegenüber, wenn Sie die zweite Person antworten lassen. Achten Sie darauf, daß Ihre Haltung, Ihre Gesten, Ihr Gesichtsausdruck und Ihre Stimme immer zu der Person passen, die Sie gerade darstellen. Das ist sehr wichtig, denn dadurch werden Sie bei diesem Dialog Aspekte Ihres Innenlebens so genau darstellen, vielleicht ohne daß Sie es zunächst überhaupt merken, daß neue Einsichten und neues Verstehen möglich werden. Am Anfang sollten Sie in diesem Gespräch den Konflikt betonen, die Unterschiede zwischen den beiden Kontrahenten. Verlagern Sie im weiteren Verlauf das Schwergewicht jedoch darauf, das gegenseitige Verstehen zu vertiefen. Wir haben festgestellt, daß das Gespräch gut in Gang kommt (oder wieder in Gang kommt, wenn es steckengeblieben ist), wenn Sie eine der beiden Personen die andere fragen lassen: »Was willst du von mir?« (Wenn Sie die Anleitung auf Band aufnehmen, fügen Sie jetzt hinzu: »Halte hier das Band an, lege ein unbespieltes Band ein, drücke auf *Aufnahme* und beginne mit dem Dialog.«)

Wenn Sie mit dem Dialog fertig sind, schreiben Sie ihn, ungekürzt oder als Zusammenfassung, in Ihr Tagebuch. Sie sollten jedem der beiden Charaktere einen Spitznamen geben, vielleicht haben Sie außerdem Lust, sie zu zeichnen – Porträts zweier Subpersönlichkeiten, die Sie immer an die Bereiche Ihres inneren Lebens erinnern, die sie repräsentieren. Sie können sie in Ihr Tagebuch oder auch auf Ihren Schild zeichnen (die Personifikation des alten Mythos in das Feld »Das verlorene Paradies«, die des neuen Mythos in das Feld »Meine Suche«). Wenn Sie dies alles nun schriftlich noch einmal überdenken, überlegen Sie auch, welche Aspekte der beiden persönlichen Mythen im Dialog besonders betont wurden. Kamen Gefühle oder Vorstellungen zum Vorschein, die Ihnen vorher gar nicht bewußt waren? Diese Übung kann sehr wichtig sein: Weil sie sowohl die körperliche wie auch die sprachliche Ebene anspricht, werden oft Aspekte des Konflikts sichtbar, die vorher unbewußt waren. Hier ein Auszug aus Franks Dialog:

Ernst: Wenn du nicht aufpaßt, schaffst du es noch, daß uns beiden was zustößt.
Der fröhliche grüne Riese: Du kleiner Mickerling! Wenn ich so verdammt aufpassen würde wie du, würden wir niemals auch nur einen Fuß aus dem Bett kriegen! Du arbeitest so hart an derart langweiligen Sachen, daß du ja gar kein Risiko läufst, dich mal amüsieren zu müssen.
Ernst: Du wirst uns noch mal gewaltig in die Klemme bringen. Denk doch an die fleißigen Ameisen, die einen riesigen Hügel bauen, obwohl sie selbst so winzig sind.
Der fröhliche grüne Riese: Das ist ja großartig, wenn Ameisenhügelbauen die größte Freude ist, die du dir vom Leben erhoffst. Außerdem, wenn wir deine Geschwindigkeit beibehalten, setzt bei dir bis April die Totenstarre ein.
Ernst: Na gut, was soll ich denn tun?
Der fröhliche grüne Riese: Du könntest manchmal versuchen zu lächeln, oder zu lachen, oder zu spielen! Vielleicht fängst du einfach mal an, voll durchzuatmen, du verklemmter kleiner Wurm!
Ernst (hochmütig): Eine reife Persönlichkeit braucht so einen Unsinn nicht!

Der fröhliche grüne Riese: Das ist das Ulkigste, was ich jemals gehört habe. Das Bild, das du von Reife hast, ist offenbar ein ausgetrockneter verkrampfter, ängstlicher alter Ochsenfrosch! Wir leben, um zu *leben!* Und das mit *Genuß* und *Kraft* und *Freude!*
Ernst: Es wär' mir peinlich, so unverschämt und frech und eitel zu sein wie du und mich vor anderen Leuten derart auszubreiten!
Der fröhliche grüne Riese: Das ist dir peinlich, was? Ich glaube, du hast gerade klargemacht, was dich an deine traurige, farblose Existenz bindet.
Ernst: Na, ja, es ist mir nicht nur einfach peinlich. Was die Leute denken, ist aus vielen Gründen wichtig. Es hat auch Folgen für meinen Beruf.
Der fröhliche grüne Riese: Du machst dir also Sorgen um deinen Beruf? Ich will dir mal sagen, was dein Beruf aus dir macht. Er läßt dich nicht nur sterben, wo du doch leben sollst. Er hat dich schon umgebracht, bevor die Zeit kommt, wo du dich pensionieren lassen kannst, und für diese Zeit lebst du ja.
Ernst: Du willst also sagen, daß ich länger lebe, wenn ich mir nicht mehr so viele Gedanken darüber mache, ob etwas peinlich wird?
Der fröhliche grüne Riese: He, Ernst, du hast mir ja sogar mal zugehört!
Ernst: Na, ja, ich weiß noch nicht so recht, ob ich dir glauben soll, aber ich muß zugeben, ich habe mich in letzter Zeit ziemlich gefühllos gefühlt. Vielleicht ist was dran an dem, was du sagst.
Der fröhliche grüne Riese: Gefühllos? Du schmeichelst dir ja mit dieser Untertreibung. Hör mal zu, mein Junge, du kommst jetzt mit mir, wir gehen meinen Weg. Es wird dir so gefallen, daß du schon nach hundert Metern nie wieder auf deinen alten Weg zurückwillst.
Ernst: Hast du gesagt, ich soll mit dir gehen? Du bist verrückt! Sehr verehrter Herr, Sie sind genau die vulgäre, grobe Sorte Mensch, die auch dann noch barbarisch ist, wenn sie versucht, empfindsam zu sein. Sie würden mich so schnell und mit soviel Geschrei in Ihre grobe Art zu leben hineinzerren, daß ich bald nicht mehr wissen würde, wo ich vor lauter Peinlichkeit noch hingucken sollte. Außerdem würde ich so erschrecken, daß es mir überhaupt keine Freude machen würde. Vergessen wir das lieber.

Wie man sieht, müssen Ernst und der Riese noch einige Distanz überwinden, bevor eine konstruktive Lösung auch nur wahrscheinlich wird. Die persönlichen Rituale in diesem Kapitel sollen diese Synthese fördern. Lassen Sie, beim Durcharbeiten dieses Kapitels, die Protagonisten Ihres alten bzw. des Gegen-Mythos ruhig noch ein- oder zweimal auf diese Weise miteinander ins Gespräch kommen. Sie werden wahrscheinlich jedesmal feststellen, daß die beiden besser miteinander zurechtkommen. In unseren Workshops ermutigen wir die Teilnehmer, den Dialog als Rollenspiel oder schriftlich in ihrem Tagebuch immer wieder aufzunehmen, und zwar mindestens noch zweimal über zehn Minuten in den folgenden Tagen. Dabei kann man Einsichten aus vorhergegangenen Dialogen in die folgenden einbeziehen.

Traumarbeit III-1: Was steht der Lösung im Weg? Schauen Sie bitte – wie gehabt – Ihr Traumtagebuch nach einem Traum durch, der Ihnen zeigt, welche Hindernisse Ihnen den Weg zur Lösung, das heißt zur Integration von altem Mythos und Gegen-Mythos, versperren. Wenn Sie einen solchen Traum initiieren wollen, dann denken Sie darüber nach, an welchem Punkt des Dialogs die Gesprächspartner sich nicht einigen können. Vor dem Einschlafen stellen Sie sich vor, daß die beiden verschiedene Wege gehen, die sich jedoch an einem Punkt wieder treffen sollen. Welchen Hindernissen könnte jeder der beiden auf dem Weg zur Lösung begegnen? Versuchen Sie, beim Einschlafen mit dieser Phantasie in Berührung zu bleiben, und bitten Sie dabei mehrmals um einen Traum, der Ihnen die Hindernisse zeigt, denen sich diese beiden entgegengesetzten Aspekte Ihrer Persönlichkeit stellen müssen, wenn sie zu einer Lösung kommen wollen.

Notieren Sie gleich nach dem Aufwachen alle Träume, an die Sie sich erinnern können. Überlegen Sie, welche der Methoden zur Traumarbeit aus Kapitel vier geeignet sein könnten, Sie zu einem tieferen Verständnis Ihrer Träume zu führen. Behalten Sie die Frage, die Sie am Abend zuvor gestellt haben, im Gedächtnis, und wenden Sie jede Methode an, die Ihnen für das Verständnis Ihres Traumes nützlich sein könnte. Auch wenn Sie sich an keinen Traum erinnern können: Denken Sie in der Zeit nach dem Aufstehen darüber nach, was einer befriedigenden Lösung Ihres mythischen Konflikts im Wege stehen könnte. Allein schon die Bitte um einen Traum, der neue Einsichten bringt, läßt uns am nächsten Morgen oft vieles in anderem Licht sehen, auch wenn man sich, wie gesagt, gar nicht an einen Traum erinnert.

Persönliches Ritual III-2: Den Konflikt auf dem »Kampfplatz Körper« lokalisieren. Mythische Konflikte finden ihren Ausdruck in unseren Gedanken, Gefühlen, unserem Verhalten – und oft auch in unserem Körper, das heißt, sie werden symbolisiert durch bestimmte Bedingungen und Vorgänge im Körper. Wir fühlen uns voller Energie und Kraft, wenn wir uns gerade verliebt haben; nach einem schweren Verlust, einer Enttäuschung kriegen wir vielleicht die Grippe oder auch Schlimmeres. In den folgenden Ritualen wollen wir Ihnen zeigen, wie Sie Gebrauch von Ihrer Körperwahrnehmung machen können, um einen Konflikt, den Sie schon erkannt haben, besser zu verstehen.

Ein letztes Mal: Bei diesem wie bei allen folgenden Ritualen, bei denen es um gelenkte Phantasieübungen geht, können Sie die Anleitung auf Band sprechen, sich von einem Partner anleiten lassen oder sich mit der Anweisung so vertraut machen, daß Sie sich selbst durch die Übung führen können. Finden Sie nun eine Stellung, in der Sie bequem sitzen oder sich zurücklehnen können.

> Schließen Sie die Augen und atmen Sie ein paarmal tief durch, während Sie es sich wirklich bequem machen. Fühlen Sie, wie Sie sich mit jedem Atemzug mehr entspannen. (Pause) Strecken Sie die Arme vor sich aus. Ihre Handflächen sollten einander zugewandt und ungefähr 60 Zentimeter voneinander entfernt sein. Beugen Sie dann die Ellenbogen so, daß Sie Ihre Arme bequem halten können. Lassen Sie Ihre Hände in dieser Position. Denken Sie nun einen Moment lang über den Mythos nach, von dem sich die Hauptperson aus Teil eins Ihres Märchens leiten läßt. (Pause) Stellen Sie sich vor, daß dieser Mythos in einer der beiden Hände liegt. In welche Hand paßt er besser? Wie fühlt sich der Mythos in Ihrer Hand an? Ist er heiß oder kalt? Schwer oder leicht? Rauh oder

glatt? Welche Farbe hat er? Welche anderen Empfindungen bemerken Sie? Nehmen Sie sich etwas Zeit, um herauszufinden, wie Sie den Mythos aus Teil eins in Ihrer Hand erfahren. (Pause) Denken Sie nun an den Mythos, der die Hauptfigur in Teil zwei leitet. (Pause) Stellen Sie sich vor, dieser Mythos liege in der anderen Hand. Wie fühlt er sich an? Ist er heiß oder kalt? Schwer oder leicht? Rauh oder glatt? Welche Farbe hat er? Welche anderen Empfindungen nehmen Sie wahr? Nehmen Sie sich wieder etwas Zeit, um herauszufinden, wie Sie den Mythos von Teil zwei erfahren, wenn er so in Ihrer Hand liegt.

Spüren Sie den unterschiedlichen Empfindungen in Ihren beiden Händen nach. Die Mythen, die Sie da halten, sind einander ja sehr entgegengesetzt. Wie empfinden Sie die Haut und die Muskeln Ihrer Hände? Welcher Mythos ist schwieriger festzuhalten? Welcher leichter? Welcher Mythos fühlt sich angenehmer an? Ist einer kantiger als der andere? Ist einer härter, einer weicher? Gibt es Gewichtsunterschiede? Spüren Sie in einem der beiden Mythen mehr Spannkraft als im anderen? (Pause) Wenn Sie wollen, führen Sie die Hände näher an Ihr Gesicht und stellen Sie sich vor, daß Sie an den Mythen riechen oder schmecken. (Pause)

Führen Sie jetzt langsam Ihre Hände zusammen. Fühlen Sie, was passiert, während Ihre Hände, deren jede einen Mythos repräsentiert, sich einander nähern und dann berühren. Achten Sie auf jedes Gefühl der Anziehung, der Abstoßung, der Spannung, das eintritt, während die Mythen sich einander nähern. (Pause) Was geschieht, wenn sie sich berühren? (Pause) Wenn Sie die Beziehung zwischen den beiden Mythen in Ihren Händen erschöpfend erforscht haben, holen Sie tief Atem, und zählen Sie bis fünf, dann sind Sie wieder ganz hier.

Fassen Sie in Ihrem Tagebuch zusammen, welche Empfindungen Sie wahrgenommen haben. Was bedeuten diese Empfindungen für Sie? Ließ sich ein Mythos schwerer halten, weil er zu schwierig zu handhaben ist, oder könnte es sein, daß er noch so neu ist, daß Sie sich erst an ihn gewöhnen müssen? Fühlte sich ein Mythos rauher an, weil er Ihnen Probleme verursacht oder weil er Sie dazu bringen will, alte Wege zu verlassen? Wog ein Mythos schwerer, weil er mehr Probleme mit sich bringt oder weil er wichtiger ist? Wenn Sie einen Mythos als besonders lebhaft empfunden haben, heißt das, daß er Sie inspiriert oder daß er schwer zu fassen ist?

Überlegen Sie nun, wie die beiden Mythen in Berührung kamen. Manchmal stoßen sie sich gegenseitig so stark ab, daß sie sich gar nicht berühren können. In anderen Fällen überwältigt ein Mythos den anderen mit seinem Gewicht und seiner Kraft. Es kann aber auch sein, daß Ihre Hände sich umfassen und Sie einen Kompromiß oder sogar eine Synthese finden. Wenn es zum Konflikt kommt zwischen Mythen, dann ist der alte Mythos manchmal einfach noch zu stark, als daß man ihn ablegen könnte. Oder aber der Gegen-Mythos hat so viel Kraft, daß er den alten Mythos einfach überwältigt. Es kann auch ein ständiger Konflikt schwelen, weil die Mythen überhaupt nicht in Berührung kommen können. Vielleicht ist auch ein Kompromiß zustande gekommen, als Sie Ihre Hände zusammenbrachten. Im Idealfall umfassen sich die Hände auf eine Weise, die das Zustandekommen einer Synthese aus beiden Mythen symbolisiert, einer Synthese, die die besten Eigenschaften des alten und des Gegen-Mythos in sich vereinigt. Franks Überlegungen hierzu:

Mein linker Arm *wurde* der alte Mythos. So assoziierte ich den alten Mythos mit Einschränkung, Schwäche, Zurückhaltung und damit, daß ich so bleiben würde, denn der Mythos gibt mir kein Vertrauen, keinen Antrieb, meine Grenzen zu erforschen. Diese Einsicht kam mir, als ich die Parallele sah zwischen meiner wenig gebrauchten linken Hand und der Art, wie mich der alte Mythos in meiner Entwicklung hemmt. Mein linker Arm ist nicht annähernd so entwickelt wie mein rechter, weil ich immer den rechten gebrauche, wenn ich die Wahl habe. Irgendwie funktioniert der alte Mythos ebenso: Er hält mich schwach, weil er mir nicht erlaubt, mich ganz »in Gebrauch zu nehmen«. Ich gebe mir dann große Mühe mit Dingen, die ich sowieso schon gut mache, und schließe die Teile meiner Persönlichkeit aus, die nach Leidenschaft, Risikobereitschaft und neuen Wegen verlangen.

Mein rechter Arm andererseits fühlte sich stark und selbstsicher. Er hatte keinen Zweifel an seiner Kompetenz. Trotzdem stimmte etwas nicht, als ich den Gegen-Mythos in die rechte Hand nahm. Zwar repräsentierte die Sicherheit und Stärke in meiner rechten Hand sehr gut die Leidenschaft des Gegen-Mythos. Gleichzeitig wurde mir aber auch bewußt, daß der Mythos selbst nicht so gut entwickelt ist wie mein rechter Arm. Der alte Mythos paßte sehr gut zu meinem schwachen linken Arm, aber der Gegen-Mythos hatte nicht so viel Selbstvertrauen und Kraft wie mein rechter Arm. Ich hatte also zwei widersprüchliche und verwirrende Gefühle, als ich den Gegen-Mythos so darstellte. Vom Inhalt her ist der Mythos stark wie mein rechter Arm; von seinem Entwicklungsstand her aber ist er noch immer schwach und unreif.

Was bleibt, ist ein Paradox: Der alte Mythos, sehr stark in mir, hält mich schwach; der Gegen-Mythos aber ist erst schwach in mir entwickelt, obwohl er verspricht, mich stark zu machen. Wenn der neue Mythos auch sehr viel Anziehungskraft besaß, empfand ich ihn noch als weiter entfernt von meinem jetzigen Dasein als den alten Mythos. Ob es mir nun gefällt oder nicht: Der alte Mythos war ganz natürlich ein Teil meines linken Arms. Als ich versuchte, die beiden Mythen zu verschmelzen, indem ich meine Hände zusammenbrachte, da gelang mir das nicht. Der alte Mythos fühlte sich in meiner linken Hand ausgesprochen wohl, während der Gegen-Mythos mir aus der Rechten sprang, wenn ich versuchte, die beiden Hände einander zu nähern. Ich denke mir, mein neu aufblühender leidenschaftlicher Teil möchte mit dem alten eingeschränkten Teil nicht allzu viel zu tun haben.

Persönliches Ritual III-3: Das Alte verändern. Das Leben der legendären Gewerkschaftlerin Mother Jones war zunächst von persönlichen Tragödien durchzogen.[5] Sie verlor ihren Mann und vier kleine Kinder durch die Gelbfieberepidemie in Memphis 1867. Darauf zog sie um und baute eine Schneiderei auf, die einige Jahre später – wie auch ihr Haus – durch das große Feuer von Chicago zerstört wurde. Ihr weiteres Leben widmete sie der Aufgabe, das Schicksal der Arbeiter zu verbessern. Sie wurde eine große Rednerin mit

3. Stufe – Die Reise zur Auflösung.

einem ausgesprochenen Sinn für das Dramatische, der sich in Kampfrufen wie diesem niederschlug: »Betet für die Toten und kämpft wie die Teufel für die Lebenden.« Es liegt nahe, zu vermuten, daß sie den ohnmächtigen Zorn, den die schrecklichen Verluste in ihr ausgelöst haben müssen, in eine konstruktive persönliche Mythologie umwandelte, die den Rest ihres Lebens bestimmte. Sie machte einmal eine Bemerkung, die viel darüber aussagt, wie sie ihren Zorn in diesen leitenden Mythos transformiert haben mag: »Versteht mich richtig. Ich bin kein Menschenfreund. Ich bin ein Unruhestifter.«

Die Mühen, welche mittelalterliche Alchimisten darauf verwendeten, unedle Metalle in Gold zu verwandeln, wurden in den letzten Jahrzehnten – vor allem von C. G. Jung und Mircea Eliade – als Ausdruck einer hochentwickelten spirituellen Disziplin erkannt. »Das chemische Experimentieren ging wie ein tantrisches Yoga-Ritual vor sich: langsam, überlegt, mit einem Maximum an einfühlender Aufmerksamkeit und Empfindsamkeit für Veränderungen ... Die Wissenschaft von der Veränderung des Bewußtseins wurde zugleich und synchron mit der Wissenschaft von der Veränderung von Metallen und Chemikalien praktiziert.«[6] Die Herausforderung in diesem Stadium der Arbeit an Ihrer persönlichen Mythologie liegt auch darin, unbrauchbare Elemente des alten Mythos in Material zu verwandeln, das für die Formulierung eines neuen, effektiveren und reicheren Mythos von Wert ist.

Oft sind in den Wesenszügen, die wir an uns selbst am wenigsten leiden können, Eigenschaften enthalten, die wir transformieren müssen, wenn wir die volle seelische Reife erreichen wollen. Diese Auffassung ist auch in Jungs Konzept vom »Schatten« enthalten. Jean Houston nutzt einen tibetanischen Ritus, um ihren Klienten zu zeigen, wie man den verkrüppelnden Einfluß störender Persönlichkeitseigenschaften umwandelt. Sie meint, daß gerade unsere destruktivsten Eigenschaften unsere kreativsten sein könnten, wenn wir nur in unsere eigenen Tiefen gehen, unsere Schattenseiten einmal wirklich anschauen und sie umformen. Sturheit kann auch Zähigkeit sein. Die andere Seite von Empfindlichkeit ist die Fähigkeit, die Gefühle und Bedürfnisse anderer Menschen zu erspüren. In Anerkennung von Jean Houstons Pionierarbeit an dem, was sie den »möglichen Menschen« und die »mögliche Gesellschaft« nennt, wollen wie hier die Adaptation einer ihrer Methoden – die wie viele andere von tibetischen Ritualen inspiriert ist – vorstellen, eine Methode, die »unedlen« Eigenschaften des alten Mythos in das Gold des neuen zu verwandeln.

Nach tibetischer Lehre kann man die schreckliche Macht des Gottes Yamantaka anrufen, wenn man negative Energie zerstreuen und für neue kreative Lebensformen freisetzen will. Diese wild aussehende Gottheit ist der Bezwinger des »Herrn des Todes« und kämpft gegen Gift und böse Mächte. Er hat sechs Köpfe, jeder mit einem schreckenerregenden Gesicht, sechs Arme und sechs Beine. Seine Augenbrauen sind so lang, daß er sie in sein Haar eingeflochten trägt; er ist immer von Flammen umgeben. Um dieses Ritual auszuführen, brauchen Sie einen Raum, in dem Sie so viel Lärm machen können, wie Sie wollen, und der so groß ist, daß Sie sich frei bewegen können. Man erhält sich die Kraft für dieses Ritual eher, wenn man es in einer kleinen Gruppe oder wenigstens zusammen mit einem anderen Menschen ausführt. Wenn es für Sie zu schwierig ist, das Ritual wirklich körperlich auszuleben, dann können Sie es auch in Ihrer Vorstellung stattfinden lassen. Bereiten Sie sich darauf vor, indem Sie Ihr Tagebuch auf diejenigen Eigenschaften des alten Mythos hin durchlesen, die Sie am unattraktivsten oder am beunruhigendsten finden.

> Stellen Sie sich hin, und bringen Sie sich die negativsten Eigenschaften Ihres alten Mythos ins Bewußtsein. Spüren Sie, wie sich diese Eigenschaften in Ihrem Körper ausbreiten. Stellen Sie sich nun die tibetanische Gottheit Yamantaka vor und machen Sie sich bereit, ihr diese negativen Eigenschaften darzubieten. Sie wissen, sie wird die negativen Elemente zerstreuen und kreative Energien freisetzen. Rufen Sie Yamantaka an, gebrauchen Sie dabei die Worte »*Yamantaka Hume Fot*«. Lassen Sie den Klang der Worte tief aus dem Bauch kommen. Wiederholen Sie

diesen Gesang immer wieder mit lauter und entschiedener Stimme. Gehen Sie zum Rhythmus des Gesangs im Kreis umher. Erheben Sie bei jedem »Fot« die Hände, und stellen Sie sich die Eigenschaft, die Sie Yamantaka geben wollen, bildlich vor. Stellen Sie sich vor, wie er diese Eigenschaft verschlingt und umwandelt. Wiederholen Sie den Gesang zwanzig- bis fünfzigmal. Werden Sie nun ruhig. (Wenn Sie diese Anleitung auf Band sprechen, fügen Sie hinzu: »Stoppe das Band, bis du die Anrufung beendet hast.«)

Werden Sie sich der frischen Energie bewußt, die aus der Eigenschaft, die Sie Yamantaka dargeboten haben, freigesetzt worden ist. Sammeln Sie diese Energie und formen Sie sie, wie Lehm, zu den Eigenschaften, die Ihr neuer Mythos verkörpern soll. Sie beschwören nun diese freigesetzte Energie; Sie halten sie fest; Sie formen sie. Entdecken Sie die neuen Möglichkeiten dieser Energiequelle. Bewegen Sie sich mit ihr im Raum umher. Lassen Sie diese neue Eigenschaft Ihren ganzen Körper erfüllen. Fühlen Sie sie in jeder Körperzelle. Lassen Sie sich von ihr in Bewegung setzen. Sie fühlen sie in Ihrem Körper pulsieren. Durchbrechen Sie Hemmungen, damit diese neue Eigenschaft sich durch Ihr ganzes Wesen entwickeln kann. Bewegen Sie sich mit ihr, bis Sie sich vollständig und ganz fühlen in diesem Tanz der Veränderung. Wenn das Ritual Ihrem Empfinden nach zu Ende ist, beschreiben Sie die neue Eigenschaft in Ihrem Tagebuch.

Es kostete Frank einiges an Nachdenken, um herauszufinden, was ihm denn an seinem alten Mythos so destruktiv erschien. Sicher war es nicht seine Beharrlichkeit und die Bereitschaft, sich anzustrengen. Das Problem lag vielmehr darin, daß er seine Sorgfalt auf Lebensbereiche verwandte, die ihm zwar äußeren Lohn und die Befriedigung, etwas geleistet zu haben, vermittelten, aber wenig inneres Glück. Er verschrieb sich Unternehmungen, von denen er wußte, daß sie ihm Anerkennung und berufliche Erfolge bringen würden, aber seit langer Zeit hatte er fast nichts getan, um seine Persönlichkeit weiterzuentwickeln. Während des Rituals hatte er ein Gefühl von Enge und Abgestorbensein, wenn er sich vorstellte, daß er all seine Lebenskraft in solche Unternehmungen steckte. Er bot Yamantaka dieses Gefühl innerer Enge dar und fühlte sich tatsächlich sofort erleichtert. Heiterkeit erfüllte ihn, als er mit der freigewordenen Energie zu arbeiten begann. Ihm wurde klar, daß er, wenn er nicht all seine Kraft in die diversen beruflichen Projekte steckte, diese Kraft jederzeit für die Leidenschaft und Lebensfreude zur Verfügung haben konnte, die er sich so wünschte. Er beschloß das Ritual, indem er die freigesetzte Energie umformte in die Bereitschaft, auf den Augenblick zu reagieren.

Sie können das Ritual sehr gut wiederholen: Konzentrieren Sie sich diesmal auf die für Sie unangenehmste Eigenschaft des Gegen-Mythos. Im zweiten Ritual bot Frank Yamantaka die Verantwortungslosigkeit des fröhlichen grünen Riesen an. Er fand heraus, daß auf der anderen Seite dieses Mangels an Verantwortungsgefühl etwas anderes zum Vorschein kam: die Möglichkeit eines Lebens, das, immer noch verantwortlich gelebt, ihm mehr Freiheit bot, als er je gekannt hatte.

Persönliches Ritual III-4: Lösungsphantasie. Nachdem Sie den mythischen Konflikt auf der Körperebene dargestellt haben, sollen Sie jetzt wieder Ihre Vorstellungskraft einsetzen, um eine Lösung des Konflikts zwischen dem alten Mythos und dem Gegen-Mythos herbeizuführen. Es geht um ein einigendes Symbol, das Ihnen hilft, die Unterschiede zwischen dem alten und dem neuen Mythos aufzulösen. Viele Tiefenpsychologen sehen solche Symbole als wichtige Helfer an. Liliane Frey-Rohn schreibt:

> Insofern als die bewußte Erfahrung des Lebens ein immer neues Gleichgewicht der Gegensätze, ständig neue Brücken zwischen den Mächten der Triebe und des Geistes erforderte, hatte das einigende Symbol eine wirkliche schöpferische Funktion dabei, das Individuum zu einer tieferen psychologischen Wahrheit zu führen.[7]

Bereiten Sie sich auf das nächste Ritual vor, indem Sie wieder eine bequeme Sitzhaltung finden. Schließen Sie die

Augen, atmen Sie ein paarmal tief durch, und entspannen Sie sich.

Gehen Sie während der nächsten fünf Atemzüge immer tiefer in die Entspannung. EINS, ZWEI, DREI, VIER, FÜNF. Erinnern Sie sich an das, was Sie fühlten, als Sie die verschiedenen Empfindungen in Ihren Händen erforschten. Holen Sie jetzt die Erfahrung dieser Empfindung zurück und beginnen Sie dabei mit der Hand, die den alten Mythos repräsentierte. (Pause) Tun Sie dasselbe mit Ihrer anderen Hand. (Pause) Bleiben Sie bei diesen unterschiedlichen Gefühlen in Ihren Händen. Sie werden gleich eine Phantasie haben, die zu einer Integration, einer Vermischung dieser beiden Gefühle führen wird. Diese Phantasie wird einem Tagtraum sehr ähnlich sein. Sie wird einen Anfang, eine Mitte und ein Ende haben. Stimmen Sie sich zu Beginn auf die Energie, das Gefühl und die Atmosphäre der Hand ein, die den alten Mythos repräsentiert. (Pause) Bleiben Sie bei dem Gefühl und lassen Sie eine Gestalt, ein Objekt aus diesem Gefühl entstehen. Vielleicht wird Ihre Hand zu dieser Person oder diesem Objekt, vielleicht kommen Ihnen auch einfach Eigenschaften dazu in den Sinn. (Pause) Wenn Sie wissen, was für eine Gestalt oder was für ein Objekt es ist, dann stellen Sie sich auf die Energie und die Atmosphäre des Gegen-Mythos ein, den Ihre andere Hand repräsentiert. Lassen Sie auch aus diesem Gefühl eine Gestalt oder ein Objekt entstehen. Vielleicht wird Ihre Hand zu dem Objekt oder der Gestalt, oder es fallen Ihnen einfach Eigenschaften dazu ein. (Pause) Wenn Sie wissen, was das für Gestalten oder Objekte sind, finden Sie eine Umgebung dafür. (Pause) Konzentrieren Sie sich nun auf die Umgebung und die Figuren und Objekte darin. (Pause) Beginnen Sie nun mit der Phantasie, einer Phantasie, die Sie der Lösung dessen, was Ihre linke und Ihre rechte Hand repräsentieren, näher bringen wird. Was ist im Hintergrund? Was tut die Hauptfigur? Welche Farben herrschen vor? Welche Töne? Welche Gerüche? Ist es warm oder kühl? Angenehm oder unangenehm? Treten außer den Hauptfiguren noch andere Personen auf? Sobald die Handlung beginnt, lassen Sie Ihre Phantasie sich zu einer Geschichte entfalten, die die Integration zwischen dem, was alt ist, und dem, was neu auftaucht, symbolisiert. (Pause von 45 Sekunden) Wenn Sie mit Ihrer Phantasie fertig sind, zählen Sie von eins bis fünf, atmen Sie tief durch, und öffnen Sie die Augen.

Schreiben Sie diese Phantasie sofort in Ihr Tagebuch. Analysieren oder bewerten Sie sie jetzt noch nicht – auch wenn Ihnen nicht klar ist, in welcher Beziehung sie zum Lösungsprozeß steht. Setzen Sie sich nun wieder bequem hin und folgen Sie den Anleitungen.

Lassen Sie sich ein bißchen Zeit, damit Sie übers Atmen in immer tiefere Entspannung kommen. (Pause) Sie gehen in Ihrer Phantasie jetzt einen Schritt weiter. Sie erleben zuerst alles noch einmal wieder, die Figuren, die Umgebung, und gehen alles der Reihe nach noch einmal durch. Diesmal aber sollen Sie die Handlung jedesmal dann anhalten, wenn die bestmögliche Lösung des Konflikts sichtbar wird: wenn sie am deutlichsten zum Ausdruck kommt, wenn Altes und Neues sich am stärksten verbinden, wenn die Synthese am umfassendsten ist. Selbst wenn Sie vorher nicht das Gefühl hatten, daß Ihre Phantasie mit der Lösung des Konflikts etwas zu tun hat, werden Sie jetzt beim Wiedererleben vielleicht feststellen, daß bestimmte Momente doch auf die Lösung oder Integration zwischen altem und Gegen-Mythos hinweisen. Machen Sie im Geist ein »Standfoto« oder einen kurzen »Videoclip« von solchen Szenen. Lassen Sie sich nicht stören, wenn Ihre Phantasie beim zweiten Durchlauf eine etwas andere Richtung nehmen will. Folgen Sie ihr einfach. Fangen Sie nun an, Ihre Phantasie noch einmal durchzuleben, und halten Sie in den Momenten, wo größtmögliche Integration sichtbar wird, an. Fügen Sie eine Schlußszene hinzu, die das Ganze zu einer noch besseren Lösung oder noch mehr Integration führt. (Pause) Wenn Sie Schwierigkeiten hatten, eine solche Szene in

Ihrer Phantasie zu finden, dann denken Sie sich jetzt eine aus. (Pause) Wenn Sie fertig sind, zählen Sie bis fünf, und öffnen Sie die Augen.

Beschreiben Sie nun die Szenen, die Sie im Geiste fotografiert haben, in Ihrem Tagebuch – Sie können sie auch zeichnen. Notieren Sie auch, was Ihnen spontan dazu einfällt. Hier ein Auszug aus Franks Tagebuch:

Ich sehe die Energie meines rechten Arms als eine große, kalte, feste Steinmauer. Die Energie meines linken Armes sehe ich auch als Mauer, aber diese Mauer ist spröde und zerbrechlich, vielleicht ist sie aus Mörtel. Dann sehe ich einen Ritter auf einem Pferd. Der Ritter hat unglaubliche Muskeln, er wirkt wie der starke Mann im Zirkus. Ich sehe, wie er seine Arme ausstreckt, so daß er beide Mauern berührt. Er will sie zusammenziehen. Ich sehe, wie er sich anstrengt, aber plötzlich hört er auf. Anscheinend ist ihm klargeworden, daß die spröde Mauer in sich zusammenfallen wird, wenn sie auf die Steinmauer trifft, und das will er nicht. So geht er hin und baut ein stützendes Gitterwerk aus Metall an die Rückseite der zerbrechlichen Mauer. Selbst wenn jetzt der Mörtel an der Vorderseite wegbricht, wird die Rückseite immer noch ihre Form und Stärke behalten. Dann bringt er durch irgendeinen Zauber Hitze an die andere Wand, und sie wird weicher. Sie verwandelt sich, besteht nicht mehr aus kalten Steinblöcken, sondern wird zu einem Wall aus warmem, einladendem, Lava-artigem Material. Dann zieht er die beiden Mauern zusammen, und dabei zerbröckelt der Mörtel tatsächlich und fällt ab, aber das ist ganz in Ordnung, weil das schimmernde Gitterwerk aus gehämmertem Stahl übrigbleibt. Die beiden Mauern verschmelzen miteinander, das Stahlgitter gibt dem warmen, weichen Wall eine herrliche gemeißelte Oberflächenstruktur. Die Szene, welche die Lösung am deutlichsten darstellte, war die letzte, welche die neue Mauer in all ihrem Glanz zeigte, gestützt von der metallenen Gitterstruktur, aber doch warm, anpassungsfähig und schön. Die Szene, die mir am meisten das *Gefühl* einer Lösung gab, war jedoch der Augenblick, als der Ritter die Stützstruktur für die Mörtelmauer baute und mir plötzlich klar wurde, wie er sie zusammenziehen würde. Die Phantasie weiterzuführen war auch sehr interessant. Die neue Wand wurde lebendig, wie im Zeichentrickfilm. Sie wurden zu einem Mammut – das Stahlgitter war sein Skelett und die Lava-artige Substanz das Fleisch darauf. Es fing an herumzugehen, machte kleine Tanzschritte, sang und spielte. Es war sehr ulkig anzusehen, wie es da herumhopste; doch dann fing es meinen Blick auf und blinzelte mir vielsagend zu, und mir wurde plötzlich klar, daß das riesige Geschöpf, dessen Spiel ich da beobachtete, irgendwie sehr weise war.

Traumarbeit III-2: Der Lösungstraum. Wenn Sie das Gefühl hatten, Ihre Lösungsphantasie ginge nicht weit genug oder zeigte nicht den richtigen Weg zur Lösung des Konflikts, oder ganz einfach meinen, Sie könnten noch ein bißchen Anregung zur Lösung des Konflikts brauchen, dann schauen Sie Ihr Traumtagebuch nach einem Traum durch, der in die Richtung einer Lösung weist, oder bitten Sie um einen solchen Traum. Rufen Sie sich zu diesem Zweck noch einmal alle Momente in Ihrer Phantasie ins Gedächtnis, in denen die höchstmögliche Integration erreicht war. Kam das in Ihrer Phantasie nicht vor, dann denken Sie noch einmal über den Konflikt nach und bitten Sie dann um einen Traum, der Ihnen hilft, die Verschmelzung der gegensätzlichen Kräfte möglich zu machen. Notieren Sie gleich nach dem Aufwachen alle Träume oder Einsichten, die Ihnen einfallen. Mit den Methoden zur Traumarbeit können Sie dann die Bedeutung der Träume erforschen.

Persönliches Ritual III-5: Das Lösungsdreieck. Ziel dieser Übung ist es, ein einziges Bild entstehen zu lassen, das eine Lösung Ihres mythischen Konflikts darstellt. Wenn Sie aus einem Traum oder dem vorigen persönlichen Ritual schon ein klares Bild der Lösung haben, dann können Sie diese Übung überschlagen. Vielleicht ist es aber trotzdem interessant, zu sehen, was dabei herauskommt. Machen Sie es sich bequem, und entspannen Sie sich:

> Machen Sie sich den alten Mythos bewußt, und konzentrieren Sie sich auf die Gefühle, die Sie mit ihm verbinden. Erkunden Sie die Körperempfindungen, die mit den Gefühlen und mit dem Verstehen dieser Gefühle hochkommen. (Pause) Wo in Ihrem Körper spüren Sie diese Emp-

findungen? (Pause) Wie groß sind sie? (Pause) Welche Form haben sie? (Pause) Welche Struktur? (Pause) Welche Farbe? (Pause) Lassen Sie daraus, wie Sie diese Eigenschaften erleben, eine Vorstellung oder ein Symbol entstehen. (Pause) Diese wird wahrscheinlich ein Bild oder die Ahnung eines Bildes sein, vielleicht aber auch ein Klang, ein Wort oder ein Satz. (Pause) Wenn Sie diese Vorstellung bis jetzt noch nicht haben, lassen Sie sie in der folgenden Pause entstehen. (Pause) Betrachten Sie jetzt das Bild. (Pause) Welche Einzelheiten fallen Ihnen auf? (Pause) Stellen Sie sich vor, daß Sie einen Schritt zurücktreten, um es aus einiger Entfernung anzuschauen. (Pause) Nun treten Sie so nahe heran, daß Sie es berühren und fühlen können. (Pause) Öffnen Sie nun die Augen. Zeichnen Sie das Bild in Ihr Tagebuch oder beschreiben Sie es darin. (Wenn Sie die Anleitung auf Band sprechen, sagen Sie jetzt: »Schalte das Gerät ab, bis du das Symbol gezeichnet hast.«)

Rufen Sie sich jetzt den Gegen-Mythos ins Bewußtsein und konzentrieren Sie sich auf die Gefühle, die damit verbunden sind. Erkunden Sie die Körperempfindungen, die mit den Gefühlen und Ihrem Verstehen dieser Gefühle hochkommen. (Pause) Wo in Ihrem Körper spüren Sie diese Empfindungen? (Pause) Wie groß sind sie? (Pause) Welche Form haben sie? (Pause) Welche Struktur? (Pause) Welche Farbe? (Pause) Lassen Sie daraus, wie Sie diese Eigenschaften erfahren, in Ihrem Inneren ein Bild oder ein Symbol entstehen. (Pause) Wenn Sie bis jetzt noch kein Bild davon haben, lassen Sie es während der folgenden Pause entstehen. (Pause) Betrachten Sie dieses Bild genau. (Pause) Welche Einzelheiten fallen Ihnen auf? (Pause) Stellen Sie sich vor, daß Sie ein paar Schritte zurücktreten, um es aus der Entfernung anzuschauen. (Pause) Treten Sie jetzt so nahe heran, daß Sie es berühren und fühlen können. (Pause) Öffnen Sie nun die Augen. Zeichnen Sie das Bild in Ihr Tagebuch oder auf ein Stück Papier oder beschreiben Sie es in Ihrem Tagebuch. (Wenn Sie die Anleitung auf Band sprechen, sagen Sie jetzt: »Schalte das Gerät ab, bis du das Symbol gezeichnet hast.«)

Zeichnen Sie jetzt in Ihrer Vorstellung ein Dreieck. Setzen Sie Ihre beiden Symbole an die zwei unteren Ecken des Dreiecks. (Pause) Lassen Sie diese Bilder an den Seitenlinien des Dreiecks entlang hochsteigen. Sie kommen einander näher und näher. Wenn sie sich treffen, in dem Augenblick, wo sie sich berühren, werden sie sich in ein anderes Symbol verwandeln. Dieses neue Bild wird die Integration von altem und Gegen-Mythos symbolisieren. Lassen Sie sie nun, in ihrer eigenen Geschwindigkeit, an den Seiten des Dreiecks emporsteigen, und achten Sie darauf, was passiert, wenn sie sich treffen. (Pause von 30 Sekunden) Wenn Sie fertig sind, zählen Sie bis fünf und öffnen die Augen.

Zeichnen Sie das Symbol in Ihr Tagebuch oder auf ein Blatt Papier oder beschreiben Sie es in Ihrem Tagebuch. Überlegen Sie, was die drei Symbole für Sie bedeuten. Hier ist Franks Bericht:

Ich war immer noch so sehr mit den Figuren aus meinem Tagtraum beschäftigt, daß sie auch in meiner Phantasie wieder auftauchten. Auf der rechten Seite meines Dreiecks war die gefrorene Steinmauer, die sich in den warmen weichen Wall verwandelt hatte. Auf der anderen Seite stand die brüchige Mörtelmauer. Sie bewegten sich an den Seiten des Dreiecks hinauf, und als sie zusammentrafen, wurden sie wieder zu dem Mammut, das durch die Welt meiner inneren Bilder tanzte.

Ein Teilnehmer aus einem unserer Workshops sah eine runde, lachende Sonne als Symbol für den alten Mythos und ein dunkles, unheildrohendes »X« für den Gegen-Mythos. Nach einigem Nachdenken fand er, daß die Sonne symbolisch dafür stand, wie er sein wollte. Sie erinnerte ihn an eine Tante, die ihm Vertrauen gegeben hatte. Seinem Gefühl nach stellte das »X« die Kräfte dar, die ihn daran hinderten, seine Ziele zu erreichen. Er assoziierte es mit der Kritik seiner Mutter und anderer wichtiger Menschen in seinem Leben, deren negative Reaktionen sein Selbstvertrauen untergraben hatten. Als die beiden Bilder zusammentrafen, verwandelten sie sich in eine Palme, die ungefähr dieselbe Form hatte wie das »X«. Die Sonne stand jedoch dahinter und brachte den Baum zum Leben und Wachsen. Er notierte: »Es ist, als ob die Wärme der Sonne dem ›X‹ Leben gegeben hätte, so, wie mir klar wird, daß die echte Liebe, die ich in meinem Leben erfahren habe, stark genug ist, um Teile von mir wieder lebendig werden zu lassen, die schon beinahe untergegangen waren.«

Persönliches Ritual III-6: Die Lösung im »Tempel« Ihres Körpers vertiefen. Wir beschließen dieses Kapitel mit einem inneren Ritual, das weiter vertieft, was immer Sie an Integration zwischen dem alten Mythos und dem Gegen-Mythos bereits erreicht haben. Sie haben gesehen, wie Ihr Körper zum Kampfplatz für die Konflikte in Ihrer persönlichen Mythologie werden kann. Genauso kann er aber auch ein »Tempel der Lösungen« für diese Konflikte sein. Die homöostatischen Prozesse in unserem Körper liefern eine biologische Metapher für die einigenden Prozesse, die für eine gesunde Lösung des Mythen-Konflikts notwendig sind. Im nächsten persönlichen Ritual werden Sie den mythischen Konflikt wieder auf der Körperebene darstellen und ihn diesmal innerhalb dieses »Tempels« auch symbolisch lösen.

Schauen Sie zunächst Ihr Tagebuch nach Einträgen durch, die Symbole, Phantasien oder Träume zur Lösung enthalten. Suchen Sie sich ein einzelnes Symbol heraus, das Ihrem Körpergefühl nach die größtmögliche Integration zwischen dem alten Mythos und dem Körpermythos darstellt. Wenn Sie mit diesem Symbol innerlich in Berührung sind, suchen Sie sich eine bequeme Stellung, schließen Sie die Augen, atmen Sie tief durch, und lassen Sie sich langsam in die Entspannung gleiten.

> Während Sie weiter tief atmen und sich mehr und mehr entspannen, spüren Sie nach, welche Seite Ihres Körpers Sie mehr mit dem alten Mythos und welche Sie mit dem Gegen-Mythos assoziieren. (Pause) Werden sie immer noch durch dieselbe Seite repräsentiert wie vorher? Konzentrieren Sie sich jetzt auf die Körperseite, die den alten

Mythos repräsentiert. Wie paßt dieser Mythos jetzt zu Ihnen? Wie fühlt sich diese Hälfte Ihres Körpers an? (Pause) Konzentrieren Sie sich jetzt auf die andere Körperseite. Wie fühlt sich diese Seite an? Wie paßt sie zu Ihnen? (Pause) Ist eine Hälfte wärmer als die andere, leichter, schwerer, dunkler? (Pause) Stellen Sie fest, wo die beiden Seiten zusammentreffen. Verläuft diese Linie gekrümmt oder gerade? Stoßen sich die Energien der beiden Mythen entlang der Grenzlinie gegenseitig ab? Vermischen sich die Energien? Macht eine Seite Übergriffe oder Vorstöße auf die andere? (Pause) Sprechen Sie jetzt zu beiden Seiten und versuchen Sie, die beiden zu überzeugen, daß sie Teile desselben Körpers sind und daß es im Interesse Ihres ganzen Wesens liegt, wenn sie lernen, in Harmonie zusammenzuleben oder sogar zusammenzuwachsen.

Denken Sie an das Lösungssymbol, den Lösungstraum, die Lösungsphantasie, auf die Sie sich einige Augenblicke vorher konzentriert haben. Lassen Sie sich von den damit verbundenen Gefühlen umgeben und erfüllen. (Pause) Halten Sie dieses Bild klar und stark, fühlen Sie, wie sich die Energien des alten Mythos und des Gegen-Mythos verbinden, vermischen und zusammenfließen und ein einziger Energiefluß werden, der die besten Eigenschaften beider Seiten in sich vereint. Lassen Sie dieses Ineinanderfließen vom alten und Gegen-Mythos mit jedem Atemzug stärker werden. (Pause) Lassen Sie die Gefühle des Zusammenströmens Ihren ganzen Körper durchdringen. Sie bekommen dabei vielleicht das immer stärker werdende Gefühl einer Lösung oder neuer Richtungen. Denken Sie über jetzt auftauchende Gedanken und Bilder nach, die in eine neue Richtung zeigen, eine Richtung, die auf einer besseren Integration des alten Mythos und des Gegen-Mythos beruht. Wie diese neue Richtung nun genau aussehen soll, ist Ihnen vielleicht noch nicht klar; überlegen Sie aber immerhin schon einmal, welches die Regeln oder die allgemeine Richtung des neuen Mythos sein könnten. (Pause von 30 Sekunden) Während Sie nun bis fünf zählen, lassen Sie die Gefühle der Lösung Ihren Körper und Ihre Seele ganz durchdringen. EINS, beginnen Sie, ZWEI, DREI, VIER, FÜNF, DIE AUGEN SIND OFFEN, SIE SIND ENTSPANNT UND ERFRISCHT.

Wie fühlten Sie eine Integration beider Seiten? Welche Hindernisse wurden Ihnen bewußt? Welche neuen Entwicklungsrichtungen deuteten sich an? Beschreiben Sie diese Erfahrung in Ihrem Tagebuch. Frank berichtete dies:

Meine schwächliche Seite blieb starr und aufrecht; die andere Seite näherte sich ihr mit ganzer Kraft, blieb aber geschmeidig. Sie hatte die Konsistenz von ziemlich fester Gelatine. Dann kam es mir so vor, als würde diese Seite weicher und wärmer, beinahe kuschelig. Sie fing an, sich zu kräuseln und die harte Mauer in Wellen zu umspielen, beinahe so, als wolle sie sie massieren. Sie wirkte verlockend in diesem gleitenden, schlangenartigen, beinahe sexuellen Tanz. Mit ihrer verspielten Wärme versuchte sie, die Mörtelmauer irgendwie zu beeinflussen, und ich hatte das Gefühl, daß ihr das bald gelingen würde. Als nächstes – ich weiß noch nicht, was das bedeutet, aber ich finde es interessant, daß es noch einmal auftauchte – ging es um die Gitterstruktur, die der Ritter baute. Diesmal sah ich einen Arbeiter von einer Leiter heruntersteigen. Er ging zur Rückseite der Putzmauer und fing an, diese gitterartige Stahlstruktur zu bauen. Als sie fertig war, konnten sich die beiden Seiten vermischen. Das Ineinanderfließen gab mir ein ausgesprochen schönes Gefühl. Eine wunderbare Fülle und Lebendigkeit und ein tiefer warmer Fluß waren in meinem Körper, und zugleich hatte ich keine Angst, außer Kontrolle zu geraten.

Ich fragte mich, wer der kleine Handwerker wohl war und was es bedeutete, daß in zwei verschiedenen Phantasien jemand kam, um dieses Gitterwerk zu bauen. Ich konnte aber keinen Sinn darin entdecken. Vor dem Einschlafen bat ich um einen Traum, der mir helfen würde, diesen Sinn zu finden. Ich konnte mich dann zwar nicht an einen Traum erinnern, aber beim Aufwachen drehten sich alle meine Gedanken sofort um dieses Thema. Ich ging im Geist noch einmal zu der Körpererfahrung zurück, und dann kamen allmählich doch Antworten in mir hoch.

Die Mauer aus Mörtel symbolisiert mein praktisches Leben, meine Arbeit, die Bereiche von Verantwortung. Ich bin da zwar recht erfolgreich, fühle mich gleichzeitig aber ziemlich unbehaglich, bin immer auf dem Sprung, jederzeit so viel Zeit wie nötig zu opfern, um einen Riß oder Fleck an der Mauer sofort wieder zu verputzen. Darum nehmen mich diese Angelegenheiten viel mehr in Anspruch, als sie eigentlich müßten, und haben die andere Seite hinausgedrängt. Ich habe in letzter Zeit versucht, lockerer zu werden (habe sogar meine Arbeit und andere praktische Notwendigkeiten als Hindernisse für meine Entwicklung angesehen), und doch gestatte ich ihnen immer noch, mein Leben ganz auszufüllen, so daß meine spielerische, schwingende, leidenschaftliche Seite noch nicht zum Zuge kommt. Ich habe auch so wenig Erfahrung mit dieser Seite meiner Persönlichkeit, daß ich nicht so recht weiß, wie ich mich ihr eigentlich nähern soll. Für mich ist sie irgendwie undiszipliniert und zerstörerisch, so wie die wilde Energie, die ein junger Hund entwickeln kann. Dies Bild kam mir auch heute morgen.

Ich habe bisher versucht, diese Seite meiner Persönlichkeit zu entwickeln, indem ich meine Arbeit und meine Verantwortlichkeiten abwertete und *versuchte,* leidenschaftlich und lebenslustig zu sein. Aber das funktioniert auch nicht besser, als wenn ich *versuchen* würde, zwei Meter groß zu sein, und außerdem ist das wieder mein altes »Streng-dich-an-Syndrom«. Diese Körper-Phantasie-Erfahrung will mir offenbar zwei Dinge sagen: Wenn ich einerseits meinem praktischen Leben einfach einen starken Rahmen geben würde (was ich im wesentlichen schon getan habe), wenn ich es einfach so akzeptierte und aufhören würde, mich über all die kleinen Unebenheiten zu beunruhigen, dann könnte ich all dieses zusätzliche Verputzen, diese Detailbesessenheit einfach wegfallen lassen. Das würde Platz machen für Leidenschaft und Lebensfreude. Andererseits – wenn diese stützende Struktur da ist, muß ich meine Leidenschaft nicht derart fürchten, daß ich es nötig habe, sie einzufrieren. Ich kann mich entspannen und weiß, daß sie nicht alles andere überwältigen wird, was ich für wichtig halte. Wenn ich also nur etwas Vertrauen haben kann, vielleicht wenn ich meine Leidenschaft mit Bildern wie dieser Flut warmer Wellen oder dem jungen Hund herbeirufen kann, dann kann ich mich auch darauf verlassen, daß sich die leidenschaftlicheren Impulse durchsetzen werden. Die Phantasiebilder haben gezeigt, daß ein Teil von mir sehr lebendig ist. Den ganzen Morgen über, wenn ich etwas angegangen bin, habe ich mir vorgestellt, ich sei dieser warme junge Hund, und ich muß sagen, das schafft sehr lebendige Gefühle.

Die Botschaft scheint also die zu sein, daß meine Strategie, dem praktischeren Leben den Rücken zu kehren, um Raum für Leidenschaft und Lebenslust zu erhalten, nicht funktioniert, weil sie mir zu viel Angst macht. Ich beunruhige mich dann nur noch mehr über den Verputz und stecke meine Leidenschaft in die Tiefkühltruhe. Ich glaube, der Weg, um mich von meiner übermäßigen Sorge um mein praktisches Leben zu befreien, geht dahin, einen Teil der Energie, die ich fürs Vorankommen verwende, dazu zu gebrauchen, das Wichtigste des Erreichten zu sichern – nicht, mich ganz davon zurückzuziehen. Wenn die stützende Struktur da ist, brauche ich mir nicht so viele Gedanken um den Verputz zu machen, um Kleinigkeiten – etwa ob ein bestimmter Geschäftsbrief perfekt formuliert ist. Ich kann mich entspannen und den jungen Hund in mir leben lassen, der sehr lebendig und vital zu sein scheint, jedenfalls in meiner Phantasie. Diese Struktur gibt mir auch soviel Sicherheit, daß die Kraft dieser ungezügelten Leidenschaft kontrollierbarer wird und nicht mehr so überwältigend und gefährlich wirkt.

Sehen Sie, wie zäh Frank daran arbeitet, ein Stück seines mythischen Puzzles klarer zu sehen, das seinem Gefühl nach wichtig für ihn ist? Diese Beharrlichkeit braucht es, um mit den persönlichen Ritualen, die noch kommen werden, zurande zu kommen.

Den Dialog weiterführen. Hier kehrte Frank zu dem Dialog zwischen den beiden Figuren, welche die zwei Seiten seines mythischen Konflikts repräsentieren, zurück. Und Sie werden sehen, daß die persönlichen Rituale, die Frank durchgearbeitet hat, den beiden neue Möglichkeiten der Kommunikation eröffnen. Wie wäre es, wenn Sie Ihren Dialog an diesem Punkt auch weiterführten?

Der fröhliche grüne Riese (antwortet auf Ernsts letzte Feststellung): Beruhige dich schon, Kleiner. Ich verstehe ja, daß du Angst hast. Vielleicht können wir uns auf eine Geschwindigkeit einigen, die mir das Gefühl gibt, noch am Leben zu sein, ohne dich zu Tode zu erschrecken.
Ernst: Also, du redest, als ob ich nichts zu bieten hätte – für den Fall, daß ich wirklich was mit dir unternehmen will.

Der fröhliche grüne Riese: Eins kannst du ganz bestimmt: dich mit Haut und Haaren einer Sache widmen, auch wenn du im allgemeinen die Vorstellungskraft eines Goldfisches hast, wenn es darum geht, für was du deine wertvolle Kraft aufwenden willst. Ich schlage vor, du stürzt dich mal auf was, das mir auch Spaß machen könnte.
Ernst: Zum Beispiel?
Der fröhliche grüne Riese: Ich dachte, wir könnten es diesen Monat mal mit Abfahrtslauf probieren und im Sommer vielleicht mit Wildwasserfahrten.
Ernst: Es langt schon! Du gehst deinen Weg, und ich gehe meinen. Ich finde deine Vorschläge grauenhaft, und ich finde, werter Herr, daß Sie ohne jedes Gefühl, rücksichtslos und ein verdammtes Wildschwein sind.
Der fröhliche grüne Riese: Deine Übersensibilität gleicht sicher meine ganze Gefühllosigkeit aus. Aber ich glaube, ich kann deine Angst verstehen. Wie wär's, wenn wir damit anfingen, daß du dir ein paar Tage freinimmst fürs Langlaufen? Das wird dir gefallen, auch wenn du es nicht zugeben willst.
Ernst: Aber bevor wir auf diese wilde, unverantwortliche Odyssee von Leichtsinn und Leidenschaft gehen, müssen wir sicher sein, daß sich jemand ums Geschäft kümmert.
Der fröhliche grüne Riese: Es macht mir nichts aus, daß wir sicher sein müssen, daß sich jemand ums Geschäft kümmert. Aber wenn das heißt, wir müssen sicher sein, daß kein Stäubchen länger als siebzehn Sekunden dort liegenbleibt, wo es hingefallen ist, dann werden wir sehr wenig Zeit zum Spielen haben.
Ernst: Aber wenn ich nicht so intensiv für das Geschäft sorge, wie ich es – wie auch jeder andere Geschäftsmann mit ein bißchen Format – normalerweise tue, dann kann man zwei Komplikationen voraussehen. Erstens wird unsere Orgie des Müßiggangs bald langweilig werden, außer dein Programm wäre wirklich fabelhaft. Zweitens werde ich sicher nicht mehr die Chance haben, den Bundespreis für das bestgeführte Geschäft zu gewinnen. Wenn ich auf diese Ehre verzichten soll, dann muß dieser Ausflug schon – verzeih das Wort – verdammt gut sein.
Der fröhliche grüne Riese: Vertraue mir, Ernst. Atme tief ein, lehn dich zurück und genieße die Fahrt.
Ernst: Das ist alles ziemlich verrückt, aber ich werde mal offen sein für deinen idiotischen Plan.

Wenn Sie diesen Dialog nicht schon ein- oder zweimal fortgeführt haben, dann sollten Sie das jetzt tun. Am besten spielen Sie ihn im Rollenspiel durch, zumindest aber sollten Sie ihn schriftlich in Ihrem Tagebuch fortsetzen.

Auf zu Stufe vier. Es ist gut möglich, daß Ihre inneren Bilder und Gespräche keine Lösung gebracht, sondern gezeigt haben, daß eine Integration der beiden Mythen für Sie noch nicht vollziehbar ist. Das ist für manche natürlich sehr frustrierend; sie versuchen dann, eine Lösung zu erzwingen, für die sie noch nicht bereit sind. Sie können aber ganz sicher sein, daß Sie – ganz gleich, welche Hindernisse noch vor Ihnen liegen – die restlichen persönlichen Rituale mit Ihrer Geschwindigkeit und nach Ihren Bedürfnissen durcharbeiten können.

Wir werden Ihnen im nächsten Kapitel Wege zeigen, wie Sie mit all der gründlichen Arbeit, die Sie schon geleistet haben, einen Schlußteil für Ihr Märchen entwickeln können, der konstruktive neue Richtungen für Ihr Leben zeigt.

7

Der vierte Schritt: Zeit zu wählen

> Krankheit ist der Arzt, auf den man am besten hört: der Güte und der Weisheit machen wir nur Versprechungen; dem Schmerz gehorchen wir. *Marcel Proust*[1]

Eine alte chinesische Weisheit besagt: »Wenn du deinen Kurs nicht änderst, kann es sein, daß du da landest, wo du hinwillst.« Marcel Prousts treffende Bemerkung über Weisheit und Schmerz unterstreicht die Tatsache, daß wir zwar für den Kurs, den wir im Leben steuern, sehr verantwortlich sind, daß wir aber wirkliche Veränderungen meist erst dann in Gang setzen, wenn der gegenwärtige Zustand unerträglich geworden ist. Mythisch zu leben bedeutet, Lebensbereiche, in denen der leitende Mythos veraltet oder aus anderen Gründen unbrauchbar geworden ist, zu erkennen, bevor man an den schlimmen Folgen zu leiden hat. Es bedeutet, daß man voraussieht, welche Aspekte seines Lebens man ändern muß, wenn man vermeidbarem Schmerz aus dem Weg gehen will. In diesem Sinne ist unser Programm Vorbeugung. Zur Beziehung von Mythos und Wahl sagt Frances Wickens:

> Der moderne Mensch ist sich des Mythos nicht bewußt, der in ihm lebt, des – oft unsichtbaren – Bildes, das ihn bedrängt, eine Wahl zu treffen ... Die Kunst zu leben bedeutet im wesentlichen, die Kraft dafür zu entwickeln, innere Entscheidungen zu treffen. Von allen schöpferischen Künsten ist sie die schwierigste und vornehmste.[2]

Der Inhalt dieses Kapitels ist zusammengefaßt in jenem altehrwürdigen chassidischen Spruch, der da sagt: »Jeder sollte mit Sorgfalt erforschen, auf welchen Weg sein Herz ihn zieht, und diesen Weg dann mit all seiner Kraft verfolgen.«

Auf dieser vierten Stufe sollen Sie ein neues mythisches Bild entwerfen und es sorgfältig in Ihr Leben »einweben«. Während Sie Ihre widerstreitenden Mythen erforschten, gelangten Sie wahrscheinlich zu neuen Einsichten und bekamen zumindest eine Ahnung, wie die Lösung möglich werden könnte. Vielleicht hatten Sie aber auch das Gefühl, daß dieser Kampf in Ihrem Inneren bis in alle Ewigkeit so weitergehen könnte: »Wie soll ich meinen Wunsch nach Freiheit und mein Bedürfnis nach Sicherheit und Verläßlichkeit in diesem einen Leben je unter einen Hut bringen?« Nun ist es zwar notwendig, den Konflikt in seine eigene Richtung gehen zu lassen, andererseits sind neue Entwicklungen endlos. Irgendwann kommt der Punkt, an dem man die Version des Mythos, dem man folgen will, genau formulieren und sich damit identifizieren muß, wenn man veraltete Lebensrichtlinien nach eigenem Willen effektiv ändern will. Einige der Möglichkeiten, die man – bewußt oder unbewußt – wählen kann, sind diese: sich vor allem mit dem alten Mythos identifizieren; sich vor allem mit dem Gegen-Mythos identifizieren; eine Sackgasse erkennen; einen Kompromiß erarbeiten, der Elemente jedes der beiden Mythen opfert, um Aspekten des jeweils anderen Mythos Raum zu geben; oder, da die innere Lösung, auf die man hingearbeitet hat, deutlicher hervortritt, einen neuen verbindenden Mythos entwickeln, der die besten Eigenschaften der beiden anderen in sich vereinigt. Diese letzte Möglichkeit ist das Ziel, das wir uns in diesem Kapitel gesetzt haben; und die Entscheidungen, die Sie treffen, werden sich einerseits aus Ihrer bisherigen Arbeit, andererseits aus den »persönlichen Ritualen«, die noch folgen, ergeben.

Nachdem Sie so systematisch an Ihrer persönlichen Mythologie gearbeitet haben, kommen Ihnen kreative Lösungen vielleicht einfach so in den Sinn. Sie können, nach einer gewissen »Inkubationszeit«, spontan auftauchen. Man kann sie auch durch Erfahrungen fördern, die Sie aus dem Geltungsbereich des normalen Raum-Zeit-Begriffs herausführen. In diesem Kapitel bieten wir Ihnen eine Reihe innerer Rituale an, die Sie in solche veränderten Bewußtseinszustände führen können und Sie in Hörweite Ihrer inneren Stimme bringen, näher heran an Ihre allerinnerste, eigenste Weisheit, die Ihnen helfen kann, eine Mythologie für eine neue Lebensweise zu formulieren.

William James, einer der größten Pioniere der Psychologie, betont die Bedeutung progressiver Leitbilder:

Positive Zukunftsbilder sind eine mächtige und magnetisch wirkende Kraft. Es entsteht ein Wechselspiel zwischen uns und diesen Bildern. Sie ziehen uns voran und geben uns Energie, Mut und Willenskraft, in wichtigen Augenblicken die Initiative zu ergreifen. Negative Vorstellungen der Zukunft haben ihren eigenen Magnetismus: Sie ziehen unsere Lebensgeister hinunter auf den Weg der Verzweiflung und Kraftlosigkeit.

Wenn Sie die mythischen Vorstellungen, die Sie leiten sollen, genau und kreativ formulieren, so ist das, als ob Sie sich eine zuverlässigere Landkarte schaffen für Ihre »Suche« nach dem »wiedergewonnenen Paradies« – eine Landkarte, die Sie wahrscheinlich auch zu einem wahrhaftigeren und wertvolleren Lebensziel führen wird.

Margrets nächster Schritt

Bei dem nächsten persönlichen Ritual konzentrierte sich Margret auf einen Bereich ihres alten Mythos, den aufzugeben für sie am schwierigsten war, obwohl sie wußte, daß er unbrauchbar geworden war. Mit diesem Bereich des alten Mythos verbanden sich für sie auch bestimmte Körperempfindungen, und so ging sie in ihrer Erinnerung zurück bis zu einem Ereignis, bei dem sie diese Empfindungen auch wahrgenommen hatte:

Ich finde mich wieder mit einem sehr angespannten Hals, so angespannt, daß ich den Kopf nicht drehen kann. Ich kann nur geradeaus sehen. Um weiter zur Seite sehen zu können, als meine Augen sich bewegen, muß ich den ganzen Körper drehen. Mein Nacken tut so weh!

Ich erinnere mich an die harten Finger meines Großvaters, die mich mit eisernem Griff im Nacken halten und mich fortzerren, schneller als meine Dreijährigenbeine mich tragen können. Ich stolpere, und er bewahrt mich vor dem Hinfallen, indem er mich noch fester am Nacken packt. Es tut schrecklich weh. Ich weine und kriege einen Klaps ins Gesicht, weil ich solchen Lärm mache. Ich höre seine Stimme meine Sünden aufzählen: Ich habe in seiner Tischlerwerkstatt mit Holzspänen und Sägemehl gespielt und ein großes Durcheinander hinterlassen; ich habe dann auch noch behauptet, ich wäre gar nicht dagewesen; ich bin ungehorsam und unverschämt gewesen. Ganz klar, daß ich verdiene, was ich kriege, wenn ich so unzugänglich und schlampig bin. Und ich sollte besser nicht heulen, weil das die Liste meiner Sünden nur verlängert, denn es zeigt nur, daß ich ein verachtenswürdiger Schwächling bin, ein Mädchen eben.

Dann taucht ein weiser Heiler des Körpers und der Seele in diesem Phantasieritual auf:

Ein weiser alter Mann, der aussieht wie Mahatma Gandhi, berührt meinen Nacken mit Fingern so weich und warm, daß es sich anfühlt, als würde ein warmer Waschlappen auf mein verkrampftes Gewebe gelegt. Er sagt mir, ich sei ein ganz normales, neugieriges kleines Mädchen; ich hätte noch nicht gelernt, zwischen Phantasie und Lüge zu unterscheiden; und meine natürlichen und temperamentvollen Reaktionen auf Geschimpfe und Anklage seien keine Sünde – ich wüßte einfach meinen Ankläger nicht richtig einzuschätzen. Ich fühle, daß ich schließlich doch etwas wert bin, und mein Nacken ist längst nicht mehr so verkrampft.

Dieser weise alte Mann fungierte dann in einer Fortsetzung des Dialogs zwischen der anständigen jungen Dame und dem wiedergeborenen Kind als Vermittler:

Anständige junge Dame (schreit das wiedergeborene Kind an, das ihr gerade wieder entwischt ist): Deine Halsstarrigkeit wird dazu führen, daß du niemals ein reifer und verantwortungsfähiger Erwachsener wirst.
Das wiedergeborene Kind: Die Leute, die du reif und verant-

wortungsvoll nennst, kommen mir sehr gelangweilt vor, und ganz sicher sind sie *langweilig*. Sie denken, jetzt, wo wie erwachsen sind, ist alles geordnet, abgeschlossen, gibt es nichts Neues mehr zu lernen. Ich bin froh, daß ich immer noch wachsen und etwas Neues lernen kann.
Anständige junge Dame: Alles, was ich wissen mußte, habe ich von meinen Eltern und den Lehrern in der Sonntagsschule gelernt. Aber manchmal frage ich mich, ob ich wirklich ganz der Mensch geworden bin, der ich sein könnte.
Weiser alter Mann: Das ist eine gute Frage. Laß dir gratulieren. Das ist eine der Grundfragen aller Zeiten.
Wiedergeborenes Kind: He, ich kann auch solche Fragen stellen! Ich bin hier die Neugierigste.
Anständige junge Dame: Ich hätte nie gedacht, daß ich dich mal anders erleben würde als völlig zügellos und ganz und gar zufrieden damit.
Wiedergeborenes Kind: Ich geb' nicht gern nach bei jemandem, der so steif und langweilig ist wie du, aber es ist so, daß ich hübsche Kleider auch ganz gern habe, und ich würde auch gern lernen, wie man sein Geld verdient. Und ich glaube, es würde mir sogar gefallen, wenn jemand mir den Hof machen würde.
Anständige junge Dame: Da hast du ja auch grandiose Chancen.
Weiser alter Mann: Nun, nun ... versucht mal, euch wie liebende Schwestern zu benehmen, sonst werdet ihr euch immer unvollständig fühlen.
Wiedergeborenes Kind: Oje, das will ich nicht!
Anständige junge Dame: Ich auch nicht! Ich bin die Reifere. Laß mich das erste Zugeständnis machen! Kannst du mir zeigen, wie man eine Sandburg baut? Ein paar, die du gemacht hast, waren sehr hübsch.
Wiedergeborenes Kind: Du wirst dich nur ganz sandig machen und das Gefühl haben, daß du dich erniedrigt hast ...
Weiser alter Mann: Ihr müßt im Zweifel dem anderen eine Chance geben. Dann wird er euch im umgekehrten Fall auch eher glauben.
Wiedergeborenes Kind (begeistert): Du willst wirklich von mir lernen, anständige junge Dame? Ehrenwort? Toll! Ich

bin viel besser, wenn ich von gleich zu gleich behandelt werde und nicht wie ein Maschinenteil, das nicht funktioniert.
Anständige junge Dame (sieht auf einmal alt und müde aus): Ich brauche dich, vielleicht kannst du mir helfen, daß ich mich lebendig fühle, stark, erregt. Ohne dich verfange ich mich im Konkurrenzdenken, in Krankheiten des Körpers und der Seele. Ich versinke, ich fühle mich schwer und am Rande des Todes. Kannst du mir wieder zeigen, wie man spielt?
Wiedergeborenes Kind: Ich werde dir alles über Sandburgen *und* Dämme zeigen! Wie findest du das?
Anständige junge Dame: Und ich werde dir das rosa Kleid mit dem Spitzenkragen geben, nach dem du schon geschielt hast. Ich geb' dir auch noch ein paar Satinhaarbänder. Aber kannst du mir auch bestimmt beibringen, wie man spielt?
Wiedergeborenes Kind (nimmt ihre Hand): Das ist genauso leicht wie Fahrradfahren. Komm mit, ich habe einen jungen Hund, den ich dir zeigen möchte.
Weiser alter Mann: Ihr gefallt mir beide. Ich glaube, jetzt ist es Zeit, darüber nachzudenken, wie ihr miteinander auskommen könnt.
Anständige junge Dame: Ich glaube, es ist sinnvoll, wenn ich in der Schule und für Geschäftliches verantwortlich bin. Vielleicht auch, wenn wir unter Leuten sind. Und ich hoffe, du, wiedergeborenes Kind, übernimmst die Verantwortung für unsere Freizeit, wenn wir gefühlvoll, laut, ohne Zwänge sein und Fragen stellen können.
Wiedergeborenes Kind: Das kannst du laut sagen! Ein guter Plan! Könnte ich deinen Petticoat mit der Lochstickerei zu dem rosa Kleid tragen?

Für das nächste Ritual sollte Margret sich einen Gegenstand aus der Natur suchen und über ihn nachdenken, während sie sich mit Fragen im Zusammenhang mit ihrem mythischen Konflikt beschäftigte. Sie wählte eine Kristalldruse, einen ihrer ältesten Schätze. Hier ein Auszug aus ihrem Tagebuch:

Mein Kraftträger ist meine Kristalldruse (ein Stein mit einem Hohlraum, dessen Innenwände mit Kristallen überwachsen sind). Sie ist in der Mitte durchgeschnitten worden, und die Schnittflächen sind poliert. Die Außenseite sieht unscheinbar und grob aus, nicht sehr vielversprechend. Die Formen auf der Schnittfläche sehen aus wie gefrorene Ringe, in vielen Schattierungen von Sahne, Gold und Honig. In der Mitte ist buchstäblich das Herz des Kristalls. Die Kristallfläche fängt das Licht in ihren vielen winzigen Prismen ein, bricht es und strahlt es zurück. Das Ganze ist wunderbar vielschichtig und schön.

Ich sehe, daß eine große Veränderung notwendig war – die Druse durchschneiden –, um das herrliche Zentrum sichtbar zu machen. Mir wird klar, daß dies ein gewaltsamer Eingriff in den rohen Stein gewesen sein muß. Ich sehe, daß durch das Polieren die verschlungene feine Schönheit des Steins zum Vorschein gekommen ist. Ich denke mir, daß die kristallene Mitte dankbar dafür ist, daß sie nach Tausenden von Jahren ans Licht gebracht wurde.

Ich glaube, meine Lektion liegt darin, daß ich, wenn ich tiefer unter meine Alltagsoberfläche gehe, darauf vertrauen kann, die wertvollen und befriedigenden Möglichkeiten, die in mir versteckt sind, ans Licht zu bringen.

Mit all den verschiedenen Erfahrungen der Lösung, die Margret bisher gehabt hatte, und dem, was sie sich in diesem Kapitel erarbeitet hat, schrieb sie nun den dritten Teil ihres Märchens. Hier ging es darum, symbolisch die mythische Vorstellung zu wählen, von der sie sich in Zukunft leiten lassen wollte:

Nachdem der Delphin Juanita Margret sicher am Strand abgesetzt hatte, sah sie zuerst eine zerbrochene Weinflasche auf den Wellen tanzen. Das nächste, was passierte, war, daß ihre Betreuerin, »Umsichtig« genannt, sich über den Zustand ihrer Kleider und Haare entsetzte. Und zum dritten strafte ihre Lehrerin, »Vernünftig« mit Namen, sie mit Verachtung, wegen der wilden Geschichte vom Delphin, auf dem sie in die Tiefen des Meeres gereist sei.

Juanita Margret beschloß, gleich anzuwenden, was sie als erste Lektion gelernt hatte – sich in die Natur zurückzuziehen, wenn sie durcheinander war. Das tat sie, bis Kopf und Herz wieder ruhiger geworden waren und sogar aufgehört hatten weh zu tun. »Aha«, dachte sie, »es klappt. Wenn ich abgekämpft bin, dann heilt mich ein

Rückzug an einen Ort voller Liebe, wo es keine Zeit gibt. Das werde ich mir merken.«

So biegsam wie der Tang zu sein war ihr noch nie leichtgefallen. Es gab keinen Zweifel, sie war ein eigensinniges (und, ganz unter uns gesagt, sogar starrsinniges) Kind, für das es immer nur einen Weg gab. Die Lektion vom Tang lernte sie, als ihr, einem überzeugten Naturkostanhänger, ein Eisbecher angeboten wurde, mit Karamelsoße und heißer Schokolade, viel Schlagsahne, drei Kirschen, gehackten Nüssen und einer kleinen bunten Fahne obendrauf. Ihr innerer Konflikt nahm epische Ausmaße an. »Ich will das haben! Ich will das haben! Ich will das haben!« rief ihr rücksichtsloses, impulsives Ich, und das Wasser lief ihr im Munde zusammen. »O nein, niemals, unter keinen Umständen!« erklärte ihr gerechtes, starres Selbst und preßte die Lippen zusammen wie eine Abalonemuschel am Riff. Glücklicherweise kam Juanita Margret gerade in diesem Moment das Bild des biegsamen Tangs in den Sinn. »Ich stehe zu meiner Überzeugung, aber ich werde diesen Eisbecher auslöffeln. Es sind schließlich nur noch sechs Wochen bis zu meinem Geburtstag.«

Gute Werke in aller Stille zu tun war noch nie Juanita Margrets Art gewesen, ihr Licht unter den Scheffel zu stellen auch nicht. Sicher – sie tat manchmal Gutes aus durchaus edlen Gründen. Sie verfügte über viele Fertigkeiten und Talente. Aber auch der netteste Mensch hätte nicht abgestritten, daß sie ein Großmaul war und oft ihr eigenes Lob vor der Gemeinde sang. Nicht, daß sie so von ihrer eigenen Persönlichkeit erfüllt gewesen wäre; in Wirklichkeit fühlte sie sich innerlich eher leer, da sie früher so oft nach draußen zum Spielen geschickt worden war. Eines Tages, als sie wieder einmal das Loblied ihrer eigenen Tugend sang, sah sie jemanden gähnen. »Oje«, dachte Juanita Margret, »ich werde zu der schlimmsten Sorte von Langweilern, die es gibt, und das sind die, die wissen, daß sie langweilig sind. Ich langweile sogar mich selbst. Langeweile ist ein schreckliches Zeichen, es heißt, daß ich mir selber zum Hals heraushänge. Was soll ich nur machen, was soll ich nur machen?« Sie dachte an die Abalone mit ihrem langweiligen Äußeren und ihrem Inneren, das wie ein Palast aus Licht war. Sie dachte: »Ich glaube, ich muß da achtgeben. Ich denke mir, wenn ich ein paar von meinen guten Eigenschaften, meinen besten guten Eigenschaften, nicht so heraushängen ließe, das würde mir guttun. Ich werde darauf warten müssen, daß mich jemand bemerkt, um die Aufmerksamkeit zu bekommen, die ich so gern habe. Aber ich kann mich damit beschäftigen, noch etwas mehr schimmerndes Perlmutt in meinem Inneren aufzutragen. Ich glaube, ich werde das als Kur gegen die Langeweile machen.« Das gelang so gut, daß ihr nie mehr jemand ins Gesicht gähnte, und die Menschen, die sie einlud, ihre Malereien aus Regenbogenlicht und Perlmutt anzusehen, faßten eine tiefe Liebe zu ihr.

Und so ging es. Sie begriff, daß nicht jeder von einem Delphin zu einer Reise eingeladen wird und daß sie nicht immer verstanden werden würde. Das war ganz in Ordnung so; sie wußte, was sie wußte. Im großen und ganzen ging es ihr sehr gut. Natürlich hatte sie hin und wieder einen Temperamentsausbruch, Augenblicke der verlorenen Illusionen und innerer Zweifel. Einmal wollte sie alles hinwerfen und einfach bei Ebbe über die Meerenge hinüber zu ihrer Insel gehen. Sie erkannte aber, daß sie, wenn sie Perfektion von sich erwartete, auch nicht besser war als ihre mäusegesichtigen Unterdrükker. Sie entdeckte, daß die Natur aus der Experimentierlust lebte und nur Küchenschaben und Haie während der letzten paar Millionen Jahre unverändert geblieben waren. Die Entscheidung, aus ihren Fehlern zu lernen, ohne zu fragen, wann sie mit Wachsen fertig sein würde, machte sie frei genug, um ein recht bewundernswerter Erwachsener zu werden.

Margrets nächste Aufgabe war es, sich vorzustellen, wie ihr neuer Mythos wohl in fünf Jahren aussehen würde. Sie schrieb:

Ich sitze an meiner Schreibmaschine, ich schreibe ein Buch, ich lächle. Niemand ist bei mir im Raum, aber ich bin mir sehr bewußt, daß Menschen, die ich liebe, sich in Reichweite befinden. Ich nehme mir jeden Tag die Zeit, aus dem Haus zu gehen, in den Wald, zu dem kleinen Fluß. Ich habe mein Thema gefunden und auch die Art, wie ich mit einiger Wirkung zu anderen von meinen Ideen über die Natur und das Leben sprechen kann. Ich fühle mich nützlich und fähig. Ich bin mir sehr bewußt, daß Dinge wie Frische, Neuheit und Entdekkung in meinem Leben immer wichtiger werden. Ich bin aber nicht mehr so sehr den inneren Stürmen und den heftigen Gefühlen ausgeliefert, die mich früher regelmäßig quälten. Meine Beziehungen zu anderen Menschen sind tief, echt und dauerhaft. Ich bin zufrieden mit der Richtung meines Wachstums und meiner Veränderungen, und ich glaube nicht, daß das aufhören wird.

Während des letzten persönlichen Rituals in diesem Kapitel sollte Margret das höchste Gefühl beschreiben, das sie sich vorstellen konnte. Sie beschrieb den Kern ihres neuen Mythos aus der heiteren Gelassenheit dieser Erfahrung heraus: »Ich bin ein Teil der Schöpfung und dabei, perfekt zu werden, so wie die übrige Schöpfung auch.«

Den neuen Mythos kultivieren

Die folgenden persönlichen Rituale werden Ihnen zeigen, wie der mythische Ackerboden zu kultivieren ist, den Sie umgegraben haben. Es geht darum, ein Leitbild zu entwickeln, das in eine neue und mehr erfüllende Richtung weist – dorthin, wo sich Ihre tiefsten Wünsche und die verfügbaren Lebensmöglichkeiten treffen.

Persönliches Ritual IV-1: Eine alte Wunde heilen. Unbrauchbar gewordene alte Mythen haben ihre Wurzeln oft in frühen Versuchen, verletzende, erniedrigende oder sonstwie schmerzhafte Erlebnisse zu verarbeiten, die mit der Erfahrung des »verlorenen Paradieses« verbunden sind. Vielleicht folgen wir weiter dem alten Mythos, obwohl er uns beengt, weil wir unbewußt einen Handel mit ihm abgeschlossen haben: Er wird uns davor beschützen, den Schmerz alter Wunden noch einmal fühlen zu müssen. Die Sehnsucht, diesen alten Mythos in einen viel reicheren neuen Mythos umzuwandeln, kommt nicht zum Zuge, wenn solche alten Wunden nicht heilen, sondern immer noch eitern. Mit dem nächsten persönlichen Ritual geht es darum, herauszufinden, ob es solche nicht verheilten alten Wunden gibt, die Ihre Entwicklung stören, und darum, den Heilungsprozeß einzuleiten. Sie werden für dieses Ritual ein Kissen brauchen, das man richtig gut in den Arm nehmen kann. Sehen Sie sich auch noch einmal alle Tagebucheintragungen an, die den Dialog zwischen den Repräsentanten des alten und des Gegen-Mythos zum Thema haben. Stellen Sie fest, in welchen Bereichen der Protagonist des alten Mythos sich Veränderungen widersetzt, auch wenn die Sinnlosigkeit dieser Haltung offensichtlich ist. Frank fand folgende Bereiche:

Ich bestehe weiter darauf, die Einzelheiten meiner Arbeit korrekt und optimal auszuführen, obwohl mich dieser Leistungsstandard im persönlichen Leben einiges kostet und ich auch mit erheblich weniger Aufwand durchkäme.

Ich habe keinen Grund, darauf zu vertrauen, daß Leidenschaft und spielerische Lebensfreude plötzlich auftauchen würden, wenn ich langsamer machen und ihnen Platz einräumen würde. Am Ende würde ich wahrscheinlich nur meine hohen Leistungsstandards verlieren und außerdem demoralisiert und gelangweilt sein.

Ich habe eine tiefsitzende Angst davor, daß ich, wäre ich leidenschaftlicher und wilder, so auffallen würde, daß alle sich über mich lustig machen würden. Und selbst wenn das nur gutmütige Neckereien wären – ich würde vor lauter Verlegenheit sterben.

Wenn Sie die Bereiche erkannt haben, wo es noch Konflikte gibt, suchen Sie sich eine bequeme Stellung, atmen Sie ein paarmal tief ein, schließen Sie die Augen und entspannen sich, wobei Sie sich auf die folgende Anleitung konzentrieren:

> Während Sie es sich bequem machen, konzentrieren Sie sich auf Ihre Atmung. Hören Sie auf jedes Einatmen und jedes Ausatmen. (Pause) Fühlen Sie, wie Bauch und Brustkorb sich heben und senken. (Pause) Verlangsamen und vertiefen Sie Ihre Atmung, während Sie sich mit jedem der fünf nächsten Atemzüge tiefer entspannen – EINS, ZWEI, DREI, VIER, FÜNF. Denken Sie darüber nach, wie der Protagonist Ihres alten Mythos sich nicht auf Veränderungen einlassen wollte oder konnte, die Ihrem Gefühl nach gerechtfertigt und gut wären. Identifizieren Sie sich ganz mit dem Teil Ihrer selbst, der Ihren alten Mythos repräsentiert, und erleben Sie den Widerwillen gegen Veränderungen und die Gründe dafür. Fühlen Sie sich so vollständig in diese Rolle ein, wie es nur geht. In

welchem Teil Ihres Körpers sitzt der Widerstand, sich mit dieser Angelegenheit zu befassen? Wo sind diese Empfindungen? Bestimmen Sie die Grenzen dieser Gefühle so genau, daß Sie imstande wären, die Umrisse dieses Bereichs zu zeichnen. (Pause) Ist dieser Teil Ihres Körpers warm oder kalt? Schwer oder leicht? Locker oder fest? Welche Farbe verbinden Sie mit ihm? Welches Gefühl? (Pause) Empfinden Sie Traurigkeit? Schmerz? Furcht? Schrecken? Angst? Fühlen Sie sich zurückgewiesen? Erniedrigt? Resigniert? Ärgerlich? Konzentrieren Sie sich auf diese Gefühle, erleben Sie sie ganz, und atmen Sie dabei weiter tief.

Noch einmal werden Sie sich auf ein momentanes Gefühl konzentrieren, das Sie zurück in die Vergangenheit führen wird. Konzentrieren Sie sich auf das Gefühl, das Sie gerade identifiziert haben, und lassen Sie sich von ihm tragen, als wäre es eine Brücke oder ein Zauberteppich, die Sie zurückbringen in die Vergangenheit. (Pause) Lassen Sie sich zurücktragen bis zu dem Zeitpunkt, als Sie vielleicht zum erstenmal dieses oder ein ähnliches Gefühl hatten. Gehen Sie zurück zu einer Situation, die mit der Ursache Ihrer Wunde zu tun hat – die Erfahrungen von Verlust, Verrat, Zurückweisung oder andere emotionale Verwundungen mit sich brachte, Erfahrungen, die dieses Gefühl zu einem Teil Ihres Weltbildes machten. (Pause) Wenn Sie zu dieser Erinnerung zurückgekehrt sind, versuchen Sie zu erkennen, wer noch anwesend ist und was geschieht. (Pause) Wenn Sie noch keine Erinnerung gefunden haben, tun Sie das jetzt. (Pause) Wenn Sie Schwierigkeiten haben, eine richtige Erinnerung zu finden, dann erfinden Sie ein Ereignis, das stattgefunden haben könnte und das die Art Ihrer seelischen Wunde plausibel erklärt. (Pause) Wie alt sind Sie in dieser Erinnerung oder Phantasie? Was haben Sie an? Welche Gerüche umgeben Sie? Welche Töne, welche Stoffe, welche Farben, welche Beleuchtung?

Während Sie sich all die Umstände ins Gedächtnis zurückrufen, die das Trauma verursacht haben, nehmen Sie das Kissen und halten Sie es so an Ihren Körper, daß es

4. Stufe – Übergangsrituale für eine erneuerte persönliche Mythologie.

die Stelle, wo in Ihrer Vorstellung die Wunde ist, berührt. Stellen Sie sich vor, dies Kissen seien Sie, zu der Zeit, als Sie diese schmerzliche Erfahrung machten. Erleben Sie alles noch einmal. Nehmen Sie dabei das Kissen liebevoll in den Arm und trösten Sie es. Gehen Sie tief in die Erinnerung, rufen Sie sich alle Einzelheiten und kleinen Ereignisse dieser Szene zurück und fühlen Sie die Wunde; hören Sie dabei nicht auf, das Kind-Kissen zu trösten. Wenn Sie mehr Zeit benötigen oder wenn ein noch früheres oder noch stärkeres Erlebnis in Ihnen auftaucht, mit dem Sie auch arbeiten wollen, dann stellen Sie ruhig das Band ab oder sagen Ihrem Partner, daß Sie mehr Zeit brauchen. Fangen Sie jetzt an, nehmen Sie das Kissen fest in den Arm, und erleben Sie diese schwierige Erfahrung noch einmal. (Pause von 60 Sekunden)

Halten Sie das Kissen weiter fest, und stellen Sie sich vor, daß eine weise alte Frau oder ein weiser alter Mann von Ihrem Leiden gehört hat und gekommen ist, Ihnen zu helfen. Schauen Sie diese Person an, nehmen Sie ihre oder seine Statur, Haltung, Gesichtszüge und Miene in sich auf. (Pause) Dieser alte Mensch ist zufällig auch ein mächtiger Heiler körperlicher, geistiger und seelischer Wunden. Fühlen Sie die Kraft seiner Augen, wenn Sie mitfühlend und verständnisvoll von ihm betrachtet werden. (Pause) Sie sehen diesen mitleidigen Heiler an und bemerken, daß ein Glühen seinen Kopf und seine Hände umgibt. Dieses Glühen scheint schimmernde Energiestrahlen aus der Atmosphäre anzuziehen, bis Sie beide in ein ruhiges, strahlendes, heilendes Licht getaucht sind. (Pause) Jetzt legt Ihnen der Heiler beide Hände auf, berührt Sie und das Kissen und legt seine heilenden Hände direkt auf den Teil Ihres Körpers, der in Ihrer Erinnerung mit dem Schmerz zu tun hat. Fühlen Sie, wenn diese weisen alten Hände die Stelle berühren, wie die heilenden Kräfte des Universums direkt auf Ihre Wunde gerichtet sind. (Pause) Lindernde Wärme füllt Ihren Körper, und der Atem des Heilers fließt im selben Rhythmus wie Ihrer. Fühlen Sie, wie bei jedem Einatmen heilendes Licht in Ihren Körper strömt. (Pause) Spüren Sie, wie bei jedem Ausatmen verbrauchte, alte Energie Ihren Körper verläßt, während die Wunde zu heilen beginnt. (Pause) Bleiben Sie sich der Hand auf Ihrer Wunde bei jedem Einatmen und jedem Ausatmen bewußt, während der Heilungsprozeß in der folgenden Pause voranschreitet. Wenn Sie mehr Zeit brauchen, stoppen Sie ruhig das Band oder sagen Sie es Ihrem Partner. (Pause von 60 Sekunden)

Jetzt gibt Ihnen der weise alte Mann oder die weise alte Frau einen Rat. Hören Sie zu: Sie sagt Ihnen, wie Sie sich besser schützen und Ihre Wunde vor dem Aufreißen bewahren können. (Pause) Noch einmal legt Ihre neue Freundin die Hand auf Ihre Wunde und läßt von neuem einen Strom heilender Kraft durch Ihren Körper fließen. (Pause) Wenn Sie noch Fragen haben, stellen Sie sie jetzt und hören Sie in der folgenden Pause auf die Antwort. (Pause von 30 Sekunden) Wenn Sie bereit sind, verabschieden Sie sich für diesmal von der Weisen. Sie werden sie bald wiedersehen: beim nächsten persönlichen Ritual. (Pause)

Wenden Sie nun Ihre Aufmerksamkeit dem Kissen zu, das Sie die ganze Zeit gehalten haben; beschäftigen Sie sich mit dem Kind, das Sie einmal gewesen sind. Helfen Sie ihm, wo Sie nur können. Was hätte ein Erwachsener damals für Sie tun können? Welcher Ratschlag hätte Ihnen helfen können? Welcher Ausdruck von Anteilnahme wäre gut für Sie gewesen? Welche Art von Zuneigung hätte Ihnen helfen können, mit den negativen Gefühlen fertig zu werden, die jene Verwundung in Ihnen hervorgerufen hat? Welche Worte, welche Taten hätten dieses Erlebnis zu einer positiveren Lernerfahrung werden lassen? (Pause von 30 Sekunden) Sehen Sie, fühlen Sie Ihr jüngeres Ich, nehmen Sie es fest in die Arme und geben Sie ihm alle Liebe, die Sie haben. (Pause) Bei dieser Umarmung fühlen Sie, wie es wieder mit Ihnen verschmilzt, wie es in Ihre gegenwärtige Seele, Ihren gegenwärtigen Körper zurückkehrt. Spüren Sie, daß und wie die Heilung stattgefunden hat und welche Gaben – kindliche Fröhlichkeit, Kreativität, Vorfreude, Enthusiasmus – Ihnen dieses Kind gebracht hat. (Pause) Sie haben Ihrem jüngeren Selbst an

Ratschlägen und Zuneigung das Beste gegeben, das in Ihnen war. Fühlen Sie nun, wie all dies zu Ihnen zurückkommt, da Ihr jüngeres Selbst wieder in Ihr gegenwärtiges Sein zurückkehrt.

Kommen Sie mit dem nächsten Atemzug wieder in die Gegenwart. (Pause) Nehmcn Sie nun den Teil Ihres Körpers, der für Sie mit der Wunde zu tun hatte, deutlich wahr. Haben sich die Empfindungen dort geändert? (Pause) Sie können das Heilungsritual ganz oder teilweise so oft wiederholen, wie Sie möchten. Verpflichten Sie sich, die Wunde von Zeit zu Zeit zu überprüfen, so daß Sie für weitere heilende Energie sorgen können, wenn es nötig sein sollte.

Bereiten Sie sich nun darauf vor, in den normalen Wachzustand zurückzukehren. Bei »ZEHN« werden Sie sich wach, entspannt, erfrischt fühlen, so als ob Sie aus einem erholsamen Nickerchen erwachen. EINS, beginnen Sie. ZWEI. DREI. VIER. FÜNF. SECHS, bewegen Sie Zehen und Füße, fühlen Sie die Stimulation, werden Sie allmählich wach. SIEBEN, bewegen Sie Finger, Hände und Arme. ACHT, strecken Sie Ihre Schultern, den Hals und bewegen Sie die Gesichtsmuskeln. NEUN, atmen Sie tief. Und ZEHN, öffnen Sie die Augen, Sie sind wieder ganz da.

Fassen Sie diese Erfahrung in Ihrem Tagebuch zusammen und denken Sie über ihre Bedeutung nach. Hier ein Auszug aus Franks Tagebuch:

Als ich darüber nachdachte, wie wenig ich doch bereit bin, meine Übergenauigkeit aufzugeben, spürte ich, daß mein Hals sich extrem angespannt und verkrampft anfühlte. Ich konzentrierte mich auf diese Empfindungen, dabei wanderte meine Aufmerksamkeit hinauf zu meinem Kiefer, der sich hart, spröde und angespannt anfühlte, wie ein Fahrradschlauch, der überdehnt wird. Die beste Beschreibung, die ich dafür finden konnte, war »brennende Entschlossenheit«. Ich hatte Schwierigkeiten, zu einer frühen Erfahrung zurückzukehren, ich mußte sogar das Band ausschalten, weil es mich überholte. Als aber die Bilder kamen, kamen sie mit großer Kraft.

Ich weiß, daß ich in der ersten Woche meines Lebens an einer leichten Unterernährung litt, weil meine Mutter entschlossen war, mich selbst zu stillen, aber nicht genug Milch hatte. Danach wurde ich nach Plan gestillt, sogar nach Plan im Arm gehalten – wie es damals üblich war –, obwohl meine Eltern mir später erzählt haben, wie qualvoll es für sie war, mich stundenlang aus Leibeskräften schreien zu hören. Ich kann mich an diese Zeit nicht erinnern, aber in dieser Phantasie trug meine Vorstellungskraft mich ganz leicht dorthin zurück. Da lag ich also in der Wiege und schrie und schrie mir die Seele aus dem Leibe. Schließlich hörte ich auf zu schreien, in einem Zustand äußerster Erschöpfung, und preßte meine Kiefer zusammen, um nicht mehr zu schreien, aber wohl noch mehr, um mir meinen Schmerz und meine Not zu verbeißen.

Während ich das Kissen im Arm halte und es meinen Kiefer berührt, fängt dieses Gefühl der Härte an zu schmelzen, die Spannung läßt nach, und ich fühle, wie sich eine pulsierende Wärme in meinem Kiefer ausbreitet. Mir kommt der Gedanke, daß, wäre ich wieder in der Wiege und fühlten sich meine Kiefer so wie jetzt, ich würde wieder Schmerz und Wut herausschreien. Im Moment aber genieße ich einfach die Empfindung von Wärme in meinem Kiefer. Ich drücke das Kissen fest an mich, und es fühlt sich zitterig an. Also drücke ich es noch fester und versuche, es zu trösten.

Der alte weise Mann sah aus wie eine Mischung aus Väterchen Zeit und George Burns. Er sagte mir ungefähr dies: »Gerade die Härte, die dich in dieser Welt beschützt, hält dich auch davon ab, die Befriedigung zu bekommen, die du dir am meisten wünschst. Du näherst dich der Welt, indem du deine harten Kiefer vorstreckst, so wie ein Insekt seine Fühler. Ich erkläre hiermit und an diesem bestimmten Tag, daß du viele Stärken entwickelt hast und daß die spröde Härte in deinem Kiefer nicht mehr zu deinem Schutz notwendig ist. Du kannst mich rufen, und ich werde in dieser Woche jeden Tag zu dir kommen. Ich werde die Stärke meiner Heilkraft auf deinen Kiefer konzentrieren, während du ihn massierst und beruhigst. Versetze dich dabei, durch die Zauberkraft deiner Vorstellung, wieder zurück in die Wiege, in der dein Kiefer und deine Freude sich zum erstenmal verhärtet haben. Wenn wir uns siebenmal getroffen haben, werden wir entscheiden, welche Behandlung weiterhin notwendig ist. Nimmst du dieses Angebot an?« Als ich auswich und sagte, ich sei zu beschäftigt, warf er mir einen amüsierten, wissenden Blick zu, und ich kapitulierte.

Nachdem ich von dem weisen alten Mann Abschied genommen hatte, sagte ich dem kleinen Kind etwa dies: »Ich sehe, die erste Lektion in deinem Leben war die, daß du nicht bekommst, was du brauchst, wenn die Dinge einfach ihren natürlichen Gang gehen. Als Folge davon wirst du mit der grimmigen Entschlossenheit aufwachsen, alles unter deine Kontrolle zu bekommen, damit deine Bedürfnisse erfüllt werden. In gewisser Weise wird dies sehr gut funktionieren, aber du bist dir so sicher, daß die einfachen Freuden des Lebens nicht von selbst kommen, daß du gar nicht mehr offen für sie bist. Ich möchte, daß du weißt, daß die Überlebensfähigkeiten, die du entwikkeln wirst, überdurchschnittlich sein werden. Ich wünsche mir, daß du dich aber auch entspannst und für die einfachen Freuden öffnest, die dir ohne Anstrengung greifbar nahe kommen, wenn du sie nur läßt.«

Sie können dieses Ritual auf verschiedene Art erweitern. Sie können es so oft wiederholen, wie Sie möchten, oder Variationen erfinden, wie es der weise alte Mann bei Frank tat. Das bringt manchmal noch andere traumatische Erfahrungen ins Gedächtnis zurück; diese Wunde können Sie dann ebenso behandeln, wie wir das beschrieben haben. Wenn diese Erfahrung jedoch alte Wunden aufgerissen hat, die Sie weiter schmerzen, auch nachdem Sie das Ritual abgeschlossen und im Tagebuch noch einmal durchgearbeitet haben, dann gehen Sie bitte zurück zu Kapitel vier, wo wir Ihnen gezeigt haben, wie Sie sich mit Ihrem Schild schützen können. Verwenden Sie diese oder jede der anderen Methoden, die wir dort und in Kapitel drei vorschlagen, um die aufgerührten Gefühle wieder zu beruhigen. Sorgen Sie gut für sich im Verlauf dieses Heilungsprozesses.

Persönliches Ritual IV-2: Der Heiler-Kämpfer. Jetzt wird der Protagonist Ihres alten Mythos wieder Gelegenheit haben, mit dem Protagonisten des Gegen-Mythos ins Gespräch zu kommen, so daß die beiden ihre Unstimmigkeiten noch einmal überdenken können. Diesmal soll allerdings auch der weise alte Mann oder die weise alte Frau an dem Gespräch teilnehmen und helfen, schöpferische Lösungen für die Probleme der einen oder anderen Seite zu finden. Ihre Hilfe kann hier großen Wert haben, denn jetzt geht es wirklich darum, die bestmögliche Lösung zu finden.

Sie wissen vielleicht nicht, daß Ihr heilender Freund (Ihre heilende Freundin) auch ein großer Kämpfer ist. Er ist ein Heiler insoweit, als er die Heilkraft kennt, die Verstehen, Einfühlung und Liebe bei alten Wunden haben, eine Heilkraft, die Zerstörtes wieder ganz macht. Er ist ein Kämpfer insoweit, als er weiß, daß manche Probleme gelöst werden *müssen,* daß manchmal schwierige Entscheidungen, Kompromisse und Opfer sein *müssen,* daß Stärke entwickelt werden *muß* und daß man unter bestimmten Umständen kreativ, aber nachdrücklich Gebrauch von ihr machen *muß.* Sie werden in diesem nächsten Gespräch also einen fairen, aber auch harten Diskussionsleiter haben. Halten Sie ein unbespieltes Band bereit, so daß Sie das Treffen aufnehmen können.

Nehmen Sie Haltung und Gesichtsausdruck der Gestalt an, die den alten Mythos repräsentiert. (Pause) Stellen Sie dieser »Person« nun die Gestalt gegenüber, die den Gegen-Mythos repräsentiert, und finden Sie auch hier die richtige Haltung und den Gesichtsausdruck. (Pause) Schlüpfen Sie auch aus dieser Rolle wieder heraus, und begeben Sie sich an den Platz, an dem der Heiler-Kämpfer steht; die drei Gestalten sollten ein Dreieck bilden. (Pause) Erwecken Sie nun in sich ein Gefühl von Vertrauen und Anteilnahme, so wie es dem Heiler-Kämpfer entspricht. (Pause) Lassen Sie sich Zeit, um die Haltung und den Gesichtsausdruck zu finden, die zu diesen Gefühlen passen. (Pause) Bleiben Sie dabei, bis Sie in Haltung, Ausdruck und Ihrem Gefühl nach wirklich den Heiler-Kämpfer darstellen. (Pause) Fragen Sie nun die beiden anderen: »Wo stimmt ihr nicht überein?«

Lassen Sie die beiden Protagonisten Ihres mythischen Konflikts ein Gespräch über diese Frage beginnen und so lange fortführen, bis sie Übereinstimmung erreicht haben oder in eine Sackgasse geraten sind. Wann immer die beiden in etwas übereinstimmen, begeben Sie sich in die Position des Heiler-Kämpfers, äußern sich zu der erreichten

Lösung und fragen: »Gibt es noch andere Bereiche, wo ich euch helfen kann?«

Wenn die beiden in eine Sackgasse geraten sind, dann schlüpfen Sie auch in die Rolle des Heiler-Kämpfers. Wägen Sie die Wünsche und Bedürfnisse beider Parteien ab, und geben Sie dann beiden gemeinsam oder jedem einzeln Ihren Rat. Dann lassen Sie die beiden weitersprechen, bis sie wieder Übereinstimmung erzielen oder aber Ihren Rat brauchen.

Fahren Sie auf diese Weise fort, schlüpfen Sie nach Bedarf in jede der drei Rollen, bis alle wichtigen Fragen zumindest angesprochen worden sind und die bestmögliche Lösung, die mit vereinten Kräften zu erreichen ist, zustande kommt. (Wenn Sie diese Anleitung auf Band aufnehmen, sagen Sie jetzt: »Halte das Band an, lege ein unbespieltes ein, drücke auf *Aufnahme* und fange mit dem Dialog an. Wenn du mit dem Gespräch so weit gekommen bist, wie es möglich war, lege dieses Band wieder ein und mache nach der Anleitung weiter.«) Nachdem alle Themen besprochen und die für den Moment beste Lösung erreicht ist, gehen Sie in die Position des Heiler-Kämpfers, um den beiden andern Beobachtungen mitzuteilen oder Ratschläge zu geben. Sagen Sie den beiden Gesprächspartnern zum Schluß, sie könnten Sie jederzeit um Hilfe bitten – entweder in der Phantasie oder in einem weiteren Rollenspiel.

Hören Sie sich die Aufnahme des Gesprächs noch einmal an, oder sprechen Sie mit Ihrem Partner darüber. Dies war Franks Dialog:

Heiler-Kämpfer: Bei welchen Meinungsverschiedenheiten kann ich euch helfen?
Ernst (zum fröhlichen grünen Riesen): Ich habe darüber nachgedacht, ob unsere Vereinbarung vom letztenmal wirklich so klug ist. Ich glaube, du willst einfach nur, daß ich meine Arbeit und all meine Verantwortung hinwerfe. Ich glaube nicht, daß du dich bis in die Einzelheiten darum gekümmert hast, daß alles in bestem Zustand bleibt.

Der fröhliche grüne Riese: Wenn wir warten, bis für dich genau der richtige Moment gekommen ist, um endlich damit anzufangen, uns zu amüsieren, dann können wir wahrscheinlich noch gut 70 Jahre warten. Ich habe es satt, auf dich zu warten, und wenn du nicht jetzt gleich ein paar größere Veränderungen anleierst, dann werde ich mit dir überhaupt nicht mehr zusammenarbeiten. Du weißt gar nicht, wie sehr du mich brauchst. Wenn ich in diesem öden Leben, das du für uns zurechtgebastelt hast, nicht auch mitzockeln würde, dann wärest du schon vor Jahren vertrocknet und gestorben.
Ernst: Du willst immer so schnell voran! Wie wäre es, wenn wir uns in diesem Jahr einmal Zeit zum Spielen nehmen und schauen, ob wir es mögen? Ein Experiment! Wenn es uns gefällt, machen wir es nächstes Jahr vielleicht wieder.
Der fröhliche grüne Riese: Einmal in diesem Jahr! Himmel, was bist du für ein tollkühner Bursche! Ich glaube nicht, daß diese Diskussion zu irgend etwas anderem führt, als uns in deiner typischen Besessenheit und Langeweile versinken zu lassen. Ich rufe unseren weisen alten Freund an, damit er uns aus diesen ausgefahrenen Gleisen hilft, in die du uns immer wieder hineinzerrst.
Heiler-Kämpfer: Ich habe tröstliche Neuigkeiten für dich, Ernst. Du kannst es dir wirklich leisten, dich zu entspannen. Du wirst auf keinen Fall mit solcher Gewalt fortgerissen werden, daß du nicht zu deiner vertrauten, behaglichen Lebensweise zurückkehren könntest. Wenn du stolperst, brauchst du nur wieder aufzustehen. Du kannst sehr viel mehr Risiken eingehen, auch im Rahmen deiner Gewissenhaftigkeit, als du dir je vorgestellt hättest. Und du, Riese, du mußt die Schritte, die Ernst tut, viel mehr würdigen. Statt ihm dauernd zu sagen, wie viel weiter er noch gehen muß, entspanne dich lieber auch und freue dich an den kleinen neuen Freiheiten, die zustande kommen, weil er ehrlich anfängt, sich zu ändern. Er blüht nur auf, wenn du ihn für das belohnst, was er richtig macht, statt ihn dauernd zu kritisieren und lächerlich zu machen, weil er nicht genug tut. So fordere ich euch beide auf, eure Einstellungen so zu verändern, wie ich es vorgeschlagen habe. Ich glaube, ihr werdet dann das, was ihr einander geben könnt, mehr genießen und im anderen eher einen Freund denn einen Feind sehen.
Ernst: Okay, Riese, ich will darauf vertrauen, daß du mich in *kleinen* Schritten führst. Diese Einladung kann ich dir anbieten. Aber wenn du es *wagst* und mich zwingst, zu schnell zu gehen, oder wenn du

noch ein Wort über Abfahrtslauf oder Wildwasserfahrten sagst, außer wenn *ich* mit solchen Horrorthemen komme, dann wird es sieben Jahre und sieben Tage dauern, bis ich über so was wie Freizeit mit dir überhaupt wieder rede.
Der fröhliche grüne Riese: Okay, Ernst, das ist fair. Und ich werde die Anstrengungen würdigen, die du machst, damit wir beide mehr Spaß am Leben haben, wie vorsichtig du dabei auch immer vorgehst.
Heiler-Kämpfer: Riese, achte auf deinen Sarkasmus!
Der fröhliche grüne Riese: Okay, okay. Ich weiß, daß jeder Schritt, den du in mein Territorium tust, dir höllische Angst macht. Ich will deine Mühe anerkennen, ja sogar den Mut, den du dafür brauchst.
Heiler-Kämpfer: Das klingt schon besser.
Der fröhliche grüne Riese: Na, das war's wohl – mehr Spaß kann ich mir für heute nicht erhoffen. Geben wir uns die Hand darauf.
Ernst (streckt seine Hand aus): Du benimmst dich ja wie ein Gentleman! Ich bin angenehm überrascht.
Heiler-Kämpfer: Das ist ein guter Anfang. Ich muß euch jedoch warnen: Erwartet nicht zuviel voneinander. Ihr wart lange keine Partner mehr, und so wird jeder von euch Fehler machen, wenn es darum geht, den anderen wieder zu verstehen. Ich möchte euch ermutigen, eure Übereinkunft als Experiment zu betrachten, es mit viel gutem Willen anzugehen, und wenn es Schwierigkeiten gibt, dann kommt wieder zu mir, und wir werden zusammen weitermachen.

Persönliches Ritual IV-3: Ein Kraftobjekt. Jetzt werden Sie sich ein Objekt aus der Natur zum Verbündeten machen. Die Natur kann uns lehrreiche Metaphern und Symbole an die Hand geben, um uns zu helfen, unser inneres Leben besser zu verstehen; Dinge aus der Natur haben eine stille Kraft, die als Anreiz und Vorbild dienen kann, wenn man neue persönliche Mythen formt. Gehen Sie also hinaus und suchen Sie etwas, was Ihre Aufmerksamkeit auf sich zieht – einen Stein, eine Blume, einen Kiesel, ein Stück Holz, einen Zweig. Wenn Sie ein Kraftobjekt gefunden haben, suchen Sie sich einen ruhigen Ort, an dem Sie nicht gestört werden. Entspannen Sie sich, und machen Sie es sich bequem.

Lassen Sie sich in die Stille sinken, und konzentrieren Sie sich auf den Gegenstand aus der Natur. Lassen Sie sich von ihm ein paar Fragen über Ihr Leben und Ihre persönliche Mythologie beantworten. Dieses Kraftobjekt wird Lehrer, Leiter, ein stiller Zeuge des Lebens sein. Sehen Sie sich Ihr Kraftobjekt genau an und lernen Sie es kennen: berühren Sie es, riechen Sie es, fühlen Sie es, schmecken Sie es, wenn Sie wollen. Lernen Sie es gut kennen, nehmen Sie mit all Ihren Sinnen die Information darüber auf. (Pause von 60 Sekunden)

Nun fragen Sie es: »Was kannst du mich über mich selbst lehren?« Lassen Sie die Antwort in sich aufsteigen, während Sie diesen persönlichen Verbündeten berühren oder anschauen. Vielleicht gibt es Ähnlichkeiten zwischen Ihnen und diesem Gegenstand. Vielleicht hat der Gegenstand die Eigenschaften, die Sie so gern haben wollen. Vielleicht kann Ihnen das Kraftobjekt sagen, wie Sie einige der Hindernisse auf Ihrem Weg überwinden können. Entdecken Sie, was Ihr Kraftobjekt Ihnen über Sie sagen kann. (Wenn Sie diese Anleitung auf Band aufnehmen, sagen Sie jetzt: »Stoppe das Band, denke über diese Frage nach, und schreibe alles, was dir dazu einfällt, ins Tagebuch!«)

Ändern Sie nun den Schwerpunkt Ihrer Frage, fragen Sie Ihr Kraftobjekt, was es Sie lehren kann über die Formulierung eines neuen Mythos, der Ihr Leben reicher und lebendiger macht bzw. so, wie Sie es sich wünschen. Entdecken Sie, was dieser Teil der Natur darüber »weiß«, wie man mit den Spannungen und Möglichkeiten der Existenz umgeht. (Wenn Sie diese Anleitung auf Band aufnehmen, sagen Sie jetzt: »Stoppe das Band, denke über diese Frage nach, und schreibe alles, was dir dazu einfällt, ins Tagebuch!«)

Ändern Sie noch einmal den Schwerpunkt, und fragen Sie nun Ihr Kraftobjekt, was es Sie über das Leben lehren kann. (Pause von 60 Sekunden) Nachdem Sie nun diesen Verbündeten aus der Natur darüber ausgeforscht haben, was er Sie über sich selbst, Ihre Mythologie und das Leben lehren kann, gehen Sie an Ihr Tagebuch und schreiben Sie alles auf, was Sie zusätzlich entdeckt haben.

Aus Franks Tagebuch:

Mein Gegenstand aus der Natur ist ein wunderschönes Stück Rinde von einem Baum, der bei einem Waldbrand angesengt wurde. Die Rinde ist sehr fein und kompliziert geformt und geschichtet, mit dunkelbraunen und kohlschwarzen Umrißlinien über einer tieferen, rötlichen Schicht, die heller und lebendiger ist. Als ich fragte, was das Stück Rinde mir über mich selbst sagen konnte, fiel mir als erstes auf, daß überall da, wo es die tote Rinde abgeworfen hatte, neue schöne Rinde zum Vorschein kam. Das zeigt, wie wichtig es ist, Vorbehalte und Ängste aus der Vergangenheit fallenzulassen und darauf zu vertrauen, daß die »Rinde« darunter lebendiger sein wird als die »Rinde«, die ich zu halten versuche. Als ich fragte, was das Rindenstück mich über meine neue Mythologie lehren könne, bekam ich eigentlich dieselbe Antwort. Teile meiner selbst, mit denen ich früher Kontakt zur Welt aufgenommen habe, sind jetzt zu leeren Hüllen geworden. Ich muß lernen, das Abgestorbene fallenzulassen und darauf zu vertrauen, daß das, was darunter liegt, meinen Bedürfnissen besser entspricht. Ich bemerkte auch, daß sich unter der obersten Schicht, die der Baum so einfach wegwarf (überall auf der Erde lagen Rindenstücke), schon wieder neue lebendige Rinde entwickelt hatte. Sobald also die tote Rinde herunterfiel, war schon neue Kraft da. Das heißt wohl, daß ich mich weiter auf die Bereiche in mir konzentrieren soll, die wachsen, statt zu versuchen, tote Rinde abzuwerfen, die ohnehin von selbst abfallen wird. Als ich die Rinde fragte, was sie mich über das Leben lehren könnte, sah ich, wie der Tod ein Teil des Lebens ist, nicht etwas, das man als unnatürlich fürchten müßte. Wenn ich bereit bin, den Tod bestimmter Gewohnheiten und Verhaltensmuster, die mir sehr vertraut und sehr angenehm sind, zu riskieren, dann werden andere Teile von mir, die eigentlich sehr lebendig sind, aber noch ruhen, aktiv werden. Mit einiger Unterstützung durch meine Mythologie werden diese Aspekte meines Wesens ganz natürlich über das Gehäuse meiner Persönlichkeit hinauswachsen. Sie werden mehr Berührung mit der Welt bekommen und so sichtbarer für mich und andere werden.

Wenn Sie mit den Fragen an Ihr Kraftobjekt fertig sind, dann legen Sie es an einen besonderen Platz, vielleicht neben Ihren Schild, so daß Sie es immer wieder um Rat fragen können, wenn Ihnen danach ist. Die amerikanischen Indianer haben oft besondere Behältnisse für ihre Kraftobjekte oder geben ihnen einen Ehrenplatz in ihrem Haus. Ist das Kraftobjekt vergänglich oder sehr zerbrechlich, dann geben Sie es sanft der Erde zurück, wo es sich dem Kreislauf der Veränderungen wieder einfügt.

Traumarbeit IV-I: Den neuen Mythos träumen. Sehen Sie in Ihrem Traumtagebuch nach, ob Sie vielleicht schon einen Traum hatten, der etwas von einem neuen Mythos, der die brauchbarsten Teile des alten und des Gegen-Mythos in sich vereint, erkennen läßt. Wenn Sie einen solchen Traum initiieren wollen, dann bitten Sie vor dem Einschlafen um einen Traum, der Aspekte eines neuen Mythos enthüllt, eines Mythos, der Ihr ganzes Wesen bestätigen und Sie auf den Weg der größten Erfüllung führen wird. Ein solcher Mythos würde das Beste des alten und das Beste des Gegen-Mythos in sich vereinen. Atmen Sie vor dem Einschlafen ein paarmal tief ein, stimmen Sie sich auf den Wunsch nach einem solchen neuen Weg innerlich ein, und wiederholen Sie zehn- bis zwanzigmal sinngemäß folgenden Satz: »Ich erbitte mir einen Traum, der mir ein neues, besseres Leitbild zeigt.« Schreiben Sie gleich nach dem Aufwachen alles auf, was Ihnen an Träumen und Einsichten gegenwärtig ist.

Persönliches Ritual IV-4: Der dritte Teil des Märchens. Teil drei Ihres Märchens ist der nächste Schritt, bewußt und überlegt ein metaphorisches Bild zu entwerfen, das, wie William James sagt, »magnetische Anziehungskraft« auf Sie haben kann. Bereiten Sie sich darauf vor, indem Sie die beiden ersten Abschnitte des Märchens noch einmal durchlesen. Überlegen Sie, auf welch unterschiedliche Weise der Held oder die Heldin mit den Problemen fertig wird, die ihm (oder ihr) das Leben präsentiert. Vielleicht wollen Sie sich auch noch einmal ansehen, was Sie danach geleistet haben, um den Konflikt zwischen diesen beiden Mythen zu lösen. Sie können sich auch einen Lösungstraum oder eine Lösungsphantasie ins Gedächtnis zurückrufen und sich noch einmal hineinversenken, um sich so auf die Aufgabe, eine schöpferische Lösung für Ihr Märchen zu finden, vorzubereiten.

Wenn Sie bereit sind, fangen Sie mit Teil drei an und verwenden dabei die Methode, die sich bei den beiden ersten Abschnitten des Märchens am besten bewährt hat: Sie schreiben die Geschichte in Ihr Tagebuch, sprechen sie auf Band oder erzählen sie einem Partner oder lassen den Partner erzählen. Wie auch immer – lassen Sie sich nun von der Anweisung leiten:

> Atmen Sie mehrmals tief ein, lassen Sie Ihre Atmung langsamer und entspannter werden. (Pause von 20 Sekunden) Denken Sie über den ersten Teil Ihres Märchens nach. Überlegen Sie, welche Seite Ihres Körpers diesen Teil Ihrer Geschichte und den alten Mythos, dessen Ursprung darin beschrieben wird, repräsentiert. (Pause) Welche Empfindungen nehmen Sie in diesem Teil Ihres Körpers wahr? (Pause) Denken Sie nun über den zweiten Teil Ihres Märchens nach. (Pause) Spüren Sie nach, ob und wie die andere Seite Ihres Körpers diesen Teil Ihrer Geschichte und den Gegen-Mythos, der darin beschrieben wird, repräsentiert. (Pause) Welche Empfindungen nehmen Sie in diesem Teil Ihres Körpers wahr? (Pause) Lassen Sie nun die Empfindungen aus den beiden Seiten Ihres Körpers sich mischen. Nehmen Sie wahr, wie die Empfindungen ineinanderfließen, verschmelzen, wenn sie miteinander in Berührung kommen. (Pause) Lassen Sie die Energien ineinanderwirbeln, bis ein einziges Gefühl übrigbleibt, das die besten, wesentlichsten, lebensbejahendsten Aspekte beider Mythen enthält. (Pause) Fühlen Sie, wie die beiden Seiten miteinander verschmelzen, während sie sich zu diesem einzigen, vereinigten Gefühl vermischen. (Pause) Lassen Sie dieses neue Gefühl der Einigkeit mit jedem Atemzug stärker werden. (Pause)
>
> Bleiben Sie auf diese Ganzheit eingestimmt. Es ist nun Zeit für Teil drei Ihres Märchens: Die Abenteuer des Helden oder der Heldin sollen weitergehen, über die Nöte und Prüfungen des ersten Teils und die Wünsche und Sehnsüchte des zweiten Teils hinaus. Dieser neue dritte

Teil, der jetzt entsteht, soll dem Gefühl entsprechen, das Sie in Ihrem Körper spürten, als sich die beiden Seiten miteinander verbanden und harmonisierten. Er wird die besten Aspekte beider Seiten enthalten und die Richtung zu einer stimmigen und schöpferischen Lösung des Konflikts weisen, dem sich der Held oder die Heldin Ihres Märchens gegenübersah. Beginnen Sie nun, entwickeln Sie die Geschichte in Ihrer Vorstellung, Sie sprechen sie auf Band, schreiben sie in Ihr Tagebuch oder erzählen sie Ihrem Partner. Wie auch immer Sie es machen: zum Schluß sollten Sie die Geschichte sorgfältig in Ihr Tagebuch eintragen.

Und hier der dritte Teil von Franks Märchen:

Frankie hatte nun gelernt, daß er nicht dazu bestimmt war, König zu sein, wie er es einst geglaubt hatte. Er hatte auch gelernt, daß es ihn nur unglücklich machte, wenn er sich immer weiter wünschte, einmal König zu sein. Andererseits hatte er guten Grund, zu glauben, daß er einmal erfolgreich sein und das Leben führen würde, das er sich wünschte. Als er in die Kristallkugel sah, war Frankie überrascht, daß er den König nicht um seine Krone beneidete, sondern um seine Lebendigkeit. Frankie sah ein, daß er oft Entscheidungen getroffen hatte, die ihn von solch persönlicher Anmut weggeführt hatten. Ihm wurde zum Beispiel klar, daß er nur darum alles RICHTIG machte, weil er glaubte, er müsse alles RICHTIG machen – ganz gleich, was ihn das kostete. Er wußte auch, daß er Erfolg haben konnte, wenn er sich das fest vornahm, und er entschied, daß sein Wunsch, wieder spielerisch leben zu wollen, hier keine Ausnahme bilden sollte. Als er dies jedoch in Angriff nahm, stellte er fest, daß dieses Projekt in einer Hinsicht tatsächlich eine Ausnahme war: Auf ein Ziel wie »Spaß haben« konnte man nicht zielstrebig und hartnäckig hinarbeiten. Dennoch machte er sich seine Beharrlichkeit zunutze, als es darum ging, loslassen zu lernen. Und als Frankie nun wirklich erwachsen geworden war, brauchte er die Erinnerung daran, wie schön das Spielen in den Türmen und an dem großen See gewesen war, nicht mehr. Er spielte ja nun jeden Tag – manchmal in Türmen und Seen –, und er hatte so gut gelernt, im Augenblick aufzugehen, daß sogar seine Arbeit für ihn zur Erholung geworden war, die er genießen konnte.

Mit den folgenden Anleitungen können Sie den letzten Teil Ihres Märchens noch einmal überdenken und, wenn notwendig, verändern.

Traumarbeit IV-2: Bestätigung in Ihren Träumen suchen. Beschäftigen Sie sich, bevor Sie schlafen gehen, noch einmal mit dem letzten Abschnitt Ihres Märchens und bitten Sie um einen Traum, der Ihnen seine Gültigkeit in irgendeiner Form bestätigt. Schreiben Sie gleich nach dem Erwachen alle Träume, Gedanken oder Einfälle auf. Es kann sein, daß Sie den dritten Teil daraufhin noch einmal überarbeiten müssen. So ist auch Franks dritter Teil, den Sie gerade gelesen haben, schon eine zweite Fassung. Nachdem er nämlich die erste Version noch einmal »überschlafen« hatte, stellte er fest, daß er sich von seiner literarischen Schöpfung etwas zu sehr hatte mitreißen lassen. Sie hatte zu wenig Verbindung zu seinem Innenleben, und die Konfliktlösungen waren nicht die wohlüberlegten Entscheidungen, die in Teil drei hineingehören.

Persönliches Ritual IV-5: Die »Fortsetzung« des Märchens. Eine Fortsetzung ist eine literarische Form, die in sich geschlossen ist, aber ein vorangegangenes Werk fortführt. In der »Fortsetzung«, die Sie gleich erfinden werden, soll sich die Richtung, die Ihr Märchen nimmt, mit der, die Ihr Leben wahrscheinlich nehmen wird, überschneiden. Lesen Sie den dritten Teil noch einmal. Dann suchen Sie sich ein gemütliches Plätzchen, machen es sich bequem, atmen ein paarmal tief durch und folgen nun der Anweisung:

> Während Sie sich immer mehr entspannen, lassen Sie Teil drei Ihres Märchens weiter vor Ihrem inneren Auge Revue passieren. (Pause) Stimmen Sie sich ein auf das positivste Gefühl, das es dort gibt. (Pause) In welchem Teil Ihres Körpers spüren Sie es am deutlichsten? Lassen Sie es mit jedem Atemzug intensiver werden. (Pause) Bleiben Sie bei der Empfindung, denken Sie dabei an einen Zeitraum oder ein Ereignis in Ihrem Leben, dem eine ähnliche Stimmung eigen war. (Pause) Wenn Sie sich nicht an eine solche Zeit erinnern können, denken Sie sich ein Ereignis

aus, das passiert sein und ein solches Gefühl hervorgerufen haben könnte. (Pause) Wo hätte dieses Ereignis stattgefunden? Wer hätte dabeisein können? (Pause) Lassen Sie sich nun von dem Gefühl fünf Jahre in die Zukunft tragen, so, als wäre es eine Brücke über die Zeit oder ein Zauberteppich, der Sie in die Zukunft bringen kann. (Pause) Wo sind Sie? Was tun Sie? Wer ist bei Ihnen? (Pause) Ausgehend von dieser – oder auch einer ganz anderen – Szene, denken Sie sich nun eine Geschichte aus, die zeigt, wie Ihr Leben nach fünf Jahren mit Ihrem neuen Mythos aussehen könnte. (Pause von 30 Sekunden) Wenn Sie fertig sind, zählen Sie bis fünf, und kommen Sie wieder in die Gegenwart zurück.

Schreiben Sie diese Geschichte unter der Überschrift »Märchen-Fortsetzung« in Ihr Tagebuch.

Franks »Fortsetzung«:

Ich reiste in die Zukunft und fand mich in einer ziemlich prosaischen Situation wieder. In einem Büro, wo ich etwas zu erledigen hatte, standen ein paar Leute; ich kam herein und fing an, mit ihnen zu sprechen. Nach kurzer Zeit hörten mir alle aufmerksam zu. Ich genoß diese Aufmerksamkeit sehr und blühte geradezu auf, sprach über Dinge, die ich anderen normalerweise nicht sage, und zwar sehr lebhaft und in einer bei mir ungewöhnlichen mitreißenden Art.

Ich sehe mich in fünf Jahren ein Leben ohne Hetze leben, unbehindert durch diesen inneren Zwang, mich in Richtungen vorwärts zu treiben, in die ich von selbst nie gehen würde. Ich sehe eine ruhige innere Stärke bei mir, die es mir möglich macht, mit Vertrauen und Begeisterung alles anzugehen, was ich tue. Meine Geschwindigkeit ist gut gewählt, und ich bin eins mit dem, was ich tue. Meine Freude geht tief und kommt leicht in Fluß.

Frank entwirft in seiner »Fortsetzung« ein Bild seiner inneren Erfahrungen; andere beschreiben hier aber auch äußere Lebensumstände.

Persönliches Ritual IV-6: Bestätigung suchen von den »Kräften des Seins«. Wenn wir über die erhabensten Kräfte nachdenken, die wir mit unserem Bewußtsein gerade ansatzweise erfassen können – Bereiche, die wir mit Begriffen wie »Das Absolute«, »Gott«, »Der Urgrund des Seins«, »Das Tao« oder »Der Schöpfer« umschreiben –, dann erleben wir vielleicht ein Bild, eine Vorstellung, eine Stimme oder einen Klang (große Musiker wurden manchmal als die ausführenden Werkzeuge der »Handschrift Gottes« angesehen). Zwar geht es, per definitionem, über das Fassungsvermögen unseres endlichen Gehirns hinaus, das Unendliche zu erfassen – dennoch sind viele Rituale, Gebete und Meditationen darauf angelegt, mit unserem Gefühl danach zu greifen. Im letzten Ritual auf dieser vierten Stufe Ihrer Arbeit mit Ihrem mythischen Konflikt sollen Sie mit Vorstellungskraft und Inspiration versuchen, in diesen Bereich des Heiligen zu gelangen, und, von diesem höheren Standpunkt aus, noch einmal die Richtlinien überdenken, die Sie für Ihr Leben aufgestellt haben. Machen Sie es sich bequem, atmen Sie ein paarmal tief ein, und schließen Sie die Augen:

> Entspannen Sie sich mehr und mehr mit jedem der nächsten fünf Atemzüge. EINS. ZWEI. DREI. VIER. FÜNF. Bringen Sie sich Bilder, Gedanken oder Gefühle zu Bewußtsein, die für Sie die spirituellsten, heiligsten, intensivsten Erfahrungen repräsentieren, die Sie sich vorstellen können. (Pause) Lassen Sie diese Gefühle mit jedem tiefen Atemzug intensiver werden. (Pause von 20 Sekunden) Stellen Sie sich jetzt vor, daß Sie das Reich des Göttlichen, Gottes Königreich betreten, einen Zustand der Kraft und der geistigen Bewußtheit. (Pause) Wie erfahren Sie diesen Bereich? Ist es eher ein Gefühl oder ein Ort? (Pause) Erforschen Sie es (ihn). (Pause) Schauen Sie sich in diesem Zustand höherer Bewußtheit den neuen Mythos noch einmal an, der in Teil drei Ihres Märchens und in seiner »Fortsetzung« zum Ausdruck kommt. (Pause) Ist dieser leitende Mythos in Harmonie mit Ihren wichtigsten Bedürfnissen? (Pause) Ist er zu grandios oder nicht ehrgeizig genug? (Pause) Hat er in den phantasierten fünf Jahren zu Schwierigkeiten geführt, die Sie nicht vorausgesehen haben? (Pause) Ist er vielleicht einfach mehr, als

Sie im Moment in Ihr Leben integrieren können? (Pause) Sollten noch Änderungen vorgenommen werden, bevor Sie Ihren ganzen Willen daransetzen, Ihr Leben unter den Einfluß dieses neuen Mythos zu bringen? (Pause)

Nun formulieren Sie diesen neuen leitenden Mythos – in der konstruktivsten Form, die Sie nur finden können. (Pause) Formulieren Sie einen einzelnen Satz oder einen kurzen Abschnitt, der die Essenz dieses Mythos enthält, nicht als Gebot, sondern als Ratschlag, der Sie den Geist dieses heiligen Ortes wieder spüren läßt. Wenn Sie fertig sind, zählen Sie bis fünf. Bei fünf atmen Sie tief ein und öffnen die Augen: Sie sind hellwach, erfrischt und entspannt.

Schreiben Sie die Eindrücke von dieser Erfahrung in Ihr Tagebuch. Unter der Überschrift *Mein neuer leitender Mythos* notieren Sie sorgfältig die Glaubenssätze dieses neuen Mythos. Frank wurde bei der Übung von den Gefühlen der Ehrfurcht und Begeisterung überflutet, die ihn vor zwölf Jahren – als er als Tourist in einer der großen Kirchen Münchens stand – Religion hatten verstehen lassen. Er beschrieb seinen neuen Mythos so:

Mein neuer Mythos weist mich an, all das in mir zu bestätigen, was leidenschaftlich und lebenserhaltend ist – es zu schätzen, zu pflegen, ihm Raum zu geben und es zu genießen. Ich soll besonders auf meine Neigung achten, mich in unnötige Aktivitäten einzumauern, die Spontaneität und Leidenschaft verdrängen. Ich soll alles unterstützen, was an Freude und Kreativität in mir ist, aber mich nicht verurteilen wegen dem, was nicht da ist; ich soll keinen Suchscheinwerfer auf jedes innere Ereignis richten und es aburteilen, wenn es meinen Erwartungen nicht entspricht.

Ich soll dieses Prinzip in jedem Augenblick meines Lebens beachten, auch wenn ich in die Vergangenheit oder in die Zukunft schaue. Wenn ich zurückschaue auf vergangene Ereignisse, dann soll ich mich auf das konzentrieren, was leidenschaftlich und lebenserhaltend daran war, um mich immer wieder auf solche Erfahrungen einzustimmen. Ich soll mich nicht ständig intensiv mit alten Zeiten beschäftigen, die durch meine Zwänge und Fehler bestimmt waren. Dies Herumanalysieren war bisher mein Verhaltensmuster, es beruhte auf der Annahme, daß ich nur aus meinen Fehlern lernen kann. Es deprimierte mich aber nur – ich bin nicht der Typ, der in die falsche Richtung geht, wenn er das Positive betont. Wenn ich nach vorne schaue, so soll ich diese selbe Einstellung auch in meine Zukunft projizieren. Die Erwartungen, die ich an mich selber habe, sollen positiv und bestätigend sein. Insbesondere läßt mich mein neuer Mythos wissen, daß ich Leidenschaft und Lebenslust, um die es mir in diesem Programm geht, erleben werde. Ich kann das sehen, ich kann es erwarten, ich weiß, daß es geschehen wird.

Auf zu Stufe fünf. Franks neuer Mythos kam also letzten Endes weder in einer Geschichte (etwa in seinem Märchen) noch als Verhaltensvorschrift (wie etwa in einem ethischen System wie den Zehn Geboten) zum Ausdruck, sondern einfach als ein Prinzip, das bestimmte Gedanken, die seine Lebensfreude beeinträchtigen, kontrollieren soll. Das mag ziemlich subtil und eher abstrakt klingen, aber im nächsten Kapitel werden Sie sehen, wie die kluge Formulierung einer solchen Feststellung Anleitung und Hilfe bieten kann, wenn Sie wesentliche Veränderungen in Ihrem Leben vornehmen wollen. In diesem Kapitel, dem fünften und letzten Stadium der Reise durch Ihren mythischen Konflikt, wird der Schwerpunkt darauf liegen, konkrete Möglichkeiten zu finden, wie Sie der neuen mythischen Vorstellung direkten Einfluß sowohl auf Ihre inneren Erfahrungen wie auch auf Ihr äußeres Leben verschaffen können.

8

Die neue Mythologie in das Leben einbauen

Wie der Fischer seinen Köder auswirft, so, scheint es, wirft auch der Mensch seine Phantasie weit vor sich aus und zieht sich dann langsam in sie hinein.

William Irwin Thompson[1]

Sie haben Ihren Mythen-Konflikt klargelegt und eine Lösung für ihn gefunden. Sie haben diese Lösung in ein neues mythisches Bild umgeformt und dieses »vor sich ausgeworfen«. Schon damit haben Sie Ihrem inneren Leben neue Antriebe und eine neue Richtung gegeben. Sie haben die Energien Ihres bewußten Geistes wie auch tiefere Kräfte Ihrer Seele auf einen neuen Weg gelenkt, in Richtung auf Veränderungen, die Ihnen uralte Quellen der Weisheit vorgeschrieben haben. Einige zusätzliche Schritte können darüber hinaus helfen, den neuen Mythos, den Sie im Verlauf dieses Programms entwickelt haben, in Ihr tägliches Leben zu integrieren. Diese Schritte ordnen sich um zwei Schwerpunkte, einen inneren und einen äußeren. Der innere Schwerpunkt betrifft weitere Änderungen an den Bildern, die Sie »vor sich auswerfen«, und an dem lautlosen Selbstgespräch, das Sie bei all Ihren Erfahrungen führen. Der äußere Schwerpunkt betrifft ganz praktische Veränderungen von Gewohnheiten, Verhaltensmustern und Prioritäten.

Auch nachdem Sie eine veraltete und unbrauchbar gewordene Art, die Wirklichkeit zu konstruieren, über Bord geworfen haben, können sich doch Verhalten, Gewohnheiten, Denkweisen und Persönlichkeitsstrukturen, die aus dem alten Mythos erwachsen sind, mit beträchtlicher Zähigkeit halten. Wenn Sie aber einen neuen Mythos, von dem Sie sich leiten lassen wollen, einmal klar formuliert haben, dann gibt es viele Methoden, ihn in Ihrem Leben zu verankern. Bildhafte Vorstellungen, Phantasien und Zeiten stiller Betrachtung können helfen, den neuen Mythos aufrechtzuerhalten und zu unterstützen. Ebenso helfen Zeremonien, Verhaltensverträge und Rollenspiele: Damit erleben Sie das Handeln nach dem neuen Mythos zunächst unter simulierten Alltagsbedingungen. Sehr sinnvoll sind auch Veränderungen in den Lebensbereichen, die noch immer den alten Mythos verstärken, sowie in den Bereichen, in denen das neue mythische Bild, dem Sie folgen wollen, noch nicht verstärkt wird. Wenn Sie die persönlichen Rituale dieses Kapitels beendet haben, dann werden Sie schon mittendrin sein, den neuen Mythos in Ihrem Verhalten umzusetzen, und Sie haben einen nützlichen Interpretationsrahmen zur Verfügung, um die Entwicklungen in Ihrem Leben auf eine Weise zu deuten, die den neuen Mythos unterstützt.

Anleihen bei der kognitiven Verhaltenstherapie

Einige der wirksamsten Methoden, mit denen wir Menschen helfen, den neuen Mythos in ihren »Lebensteppich einzuweben«, stammen aus der »kognitiven Verhaltenstherapie«. Therapeuten dieser Richtung versuchen, ihre Klienten in die Lage zu versetzen, Information realistischer zu verarbeiten und effektiveren Gebrauch davon zu machen. Sie haben therapeutische »Instrumente« entwickelt, die wir übernehmen, wenn wir Menschen zeigen wollen, wie man die Gedanken, Gefühle und Verhaltensweisen erkennt, die den alten oder neuen Mythos widerspiegeln. Damit wird es möglich, bewußt wahrzunehmen, welcher Mythos die jeweilige Situation bestimmt, und solche Bewußtheit ist in einer Zeit innerer Umwandlung und planvoller Veränderung oft besonders wertvoll.

Anders als psychodynamisch orientierte Therapeuten, die von Freud herkommen, befassen sich kognitive Verhaltenstherapeuten nicht mit Kindheitserfahrungen oder frühen familiären Interaktionen. Sie konzentrieren sich stattdessen darauf, störende irrationale Voranannahmen des Klienten sowie Verhaltensweisen, die seinem eigenen Wohlergehen entgegenstehen, zu ändern. Die ersten vier Stufen unseres Programms bedienen sich eher psychodynamischer Methoden, und das meiste, was Sie bis jetzt getan haben, war darauf gerichtet, Sie in tieferen seelischen Bereichen zu beeinflussen. Die Reise durch diese fünfte Stufe ist jedoch eher von der kognitiven Verhaltenstherapie inspiriert; ihre persönlichen Rituale konzentrieren sich mehr auf feststellbare Veränderungen des bewußten Denkens und beobachtbaren Verhaltens.

So wie es heftige Kontroversen zwischen psychodynamisch und verhaltenstheoretisch orientierten Therapierichtungen gegeben hat, so haben auch unsere Klienten sehr unterschiedlich auf die Anleitungen dieser fünften Stufe reagiert. Einige meinten, diese Rituale seien der wichtigste Teil des Programms: Sie machten den ganzen Veränderungsprozeß erst faßbar und führten – sozusagen als krönender Abschluß – zu beobachtbaren Veränderungen in ihrem Leben. Andere fanden die Rituale schwerfällig und zu nüchtern; alle wichtige Arbeit sei ja bis Ende der vierten Stufe schon getan, und diese Versuche, die Veränderungen ins tägliche Leben einzubauen, zögen jene profunden Bemühungen nur ins Triviale. Wir glauben, daß diese stark gegensätzlichen Reaktionen in den individuellen Unterschieden verwurzelt sind bezüglich der Art, wie Menschen sich auf Vorgänge in ihrem Inneren im Gegensatz zu Vorgängen in ihrer Umgebung beziehen. C. G. Jungs Theorie der Extraversion versus Introversion, die mittlerweile erheblichen Rückhalt durch psychologische Forschungsergebnisse erhalten hat,[2] ist hier sehr erhellend. Sie basiert auf der Beobachtung, daß sich bei manchen Menschen Aufmerksamkeit und Interesse von Natur aus auf die Umgebung richten, während die seelische Energie anderer nach innen gerichtet ist. Extravertierte reagieren mehr auf äußere Verstärkung, während Introvertierte dazu neigen, Anregung von Einsicht, Phantasie oder anderen inneren Ereignissen als Belohnung zu empfinden.

Dieses Unterschiedes eingedenk haben wir bei der Entwicklung unseres Programms versucht, die Rituale auf dieser fünften Stufe so zu formulieren, daß sie sowohl die eher Introvertierten ansprechen als auch mehr nach außen orientierte Menschen. Wenn Sie trotzdem diese Rituale weniger hilfreich finden als das, was Sie bisher getan haben, so lassen Sie sich versichern, daß es das schon Erreichte nicht entwertet, wenn Sie auf dieser Stufe Schwierigkeiten haben. Bedenken Sie auch, daß gerade die, die mehr dem Inneren zuneigen, von solchen Übungen über den Umgang mit der Außenwelt besonders viel profitieren können.

Indem sie das Denken als einen Typ von Verhalten ansah, der therapeutischer Veränderung zugänglich ist, schlug die kognitive Psychologie eine Brücke zwischen psychodynamischen und verhaltenstheoretischen Ansätzen – und Praktiker aus beiden Lagern waren dem kognitiv-verhaltenstherapeutischen Trend sehr wohlgesonnen. Er unterscheidet sich nicht nur von psychodynamisch orientierten Therapieformen, sondern auch von der klassischen Verhaltenstherapie, die auf der Annahme beruht, daß man das gesamte Verhaltensrepertoire eines Menschen auf seine Lerngeschichte zurückführen könne. Aufgrund dieser Prämisse vernachlässigte sie Denkprozesse und lehnte den Begriff der Selbstkontrolle ab. Die kognitiven Verhaltenstherapeuten nun behielten aus der klassischen Verhaltenstherapie die praktischen Methoden bei, die zur direkten Verhaltensmodifikation entwickelt worden waren, und fügten Techniken hinzu, die sich mit Aufmerksamkeit, Vorstellungskraft und Glaubenssystemen befaßten.

Zu den kognitiv-verhaltenstherapeutischen Interventionen, mit denen wir in unseren Workshops wie auch hier arbeiten, gehören die Arbeit mit bildhaften Vorstellungen, die Überprüfung von Selbsteinschätzungen und die Verhaltenseinübung. Wir haben auch Methoden, wie etwa das »Kontingenz-Management« (Veränderungen so anzulegen, daß Ihre Umwelt den neuen Mythos verstärkt) oder die »Verhaltensverträge« (sich einem anderen Menschen, einer Gruppe oder sich selbst gegenüber verpflichten, ein neues Verhalten zu zeigen, das übereinstimmt mit den mythischen Veränderungen, die Sie in Ihrem Leben zum Ausdruck bringen wollen) übernommen.

Die kognitive Verhaltenstherapie unterteilt sich in drei Sparten: rationale Psychotherapie, Coping-Skill-Therapie und Problemlösungstherapie.[3] »Rationale« (und »rational-emotive«) Therapeuten helfen ihren Klienten dabei, selbstzerstörerische irrationale Vorstellungen zu erkennen und durch konstruktivere Selbsteinschätzungen zu ersetzen. Diese konstruktiven Vorstellungen verstärken positive Gefühle und vermindern beunruhigende Emotionen wie Angst, Depression und Feindseligkeit. »Coping-Skill«-Therapeuten helfen ihren Klienten, mit angstmachenden Dingen und Situationen fertig zu werden. Eine ihrer Techniken ist die »systematische Desensibilisierung«: Die Klienten stellen sich Situationen vor, die irrationale Ängste in ihnen wachrufen. Sie werden systematisch darin unterwiesen, auf solche Vorstellungen mit Entspannung zu reagieren, bis sie sich selbst in bezug auf das, was ihnen angst macht, emotional neutralisiert (desensibilisiert) haben. »Problemlösende« Therapeuten entwickeln zusammen mit dem Klienten schrittweise Lösungen für bestimmte Probleme. All diese Entwicklungen kündigten sich 1969 in Albert Banduras wegweisendem Buch *Principles of Behavior Modification* an, in dem er darauf hinweist, daß symbolische Handlungen nicht nur die Wirksamkeit therapeutischer Verstärkung erhöhen, sondern auch emotionale Wirkungen hervorrufen können, die selbst wieder eine wichtige Verstärkungsquelle beim Aufbau neuen Verhaltens ergeben.[4]

Viele Vertreter der kognitiven Verhaltenstherapie gehen bei ihrer Arbeit von einer Annahme aus, die auch für unseren Ansatz zentrale Bedeutung hat: Alle Menschen sind praxisorientierte Wissenschaftler in der Art, wie sie der Welt einen Sinn geben. Sie machen Beobachtungen, stellen Hypothesen auf, überprüfen die Gültigkeit dieser Hypothesen anhand ihrer Lebenserfahrung und entwickeln Generalisierungen (die wir als Veränderungen in der fortlaufenden Entwicklung ihrer persönlichen Mythologie ansehen), die als Richtlinien für zukünftige Beurteilungen und Handlungen dienen. Wenn eine Hypothese mangelhaft ist oder die Verallgemeinerungen auf eingeschränkten Beobachtungen und veralteter Information beruhen, dann wird der Mythos unbrauchbar. Kognitive Verhaltenstherapeuten weisen ihren Klienten die Rolle des Wissenschaftlers zu und assistieren ihnen dabei, Probleme mittels Vernunft, Gefühl, Vorstellung und gesundem Menschenverstand zu lösen.[5]

Im Gegensatz zu vielen anderen Therapiemethoden ist die kognitive Verhaltenstherapie gründlich erforscht worden; sie führt bei der Art von Problemen, für die sie sich eignet, im allgemeinen zu dauerhafteren Erfolgen als die meisten anderen Therapieformen.[6] Eine – allerdings umstrittene – Untersuchung stellt sogar fest, daß sie bei der Behandlung von Depressionen wirksamer ist als die medikamentöse Therapie.[7] Die kognitive Verhaltenstherapie konzentriert sich auf die Veränderung äußerer Verhaltensweisen und achtet dabei zugleich auf die Gedanken und Gefühle, die diesem Verhalten zugrunde liegen. Darum können ihre Methoden für Sie in diesem Stadium Ihrer Arbeit, wo es um die Integration des neuen Mythos in Ihr Leben geht, geradezu ideal sein.

Margrets Reise geht weiter

Als Margret ihren persönlichen Schild anfertigte (in Kapitel 5), da ließ sie das vierte Feld, »Das wiedergewonnene Paradies«, frei. Mit all den Erfahrungen, die sie gemacht hatte, seit sie das erstemal etwas auf ihren Schild gezeichnet hatte, konnte sie nun auch das letzte Feld ausfüllen. Sie ging also auf eine gelenkte Phantasiereise, die ihr helfen sollte, ein neues Bild des »wiedergewonnenen Paradieses« zu finden. Dabei tauchte die Abalone-Muschel aus der ersten Vorstellung vom »wiedergewonnenen Paradies« wieder auf. In ihrer Phantasie kam eine fein gearbeitete silberne Kette vor, mit einem wunderschönen Anhänger aus Silber und Abalone-Perlmutt in der Form eines Schmetterlings. »Dieses Totem meiner großen Lehrerin kann ich immer in aller Stille tragen«, überlegte Margret. Sie zeichnete die Halskette in den letzten Abschnitt ihres Schildes.

Sie machte dann ein persönliches Ritual, in dem sie sich

die Abalone-Kette vorstellte und darauf achtete, welche Gefühle in ihr hervorgerufen wurden. Sie blieb mit diesen Gefühlen in Kontakt und stellte sich eine Situation vor, in der es notwendig wäre, nach dem neuen Mythos zu handeln – in ihrer Phantasie setzte sie ihn perfekt in die Tat um:

Ich habe eine Abmachung mit einem Bekannten: Er wird etwas für mich tun. Aufgrund dieser Abmachung bin ich verschiedene Verpflichtungen eingegangen. Er hält dann aber nicht Wort, und ich bin nun in einer peinlichen und kompromittierenden Situation. Früher habe ich mich dann immer verraten und verlassen gefühlt und bin zornig geworden. Ich bin dann leicht in einen Teufelskreis von Sich-bestraft-Fühlen und Bestrafen hineingeraten. Ich habe mich dann so sehr zurückgezogen, daß die betreffende Person absolut keinen Zugang mehr zu mir hatte. Ein solcher Mensch könnte nie wieder etwas von mir bekommen. Ich habe mich auch immer wie ein Narr gefühlt, weil ich mich so habe irreführen lassen.

Wenn ich von meinem neuen Mythos aus handle, dann sehe ich mich meine Energie in eine neue Richtung leiten: Ich versuche das Verhalten des anderen so gut wie möglich zu verstehen. Ich nehme es nicht als persönliche Beleidigung. Ich bleibe bei meinen Grundsätzen, aber ich bin auch beweglich wie der Tang. Ich überlege, was den anderen wohl veranlaßt haben mag, sich so zu verhalten, und wie ich nun anders als mit Rückzug reagieren könnte. Ich fühle mich gut, wenn ich mir vorstelle, aus dieser Haltung heraus zu handeln.

Margrets nächste Aufgabe war, herauszufinden, welche ihrer Selbstgespräche den alten Mythos aufrechterhielten und welche den neuen Mythos unterstützen könnten. Zum alten Mythos fiel ihr zum Beispiel folgendes ein:

Wenn ich freundlich zu Leuten bin, die die Dinge nicht so sehen wie ich, dann passe ich mich Spinnern und emotional Verstopften an.

Wenn ich (in einer bestimmten Situation) diesen Impuls beherrsche, dann würge ich meine Spontaneität und mein Temperament ab.

Wenn ich diese langweilige Angelegenheit routinemäßig und herkömmlich durchführe, dann behindere ich meine Ausdruckskraft und hemme mein inneres Wachstum.

Und zur Unterstützung des neuen Mythos:

Zu manchen Impulsen »nein« zu sagen ist eine lohnende Zurückhaltung; sie spart Energie, die ich auf überlegtere Art und Weise einsetzen kann.

Mäßigung macht mir die Selbstkontrolle möglich, mit der ich Fähigkeiten und Verständnis entwickeln kann, die für mich früher undenkbar gewesen wären.

Sie behielt beide Aufstellungen gut im Gedächtnis und lernte schnell zu erkennen, wann die Selbsteinschätzungen, die mit dem alten Mythos verbunden waren, am Ruder waren. Sie lernte auch, diese Gedanken »anzuhalten« und durch solche zu ersetzen, die auf der Linie ihres neuen Mythos lagen. Und noch während sie mit diesen inneren Veränderungen beschäftigt war, plante sie eine Reihe von handlungsorientierten Ritualen, die ihr helfen sollten, den neuen Mythos noch stärker zu leben. Das erste war ein Übergangsritual: »Ich nehme ein Dutzend leerer Luftballons und schreibe meine schlechten Eigenschaften darauf: Ich bin eine Kratzbürste, Angeberin, ein Dickschädel usw. Dann blase ich jeden Ballon auf, bis er platzt, und werfe ihn unter Fanfarengeschmetter in den Abfall.« Das zweite Ritual konnte sie täglich ausführen:

Ich schreibe eine Eigenschaft oder einen Wert, der mir viel bedeutet, auf einen Luftballon. Ich blase ihn langsam auf, bis er rund und schön ist. Ich hänge ihn an meinem Badezimmerspiegel auf, ihn und andere, bis eine Girlande aus Worten wie »Geduld« (hellblau), »Freundlichkeit« (warmes Rosa), »Humor« (rot), »Vergebung« (tiefblau), »Lernen« (grün) und »Ehre« (weiß) mein Gesicht jeden Morgen und jeden Abend umgibt, wenn ich mir die Zähne putze oder das Haar bürste. Ich werde diese Collage genießen. Wenn ein Ballon kaputtgeht, werde ich nicht verzweifeln. Ich werde ihn in aller Ruhe ersetzen und mir keine Vorwürfe machen.

Beim dritten Ritual ging es darum, öffentlich etwas zu tun, das ihre Absicht, den neuen Mythos zu leben, symbolisierte.

Ich werde die »Ballondame« auf dem nächsten Sommerfest sein. Ich werde auf jeden Ballon ein freundliches Wort schreiben, und die Kinder werden überrascht sein, solche Dinge wie »Liebe«, »Schönheit« und »Wahrheit« an einer Schnur über ihren Köpfen tanzen zu sehen. Ich werde das sehr genießen, und wenn mich jemand fragt, warum ich das getan habe, werde ich einfach in mich hineinlächeln und weiter die Innenseite meiner Muschel verschönern.

Margret faßte ihren neuen Mythos in einem einzigen Leitsatz zusammen: »Heiterkeit erreicht man durch liebevolles bedachtsames Handeln.« Dann befaßte sie sich mit den Kräften, die ihre Versuche, sich in die neue Richtung zu bewegen, beeinflußten. Eine solche Kraft, die ihren neuen Mythos unterstützte, nannte sie: »Mein unglaublicher Reichtum an Freunden, die alle wunderbare Vorbilder an Güte sind.« Eine andere bestand in der Tatsache, daß: »Ich an einem Ort lebe, der sehr viel weniger von dem üblichen Lärm und Spektakel hat, als es die meisten Menschen für sich finden können.« Sie erkannte auch, daß ihre eigene Hoffnung, Einsicht, Entschlossenheit, ihre Wünsche, Erfahrungen und ihr Glaube Kräfte waren, die für ihren neuen Mythos arbeiteten. Faktoren, die gegen den neuen Mythos arbeiteten, waren unter anderem alte Gewohnheiten, Ängste, Bosheit, Mißtrauen, Eifersucht und innere Armut. Sie ging diese Liste mit einem Partner durch, und sie stellten fest, was sie tun konnte, um die Kräfte zu stärken, die den neuen Mythos unterstützten, und wie sie mit denen fertig werden konnte, die ihn störten.

Etwa um diese Zeit bat sie um einen Traum, der ihr zeigen würde, was sie als nächstes tun sollte, um ihren neuen Mythos in die Tat umzusetzen:

Ich bin in einem kleinen Raum, der grün gestrichen ist, wie Gefängniswände. Die Wände sind aus Metall, der Boden aus Zement, mit einem Gully darin, die einzigen Sitzgelegenheiten sind Metall-Klappstühle mit harten Rückenlehnen. Ich sitze in der Mitte eines Kreises. Häßliche Männer und Frauen mit harten Stimmen und schrecklichen Gesichtern klagen mich meiner Sünden wegen an, Dingen, die ich getan, und solchen, die ich unterlassen hatte. Einer sagt: »Du hast deinen Vater schändlich behandelt, hast ihn in seinen letzten Tagen vernachlässigt.« Ein anderer sagt: »Du warst immer bequem und gerissen.« Wieder ein anderer klagt mich an: »Du hast deiner Mutter Geld aus dem Portemonnaie gestohlen.« So geht es immer weiter. Einiges ist nebensächlich, anderes schwerwiegend. Es sind alles Fehler und Unzulänglichkeiten. Ich fühle mich schrecklich, wie in einer Falle gefangen, ohne Zuflucht und Hilfe. Ich sehne mich danach, gerettet zu werden oder zu sterben. Aber weder das eine noch das andere geschieht – die Stimmen reden immer weiter. Ich schaue verzweifelt um mich und entdecke eine Tür. Ich schätze die Entfernung ab und entscheide mich, es zu versuchen. Ich schaffe es! Die Tür ist nicht verschlossen! Ich brauche nur hindurchzugehen. Es ist mir, als ob an dieser Tür ein Schild mit der Aufschrift »VERGANGENHEIT« hängt. Draußen galoppiert ein Fohlen auf einer Wiese herum, unter dem wachsamen, wohlwollend-amüsierten Blick seiner Mutter. Ich schließe die Tür hinter mir.

Margret beschäftigt sich intensiv mit diesem Traum, mit ihren Selbsteinschätzungen und ihrer Analyse der Kräfte, die den neuen Mythos unterstützten bzw. ihm entgegenarbeiteten. Auf dieser Grundlage schloß sie einen Vertrag mit ihrem Partner, in dem sie genau aufschlüsselte, was sie unternehmen wollte, um ihr Leben in Gleichklang mit dem neuen Mythos zu bringen. Ein Punkt in diesem Vertrag war zum Beispiel:

Wenn ich eine dieser häßlichen, wiederkehrenden inneren Stimmen höre, die meine Schlechtigkeit so detailliert schildern, dann will ich innehalten und zuhören, was sie sagt. Ich will dann herausfinden, ob es eine richtige Handlung gibt, die alte Fehler wieder gutmacht, oder ich werde aus dem lernen, was geschehen ist. Ich will tun, was richtig ist, wenn ich eine Möglichkeit dazu sehe. Wenn ich aber nichts daraus lernen und auch nichts tun kann, dann will ich meine Energie auf etwas richten, das ich gut kann oder gut gemacht habe. Ich werde destruktiven Vorstellungen die Energie entziehen, indem ich sie zuerst erkenne und dann aushungere.

Sie identifizierte acht solcher Bereiche, auf die sie sich während der ersten Woche, in der ihr Vertrag lief, konzentrieren wollte. Als sie sich am Ende dieser Woche mit ihrem Partner traf, hatte sie schon einige einfache Gewohnheiten geändert und bekam allmählich das Gefühl, daß sie es schaffen könnte, in besserer Übereinstimmung mit ihrem neuen Mythos zu leben. Sie sprach mit ihrem Partner über Erfolge und über Schwierigkeiten, die sie bei der Erfüllung des Vertrags hatte, und sie überprüften den Vertrag noch einmal. So trafen sie sich einmal in der Woche für etwa zwei Monate. Am Ende dieser Zeit hatte Margret das Gefühl, daß der neue Mythos in fast allen Bereichen, wo sie mit dem alten Mythos Schwierigkeiten gehabt hatte, zur bewußten Alternative geworden war.

Den neuen Mythos in Ihrem Leben verankern

In diesem Kapitel werden Sie eine Reihe persönlicher Rituale ausführen, die Ihnen helfen, die Veränderungen, die das neue Verständnis Ihrer Mythologie nahelegt, in Ihr tägliches Denken und Handeln zu integrieren. Als Sie Ihren persönlichen Schild entwarfen, haben Sie das Feld mit der Aufschrift »Das wiedergewonnene Paradies« freigelassen. Ihre erste Aufgabe in diesem Kapitel ist es, ein Bild, eine Vorstellung dafür zu finden, auf der Grundlage dessen, was Sie sich erarbeitet haben, seit Sie den Schild entworfen haben; dieses Bild zeichnen Sie dann in den Abschnitt »Das wiedergewonnene Paradies«. Suchen Sie zuerst in Ihrem Tagebuch nach der »Ersten Vorstellung des *wiedergewonnenen Paradieses«*, die Sie dort beschrieben haben (Kapitel 5), sowie nach der Lösungsvorstellung, die aus dem Lösungsdreieck entstand (Kapitel 7). Geben diese Vorstellungen den Geist des neuen Mythos wieder, so wie Sie ihn schließlich formuliert haben (Kapitel 8)? Wenn eines der Bilder noch paßt, dann zeichnen Sie einfach dieses auf Ihren Schild. Wenn nicht, dann werden Ihnen die folgende »Traumarbeit« und das persönliche Ritual helfen, ein neues Bild zu finden, das Sie »vor sich auswerfen können, um sich dann hineinzuziehen«.

Traumarbeit V-1: Ein neues Bild des »wiedergewonnenen Paradieses«. Sehen Sie Ihr Traumtagebuch nach einem

Symbol durch, das Ihnen zeigen könnte, wie Sie den neuen Mythos in Ihr tägliches Leben einbauen können, oder erbitten Sie einen Traum, der Ihnen ein solches Bild zeigt. Um einen solchen Traum zu initiieren, sehen Sie sich die Zeichnungen auf Ihrem Schild noch einmal genau an, bevor Sie ins Bett gehen. Lassen Sie sich für jede Zeichnung genug Zeit, so daß Ihnen alles, was damit zusammenhängt, einfällt: Erfahrungen, Gedanken und Gefühle, welche diese Symbole zu wichtigen Bezugspunkten in Ihrem Leben machen. Lesen Sie dann noch einmal »Teil drei« und die »Fortsetzung« Ihres Märchens durch und auch all das, was Sie über Ihren neuen Mythos aufgeschrieben haben. Halten Sie Ihr Tagebuch, Ihren persönlichen Schild und ein paar Farb- oder Filzstifte bereit.

Wiederholen Sie vor dem Einschlafen zwanzig- bis dreißigmal sinngemäß etwa dies: »Ich möchte träumen, wie ich meinen Mythos leben kann, und ich werde mich an diesen Traum erinnern, wenn ich aufwache.« Formulieren Sie dies so, wie es für Sie am besten ist, und vergessen Sie nicht: Lassen Sie sich nicht entmutigen, wenn es mehrere Nächte dauert, bis Sie sich an einen Traum erinnern. Wenn Sie sich an einen Traum erinnern oder einen passenden in Ihrem Tagebuch gefunden haben, dann seien Sie offen für ein Bild, das das »wiedergewonnene Paradies«, das Ihnen Ihr neuer Mythos verspricht, symbolisiert. Wenn ein solches Symbol in Ihnen aufsteigt, zeichnen Sie es in das Feld mit der Aufschrift »Das wiedergewonnene Paradies«. Und wenn Sie sich beim Aufwachen an keinen Traum erinnern, bleiben Sie den Morgen über aufmerksam: vielleicht taucht das Symbol für das »wiedergewonnene Paradies« doch noch auf.

Persönliches Ritual V-1: Den persönlichen Schild vervollständigen. Wenn Sie bis jetzt noch kein Symbol für den vierten Abschnitt gefunden haben, dann sehen Sie sich noch einmal all das an, was wir Ihnen für die vorherige Traumarbeit empfohlen haben. Machen Sie es sich bequem, schließen Sie die Augen, und entspannen Sie sich:

Denken Sie an den neuen Mythos, und konzentrieren Sie sich auf die Gefühle, die mit ihm verbunden sind. Erkunden Sie auch die körperlichen Empfindungen, die mit diesen Gefühlen aufsteigen. (Pause) Wo in Ihrem Körper spüren Sie diese Empfindungen? (Pause) Wie groß sind sie? (Pause) Welche Form haben sie? (Pause) Welche Struktur? (Pause) Welche Farbe? (Pause) Lassen Sie all diese Eigenschaften, so wie Sie sie erfahren, zu einer Vorstellung werden. (Pause) Dies wird wahrscheinlich ein Bild oder die Ahnung eines Bildes sein, vielleicht auch ein Klang, ein Wort, ein Satz. (Pause) Wenn Sie diese Vorstellung noch nicht haben, lassen Sie sie in den folgenden Augenblicken aufsteigen. (Pause) Betrachten Sie sie genau. (Pause) Welche Einzelheiten sehen Sie? (Pause) Stellen Sie sich vor, daß Sie ein paar Schritte zurücktreten, um das Bild aus der Entfernung zu betrachten. (Pause) Gehen Sie jetzt ganz nahe heran, berühren Sie es, untersuchen Sie es. (Pause) Nehmen Sie es nun in Ihren Körper auf, in Ihr ganzes Sein, spüren Sie seine Lebendigkeit und daß es ein Teil von Ihnen wird. (Pause) Öffnen Sie die Augen. Zeichnen Sie das Bild in den Abschnitt »Das wiedergewonnene Paradies« auf Ihrem Schild, und denken Sie in Ihrem Tagebuch darüber nach.

Franks neues Bild vom »wiedergewonnenen Paradies«:

Als ich meine Augen schloß, war der Hintergrund zuerst ganz rosa, und irgendwie glitt ich zurück in der Zeit, zurück zu Gefühlen aus einer ganz frühen Zeit. Plötzlich war da dieses warme, rosa Spielzeug aus weichem Plastik, an das ich nicht mehr gedacht habe, seit ich vielleicht zwei oder drei Jahre alt war. Ich hatte warme, tiefe, volle Gefühle, als ich mich an dies Spielzeug erinnerte (ich konnte es nicht wirklich sehen, ich erinnerte mich nur daran, wie rosa es war und wie gut ich mich fühlte, wenn ich damit spielte). Es war, als repräsentierte es eine Zeit in meinem Leben, als meine Spontaneität noch nicht behindert, mein Verlangen ehrlich und ungezügelt und meine Art, die Welt zu erfahren, sinnlich und unschuldig war. Als ich das Bild in meinen Körper aufnahm, *wurde* es plötzlich mein Herz, pulsierend, rosa, schwingend, lebendig. Ich spürte, wie ich meine Kinderbegeisterung wieder hatte, mein Kinderglück, das sprudelnde Lachen. Dies neubelebte Herz war das Bild, das ich auf meinen Schild malte.

Persönliches Ritual V-2: Den neuen Mythos in den »kinästhetischen Körper« hineinrufen. Jean Houston berichtet von einer weitverbreiteten Tradition, sowohl des Westens wie auch des Ostens, nach der wir alle einen zweiten, nicht physischen Körper haben, der als »feinstofflicher« Leib, als »Prana«-Leib, als »Phantom«-Körper oder »ätherischer« Körper bezeichnet wird. Dieser »kinästhetische Körper« wird als Brücke zwischen Gedanken und Handlungen gesehen. Man glaubt, daß innere Bilder Einfluß auf ihn haben und daß er wiederum die physischen Körpervorgänge beeinflußt. Obwohl man diesen Körper wohl besser als eine Metapher denn als tatsächlich existierend begreift, so zitiert Jean Houston doch verschiedene Forschungsstudien, die »die Tatsache bestätigen, daß lebendig erfahrene innere Bilder, die man sowohl sieht als auch fühlt, Gehirnwellen, Kreislauf, Herzrate, Hauttemperatur, Magensekretion und Immunschwelle – kurz, den ganzen Körper wesentlich beeinflussen«.[8] Die folgende kurze Übung, die wir von Ilana Rubenfeld gelernt haben, zeigt den praktischen Nutzen dieses Konstrukts vom »kinästhetischen Körper«:

> Stehen Sie aufrecht, und bewegen Sie den Kopf nach rechts, so weit Sie können, ohne die Muskeln zu überdehnen. Messen Sie das Ausmaß der Drehung, indem Sie genau feststellen, wohin Sie schauen, wenn die Bewegung endet. Bewegen Sie den Kopf zurück in die Mitte, heben Sie den rechten Arm und strecken Sie ihn nach oben. Lassen Sie den Arm so, und strecken Sie die Finger Ihrer rechten Hand, wobei Sie die Hand am Handgelenk zurückbiegen. Strecken Sie nun die ganze rechte Seite, bis hinunter zu Brust und Bauch. Dann senken Sie den rechten Arm, und strecken Sie das rechte Bein. Strecken Sie die Zehen des rechten Fußes, und biegen Sie dabei den Fuß am Gelenk hoch. Stehen Sie nun wieder gerade, bewegen Sie Ihren Kopf zur Seite, ohne zu überdehnen, und

messen Sie, wie weit die Drehung reicht. Fast jeder, der diese Übung macht, stellt fest, daß er den Kopf zum zweitenmal weiter drehen kann – was sich leicht durch die Dehnübung erklären läßt.

Drehen Sie jetzt den Kopf nach links und achten Sie darauf, was Sie sehen, wenn Sie am Ende der Bewegung sind. Bewegen Sie den Kopf zurück. Diesmal *bewegen Sie keinen Muskel:* Stellen Sie sich vor, daß Sie den linken Arm Ihres »kinästhetischen« Körpers heben, daß Sie die Finger der linken Hand strecken und dabei die Hand am Handgelenk zurückbiegen. Stellen Sie sich vor, daß Sie nun die ganze linke Seite strecken: linker Arm, Brust, Bauch, linkes Bein. Stellen Sie sich vor, daß Sie das linke Bein strecken, die Zehen, und dabei den Fuß am Gelenk zurückbiegen. Stehen Sie wieder gerade, bewegen Sie den Kopf nach links und messen Sie, wie weit die Bewegung ohne Anspannung möglich ist. Die meisten berichten, daß sie den Kopf nach dieser Übung ebenfalls weiter drehen können, obwohl sie nicht die Muskeln dehnten, sondern nur mit innerem Üben und kinästhetischer Vorstellung gearbeitet haben. Wenn Sie nicht glauben wollen, daß dieser Effekt keine Einbildung ist, wiederholen Sie die Übung später noch einmal, und verändern Sie dabei ruhig die Reihenfolge und tauschen Sie die Körperseiten, die Sie physisch bzw. imaginativ dehnen.

Die Arbeit mit kinästhetischen Vorstellungen ist eine sehr wirksame Methode in ganz verschiedenen Bereichen, angefangen von der Rekonvaleszenz nach Operationen bis hin zum Training von Olympiateilnehmern.[9] Die Trefferraten von Basketballspielern haben sich zum Beispiel deutlich erhöht, nachdem sie zunächst in der Vorstellung perfekte Würfe trainiert hatten. Im folgenden Ritual werden Sie auch mit kinästhetischen Vorstellungen arbeiten, um den Gleichklang mit Ihrem neuen Mythos »einzuüben«. Schauen Sie noch einmal auf das neue Symbol des »wiedergewonnenen Paradieses« auf Ihrem Schild. Machen Sie es sich bequem, schließen Sie die Augen, und entspannen Sie sich.

Denken Sie an das Bild auf Ihrem Schild und die Bedeutung, die es für Sie hat. (Pause) Was für ein Gefühl ist es, nach dem Mythos zu handeln, den das Bild symbolisiert? (Pause) Denken Sie an eine Situation in Ihrem Leben, in der Sie nach dem Mythos handeln könnten. Sie könnten zum Beispiel in einer heiklen Situation Ihre ehrliche Meinung sagen oder Ihrem Vorgesetzten mit Selbstvertrauen gegenübertreten oder mit jemandem, den Sie lieben, einen ruhigen Augenblick genießen. Finden Sie so eine Szene, in der es sinnvoll wäre, nach dem neuen Mythos zu handeln. (Pause) Wo sind Sie? Wer ist noch da? Was tun Sie gerade? (Pause) Konzentrieren Sie sich nun auf die Körperempfindungen in dieser Situation – die kinästhetischen Vorstellungen. Wie fühlt es sich an, den neuen Mythos zu leben? (Pause) Stellen Sie sich vor, welche Gesten Sie machen, welche Körperhaltung Sie einnehmen. (Pause) Spüren Sie, wie Sie die Worte, die Sie sprechen, in Ihrer Kehle und Ihrem Mund formen. (Pause) »Üben« Sie dieses Ausleben des neuen Mythos mit Ihrem kinästhetischen Körper noch ein paar Minuten lang. Wenn Sie fertig sind, öffnen Sie die Augen, und beschreiben Sie die Erfahrung in Ihrem Tagebuch.

Frank beschäftigte sich mit der Beziehung zu seiner Frau:

Ich bin im Umgang mit meiner Frau viel zu nüchtern, ernsthaft und wehleidig. Ich versuchte, kinästhetisch zu üben, wie ich mehr Freude mit ihr zusammen haben könnte. Zu Beginn war es schwierig, diese Gefühle in meinem Körper wachzurufen. Aber dann stellte ich mir vor, daß ich die anderen Teile meines Lebens anders leben würde, daß ich mich vor allem weniger unter Druck setzen würde. Daraufhin hatte ich dann sehr viel Extra-Energie frei – ich fühlte, wie die Lebendigkeit meines neuen rosa Herzens durch meinen ganzen Körper floß. Nun genoß ich wirklich die Gefühle in meinem Körper, während ich mir vorstellte, wie es sein würde, wenn ich mit mehr Freude an die Beziehung zu meiner Frau herangehen würde.

Denken Sie mehrmals am Tag an das Gefühl des neuen Verhaltens – oder ein ähnliches –, damit Sie in Ihrem kinästhetischen Körper die Bereitschaft aufbauen, entsprechend dem neuen Mythos zu reagieren. In den folgenden persönlichen Ritualen zeigen wir Ihnen noch andere Möglichkeiten, wie man kinästhetische Vorstellungen mit neuen Denk- und Handlungsweisen verbindet.

Persönliches Ritual V-3: Selbsteinschätzungen fördern, die den neuen Mythos unterstützen. Die Menschen sind die einzigen Geschöpfe auf der Erde, die motiviert werden von etwas, das sie zu sich selber sagen – ganz gleich, ob das etwas Weises und Gesundes oder Dummes und Verrücktes ist. Ihre Einstellungen, Standpunkte und Meinungen nehmen meist im »Selbstgespräch« oder auch als unausgesprochene, innere Feststellungen Form an. Darum fällt es einem leichter, den neuen Mythos zu leben, wenn man erforscht, welche »Selbsteinschätzungen« mit dem alten Mythos verbunden sind, und diese durch konstruktives »Mit-sich-selbst-Sprechen«, das den neuen Mythos ausdrückt, ersetzt.

Wenn wir unsere Glaubenshaltungen, unsere Lebensphilosophie, und damit auch die Selbsteinschätzung, die daraus erwächst, ändern, dann – das zeigen wissenschaftliche Untersuchungen –, ändern sich auch unsere Gefühle und Verhaltensweisen.[10] Albert Ellis und Robert Harper bringen zahllose Beispiele von Selbsteinschätzung, die alle Ausdruck nicht mehr funktionierender persönlicher Mythen sind, wie etwa: »Ich muß Liebe und Anerkennung von all den Menschen bekommen, die für mein Leben wichtig sind«, »Ich muß in allem, was ich tue, ganz und gar perfekt und kompetent sein«, »Ich kann meine Gefühle kaum kontrollieren oder gar verändern« und »Wenn ich einmal gelernt habe, wie man etwas tut, dann mache ich es immer so.«

Frank stellte zum Beispiel fest, daß er, wenn er an ein Projekt dachte, das seiner Karriere nützlich sein könnte, sich ganz automatisch innerlich die Anweisung gab, sofort damit zu beginnen. Seine freie Zeit wurde immer von solchen Projekten erdrückt, die er in Angriff nahm, ohne überhaupt zu überlegen, was es ihn in seinem Privatleben kosten würde.

Überprüfen Sie jetzt Ihren alten Mythos. Welche Sätze, die Sie am alten Mythos festhalten lassen, würden Sie in verschiedenen Situationen zu sich selbst sagen? Machen Sie in Ihrem Tagebuch eine Aufstellung unter der Überschrift: »Selbsteinschätzungen, die meinen alten Mythos unterstützen.«

Ellis und Harper lassen ihre Klienten solche Selbsteinschätzungen überprüfen, indem sie zu jeder die Frage stellen: »Welche Beweise oder Argumente gibt es, die diese Überzeugung stützen?« Und die zweite Frage: »Welche Beweise gibt es, die diese Überzeugung in Frage stellen?« Die Klienten schreiben die Antworten auf beide Fragen auf, so daß sie die Antwortpaare überprüfen können. Und dann überlegen sie: »Was würde mir passieren, wenn ich diese Überzeugung aufgeben würde?«, und schreiben auch die Antworten auf diese Frage auf. Wir schlagen Ihnen vor, daß Sie diese Übung mit all den Selbsteinschätzungen auf Ihrer Liste machen, die Ihnen Ihrem Gefühl nach nicht mehr nützen oder gar schaden, die aber auch schwer aufzugeben sind.

Frank zum Beispiel glaubte, es würde ihm schwerfallen, die innere Stimme zu ignorieren, die ihm sagte, daß er in Geschäftsangelegenheiten über jede Kleinigkeit auf dem laufenden sein und immer seine ganze Kraft zur Verfügung stellen müsse. Er stellte diese Überzeugung in Frage und erkannte, daß Anerkannt- und Respektiertsein kein Thema mehr war. Er hatte von beidem genug; die Menschen reagierten mit natürlichem Respekt auf ihn. Er sah, daß er die Vernunft auf seiner Seite hatte, wenn er in seinen Bemühungen um Anerkennung lockerer wurde und sich die Wahl offenhielt, was er mit der so gewonnenen Zeit und Energie anfangen wollte.

Denken Sie nun an Ihren neuen Mythos. Beleben Sie die kinästhetische Vorstellung wieder, die Sie im letzten persönlichen Ritual entwickelt haben. Machen Sie, mit diesen Gefühlen, eine Liste der Selbsteinschätzungen, die in verschiedenen Situationen diesen Mythos unterstützen würden. Auch diese Liste kommt unter der Überschrift »Selbsteinschätzungen, die meinen neuen Mythos unterstützen« in Ihr Tagebuch. Hier zwei der Selbsteinschätzungen aus Franks Liste: »Ich kann dieses Projekt erst mal vorbeigehen lassen; wenn es wichtig ist, wird sich eine andere Gelegenheit ergeben; inzwischen kann ich die Zeit genießen, die ich mir so freihalte« und: »Ich bin in Ordnung, auch wenn ich nicht auf jede Kleinigkeit und jede Anforderung perfekt reagiere.«

Sind einige dieser Selbsteinschätzungen schwer zu glauben oder zu befolgen? Wenn ja, dann machen Sie sich die drei Fragen von Ellis und Harper zunutze, die wir oben aufgeführt haben. Unter Umständen müssen Sie einige der Selbsteinschätzungen ändern, damit sie Ihrer Vorstellung von rational und funktionell entsprechen. Frank zum Beispiel konnte einer seiner Selbst-Feststellungen vom Verstand her einfach nicht zustimmen: »Ich fördere meine Lebensfreude, wenn ich an einer Situation nur die positiven Anteile sehe.« Er konnte sich jedoch gut mit folgendem Satz identifizieren: »Wenn ich positive Elemente in einer Situation finde, dann nehme ich sie an und freue mich darüber. Ich entwerte sie nicht mehr dadurch, daß ich sie an dem messe, was vielleicht möglich gewesen wäre.« Suchen Sie so lange nach neuen Formulierungen bzw. revidieren Sie Ihre Liste, bis Sie eine Reihe von Selbsteinschätzungen haben, die Ihnen eine vernünftige Anleitung auf dem Weg zum neuen Mythos geben.

Je mehr diese zweite Liste zum festen Bestandteil Ihrer automatisch ablaufenden Denkmuster wird, desto schneller wird auch der neue Mythos zum Bestandteil Ihres Verhaltensrepertoires. Wir empfehlen hier zwei Methoden: Stellen Sie sich zu jeder Feststellung zunächst eine Situation vor, in der Sie in Übereinstimmung mit dieser Feststellung handeln und sich gut dabei fühlen. Stellen Sie sich diese Situation so lebhaft wie möglich – auch kinästhetisch – vor. Wenn Sie mit den Selbsteinschätzungen positive Gefühle verbinden, dann werden sic stärker, weil Gefühle dauerhafter sind und intensivere psychologische Wirkung haben als Gedanken allein. Sodann schreiben Sie die Liste noch einmal ab, und hängen Sie diesen Zettel so auf, daß Sie ihn oft sehen werden – an einen Spiegel, an den Kühlschrank, an eine Wand Ihres Schlafzimmers. Schauen Sie sich die Liste so oft wie möglich an, so daß Sie Ihre Selbsteinschätzung wirklich im Kopf haben, ja, sie vielleicht auswendig wissen.

Ein anderer Aspekt dieser Aufgabe ist der, die Selbsteinschätzungen, die mit dem unbrauchbar gewordenen Mythos verbunden sind, sofort zu erkennen und dann eine Technik der kognitiven Verhaltenstherapie anzuwenden: den »Gedankenstop«. Dabei unterbrechen Sie einfach die destruktive Selbst-Feststellung, sobald Sie sie wahrnehmen, und ersetzen sie durch eine andere, konstruktive. Hier ist es besonders hilfreich, daß eine Selbsteinschätzung, die den alten Mythos widerspiegelt, sich in Ihrem Bewußtsein breitmacht; dann atmen Sie tief ein, und stellen Sie sich vor, daß Sie diesen Gedanken mit dem Ausatmen herauslassen. Und gleich mit dem nächsten Einatmen ersetzen Sie diesen Gedanken durch eine Selbsteinschätzung, die den neuen Mythos unterstützt. Frank zum Beispiel stellte öfters fest, daß er knapp davor war, seiner Frau zu sagen, er sei zu beschäftigt, um etwas zu unternehmen, das ihnen beiden Freude gemacht hätte. Es wurde ihm klar, daß diese Reaktion mit automatisch ablaufenden Gedanken verknüpft war, die ihn bei seiner Arbeit hielten, ob es sich dabei um ein wichtiges Projekt handelte oder nicht. Er erlaubte sich nun eine neue Art von Freiheit, nämlich die, aus dem Augenblick heraus zu entscheiden.

Persönliches Ritual V-4: Die zeremonielle Einführung Ihres neuen Mythos. Nun ist die Bühne frei, um den neuen Mythos in einer Reihe privater Rituale zu proklamieren; der Höhepunkt dieser Proklamationen wird eine Zeremonie sein, bei der Sie in Anwesenheit von Menschen, die Sie mögen, den neuen Mythos öffentlich als den Ihren ausrufen. Sie beginnen mit einer privaten Darstellung des neuen Mythos:

> Stehen Sie mit geschlossenen Augen, und rufen Sie die Empfindung des neuen Mythos in Ihrem kinästhetischen Körper wach. (Pause) Finden Sie eine Haltung, die diesen neuen Mythos widerspiegelt – die Art zu stehen, die Kraft, die Beweglichkeit, den Gesichtsausdruck. (Pause von 20 Sekunden) Erinnern Sie sich nun an die Situation aus Ihrer kinästhetischen Vorstellung, als Sie in Übereinstimmung mit dem neuen Mythos handelten – oder denken Sie sich eine neue Szene aus. (Pause) Lassen Sie in Ihrem kinästhetischen Körper eine Pantomime ablaufen – lassen Sie im Geiste die Handlungen ablaufen, die Ausdruck

Die neue Mythologie in das Leben einbauen.

Ihres neuen Mythos sein würden. (Pause von 20 Sekunden) Öffnen Sie die Augen, und »treten« Sie in die Pantomime »hinein«, das heißt, agieren Sie sie jetzt mit Ihrem physischen Körper aus. (Pause von 20 Sekunden) Sprechen Sie jetzt auch. Sie können diese Verhaltensübung öfters machen, und dabei auch mit verschiedenen Haltungen, Stimmlagen, Worten und Situationen experimentieren.

Beschreiben Sie dieses Ritual in Ihrem Tagebuch. Frank stellte sich vor, seine Frau käme herein und fragte ihn etwas, während er völlig in ein Projekt vertieft sei. »Normalerweise irritieren mich solche Unterbrechungen. Jetzt stehe ich auf, nehme sie bei der Hand, wirbele sie herum, tanze mit ihr durchs Zimmer, und schließlich kitzeln wir uns und kichern.« Als nächstes kommen drei neue Überschriften in Ihr Tagebuch: »Übergangsritual«, »Tägliches Ritual« und »Öffentliches Ritual«.

Übergangsritual. Machen Sie einen schriftlichen Plan für ein persönliches Ritual, mit dem Sie Ihren neuen Mythos bewußt willkommen heißen. Teil eines solchen Übergangsrituals kann auch sein, den alten Mythos zeremoniell hinter sich zu lassen. Vielleicht suchen Sie ein altes Foto heraus, das Sie noch in den »Klauen« des alten Mythos zeigt, oder Sie zeichnen das entsprechende Selbstporträt. Im Ritual könnten Sie das Foto oder die Zeichnung verbrennen, die Asche verstreuen und dann auf den neuen Mythos trinken, wie er auf Ihrem Schild symbolisiert ist. Frank brachte seiner Frau zwölf rosa Rosen, zeigte ihr das neu belebte rosa Herz auf seinem Schild und versprach, zu den nächsten drei erfreulichen Aktivitäten, die sie vorschlagen würde, »ja« zu sagen.

Tägliches Ritual. Beschreiben Sie in Ihrem Tagebuch ein Ritual, das Sie jeden Tag ausführen können, bis der neue Mythos fester Bestandteil Ihres Lebens geworden ist. Ein tägliches Ritual kann einfach darin bestehen, jeden Abend vor dem Schlafengehen feierlich Ihre Pantomime zu wiederholen oder auf irgendeine andere Weise Ihre kinästhetische

Vorstellung mit dem Verhalten des wirklichen Lebens zusammenzubringen. Sie könnten vor jeder Mahlzeit ein paar Augenblicke lang über ein Symbol meditieren, das den neuen Mythos repräsentiert. Sie könnten jeden Abend noch einmal auf den Tag zurückschauen, indem Sie feierlich und rituell auf einem Kalender eintragen, wie oft und bei welcher Gelegenheit Sie nach den Grundsätzen des neuen Mythos gehandelt haben. Das könnte zum Beispiel so aussehen, daß Sie notieren, wie oft Sie eine zehnminütige Pause eingelegt haben, wenn Sie nach den Regeln des alten Mythos eigentlich unnachgiebig hätten weiterarbeiten müssen. Wenn es um einen Mythos geht, der Ihnen erlaubt, Hilfe und Unterstützung von anderen anzunehmen, dann könnten Sie jeden Tag jemand anderen um einen kleinen Gefallen bitten.

Das Ritual kann auch umfangreicher sein. Nehmen wir an, Ihr neuer Mythos soll Sie anleiten, mehr Verantwortung für Ihr Handeln zu übernehmen. Sie könnten sich dann etwa einen schönen Stein oder etwas anderes suchen, das Sie immer mit sich tragen, wenn Sie in einen bestimmten Raum oder die Treppe hinaufgehen. Wenn Sie das Zimmer verlassen oder die Treppe hinuntergehen, müssen Sie den Gegenstand wieder mitnehmen. Wenn Sie es vergessen haben, unterbrechen Sie, was immer Sie gerade tun, um das Ritual auszuführen, und damit erinnern Sie sich selbst immer wieder an Ihre Verpflichtung, mehr Verantwortung zu übernehmen.

Frank hatte Schwierigkeiten, morgens in Gang zu kommen, und so beschloß er, sich jeden Morgen zuallererst vor den Spiegel zu stellen und eine Haltung einzunehmen, die den alten Mythos symbolisierte. Dann meditierte er über die Gefühle, die mit dem neuen rosa Herzen verbunden waren, und ließ sie durch seinen ganzen Körper strömen, bis sie ihn so ausfüllten, daß er jeden Teil seines Körpers strecken mußte, damit sie Platz hatten. Er stellte sich dann vor, daß er sein ganzes Sein in die Harmonie mit dem neuen Mythos hineindehnte, bis er sich schließlich entspannte und eine Haltung fand, die für ihn der körperliche Ausdruck dieses Mythos war. Beschreiben Sie also in Ihrem Tagebuch ein Ritual, das Sie täglich ausführen werden, bis es seinen Zweck erfüllt hat oder Sie es ändern wollen.

Öffentliches Ritual. Beschreiben Sie nun in Ihrem Tagebuch eine Zeremonie, die so etwas wie eine öffentliche Bekanntmachung Ihrer Absicht sein könnte, Ihr Leben in Gleichklang zu bringen mit dem neuen Mythos, den Sie sich erwählt haben. Das könnte am einfachsten so aussehen, daß jemand, der Sie mag, entweder bei Ihrem täglichen Ritual dabei ist oder bei der täglichen Wiederholung Ihrer Pantomime. Wenn Sie das Ganze etwas anspruchsvoller gestalten wollen, dann können Sie Freunde bitten, mit Ihnen die Szene durchzuspielen, die Sie darstellen wollen, so daß so etwas wie ein Sketch oder ein Stück daraus wird. Wenn ein wichtiger Teil Ihrer neuen Mythologie zum Beispiel selbstsicheres Verhalten ist, dann könnte einer Ihren Chef spielen, andere Ihre Kollegen und wieder andere bestimmte Gegenstände, die zu Ihrer Arbeitsumgebung gehören. Die Alternative zu so einer Aufführung könnte eine Zeremonie sein, bei der Sie einfach Ihre Absicht erklären oder den anderen ein Symbol des neuen Mythos zeigen, Ihren Schild, eine Zeichnung, ein Gedicht oder neue Kleider. Sie können das Ritual wie ein schönes Fest gestalten, mit gutem Essen, Kerzenlicht, Musik und Tanz.

Wenn Sie ein öffentliches Ritual entworfen haben, das so schön und so passend ist, wie Sie es sich vorstellen, dann machen Sie sich auch gleich daran, es in die Tat umzusetzen. Denken Sie immer daran, welche Atmosphäre Sie schaffen wollen, und planen Sie das Ereignis entsprechend – sagen Sie auch Ihren Gästen, welche Bedeutung es für Sie hat. Bitten Sie einen oder mehrere Teilnehmer, Ihnen bei der Darstellung Ihres Mythos zu helfen. Es ist wichtig, daß Sie sich von den Menschen, die Sie einladen, unterstützt, gemocht und akzeptiert fühlen. In den beiden letzten persönlichen Ritualen dieses Kapitels sagen wir Ihnen noch einmal im besonderen, wie Sie diese Unterstützung nützen können.

Persönliches Ritual V-5: Eine Ökologie mythischer Umwandlung vorbereiten. Einer der Gründe, warum die verschiedenen Formen der Verhaltenstherapie so wirksam sind, ist der, daß Verhalten von Kontingenzen geformt wird (positive und negative Verstärker, Belohnung und Bestrafung) –

und diese therapeutischen Systeme haben sehr präzise Techniken entwickelt, mit denen man die Kontingenzen, die ein bestimmtes Verhalten beeinflussen, analysieren und ändern kann. Eine Untersuchung ergab, daß eine verhaltenstherapeutische Behandlung bei Übergewicht um ein Vielfaches wirksamer war als die Einnahme von Appetitzüglern.[11] Dieser Erfolg war möglich, weil man die Kontingenzen und Umweltreize (zu viel Lebensmittel zu leicht erreichbar), die das unangemessene Eßverhalten auslösten, veränderte.

Auf ähnliche Weise können Sie die Kontingenzen in Ihrer physischen und sozialen Umwelt untersuchen, die Ihnen dabei helfen oder Sie darin hindern, sich so zu verhalten, wie es Ihrem neuen Mythos entspricht. Überlegen Sie zum Beispiel einmal, ob und wie Ihre Familie, Ihre Freunde, Kollegen und Bekannten durch ihr Verhalten den alten Mythos aufrechterhalten oder den neuen unterstützen. Wie könnten Sie die Verhaltensweisen verstärken, die mit dem neuen Mythos verbunden sind? Können Sie sie anregen oder bitten, Sie auf diese Weise zu unterstützen, könnten Sie auch andere darum bitten oder dafür sorgen, daß Sie mehr Zeit mit den Menschen verbringen, die Ihnen bei der Annahme des neuen Mythos am besten helfen? Sie können sie umgekehrt natürlich auch bitten, Ihnen dadurch zu helfen, daß sie den alten Mythos und die damit verbundenen Verhaltensweisen nicht mehr verstärken. Eine weitere Möglichkeit, die Kontingenzen zu überprüfen, die Ihr Leben bestimmen, ist die, klar zu erkennen, welche Prioritäten man eigentlich setzt. Prioritäten, die anscheinend gar nichts mit dem Mythos zu tun haben, entscheiden oft darüber, wieviel Unterstützung er bekommt. Wenn Sie lockerer, umgänglicher und offener für andere sein wollen, in Ihrer Freizeit jedoch pflichtbewußt und unablässig für die Rechte der Verbraucher in Ihrer Gemeinde kämpfen, dann tun Sie Ihrer Gemeinde sicher einen guten Dienst, aber Sie schaffen sich kaum eine persönliche Ökologie, die ein Leben in Übereinstimmung mit Ihrem erwünschten Mythos unterstützt.

Wenn Sozialwissenschaftler damit beauftragt werden, Veränderungen in einer Organisation, einer Gemeinde oder einem politischen System in Gang zu bringen, dann erstellen sie zuvor oft eine »Kraftfeldanalyse» dieses Systems.[12] Einfach ausgedrückt, überprüft man mittels einer Kraftfeldanalyse die Faktoren in einer Situation, die eine erwünschte Veränderung unterstützen, und die Faktoren, die sie verhindern. Eine simple Kraftfeldanalyse kann also sehr effektiv sein, wenn Sie eine Strategie ausarbeiten wollen, wie Sie den neuen Mythos zu einem Teil Ihres täglichen Lebens machen können.

Fangen Sie mit einem Satz an, einem Satz, der die Anleitung beschreibt, die Ihnen der neue Mythos offeriert. Sie könnten zum Beispiel seine zentralen Botschaften in einem Satz zusammenfassen wie: »Ich halte meine beruflichen Ambitionen im Gleichgewicht mit meinen persönlichen Bedürfnissen« oder: »Ich behalte meine innere Stärke auch in Gegenwart von Menschen, die ich beeindrucken möchte.« Schreiben Sie diesen Satz oben auf eine neue Seite in Ihrem Tagebuch, und ziehen Sie eine Linie durch die Mitte der Seite. Führen Sie dann in der linken Spalte alle die Kräfte auf, die Sie bei der praktischen Umsetzung des neuen Mythos unterstützen. In die rechte Spalte schreiben Sie die Kräfte, die dem Ausdruck dieses Mythos entgegenarbeiten. Ziehen Sie dabei die Kräfte, die in Ihrem Inneren arbeiten, genauso in Betracht wie die Umweltfaktoren. Seien Sie so genau wie möglich – richten Sie Ihre Beschreibung ruhig nach Grundfragen wie Wer?, Was?, Wo? und Warum? aus. Die zwei Kräftegruppierungen balancieren einander aus und halten damit die gegenwärtige Situation aufrecht bzw. das Ausmaß, in dem der mythische Grundsatz zuoberst auf der Seite gegenwärtig Ihr Leben beeinflußt.

Franks Kernsatz besagte einfach: »Ich genieße mein Leben«, etwas, das ihm immer mehr bedeutete, da er jetzt ganz bewußt immer mehr in Kontakt kam mit seiner natürlichen Vitalität. Zu den Kräften, die ihm bei der Umsetzung seines neuen Mythos halfen, gehörten seine wachsende Rastlosigkeit bei Aufgaben, die keine Bedeutung für ihn hatten, und die wiedererweckten Erinnerungen an eine Zeit, in der er Spaß und Freude noch hatte genießen können. Zu den äußeren Umständen, die ihn unterstützten, gehörten das spielerische Zusammensein mit seiner Frau und die Tatsache, daß er beruflich genug Erfolg hatte und eigentlich nicht mehr darum kämpfen mußte, voranzukommen. Innere Kräfte, die ihn behinderten, waren sein zur Gewohnheit gewordener Leistungsdrang und die Angst, daß er nicht genau wußte, wie man eigentlich Spaß haben konnte, wenn sich die Gelegenheit bot. Äußere Kräfte in dieser Spalte waren unter anderem die Tatsache, daß er immer noch besondere Anerkennung und Provisionen bekam, wenn er sich mehr als nötig anstrengte, und der Umstand, daß die meisten seiner Freunde seine beruflichen Interessen teilten und daß er nur sehr wenige Freunde hatte, die ihm dabei helfen konnten, seine Freizeit mehr zu genießen.

Eine Kraftfeldanalyse ist auch deshalb so wertvoll, weil sie eine ganz simple grafische Darstellung der Kräfte, die für bzw. gegen die Verwirklichung des neuen Mythos wirken, möglich macht. Vervollständigen Sie dieses Bild: Zeichnen Sie einen Pfeil neben oder unter jeden der Punkte, und zwar einen Pfeil, der auf die Mittellinie zeigt. Die Pfeile der unterstützenden Kräfte zeigen also nach rechts, die der hemmenden Kräfte nach links. Die Mittellinie zeigt, welchen Einfluß der neue Mythos gegenwärtig in Ihrem Leben hat – sie gibt den Status quo an und liegt in der Mitte, weil sich fördernde und hemmende Kräfte ausgleichen. Wenn eine positive Kraft Sie stärken würde oder neue hinzukämen, dann würde sich die Linie, die den momentanen Status des Kräftefeldes darstellt, nach rechts verschieben – zu einem sehr viel wünschenswerteren Gleichgewicht. Und wenn hemmende Kräfte schwächer werden oder gar ganz wegfallen, dann ergibt sich dieselbe Verschiebung: nach rechts in die erwünschte Richtung.

In einer formalen Kraftfeldanalyse wird jeder Pfeil zusätzlich daraufhin eingeschätzt, welche Stärke er hat und inwieweit er Veränderungen zugänglich ist. Einige Kräfte haben sicher ungeheuren Einfluß auf Ihr Ziel, während andere fast bedeutungslos sind. Einige lassen sich überhaupt nicht ändern, wie zum Beispiel Ihre Körpergröße oder Ihr Geburtsdatum. Dennoch ist Veränderung bei den meisten Einflußgrößen vorstellbar, wenn auch die Machbarkeit von »leicht möglich« bis »fast unmöglich« rangieren wird. Ein Verhaltenswissenschaftler würde eine detaillierte Darstellung der Kräfte in einer bestimmten Situation anfertigen, bevor er entscheidet, wo man mit einer Intervention ansetzen muß, um bei minimalem Aufwand maximale Wirkung zu erzielen.

Mit der schlichten Auflistung aller fördernden und hemmenden Kräfte haben Sie immerhin eine Darstellung des sozialen und psychologischen Umfeldes Ihres neuen Mythos erstellt. Vielleicht sind Ihnen schon einige Bereiche aufgefallen, die Ihrer Aufmerksamkeit bedürfen, wenn Sie eine Ökologie der mythischen Umwandlung, die Sie erreichen wollen, planen. Bei einigen werden innere Veränderungen notwendig sein; die Bewußtseinstechniken, die Sie in diesem Programm gelernt haben, wie gelenkte Phantasiearbeit, Pantomime und andere Rituale zur Verhaltensänderung, werden Ihnen dabei vielleicht nützlich sein. In anderen Bereichen geht es eher um die äußere Umwelt. Eines der wichtigsten psychologischen Prinzipien lautet, daß Menschen die Verhaltensweisen auswählen und wiederholen, welche belohnt werden, und diejenigen vermeiden, auf die Bestrafung folgt.

Wie können Sie nun die »Kontingenzen« – also die Belohnungs- und Bestrafungsverhältnisse, die Sie durch die Kraftfeldanalyse herausgefunden haben – so verändern, daß Verhaltensweisen, die auf der Linie Ihres neuen Mythos liegen, öfter belohnt und seltener bestraft werden? Wenn es zu Ihrem neuen Mythos gehört, daß Sie in Ihrem Leben Raum schaffen für Ihre seelische und geistige Entwicklung, gleichzeitig aber acht Vereinen und fünf Gemeindeorganisationen angehören und außerdem zwei Dutzend Zeitschriften abonniert haben, dann sind einige Veränderungen der Kontingenzen, die Ihr Leben bestimmen, durchaus angeraten. Im folgenden persönlichen Ritual werden Sie wieder auf diese Karte Ihres Kraftfeldes zurückgreifen, wenn Sie entscheiden, an welchen Punkten Sie die bewußten Anstrengungen konzentrieren wollen, um Veränderungen im Sinne des neuen Mythos zu bewirken. Zuerst aber bitten wir Sie, sich noch einmal auf einen Traum zu konzentrieren.

Traumarbeit V-2: Ein Traum zum »nächsten Schritt«. Haben Sie in letzter Zeit Träume gehabt, die Ihnen gezeigt haben, welches die nächsten Schritte in der Umsetzung Ihres neuen Mythos sein könnten? Wenn nicht, können Sie versuchen, einen solchen Traum zu initiieren. Sehen Sie sich dazu zuerst noch einmal alles an, was Sie sich bis jetzt in diesem Kapitel erarbeitet haben. Wiederholen Sie dann vor dem Schlafengehen zwanzig- bis dreißigmal sinngemäß etwa folgendes: »Ich werde einen Traum haben, der mir zeigt, wie ich meinen neuen Mythos noch mehr in meinem Leben verankern kann, und ich werde mich an diesen Traum erinnern, wenn ich aufwache.« Halten Sie Tagebuch oder Kassettenrekorder wieder griffbereit, und notieren Sie nach dem Aufwachen sofort alle Träume oder frühmorgendlichen Einsichten. Mit den Techniken zur Traumarbeit aus dem dritten Kapitel können Sie dann Bedeutung und Konsequenzen des oder der Träume herausarbeiten.

Persönliches Ritual V-6: Verhaltensvertrag für ein Leben in Harmonie mit Ihrem neuen Mythos. Verhaltensmuster, die lange Zeit ein Teil Ihres Lebens waren, ändern sich nicht notwendigerweise schon einfach deshalb, weil Sie erkannt haben, daß eine Veränderung sinnvoll wäre. Die Zuneigung und Verläßlichkeit eines Menschen, dem Sie sich nahe fühlen, können jedoch sehr hilfreich für Sie sein, wenn Sie neue Denk- und Verhaltensweisen einüben, die mit den mythischen Veränderungen übereinstimmen, die Sie sich wünschen. Wir sagten es schon bei der Planung des »öffentlichen Rituals«: Bitten Sie einen oder mehrere Freunde, Sie dabei zu unterstützen. Wenn Sie das noch nicht getan haben, dann sollten Sie es auf jeden Fall jetzt tun. Suchen Sie sich Menschen, die Ihre Fortschritte mit überwachen, Ihnen Rückmeldung geben und die nächsten Schritte mit Ihnen zusammen planen. Wenn Sie gar keinen Partner finden, mit dem Sie sich wohl fühlen, dann können Sie das Folgende natürlich auch allein bzw. mit Ihrem Tagebuch als »Ersatzpartner« durcharbeiten.

Kognitive Verhaltenstherapeuten nehmen an, daß wir Fehlverhalten vor allem durch Lernen erwerben. Folglich glauben sie, daß man solche unbrauchbaren Verhaltensmuster auch wieder verlernen und statt dessen neue Verhaltensweisen erwerben kann. Ihr therapeutisches System arbeitet mit »Verhaltensverträgen«, in denen die neuen Verhaltensweisen, die zum erwünschten Ziel führen sollen, genau beschrieben werden. Verhaltensverträge helfen, weil man sozusagen offiziell die Verantwortung dafür übernimmt, das neue Verhalten zu lernen und allmählich zur Gewohnheit werden zu lassen. Sie sind Absichtserklärungen, bestimmte, »meßbare« Handlungen auszuführen, Schritte auf dem Weg zum Ziel. Das Ritual, einen solchen Verhaltensvertrag abzuschließen, gibt der Art, wie Ihr Partner Ihnen helfen soll, eine feste Struktur. Kurz gesagt: Sie werden mit ihm zusammen entscheiden, was Sie tun wollen, um Ihren neuen Mythos in die Tat umzusetzen, und Sie werden später gemeinsam überprüfen und besprechen, wie gut Sie den Vertrag erfüllt haben. Bei dieser Gelegenheit werden Sie auch umreißen, was Sie aus Ihren Versuchen gelernt haben und wie Sie den Vertrag am sinnvollsten weiterführen oder erneuern. Ein Verhaltensvertrag soll Ihnen helfen, sich den Herausforderungen des neuen Mythos zu stellen, ohne sich durch unvernünftige oder unrealistische Erwartungen und Zielsetzungen zu überfordern. Überschreiben Sie eine neue Seite Ihres Tagebuchs mit »Mein Vertrag«. Jeder Punkt dieses Vertrages sollte genau spezifiziert sein, also nach Möglichkeit festlegen, *wo, wie, mit wem* und *wann* Sie etwas Bestimmtes tun werden. Wenn Sie den Vertrag so detailliert formulieren, dann ist er eine sehr verläßliche Hilfe, da Sie und Ihr Partner ganz klare Kriterien dafür haben, wie gut Sie Ihre Aufgabe erfüllt haben. Wenn Sie sich an einen Traum zum »nächsten Schritt« erinnert haben, dann können Sie den Vertragsentwurf damit beginnen, daß Sie zusammen mit Ihrem Partner herausfinden, ob der Traum konkrete Handlungsschritte nahelegt. Sie können einfach über den Traum reden oder aber auch eine der Techniken zur Traumarbeit anwenden. Notieren Sie in Ihrem Tagebuch all die Verhaltensweisen, die der Traum Ihnen nahelegt und die Sie übernehmen wollen. Sie können jedes Verhalten, das Ihnen wichtig erscheint, zum Gegenstand Ihres Vertrages machen; wir raten Ihnen aber doch, sich dabei auf drei Bereiche besonders zu konzentrieren: Ihr tägliches Ritual, die Kraftfeldanalyse und Ihre Selbsteinschätzungen.

Frank wollte zunächst mit seiner Frau zusammenarbeiten; da sie aber ohnehin schon mit den meisten Bereichen, in denen er sich ändern wollte, etwas zu tun hatte, suchte er nach jemandem, der ihm nicht so nahe stand. Zufällig hatte sich ein Kollege gerade einer Männergruppe angeschlossen, ein Mann, der über vieles sprach, was Frank auch sehr beschäftigte. Er bat ihn also, sein Partner zu sein, und der Mann stimmte zu.

Tägliches Ritual. Mit dem täglichen Ritual haben Sie ja sicher schon gearbeitet und auch experimentiert. Besprechen Sie nun mit Ihrem Partner die Erfahrungen, die Sie dabei gemacht haben – was war gut, was weniger sinnvoll? Einigen Sie sich auf ein einfaches tägliches Ritual, das Sie jeden Tag ausführen werden und das immer wieder die Essenz Ihres neuen Mythos in Ihr Verhalten, Ihr Bewußtsein und Ihren kinästhetischen Körper bringt. Frank genoß zwar sein morgendliches Dehn-Ritual sehr, aber allmählich wurde es ein bißchen langweilig. Er vereinbarte also mit seinem Partner, daß er die Dehnübung machen würde, wann immer ihm danach war; als tägliches Ritual aber wollte er, bevor er an die Arbeit ging, über das neue Bild des Herzens auf seinem Schild meditieren und diese Energie dann in seine Arbeit und in all die Entscheidungen, die den Tag über zu treffen waren, einbringen.

Kraftfeldanalyse. Gehen Sie auch die Kraftfeldanalyse mit Ihrem Partner durch. Haben Sie gelernt, einige der Kräfte zu verschieben, die die Ökologie Ihres neuen Mythos beeinflussen? Entscheiden Sie zusammen mit Ihrem Partner, was Sie noch tun können, um die fördernden Kräfte zu stärken und die hemmenden zu schwächen oder ganz auszuschalten. Einige dieser Kräfte sind Veränderungen leicht zugänglich und darum gute Ansatzpunkte; andere sind vielleicht weniger leicht beeinflußbar, aber dennoch Ihrer Aufmerksamkeit wert. Fangen Sie auch mit ein oder zwei Kräften aus diesem schwierigeren Bereich an. Wie könnte hier der erste Schritt zu einer Veränderung aussehen? Da Sie ja den Vertrag immer wieder auf den neuesten Stand bringen werden, brauchen Sie nur die Schritte genauer zu beschreiben, die Sie innerhalb eines kurzen Zeitraums bewerkstelligen können.

Frank wollte mehr Zeit mit seiner Frau verbringen; sie war für ihn der Mensch in seinem Leben, der ihn am wirksamsten dabei unterstützen konnte, den Einfluß seines neuen Mythos zu verstärken. Aber sein erster Schritt in dieser Woche sollte einfach nur der sein: »Ich werde es möglich machen, daß ich an ihrem freien Tag später zur Arbeit gehe, und werde sie zu einem gemütlichen Frühstück ins Café einladen.« Die wichtigste Veränderung seiner sozialen Ökologie war schließlich die, daß er annähernd 40 Prozent seiner neuen Kunden an seinen Assistenten verwies, was ihm viel mehr Freizeit schaffte. Zu seiner freudigen Überraschung hatte diese Veränderung zur Folge, daß er mehr verdiente statt weniger, denn er konnte sich nun die Kunden aussuchen, mit denen er am effektivsten arbeitete, und das brachte neue Frische und neuen Enthusiasmus in seinen Berufsalltag.

Selbsteinschätzungen. Gehen Sie mit Ihrem Partner die Liste der Selbsteinschätzungen durch, die Ihren alten Mythos unterstützen. Machen Sie auch eine Übersicht über die hemmenden Kräfte in Ihrer Kraftfeldanalyse: Wie könnten Sie noch besser und eher erkennen, wann der alte Mythos die Macht übernimmt? Welche Gefühle, Worte, Verhaltensweisen könnten ein Signal dafür sein, daß der alte Mythos an der Arbeit ist? Notieren Sie all dies auf einer neuen Seite Ihres Tagebuchs unter der Überschrift »Spuren des alten Mythos«. Sie sollten sich damit so vertraut machen, daß Sie die Hinweise oder Signale sofort erkennen, wenn sie auftauchen. Schließen Sie einen Vertrag mit Ihrem Partner, der festlegt, was Sie tun werden, wenn Sie einen solchen Hinweis wahrnehmen. Sie könnten zum Beispiel die Technik des Gedankenstops anwenden und die Selbsteinschätzung des alten Mythos durch eine des neuen Mythos ersetzen.

Frank war fest entschlossen, ein Verhaltensmuster zu stoppen, das darin bestand, daß er ein Arbeitsprojekt auf das andere häufte, bis für die Freude am Erreichten oder Freude überhaupt kein Platz mehr blieb. Er legte nun die »Endpunkte« der verschiedenen Projekte fest, und sobald er einen dieser »Endpunkte« erreicht hatte, brachte er die innere Stimme unter Kontrolle, die ihm einflüsterte, doch gleich mit dem nächsten Projekt weiterzumachen. Er hatte eine Liste einfacher Belohnungen zusammengestellt, von einem Spaziergang bis hin zu einem Kinobesuch. Wann immer er einen »Endpunkt« erreichte, gab er sich die Anweisung, aufzuhören und etwas von dem zu tun, was auf seiner Liste stand. Ein anderer Vertragspunkt besagte, daß er die Selbsteinschätzung kontrollieren wollte und so die Erfüllung seines Vertrages bewerten würde. Er wollte seinen Fortschritt in der ersten Woche nach den Verhaltensweisen beurteilen, bei denen er sich gut gefühlt hatte; sobald er wieder darüber nachdachte, wieviel mehr er hätte erreichen können, dann wollte er solche Betrachtungen sofort unterbrechen.

Nach diesem ersten »Vertrags-Treffen« mit Ihrem Partner sollten Sie ganz klar die Verhaltensweisen festgelegt haben, die Sie als nächstes ausführen wollen. Ihr Verhaltensvertrag sollte detailliert bestimmte Handlungen beschreiben, die Sie in nächster Zukunft in die Tat umsetzen können. Nennen Sie Namen, verwenden Sie Zahlen, beschreiben Sie im voraus die Situationen. Seien Sie so genau wie möglich, so daß Sie beim nächsten Treffen exakt feststellen können, welche Ihrer Absichten Sie ausgeführt haben. Achten Sie aber auch beide darauf, daß Sie nichts allzu Ehrgeiziges planen. Und versuchen Sie, Hindernisse vorwegzunehmen, die Sie bei der Erfüllung Ihres Vertrages stören könnten; überlegen Sie, wie Sie solchen Hindernissen begegnen könnten. Machen Sie mit Ihrem Partner gleich das nächste Treffen aus, nach Möglichkeit etwa eine Woche nach dem ersten. Bei all diesen Treffen kann Ihnen das folgende persönliche Ritual von Nutzen sein; es strukturiert die Art, wie Sie beide die Veränderungen registrieren und unterstützen und wie Sie aus eventuellen inneren oder äußeren Hindernissen lernen.

Persönliches Ritual V-7: Aktionsforschung und Ihre mythische Erbschaft. Die »Aktionsforschung« ist eine Technik, die Sozialwissenschaftler einsetzen, wenn sie Gemeindegruppen helfen wollen, ihren guten Willen in wirksames Handeln umzusetzen. Einige der Grundprinzipien dieser Methode können auch Ihnen helfen, den neuen Mythos aktiv zu realisieren. Die Aktionsforschung, die Kurt Lewin entwickelte, beginnt meist mit der systematischen Analyse (ähnlich wie die Kraftfeldanalyse, die wir auch Lewin verdanken) der Situation, die verändert werden soll. Das zentrale Konzept der Aktionsforschung besagt, daß ständige Rückmeldung für effektives Handeln unabdingbar ist. Die konstruktive Veränderung eines sozialen Systems läßt sich nicht im ersten Anlauf erreichen; auch sehr sorgfältig geplante Eingriffe werden in der Aktionsforschung eher als praxisorientierte Forschung angesehen, die Information für die weitere Planung liefert. Nach einer sorgfältigen Definition der erwünschten Veränderungen geht die Aktionsforschung im wesentlichen in fünf Schritten vor:

1. Faktensammlung, um Möglichkeiten und Hindernisse für Veränderungen festzustellen;
2. Planung bestimmter Aktionen, die die erwünschten Veränderungen bewirken sollen;
3. Ausführung dieses Planes;
4. Auswertung der entsprechenden Resultate; und
5. Rückmeldung der Resultate an die Gruppe und neuer Beginn des Kreislaufs.[13]

Die drei ersten Stufen haben Sie schon durchlaufen, wenn Sie sich wieder mit Ihrem Partner treffen, um Ihre Fortschritte zu begutachten. Beachten Sie, welche Einstellungen im Modell der Aktionsforschung zum Ausdruck kommen: Es wird nicht erwartet, daß Änderungsversuche in der Praxis genau so ablaufen, wie man sie geplant hat. Ihre Ergebnisse liefern aber in jedem Fall nützliche Informationen und helfen, die ursprünglichen Pläne zu revidieren und weitere Aktionen besser zu planen. So entsteht eine Rückmeldeschleife, deren Schwerpunkt zwischen Planung, Handlung und Revision der Pläne wechselt. Die Aktionen werden ebensosehr danach beurteilt, was man daraus gelernt hat, wie danach, welche tatsächlichen Veränderungen sie bewirkt haben. Übernehmen Sie diese Einstellung bei den Treffen mit Ihrem Partner. So wie man subatomare Teilchen nur in Bewegung beobachten kann, so verstehen Sie auch Ihr mythisches System am besten, wenn Sie versuchen, es zu verändern, und dann beobachten, was geschieht.

Planen Sie das erste Überprüfungs-Treffen mit Ihrem Partner ein bißchen wie eine Zeremonie oder ein Ritual – ein gemeinsames Mahl zum Beispiel. Überlegen Sie, welche Punkte Ihres Vertrages Sie angegangen sind und was dabei passiert ist. Was ergibt sich daraus für Ihre zukünftigen Pläne? Formulieren Sie neue Punkte für einen revidierten Vertrag. Überblicken Sie auch den Gesamtprozeß. Waren Ihre Vertragsziele zu ehrgeizig? Oder boten sie zu wenig Anreiz? Konnten Sie sich dafür begeistern? Haben Sie die Hindernisse richtig vorausgesehen und eingeplant? Achten Sie auch weiterhin darauf, ob nicht der alte Mythos Ihre Bemühungen heimtückisch hintertreibt.

Frank war irgendwann wieder in die Fänge des alten Mythos geraten: Er gab sich alle Mühe und strengte sich so an, daß er das Programm schließlich nur noch stur absolvierte. Die Rituale wurden zur stumpfsinnigen Plackerei, auf die er nicht mehr neugierig war, die kreativen Einsichten versiegten, und schließlich war er nahe daran, aufzugeben. Aber sein Partner zeigte ihm, wie der alte Mythos ihn wieder in die Falle gelockt hatte, und gemeinsam arbeiteten sie eine Strategie aus, die Frank half, das Muster zu erkennen, darüber zu lachen und sich zu entspannen. Er sah, wie er Lust und Leidenschaft mit seinem disziplinierten Verstand erstickte, und das sogar bei dem Versuch, diese Leidenschaft wieder zum Leben zu erwecken. Er schuf sich die bildliche Vorstellung, daß »ich meinen Verstand wie eine Machete benutze, um sorgfältig das Unkraut in meinem Leben wegzuschlagen, das meine Leidenschaft verdrängt«.

Gehen Sie mit Ihrem Partner die ganze Erfahrung durch, und entwerfen Sie auf der Grundlage neuer Einsichten einen zweiten Vertrag. Seien Sie auch hier wieder so genau wie möglich, beschreiben Sie detailliert jeden Vertragspunkt, und machen Sie gleich einen Termin für das nächste Treffen aus.

Manche Menschen verlieren hier leicht den Mut, weil sie merken, daß es ihnen sehr viel schwerer fällt, den Vertrag einzuhalten, als sie je geglaubt hätten. Gönnen Sie sich statt dessen lieber ehrliche Anerkennung für all das, was Sie schon erreicht haben, und ändern Sie Ihren Vertrag, so daß er dem, was Sie wirklich schaffen können, besser entspricht. Auch wenn Ihr Leben sich nicht so geändert hat, wie Sie sich das vielleicht gewünscht haben, so leben Sie doch schon in einer größeren Bewußtheit des Mythischen und haben eine Verbindung zu Ihrer inneren Weisheit gefunden. Vergessen Sie auch nicht, daß es sehr viel einfacher ist, einen neuen Mythos in Worte zu fassen, als danach zu leben. Wir haben noch nicht erlebt, daß jemand nicht in der Lage wäre, einen neuen Mythos zu formulieren, der den mythischen Konflikt, den man herausgearbeitet hat, bis zu einem gewissen Grade löst. Es ist im wesentlichen eine kognitive Aufgabe. Diese neue mythische Vorstellung aber ins eigene Leben zu integrieren ist eine Herausforderung an die ganze Persönlichkeit und erfordert oft harte Arbeit, den Mut, immer wieder Neues zu versuchen, und sehr viel Bewußtheit.

Vielleicht stellen Sie auch fest, daß Sie Teile Ihres Verhaltensvertrages deshalb nicht in die Tat umsetzen können, weil der neue Mythos doch nicht ganz zu Ihnen paßt. Dann können Sie ruhig den Mythos revidieren. Wie der dialektische Prozeß, den Sie auf Stufe III zwischen dem alten und dem Gegen-Mythos in Gang brachten, kann Ihnen auch das Modell der Aktionsforschung helfen, eine dialektische Beziehung zu schaffen zwischen dem neuen Mythos und den Bemühungen, ihn in Ihr Leben zu integrieren. Manche Menschen kehren auch zu früheren Stufen zurück und wiederholen noch einmal Rituale wie den »Dialog« oder das »Lösungsdreieck«. Der Prozeß menschlichen Wachstums läuft ja nie so sauber und ordentlich ab, wie es das Modell oder das Programm, das ihn unterstützen soll, zeigt. Unser Fünf-Stufen-Programm hat vielen Menschen dabei geholfen, sich mit ihren mythischen Ursprüngen sinnvoll auseinanderzusetzen, aber es ist natürlich kein Wundermittel, sondern nur ein Werkzeug, das Sie Ihrer inneren Geschwindigkeit und Ihrer Richtung anpassen müssen.

Zum Schluß möchten wir Ihnen noch sagen, daß Sie dieses Fünf-Stufen-Programm immer wieder durcharbeiten können – auch die Entwicklung Ihrer persönlichen Mythologie ist ja ein nie endender Prozeß. Menschen, die mehrfach an unseren Workshops teilgenommen haben, machten immer wieder ganz neue, andere Erfahrungen. Je häufiger Sie die Methoden in diesem Buch verwenden, desto natürlicher werden sie Ihnen erscheinen. Wenn Sie damit vertraut sind, können Sie das Programm, wenn nötig, auch Ihren Bedürfnissen anpassen, es zum Beispiel verkürzen. Sie brauchen nicht jedesmal einen persönlichen Schild zu entwerfen oder ein neues öffentliches Ritual. Wenn Sie einmal die Prinzipien der fünf Stufen verstanden haben, dann werden Sie sicher Wege finden, das Programm den jeweiligen Umständen anzupassen. Ihre persönlichen Mythen sind eine nie versiegende Erbschaft aus Ihrer Vergangenheit, die weit in Ihre Zukunft reicht. Je bewußter und sensibler Sie damit umgehen, desto reichere Früchte wird sie tragen.

9

Persönliche Mythologie im Lebensverlauf

> Wir können den Nachmittag des Lebens nicht nach den Regeln des Lebensmorgens leben; denn was groß war am Morgen, wird am Abend klein sein, und was am Morgen Wahrheit war, ist am Abend zur Lüge geworden.
>
> *C. G. Jung*[1]

Unsere Erfahrungen im klinischen und pädagogischen Bereich haben das Fünf-Stufen-Modell, das wir hier dargestellt haben, bestätigt. Sie haben auch gezeigt, daß dieses Modell nützliche Perspektiven eröffnet, wenn man Menschen helfen will, die Entwicklung ihrer persönlichen Mythen zu verstehen. Drei Überlegungen sind im Bezug auf das Durchlaufen dieser Stadien von Bedeutung: Zum ersten die Tatsache, daß jeder Mensch in seiner Charakterstruktur einzigartig ist. Konstitutionelle Faktoren können Unterschiede im Temperament, im kognitiven Stil und damit auch in der Art, wie ein Mensch die Wirklichkeit mythisch konstruiert, zur Folge haben. Dieser faszinierende Bereich lädt zur Erforschung ein, und wir wollen ihn hier nicht weiter diskutieren, sondern nur unsere Annahme, daß Biologie und Mythologie sich beeinflussen, noch einmal wiederholen. Persönliche Mythen beeinflussen die Art, wie wesentliche Charakterzüge zum Ausdruck kommen; angeborene Dispositionen wiederum haben Einfluß darauf, wie ein Mensch seine Mythen entwikkelt und wie er sich auf sie bezieht. Unsere zweite Überlegung betrifft das soziale Umfeld, in dem der Mensch Mythen schafft, insbesondere die Mythologie und die mythischen

Konflikte seiner Kultur. Dieses Thema wollen wir im Nachwort behandeln. Die dritte Frage bezieht sich auf den psychosozialen Entwicklungsstand eines Menschen; sie ist Gegenstand dieses Kapitels.

So wie die biologische Entwicklung sich von der Empfängnis bis zum Tod in einer ununterbrochenen Abfolge von Umwandlungen vollzieht, so entfaltet sich auch die mythische Konstruktion unserer Wirklichkeit in einer endlosen Folge von Veränderungen von der Kindheit bis ins hohe Alter. Viele Psychologen haben versucht, Stadien der psychischen Entwicklung im Verlauf des Lebens festzusetzen. Freud beschrieb die Entwicklung des Kindes unter psychosexuellem Aspekt: von der oralen über die anale zur phallischen Phase, die dann, nach der sogenannten Latenzperiode, in die genitale Phase der reifen Sexualität mündet. Charlotte Bühler, Else Frenkel-Brunswik, Bernice Neugarten und Hans Thomae haben Pionierarbeit dabei geleistet, die gesamte Lebensspanne ins Blickfeld der Psychologie zu rücken.[2] Erik Erikson beschrieb Entwicklung als eine Folge vorhersagbarer psychosozialer Krisen, die er bei Kindern beobachtete (Vertrauen vs. Mißtrauen, Autonomie vs. Scham, Initiative vs. Schuld, Fleiß vs. Minderwertigkeit), bei Erwachsenen (Identität vs. Verwirrung, Intimität vs. Isolation, Generativität vs. Stagnation) und bei alten Menschen (Integrität vs. Verzweiflung).[3]

Diese Krisen entsprechen Themen, die in der klassischen Mythologie immer wieder auftauchen. Ein immer wiederkehrendes Thema ist das Streben des Helden nach Autonomie, das zu einer Reise in die Ferne und schließlich zur Intimität der Heimkehr und zur Verantwortung für das Wohl der Gemeinschaft führt. In seiner psychiatrischen Studie über Mythen und Märchen bemerkt Julius Heuscher, daß Mythen einerseits »von der ewigen, allschaffenden und alles vereinnahmenden Quelle des Seins sprechen ... aber auch auf das Wachstum des menschlichen Wesens hinweisen«, das im übrigen »in seinen frühesten Anfängen geheimnisvoll erscheint, unbegreiflich in der Gegenwart und rätselhaft offen zur Zukunft hin«.[4] Den Bereich der Entwicklung, den sowohl Mythologie wie auch Psychologie behandeln, begreift man am besten als eine Abfolge bio-psycho-sozialer Wachstumskrisen, deren erfolgreiche Lösung an Themen mythischen Ausmaßes heranreicht. Die Bewältigung jeder dieser persönlichen Krisen erfordert, ein System von Erklärung und Anleitung – eine Mythologie – zu finden, die das gegenwärtige Verstehen überschreitet.

Der besondere Leitmythos, der entsteht, wenn man sich einer Lebenskrise stellt, wird meist sowohl von inneren wie von äußeren Quellen der persönlichen Mythologie beeinflußt sein. Daniel Levinson stellte eine innere Dimension des Entwicklungsprozesses persönlicher Mythen dar, als er in seiner Untersuchung der Entwicklungsphasen im Leben amerikanischer Männer beschrieb, wie das Formen und Verändern eines »Traums« eine entscheidende psychosoziale Aufgabe ist.[5] Äußere Quellen der persönlichen Mythologie sind unter anderem Familientraditionen, Erziehungsinstitutionen, religiöse Zeremonien, berufliche Anerkennung und andere Übergangsriten. Dies sind die Mittel, mit denen die Kultur ihre Mitglieder durch vorhersagbare Lebenskrisen führt, und zwar so, wie es dem Leitmythos dieser Kultur entspricht. Die meisten Kulturen haben auch Spezialisten, etwa Schamanen oder Psychotherapeuten, die dem Individuum helfen, wenn andere Institutionen versagt haben. Traditionsgemäß ist es ihre Aufgabe, in einer Lebenskrise den richtigen Mythos zur rechten Zeit wachzurufen oder zur Verfügung zu stellen. Ein drängendes Problem unserer Zeit ist das allgemeine Versagen traditioneller Moralsysteme und leitender Institutionen, dem einzelnen oder der Kultur Richtungen zu weisen, die Hoffnung versprechen. Ein psycho-mythologischer Ansatz bietet dem Menschen die Möglichkeit, sich auf die lebendigsten Mythen seiner Kultur zu beziehen, und zeigt ihm auch, wie er die innere Autorität entwickeln kann, um die besten Quellen der eigenen Inspiration zu erkennen.

Hegel schrieb einmal: »Der Geist ist niemals in Ruhe, sondern immer in ständig fortschreitender Bewegung begriffen, immer dabei, sich eine neue Form zu geben.« Diese immerentstehende »neue Form« deutet sich, so meinen wir, in der Fortentwicklung persönlicher Mythen im Laufe des Lebens an. Die Entwicklungstheorien, die unserer Meinung nach am besten mit einer mythischen Perspektive übereinstimmen, entsprechen sowohl kognitiven wie auch »Ich-Entwicklungs«-Theorien bzw. bauen darauf auf. Lawrence Kohlbergs Arbeiten zur moralischen Entwicklung[6] und James Fowlers Untersuchungen darüber, wie sich reifer Glaube entwickelt[7], stehen für besonders relevante Forschungsrichtungen. Es geht weit über den Rahmen dieses Buches hinaus, sich mit den mythischen Krisen, die auf den verschiedenen Entwicklungsstufen auftreten, gründlich zu befassen. Aber wir wollen mit Robert Kegans Modell des »sich entwickelnden Selbst«[8] dieses Thema doch wenigstens berühren.

Die Entwicklungsspirale

In seiner »konstruktiven Entwicklungs«-Theorie zum Verständnis der Entstehung des Selbst betont Kegan besonders zwei verwandte Themen: die *Konstruktion* von Bedeutung und die *Entwicklung* der Art, wie Bedeutung im Laufe des Lebens konstruiert wird. Piagets zentrale, grundlegende und oft nicht erkannte Leistung sei, so meint Kegan, die Entdekkung, daß der Prozeß der menschlichen Entwicklung eine bedeutungskonstruierende Aktivität sei. Kegan bietet eine kühne, aber glaubhafte Synthese kognitiver, objekt-beziehungsorientierter und existentiell-phänomenologischer Sichtweisen; daß er sich besonders mit der Konstruktion von Bedeutung befaßt, ergibt die schönste Übereinstimmung mit unserem Ansatz.

In Anerkennung der Tatsache, daß jede bildliche Darstellung der Entwicklung ihre Grenzen hat, verwendet Kegan die Helix oder Spirale als Modell, um die Art, wie menschliche Wesen sich in ihrem Kampf mit lebenslangen Spannungen vor und zurück bewegen, zu illustrieren. Kegan spricht von einer Abfolge von »Balancen«, während der Mensch sich durch das Leben bewegt. Er betrachtet diese Stadien als Marksteine in einem fortlaufenden Prozeß; sie bezeichnen Perioden relativer Stabilität in einer lebenslangen Folge evolutionärer Schritte. Stößt so ein harterkämpfter Gleichgewichtszustand auf eine Erfahrung, die weder assimiliert noch ignoriert werden kann, so besteht der vorrangigste Antrieb des Individuums darin, seine persönliche Integrität zu erhalten und zu festigen – dies geschieht durch die Auflösung von Widersprüchen. Für Kegan sind qualitative Veränderungen die notwendige Reaktion, wenn das bestehende Weltbild die Komplexität des Lebens nicht mehr angemessen integrieren oder schädliche Erfahrungen abwehren kann.

Eine Stärke des Keganschen Spiralmodells besteht darin, daß »es grafisch klarmacht, auf welche Weise wir alte Themen wieder aufnehmen, uns dabei jedoch auf einer gänzlich neuen Ebene der Komplexität bewegen[9], ein Phänomen, das Klinikern sicher vertraut ist und an dem Klienten manchmal verzweifeln. Kegan macht sechs Punkte auf der Spirale aus, an denen es im allgemeinen zu »Balancen« oder »evolutionären Ruhezuständen« kommt. Diese Ruhezustände wechseln ab mit Perioden der Instabilität und des Übergangs. Kegan bezieht sich auf psychoanalytische Theorien der Objektbeziehung (wie sie unter anderem von Guntrip, Winnicot, Kohut und Mahler vertreten werden), wenn er jede Periode des Gleichgewichts als zeitweilige Lösung der lebenslänglichen Spannung zwischen den widersprüchlichen Bestrebungen nach *Einschluß* einerseits und *Unterschiedenheit* andererseits beschreibt. Jede Gleichgewichtsstufe der Spirale löst, so Kegan, diese Spannung auf andere Weise auf, und ein Vorteil des Spiralmodells liege gerade darin, daß sowohl das Streben nach Einschluß wie auch das nach Trennung respektiert werde.

Für Kegan sind *Stabilität* und *Veränderung* die zwei Prinzipien, die menschliches Wachstum wie ein roter Faden durchziehen. Das ganze Leben hindurch konstruiert der Mensch eine persönliche Wirklichkeit nach diesen beiden Grundsätzen. Daniel Levinson meint, daß die wichtigsten psychosozialen Aufgaben in Perioden der Stabilität unter anderem darin bestehen, sich einer entwickelnden »Lebensstruktur« anzupassen, die aus den Aspekten des Selbst, die man auslebt, besteht, und darin, wie man an der Welt teilhat. In Zeiten des Wandels wiederum ist es erforderlich, bestehende Strukturen aufzulösen, neue Wahlmöglichkeiten zu erforschen und die ersten Entscheidungen zu treffen, die die Grundlage für eine neue Struktur ergeben könnten.[10]

Wir haben schon beschrieben, wie sich in Zeiten der Stabilität ein vorherrschender Mythos an neue Erfahrungen anpassen kann oder aber die Erfahrungen seinem System anpaßt; zu anderen Zeiten hingegen taucht vielleicht ein Gegen-Mythos auf und stellt den vorherrschenden Mythos in Frage. Kegan vergleicht die evolutionäre Bewegung des Selbst mit einer Spirale. Neue Möglichkeiten des Wachstums erwachsen ständig aus schon etablierten psychischen Mustern. Jede neue Möglichkeit drängt letztlich nach einer neuen Balance durch Reintegration auf einer höheren Ebene, und aus jeder neuerlichen Integration entsteht wieder der Drang hin zu weiterem Wachstum. Unser Fünf-Stufen-Modell baut sich um den unvermeidlichen Konflikt zwischen einem alten und einem neu auftauchenden Mythos auf und stimmt so mit diesem Absatz überein, wenngleich wir die Beobachtung gemacht haben, daß bestimmte Aspekte der persönlichen Mythologie eines Individuums durchaus stabil sein können, während andere sich im Wandel befinden. Wir meinen, daß die Stadien und Gleichgewichtszustände, die man in einem Modell beschreibt, im wirklichen Leben nicht so säuberlich abgegrenzt, unterscheidbar oder einheitlich vorkommen, eben weil sie nur verkürzte Beschreibungen von sich ständig wiederholenden, grundlegenden Mustern sind.

Die ersten persönlichen Mythen

Die Geschichte der psychischen Entwicklung ist die Geschichte eines ständigen Wechsels: wir nehmen Abstand von der eigenen Welt und tauchen dann wieder hinein. Für Kegan ist dieses unaufhörliche Auf und Ab von Eingebettetsein zu Auftauchen und wieder Eingebettetsein das Zentrum seines Verhältnisses der Persönlichkeitsentwicklung. Die Wirklichkeit ist für Kleinkinder derart in sensorische Erfahrung eingebettet, daß sie alles, was sie wahrnehmen, als Teil ihrer selbst erfahren. Dreijährige, die sich selbst noch nicht von ihren Wahrnehmungen trennen können, glauben, daß der Mond dem Menschen folgt, wenn er sich fortbewegt, auch dann, wenn zwei Menschen in verschiedene Richtungen gehen. Kleinkinder, die dieser Identität mit Empfindungen und Reflexen entwachsen sind, tauchen als nächstes in ein Leben der Impulse und Phantasien ein. Die sich entwickelnde Identität des Heranwachsenden ist zum Teil in den Meinungen und Urteilen Gleichaltriger verwurzelt; die Aufwärtsbewegung in der Entwicklungsspirale erfordert ein gewisses Maß an Unabhängigkeit (Autonomie) von diesen Meinungen zu erlangen. Das Selbstgefühl des jungen Erwachsenen ist in einer Vielzahl von Lebensaufgaben in bezug auf Familie und Beruf verwurzelt. Eine junge Frau von zwanzig, die psychisch ganz in einem neu entdeckten Gefühl der Freiheit aufgeht, wird vielleicht feststellen, daß sie Bedeutung ganz anders konstruiert, wenn sie eine befriedigende und offenbar dauerhafte Beziehung eingeht. Später wird sie sich wiederum von einem völligen Aufgehen in dieser Einheit emanzipieren müssen, wenn die Beziehung lebendig bleiben soll. Wenn man älter wird, erweitert sich (unter besten Bedingungen) der Zusammenhang, in dem Bedeutungen entstehen. Er schließt die weitere Gemeinschaft, noch ungeborene Generationen und ethische Prinzipien mit ein, die allgemeingültig und der menschlichen Natur eingeprägt zu sein scheinen. Jedes Auftauchen aus einem Eingebettetsein fordert vom Menschen, eine neue Art von Bedeutung zu finden. Eine neue Schicht der persönlichen Mythologie muß geschaffen werden, indem man die Fäden bestehender Mythen und neuer Visionen auf dem »Webstuhl« der Erfahrungen, Entwicklungen und Veränderungen miteinander verwebt.

Da Kinder in ihren Wahrnehmungen und Reflexen völlig aufgehen, verwechseln sie die menschliche Umgebung, in der sie leben, mit ihren eigenen Bewegungen und Empfindungen. Kegans erstes Stadium im Prozeß der Bedeutungsfindung verläuft von »Ich bin meine Empfindungen und Reflexe« zu »Ich habe Empfindungen und Reflexe«. Ein Zeichen dafür, daß dieses Stadium erreicht wurde, ist es, wenn Kinder wissen, daß sie die Welt nicht dadurch verdunkeln, daß sie die Augen zumachen. Kinder entwickeln sich schrittweise aus dem Zustand, in dem sie von ihren Reflexen, Bewegungen und Empfindungen kontrolliert werden, dahin, daß sie sich bewußt sind, Reflexe, Bewegungen und Empfindungen zu *haben.* Folglich kann das Kind nun über seine sensomotorischen Aktivitäten *reflektieren,* statt sie einfach zu *sein.* Die erste mythische Veränderung im Leben des Kindes liegt also vermutlich darin, daß es das Gefühl der Einheit mit der Welt eintauscht gegen die Erkenntnis, daß die Welt existiert, unabhängig davon, wie es selbst sie erfährt. So wie Aphrodite aus dem Schaum des Meeres geboren wurde, Athene dem Haupt des Zeus entsprang und der nordische Gott Ymir aus Wassertropfen von schmelzendem Eis entstand, so müssen sich Kinder von ihrer ursprünglichen Welt trennen und ihre Selbstidentität formen.

Die Art, wie das Kind diese Unterscheidung zwischen Selbst und Umgebung zu treffen lernt, bildet, wir sagten es schon, den Kern, um den herum sich seine Mythologie entwickeln wird. Zuerst ist ja für das Kind die Welt und alles in ihr ein Teil seiner selbst. Sowohl Vertreter der kognitiven wie auch der Objektbeziehungstheorien beschreiben den Anfang der psychischen Entwicklung als eine Bewegung in Richtung Differenzierung, die in dem Auftauchen des »anderen« resultiert. Eine »Objektwelt« entsteht, in der Kleinkinder allmählich sich selbst von anderen Ganzheiten, ob belebt oder unbelebt, unterscheiden lernen. Kegan nimmt an, daß die Art, wie die Frage, was das »Selbst« und was das »andere« sei, beantwortet würde, im wesentlichen die Logik *definiere,* die der Bedeutungsfindung eines Menschen in dieser Entwicklungsphase zugrunde liege.

Die Bedürfnisse des Ungeborenen nach Nahrung, Sauerstoff und Schutz werden im Mutterleib ganz erfüllt. Kegan meint, das Ende dieser Harmonie müsse wohl eine der dramatischen Veränderungen nach der Geburt sein, wenn der Übergang aus dem ersten psychischen Eingebettetsein beginne. Angeborene Reflexe sorgen zwar dafür, daß die Augen sich automatisch schließen, wenn helles Licht einfällt, Magenkontraktionen aber führen nicht automatisch zur Nahrungszufuhr. Das Kind muß mit solch widersprüchlichen Erfahrungen fertig werden, nicht um zur fötalen Homöostase zurückzukehren, wie Kegan sagt, sondern um der größeren Komplexität, der es plötzlich gegenübersteht, gerecht zu werden. Dennoch ist die Beziehung zwischen Kind und Mutter noch immer so von gegenseitiger Abhängigkeit gekennzeichnet, daß die Entdeckung des »anderen« eine Leistung ist, die beträchtliches Unterscheidungsvermögen erfordert. Die Dichterin Sharon Doubiago beschreibt die Intensität der Mutter-Kind-Beziehung, in der das Kind seine »frühesten, intensiven und wortlosen Gefühle der Existenz gegenüber« bildet:

In die Arme einer Frau, an ihre Brust schmiegt sich der Säugling, zutiefst erschreckt bei der Geburt durch das plötzliche Licht, die trokkene Luft, Geräusche, Luftzug, Trennung, Erschütterung. In der Berührung mit ihrem Körper empfindet er zuerst die Ekstase des Saugens, die Erleichterung von der Qual des Hungers und dem Schrekken der Isolation. Ihre Hände säubern, pflegen und streicheln sein empfindliches Hinterteil. Ihr Gesicht ist das erste, dessen Ausdruck sich im Wechselspiel mit seinem eigenen verändert. Ihre Stimme führt es in die Sprache ein: die erste Stimme, die auf die des Kindes antwortet, die das Nahen von Hilfe ankündigt, deren Lautmuster es empfindet. Sie ist diejenige, die es wiegt oder schaukelt, wenn es sich angespannt fühlt, die ihm auf den Rücken klopft, wenn es aufstoßen muß. Sie kommt, wenn es ängstlich ist oder sich langweilt und gibt ihm das Gefühl, umsorgt zu sein. Sie gibt ihm die interessanten Dinge zum Anschauen, Anfassen, Riechen und Hören, die Möglichkeit, die wachsenden Kräfte wechselseitiger Kommunikation zu nutzen, ohne die die menschliche Persönlichkeit und der Verstand – ja der Körper selbst – sich nicht entwickeln können. Das Kind ist darüber hinaus körperlich abhängig von ihr, was alle diese Dinge angeht, bis weit in eine Zeit hinein, in der es dann so weit entwickelt ist, daß es sich dieser Abhängigkeit bewußt ist.[11]

Solche Interaktionen bilden die früheste Mythologie des Kindes und bestimmen, wie es zwischen sich und seiner Mutter unterscheidet. Kegan betrachtet diese Beziehung als die erste »psychische amniotische Umgebung«, aus der sich das Kind lösen muß. »Jede qualitative Veränderung, hart erkämpft, ist eine Reaktion auf die Komplexität der Welt, eine

Reaktion im Sinne der weiteren Erkenntnis, wie verschieden die Welt und ich doch schon sind – und darum um so mehr aufeinander bezogen.«[12] Diese Unterscheidungen zwischen Selbst und anderem sind jedoch zart, zerbrechlich, unsicher. Kegan nennt sie »Balancen«, die »umkippen« können, »Ruhezustände«, bei denen »Chaos und so etwas wie Belagerungszustände um die Ecke lauern«. Die Reifung treibt den Menschen in immer neue Bereiche, in denen neue Grundsätze und Forderungen herrschen. Das Leben wird als eine Folge von Veränderungen erfahren, und der Mensch ist gezwungen, diesen Veränderungen einen Sinn zu geben, um vor einem ständig wechselnden Hintergrund innere Stabilität zu erlangen. Man verwurzelt sich in einer Lebensstruktur, und plötzlich wird weiteres Voranschreiten gefordert. Der Mensch erschafft sich die Welt, und, so Kegan, die Welt erschafft den Menschen. Mit ihren persönlichen Mythen erklären sich die Menschen, was diese Entwicklungen bedeuten und was sie mit ihnen tun können und sollen.

Das Abenteuer, Mythen zu schaffen

Zuerst sehen Kinder die Welt und alles in ihr als Teil ihrer selbst an, mit der Zeit aber erschaffen sie allmählich eine *Objektwelt,* in der sie sich von anderen Ganzheiten, belebt oder unbelebt, zu unterscheiden lernen. Dieser Aspekt der kindlichen Entwicklung spiegelt sich in Ovids Erzählung von Deukalion und Pyrrha wider: Die beiden hatten als einzige Menschen auf der Welt die große Flut überlebt. Als sie bei den Göttern um Rat fragten, wurde ihnen gesagt, daß sie, um die Welt wieder zu bevölkern, »die Gebeine ihrer Mutter« vor sich »auswerfen sollten«. Sie kamen zu dem Ergebnis, daß damit wohl ihre Mutter Erde gemeint war, über die sie noch vor kurzem in den Fluten getrieben waren. Deukalion und Pyrrha nahmen also Geröllbrocken auf und warfen sie über die Schulter. Langsam verwandelten sich diese Steine in lebende Menschen, die wie sie waren und mit denen sie nun lernten, »auf Erden zu wandeln«.

Wie Deukalion und Pyrrha hat auch das Kind eine Flut

überlebt, lebt auch in einer Welt, in der es keine von ihm getrennten anderen gibt, und reagiert auf die Ermahnungen der Götter, die Entwicklung dieser Welt zu fördern. Ähnlich wie in dem griechischen Mythos, den Ovid erzählt, müssen Kinder die Gebeine ihrer Mutter vor sich auswerfen und andere in ihrer Welt erschaffen, mit denen sie in Beziehung treten können. Dabei reagieren sie besonders sensibel auf die »Erderschütterungen«, wenn ihre Mutter kurz abwesend oder fortgegangen ist. Verschwindet die Mutter aber tatsächlich für lange Zeit, dann scheint der Boden selbst, auf dem das Kind steht, auseinanderzufallen. Ein Kind, dessen Mutter stirbt, während seine Identität noch mit ihr verschmolzen ist, hat nicht die Gelegenheit, die psychische Trennung zu vollenden, die an diesem Entwicklungsknotenpunkt verlangt wird. Es hat vielleicht das Gefühl, daß seine eigenen Gebeine, nicht die der Mutter, *ausgeworfen* wurden. Die Mythologie, die es danach entwickeln wird, treibt es vielleicht immer wieder in schwierige symbiotische Beziehungen mit anderen Menschen. Solche Beziehungen sind, psychologisch gesehen, der Versuch, die nie wirklich aufgelöste Ureinheit mit der Mutter wiederherzustellen; sie sind belastet von den unsichtbaren mütterlichen Gebeinen, die das Kind – oder der Erwachsene – noch immer mit sich herumschleppt, sie geben ihm allerdings auch immer wieder die Möglichkeit, diese Gebeine symbolisch endlich auszuwerfen.

In Kegans Spirale taucht das Thema des Eingebettetseins und der Trennung auf jeder Entwicklungsstufe wieder auf, wobei es immer neue Dimensionen und Bedeutungen annimmt. Die Art, wie diese Entwicklungskrisen auf den verschiedenen Stufen gelöst werden, kann das weitere Leben wie ein roter Faden durchziehen. Die Anpassung auf jeder neuen Stufe baut auf vorangegangenen Anpassungsleistungen auf. Jede neue Adaptation ist aber nicht einfach eine Wiederholung der vorherigen – sie bietet immer wieder die Möglichkeit, ungelöste Konflikte aus früheren Entwicklungskrisen zu lösen, bringt ihre ganz eigenen Schwierigkeiten mit sich und damit zugleich die Herausforderung, eine ganz neue Form mythischer Lösung zu erreichen.

Wenn das Kind sich psychisch aus der Ureinheit gelöst

hat, richten sich die frühesten mythischen Strukturen, die sein Handeln leiten, vermutlich darauf, wie es seine Bedürfnisse befriedigen kann, wie es etwa Nahrung bekommt, sich warm hält und seine Neugier stillt – und auch, wie es die Anerkennung der Erwachsenenwelt erlangt, damit jene anderen, grundlegenden Bedürfnisse erfüllt werden. Seine Denk- und Sprachfähigkeit sind noch nicht weit genug entwickelt, als daß es solche Mythen in Selbst-Feststellungen oder Geschichten umsetzen könnte, aber Prototypen solcher persönlichen Mythen finden sich in Traumbildern und spontanem Spielverhalten.

Piaget beschrieb jedes Stadium der kognitiven Entwicklung auch als das Erlangen eines neuen Gleichgewichts zwischen dem Individuum und der Umwelt. Anstatt das Wachstumspotential vornehmlich im »geschlossenen System« des Organismus (wie die frühen Psychoanalytiker) oder der Umwelt (wie die frühen Behavioristen) anzusiedeln, sah Piaget sowohl den Menschen als auch seine Umwelt innerhalb eines dynamischen Systems von Interaktionen und Bemühungen um Gleichgewicht. In Piagets Modell richtet sich die Aufmerksamkeit, so Kegan, nicht so sehr auf die Verschiebungen in einem inneren Gleichgewicht, als «auf ein Gleichgewicht in der Welt, zwischen dem immer individuelleren Selbst und dem weiteren Lebensumfeld, eine Interaktion, die durch die Realität bestimmt wird, aber auch ihrerseits die Realität formt«.[13] Kleine Kinder entwickeln neue Organisationsformen der physischen Welt aufgrund ihres eigenen Handelns in dieser Welt – nicht so sehr deshalb, weil Erwachsene sie dazu anleiten oder weil solche Organisationsformen sich in ihnen entfalten wie etwa physiologische Entwicklungen.

Piaget beschrieb das *sensomotorische,* das *voroperationale,* das *konkret-operationale* und das *formal-operationale* Stadium, deren jedes durch einen anderen Typ kognitiver Aktivität, durch die man seinen Erfahrungen einen Sinn gibt, gekennzeichnet ist.[14] Die Arbeiten anderer Forscher haben gezeigt, daß die Phasen der kognitiven Entwicklung nicht so klar unterscheidbar oder vorhersagbar sind, wie Piaget dies dargestellt hat. Nichtsdestoweniger hat seine Typologie der unterschiedlichen Arten kindlicher Logik großen

Einfluß auf die Untersuchung des Denkens gehabt. Kegans Modell kombiniert die Neopiagetsche Theorie mit der Theorie der Objektbeziehungen, so daß es sich nicht auf die kognitive Entwicklung beschränkt, sondern auch erklärt, wie sich das *Gefühl für das eigene Selbst* aus Person-Umwelt-Interaktionen entwickelt. Kegan sieht sechs primäre Bereiche des Gleichgewichts im Zyklus von Eingebettetsein und Auftauchen, der die Aktivitäten der Bedeutungsfindung im Leben eines Menschen charakterisiert. Die ersten drei dieser Bereiche entsprechen ziemlich genau den ersten drei Stufen von Piaget. Kegans *inkorporative Balance* ähnelt Piagets sensomotorischer Phase, wie wir sie oben beschrieben haben. Da hier noch keine Unterscheidung zwischen »Selbst« und »anderem« besteht, wird auf dieser ersten Stufe der Entwicklung jede Erfahrung dem Selbstgefühl des Kindes einverleibt *(inkorporiert).* Freuds erstes Stadium der psychosexuellen Entwicklung, das orale, beschreibt auch diese assimilierende, einverleibende Haltung der Welt gegenüber.

Die zweite Stufe auf Kegans Spirale, das *impulsive Gleichgewicht,* korrespondiert mit Piagets voroperationalem Stadium der kognitiven Entwicklung. Kleinkinder treten aus ihrer Einheit mit der Umwelt heraus und können nun Objekte als verschieden von sich selbst erkennen, doch befinden sich diese *Selbst-anderer-Unterscheidungen* noch in einem fragilen Gleichgewicht. Objekte existieren für das Kind noch nicht unabhängig von seiner Wahrnehmung. Es kann auch noch nicht zwei Wahrnehmungen zugleich im Kopf behalten, so daß solch geistige Operationen wie Vergleiche ziehen noch nicht möglich sind. Bei jenen bekannten Experimenten, in denen Vorschulkinder meinen, daß ein hohes, dünnes Gefäß mehr Flüssigkeit enthalte als das breite, niedrige Gefäß, aus dem die Flüssigkeit gerade umgefüllt wurde, komme diese unrichtige Beurteilung genau deshalb zustande, so Kegan, weil die Kinder sich selbst noch nicht von ihren Wahrnehmungen trennen können. Ein Vorschulkind kann die geistigen Operationen nicht durchführen, mittels derer Wahrnehmungen genau kodiert oder präzise Erinnerungen (die man mit der laufenden Wahrnehmung vergleichen könnte) abgerufen werden können. Kegan ist der Ansicht, daß der Begriff »Impuls« als psychologische Kategorie strukturell dem der »Wahrnehmung« entspricht, im Sinne dieses Stadiums der Bedeutungsfindung beim Kind. Während das Kind im inkorporativen Stadium in Gefühle und Reflexe *eingebettet* war, sind Vorschulkinder in Wahrnehmungen, Impulse und Phantasien eingebettet. Sie *haben* nicht Impulse, sie *sind* ihre Impulse. So wie Piaget beobachtete, daß Vorschulkinder die Objektwelt in ihrer Konkretheit nicht erfahren können, weil ihnen die Fähigkeit, zwei Wahrnehmungen gleichzeitig festzuhalten, fehlt, so sind sie auch nicht in der Lage, Ambivalenzen zu empfinden. Sie bewegen sich hin und her, vertreten leidenschaftlich erst einen Standpunkt, dann den anderen und sind unfähig, zugleich zwei Gefühle zu einer einzigen Sache zu haben. Das erklärt auch die Sprunghaftigkeit ihrer Aufmerksamkeit. So richten sie sich in der Beurteilung einer Handlung auch eher nach den Konsequenzen, die sie hat, als nach den Absichten, die dahinterstehen. Das Gefühl für das eigene Selbst ist noch nicht so weit entwickelt, daß es als Bezugsrahmen dienen könnte, in dem die widerstreitenden Impulse erfahren werden; die Impulse und Phantasien des Kindes *sind* in diesem Augenblick das Selbst des Kindes.

Das Moralempfinden mancher antiker Götter spiegelt interessanterweise eher dieses voroperationale Stadium des Denkens wider als irgendwelche höheren Entwicklungsstufen. So tötete die griechische Göttin Artemis den Callisto mit einem Pfeil, weil Zeus sich ihm, in Gestalt der Artemis, in amouröser Stimmung genähert und mit seinen Verführungskünsten auch Erfolg gehabt hatte. Artemis fühlte sich entehrt, obwohl der unglückliche Callisto einfach das Opfer eines bösen Streichs geworden war. Kama, der Hindu-Gott der Liebe, war von Natur aus sorglos und leichtfertig. Eines Tages störte er Shiva versehentlich während einer Meditation. Shiva tötete Kama sofort, und infolgedessen, so heißt es, siechten Tiere und Pflanzen auf der Erde dahin. In beiden Fällen wurde die *Absicht* einer Handlung für weniger wichtig gehalten als ihr *Ergebnis*.

Während Kinder in diesem Stadium fähig sind, Objekte als getrennt von sich selbst wahrzunehmen, werden die

Erfahrungen mit diesen Objekten von den unmittelbaren Wahrnehmungen des Kindes bestimmt. Wenn sich die Wahrnehmung des Objekts ändert, dann hat sich *das Objekt selbst* geändert. In der Mythologie vieler Vorschulkinder legt sich also die Sonne am Abend ins Bett und erwacht am Morgen wieder. Manche Kinder glauben, daß die Gestalten aus ihren Träumen im Kinderzimmer wohnen; andere meinen, der Traum säße in ihren Augen und Ohren, da sie ihn ja sehen und hören. Auf dieser Entwicklungsstufe sind Kinder oft dem »magischen Denken« verhaftet; in ihrer persönlichen Mythologie verwandeln sich Männer in Frauen, Tiere in Menschen, und Tote werden wieder lebendig, wenn man sie mit einem Zauberstab berührt oder ein geheimes Wort ausspricht. Die Schaffung von Mythen kombiniert in diesem Stadium die wirkliche Welt mit der Welt der Vorstellungen und Träume. Scheinbare oder ersehnte Veränderung wird oft für wirkliche Veränderung gehalten. Die Kinder glauben zum Beispiel, jemand, der in ihrem Schlafzimmer sitzt, könne ihre Träume miterleben. Und wenn sie aus einem schrecklichen Alptraum erwachen, dann ist es oft schwierig, sie damit zu beruhigen, daß es »ja nur ein Traum« war. Das voroperationale Denken verwechselt oft auch Ursache und Wirkung, so daß in der Mythologie des Vorschulkindes die hohe Temperatur auf dem Fieberthermometer für das Fieber verantwortlich gemacht wird.

Gleichgewichtszustände, die in der Abfolge der Entwicklung nicht vollständig absolviert wurden, können das weitere Leben mitbestimmen. Wenn bestimmte Bereiche in der Art, wie ein Erwachsener sich Mythen schafft, auf der voroperationalen Stufe hängenbleiben, dann kann es etwa geschehen, daß dieser Mensch sich an jemandem rächt, der irgendwie in Verbindung steht mit einem Konflikt, ohne jedoch im mindesten dafür verantwortlich zu sein. Eine Frau, deren Muster der Wirklichkeitskonstruktion auf dieser Stufe fixiert sind, glaubt vielleicht, ihr Mann liebe sie nicht, wenn er nicht zu Hause sei. Voroperationales Denken konzentriert sich auf die statischen Aspekte der Wirklichkeit und kann ihre dynamischen Elemente, wie etwa die Absichten eines Menschen, nicht integrieren. Es kann sich übrigens auch in der Traumstruktur Erwachsener spiegeln; so zum Beispiel, wenn ein Vater träumt, er schlüge sein Kind, nachdem es eine seiner geliebten Trophäen versehentlich kaputtgemacht hat.

Wie bei jedem dieser Gleichgewichtszustände kommt auch hier der Moment, in dem sich das Eingebettetsein in die eigenen Impulse allmählich auflöst und das Kind die nächste Stufe der Entwicklungsleiter erklimmen muß. Kegan setzt diese nächste Phase, in der Kinder sich weder voll mit ihren Impulsen identifizieren, noch sich ganz davon trennen können, in Beziehung zu Freuds ödipaler Phase. Freud legte ja großes Gewicht auf das, was Kegan die zweite physische »Eihülle« nennt – die menschliche Umgebung, die bei der Geburt dieser neuen Persönlichkeit assistiert, welche aus ihr hervorgegangen ist. Die erste »Eihülle« war das Eingebettetsein in das Leben der Empfindungen und Reflexe. Kegan beschreibt das Auftauchen aus diesem Gleichgewichtszustand als die *Geburt des Objekts* und das Auftauchen aus dem Eingebettetsein in das Leben der Impulse, den ödipalen Übergang, als die *Geburt der Rolle.*

Es geht weit über den Rahmen dieses Buches hinaus, die Beziehungen zwischen Kegans Gleichgewichtszuständen und den übrigen Entwicklungsstadien Piagets im Detail darzustellen oder den komplexen Prozessen nachzuspüren, die die Entwicklung der persönlichen Mythologie durch Kindheit und Jugend begleiten. Dieses Territorium haben Kegan, Erikson, Fowler, die Theoretiker der Objektbeziehung und andere schon genug bearbeitet. Wir wollen uns hier nun den Prozessen zuwenden, die bei der Mythenbildung des Erwachsenen ablaufen, und der Art, wie eine persönliche Mythologie im Leben des reifen Menschen entsteht.

Mythische Übergänge beim Reiferwerden des Erwachsenen

Bei Erwachsenen ist die Entwicklung der persönlichen Mythologie weniger an die physiologische und kognitive Reifung geknüpft. Je höher man in der Entwicklungsspirale steigt, desto mehr sind neue Richtungen auf die mythologischen Konstrukte aus früheren Entwicklungsphasen bezogen, und desto weniger auf biologische Veränderungen. Die psychischen Identifikationen, die man für jede wichtige Entwicklung überwinden muß, werden weniger von der Reifung körperlicher oder geistiger Fähigkeiten abhängig sein. Darum verlaufen die Entwicklungsstadien im Erwachsenenleben auch weniger regelhaft und gleichförmig als die der kindlichen Entwicklung. In ihrer biologischen Struktur und den entsprechenden Kindheitskrisen sind sich die Menschen ziemlich ähnlich; doch in ihrer mythischen Erbschaft unterscheiden sie sich immer mehr voneinander, je älter sie werden.

Das Auftauchen aus einem psychischen Eingebettetsein kann zu einer Entwicklungskrise werden, die früheren und ursprünglicheren Übergängen ähnlich ist. Einige Themen tauchen im Leben des Erwachsenen immer wieder auf; sie haben gewissermaßen ihre eigenen Entwicklungsspiralen, eigene Zyklen von Eingebettetsein und Auftauchen. Wir haben dieses Spiralmuster immer wieder beobachten können, wenn unsere Klienten sich mit Kernthemen des Lebens wie *Liebe, Arbeit, Gesundheit* und *Glauben* herumschlugen. Gesundheit zum Beispiel taucht als Thema vielleicht nie auf, bis man einmal ernsthaft krank wird – bis zu diesem Augenblick ist der Mensch in seiner Gesundheit psychisch »eingebettet«. Erst dann passiert die Trennung zwischen dem eigenen Selbst und der Gesundheit; diese Trennung muß nun wieder ausgeglichen werden, eine Aufgabe, die entfernt an das Bedürfnis des Kindes erinnert, die Erkenntnis der Getrenntheit von der Mutter, daß aus *ich* ein *nicht-ich* geworden ist, zu verarbeiten. Ähnliche Identifikations-Trennungs-Zyklen ergeben sich auch mit denen, die man liebt, im Beruf und im religiösen Glauben oder mit dem Verständnis des Kosmos. Für den Betroffenen sieht es meist so aus, als wären diese Themen, die er durcharbeiten muß, unabhängig voneinander. Die *holographische Natur persönlicher Mythen*, von der wir schon gesprochen haben, legt jedoch nahe – und das entspricht auch unseren Beobachtungen –, daß bestimmte mythische Kernmuster in alle Bereiche der Mythologie eines Menschen hineinreichen.

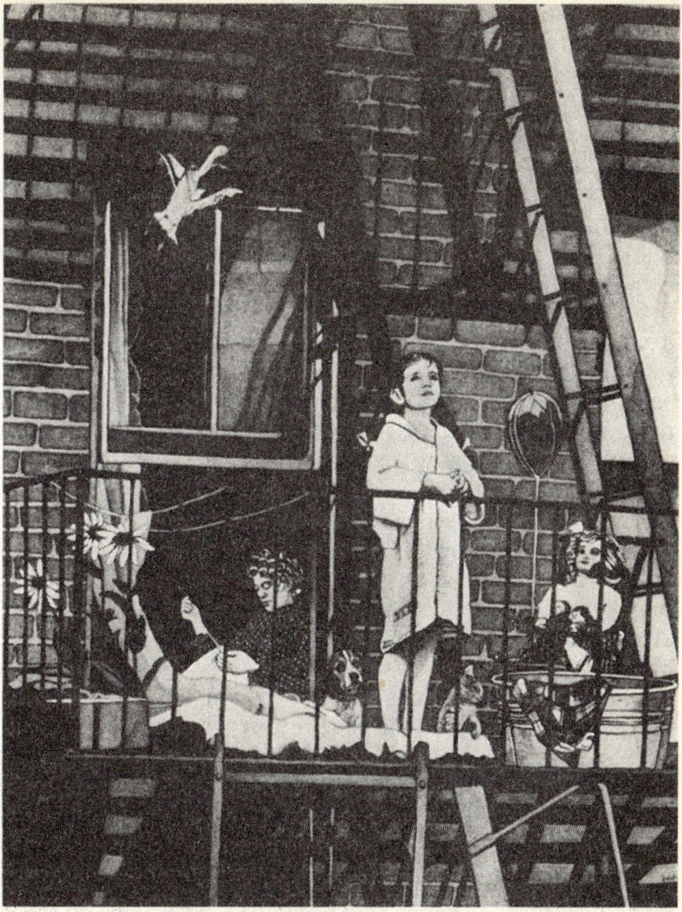

Persönliche Mythologie im Lebensverlauf.

Wenn ein Mensch sich allmählich aus einem bestimmten psychischen Eingebettetsein löst – wenn etwa die Gesundheit, zuvor etwas Selbstverständliches im Hintergrund der Mythologie, nun in den Vordergrund tritt und Aufmerksamkeit fordert –, dann werden neue Ebenen des Selbstverständnisses erreichbar. Diese notwendige Trennung von der psychischen Identifikation mit der alten Konstruktion der Wirklichkeit bedroht jedoch auch die Integrität der bestehenden Mythologie. Karriereziele werden vielleicht bis in die Lebensmitte hinein nicht hinterfragt, bis allmählich klar wird, daß man sie nicht so, wie man sich das vorgestellt hat, erreichen wird. Dann bricht oft eine Lebenskrise aus, deren Auswirkungen man am besten in ihren mythischen Dimensionen begreift. Die früheste Entsprechung einer solchen Bedrohung ist die Trennungsangst des Kleinkinds. Kegan betont, daß Trennungsangst erst dann auftritt, wenn das Kind – etwa ab dem zehnten Lebensmonat – zwischen dem Selbst und dem anderen, also dem Betreuer, unterscheiden kann. Sobald die Trennung ganz vollzogen ist (etwa im Alter von 21 Monaten), wird das ängstliche Verhalten seltener und schwächer. Kegan stellt die These auf, daß in der kritischen Phase zwischen dem neunten und dem 21. Lebensmonat, wenn der Betreuer zwar schon aus dem Hintergrund in den Vordergrund getreten, aber noch nicht klar zu unterscheiden ist, der Verlust dieses Menschen als der Verlust des eigenen Selbst erfahren wird und darum so schreckerregend ist. Während der zentralen Übergangsphasen der Erwachsenenentwicklung »sind wir jedesmal für eine qualitativ neue Art der Trennungsangst anfällig«.[15] Wenn ein vorherrschender persönlicher Mythos, der sich auf unser Selbst-Konzept oder andere Kernfragen des Lebens bezieht, in Frage gestellt wird, treten oft Gefühle auf, die der Trennungsangst entsprechen.

Hat man sich aus einem psychischen Eingebettetsein allmählich herausgelöst, dann ist das kognitive System darauf ausgerichtet, eine Wiedervereinigung mit dem Objekt, mit dem es einst verschmolzen war, zu verhindern. Kegan bezeichnet dies als »Abstoßung, ein evolutionäres Wieder-Erkennen, daß, was zuvor ich war, nun nicht-ich ist«.[16] Ehe also der neue Gleichgewichtszustand sich voll etabliert hat, schwingt das kognitive Pendel mit großer Kraft fort von dem, mit dem es einst identifiziert war. Ken Wilber beschreibt dieses Muster als *das oberste Gesetz mythologischer Entwicklung:* »Die geheiligten Vorstellungen des einen Entwicklungsstands werden zu den Dämonen, Teufeln und entthronten Göttern der nächsten Evolutionsstufe ... werden nun als etwas betrachtet, das man bekämpfen, unterdrücken, ja sogar verachten soll.«[17]

Und wieder ist das Konzept einer Dialektik zwischen einem alten vorherrschenden und einem neu auftauchenden Gegen-Mythos das beste Modell, mit dem sich der Spiralverlauf dieser Entwicklungsphänomene erklären läßt. Für die reiferen Stufen der kognitiven Entwicklung reicht Piagets Theorie einfach nicht mehr aus.[18] Klaus Riegel hat dementsprechend auch den Vorschlag gemacht,[19] dialektisches Denken als eine Fähigkeit anzusehen, die auf Piagets letztes Stadium des *formal-operationalen Denkens* folgt. Seine Formulierung entspricht dem Modell der mythischen Entwicklung des Menschen, wie wir es im zweiten und sechsten Kapitel beschrieben haben. Michael Basseches unterzog Riegels Modell später einem empirischen Test und fand, daß erhöhte intellektuelle Reife tatsächlich mit einer kognitiven Organisation einhergeht, die auf einer Weiterentwicklung des dialektischen Denkens beruht.[20] Der Psychologe John Curtis hat eine Tabelle entworfen, die die Entwicklungstheorien von Piaget, Erikson und Freud als eine Reihe dialektischer Auseinandersetzungen darstellt, ausgehend von »Voroperationalismus vs. Autismus im Säuglingsalter« bis hin zu »Erleuchtung vs. Senilität im Alter«.[21] Ein Teil der Erklärungskraft der Mythologie liegt, wie Lévi-Strauss gezeigt hat, in ihrer Fähigkeit begründet, Gegensätze sinnvoll zu vereinen.[22] Die Entwicklung der persönlichen Mythologie eines Menschen kann man als Abfolge mythischer Lösungen in einem sich ständig erweiternden Universum polarer Gegensätze sehen.

Jeder Lösung geht der Verlust eines Gleichgewichtszustandes voraus, der dem Individuum eine Zeitlang mehr oder weniger gut gedient hat. Schließlich aber werden die Leitmythen, die zu dieser Balance geführt haben, immer problematischer. Robert Abelson meint, die wesentliche Einsicht des Psychotherapeuten sei die, daß »der Grundstoff der Neurose darin besteht, daß man immer wieder Situationen der Gegenwart in Begriffen *einer feststehenden Metapher* konstruiert, das heißt, anhand einer unangemessenen Ähnlichkeit mit einer entscheidenden Situation der Vergangenheit«.[23] So haben wir beobachtet, daß, wenn das Gleichgewicht in der Mythologie eines Menschen in Unordnung geraten ist, die Häufigkeit von Situationen, die eine veraltete »festgelegte Metapher« wachrufen – was Fritz Perls das »unerledigte Geschäft« nannte –, deutlich erhöht ist. Margret berichtete von einer Zeit, in der jede Beziehung sich um das Problem, den Erwartungen anderer zu entsprechen, zu drehen schien.

Jung schreibt, daß, wenn Menschen vor einer schwierigen Aufgabe stehen, die sie mit ihren gegenwärtigen Kräften nicht lösen können, »die Libido sich von dem jetzigen Problem zurückzieht ... und im Unbewußten eine mehr oder weniger primitive Analogie zu der bewußten Situation schafft, zugleich damit auch eine frühere Art der Adaptation«.[24] Manchmal scheinen auch die Leitlinien des alten Mythos, der zuvor immer so effektiv gearbeitet hat, einfach nicht mehr zu funktionieren. Zur gleichen Zeit, da seine Träume ihm nahebrachten, er solle es »sich leichter machen«, merkte Frank, daß er sich mehr denn je auf sein großes Organisationstalent verließ, daß es ihn aber auch allmählich im Stich ließ. Früher hatte er ein ungewöhnliches Geschick darin gehabt, aus guten Gelegenheiten befriedigende Projekte zu machen; nun aber merkte er, wie ihn diese Projekte, die er da entwarf, immer mehr niederdrückten. Manche Menschen haben, lange nachdem sie ein neues mythisches Selbstbild integriert hatten, immer noch gespürt, wie das alte Selbst, mit dem sie sich schon lange nicht mehr identifizierten, noch oft zu dominieren schien. Herrschende mythische Strukturen sterben schwer.

Um unsere These zusammenzufassen: Der entscheidende Punkt in dem Prozeß, durch den die persönliche Mythologie eines Individuums entsteht, ist die Dialektik zwischen früheren Konstruktionen der Wirklichkeit und neuen, die allmählich auftauchen. Dieser Prozeß unterliegt bestimmten Gesetzen und wird – durch Schwächen der vorherrschenden mythischen Struktur – bei der Assimilation oder Akkomodation neuer Erfahrungen, die mit der Integrität des Menschen übereinstimmen, gefördert. Aus solchen Funktionsausfällen des alten Mythos entsteht, vorhersagbar, aber oft unbewußt, ein Gegen-Mythos, und folglich ein neuer dialektischer Prozeß. Zu Beginn unseres Lebens sorgt die Abfolge biologischer und kognitiver Entwicklungen dafür, daß bestehende Strukturen in Frage gestellt werden, und zwar nach mehr oder weniger einheitlichen Grundsätzen – so wie es Kegan in seiner Synthese aus Objektbeziehungstheorie und neo-piagetscher Theorie detailliert beschrieben hat. Beim Erwachsenen verlieren die primären Konstruktionen der Wirklichkeit vor allem durch die psychosoziale Weiterentwicklung ihre Funktion und weniger durch körperliche Reifungsprozesse. Solche Veränderungen beschleunigen wahrscheinlich das Entstehen mythischer Gegen-Strukturen, und ein dialektischer Prozeß ist die Folge, der in etwa nach dem Muster unseres Fünf-Stufen-Modells (Kapitel vier bis acht) verläuft. Mittelpunkt solcher Krisen in der persönlichen Mythologie kann das Selbstgefühl sein, aber auch all die anderen Grundthemen des Lebens wie Beziehungen, Beruf oder Glaube.

Die mythische Entwicklung durch das Fenster des Traums gesehen

Träume im Zusammenhang mit der sich entwickelnden Mythologie eines Menschen zu verstehen, erhellt nach unserer Erfahrung beide Phänomene. Persönliche Mythen verändern sich beständig im Laufe des Lebens, und zugleich entwickelt sich die Konstruktion der Wirklichkeit weiter – Träume sind an diesem Prozeß beteiligt und auch seine Marksteine. Wir haben versucht, das Wissen über die psychische Funktion der Träume mit unseren Beobachtungen über die Entwicklung der persönlichen Mythologie zu kombinieren. Die wesentliche Funktion der Träume – in Beziehung zu der sich entwickelnden persönlichen Mythologie des Träumers –

ist, so meinen wir, daß *die Seele in den Träumen neue Erfahrungen in den Begriffen des alten Mythos und der neu entstehenden mythischen Strukturen interpretiert.* Diese Formulierung stimmt sowohl mit der Literatur zum Traum überein als auch damit, wie persönliche Mythen sich offenbar entwickeln,[25] und sie liefert einen Bezugsrahmen zum Verständnis der Träume, der dieselbe mythische Sprache wie die Träume verwendet.

Wichtigste Voraussetzung, um die Entwicklung der persönlichen Mythologie eines Menschen zu verstehen, ist der dialektische Prozeß zwischen einer vorherrschenden mythischen Struktur und einem Gegen-Mythos. Wenn Erfahrung und persönliche Mythologie unvereinbar sind, dann ist es häufig Sache des Traumlebens, diesen Unterschied auszugleichen, und so machen Träume oft den ersten flüchtigen Blick auf Veränderungen in der Mythologie eines Menschen möglich. Manche Träume sorgen auch dafür, daß Erfahrungen uminterpretiert werden, so daß sie mit bestehenden mythischen Strukturen übereinstimmen, ein Vorgang, der Piagets Konzept der Assimilation vergleichbar ist. Andere Träume machen die Schwächen in der mythischen Struktur deutlich und fördern ihre Anpassung, damit sie laufende Erfahrungen eher aufnehmen kann – dies entspricht Piagets Begriff der Akkomodation. Solche Träume zeigen, wie die mythische Struktur den Dienst versagt oder doch zumindest in der Funktion versagt, neue Erfahrungen angemessen zu erklären. Andere Träume erzeugen alternative mythische Strukturen, Gegen-Mythen, die uns helfen, unsere Erfahrungen einzuordnen und unseren Hoffnungen eine Zufluchtstätte zu bieten. Wieder andere vermitteln zwischen älteren mythischen Strukturen und diesen neuen Möglichkeiten. Träume können auch als Medium für archetypisches Material dienen und als *Arena* für das Zusammentreffen bestehender mythischer Strukturen mit solch geheimnisvollen Erfahrungen. Wir haben die Beobachtung gemacht, daß diese geheimnisvollen Träume alte Mythen oft ganz plötzlich in Frage stellen, außerordentlich beflügelnde Gegen-Mythen hervorbringen können und ganz allgemein dabei helfen, den Rahmen, innerhalb dessen wir uns mit unseren Alltagsproblemen herumschlagen, beträchtlich zu erweitern.

Versteht man Träume als Fenster, die uns den Blick auf ein Entwicklungsdrama von mythischen Ausmaßen gestatten, dann hebt dies unsere Anstrengungen, uns selbst zu verstehen, auf ein höheres Niveau. Zu wissen, daß Träume ins psychische Umfeld sich entwickelnder und oft miteinander kämpfender persönlicher Mythen gehören, hilft uns, den Sinn unserer Träume zu verstehen und auch die Beziehung, in der sie zu den Aufgaben stehen, die unsere Weiterentwicklung uns stellt. Es stimmt uns auch ein auf die ganz feinen inneren Veränderungen, so daß wir sie früher erkennen und Entwicklungskonflikte harmonischer lösen können. Andere Begriffssysteme mögen in anspruchsvollere und ausgefeiltere theoretische Konstrukte eingefügt sein – unser Modell aber stellt eine Art Vergrößerungsglas zur Verfügung, das nur zu dem Zweck hergestellt wurde, den Sinn unserer Träume zu entdecken. Die Traumaktivität kann unter dieser Perspektive folgendermaßen zusammengefaßt werden:

Tabelle 1:
Mythische Sichtweise von Traumsymbolen und Traumereignissen

Funktion des Traums		
Stützt alten Mythos	Schafft/Stärkt Gegen-Mythos	Integriert widersprüchliche Mythen
Zeitlicher Schwerpunkt		
Rekonstruiert Vergangenheit	Verarbeitet Tagesreste	Wägt mögliche Zukunft ab

Die Funktion eines Traumes bzw. seiner Symbole oder Handlung kann unter anderem darin bestehen, einen vorherrschenden Mythos zu stützen, einen Gegen-Mythos zu schaffen und zu stärken oder die Lösung von Konflikten zwischen einem alten und einem neu entstehenden Mythos voranzutreiben. Der zeitliche Schwerpunkt eines Traums bzw. seiner Symbole oder Handlung kann auf der Rekonstruktion der Vergangenheit liegen, der Verarbeitung jüngerer Erfahrungen oder dem Abwägen zukünftiger Möglichkeiten. Träume zu alten Mythen können in der Vergangenheit, Gegenwart oder Zukunft angesiedelt sein, desgleichen Träume zum Gegen-Mythos oder zur Konfliktlösung; darum betonen wir den zeitlichen Schwerpunkt, um die mögliche Verwirrung zu vermeiden, wenn etwa ein Mythos aus der Vergangenheit im Traumzusammenhang in der Zukunft erscheint. Wenn man der zeitlichen Dimension Rechnung trägt, ist es einfacher, die Traumbotschaft in bezug auf die Entwicklung der eigenen Mythologie herauszufiltern.

Den alten Mythos aufrechterhalten. Eine Frau von 42 Jahren, die sich immer noch von den tyrannischen Anordnungen ihrer Eltern beherrschen ließ, träumte den folgenden Traum, kurz nachdem sie ihrem Therapeuten erzählt hatte, sie mache Fortschritte dabei, sich dem Zugriff dieser Anordnungen zu entziehen:

Ich ging eine Straße in einem irgendwie verwahrlosten Viertel entlang, als ich zwei Männer auf Motorrädern bemerkte, beide ziemlich stämmig und groß. Einer sagte: »Du kommst mit uns.« Ich sagte: »Nein, das tue ich nicht«, aber ich war furchtbar erschrocken, als er mich ansprach.

So wie dieser Motorradfahrer sagen viele Traumsymbole dem Träumer, daß der alte Mythos noch immer eine starke Macht in ihrem Leben darstellt, ungeachtet neuer Überzeugungen und Glaubenshaltungen. Solche Träume können den vorherrschenden Mythos unterstützen, besonders dann, wenn äußere Erfahrungen nicht mit ihm übereinstimmten, oder aber sie stärken ihn gegen die innere Herausforderung durch einen neuen Gegen-Mythos. T. M. French hat solche Traumaktivitäten zusammenfassend dargestellt; er beschreibt die »kognitive Struktur« von Träumen als Konstellation aus abwehrenden und integrierenden Mechanismen, die ähnliche Probleme und Lösungen aus der Vergangenheit zu einem gegenwärtigen emotionalen Dilemma in Beziehung setzen.[26] Akkomodation und Assimilation sind auch hier wirksam. Wenn der Traum eine unstimmige Erfahrung in den alten Mythen assimilieren kann, dann vermindert sich der Konfliktdruck, und der alte Mythos wird gestärkt. Kann allerdings das Traumleben neue Erfahrungen nicht in alte mythische Strukturen einpassen bzw. die neuen Erfahrungen aufnehmen (akkomodieren), indem es diese Strukturen verändert, dann gerät das Gleichgewicht des kognitiven Systems leicht ins Wanken.

Der zeitliche Schwerpunkt kann auch Informationen über Ziel und Zweck von Träumen liefern, die dazu dienen, den alten Mythos zu unterstützen. Sind solche Träume in irgendeiner Weise in der Vergangenheit angesiedelt – taucht etwa ein Freund aus der Kindheit darin auf –, dann spricht das dafür, daß der alte Mythos tatsächlich noch gilt, auch wenn neuere Erfahrungen dem widersprechen. Andere Träume arbeiten frische Erfahrungen auf. Freud beobachtete, daß in Träumen »oft Reste des vergangenen Tages aus der Aktivität des wachen Lebens übriggeblieben sind und daß es nicht möglich war, die gesamte Energiemenge von ihnen abzuziehen«.[27] Die vermutlich wichtigste Funktion von Träumen ist die, Tagesreste in bestehende mythische Strukturen zu assimilieren. Träume, die in der Zukunft spielen, haben oft den Zweck, die alte mythische Struktur aufrechtzuerhalten, indem sie eine Vision ihrer weiterbestehenden Herrschaft präsentieren, umgeben von einer Aura der Schicksalhaftigkeit.

Einen Gegen-Mythos schaffen oder stärken. Ein späterer Teil des Traums, den wir vorhin angeführt haben, bringt einen Gegen-Mythos zum Ausdruck. Im Traum tötete die Träumerin den ersten Mann, und dann:

lief der zweite Mann zu mir herüber, und ich nahm dieselbe Waffe, mit der ich den ersten getötet hatte, und stieß sie in seine Brust, und ich erinnere mich, wie ich sie eindringen fühlte, und das war wirklich ein starkes Gefühl. Es dauerte wahrscheinlich nur den Bruchteil einer Sekunde, aber ich erinnere mich, wie die Waffe in sein Fleisch drang und dann steckenblieb und wie es ihn hintenüber warf und ich über ihm kniete. Er sagte zu mir: »Ich glaube nicht, daß ich sterben werde, ich habe zuviel Leben in mir.« Und ich sagte etwas wie: »O doch, du wirst!« Als ich das sagte, war ich wirklich froh, ich freute mich wirklich, daß ich ihn getötet hatte und daß er bald wissen würde, daß er sterben müsse. Ich hatte also so ein Siegergefühl. Ich war ihm körperlich überlegen, und ich hatte den Feind getötet.

Freud schreibt, daß manchmal »die Tätigkeit des Wachlebens im Laufe des Tages dazu führt, daß ein unbewußter Wunsch aufgerührt wird«.[28] Wunscherfüllung kann oft der Impuls sein, der zur Entwicklung von Gegen-Mythen führt, die im Dienste unerfüllter Bedürfnisse und Wünsche stehen. Unsere Beobachtungen lassen tatsächlich vermuten, daß der Gegen-Mythos anfangs auf der Logik des Lustprinzips basiert. Doch man findet in ihm auch die Anlage zu konstruktivem Handeln und Entwicklungsfortschritt, die nicht nur als Reaktion auf unerfüllte Wünsche entstehen, sondern auch als Kompensation von Mängeln in der vorherrschenden mythischen Struktur. In der Jungschen Analyse wird der Traum sogar als Kompensation gesehen, »durch die das Unbewußte in symbolischer Form eine ausgleichende oder homöostatische Reaktion auf die einseitige Position der bewußten Einstellung zum Ausdruck bringt«.[29] Ullman hat über den Sinn und Zweck solcher Träume, in denen »neue Ebenen der Selbstwerdung um Ausdruck kämpfen in einem Bereich, in dem veraltete Techniken der Selbsttäuschung allmählich schwächer werden und zusammenbrechen«, eine Zusammenfassung erstellt.[30]

Natürlich können solche Träume sehr schnell von einem Gefühl des Triumphs zu Angst und Unsicherheit überwechseln, wenn die alte mythische Struktur wieder die Herrschaft über Wahrnehmungen und Interpretationen übernimmt. Die Frau, die in ihrem Traum die Gestalten tötete, die ihren tyrannischen alten Mythos repräsentierten, träumte so weiter: »Mir ging es wirklich gut, und dann schoß mir plötzlich durch den Kopf: O Gott, was hast du getan; du hast zwei Menschen getötet. Und das Schlimmste war nicht einmal, daß ich sie getötet hatte, sondern daß es mir dabei so gut ging.« Manche Träume stellen zwar den Gegen-Mythos nicht genau dar, aber sie signalisieren doch, daß der vorherrschende Mythos seine Kraft verliert. Ein Mann, der eine Stärke in sich entdeckte, die er vorher nicht gekannt hatte, träumte, daß er einen Mitschüler aus der siebten Klasse traf, der ihn damals ziemlich tyrannisiert hatte. Als er den Traum erzählte, betonte er besonders, wie locker er diesen lang vergessenen Unterdrücker begrüßt hatte und daß sie sich als »Gleiche« getroffen hatten.

Unter den drei zeitlichen Perspektiven betrachtet, arbeiten manche Gegen-Mythos-Träume vergangene Enttäuschungen und Niederlagen auf und interpretieren sie, sehr viel optimistischer und bestätigender, ein zweites Mal, was eine Alternative zu den engen Schablonen bietet, in die der alte Mythos das Selbst-Konzept des Träumers preßt. Andere Träume interpretieren die Erfahrungen des vergangenen Tages als Beweis für die Versprechungen des Gegen-Mythos, stärken seine »Hausmacht« in der Seele und führen das Bewußtsein in Versuchung, ihn vielleicht doch zur Kenntnis zu nehmen. Viele Gegen-Mythos-Träume verdichten die Möglichkeiten, die der neue Mythos bietet, zu bildhaften Szenen, Darstellungen künftiger Aussichten. Aus Jungscher Perspektive gesehen, sind Träume nicht nur darauf ausgerichtet, die Aufmerksamkeit auf die vergessene Vergangenheit zu lenken, sondern auch auf zukünftige Möglichkeiten hinzuweisen. »Der Traum mobilisiert ein Gefühl für Möglichkeiten und ein Gefühl der Hoffnung für das Ich-Leben des Träumers.«[31]

Integration widerstreitender mythischer Strukturen. Die Arbeit an der Lösung eines mythischen Konflikts ist in einem anderen Segment des Traums der 42jährigen Frau sehr anschaulich dargestellt. Dieser Teil des Traums liegt zwischen den beiden anderen, die wir schon beschrieben haben. Sie war in eine Art Kaufhaus gegangen, und nachdem sie den ersten Mann getötet hatte, berichtet sie:

Ich war richtig erleichtert und triumphierte. Ich ruhte mich aus und sah aus dem Fenster, und sein Freund, ein Mann mit sandfarbenem Haar, der ein bißchen jünger wirkte als der andere, kletterte gerade eine Leiter hoch, um zu dem rückwärtigen Fenster zu kommen. Er sagte: »Rat mal, wer das ist?« und lachte. Ich sagte zu ihm: »Sie können auch gleich ganz herkommen.« Das Gefühl, das ich in diesem Moment hatte, war nicht so sehr Angst, sondern vielmehr so etwas wie Respekt vor ihm, weil er kam, um den Tod seines Freundes zu rächen, und nicht wegrannte, und ich spürte, daß wir gleichrangig waren, daß wir einander gewachsen waren, und war fast gespannt auf den Wettkampf.

In einer Traumfolge, die einer Lösungsvorstellung für den Mythen-Konflikt etwas näher kommt, träumte ein Mann von einem Haus, das ihn an sein Zuhause erinnerte, in dem er aufgewachsen war. Eine starke Frau lebte dort, die von den Männern des Hauses gezwungen wurde, auszuziehen (die männlich-dominierenden Wertvorstellungen in seiner Familie hatten diesen Mann dazu gebracht, seine gefühlshaften und sensiblen Seiten zu unterdrücken). Doch die Frau war fest entschlossen, zurückzukommen, und nachdem sie verschiedene Tricks versucht hatte, schaffte sie das auch – als Hausmädchen verkleidet.

Die menschliche Entwicklung ist ihrer Natur nach eher ein progressiver denn regressiver Prozeß, der die Integration vorher getrennter Aspekte der Persönlichkeit zum Ziel hat. Aus Jungscher Perspektive betrachtet »ist die Natur des psychischen Prozesses ein dialektisches Zwischenspiel von Gegensatzpaaren, insbesondere zwischen dem Ich-Bewußtsein und dem Unbewußten«.[32] Riegels These, nach der dialektische Operationen das reife Denken charakterisieren,[33] entspricht unseren Beobachtungen von der zentralen Rolle, die der Konflikt zwischen vorherrschenden und neu entstehenden persönlichen Mythen in der Entwicklung der Mythologie eines Menschen spielt. Auch an diesem Prozeß sind Träume beteiligt. Manche Träume bringen den vorherrschenden Mythos in engere Harmonie mit neuen Erfahrungen; eine solche Akkomodation ist wahrscheinlicher, wenn ein Gegen-Mythos den alten Mythos in Frage gestellt hat. Umgekehrt dienen manche Träume dazu, den Gegen-Mythos, der in der Wunscherfüllung wurzelt, in bessere Übereinstimmung mit dem Realitätsprinzip zu bringen. Kognitive Kräfte, die Dissonanzen entgegenarbeiten, fördern den dialektischen Prozeß ebenfalls. Träume und neue Erfahrungen führen die widerstreitenden Mythen auf einen Mittelpunkt hin; sie werden allmählich eher vereinbar, und eine Integration der brauchbarsten Elemente beider Mythen wird möglich.

Manche Lösungsträume beleuchten Erfahrungen aus der Vergangenheit, in der ein mythischer Konflikt auf einer anderen Ebene der Entwicklungsspirale gelöst wurde, und weisen so einen Weg, wie der neue Konflikt angegangen werden könnte. Eine Frau berichtete über Fortschritte bei einem beruflichen Konflikt, nachdem sie von einer Erfahrung geträumt hatte, die sie Monate vorher in einem unserer Workshops gemacht hatte. Damals hatte sie einen früheren Konflikt, der etwas mit ihrer Kindheit zu tun hatte, gelöst. Andere Lösungsträume befassen sich mit Konflikten, die in Tagesresten verborgen sind, und zeigen Szenen, die zur Lösung beitragen könnten. Manche Lösungsträume wiederum deuten auf eine Zukunft hin, in der der Konflikt gelöst, ist und geben oft auch bildhafte Instruktionen, wie die Lösung zu erreichen wäre. Neue mythische Konflikte tauchen im Leben immer wieder auf, entsprechend den psychosozialen Krisen bei Erikson, und Lösungsträume zeigen oft einen Weg, der durch diese Krisen hindurchführen könnte. Jones hat gezeigt, wie Träume darauf ausgerichtet sind, den Wachzustand des Träumers der Tatsache anzupassen, daß er durch eine der Lebenskrisen geht, die Erikson beschrieben hat.[34]

Die funktionelle Bedeutung der Gefühlstönung. Die emotionale Atmosphäre eines Traumes kann darauf hindeuten, welche psychischen Funktionen betont werden sollen. Träume, die im Dienst des alten Mythos stehen, vermitteln meist ein Gefühl der Niederlage und der Hoffnungslosigkeit und lassen den Träumenden oft völlig leer, ohne Energie und Vitalität, zurück. Träume, die im Dienst des Gegen-Mythos stehen, vermitteln dementsprechend Gefühle von Hoffnung, Optimismus, sogar Inspiration, wenn sie es auch an praktischer Anleitung meist ziemlich fehlen lassen. Träume, die vor allem der Integration dienen, vermitteln meist ruhigere, realistischere, zufriedenere Gefühle und geben oft auch Handlungsanweisungen an, die recht praktikabel sind. Die

Gefühlstönung eines Traums gibt zwar Hinweise auf seine Funktion, ist aber natürlich kein eindeutiges Anzeichen, da der kognitiv-affektive Stil des Träumers und verschiedene andere Faktoren ebenfalls die Gefühlstönung beeinflussen.

Der Sinn unseres Begriffsrahmens ist es, einen Interpretationsrahmen zur Verfügung zu stellen, innerhalb dessen man die Bedeutung von Träumen in bezug auf ein sich entwikkelndes mythisches Panorama verstehen kann. Es geht uns nicht so sehr um ein Schema, nach dem man nun einen bestimmten Traum genau klassifizieren kann: Ein einzelner Traum kann in mehr als einem zeitlichen Zusammenhang angesiedelt sein und, wie schon gesagt, gleichzeitig den alten Mythos, den Gegen-Mythos, die Lösung oder jede andere beliebige Kombination aus diesen dreien unterstützen.

Rosalind Dymond Cartwright[35] berichtet, daß die frühen Träume im Verlauf einer Nacht eher ungelöste Konflikte des Tages Revue passieren lassen; darauf folgen Träume, die Szenen aus der Vergangenheit zeigen, in denen ähnliche Probleme auftraten, dann eher wunschorientierte Träume von einer Zukunft, in der der Konflikt gelöst ist, und schließlich Träume, die versuchen, diese unterschiedlichen Elemente zu einer Lösung des Konflikts zusammenzufügen. Diese Abfolge weist verblüffende Parallelen mit unseren Beobachtungen von der Entwicklung der persönlichen Mythologie eines Menschen auf: Gegenwärtige Erfahrungen geraten in Konflikt mit alten mythischen Strukturen und verursachen Unruhe, vergangene Erfahrungen mit ähnlichen Konflikten werden in Betracht gezogen, vor allem unter dem Gesichtspunkt des alten Mythos, ein zukunftsorientierter Gegen-Mythos wird formuliert, und diese gegensätzlichen mythischen Kräfte treten in einen dialektischen Prozeß mit dem Ziel, die brauchbarsten Elemente beider Mythen zu vereinigen.

Wenn man Menschen darin anleitet, ihre Träume als dichterischen Ausdruck tiefer mythischer Inspirationen, Konflikte und Lösungen zu verstehen, so führt das zu einem systematischen und umfassenden Bezugsrahmen, innerhalb dessen man sich mit den Geheimnissen des eigenen Traumlebens einsichtig auseinandersetzen kann. Das schlägt auch James Hillman vor: »Betrachten wir doch die Psychodynamik wieder eher als mythische Erzählung denn als physische Abläufe; als Aufstieg und Fall dramatischer Themen, denn als Genealogien, als Reisen, Wettkämpfe und Ruhezeiten, als göttliches Walten.«[36] Träume geben uns so etwas wie ein Vergrößerungsglas, um die mythische Reise des Menschen auf dem Weg psychosozialer Reifung deutlicher zu erkennen; und sie spiegeln das Drama aufsteigender und wieder versinkender mythischer Motive in reichen Schattierungen aus Metaphern und Gleichnissen wider.

Der letzte persönliche Mythos

C. G. Jung vermutete, daß Menschen »nicht siebzig oder achtzig Jahre alt würden, wenn diese Langlebigkeit nicht von Bedeutung für die ganze Art wäre«.[37] Erikson beschreibt die Spätzeit des menschlichen Lebens sowohl als eine Zeit, in der man sich immer mehr für die Menschen außerhalb der unmittelbaren Familie interessiert und für zukünftige Generationen, wie auch als eine Zeit des Nachdenkens und der psychischen Vervollkommnung.[38] Stufentheoretiker wie Kohlberg[39] und Fowler[40] haben Beweise erbracht, daß das fortgeschrittenste Stadium menschlicher Reife ein Transzendieren prosaischer Probleme und ein Erkennen allgültiger Werte einschließt. Im Verlauf des Lebens wirft die erklärende Mythologie, die man in bezug auf den eigenen Tod entwickelt, ihr Licht oder ihren Schatten auf alles andere.

Ein Gedicht von Jackson Brown betont: »Ganz gleich wie nahe du/dem Schritt des anderen kamst/Das Ende ist ein Tanz/den du alleine tanzt.«[41] Wir alle leben mit dem Tod hinter einer Biegung unseres Weges, an die wir vielleicht im nächsten Moment kommen oder erst in Jahrzehnten. Wenn aber diese letzte Biegung sichtbar näher kommt, dann wird es besonders wichtig, sich eine Mythologie zu schaffen, die den Tod in sinnvolle Begriffe faßt. An diesem Entwicklungsknotenpunkt tritt der Tod in den Vordergrund der Bedeutungsfindung. Er wird zu einem Thema für sich, zu etwas, mit dem man rechnen muß, das nicht mehr ein allgegenwärtiger Teil des Hintergrundes ist. Wenn man dieser Bedrängnis

Bedeutung geben will, so wird das vergangene mythische Lösungen zu Themen wie Verlust, Trennung und Kontrolle wachrufen, die das Dilemma überlagern. Robert Kastenbaum schreibt: »Der Tod ist eines der zentralen Themen in der menschlichen Entwicklung, das ganze Leben hindurch. Der Tod ist nicht nur unsere Bestimmung; er ist ebenso auch Teil unseres *Dahingelangens.*«[42]

Der heilige Thomas von Aquin riet: »Laß den Tod deinen Lehrer sein.« C. G. Jung drängte seine Klienten, sich ihre eigenen Mythen über den Tod zu bilden. Er empfand, daß jemand, der »hilfreiche und bereichernde Bilder über das Leben im Land der Toten« heraufbeschwört, »... den Spuren des Lebens folgt und bis in den Tod hinein lebt«.[43] Er bekannte, daß das Überleben des Todes sein eigener persönlicher Mythos war, den er akzeptierte und als hoffnungsvoll und bereichernd empfand. Dorothy Rowe hat gezeigt, daß die Philosophien über den Tod, die sich Menschen schaffen, welche gut mit dem Leben zu Rande kommen, meist optimistisch und mutig sind, während die Todesphilosophien derjenigen, die nur schlecht mit dem Leben zurechtkommen, eher pessimistisch und ängstlich sind.[44] Sokrates, Karl Jaspers und die vielen anderen Philosophen aus den 2300 Jahren, die zwischen diesen beiden liegen, waren der Meinung, daß das Wesen der Philosophie in der Vorbereitung auf den Tod liege. Und es ist ja auch so, wie Wilber es einmal ausgedrückt hat: »Der Schädel grinst auch ins Festmahl herein«,[45] und so haben die Bedeutungen, die man um die eigene Beziehung zum Tod herumkonstruiert, immer mehr Gewicht, je weiter sich die Mythologie des reifer werdenden Menschen entwickelt.

Ernst Beckers Buch *The Denial of Death* bekam im Mai 1974 den Pulitzer-Preis für das beste Sachbuch, zwei Monate nach Beckers Tod. Becker schreibt: »Die Vorstellung des Todes, die Angst davor, verfolgt das menschliche Tier wie nichts anderes; sie ist eine Triebfeder menschlichen Handelns.«[46] Da die Menschen ihre Kreatürlichkeit, ihre Begrenztheit, ihre Sterblichkeit erfahren, hungern sie nach Transzendenz. Becker zeigt, wie dieser Hunger im materiellen Bereich leidenschaftlich gestillt wird, indem der Mensch versucht, die Erde in den Himmel, materielle Güter in Götter und Selbsterhaltung in Unsterblichkeit zu verwandeln. Als die einzigen Wesen, die sich der Tatsache bewußt sind, daß ihr Leben einmal enden wird, haben die Menschen immer andere Wege finden müssen, irgendeine Art unendlicher Dauer zu garantieren. Die Genialität von Beckers Beitrag besteht auch in seinem bestechenden Argument, daß die Anhäufung von Gold, Geld und Besitz psychologisch gesehen Unsterblichkeit symbolisiert und so ein zentraler Mechanismus bei der Verleugnung des Todes ist: »Das Anhäufen von Überfluß berührt so den Kern der menschlichen Motivation, den Drang, sich als Held hervorzutun, die Beschränkungen des menschlichen Seins zu überwinden und den Sieg über Machtlosigkeit und Endlichkeit zu erringen.«[47] Becker behauptet, das Böse entstehe durch den Versuch, die eigene Sterblichkeit zu leugnen. In dem Glauben, sie könnten ihre Endlichkeit überwinden, ihren Platz in der Natur transzendieren, streben die Menschen oft mit Hingabe nach teuren, illusorischen Dingen, die als Ersatz für die Unsterblichkeit dienen sollen (ungewöhnlicher Reichtum, Macht, Ruhm, Ideologien etc.), natürlich auf Kosten der Befriedigung erfüllbarer Bedürfnisse in diesem irdischen Bereich.

In einer transpersonalen Kritik an Beckers Arbeit stimmt Ken Wilber mit der oben skizzierten Grundthese überein, kritisiert Becker jedoch heftig, weil er die Existenz eines spirituellen Bereichs nicht nur nicht anerkennt, sondern sogar *a priori* leugnet.[48] Wilber beschuldigt Becker des Reduktionismus, der die wichtigsten Aspekte der menschlichen Natur verleugne, was dazu führe, daß Becker seine brillante Argumentation falsch einsetze, indem er sie in einen eingeschränkten Bezugsrahmen zwänge. Während Becker menschliches Leiden in dem irregeführten Verlangen, die Bedeutungslosigkeit der eigenen Person zu leugnen, begründet sieht, stammt das Böse im Menschen und sein Leiden nach Wilbers Meinung von dem Versagen her, über das Ego hinauszugehen und die Vereinigung mit den spirituellen Möglichkeiten, die der menschlichen Natur innewohnen, zu erreichen. Das Böse rührt für beide daher, daß der

Mensch versucht, die Angst vor der eigenen Bedeutungslosigkeit zu unterdrücken. Becker aber sieht solche Ängste als wohlbegründet an, während Wilber sie als Verwechslung von Ich und Wesen versteht. Wilber begreift das Böse als die Geschichte der fehlgeschlagenen Versuche der Menschheit, spirituelle Potentiale zu verwirklichen, und beharrt darauf, daß die Menschen diese Spiritualität als ihre wahre und vorrangige Natur empfänden. Indem sie versuchen, auf Erden eine Perfektion zu erlangen, die nur im transpersonalen Bereich möglich ist, verwechseln sie das Endliche mit dem Unendlichen und schaffen so eine Fülle von Problemen. Für Becker beruht Religion auf Wunschdenken, der Sehnsucht nach einem Bereich jenseits des Todes; für Wilber begründet sich Religion auf dem Verlangen nach einem intuitiv erfahrenen Bereich, dem man nach dem Tode tatsächlich begegnet.

Diese fundamentale Meinungsverschiedenheit spiegelt eine zentrale Dimension der Mythologien wider, die die Menschen über den Tod entwickeln. Manche Religionen zum Beispiel verlassen sich nicht auf Berichte über ein regelrechtes Weiterleben nach dem Tode und glauben auch nicht an die Unsterblichkeit der Seele. Unzählige andere jedoch beschreiben den Eintritt in die Unendlichkeit als das Auftauchen aus dem Dunkel ins Licht, oder das glorreiche Sich-Öffnen des Himmels, als Sieg über Dämonen, oder die Offenbarung göttlicher Wesen. Das Thema des göttlichen Gerichts taucht in jüdischen, christlichen, islamischen, zoroastrischen und einigen mittelamerikanischen Traditionen auf. Der Himmel, das können himmlische Städte, paradiesische Gärten, leuchtende Wesen, Engelsmusik, sinnliche Freuden oder außerirdische Besucher sein. In der Hölle gibt es schreckliche Monster, Folterinstrumente, unaufhörliches Leiden oder glühende Feuer. Die Reinkarnation ist ein zentrales Thema, wenn man menschliches Schicksal in Religionen wie dem Hinduismus, Druidismus, Jainismus, einigen mittelamerikanischen Traditionen und vielen Formen des Buddhismus verstehen will. Manche kulturellen Mythologien kennen Durchgangsstadien von einer Welt zur nächsten, Übergangsbereiche, Fegefeuer und andere unbestimmte

Zustände oder eine alles vereinende Wonne, in der sich alle Selbst-Identität verliert. In einigen esoterischen Schulen gibt es die Vorstellung, daß die Seele nach dem Tode fähig ist, ihr Wissen und ihre Spiritualität unter der Anleitung eines Meisters und Lehrers weiterzuentwickeln.

Robert Jay Lifton meint, daß – trotz aller Unterschiede im Glauben an das Leben nach dem Tod – das Gemeinsame aller großen Religionen im Streben ihrer Begründer liegt, das zu spiritueller Verwirklichung führt und sie befähigt, dem Tod zu begegnen, über ihn hinauszugehen und so zum Vorbild für Generationen zu werden. Das Leben von Buddha, Christus, Mohammed, Moses und anderen umfaßte schließlich jeweils verschiedene Kombinationen von Spiritualität, Offenbarung und großen ethischen Prinzipien, die dem Tod seinen »Stachel« – die Auslöschung – nehmen konnten. Lifton stellt fest:

Das grundlegende spirituelle Prinzip – ob darin nun das Konzept eines Weiterlebens nach dem Tode oder einer unsterblichen Seele enthalten ist oder nicht – ist das uralte mythologische Thema von Tod und Wiedergeburt. Man hat die Möglichkeit, wiedergeboren zu werden in ein Reich ohne Zeitbegriff, ein Reich letzter Wahrheiten, die über den Tod hinausgehen. In diesem Reich kann man an der Unsterblichkeit der Gottheit teilhaben, sich einer heiligen Gemeinschaft oder einem »Bund mit Gott« anschließen. Dieses endgültige Reich kann auch die konkretere Vorstellung von einem »Himmel« sein, oder von der negativen Unsterblichkeit (endlosen Leidens) der Hölle.

Wie immer diese Vorstellung auch aussieht, das Herzstück jeder Religion ist ein Gefühl spiritueller Kraft. Diese Kraft kann man auf vielfältige Weise verstehen – Hingabe, Liebesfähigkeit, moralische Energie –, aber ihre letzte Bedeutung ist Lebenskraft, die Kraft, die stärker ist als der Tod.[49]

Freud hielt solche Vorstellungen für regressiv; für ihn war das Gefühl der *Einheit mit dem Universum* in Wirklichkeit eine Rückkehr zu dem *ozeanischen Gefühl* der Kindheit. Die sorgfältige Untersuchung der Berichte von mystischen oder religiösen Erfahrungen, die unzählige andere Wissenschaftler – von William James[50] bis zu Lifton und Wilber – durchgeführt haben, präsentieren jedoch überzeugende Beweise, daß es sich hier um eine ausgesprochen *erwachsene* Erfahrung handelt. Sind diese Erfahrungen besonders stark, dann führen sie zu so tiefgreifender innerer Veränderung, daß man nie wieder zur alten inneren Struktur zurückkehrt. Die Erfahrung ist anscheinend vor allem dann sehr stark, wenn es ein Reservoir gemeinsamer kultureller Vorstellungen gibt, das auch Fragen nach Leben und Tod einschließt. So sind zum Beispiel die Peyote-Rituale der Kirche der amerikanischen Ureinwohner und des Huichol-Stammes in Mexiko auf Gemeinschaftssolidarität, weniger Alkoholmißbrauch und eine Wiederbelebung des Stammeslebens ausgerichtet. Die psychotischen Episoden, die *flashbacks* oder *Horrortrips*, die im Süchtigenmilieu typisch für den Gebrauch hochwirksamer, bewußtseinsverändernder Substanzen sind, sind hier praktisch unbekannt; und bei dem alltäglichen Gebrauch solcher Mittel fehlen ja auch kollektive Vorstellungen und Mythen, die Erfahrungen tiefer Transzendenz fördern, gänzlich.

Für Freud waren Eros (die Kräfte des Lebens und der Fortpflanzung) und Thanatos (die Kräfte des Todes und der Zerstörung) die Grundinstinkte der Menschheit. Wilber, der menschliches Wachstum auch hier eher vom transpersonalen als vom entwicklungspsychologischen Standpunkt aus betrachtet, hat für diese Kräfte neue Begriffe gefunden. Während Freud sie als unversöhnliche Gegensätze auffaßte, stellt Wilber sie in ein dialektisches Verhältnis. Für ihn liegt der Ursprung des Eros in der Sehnsucht, die »Ganzheit« wiederzuerlangen, die verlorenging, als die Grenzen zwischen Selbst und anderem errichtet wurden. Eros ist für Wilber das ständige Suchen, Fassen, Wünschen, Sehnen, Bewahren, Lieben und Wollen des menschlichen Tieres. Eine wirkliche Vereinigung von Subjekt und Objekt, Selbst und anderem, erfordert den Tod und die Auflösung des getrennten Selbst. Leistet man dem Widerstand, so kann das Selbst keine wirkliche Einheit finden, sondern wird von dem Drang getrieben, Ersatz für das verlorene Ganze (etwa materielle Güter, ein Paradies auf Erden, menschliche Perfektion) zu finden.

Nach Wilber ist die Grenze zwischen Subjekt und Objekt, Selbst und anderem nicht real. Eros schafft und baut diese Illusion ständig wieder neu, während die schlichte Kraft der Wirklichkeit, der Zug des letzten Ganzen, daran ist, die Grenze niederzureißen. Und diese Kraft ist Thanatos! Während Eros, von Augenblick zu Augenblick, diese künstlichen Grenzen wiedererschafft, hat sich Thanatos, von Augenblick zu Augenblick, verschworen, sie niederzureißen. Für Wilber ist Thanatos nicht eine Kraft, die versucht, Leben wieder in anorganische Materie zu verwandeln, sondern die Kraft, illusorische Grenzen zu *überschreiten*. Einem Ego, das seine Grenzen nicht aufgeben will, erscheint Thanatos jedoch als Bedrohung durch den Tod an sich und die körperliche Sterblichkeit.

Wo immer es eine Grenze gibt – so Wilber –, taucht Thanatos als Kraft unserer tiefinnersten Natur auf, um diese Grenzen zu beseitigen. Thanatos ist der Trieb, das getrennte Selbst wieder zu seiner letzten Ganzheit, dem vereinenden Bewußtsein, dem ursprünglichsten Zustand, den es gibt, zurückzuführen. Aber der evolutionäre Verlauf der Menschheit fordert von ihren Mitgliedern, als Individuen zu funktionieren, von einem getrennten Ego-Selbst aus zu handeln, und sobald der Wirklichkeit eine Schranke vorgelegt ist, taucht Thanatos auf als schrecklicher Todesinstinkt, als eine Kraft, die, losgelassen, morbide, böse Formen ungemilderter Aggression annimmt. Dies ist – so Wilber – letztlich die tragische Last der Menschheit. Die Menschen sind, wie Plotin sagt, genau in die Mitte gestellt zwischen die Götter, die unsterblich sind und es wissen, und die Tiere, die sterblich sind, es aber nicht wissen. Das verletzliche Ego-Selbst aber ist sterblich – und weiß es! Darüber hinaus wurden sich die Menschen, als das Bewußtsein sich entwickelte, ihrer selbst und der Welt immer bewußter, und je mehr sie an Bewußtsein und Einsicht gewannen – desto mehr wurden sie sich auch ihres Schicksals bewußt, ihres »sterblichen und vom Tode befleckten Schicksals«.[51]

Diese Fragen haben wichtige Konsequenzen. Wenn Wilber und die Mystiker recht haben, dann spürt das Individuum gleichzeitig Furcht und Sehnsucht, solange es von Gott getrennt, von der größeren spirituellen Einheit unterschieden ist. Der Tod wird geleugnet, weil die Grenzen des Selbst zu überschreiten den Tod dieses Selbst fordert. Die erlebte Grenze zwischen Sein und Nicht-Sein ist der Schrecken des Sterbens, und keine Anhäufung von Reichtum, keine emotionale Katharsis, keine Verhaltensmodifikation kann diese Furcht völlig auslöschen. Wilber glaubt jedoch, daß man die Transzendenz, für die er eintritt, auf die verschiedenste Weise finden kann, unter anderem auch über alte und moderne spirituelle Lehren. Wenn aber Becker recht hat und Wilber unrecht, dann sind Grenzen unvermeidbar und können nicht überwunden werden, die Suche nach wahrer Transzendenz ist illusorisch, und die Angst wird bleiben.

Was immer ihre letzte Bedeutung sein mag, transzendentale Erfahrungen helfen oft dabei, eine sinnvolle Beziehung zum Tod zu finden.[52, 53] Manche Forscher glauben, daß solche Erfahrungen nur aus unbewußten Prozessen entstehen, andere gehen weiter und behaupten, daß sie die Berührung mit einer anderen Art der Wirklichkeit darstellen. In jedem Falle führen die erhöhte Empfindsamkeit, die kreativen Bilder und die intensivere seelische Aktivität, die mit Augenblicken der Transzendenz verbunden sind, die, welche sie erfahren, zu einem neuen Gefühl des Friedens und einem neuen Verständnis des Todes. Eine unserer Klientinnen, eine 53jährige Frau, beschreibt eine spontane Vision, die dann zum Mittelpunkt der persönlichen Mythologie wurde, die sie in bezug auf ihren eigenen Tod entwickelte:

Ich reiste durch Nordkalifornien, allein, an meinem Geburtstag, und war erfüllt von tiefer Ehrfurcht. Nachdem ich durch einen Wald von gewaltigen Riesenkiefern (Redwoods) gegangen war, hatte ich eine Vision von meinem eigenen Tod: Ich liege mit dem Gesicht nach unten auf dem kühlen duftenden Waldboden von Nadeln und Farn, ein Lichtstrahl durchdringt den unbeschreiblichen heiligen Hain und fällt auf mich. Da ist ein dunkles Quadrat im Wald, mit vier großen Bäumen wie Wächtern an den Eckpunkten. Ich sehe ein Grab, das zwischen den Wurzeln ausgehoben ist, ohne sie zu verletzen. Die Wurzeln bilden eine viereckige Wiege. Drei Männer und eine Frau tragen mich dorthin. Einer der Männer ist mein Mann, zart, dünn und alt. Ein anderer ist ein geliebter Freund. Das Gesicht des dritten Mannes ist ein nicht erkennbarer Schatten. Die Frau ist eine schöne junge Fremde. Ich weiß, daß ich 94 bin. Mein Haar ist schneeweiß und mein Gesicht braun und runzelig wie eine freundliche Walnuß. Meine Augen sind aufmerksam und ohne Furcht. Ich bin mit einem losen, undefinierbaren Gewand bekleidet und habe einen zitronengelben Schal um den Hals. Meine Fleischlichkeit ist aufgebraucht, mein Körper ist ganz leicht und fast transparent. Es ist wenig von der Substanz geblieben, die ich einmal war. Sie legen mich in die Wiege aus Wurzeln, und wir lächeln einander der Reihe nach an. Es ist klar, daß es hier keine Qual gibt. Ich ruhe in meiner Erdwiege und schaue an den herrlichen Stämmen der Bäume empor. Ich rieche die durchdringende Feuchtigkeit. Mein Atem verläßt zum letztenmal meinen Körper. Ein Eichhörnchen läuft aufgeregt einen Ast entlang und läßt einen Kiefernzapfen in mein Bett fallen.

Sie sprach später über die Bedeutung, die diese Vision in ihrem Leben bekam; ihre Überlegungen sind wie Instruktionen zu C. G. Jungs Vorschlag, sich seinen eigenen Mythos über den Tod zu schaffen:

Es ist mir nicht klar, wieviel von dieser mythischen Offenbarung aus Bruchstücken von Träumen, Wunscherfüllung, Verleugnung oder heiligen Visionen und Zeitsprüngen gebildet ist. Es ist mir auch egal. Da mir eine so wunderbare Halluzination, Wahnvorstellung, heilige Intuition oder Träumerei geschenkt wurde, finde ich es am klügsten, daran zu glauben. Als gebildete Frau entscheide ich mich, diesen Mythos im Blick zu behalten. Da ich glaube, daß ich – wie es mir die Vision gezeigt hat – im Wald sterben werde, erhöhe ich so die Wahrscheinlichkeit, einen guten Tod zu haben. Selbst wenn ich mich irre, mache ich doch meine Gegenwart damit unendlich viel erträglicher. Wenn ich anfange, von mir selbst als einem verkohlten Körper im Armageddon zu denken, dann zerstöre ich sicher meine Gegenwart und trage vielleicht dazu bei, daß dies geschieht – es entsteht nichts Produktives daraus, es ist nichts Gutes darin. Selbst wenn die Menschen nicht weiter kämen als dahin, sich Visionen eines guten Todes zu schaffen, dann könnte dies doch schon alles mögliche beeinflussen.

Eigenschaften einer reifen Mythologie

Kegan und andere haben darauf hingewiesen, daß die Psychologie in jüngster Zeit eine säkulare Religion geworden ist und daß die Psychotherapie als neuer Priesterritus fungiert. Es ist oft der Eindruck entstanden, daß man alle Probleme der Gegenwart lösen könnte, indem man jeden Menschen eine Therapie machen läßt. Kegan vertritt statt dessen, was er die *natürliche Therapie* nennt, wobei die Betonung auf »natürlicher therapeutischer Umgebung« liegt. Er weist darauf hin, daß die »Entwicklungstheorie die Natur schon lange als Quelle der Weisheit hochschätzt«.[54] Die ganze Kultur wird als Rahmen der »natürlichen Therapie« gesehen; in ihr arbeiten Experten der Entwicklungstheorie mit einer Vielzahl schon existierender Institutionen zusammen, so daß ihre Praxis Schritt hält mit den natürlichen Entwicklungsprozessen des Individuums.

Kegan verlangt Eingriffe in die Entwicklungsprozesse, die abgestimmt sind auf die Art und Weise, wie ein Mensch von sich aus an die Bedeutungsfindung herangeht. Er diskutiert die Schwierigkeiten, die damit verbunden sind, wenn man bei Lehrern, Beratern und Therapeuten die Fähigkeit ausbildet, Menschen bei ihren Erfahrungen der Bedeutungschaffung zur Seite zu stehen. Vor allem muß der Helfer im Bezugsrahmen des Klienten bleiben, da es darum geht, wie dieser Bedeutungen konstruiert, statt von theoretischen Vorstellungen über diesen Menschen auszugehen. Er muß den Klienten anerkennen und ihm durch die Angst hindurchhelfen, die von einem Zusammenbruch in jenem Bezugssystem ausgelöst werden könnte. Die Erkenntnisse der Entwicklungspsychologie sollten – so Kegan – auf die Kultur als Ganzes angewandt werden, und er betont, daß »die Psychologen in den nächsten Jahrzehnten bessere Wege finden müssen, Einzelpersonen, Familien und Gemeinden zu unterstützen, die durch die Komplexität des modernen institutionellen Lebens unter enormen Streß gesetzt werden«.[55]

Will man solche Vorschläge auf den Mythos einer Kultur anwenden, so erfordert das sowohl die wissenschaftliche Erforschung der Prinzipien, nach denen Menschen ihre Mythologien schaffen, wie auch institutionelle Veränderungen, welche die pädagogische, medizinische, psychologische und politische Praxis in Gleichklang mit diesen natürlichen Prozessen bringen. Welches sind die Prinzipien, nach denen sich die mythischen Kräfte, die das Leben des einzelnen und der Gemeinschaft formen, entwickeln (Prinzipien, an die sich die Praktiken einer Kultur, die Entwicklung ihrer Mitglieder zu fördern, anfügen könnten)? Wie kann der Mythos der Kultur dem einzelnen helfen, sich lebendige persönliche Mythen zu schaffen? In diesem Kapitel haben wir ansatzweise versucht, Kegans Synthese der wichtigsten Entwicklungstheorien in die Begriffe der persönlichen Mythologie zu übersetzen.

Persönliche Mythen, die mit den Bedürfnissen, Eigenschaften und Möglichkeiten des Individuums nicht koordiniert sind. Wir haben bei den dysfunktionalen Mythen, die in unserer Arbeit am häufigsten aufgetreten sind, drei Grundmuster festgestellt: Sie überfordern entweder die Möglichkeiten eines Menschen, unterfordern sie oder unterdrücken wichtige Aspekte der Persönlichkeit. *Überforderung* wird symbolisiert durch den von Henry Murray so genannten »Ikarus-Komplex«. Ikarus, der Sohn des Daedalus, wollte fliegen können, zweifellos eine Überforderung. Mit seinen selbst konstruierten Flügeln kam er der Sonne so nahe, daß das Wachs, das die Federn seiner Flügel hielt, schmolz und Ikarus in den Tod stürzte.[56] Murray beobachtete bei vielen jungen Leuten, daß sie nach ihrem *Absturz* apathisch wurden und keine Risiken mehr eingingen, so daß das Endergebnis ihrer Risikofreudigkeit ein Gegen-Mythos war, der sich durch die Angst, überhaupt etwas zu versuchen, auszeichnet.

Die Menschen haben nichtsdestoweniger den Drang, ihre größten Potentiale zu verwirklichen – ihre Fähigkeit zu lieben, sich kreativ auszudrücken und spirituelle Erfahrungen zu machen, voll auszuleben.[57] Hier aber zu viel zu wollen kann dazu führen, daß man ein mythisches Selbstbild anstrebt, das zu groß ist, tyrannisch wird und in Schuldgefühlen, Depression, Angst und mangelndem Selbstwertgefühl endet. Für die Griechen war diese immer lauernde Gefahr die Sünde der *Hybris* – unmäßiger Stolz. *Hybris* bedeutete, »zu vergessen, wo die wirkliche Quelle der Kraft liegt, und der Vorstellung verfallen, sie liege in einem selbst«.[58] Neumann bemerkt dazu: »Jede Aufblähung, jede Selbst-Identifikation des Ego … bei der der Mensch glaubt, er sei den Göttern gleich … endet unweigerlich im Niedergang.«[59]

Natürlich beruhen Überforderungen oft einfach auf der Internalisierung elterlicher Erwartungen. Wenn Eltern es brauchen, daß ihre Kinder bestimmte Leistungen vollbringen, dann hat das oft ein Familiensyndrom zur Folge: Die Kinder werden weit über ihre Möglichkeiten hinaus gefordert und nehmen diesen überhöhten Anspruch oft in ihr Erwachsenenleben mit. Solch internalisierte Projektionen fallen oft weg, wenn die Persönlichkeit reifer wird, aber die Motivation kann durch ein Gefühl für größere Möglichkeiten erhalten bleiben. *Hybris* drückt sich zwar in übermäßigem Selbstvertrauen und Ehrgeiz aus, auf einem tieferen, mythischen Niveau jedoch bedeutet sie auch die Sehnsucht, die Begrenzungen des menschlichen Seins zu überwinden. Und wie Becker gezeigt hat, streben Menschen angesichts ihrer Unfähigkeit, die Unsterblichkeit der Götter zu erlangen, oft danach, dieses Manko durch die Anhäufung von Macht und Reichtum auszugleichen.

Persönliche Mythen, die *unterfordern,* werden illustriert durch Abraham Maslows Begriff des *Jonas-Komplexes,* den er als die Angst, die eigenen Möglichkeiten voll zu entfalten, definiert.[60] So wie Jonas vor der Berufung durch Gott davonlief und im Bauch eines Walfisches landete, so vermeiden viele Menschen Herausforderungen und enden in Stagnation. Wenn unsere Mythologie uns Anleitungen gibt, die unsere Potentiale erheblich behindern, dann leiden wir oft an etwas, was Maslow *Metapathologien* nennt. Dazu gehören emotionale, geistige und Störungen des Verhaltens, verbunden mit einem Mangel an persönlicher Erfüllung, wie Langeweile, Ziellosigkeit und Apathie.

Unterforderung kann in einer Familie entstehen, in der das Kind selten gelobt wird. Statt zuviel in die eigenen Möglichkeiten zu investieren, veranlaßt der Mythos der Unterforderung den Menschen, sich ganz davon abzuwenden. Diese freiwillige Selbstverstümmelung kann auch eine Abwehr gegen die *Hybris* sein, wenn man den richtigen Mittelweg zwischen Demut und Stolz nicht finden kann. Maslow schreibt, daß »in den meisten Kulturen die Revolutionäre, welche die Götter herausforderten, indem sie ihre Geheimnisse zu ergründen suchten, schwer bestraft wurden. Adam und Eva, Prometheus und Ödipus dienen als Warnung an alle anderen, nicht gottgleich sein zu wollen. Es ist gerade das Gottähnliche in uns, das uns zugleich fasziniert und erschreckt, das uns motiviert und das wir zugleich abwehren.«[61] Maslow schätzt diese mißliche Lage so ein:

> Jeder unserer großen Schöpfer, unserer gottähnlichen Menschen hat Zeugnis abgelegt von dem Mut, den man in dem einsamen Augenblick der Schöpfung braucht, wenn man etwas Neues schafft (das im Widerspruch zum Alten steht). Dies ist eine Art Wagnis, ein einsamer Vorstoß, ein Verstoß gegen die Regeln, eine Herausforderung. Der Moment der Furcht ist sehr verständlich, muß aber dennoch überwunden werden, wenn Schöpfung möglich sein soll.[62]

Manche Mythen dienen aus verschiedenen Gründen dazu, *wesentliche Aspekte der Persönlichkeit zu unterdrücken.* Harald Bloomfield und Leonard Felder sprechen vom *Achilles-Syndrom,* mittels dessen man lernen kann, die eigene Schwäche, die *Achillesferse zu* akzeptieren und sie in eine Stärke zu verwandeln.[63] Wenn bestimmte Eigenschaften in der persönlichen Mythologie keinen Ausdruck finden können, dann vereinigen sie sich zu etwas, das Jung den *Schatten* nennt. Die Wertvorstellungen der eigenen Familie oder der Kultur bringen einen Menschen oft dazu, bewußt oder unbewußt Eigenschaften zu unterdrücken, die andere vielleicht ablehnen würden. Mythen, die uns überfordern, beinhalten eine übermäßige Identifikation mit der gottähnlichen Seite der menschlichen Natur; hingegen sind die Schatten-Elemente der Persönlichkeit oft die Folge einer Verleugnung der animalischen Seite. Der Schatten findet seinen Ausdruck oft in Träumen, Witzen, künstlerischen Schöpfungen und Vorlieben, wie auch in Gefühlen und Vorurteilen, die man auf andere projiziert. Neumann hat beschrieben, wie sich die Persönlichkeit mit den Kräften des Lichts identifiziert, aber die Kräfte der Dunkelheit (die Schattenseite) in Projektionen beläßt und diese dann als »das Böse da draußen« erlebt und bekämpft. Diese Sündenbock-Psychologie hat ihre schrecklichsten Auswirkungen auf den einzelnen wie auf das Kollektiv, »wo sie zu Kriegen und der Vernichtung von Minderheiten führt«.[64]

Anmerkungen zu den Eigenschaften reifer persönlicher Mythologien. Diese Anmerkungen entstanden aus einer Integration unserer Beobachtungen mit denen der Persönlichkeitsforscher, deren Befunde sich einer gemeinsamen Sichtweise nähern (z. B. Maslows Untersuchungen zur Selbstverwirklichung, Kohlbergs Untersuchungen der fortgeschrittenen Stadien moralischer Entwicklung, Fowlers Untersuchungen zur Entwicklung des reifen Glaubens). Der folgenden Liste möchten wir Kegans Warnung beifügen: Entwicklungsforscher sollten die Stufen und Endpunkte im Prozeß der Bedeutungsfindung nicht überbetonen. Für den Kliniker muß das Schwergewicht mehr auf dem Prozeß als auf seinem Ziel liegen. Zum Zwecke der Theorienbildung über die Persönlichkeitsentwicklung bieten wir jedoch die folgenden Beobachtungen zur Entwicklungsrichtung der persönlichen Mythen an, die wir bei den seelisch lebendigsten unserer Klienten gemacht haben. Die Beobachtungen sind als überprüfbare Aussagen formuliert:

1. Ihre persönlichen Mythen passen sich den Bedürfnissen der Entwicklung an (sie halten Schritt mit Veränderungen in der physischen oder psychosozialen Umgebung dieser Person; im wesentlichen über- oder unterfordern sie die Fähigkeiten des Menschen nicht und passen sich den persönlichen Unzulänglichkeiten an – weder ignorieren sie diese, noch lassen sie diese das Verhalten übermäßig beeinflussen).
2. Ihre persönlichen Mythen akkomodieren unbekannte Teile der Psyche eher, statt Elemente des Schattens rigide

zu verleugnen; und sie unterstützen unterentwickelte Aspekte des Selbst.
3. Ihre persönlichen Mythen können Gegensätze, Widersprüche und Paradoxien in sich aufnehmen.
4. Ihre persönlichen Mythen machen das Beste aus bestehenden Möglichkeiten und Stärken; sie öffnen den Menschen für innere und äußere Quellen der Kraft.
5. Ihre persönlichen Mythen erlangen wachsende Unabhängigkeit von den Ursprüngen der persönlichen Mythologie, die in frühen Erfahrungen und den Mythen der Kultur bestehen.
6. Zugleich erlangen ihre persönlichen Mythen immer mehr Harmonie mit biologischen und transpersonalen Quellen; besonders transpersonale Einflüsse können die Mythologie eines Menschen bereichern und erneuern und zu neuen Ebenen der Integration innerhalb der Persönlichkeit führen.

Unser Modell ist so formuliert, daß es mit unserem Verständnis der Beziehung zwischen psychischer Entwicklung und der sich entfaltenden Mythologie eines Menschen übereinstimmt; und es ist so gewichtet, daß es eine Entwicklung in die Richtung, die wir gerade beschrieben haben, fördert. Im nächsten Kapitel wollen wir uns damit beschäftigen, welche Folgen es hätte, wenn man die mythische Betrachtungsweise auf die Psychologie übertragen würde.

10

Eine benutzerfreundliche Sprache für die öffentliche Psychologie des Quantenzeitalters

> Wenn wir die Idee einer friedlichen Revolution auf der Grundlage einer neuen Vorstellung von der menschlichen Natur ernst nehmen, dann müssen unsere wissenschaftlichen Resultate ins öffentliche Bewußtsein integriert werden – und zwar in einer praktischen und verwendbaren Form, damit das, was wir wissen, von jedermann angewendet werden kann. *George Miller*[1]

Wir haben gezeigt, daß die menschliche Evolution sich in den Mythologien, die Bewußtsein und Verhalten strukturieren, zu erhöhter Individualität entwickelt hat (Kapitel 1). Die Prinzipien, nach denen Menschen Mythen schaffen und Mythen folgen, können im Rahmen der kognitiven Psychologie definiert und wissenschaftlich untersucht werden (Kapitel 2). Wir meinen, daß diese Prinzipien in einer Form zusammengefaßt werden können, die dem einzelnen ein Verständnis des mythischen Systems, das mit zur Grundlage seiner Gefühle, Gedanken und seines Verhaltens gehört, vermittelt. Wir haben einen solchen Ansatz dargestellt und gezeigt, daß diese Prinzipien den Menschen so vermittelt werden können, daß sie aktiver und verantwortlicher an ihrer mythischen Konstruktion der Wirklichkeit teilhaben können (Kapitel 3 bis 8). In den Begriffen der jeweils einzigartigen persönlichen Mythologie eines Menschen lassen sich diese Prinzipien, die unsere seelische Entwicklung bestimmen, am besten verstehen (Kapitel 9). Im folgenden wollen wir uns nun mit der Frage befassen, ob und wie die persönliche Mythologie ein Herzstück jener öffentlichen Psychologie sein könnte, von der George Miller 1969 in seiner historischen Rede vor dem amerikanischen Psychologenverband spricht, dessen Präsident er damals war (aus dieser Rede stammt auch das Zitat am Beginn dieses Kapitels).

Sich des Unbewußten bewußt werden

Die wissenschaftlichen Fortschritte des 19. Jahrhunderts machen es vorstellbar, einen psychologisch orientierten Ansatz zu entwickeln, der uns allen helfen könnte, einer grundlegenden Herausforderung zu begegnen – unsere einzigartige, sich ständig verändernde persönliche Mythologie wirklich zu leben, und zwar auf die beste Art, die unsere Lebensumstände, unser persönliches Temperament und unser soziales Umfeld möglich machen. Einer jener Fortschritte war die Entwicklung der Psychologie zu einer wissenschaftlichen Disziplin, die der menschlichen Gemeinschaft ihre Forschungsergebnisse über das menschliche Verhalten zugänglich machte. Auch in den letzten zwanzig Jahren gab es Entwicklungen in der Psychologie, die zu dem beitragen, was wir hier diskutieren wollen. So etwa die Fortschritte in der kognitiven Psychologie, die die Grundlage für eine Psychologie des Selbst schaffen, die sich auf mythische Prozesse konzentriert (siehe Kapitel 2). Oder auch die humanistische Orientierung zu Beginn der sechziger Jahre, die die Psychologie für die *weiteren Bereiche der menschlichen Natur* öffnete, indem sie Themen wie Liebe, Kreativität und Spiritualität aufgriff;[2] Themen, die so lange ausgeschlossen blieben, als sich die Psychologie ausschließlich an den Mythen der Newtonschen Physik orientierte.[3,4] Die *Neue Physik* hat die Phantasie vieler Psychologen beflügelt, die meinen, daß sie auch für die Verhaltenswissenschaften neue Denkmodelle bereitstellt.[5]

Die wohl wichtigste Entwicklung des letzten Jahrhunderts war jedoch die Möglichkeit, das Unbewußte in rationale Begriffe zu fassen. Es dauerte Jahrhunderte, bis die unbewußten Motive, für Künstler und Humanisten schon lange von Interesse, auch für die wissenschaftliche Forschung ein respektables Thema wurden. Schon der heilige Augustinus hatte von *unvergessenen Erinnerungen* gesprochen, Leibniz von *unklaren Wahrnehmungen;* aber erst 1846 stellte C. G. Carus in seinem Buch *Psyche* eine Theorie des Unbewußten vor. Carus war Arzt; er schrieb, daß der Schlüssel zum Wissen über die Seele im Unbewußten liege und daß der Zugang zu dieser Information ein ganz wichtiger Teil der menschlichen Entwicklung sei. Für uns Heutige ist es selbstverständlich, daß primitive Rituale, das Theater der Antike und die klassischen Mythen ein kollektiver Versuch waren, der Welt einen Sinn zu geben, entsprechend den Träumen und Phantasien auf der individuellen Ebene. Doch die Existenz eines persönlichen Unbewußten wurde erst dann allmählich anerkannt, nachdem Freud, Jung, Adler und ihre Nachfolger eine Methode zur Erforschung des Unbewußten entwickelt hatten.

Viele reagierten auf diese Entwicklungen zunächst mit der Angst, daß die Menschheit schon wieder entthront werden sollte: Galilei und Kopernikus hatten bewiesen, daß die Erde nicht der Mittelpunkt des Universums war, sondern sich um die Sonne drehte; Darwin und Wallace hatten gezeigt, daß die Menschen keine einzigartige Schöpfung seien, sondern von Wesen abstammten, die auch die Vorfahren der Affen waren; und nun behaupteten Freud und Jung, daß das bewußte Ich keineswegs alle Entscheidungen trage, sondern daß es da noch ein nicht-rationales, manchmal ganz und gar irrationales Unbewußtes gebe, das eine sehr wichtige Rolle spiele. Mittlerweile gibt es natürlich mehr als genug Beweise dafür, daß die Motive der Menschen und die Vernunftgründe, die sie ihren Motiven unterlegen, sich gewaltig unterscheiden können.[6] Je mehr sich therapeutische Techniken entwickelten und je populärer sie wurden, desto deutlicher wurde auch, daß der Zugang zu unbewußten Motiven dem Menschen mehr Freiheit brachte, mehr Zugang zu seiner inneren Kreativität und die Möglichkeit, destruktive Kräfte in konstruktive Bahnen zu lenken.

Angesichts der Bedrohung durch das nationalsozialistische Deutschland während des Zweiten Weltkrieges formulierte Erich Neumann seine Vorstellung davon, wie diese Möglichkeiten zum Weltfrieden führen könnten. In seinem Buch *Tiefenpsychologie und eine neue Ethik* schreibt er, die Integration der eigenen *Schattenseite* könne die Anstrengungen überflüssig machen, die man darauf verwende, destruktive Tendenzen zu unterdrücken.[7] Ein Beispiel dafür, wie diese unterdrückte Schattenseite in das Bewußtsein einer ganzen Gruppe durchbricht, sind die Nonnen von Loudun, die im Jahre 1634 plötzlich behaupteten, von Dämonen besessen zu sein, und ein ganzes Spektrum hysterischer Reaktionen produzierten. Ein anderes ist die berühmte »Hexenjagd von Salem« im 18. Jahrhundert; die Einwohner dieses kleinen Ortes im Neuengland-Staat Massachusetts glaubten eines Tages, behext zu sein, was dazu führte, daß viele unschuldige Mitbürger als Hexen und Zauberer auf dem Scheiterhaufen endeten. Wenn solche Schattenkräfte im Kollektiv durchbrechen, dann wird oft auch die Gewalttätigkeit kollektiv und führt zu Völkermord oder Krieg, oft im Namen der Religion, der Rassenreinheit oder des Nationalstolzes.

Wer sich mit all dem näher befaßt hat, wird sicher darin übereinstimmen, daß die Probleme, die das Überleben der Erde bedrohen – von der ökologischen Krise bis hin zum atomaren Armageddon – von uns Menschen verursacht wurden, daß sie aber auch durch eine gemeinsame menschliche Anstrengung gelöst werden könnten. Neumann meint, daß das Verständnis unbewußter Motive und der Schattenseite der menschlichen Natur der Schlüssel zu einer neuen Ethik sein könnte, »in der der Mensch lernt, sein eigener Freund zu sein und seine Schattenseite als wichtigen Teil seiner kreativen Lebenskraft zu erfahren«.[8] Das Verständnis dieser Möglichkeiten der Öffentlichkeit nahezubringen ist eine Herausforderung, die uns abverlangt, die traditionellen Denkweisen in der Psychologie weit über ihre Grenzen hinaus auszudehnen.

Grundmetaphern in der Psychologie

Alle Denksysteme basieren letztlich auf dem, was Steven Pepper in seinem Buch *World Hypotheses* als *Grundmetaphern* bezeichnet.[9] Pepper hat bestimmte Grundmetaphern im Kern all der Weltanschauungen gefunden, die die westliche Zivilisation im Laufe ihrer Geschichte entwickelt hat. Seine Ergebnisse illustrieren, daß und wie jedes Erklärungssystem mythisch ist, und zwar genau in dem Sinne, den Ananda Coomaraswamy meint, wenn er den Mythos »als die Repräsentation einer Realität auf einer bestimmten Ebene der Beziehung zu einer korrespondierenden Realität«[10] beschreibt. Peppers Grundmetaphern sind ebenso zentral für die Art und Weise, wie der einzelne den Dingen einen Sinn gibt, wie dafür, wie sich Denksysteme entwickeln. Und es ist eine ständige Herausforderung an die Psychologie, die beste Grundmethapher für ein Denksystem zu entwickeln, das sich damit befaßt, wie menschliche Wesen Bedeutung schaffen.

Anhand von Kriterien wie Reichweite und Genauigkeit identifiziert Pepper die vier wichtigsten Grundmetaphern in der Geschichte des westlichen Denkens und beschreibt sie in den Begriffen vier vertrauter Konzepte: a) die Maschine, b) das historische Ereignis, c) der wachsende Organismus, und d) der Prototyp oder die zugrundeliegende Form. Theodore Sarbin hat untersucht, wie diese Metaphern verwendet wurden, um Wahrnehmung und Denken in der Psychologie zu organisieren.[11] So verwendet die mechanistische Weltsicht in der Psychologie zum Beispiel bekannte Prinzipien und Beziehungen aus der Mechanik – etwa Ursache und Wirkung – als Metapher, um Beziehungen auf der psychologischen Ebene in Begriffe zu fassen (z. B. die Reiz-Reaktions-Beziehung). Grundmetaphern bieten – ähnlich wie Thomas Kuhns wissenschaftliche Paradigmata[12] – auch Kriterien für die Auswahl von Problemen und die Art der Analyse.

Kritiker, die sich mit den Begrenzungen der gegenwärtigen Paradigmata in der Psychologie befassen – Psychologen[13–15] wie auch außenstehende Beobachter, die auf die zwingenden Implikationen der Quantenphysik hinweisen[16, 17] –, betonen die schwerwiegenden Mängel der Kernmethaphern, auf denen das gegenwärtige Denken in den Verhaltenswissenschaften beruht. Eine der Implikationen der relativistischen Physik, die auch für dieses Buch von besonderer Bedeutung ist, unterstreicht die subjektive Natur jeder Art von Beobachtung und die Tatsache, daß jene geheiligte Vorstellung von der *objektiven Beobachtung* reichlich in Mißkredit geraten ist. *Jede* Konstruktion der Wirklichkeit – ob intuitiv oder wissenschaftlich – ist ihrer Natur nach metaphorisch und, genau besehen, Mythologie. Darüber hinaus gilt, was der Psychiater Jan Ehrenwald schreibt:

Es ist paradox, daß mehr als ein halbes Jahrhundert nach dem Entstehen der relativistischen Physik und der Formulierung der Quantenphysik ... unsere neurophysiologischen Modelle des Organismus, unsere psychologischen und psychoanalytischen Konzepte von »Geist und Seele« noch immer im Euklidischen Raum angesiedelt sind und in ihren Grundzügen mechanistischen, Newtonschen, kausal-reduzierenden Vorstellungen entsprechen.[18]

Wenn also die Natur der Seele, noch mehr: der Wirklichkeit, durch die klassischen Begriffssysteme von Raum-Zeit und Ursache-Wirkung nicht angemessen dargestellt werden kann, dann haben die frühen Metaphern, die sich die Psychologie von der Newtonschen Physik borgte, ausgedient wie veraltete Mythen. Die Wissenschaft Psychologie steht vor der Herausforderung, neue Metaphern zu etablieren, die einer neuen »post-Newtonschen« Ordnung entsprechen.

Das Bedürfnis für eine post-Newtonsche, benutzerorientierte Psychologie

Wir wollen diese zukünftige, erweiterte und revidierte Psychologie die *Psychologie des Quantenzeitalters* nennen. Wie andere auch, sprechen wir von der gegenwärtigen Zeit als dem *Quantenzeitalter;* das dringende Bedürfnis nach einer Psychologie, die auf breiter Grundlage ein praktisches Verständnis der menschlichen Natur vermittelt – wie sie Miller fordert – und mit der die gewaltigen Probleme der Menschheit – wie sie Neumann sieht – angegangen werden können, ist offensichtlich. Unsere Gegenwart das Quantenzeitalter zu nennen, betont ihre wohl auffallendste Eigenheit: Sie ist zugleich »die beste und schlechteste aller Zeiten«. Gewaltige Fortschritte im Wissen – die sprunghafte Entwicklung der Physik hin zur Quantenphysik ist dafür das beste Beispiel –, die sich auf so verschiedene Bereiche wie Erziehung, Kunst oder Kommunikation ausdehnen, haben Möglichkeiten für eine Lebensqualität eröffnet, die nie zuvor in der Geschichte auch nur denkbar gewesen wäre – der Begriff Quantenzeitalter steht für diese Möglichkeiten. Aber die Freisetzung der Energie, die in der subatomen Welt der Quantenphysik gebunden war, hat gleichzeitig das Überleben der Erde so unmittelbar in Gefahr gebracht, daß wiederum kein anderer Begriff als der des Quantenzeitalters die unvermeidbaren mythischen Bedrängnisse dieser Epoche besser zum Ausdruck bringt.

Die *Brille*, durch die jede Wissenschaft die Welt ansieht, ist immer getönt von dem wichtigsten Mythos der jeweiligen Zeit; wissenschaftliche Forschung, und im besonderen die Verhaltenswissenschaft, ist nie *wertfrei.*[19] Seit dem 17. Jahrhundert wurde das westliche Denken von der Ideologie des *Zeitalters der Vernunft* beherrscht, die besagte, daß die ganze Natur mit dem Verstand begriffen werden könne. Alles gültige Wissen war empirisch – begründet auf sinnlicher Erfahrung und den logischen Schlußfolgerungen aus dieser Erfahrung. Fritjof Capra schreibt: »Das Göttliche verschwand völlig aus der wissenschaftlichen Weltsicht und hinterließ ein spirituelles Vakuum, das charakteristisch wurde für die Hauptrichtung unserer Kultur.«[20] Er bemerkt weiter, daß die Newtonsche Physik, »die alles krönende Errungenschaft der Wissenschaft im siebzehnten Jahrhundert ... als solide Grundlage des wissenschaftlichen Denkens bis weit ins zwanzigste Jahrhundert bestehen blieb«.[21] Die Quantenphysik unseres Jahrhunderts aber zeigt, wie eng und einengend die Newtonsche Perspektive ist, deren Denkmodell immer noch weitgehend die Grundlage der wissenschaftlichen Psychologie bildet. Zugleich aber zeigt uns die Quantenphysik –

wie wir noch sehen werden – neue provokative Richtungen und versorgt uns zumindest mit frischen Metaphern, um die lebendigen mythischen Entwicklungen in Begriffe zu fassen, die überall auftauchen – mit einer neuen, einheitlichen Sicht der Welt und der Stellung des Menschen in der Natur.

Die Newtonsche Welt-Sicht in der Psychologie war dadurch charakterisiert, daß man sich auf mechanische Beziehungsformen als Grundmetapher verließ, wenn es darum ging, Phänomene wie Denken und Verhalten zu verstehen. Der Psychologe Ronald S. Valle betont, daß Methodologie und Denken in der Psychologie »von der ... mechanistischen Newtonschen Physik abstammen, (die) uns nichts weniger als eine *Art zu denken* gegeben hat, eine implizit anerzogene Sicht der Wirklichkeit, eine vorreflexive Annahme davon, was das Universum wirklich sei«.[22] Zwar verdanken wir der Newtonschen Weltsicht in der Psychologie eine wirklich substantielle und beeindruckende Ansammlung von Theorie und Wissen; aber für viele Fragen, mit denen die Menschen sich tagtäglich herumschlagen, wie die nach Werten, Moral und einem tieferen Sinn, eignen sich ihre Forschungsmethoden nicht besonders gut.

Die Forschung in der Psychologie ist auch heute noch weitgehend von den Prinzipien Newtonscher Wissenschaft bestimmt; die Entwicklung in der modernen Physik jedoch hat viele der Begriffssysteme, die in der Newtonschen Weltsicht selbstverständlich sind, in ihren Grundfesten erschüttert: die Raum-Zeit-Vorstellung, die *objektive* Beobachtung, die feste Materie und die Beziehung von Ursache und Wirkung. Die Physik dieses Jahrhunderts hat einen *Quantensprung* getan, um Dimensionen der Wirklichkeit zu erforschen, die in Newtonschen Begriffen nicht einmal vorstellbar wären.[23] Der bekannte Astronom Sir James Jeans war erfreut, feststellen zu können, daß sich der Strom des Wissens auf eine nichtmechanische Realität richtet, »in der das Universum eher wie ein großer Gedanke aussieht als wie eine große Maschine«,[24] und viele große Physiker, wie Heisenberg, Eddington und Einstein, hatten eine im wesentlichen mystische Vorstellung vom Universum. Ganz konkret ist ein »Quantensprung« der abrupte Übergang von einem abgegrenzten Energiezustand in einen anderen (dabei wird eine bestimmte Menge von Energie freigesetzt, ein Quant). Ein *Quant* ist eine kleine, unteilbare Energieeinheit. Wenn also ein Atom oder Molekül Energie freisetzt oder absorbiert, so ist dieser Prozeß kein kontinuierlicher Fluß, sondern geht Schritt für Schritt vor sich, Quantensprung für Quantensprung, und jeder Schritt bedeutet Freisetzung oder Absorption eines Quant. Die Quantenphysik ist die Erforschung dieser Prozesse und anderer Aspekte der Welt der Atome und Subatome; sie untersucht die beständige Bewegung der »Bausteine« der Natur.

Das Bild, das die Quantenphysik da entwarf, war so verblüffend anders als jene Newtonsche Vorstellung, die Bestandteil unserer kollektiven Mythologie geworden war, daß diese neuen Entdeckungen dem gesunden Menschenverstand zu widersprechen schienen. Die Quantentheorie unterstellte, daß viele der Begriffssysteme, mit denen die Wissenschaft die Natur der Dinge, die man sehen und berühren kann, zu begreifen suchte, auf der subatomaren Quantenebene nicht mehr stimmen. Im Quantenbereich haben zum Beispiel Materieeinheiten *keine* objektiven Eigenschaften, die unabhängig sind vom Betrachter. Man kann sich diese Materieeinheiten nicht einmal so vorstellen, daß sie wirklich aus Materie *gemacht* sind; sie sind eher als Zwischenverbindungen in einem komplizierten Netz aus Beziehungen zu verstehen. Sie haben auch keine Position, die man so beschreiben könnte wie etwa die Position des Balles bei einem Fußballspiel; sie läßt sich nur in Begriffe von Wahrscheinlichkeiten fassen. Selbst der gute alte Ursache-Wirkung-Zusammenhang, die Grundlage des wissenschaftlichen Verständnisses der sichtbaren Welt, ist ins Wanken geraten. Werner Heisenberg berichtet, daß er sich in den Pioniertagen der Quantenphysik oft gefragt habe: »Kann die Natur wirklich so absurd sein, wie sie uns in diesen Atom-Experimenten scheint?«[25] So bedeutete der *Quantensprung* der modernen Physik im Wortsinne, daß sie mit der Erforschung der Quantenenergie begann; in einem metaphorischen Sinn hat sie einen plötzlichen Sprung in ganz neue Dimensionen der Wirklichkeit getan.

Diese Veränderungen in eben dem Denkmodell, auf dem die Psychologie beruht, und die Grenzen, an die sie gestoßen ist bei dem Versuch, verläßliches Wissen zu erarbeiten über die komplexen Variablen, die die immer drängenderen menschlichen Probleme betreffen, zwingen die moderne Psychologie geradezu, sich die Möglichkeit offenzuhalten, ihren eigenen Quantensprung zu tun.[26] Aber, so klagt Alex Comfort, die verblüffenden Neuigkeiten von »der Quantenlogik und Quantenmechanik ... gibt es nun schon seit fünfzig Jahren ..., doch sind deren Implikationen einfach noch nicht durchgesickert«.[27] Die Folgen, wenn man solch unantastbare Begriffe wie Zeit, Raum, objektive Beobachtung, Ursache-Wirkung-Zusammenhang doch antastet und neu denkt, sind gewaltig.

Welchen Herausforderungen muß sich nun die Psychologie stellen, wenn sie sich zu einer nach-Newtonschen, benutzerorientierten Psychologie entwickeln will?

Maßstäbe für eine Psychologie des Quantenzeitalters

So wie die Newtonsche Physik keine befriedigende Erklärung für das seltsame Verhalten des Universums sowohl in seinen subatomaren wie auch in seinen galaktischen Bereichen liefern konnte, so war auch die Newtonsche Weltsicht in der Psychologie nicht in der Lage, die zwar flüchtigen, doch ebenso vitalen Bereiche der Werte, der Sinnhaftigkeit und spiritueller Erfahrungen wirklich zu erfassen. Um eine Wissenschaft des Quantenzeitalters zu werden, wird die Psychologie, wie James Hillman sagt, ihren Wissensbereich »neu anschauen« müssen.[28] Viele Psychologen beobachten die Entwicklungen in der Quantenphysik und anderen Bereichen der Physik sehr aufmerksam, um vielleicht Modelle zu finden, die auch für die Psychologie relevant sein könnten.[29-32] Es wird ohne Zweifel einige Zeit dauern, herauszufinden, welche wichtigen Implikationen die neue Physik für die Psychologie haben kann – von der Übereinstimmung, die dann diesbezüglich noch erzielt werden muß, gar nicht zu reden. Wir wollen uns hier auf drei der vielen möglichen Folgerungen konzentrieren, die für unseren Ansatz von besonderer theoretischer Relevanz sind.

1. *Die »Psychologie des Quantenzeitalters« muß in einer erweiterten Vorstellung von der menschlichen Natur verankert sein.* Die Vorannahmen, die eine Verhaltenswissenschaft über die menschliche Natur hat, bestimmen, was untersucht und wie es wahrgenommen, analysiert und interpretiert wird.[33] Zugrundeliegende Paradigmata beeinflussen, wie es Thomas Kuhn[34] beschrieben hat, wissenschaftliches Denken ebenso, wie persönliche Mythen die Wirklichkeit für den einzelnen strukturieren. Zwar bringen neue Ergebnisse neues Detailwissen, aber letzten Endes spiegeln sie immer die schon existierenden Paradigmata wider, zumindest bis ein solches Paradigma aktiv in Frage gestellt wird. Die logische Folgerung ist natürlich, daß eine Psychologie, die im Newtonschen Paradigma verwurzelt ist, ein mechanisches Bild der Menschheit entwirft; im übrigen begründet sie weiterhin, wie Valle bemerkt, »ihre Vorstellung von dem, was ein menschliches Wesen *ist,* und darüber hinaus ihre Methoden auf einem Newtonschen Begriffssystem der Physik, das die Physiker selbst längst aufgegeben haben«.[35]

Vor einem halben Jahrhundert schrieb C. G. Jung die wahrhaft bemerkenswerte Prophezeiung nieder, daß »die Nuklearphysik und die Psychologie des Unbewußten früher oder später näher zusammenrücken werden, dann nämlich, wenn beide, unabhängig voneinander und aus entgegengesetzten Richtungen kommend, in transzendentes Territorium vorstoßen werden«.[36]

In jüngster Zeit wurden oft provokative Parallelen gezogen zwischen dem erweiterten Bild des Universums, das uns die moderne Physik präsentiert, und den Berichten der Mystiker aus allen Jahrhunderten.[37] Zwar beweisen die Entdeckungen der Physik nicht die Postulate der ewigen Philosophie, wie sie Huxley umrissen hat;[38] aber sie stimmen damit doch immerhin insoweit überein, daß unsere alltägliche Auffassung der sinnlich wahrnehmbaren Realität, wie auch von Zeit und Raum, ziemlich begrenzt ist. Berichte von transpersonalen Erfahrungen haben meist den Mangel, daß sie von etwas berichten, das sich, wie die Mystiker sagen, der Beschreibung entzieht; dennoch stimmen solche Berichte, auch wenn sie aus unterschiedlichen Zeiten und von ganz verschiedenen Orten stammen, überein und scheinen allesamt auf einen *gemeinsamen Seinsgrund* hinzuweisen, der durch Sinneswahrnehmung und Denkprozesse allein nicht erklärt werden kann.[39] Die wissenschaftliche Psychologie à la Newton hat diese interkulturellen Erkenntnisse nie in ihre Weltsicht aufgenommen; doch unterstützen solche Berichte die Annahme eines transpersonalen Ursprungs persönlicher Mythen (siehe Kapitel 2).

Jung faßt das unausweichliche Dilemma der traditionellen Psychologie knapp und treffend zusammen: »Die Ganzheit der Seele kann nie vom Intellekt allein erfaßt werden.«[40] Doch die Psychologie, die auf der Newtonschen Weltsicht beruht, hat das, was nicht definiert werden konnte, als untauglich und ungültig behandelt. Wenn das philosophische Fundament der Psychologie nur ein Gerüst ist, das sich mehrere Schichten oberhalb des *Seinsgrundes,* wie er von den weisesten Mitgliedern der menschlichen Gesellschaft erfahren wurde, befindet, dann ist die Fähigkeit dieser Disziplin, wahre Einsicht in die Tiefen des menschlichen Geistes zu gewinnen, entsprechend beschnitten. Die Psychologie ist aufgefordert, Vorstellungen von der menschlichen Natur, die zu ihrem philosophischen Fundament gehören, neu zu überdenken – und zwar sowohl im Lichte der neuen Entdeckungen der Quantenphysik wie auch der Berichte von einem transzendenten Seinsgrund, die in der spirituellen Literatur verschiedener Kulturen zu allen Zeiten zusammengetragen worden sind.[41]

2. *Die »Psychologie des Quantenzeitalters« muß holistisch sein und mit der Systemtheorie übereinstimmen.* Innerhalb dieser erweiterten Vorstellung ihres Forschungsbereichs ist die Psychologie weiterhin gefordert, eine grundlegende Struktur und eine Methodologie für einen integrativen Ansatz zu entwickeln, der alle Aspekte menschlicher Erfahrung, ob sinnlich, emotional, kognitiv oder spirituell, um-

faßt, dazu die tausendfältigen Ausdrucksformen dieser Erfahrung, wie Träume, Halluzinationen, mystische Ekstase, kreative Einsicht, oder auch ganz *normale* motorische Aktivität, Wahrnehmung, Gefühle und Gedanken. Die Psychologie muß fähig sein, mit jeder Ebene menschlicher Erfahrung als einem Aspekt der ganzen Person in einer sozialen Ökologie umzugehen, statt Prozesse höherer Ordnung auf die Begriffe zu reduzieren, die zu Prozessen niederer Ordnung gehören. So hat man zum Beispiel die Mythologie, die zeitlose, ewige Sprache des menschlichen Geistes, immer wieder reduziert und als simples Äquivalent von Glaubenshaltungen und Einstellungen behandelt.

Die Übereinstimmung mit der Systemtheorie scheint grundlegend wichtig zu sein, wenn es darum geht, holistische Ansätze für das wissenschaftliche Verständnis der menschlichen Natur zu entwerfen.[42] Die allgemeine Systemtheorie, entwickelt unter der Leitung von Ludwig von Bertalanffy, konzentrierte ihre Aufmerksamkeit auf integrierte Ganzheiten, die ihre wichtigsten Eigenschaften aus Beziehungen und Zwischenverbindungen beziehen. Lebende Prozesse zum Beispiel – von der Zelle bis hin zu den großen Kulturen der Geschichte – können als eine Hierarchie von Systemen angesehen werden, wobei jedes System Systeme auf niederer Komplexitätsstufe umfaßt und wiederum von Systemen höherer Komplexität umfaßt wird. Jede Ansammlung von Elementen in gegenseitiger Interaktion ist ein System. Von Bertalanffy betonte zum Beispiel die Interaktion von *Geist* und *Körper* als einem integrierten System und befürwortete Erklärungsmodelle, die biologische und psychische Prozesse kombinierten, in einer Sprache, die für beide Disziplinen verständlich sein sollte.[43]

Nach Capra »enthüllt« die neue Physik »ein ganz grundlegendes Einssein des Universums ... Die Natur zeigt uns keine isolierten *Bausteine,* sondern erscheint vielmehr als ein kompliziertes Netz von Beziehungen zwischen den verschiedenen Teilen des Ganzen.«[44] Holistische Anschauungen im Bereich der Gesundheitsfürsorge befassen sich mit der Ganzheit des Menschen als einer Ansammlung voneinander abhängiger Systeme, und als einem System, das in gegenseitiger Abhängigkeit mit seiner Umgebung lebt. Wichtig ist auch, daß hier die Verantwortung des einzelnen für sein persönliches Wohlergehen betont wird.[45]

3. *Die »Psychologie des Quantenzeitalters« muß das Ideal der objektiven, wertfreien Wissenschaft neu überdenken.* Die Erkenntnis der Physiker, daß Beobachtung das, was beobachtet wird, verändert, stellt die Bedeutung der *objektiven Wissenschaft* in Frage und damit einen der wichtigsten Werte der Wissenschaft des *Newtonschen Zeitalters.* Auch in der Psychologie hat das klassische Ideal einer objektiven Beschreibung der Natur seine Gültigkeit verloren; Capra betont, daß wir nicht von der Natur sprechen können, ohne zugleich auch von uns zu sprechen.[46] Und nicht nur die Vorstellung von wissenschaftlicher Objektivität wird noch einmal genau überprüft; man sieht mittlerweile, daß auch Ziel und Wertvorstellungen des Wissenschaftlers am Akt der Beobachtung beteiligt sind, vor allem in den Verhaltenswissenschaften. Dies alles stellt die Psychologie vor schwierige Herausforderungen; viele Theoretiker sind schon intensiv damit beschäftigt, Modelle zu entwerfen, die diese Disziplin angesichts der neuen Entwicklungen in der Wissenschaftsphilosophie voranbringen sollen.[47, 48]

Uns geht es hier um einen zwar verwandten, aber doch etwas anderen Gesichtspunkt, nämlich darum, daß jeder Mensch in der Lage sein sollte, psychologisches Wissen auf seine ganz persönlichen Probleme anzuwenden, so wie es auch George Miller, den wir zu Beginn des Kapitels zitierten, fordert. Und wenn auch psychologisches Wissen und breite Anwendungsmöglichkeit oft nur schwer unter einen Hut passen, so gibt es doch schon neue Vorstellungen, was psychologische Objektivität und Wertvorstellungen betrifft.

So beschreibt zum Beispiel Abraham Maslow das, was er *taoistische Objektivität* nennt, als eine berechtigte wissenschaftliche Einstellung. »Aus liebender Wahrnehmung, wie es sie zwischen Freunden und Liebenden gibt, können Interesse und Faszination entstehen, die der Wissenschaft in ihrem besten Sinne ähnlich sind.«[49] So wie nicht manipulierende Liebe den anderen sich voll entfalten und seine ganze

Wirklichkeit erschließen läßt, so könnte auch eine psychologische Methodik, die sich nicht aufdrängt, aber stark beteiligt ist, zu einem viel tieferen Verständnis des Subjekts führen, als das »kühle, gelassene, abgehobene, unbeteiligte« Modell traditioneller Wissenschaft. Für Maslow ist dies Objektivität in einem anderen Sinne: Hier wird genauere Wahrnehmung zum Beispiel durch die persönliche, interessierte Beteiligung des kompetenten Wissenschaftlers möglich. Der Ansatz, den wir vorschlagen, fördert eine ähnliche Art »interessierter« Begegnung mit dem eigenen inneren Leben, und er führt zu einer sehr persönlichen und dennoch rationalen und systematischen Selbst-Psychologie. Wie C. G. Jung sagt: »Die beste Wahrheit nützt nichts – wie es uns die Geschichte schon tausendmal gezeigt hat –, wenn sie nicht zur ganz persönlichen inneren Erfahrung geworden ist.«[50] Im folgenden Abschnitt wollen wir sehen, ob nicht die persönliche Mythologie ein sehr geeigneter Kandidat für einen nach-Newtonschen, verbraucherorientierten Ansatz einer öffentlichen Psychologie ist.

Persönliche Mythologie: ihre Stärke als Konzept

Die frühen siebziger Jahre brachten eine Flut aufregender therapeutischer Neuerungen, denen jedoch eines fehlte: eine einheitliche theoretische Grundlage. Als wir uns mit einer umfassenden Theorie für die Anwendung neuer Techniken zu beschäftigen begannen, wählten wir »Mythologie« als unsere Grundmetapher. Jeder Begriff, der versucht, das Wesentliche der menschlichen Natur zu erfassen, wird notwendigerweise reduktionistisch sein – dennoch: Die mythische Sprache hat eine ganz einzigartige Fähigkeit, den großartigen Möglichkeiten wie auch den vielen Abgründen des menschlichen Daseins nahezukommen. Sie kann auch intellektuelle Bereiche mit denen des Geistes und des Gefühls verbinden. Wenn ein psychologischer Theorieansatz sich auf nur einer Grundmetapher begründet, dann sollte dieser eine Begriff so wenig reduktionistisch und so umfassend wie möglich sein. Unsere Formulierung der persönlichen Mythologie war eine gute Leittheorie für einen integrierten Ansatz der Persönlichkeitsentwicklung im klinischen wie im Erziehungsbereich. Wer unser Programm durcharbeitet und allmählich seine persönlichen Mythen begreifen lernt, der erlernt zugleich eine nützliche Sprache, in der sich über das eigene innere Leben und konstruktive Veränderungen besser denken läßt.

Darüber hinaus liefert die persönliche Mythologie, wie die Überschrift dieses Kapitels schon sagt, eine »benutzerfreundliche« Sprache. Dieser Begriff stammt aus der Computertechnik. Die Sprache, mittels derer der Mensch und der Computer sich verständigen, kann eher auf die Logik der Maschine ausgerichtet sein (Maschinen-Sprache) oder eher auf die Denkweise des Menschen (benutzerfreundliche Sprache). Während die technische Sprache in der Psychologie den Bedürfnissen wissenschaftlicher Theorie und Forschung dient, ist der mythologische Ansatz eindeutig auf die innere Funktionsweise der Seele ausgerichtet.

Die Mythologie ist, zu allen Zeiten und in allen Kulturen, ein Reservoir an Hilfe und Anleitung bei den schwierigen Entscheidungen gewesen, die Menschen immer wieder treffen müssen. Bruno Bettelheim meint, daß die Symbole, die in der Sprache der Mythen auftauchen, »zugleich das Bewußte wie das Unbewußte ansprechen«.[51] Selbst Aristoteles, wahrlich ein Freund der reinen Vernunft, hat gesagt: »Der Freund der Weisheit ist auch ein Freund des Mythos« (zitiert in [52]). Joseph Campbell sieht eine primäre Funktion der Mythologie darin, daß sie »dem Wachbewußtsein die Kräfte seines eigenen Ursprungs, aus dem es sich speist«, enthüllt.[53] Hillman betont: »Mythen sprechen in ihrer eigenen Sprache zur Seele; sie sprechen emotional, dramatisch, sinnlich, phantastisch ... Mythen erzählen auch vom Allgemeingültigen in speziellen Bildern, von Gestalten und Orten, von bestimmten Ereignissen, die sich nie ereignet haben und sich doch immer ereignen.«[54] Und Marshall McLuhan meint: »In Wirklichkeit leben wir ja mythisch ... doch wir denken noch immer in den alten fragmentarischen Mustern von Raum und Zeit des vor-elektrischen Zeitalters.«[55]

Wir glauben, daß einer der wichtigsten Beiträge, welche die Psychologie leisten kann, das Verständnis der Prozesse ist, durch die sich Mythen entwickeln und ebenso unser Verhalten formen – sowohl auf persönlicher wie auch auf kollektiver Ebene. Wie aber soll denn der einzelne Mensch – und auch die Kultur – die mythischen Quellen finden, die uns neue Hoffnung und Lebenskraft, neue Visionen geben können? Hillman schreibt, daß »eine mythische Art zu sprechen ganz wichtig für den Selbstausdruck der Seele ist ... Tiefenpsychologie ist die heutige Form traditioneller Mythologie, des großen Trägers der oralen Tradition.«[56] In diesem Sinne bieten wir dem einzelnen einen systematischen Weg – beginnend im Labor der eigenen Erfahrung –, der hinführt zum Verständnis und zur produktiven Arbeit mit den mythischen Dimensionen des Lebens. Die Stärken unseres Ansatzes (gemessen an den Kriterien der Benutzerfreundlichkeit und den Maßstäben, die wir zuvor dargestellt haben und hier gewissermaßen nur in Klammern anfügen) sind unter anderem folgende:

1. *Persönliche Mythen drücken sich in Begriffen und Symbolen aus, die auf einzigartige Weise persönlich sind* (also eine benutzerfreundliche Sprache zur Verfügung stellen). Ein altes chinesisches Sprichwort sagt: »Wenn du den Griff einer Axt schnitzen willst, dann ist das Modell dafür in deiner Hand.«[57] Und wenn es um eine Sprache zum Verständnis der menschlichen Natur geht, dann ist die Art, wie die Seele sich ausdrückt, das Modell. Mythen sind, nach C. G. Jung, »zuerst und vor allem seelische Phänomene, die die Natur der Seele enthüllen«.[58] Ebenso wie die Kenntnis der Traumsymbole verschafft uns auch das Verständnis der mythischen Dimensionen unseres inneren Lebens Zugang zu unseren schwersten Konflikten und unserer tiefsten Weisheit. Ein Lehrprogramm, das zeigt, wie persönliche Mythen arbeiten, lehrt uns zugleich auch, eine Sprache zu erkennen und zu interpretieren, die längst da ist. Diese Sprache nutzt die Schönheit und den Reichtum des einzigartigen Symbolismus der Seele, statt unseren Erfahrungen das festgelegte Vokabular eines bestimmten psychologischen Systems über-

zustülpen. Wer seine Erfahrungen sozusagen in der Münze seiner persönlichen Mythologie prägt, der verfügt damit über eine *Währung*, die sowohl auf der körperlichen wie auch auf der kognitiven Ebene des Bewußtseins sehr geschätzt wird.

2. *Diese Begriffe und Symbole können klassische, Newtonsche und nach-Newtonsche Vorstellungen von der menschlichen Natur zum Ausdruck bringen* (sie fördern also ein erweitertes Bild der menschlichen Natur). Nach Joseph Campbell »wäre es nicht übertrieben zu sagen, daß der Mythos die geheime Öffnung ist, durch welche die unerschöpflichen Energien des Kosmos in die kulturellen Manifestationen des Menschen fließen«.[59] Die Mythologie umfaßt sogar die Mysterien. Der große Philosoph A. K. Coomaraswamy hat ganz schlicht festgestellt, daß »der Mythos die größte Annäherung an die absolute Wahrheit verkörpert, die man in Worte fassen kann«.[60] Doch in der heutigen Zeit, so C. G. Jung, »usurpiert der Intellekt den Thron, auf dem einst der Geist saß«,[61] und die Mythologie ist als Weg, die menschliche Natur zu verstehen, aus der Mode gekommen. Heute jedoch, da die lebensbedrohlichen Folgen des Quantenzeitalters die Menschheit zwingen, sich selbst einmal genauer anzuschauen, und seine Technik uns all die Werkzeuge an die Hand gibt, tiefer in das Universum einzudringen, macht die Herrschaft des Zeitalters der Vernunft einer Suche nach ganzheitlichem Wissen Platz. Damit wird die Mythologie paradoxerweise wieder ein gangbarer und anerkannter Weg, menschliches Sein zu begreifen. Die Menschen sind immer Geschichtenerzähler gewesen, und der Mythos verfügt, wie Jerome Bruner betont, über die wirksamsten Mittel, menschliche Themen darzustellen. Mythen externalisieren persönliche Erfahrungen und fassen sie auf die natürliche Weise in Worte, auf die Menschen schon immer ihre tiefsten Wahrheiten zum Ausdruck gebracht haben.[62]

3. *Persönliche Mythen liefern eine Sprache, die für das Schauen von innen nach außen geeignet ist.* Die meisten psychologischen Begriffe und Konzepte sind für das Schau-

en von außen nach innen gedacht. Sie spiegeln das wissenschaftliche Ziel des 19. Jahrhunderts wieder, »objektives« Wissen durch äußere Beobachtung zu gewinnen. Subjektive Erfahrung wissenschaftlich zu erfassen war jedoch schon immer ein Problem in der Psychologie, das heftige Kontroversen auslöste. Epstein hat die Geschichte dieser Kontroverse in ihrer Beziehung zum Begriff des Selbst-Konzepts untersucht; er schlägt vor, das Selbst-Konzept richtiger als *Selbst-Theorie zu* verstehen, da es die impliziten Theorien beinhaltet, die Menschen über sich selbst haben.[63] Kognitiv-verhaltenswissenschaftliche Therapeuten haben ja, wie wir gesehen haben, den Begriff der »Selbst-Theorie« verwendet, wenn es darum ging, ihren Klienten zu zeigen, wie sie »ihre eigenen Wissenschaftler« werden könnten. Kurt Lewin meinte, daß »nichts so praktisch ist wie eine gute Theorie«,[64] und dies trifft nicht nur auf Selbst-Theorien, sondern auch auf wissenschaftliche Theorien zu. In Übereinstimmung mit Carl Rogers und Heinz Kohut,[65] um nur diese beiden zu nennen, geht es uns vor allem um das subjektive Erleben der Menschen, und nicht so sehr darum, wie ihr Verhalten von anderen beobachtet und wahrgenommen wird. Denn für die Psychologie des Quantenzeitalters ist jede Beobachtung abhängig vom Beobachter; die benutzerorientierte öffentliche Psychologie, die Miller fordert, vermittelt den Menschen wissenschaftlich gültige Grundsätze, anhand derer sie mit ihrem Leben, so wie sie es erleben, umgehen können. Die persönliche Mythologie liefert eine Sprache für die Auseinandersetzung mit unseren Erfahrungen, so wie wir sie erleben, und damit zugleich die Grundlage für das systematische und rationale Selbstverständnis innerer Abläufe.

4. *Die persönliche Mythologie ist eine anpassungsfähige Sprache, die helfen kann, die vielschichtigen Bereiche menschlichen Seins zu verstehen* (sie stimmt also mit der Systemtheorie überein). Erich Fromm schreibt, daß das Verständnis der Symbolsprache der Mythen »uns mit den wichtigsten Quellen der Weisheit in Berührung bringt ... und auch mit den tieferen Schichten unserer Persönlichkeit«.[66]

Die Tiefe der Komplexität der Persönlichkeit, die ein mythischer Ansatz würdigt, wird von den Theorien der menschlichen Natur, die sich auf beobachtbare Oberflächenaspekte des menschlichen Seins beschränken, nicht erfaßt. Der Anthropologe Claude Lévi-Strauss meint, daß »die Logik des mythischen Denkens genauso rigoros ist wie die der modernen Wissenschaft«, und ... »der Unterschied liegt nicht in der Qualität des intellektuellen Prozesses, sondern in der Natur der Dinge, auf die er angewandt wird«.[67] Das Konzept der persönlichen Mythologie blendet die spirituellen Aspekte menschlicher Erfahrung nicht aus, zugleich aber ist es – wie wir gezeigt haben – vereinbar mit der kognitiven Psychologie und darüber hinaus durchaus geeignet, das Leben auch im »Newtonschen Bereich« zu beschreiben. Die Sprache der persönlichen Mythologie ist gültig auch für die archetypischen Dimensionen der Erfahrung und bleibt doch in Übereinstimmung mit der traditionellen psychologischen Theorie.

5. *Die persönliche Mythologie bietet eine Sprache, die uns helfen kann, zu unserer Kultur und ihren Mythen in intensive und konstruktive Verbindung zu treten* (sie ist also ihrer Natur nach holistisch und systemorientiert). Die Persönlichkeitstheorien der Psychologie werden häufig kritisiert, weil sie das soziale und kulturelle Umfeld des Menschen nicht angemessen behandeln. Da persönliche Mythologie und kulturelle Mythologie per definitionem zusammengehören, ist die Beziehung zwischen Mensch und Gesellschaft in unserem Ansatz gewissermaßen von selbst enthalten.[68] Durch dieses dynamische Gleichgewicht zwischen Persönlichem und Kulturellem verschafft das mythologische Verständnis der persönlichen Entwicklung zugleich Einsicht in die Mythen der eigenen Kultur.

6. *Die persönliche Mythologie bietet eine angemessene Sprache für die Veränderungen im eigenen Leben* (also eine benutzerfreundliche und respektvolle Sprache). Die Sprache der persönlichen Mythologie zeigt uns das Leben als epische Reise auf einem Weg, den die Weisheit unseres

inneren Seins erhellen kann. Das ist ein weit würdigeres Vorbild für die Suche nach psychologischer Leitung als das *medizinische Modell*, das in der Psychotherapie so großen Einfluß gehabt hat. Hier werden emotionale Schwierigkeiten als »Krankheiten« angesehen, die *geheilt* werden müssen. Unter mythischem Blickpunkt sind die Symptome nicht-organischer seelischer Vorgänge Ausdruck unseres innersten Seins, nachdrückliche Botschaften aus seelischen Tiefen über unsere Anpassung an die äußere Welt.[69, 70] Wenn wir auf unserem Weg in die gewünschte Richtung inneren Hindernissen begegnen, dann stellt uns das System vor die Herausforderung, sie in Übergangsriten umzuwandeln. Die persönliche Mythologie kann auch als Erziehungsmodell dienen; sie ist darauf gerichtet, dem Menschen die ursprüngliche Verantwortung und Macht zurückzugeben. In diesem Sinne entspricht sie von ihrem Konzept her auch dem gegenwärtigen Trend, der wegführt von professioneller und institutioneller Hilfe und hin zur Selbsthilfe – ein Trend, den manche Beobachter zu den sich verändernden Werten in der modernen Gesellschaft zählen.[71] Wenn man Vergangenheit, Gegenwart und Zukunft in den Begriffen einer sich entfaltenden persönlichen Mythologie versteht, dann kommen all die kleinen und großen Alltagssorgen in einen viel weiteren Zusammenhang zu stehen, der sie uns als die ewiggleichen, immerwährenden Schwierigkeiten der Menschheit erkennen läßt; und dieses Verständnis bringt den einzelnen auch in Berührung mit Kräften, die die persönliche Identität transzendieren.

Zusätzliche Überlegungen

Eng verknüpft mit jedem tiefenpsychologischen Selbsthilfeansatz sind die Schwierigkeiten, die entstehen können, wenn man unbewußte Prozesse angeht und ins Bewußtsein hebt. Jungianer betonen oft, wie gefährlich es werden kann, wenn das bewußte Ich versucht, die Kräfte des Unbewußten unter seine Herrschaft zu zwingen: »Die Introspektion verstärkt häufig die Einseitigkeit des Ich, das so, zum Nachteil der ganzen Persönlichkeit, noch dominierender wird.«[72] James Hillman nimmt die Psychologie – deren Namen im Wortsinne ja eigentlich »Reden über die Seele« bedeutet – sehr beredt ins Gebet, weil sie die Angelegenheiten ebendieser Seele auf weltliche Zwecke und begrenzte Bedeutungen reduziert hat. Wenn »Einsichten zu *Psychologie* werden, als Instrumente der Interpretation dienen, sobald alles, was geschieht, nur mehr aus ein und demselben, verläßlichen Blickwinkel betrachtet wird, codiert man die Besonderheit, Vielschichtigkeit und Spontaneität seelischer Reflexionen in festen Bahnen«.[73] In der Gier, mit der sich eine technikorientierte Kultur mit Hilfe von Psychotherapie auf menschliche Schwierigkeiten stürzt, um sie auf Distanz zu halten, zu kontrollieren (indem sie ihnen psychiatrische Etiketten verpaßt) und sie dann zu kurieren – in dieser Gier geht die tiefere Bedeutung solcher Schwierigkeiten für die menschliche Reise verloren.

Viele psychodynamisch orientierte Praktiker sehen die wichtigste Aufgabe der Psychotherapie darin, dem tieferen Selbst zum Ausdruck zu verhelfen; sie halten Versuche, das Selbst unter die Kontrolle des Ich zu bringen, für irrig, unangemessen und gefährlich. Für uns sind bewußte Prozesse und die ganze praktische Auseinandersetzung des Menschen mit der Welt sehr wichtig; aber der Nachdruck, mit dem Hillman und andere darauf bestehen, daß das Unbewußte seine eigenen Wege und Ziele hat, findet sein Echo auch in unserer Arbeit. Wir sehen unseren Ansatz als einen Versuch, den Bereich des bewußten Ich durch eine Annäherung an die tieferen Bereiche der Seele zu erweitern, und wir beziehen uns dabei auf die Tatsache, daß die Mythologie in der ganzen menschlichen Geschichte immer die natürlichste Brücke zwischen bewußten und unbewußten Prozessen gewesen ist.

Ein weiteres Problem liegt darin, daß das mythologische Denken für manche nicht den Grad an Präzision und Vorhersagbarkeit zu haben scheint, der in der Wissenschaft gefordert wird. Wir meinen, daß eine Begriffsstruktur höherer Ordnung wie die Mythologie notwendig ist für ein psychologisches System, das nicht allzu reduktionistisch sein soll. Jerome Bruner betont, daß sich die Psychologie ausschließlich auf die logisch-wissenschaftliche Denkweise konzentriert hat, auf Kosten der ebenso legitimen, eher schildernden, Geschichten erzählenden Denkungsart. Das Unternehmen, Mythen auf Logik zu reduzieren, so Bruner, muß unweigerlich mißlingen, denn die zwei Denkweisen interpretieren Handlungen auf unterschiedliche Weise: Die eine sucht nach Ursachen, die andere nach Absichten.[74] Unsere *Kreuzung*, die sowohl mythologisches Denken wie auch etablierte kognitive Grundsätze einbezieht, beherbergt beide Bereiche. So wird die Integration möglich, in der beide Denkweisen zusammenkommen.

Ein drittes Problem betrifft unser Vertrauen, daß der Begriff *Persönliche Mythologie* weit genug ist, eine Vielzahl psychischer Phänomene zu umfassen, die mit so unterschiedlicher Orientierung wie der Freudschen, der Jungschen, der verhaltenswissenschaftlichen und der kognitiven assoziiert werden. Wird damit das Konzept nicht so allgemein, daß ein integrativer Theorierahmen daraus gar nicht mehr entwickelt werden kann? Viele Physiker sind der Meinung, daß ältere theoretische Konstrukte, wie etwa der Ursache-Wirkung-Zusammenhang, durchaus noch nützlich sein können, wenn man zum Beispiel die Bewegung von Billardkugeln verstehen will; daß sie aber mit den neuen Entdekkungen der Forscher, die in die Natur des Atoms oder der Galaxien eingedrungen sind, nicht übereinstimmen. Einige Physiker befürworten darum einen systemorientierten Ansatz, den sie *Stiefelschnüren* nennen.[75] Dieser Ansatz geht von der Annahme aus, daß zur Zeit eine einzige Theorie, die alle Phänomene erklärt, nicht möglich ist, und wählt jeweils die theoretischen Konstrukte aus, die dem fraglichen Gebiet am besten entsprechen. Wir meinen, daß ganz verschiedene Theorierichtungen in der Psychologie die verschiedenen Stufen der Auseinandersetzung mit der persönlichen Mythologie am besten beschreiben.

So beziehen wir uns auf tiefenpsychologische Einsichten, die bis auf Freud und Jung zurückgehen, wenn es um das Verständnis der frühesten Ursprünge der Mythologie eines Menschen geht. Verhaltenswissenschaftlich orientierte

Eine benutzerfreundliche Sprache für die Psychologie des Quantenzeitalters

Theoretiker haben die besten Beweise dafür erbracht, wie Umwelt und Lebenserfahrung frühe persönliche Mythen formen. Jungianer und Theoretiker des Transpersonalen haben den Drang der Seele nach Ganzheit und Vollständigkeit am klarsten in Worte gefaßt; dies ist das Fundament, auf dem sich Gegen-Mythen entwickeln, vor allem in ihren tiefsten und spirituellsten Ausdrucksformen. All die unzähligen psychoanalytischen, Jungianischen, östlichen und sonstigen therapeutischen Techniken, die im großen Garten der Humanistischen Psychologie blühen, waren besonders hilfreich bei der Entwicklung einer Selbsthilfemethode, zur Aufdeckung und Arbeit mit der persönlichen Mythologie. Die theoretischen Formulierungen der kognitiven Psychologie lieferten die genauesten verfügbaren Konzepte zum Verständnis des dialektischen Prozesses und seiner Bedeutung in der Entwicklung der persönlichen Mythologie eines Erwachsenen. Praktiker der Lern- und der kognitiven Theorien liefern die besten Techniken, wenn es darum geht, Menschen zu zeigen, wie sie ausgewählte mythische Vorstellungen zu ihrem täglichen Leben verankern können. Grundlegende Erkenntnisse über die körperliche Dimension der mythischen Reise wurden zuerst von Wilhelm Reich formuliert.[76] Die psychologischen Implikationen des *Verlorenes-Paradies*-Phänomens, das mit dem Geburtsvorgang verbunden ist (und den Beginn unseres Programms in Kapitel 4 bildete) finden sich zuerst bei Otto Rank.[77]

In diesem Zusammenhang ist eine Beobachtung des Psychiaters Stanislav Grof, der unzählige Therapien unter Zuhilfenahme von LSD durchgeführt hat, von besonderem Interesse. LSD gilt schon lange als besonders wirksames Instrument zur Untersuchung des Unbewußten und seiner Dynamik. Grof nun stellte fest, daß seine Klienten bei fortlaufender Therapie unter LSD spontane Erlebnisse hatten, die zunächst psychodynamisches Material brachten, das am besten mit Freuds – manchmal auch Adlers – theoretischen Konstrukten erfaßt werden konnte. Darauf folgten pränatale, natale und andere, intensiver körperorientierte Erfahrungen, die den theoretischen Formulierungen von Wilhelm Reich und Otto Rank sehr nahekamen. Und schließlich ergaben sich archetypische und transzendente Erlebnisse, die mit Jungschen Begriffen am besten zu verstehen waren.[78] Es ist, als ob jeder dieser theoretischen Pioniere auf eine bestimmte Dimension der menschlichen Reise besonders gut eingestimmt war und sie darum auch am klarsten in Worte fassen konnte.

Unsere Formulierung der persönlichen Mythologie umfaßt tatsächlich ein weites Feld theoretischer Positionen, und wir meinen, dies ist eine ihrer Stärken. Man kann unser Modell als Metatheorie ansehen, die vielfältige biologische, psychodynamische, kulturelle und spirituelle Gesichtspunkte organisiert. Es bietet eine übergreifende Struktur, um das *Stiefelschnüren zu* organisieren, das offenbar erforderlich ist, um das komplexe Gebiet zu erfassen, auf das man bei dem Versuch, die seelische Entwicklung des Menschen zu begreifen, stößt.

Entstehungsprinzipien der persönlichen Mythologie

Das Folgende ist eine Zusammenfassung unserer Beobachtungen von der Art, wie Mythen entstehen:

1. *Mythische Strukturen aufzugeben ist eine natürliche und periodisch wiederkehrende Phase seelischer Entwicklung.* Zeiten der Ausgeglichenheit und des Gleichgewichts in der Lebensstruktur und der dahinterstehenden Mythologie werden ganz natürlich abgelöst von Phasen der Veränderung und des Schwankens. Persönliche Mythen, die in einer bestimmten Phase des Lebens oder der Entwicklung lebendig und funktionsfähig sind, können zu anderen Zeiten veraltet sein. Es gibt viele Übergangsperioden in der Entwicklung, die einen mythischen »Wächter-Wechsel« nötig machen, bei dem alte Konstruktionen der Wirklichkeit durch erneuerte mythische Strukturen ersetzt werden. Churchill soll einmal gesagt haben: »Wer mit zwanzig kein Liberaler ist, hat kein Herz, und wer mit vierzig nicht Konservativer ist, keinen Verstand.« Ob solche evolutionären Veränderun-

gen im eigenen Leitmythos als Versagen oder aber als natürlicher Fortschritt in einer reifenden Konstruktion der persönlichen Wirklichkeit angesehen werden, hängt sehr davon ab, welche Einstellung die umgebende Kultur zu solchen Übergängen hat und auch, welche Übergangsriten sie bereitstellt. Kegan betont, welch wichtige Rolle die Gemeinschaft spielt; sie erkennt an, daß Menschen wachsen und sich verändern, indem sie für »Symbole und Feste, für Rituale und sogar Gesten« sorgt, »die zeigen, daß ich im Prozeß meiner Entwicklung bin, und die mir helfen, mich selbst zu erkennen«.[79]

2. *Persönliche Konflikte – innere wie äußere – sind natürliche Anzeichen für eine Veränderung in der persönlichen Mythologie.* Ein leitender Mythos funktioniert dann nicht mehr, wenn er nicht mehr Schritt halten kann, nicht mehr Anleitung geben kann, sobald ein Mensch reifer wird oder die Umstände sich ändern. Ob Mythen noch stimmen oder nicht, wird in unserem Inneren ständig überprüft; wenn sie nicht mehr stimmen, so äußert sich das in unharmonischen Träumen, Phantasien, Gefühlen, Gedanken, Entscheidungen oder Taten. Montague Ullman und Nan Zimmerman meinen, eine Funktion des persönlichen Mythos sei es, Harmonie zwischen dem Individuum und den Forderungen einer mächtigeren Welt aufrechtzuerhalten. Um jedoch Mythen, die veraltet sind oder nicht mehr funktionieren, beizubehalten, setzen Menschen oft Strategien der Selbsttäuschung ein, damit sie Informationen über sich selbst oder ihre Welt, die mit dem Mythos unvereinbar sind, nicht wahrzunehmen brauchen. Zimmerman und Ullman meinen, daß Träume ein Weg sind, auf dem die Seele den Zwang, den ein nicht mehr funktionierender Mythos auf das Leben eines Menschen ausübt, erkundet und zum Ausdruck bringt.[80] Im vierten Kapitel haben wir die Grundsätze dargestellt, nach denen man persönliche Konflikte sowohl anhand äußerer Umstände wie auch innerer Abläufe erforscht, um nicht mehr funktionierende Mythen und Bereiche unbewußter mythischer Konflikte bewußtzumachen.

3. *Widersprüchliche Mythen kommen in der persönlichen Mythologie zum Ausdruck.* Der dialektische Prozeß, von dem wir schon gesprochen haben, äußert sich wie ein dramatischer Wettbewerb zwischen verschiedenen Ausdrucksformen des eigenen Inneren, die beide versuchen, Wahrnehmung, Denken und Verhalten zu strukturieren. Persönliche Mythen existieren innerhalb einer psychischen Ökologie von Mutation und Selektion, und auch die stärksten mythischen Strukturen müssen sich, um zu überleben, ständig weiterentwickeln. Denn nicht nur die Lebensumstände eines Menschen ändern sich ständig – im Laufe des Lebens tauchen auch immer wieder neue Entwicklungsbedürfnisse auf. Jung war der Ansicht, daß in der zweiten Lebenshälfte unterentwickelte Aspekte des Selbst zum Vorschein kommen. Wenn im bewußten Leben eine extrem einseitige Tendenz dominiert, »so wird eine entsprechend starke Gegenposition aufgebaut, die zunächst den bewußten Ausdruck behindert und dann die bewußte Kontrolle durchbricht«.[81] Verborgene, aber wichtige Eigenschaften der Persönlichkeit, die von den vorherrschenden Mythen nicht unterstützt werden, suchen, angeführt von einem Gegen-Mythos, ganz natürlich nach Ausdruck.

4. *Ungelöste mythische Konflikte tauchen immer wieder auf und stören die Bewältigung nachfolgender Entwicklungsaufgaben.* Hat jemand zu einem frühen Zeitpunkt die Anforderungen einer bestimmten Entwicklungsstufe nicht erfolgreich bewältigt – etwa die Beziehung zu einem Elternteil –, dann wird dieses Thema in seinem weiteren Leben eine wichtige Rolle spielen. Bestimmte Aspekte seiner Mythologie fixieren sich im Bereich dieses ungelösten Problems und stören spätere Entwicklungsschritte. Einer unserer Klienten hat das einmal so formuliert: »Die Geister der Vergangenheit erheben zornig ihr Haupt, wenn sie ihr Territorium bedroht sehen.« Wir leiten Klienten oft mittels Bildern und Vorstellungen zurück in eine frühere Zeit, in der die Entwicklung stehengeblieben ist. Dort versorgen wir diesen jüngeren Teil von ihnen, den sie ja innerlich noch immer mit sich herumtragen, mit einem Übergangsritus, der ihn auf die

nächste Entwicklungsstufe führt, einem Ritus, der dem damaligen Lebenszusammenhang und der damaligen Mythologie entspricht. Und manchmal hat man dann wirklich das Gefühl, daß ein Geist der Vergangenheit ausgetrieben wurde. Naomi Feil hat bei sehr alten Menschen – um die achtzig und darüber –, die mit einem notwendigen Entwicklungsschritt konfrontiert wurden, beobachtet, daß sie, bevor dieser Schritt möglich wird, offenbar zunächst in der Phantasie nach Lösungen für unerledigte frühere Lebensaufgaben suchen müssen.[82] Es ist, als ob innere Kräfte versuchen, mit dem unvollständigen Gefühlsmaterial fertig zu werden, indem sie die ungelösten Fragen immer wieder in die Struktur sowohl unserer äußeren wie inneren Welt einbauen – das heißt, sich in unser Phantasieleben einnisten, wenn andere Wege für sie verschlossen sind.

5. *Der Mensch identifiziert sich nur mit bestimmten Aspekten des funktionierenden Mythos.* Eine der wichtigsten Erkenntnisse der Tiefenpsychologie besagt – in Jungscher Terminologie –, daß das bewußte *Ich* nur ein kleiner Teil des *Selbst* ist. Jung definiert das Ich als den Mittelpunkt der Zone des Bewußtseins; das Selbst hingegen fungiert als Schwerpunkt für den ganzen Bereich der bewußten und unbewußten seelischen Abläufe eines Menschen. Viele psychologische Systeme des Westens arbeiten vor allem daran, das Ich der Welt anzupassen; der Jungschen Psychologie hingegen geht es vor allem darum, das Ich in größere Übereinstimmung mit der Ganzheit des inneren Seins, also mit dem *Selbst,* zu bringen. Für die Arbeit mit widersprüchlichen mythischen Strukturen, aus denen die persönliche Mythologie eines Menschen besteht, ist die Erkenntnis wichtig, daß das bewußte Ich immer nur an bestimmten mythischen Strukturen ausgerichtet ist. Andere persönliche Mythen, die sich um progressivere seelische Tendenzen herauskristallisieren, arbeiten ganz außerhalb des Bewußtseins und stellen oft eine Bedrohung des Ich dar. Kognitive Psychologen definieren das Ich als eine Organisation von Wissen, die die Aufgabe hat, persönliche Erfahrung zu beobachten und zu speichern.[83] Anthony Greenwald meint, daß

das Ich auf eine Weise kognitiv einseitig ausgerichtet ist, die verblüffende Ähnlichkeit mit totalitären Strategien der Informationskontrolle hat.[84] Das Ich sei, wie totalitäre Regierungen, eine Organisation, die nur auf sich selbst konzentriert sei, sich selbst rechtfertige und narzißtisch überhöhe. Für ein abgerundetes Bild der Entwicklung der persönlichen Mythologie eines Menschen ist es also wichtig, auch die mythischen Kräfte zu sehen, die außerhalb der Kontrolle des Ich liegen.

6. *Das affektiv-begriffliche System ist der natürliche Ansatzpunkt für Interventionen in mythische Bereiche.* 1920 präsentierte Jean Piaget auf dem Internationalen Psychoanalytischen Kongreß in Wien seine Erkenntnisse über eine Art von Denken, das sich sowohl von Freuds infantilem *primärprozeßhaften* Denken wie auch von dem realitätsorientierten *sekundärprozeßhaften* Denken unterschied. Piaget hatte diese Art des Denkens während der Entwicklungsstufe beobachtet, die Freud die *ödipale Phase* nannte; es war sehr intuitiv, freiflottierend und voller Bilder und Phantasien. Piaget nannte es später das voroperationale Denken, das gekennzeichnet ist durch Phantasien, bildhafte Vorstellungen und das *magische Denken.* Piaget vermutete, daß einer der Gründe, warum *ödipale* Themen so oft in der Analyse auftauchen, vielleicht der sei, daß die Art von Denken, die die Analytiker bei der freien Assoziation ermutigen, dieser kindlichen Denkweise sehr ähnlich ist. Es heißt, daß Freud von Piagets Arbeit fasziniert gewesen sei, doch bezog er sie nicht in seine Überlegungen ein.[85] Piagets voroperationales Denken überschneidet sich mit dem affektiv-begrifflichen System des vorbewußten Denkens, das wir im zweiten Kapitel beschrieben haben. Eingriffe in die Mythologie eines Menschen befassen sich meist mit Material aus diesem voroperationalen, affektiv-begrifflichen System, unter Anwendung gelenkter Phantasien und von Techniken der Abreaktion und der Katharsis (Stufen 1 und 2 unseres Modells). Sind sie dann zugänglich geworden, werden die mythischen Konflikte anhand einer Mischung aus rationalen und intuitiven Prozessen durchgearbeitet (Stufen 3

und 4). Zum Schluß werden Lösungsvorstellungen wieder im affektiv-begrifflichen System verankert, und zwar mit Methoden, die seinem logischen System entsprechen: das sind unter anderem intensive gefühlsmäßige Vorstellungen, Körperarbeit und Körperausdruck, positive Verstärkung und Wiederholung (Stufe 5).

7. *Universelle Übergangsriten sind nicht mehr anwendbar.* Rituale und Riten des Übergangs haben in der Geschichte der Menschheit immer mit dafür gesorgt, daß die Mythen einer Kultur ihren Mitgliedern eingeprägt wurden. Die heutige Zeit jedoch ist gekennzeichnet durch Individualität: Jeder hat seine eigenen, persönlichen Mythen. Kollektive Mythen müßten heutzutage also ein Ausmaß an Individualität umfassen, das bis vor ganz kurzer Zeit noch kaum vorstellbar war, und Übergangsriten, die als Leuchtfeuer auf dem Weg unserer Entwicklung dienen sollen, müßten – ebenfalls in einem ganz unvorhersehbaren Ausmaß – individuell zugeschnitten sein. Jung ging sogar so weit, zu sagen, daß in der modernen Zeit die seelische Reife, die er als Individuation bezeichnet,

> einen von persönlicher Konformität und damit auch von der Kollektivität abschneidet. Das ist die Schuld, die der einzelne der Welt gegenüber hat, das ist die Schuld, die er zu löschen versuchen muß. Er muß ein Lösegeld anbieten statt seiner, das heißt, er muß Werte schaffen, die ein angemessener Ersatz sind für seine Abwesenheit von der kollektiven persönlichen Sphäre. Ohne solche Werte ist die vollbrachte Individuation unmoralisch und darüber hinaus – selbstmörderisch. Wer solche Werte nicht schaffen kann, sollte sich bewußt dem Geiste der kollektiven Konformität opfern.[86]

Erfolgskriterien

Während unserer Arbeit in Therapie und Fortbildung haben sich ungezählte unbeantwortete Fragen ergeben. Entspricht das Fünf-Stufen-Modell wirklich dem natürlichen Prozeß, in dem sich persönliche Mythen entwickeln? Schafft sich die Seele immer einen Gegen-Mythos, wenn der alte Mythos versagt? Kann das dialektische Modell die Art, wie mythische Konflikte gelöst werden, angemessen beschreiben? Welche Eingriffe in mythische Bereiche, und unter welchen Bedingungen, haben die wirksamsten und heilsamsten Veränderungen zur Folge? Alle diese Fragen wären ideale Ausgangspunkte für empirische Untersuchungen, und wir hoffen sehr, daß wir unsere theoretischen und praktischen Formulierungen auf eine Art präsentiert haben, die solche Untersuchungen ermutigt. Bei einem Programm, in dem es um die Entwicklung der Persönlichkeit geht, ist der naheliegendste Ausgangspunkt für Untersuchungen das Ergebnis, seine Auswirkungen, sein Erfolg bei den Teilnehmern.

Die Ergebnisse von Therapie oder Fortbildungsprogrammen lassen sich anhand folgender Kriterien bewerten: Symptomreduktion, Änderungen im Verhalten und im Gefühlsleben, erreichte Ziele, erlernte Fähigkeiten, aufgenommene Information, Konzepte, die verstanden wurden. Dies ist nur eine erste Annäherung an Erfolgskriterien für unser System; sie basiert auf vorläufigen Beobachtungen und konzentriert sich auf Fähigkeiten, die entwickelt wurden.

Systematische Vor- und Nachuntersuchungen stehen noch aus, anhand derer diese vorläufigen Formulierungen ausgearbeitet werden könnten, indem man sie etwa mit anderen Erfolgskriterien wie der Veränderung störender Verhaltensmuster oder dem Abbau spezieller Symptome kombiniert. Unser Programm ist ein Erziehungsprozeß, in dem die Teilnehmer lernen sollen, ihre Probleme, Konflikte und andere Schwierigkeiten im Lichte ihrer persönlichen Mythologie zu sehen und diese Probleme dann anhand der Prinzipien, die sich aus der mythischen Perspektive ergeben, zu lösen. Die besonderen Fähigkeiten, die, wie wir hoffen, von den Teilnehmern unseres Programms entwickelt werden, entsprechen dem Fünf-Stufen-Modell; es sind unter anderem:

1. Die Fähigkeit, tiefliegende Bereiche in der persönlichen Mythologie zu erkennen, indem man den Konflikt mit sei-

nen somatischen, affektiven, kognitiven und verhaltensmäßigen Ausdrucksformen im täglichen Leben in Verbindung bringt.

2. Die Fähigkeit, zu erkennen, wo und wie persönliche Mythen, die den Konfliktbereich beherrschen, nicht mehr funktionieren (persönliche Mythen also, die Verhaltensweisen zur Folge haben, die mit momentanen Bedürfnissen nicht übereinstimmen oder Minderwertigkeitsgefühle auslösen).
3. Die Fähigkeit, sich durch Verstehen und Katharsis aus dem Zwang alter, nicht mehr funktionierender Mythen zu lösen.
4. Die Fähigkeit, die Entwicklung neu entstehender, manchmal nur schwach wahrnehmbarer mythischer Strukturen zu unterstützen, die die Seele sich schafft, um die Mängel veralteter oder nicht mehr funktionierender Mythen auszugleichen.
5. Die Fähigkeit, mit dem inneren Konflikt zwischen alten und neu entstehenden mythischen Strukturen umzugehen und den Drang der Seele zur Synthese zu unterstützen.
6. Die Fähigkeit, die aus Altem und Neuem entstandene mythische Struktur sinnvoll und wirksam auszudrücken und sie in die entsprechenden Bilder, Feststellungen, Verhaltensweisen und Umweltverstärkungen umzusetzen.
7. Die Fähigkeit, diese neu erlernten Fertigkeiten auch unter anderen Umständen, in neuen Entwicklungsphasen und veränderter psychosozialer Umgebung, anzuwenden.

Wir bitten die Teilnehmer an unserem Programm, dieses an dem zu messen, was sie erreicht haben, besonders in bezug auf den mythischen Konfliktbereich, der ihr zentrales Thema war. Die Aussagen der Teilnehmer sind bis jetzt – wir sagten es schon – die einzigen Beweise für Wirkung und Erfolg unseres Programms – Beweise, die vielleicht auf Suggestion beruhen, verzerrten Erinnerungen, fragwürdigen Kausalzusammenhängen. Doch werfen diese ersten Eindrücke immerhin Fragen auf, die der Untersuchung wert wären, zu einem empirischen Verständnis führen würden, wie und warum Menschen Mythen hervorbringen, welche Konsequenzen das für die persönliche Anpassung hat und was dabei herauskommt, wenn man in diesen Prozeß eingreift. Zum Schluß wollen wir uns noch mit der Frage befassen, wie das Verständnis der persönlichen Mythologie uns helfen kann, mit den mythischen Krisen fertig zu werden, denen sich unsere Kultur gegenübersieht.

Nachwort: Eine neue Mythologie für die Gemeinschaft

> Mit dem möglichen Herannahen einer Weltdemokratie und der Notwendigkeit, daß jedes Kind, das geboren wird, auch erwünscht ist und ihm von einer Weltgemeinde der gleiche Anteil an den Möglichkeiten garantiert wird, werden sich Funktion und Bewußtsein der Geschichte radikal ändern.
>
> *Erik Erikson*[1]

Wir haben gesehen, wie das sich entwickelnde Gefühl der individuellen Identität zum beherrschenden Thema in der Evolution des Bewußtseins im gegenwärtigen Zeitraum wurde. Identität wurde zu etwas Abgetrenntem – zuerst von der Natur und dann – erst während der letzten paar tausend Jahre – auch von der Gemeinschaft der Gruppe. Als das Bewußtsein individueller wurde, wurden es auch die Mythen, die ihm Form geben.

Wir haben auch gesehen, daß das mythologische Thema der »Heldenreise« dieser Individualisierung des persönlichen Bewußtseins entspricht. Wir haben die Argumente von Becker und Wilber vorgetragen, wonach das verantwortungslose Streben des modernen Helden nach Macht und Reichtum eine fehlgeleitete und krankmachende Kompensation für die verlorengegangenen inneren Zusammenhänge der Heldenreise ist. Wir haben gezeigt, daß die Entwicklung der Demokratie die lebendige Reaktion darauf ist, daß die Heldenreise eher zum Anliegen der Massen denn eines einzelnen, hervorstechenden Individuums geworden ist; und wir haben die Demokratisierung als die treibende Kraft beschrieben, die hinter solchen sozialen Entwicklungen wie der Frauenbewegung und der radikalen Veränderung der Familie steht.

Wir haben auch auf die Parallelen zwischen persönlichen und kollektiven Mythen hingewiesen, die alle gesellschaftlichen Entwicklungen beeinflussen – gleich einer Verschränkung von Mikrokosmos und Makrokosmos –, doch geht es in diesem Buch vor allem darum, wie Mythologien auf persönlicher Ebene entstehen. Zum Schluß wollen wir noch kurz der Frage nachgehen, welche Konsequenzen sich aus unseren Beobachtungen mythischer Prozesse auf individueller Ebene für aktuelle soziale Fragen ergeben könnten.

Die mythischen Spannungen einer Kultur als Rahmen für die Reise des einzelnen

In der klassischen Mythologie gibt es zahllose Geschichten von beispielhaften Menschen, die, in die Widersprüche und Probleme ihrer Zeit verwickelt, heroisch verwandelt daraus hervorgehen und nun auch die Entwicklung ihrer sozialen Gruppe fördern können. Prometheus stieg in den Himmel, stahl den Göttern das Feuer und brachte es einer dankbaren Menschheit zurück. Aeneas stieg in die Unterwelt hinunter, wo ihm der zukünftige Ruhm Roms enthüllt wurde. Er kehrte zurück und gründete die Stadt, aus der Rom hervorging, das schließlich den größten Teil der damals bekannten Welt beherrschen sollte. Der junge Prinz Gautama Sakyamuni verließ heimlich den Palast seiner Familie und verbrachte viele Jahre als Mönch, Bettler und wandernder Asket. Als er einmal unter dem Bodhibaum ausruhte, wurde er erleuchtet und kehrte als Buddha zurück, um sein erleuchtetes Wissen mit den Menschen seiner Welt zu teilen.

Die Abenteuer dieser legendären Gestalten und Tausender anderer Helden und Heldinnen der Mythologie folgen einem bestimmten Muster: Der Held trennt sich von der Welt, trifft auf eine Quelle der Kraft, die ihn bis ins Innerste durchdringt, kehrt zurück und kann nun sich selbst und seine Gemeinschaft erlösen oder bereichern. Buddhas Lehren gaben dem Osten eines der fortgeschrittensten philosophischen Systeme, das die Welt kennt. Für die alten Griechen war das Feuer das transzendentale Vermächtnis des Prometheus. Die Römer ehrten Aeneas als den Begründer ihrer Stadt. In der Geschichte beginnt die Heldenreise immer mit dem Abschied von zu Hause; darauf folgt der spirituelle Triumph im Angesicht überwältigender Widrigkeiten; und eine rituelle Rückkehr bringt der heimatlichen Gemeinschaft neue Gnaden und neue Schätze.

Die Suche des modernen Helden. In den technischen Kulturen unserer Zeit gibt es viele Vorstellungen von der Heldenreise, zwar nicht geadelt durch die Würde klassischer Mythologie, aber von mächtigen Medien mit Wirkung auf eine große Masse herausposaunt. Die kollektive Fähigkeit, sich von der Natur zu unterscheiden, ihre Kräfte zu lenken, sie gar zu beherrschen, ist zum Leitprinzip geworden. Auf der großen Skala des sozialen Makrokosmos gehören zur kulturellen Suche des Helden auch solche Leistungen, wie Dämme zu bauen, Pflanzenschutzmittel herzustellen, die Atomenergie nutzbar zu machen, Wolkenkratzer zu errichten, die Meere zu befahren, Kriege zu führen und den Weltraum zu *erobern.* Die Reise des einzelnen findet im Rahmen dieser kühnen und manchmal auch rücksichtslosen kollektiven Abenteuer statt. »Du kannst alles sein, was du sein willst«, ist ein weit verbreitetes Leitthema in den gegenwärtigen westlichen Kulturen. Diese Ermahnung zahlloser Eltern, die so sicher waren, daß ihre Kinder grenzenlosen Erfolg, Ruhm und Vermögen erlangen könnten, beruhte auf der Annahme, daß der *soziale Aufstieg* ihrer Nachkommenschaft etwas Selbstverständliches sei und geradezu automatisch erfolgen würde. Sozialer und ökonomischer Aufstieg waren die Wertmaßstäbe für den Erfolg eines Menschen, und die *Ethik des Wettbewerbs* war das Ergebnis. Man erwartet von den Kindern, daß sie einen besseren Beruf, einen höheren Status und größere Häuser haben als ihre Eltern oder ihre Freunde.

All diese mythischen *Anordnungen* fordern vom einzelnen, aus der Gruppe herauszutreten und eine ganze Liste hervorragender Leistungen zu vollbringen. Das führt manchmal wirklich zu hervorragenden Leistungen, oft aber auch nur zur Protzerei mit äußeren Zeichen des Erfolgs, mit Besitz und Statussymbolen. Spektakuläres Kaufen und Verbrauchen sind jetzt die Zeichen (die aber keinerlei spirituelle Substanz mehr haben) dafür, daß der moderne Held in die Reihen der Erwählten aufgenommen wurde – jener, denen das Schicksal, ihre eigene Verbissenheit, Gott, das Karma oder ein Opfer Gnade und Segen erwiesen haben. Der Wunsch, *vorwärtszukommen,* kann Jahre der Ausbildung, des Strebens, des Manipulierens notwendig machen. Um erfolgreich zu sein, muß man sich vielleicht sorgfältig von Freunden, Familie und körperlichem Vergnügen abschirmen. Man gibt etwa eine befriedigende Arbeit für eine weniger befriedigende Position mit mehr Prestige auf. Man wechselt die Firma, man wechselt die Freunde, während man die Sprossen der Erfolgsleiter erklimmt. Man kann alles wechseln oder loswerden, das nicht dem Erlangen von Macht und Reichtum dienlich ist: Häuser, Berufe, politische oder religiöse Zugehörigkeit – ja, sogar Ehegatten haben sich bei der Suche des modernen Helden als auswechselbar erwiesen.

Die Sehnsucht, zurückzukehren. Diese vertrauten kulturellen Muster sind immer noch Teil der Suche des Helden, die ihn nach draußen führt, fort von der Verwurzelung in Heim, Natur und Gemeinschaft, aber sie haben weder Frieden noch Zufriedenheit mit sich gebracht. Darüber hinaus gibt es weder auf individueller noch auf kollektiver Ebene mythische Vorstellungen von der Rückkehr des Helden, die den Problemen unserer Zeit entsprechen. Die alten Mythen von der Rückkehr des Helden mußten geschichtlichen Entwicklungen wie der atomaren Bedrohung, der Überbevölkerung oder der Umweltverschmutzung nie gerecht werden. Eine gegenwärtige *Heimkehr* müßte für das Kollektiv in Begriffen definiert werden, die mit den ökologischen Bedürfnissen der Erde und denjenigen des Menschen nach einer sozialen Ordnung, die das selbstzerstörerische Potential der Menschheit umlenkt und verändert, verknüpft sind. Aber noch sind keine Wege sichtbar, die zu dieser Art von *Heimkehr* führen: Vor diesem beunruhigenden Hintergrund müssen sich die Menschen von heute eine Mythologie schaffen, die dem eigenen Leben einen Sinn und dem ihrer Kinder Hoffnung gibt.

Zu all dem sehen wir uns auch einer allgemeinen Entwurzelung gegenüber, sowohl betreffs der Geographie wie auch der Generationen. In der klassischen Mythologie wurden die zurückkehrenden Helden manchmal auch ignoriert und ihre Gaben zurückgewiesen. Heute verbringen viele Menschen ihr Leben gefangen im Labyrinth einer Heldenfahrt, deren Weg nie nach Hause führt. Sie verschwenden ihre ganze Kraft und Leidenschaft an eine mythische Vision, die sie dazu verleitet, ihre Wurzeln und ihre Instinkte zu kappen, und verlieren so die Fähigkeit, die Schritte, zu denen ihre Suche sie drängte, auch zu tun. Vielleicht werden sie die Verbindung zu ihrem Instinktleben nie wieder aufnehmen können, das sie aufgaben, um die Forderungen der Ideale und Institutionen zu erfüllen, die ihnen Sinn vermittelten. Vielleicht werden sie nie wieder mit einem Ort verwurzelt sein, nie wieder zu einem generationenübergreifenden Netz gehören – beides wäre notwendig, um ihre Reise zu einem Ende zu bringen.

Diesen relativen Mangel an generationenübergreifenden Verbindungen hat auch Alexis de Tocqueville im frühen 19. Jahrhundert schon beobachtet; er schreibt darüber in seiner scharfsinnigen Abhandlung über das amerikanische Leben[2]: In der Entwicklung der Vereinigten Staaten, wo Individualismus immer ein Kernstück des Leitmythos war, kann man eine ganz besondere Art der Heldenreise beobachten. In einer Nation, deren Gründer aus ihren sozialen Traditionen herausgerissen worden waren, und in der, im Verlaufe der jüngeren Geschichte, eine beeindruckende Gesellschaft ganz neu geschaffen worden war, fanden die archetypischen Kräfte, die die Heldenreise lenken, ziemlich ungehindert Ausdruck. Der amerikanische Individualismus, den de Tocqueville mit einer Mischung aus Bewunderung und Besorgnis beschreibt, war das Kernthema seiner Betrachtung des amerikanischen Lebens. Und noch früher, nämlich 1782, berichtet ein anderer Franzose, daß die Amerikaner mit erheblich mehr persönlicher Initiative und Selbstvertrauen als die Europäer handelten und sie sich auch weniger von sozialer Stellung und alten Sitten beeindrucken ließen (zitiert in [3]). De Tocqueville war durchaus beeindruckt davon, was man mit solchen Eigenschaften leisten konnte; aber er sah auch, zu welch paradoxer Konformität und Isolation sie führen könnten.

Die Verbindungen zwischen den Generationen sind, soweit sie in den westlichen Ländern überlebt haben, durch die innere und äußere Mobilität einer harten Zerreißprobe unterzogen worden, einer Mobilität, die den einzelnen sogar von so grundlegenden menschlichen Bindungen wie jener an die Familie und die Familientradition abtrennt. In *Habits of the Heart* (der Titel dieser soziologischen Untersuchung stammt aus de Tocquevilles Beschreibung amerikanischer Sitten) kommen der Soziologe Robert Bellah und seine Mitarbeiter zu folgender Feststellung: Die Amerikaner verschwenden noch immer ihre individuellen und kulturellen Energien auf die Überbleibsel des alten Ideals vom unabhängigen Bürger, statt sie auf die Beziehung zu anderen und zur eigenen Kultur zu richten.[4] Der Trennungsaspekt der Heldenfahrt sei noch immer das Ideal. Und der E. T. der individualisierten Seele, in seiner Suche gestrandet, wird nur selten daran erinnert, *zu Hause anzurufen.*

Die Tendenz, die enge Gemeinschaft und die natürliche Harmonie exotischer Kulturen und nicht mehr bestehender Gesellschaften zu romantisieren, ist eine verführerische Ablenkung vom gefährlichen Preis, den die modernen Zivilisationen zu zahlen haben. Dennoch zeigen uns solche Kulturen oft mehr oder weniger erfolgreiche soziale Strukturen, mittels derer die Menschen ihre Entfremdung von der Welt der Natur und der Bilder und Vorstellungen verhindert oder zumindest reduziert haben.[5] Bei vielen Indianerstämmen Amerikas endete die Jagd zum Beispiel damit, daß man neben den getöteten Tieren niederkniete und ihnen versprach, die Kraft, die man durch den Verzehr ihres Fleisches gewann, für würdige Ziele zu verwenden. In diesem Gelöbnis vereinigten sich die Verehrung für die Natur und das Bedürfnis, diese Natur auch für menschliche Zwecke zu nutzen. Bei den Stämmen der *Jäger und Sammler* finden wir diese Art von Ritual als Kunst wieder; Felsbilder und Höhlenmalereien zeigen, wie diese Menschen ihre Verwurzelung mit der Erde erlebten sowie ihre Abhängigkeit von übernatürlichen Kräften, wenn es ums Überleben ging. In Ackerbaugesellschaften wurde das Land bestellt, und die Götter mußten mit ausgeklügelten Ritualen besänftigt werden, auf daß sie dem Wachsen und Ernten der Früchte ihren Segen gaben.

Zugleich mit der Fähigkeit, Werkzeuge zu erfinden, entstand auch die Fähigkeit zur Selbstreflexion, die beim Menschen viele der Funktionen erfüllt, die der Instinkt für die Tiere hat. Diese Verschiebung im Bewußtsein hatte jedoch zwei Seiten. Zwar gab sie der Menschheit mehr Macht und Kontrolle über innere und äußere Ereignisse, doch reduzierte sie auch die Verbindungen, die zur Vollendung der Heldenfahrt lebensnotwendig waren. Zusätzlich zur Entfremdung von der Natur ließen die handeltreibenden Gesellschaften auch die Entfremdung vom Mitmenschen zu; die Tätigkeiten des Kaufens und Verkaufens, Verleihens und Sammelns ließen Konkurrenten und Rivalen entstehen. Die Industrialisierung hielt diese Entfremdung aufrecht und führte Maschinen ein, die den Menschen nun auch noch von seiner Arbeit entfremdeten.

Erik Erikson schildert die gegenwärtige Suche nach den eigenen Wurzeln und die immer neuen Formen, die sie annimmt; er schreibt unter anderem: »Der Versuch des Menschen im industriellen Zeitalter, sich mit der Maschine zu identifizieren, als wäre sie ein neues Totemtier, führt zu einer Hetzjagd nach roboterhafter Effizienz, die sich wie ein perpetuum mobile selbst in Gang hält ... (Er) genießt seine Selbstantriebskräfte bis zu dem Punkt, wo dieser Antrieb zur Selbstvergiftung wird.«[6]

Diese mythischen Spannungen kann man als fortgeschrittene Stufen des ewigen Konflikts zwischen Eingebettetsein (Verwurzelung) und Trennung begreifen; sie wurden jedoch durch eine Technologie kompliziert und verzerrt, die das Streben des Helden nach Getrenntsein zu schlimmstem Wildwuchs heranwuchern ließ. Die großen technischen Leistungen der modernen Gesellschaften werfen drängende Fragen auf. Hat die Kultur ihre Mitglieder auf eine Reise mitgenommen, die die Gesellschaft nur bankrott und erschöpft statt verjüngt und neubelebt zurückläßt? Kann die entfremdende *Getrenntheit,* in welche die westlichen Gesellschaften ihre Mitglieder getrieben haben, je in eine *Rückkehr* zu natürlichen Rhythmen und Gemeinschaftsbeziehungen einmünden? Vieles deutet darauf hin, daß wir mitten in einem größeren Wandel grundlegender Mythologien sind, der die Zukunft der Zivilisation bestimmen wird[7–9] – wohin aber die Reise geht, das muß sich erst noch zeigen.

Der Konflikt zwischen Eingebettetsein oder Verwurzelung und Trennung, wie wir ihn bezüglich der individuellen Entwicklung im neunten Kapitel dargestellt haben, gibt uns einen guten Ausblick für die Betrachtung dieser Fragen. Auf der Ebene der Entwicklung unserer Art spielte sich der Kampf, wie im ersten Kapitel nachgezeichnet, zwischen dem Eingebettetsein des Menschen in die Natur und seinem Auftauchen aus ebendiesen natürlichen Kräften ab. Auf der sozialen Ebene fand der Kampf in den letzten 3000 Jahren zwischen dem Eingebettetsein des Menschen in die Gemeinschaft und dem Auftauchen verschiedener Ausprägungen von Individualität statt. Auf psychologischer Ebene verlief der Konflikt zwischen dem Eingebettetsein des Ich in die Instinkthälfte der Seele und dem Auftauchen dieses Ich als einer sich selbst bestimmenden Ganzheit. Daß die Suche des modernen Helden die menschliche Gesellschaft in ein derartiges Ausmaß an Getrenntheit getrieben hat, daß sie, wie ein Satellit, der von seiner Bahn abgewichen ist, vielleicht nie wird zurückkehren können – das ist *der* mythische Kampf unserer Zeit.

Wissenschaftliche Wirklichkeit und ihre Mängel. Die fortschreitende Individualisierung des Selbst führte zu einem *subjektiven Sinn* von Objektivität und der praktischen Denkweise, die damit verbunden ist. Es wurde möglich, die Natur systematisch zu erforschen, das Ergebnis von Naturereignissen vorauszusagen und sie sogar zu kontrollieren. Mit einem Wort: Die Fähigkeit zur *Wissenschaft* war da. Und wahrlich, dies war eine berauschende Fähigkeit – sie verlieh allen Menschen eine Macht, die zuvor den Göttern vorbehalten gewesen war. Wissenschaft wurde ein faszinierendes Gemeinschaftsunternehmen, das ein neues Verständnis des Menschen und seiner Umwelt mit sich brachte. James Robertson schreibt, daß »das komplexe System von Mythologie, das (wir) *Wissenschaft* nennen, die moderne Variante eines viel älteren Mythos des westlichen Rationalismus ist, nämlich des Mythos des Gesetzefindens ... Daraus entwikkelten sich schrittweise neue Mythen des Wissens, wie das Beschreiben, Katalogisieren, Anhäufen und Ordnen von Beobachtungen und Experimenten.«[10] Wissenschaftliche Erklärungen, wiewohl sie in diesem grundlegenden Sinne immer noch mythisch waren, ließen sich nun als Bestätigung verwenden. Ein Vergleichsmaßstab wurde verfügbar, der es möglich machte, eine übereinstimmende Wirklichkeit zu entwickeln, und zugleich versprach, daß die Prinzipien, die diese Wirklichkeit regierten, verstehbar, vorhersagbar und kontrollierbar seien.

Darüber hinaus ebnete *gültige,* verläßliche Information den Weg, um die Kräfte der Natur zu beeinflussen. Die Mythologie, die dem wissenschaftlichen Denken zugrunde liegt, übernahm nach und nach die Herrschaft über den Mythos jeder fortgeschrittenen Gesellschaft, mit der sie in Berührung kam. Wissenschaft wurde in den westlichen Kulturen zum Maßstab, zum gemeinsamen mythischen Nenner, zum gemeinsamen Weg in den Fortschritt. Erich Jantsch schreibt, daß Prometheus, »der das Feuer vom Himmel stahl und daran ging, aus der Menschheit eine Versammlung von Gegen-Göttern zu machen, noch immer der Held der offiziellen westlichen Fortschrittsideologie und ihrer Herrschaft durch Technik ist«.[11]

So hat sich die westliche Zivilisation der Wissenschaft als dem höchsten Gebieter über die Wirklichkeit überantwortet. Die Wissenschaft wurde zur wichtigsten Art des Wissens und wissenschaftliche Daten zum bevorzugten Mittel, die soziale Ordnung zu verstehen. Was von den lebendigen und farbigen Mythologien der vorwissenschaftlichen Zeit noch übrigblieb, ist heute verzerrt und verfallen, wird ignoriert und hinterläßt Lücken; man hat in diesem Zusammenhang sehr treffend vom »zerrissenen Gewebe unserer Kultur« gesprochen.[12] In diesem Gewebe erkennt man noch die zerfetzten Überreste mythischer Banner, die einstmals Herz und Geist der Menschen bewegten und ihrem Leben Überzeugung gaben.

Weder Wissenschaft noch Technik haben die dauernde Sicherheit und den Seelenfrieden mit sich gebracht, die sich dem Zugriff westlicher Kulturen immer entzogen haben. Jantsch sieht im Fehlschlagen prometheischer Versuche, die Wissenschaft als monolithische Religion einer Weltkultur zu errichten, nur eine weitere Runde vergeblichen Ringens in der westlichen Welt; diese Versuche stünden in einer Reihe mit anderen visionären Lösungsversuchen wie dem Marxismus oder dem *missionarischen Eifer* Amerikas, der Welt die Heilsbotschaft des freien Unternehmertums zu bringen. Er meint, daß Sisyphus, »der darum kämpft, sein Schicksal auf eine ebene Fläche ewiger Ruhe zu rollen, dabei aber immer wieder von vorne beginnen muß, sich als der unfreiwillige, traurige Held all dieser vergeblichen Versuche entpuppt, irgendwo eine dauernde Struktur zu schaffen, an irgendeinem Ort dieser Menschenwelt«.[13] Die Heimkehr, die Frieden und Sicherheit bringen könnte, entzieht sich dem modernen Helden noch immer.

Jantsch sagt jedoch auch, daß Prometheus und Sisyphus nicht die einzigen Mythen sind, die zur Wahl stehen. Und auch der Sozialpsychologe Rolf von Eckartsberg beschreibt eine Bewegung »fort von dem jahrhundertealten Mythos des prometheischen Kampfes um technische Kontrolle durch rationalistische Arten des Ich-Bewußtseins, hin zu einer umfassenderen symbolischen Sicht ... und einer integrierten Lebensweise«.[14] Jantsch meint, daß Prometheus und Sisyphus zur westlichen Kultur gehören; er weist auf Leibniz' *Ewige Philosophie* hin, die kulturübergreifende Tradition von Glaubensüberzeugungen, denen die allgemein am meisten respektierten Mitglieder der Menschheit anhingen; sie sei ein »anderer Mythos, der das menschliche Leben die Jahrtausende hindurch in vielen Kulturen erleuchtet hat ... der besagt, daß das menschliche Leben Teil einer größeren Ordnung, daß es ein Aspekt wie auch ein *Agens* der universellen Evolution ist«.[15] Und er schreibt, daß »wir vor allem Wege finden müssen, wie wir unsere Verfahren des Modelle/Mythen-Schaffens vom rationalen Niveau der Forschung auf eine mythologische Stufe heben können, wo Qualität und umfassende Erfahrung ins Blickfeld kommen«.[16]

Die Forderung nach einer mutigen Revision der herrschenden Mythologie

Der Kampf der Menschheit, dem Untergang zu entkommen, liefert den Rahmen für die Heldenreise des Menschen von heute. Jeder ist aufgerufen, sich eine sinnvolle persönliche Mythologie zu schaffen, im Rahmen der krassen Trennung von Natur und Gemeinschaft. Inzwischen wird die natürliche Welt, eben wegen dieser Getrenntheit, durch Industrialisierung und Gift zerstört und ist bedroht von einer sofortigen Vernichtung durch den atomaren Holocaust.

Der gegenwärtige Mythoklasmus. Rollo May verwendet den Begriff »Mythoklasmus«, um zu beschreiben, was passiert, wenn eine Leitwahrheit Bankrott macht.[17] Während eines »Mythoklasmus« müssen die Menschen mit den Mängeln der Prinzipien fertig werden, die sie einst verehrt haben. Je nachdem, anhand welcher mythischer Strukturen sie ihre Wahrnehmungen ordnen, haben manche die gegenwärtigen Probleme der übermäßigen Freiheit und übertriebenem Gewährenlassen zugeschrieben; andere den fehlgeleiteten materialistischen Wertvorstellungen; und wieder andere der Entfremdung von unseren sozialen und spirituellen Ursprüngen. Wie dem auch immer sei – der Mythoklasmus fordert die Menschen heraus, sich nach innen zu wenden, um ihren Glauben und ihre Sicht der Dinge zu überprüfen. Ebenso verlangt er von ihnen, über sich selbst hinauszugehen, um die zerstörten Bindungen zu Natur und Gemeinschaft wiederherzustellen.

Die Gefahren und die Dringlichkeit des gegenwärtigen Mythoklasmus fordern, dröhnend und unüberhörbar, kluges, konstruktives Handeln. Doch damit wir bei der Wahl der Heilmittel klug und konstruktiv verfahren können, müssen wir die mythischen Dimensionen der sozialen Wirren wirklich und in allen Feinheiten begreifen; andernfalls würden die Versuche, die Schwierigkeiten anzugehen, womöglich nur die unerkannten persönlichen und kollektiven Mythen widerspiegeln, die diesen Schwierigkeiten zugrunde liegen. Die Mittel sind jedoch zur Hand, um eine Wissenschaft zu entwickeln, die den Abläufen der Mythenbildung und der Mythenwahl eine gewisse Ordnung geben könnte, unter Berücksichtigung ihrer Eigenart und transzendentalen Natur. Dies Buch ist ja eine erste Skizzierung dessen, wie wissenschaftliche Psychologie und Mythologie eine fruchtbare Verbindung eingehen könnten. Wir haben hier eine pädagogische Methodologie dargestellt, mittels derer man Menschen helfen kann, produktiv in die Abläufe ihrer Mythenbildung einzugreifen, und haben aus unserer Erfahrung damit praktische und theoretische Verallgemeinerungen gezogen. Und möchten behaupten, daß dieser Ansatz sich auch für Interventionen auf gesellschaftlicher Ebene eignet.

Ist es aber nicht schon zu spät für die mythische Inspiration, die die Menschheit dazu anregt, das zu erkennen und zu tun, was vielleicht den Gezeitenwechsel auslösen und die Welt dem Paradies näher bringen könnte, das möglicherweise in unser aller Reichweite liegt? Die Zeit ist knapp, und damit wird dieses Thema immer wichtiger. Daß optimistische Bücher wie *Die sanfte Verschwörung*[18] und *Megatrends*[19] zu Bestsellern werden, zeigt, wie sehr der kollektive Mythos nach Visionen hungert, die überzeugend darlegen, daß die Lebensqualität nicht weiter deutlich absinkt. Die hoffnungsfrohe Botschaft beider Bücher entstammt Erkenntnissen, nach denen sich die Menschen wieder mehr dem eigenen Inneren und auch dem ihrer Mitmenschen zuwenden. Dies legt nahe, daß neue mythische Vorstellungen im Entstehen begriffen sind, daß neue Bindungen sichtbar werden und daß der Held vielleicht neubelebt zurückkehrt – willkommen geheißen von einer Gemeinschaft anderer Helden, die ebenfalls heimgekommen sind. Im ersten Kapitel belegten wir unsere Behauptung, daß klassische mythische Vorstellungen der Notlage des modernen Helden nicht gerecht werden, mit der *Odyssee.* Odysseus war ein einzelner Held, der allein zurückkehrte, zu einer Familie, die seine Rückkehr erwartete. Heute ist anscheinend jeder mit den Schwierigkeiten seiner eigenen Heldenfahrt beschäftigt. Die moderne Penelope sitzt wohl kaum 20 Jahre lang wartend zu Hause, sondern befindet sich mit großer Wahrscheinlichkeit auf ihrer eigenen Heldinnenfahrt, während das Feuer im heimischen Herd ungehütet vor sich hin flackert. Doch trotz all dieser Unterschiede können wir aus dem Ende der *Odyssee* einiges lernen. Odysseus kehrt zurück, um seine Frau, sein Königreich, sein Land wiederzugewinnen. Die Freier hatten nicht nur Anspruch auf Penelope geltend gemacht, sie hatten auch sein Heim geplündert, seine Vorräte verzehrt, über seine Mittel verfügt und Pläne gemacht, seinen Sohn zu ermorden und dessen Erbe an sich zu bringen. Die Menschheit der Moderne hat die Schätze der Erde in unverantwortlicher Weise mißbraucht und das Erbe zukünftiger Generationen in Gefahr gebracht. Und so ist das erste und wichtigste, was der Held von heute bei seiner Rückkehr zu tun hat, eben das, was Odysseus tun mußte: ein von hemmungsloser Gier beschmutztes Heim reinigen, den Haushalt in Ordnung bringen und das Geburtsrecht der Kinder auf die Schätze der Erde wieder einsetzen. Wird das möglich sein? Pessimistische Kommentare dazu, etwa *The Dehumanization of Man*[20], sind mindestens so zahlreich wie die optimistischen Vorstellungen in *Die sanfte Verschwörung* und *Megatrends.*

Es bleibt die Frage, ob und wie schnell die Menschheit ihre kollektive Mythologie so gestalten kann, daß die Potentiale der menschlichen Natur geweckt werden, die das Überleben der Spezies am wahrscheinlichsten gewährleisten könnten – oder ob wir dazu bestimmt sind, den destruktiven Kurs beizubehalten. Die Frage läßt die alte Debatte darüber, wie weit die Menschen ihr Schicksal beeinflussen können, wieder wach werden. Mit ebendiesem Dilemma ringend, kamen die Griechen des Altertums zu dem Schluß, daß es eine Dialektik zwischen Freiheit und Bestimmung gebe.[21] Wir meinen, daß persönliche und kollektive Mythen, welche die Potentiale und Grenzen des freien Willens anerkennen wie auch die dialektische Beziehung zwischen freiem Willen und Schicksal, dringend gebraucht werden. Und es gibt Methoden, solche Mythologien mit mehr Verantwortungsgefühl zu entwickeln. Den bestehenden Leitmythos zu erkennen und zu verstehen ist der erste Schritt in Richtung auf die mutige Umgestaltung. Er ist notwendig, wenn wir dem gegenwärtigen Mythoklasmus effektiv begegnen wollen und die immer schneller werdende kollektive Heldenreise zu einer bewohnbaren Welt zurückführen soll.

Eine mythologisch geschulte Gemeinschaft pflegt und überwacht den demokratischen Prozeß

Wir haben Demokratie als soziale Parallele zum selbstbestimmten, seiner selbst bewußten Individuum dargestellt. Sie ist ein soziales Arrangement, in dem eine Gesellschaft von Helden-Mitgliedern mit freiem Willen gemeinsam über ihr Schicksal bestimmt. Der demokratische Prozeß ist ein tiefgreifendes Experiment, in dem eine bewußte Gemeinschaft die Mythen auswählt, nach der die Gesellschaft leben soll. Das wäre in früheren Stadien der Bewußtseinsentwicklung unvorstellbar gewesen; andererseits enthalten das Programm jeder politischen Partei, die Ansichten jedes Wahlkandidaten, die Prioritäten in jedem Regierungsbudget, die Folgen jeder politischen Entscheidung durchaus und sehr deutlich auch mythische Elemente. Zwar gehörte zum demokratischen Prozeß schon immer die Debatte über politische Alternativen, die man in Begriffen artikulierter mythischer Vorstellungen betrachten konnte; aber erst in jüngster Zeit ist es möglich geworden, diese Vorstellungen unter dem Gesichtspunkt unbewußter Motive zu untersuchen. Daß eine soziale Gruppe mit psychologischer Methodik darangeht, den eigenen Leitmythos zu untersuchen und zu revidieren, ist noch immer eine wenig entwickelte Möglichkeit – aber eine, die sich vielleicht als sehr wertvoll erweisen könnte, wenn wir den verhängnisvollen Prometheus-Sisyphus-Kurs ändern wollen, den wir steuern.

Und so fordert denn Raphael Patai einen »Gründungsmythos für die Demokratie«,[22] und Joseph Campbell befürwortet eine »mythologisch geschulte Gemeinschaft«.[23] Patai schreibt: »Der Mythos sollte im modernen demokratischen Leben zur einenden, zielgebenden Kraft werden. Die Alternative ist nationaler Verfall und Chaos.«[24] Und Campbell meint, daß »sich die moralische Ordnung einer Gesellschaft immer auf Mythen gegründet hat«.[25] Indem sie die archaischen Züge der Mythologie ablehnte, hat die Wissenschaft – so Campbell – die wichtige Rolle des Mythos in der menschlichen Erfahrung verleugnet, seine Notwendigkeit verfälscht und abgewertet. Es sei aber durchaus möglich, auch wissenschaftlich ein Verständnis der lebenserhaltenden Natur der Mythen zu erlangen.[26] Die Schwierigkeit mit den Mythen der Vergangenheit sei die, daß sie fast ausschließlich auf emotionaler Erfahrung beruhten, während unsere Zeit Mythen fordere, die ebenso auch intellektuell geprägt seien. Campbell schlägt vor, die Hilfe der Tiefenpsychologie in Anspruch zu nehmen, um eine Mythologie auf eher intellektueller Grundlage zu schaffen, die auf tiefere psychische Prozesse eingestimmt ist.[27] Er stimmt Jantsch zu, der sagt, daß der gegenwärtige Rationalismus mythischer werden müßte; man könne es aber auch so sehen, daß eine gegenwärtige Mythologie rationaler sein müsse.

Soziale Implikationen der Arbeit mit individuellen Mythologien

Euripides schrieb im 5. Jahrhundert v. Chr.: »Die Götter bringen die Sünden der Väter über die Kinder.« Dies ist nach wie vor ein Anlaß zur Verzweiflung im menschlichen Leben; doch zum erstenmal in der Geschichte der Menschheit haben die Kinder die Chance, sich *bewußt* mit dem unbewußten Vermächtnis der ungelösten Konflikte ihrer Eltern auseinanderzusetzen. In modernen Gesellschaften sind die Psychotherapeuten die Treuhänder ausgefeilter Methoden, welche Menschen helfen können, ihre – wie wir es nennen würden – dysfunktionalen persönlichen Mythen zu ändern. Zwar ist die Psychotherapie oft kritisiert worden, weil sie manchmal eher die Anpassung an herrschende soziale Wertvorstellungen unterstützte, und in der Tat reflektiert und verstärkt sie oft den Mythos der Kultur; dennoch hat sie geradezu Reichtümer von Wissen und Interventionsmöglichkeiten angehäuft, die den Bedürfnissen und Möglichkeiten ihrer Klienten sehr wohl entsprechen.[28] Wir haben uns aus diesen Schätzen großzügig bedient und – im Lauf der Jahre – mit mehreren tausend gut angepaßter Menschen daran gearbeitet, wirksamere persönliche Mythen zu entwickeln, die ihren inneren Wertvorstellungen entsprechen. Wenn man den Prozeß, den der einzelne Mensch bei diesen Veränderungen durchläuft, sorgfältig beobachtet, so ergeben sich fundamentale Einsichten darüber, wie eine Gesellschaft ihre Mythologie rational erforschen und verändern könnte.

Natürlich hat die Verallgemeinerung von der individuellen auf die kulturelle Ebene ihre Grenzen; so wie es problematisch ist, die Prinzipien, die auf einer Stufe eines Systems gültig sind, auf eine andere Stufe übertragen zu wollen. So entstand die Gruppentherapie zum Beispiel daraus, daß Praktiker das, was sie in der Einzeltherapie entwickelt hatten, auf Gruppen übertrugen. Es stellte sich aber bald heraus, daß man diese Techniken noch stark den Erfordernissen der Gruppendynamik anpassen mußte, wenn die Therapie in der Gruppe wirklich effektiv sein sollte. In den sechziger und siebziger Jahren brachten Neuerungen wie das *Sensitivity-Training* und die *Encountergruppe* wirksame Methoden, um zwischenmenschliche Beziehungen und Schwierigkeiten besser zu verstehen. Als man sie aber in Organisationen mit Machtstruktur und Rollenerwartungen anwandte, da waren die Folgen für das Gleichgewicht dieser Organisationen oft verheerend. Die Organisationsberater jedoch fanden Möglichkeiten, die Prinzipien des Sensitivity-Trainings in ihren Interventionen sinnvoll zu nutzen, so etwa die direkte Konfrontation, das Feedback und das gemeinsame Problemlösen. Bewegt man sich also von der individuellen auf die sehr viel komplexere soziale Ebene, so müssen die individuellen Konzepte unter umfassenderen und vielfältigeren Gesichtspunkten betrachtet werden.

Die klare Erkenntnis des Individuellen wird jedoch für das Verständnis des Kollektiven immer wichtig und erhellend sein. So stellen etwa Markley und seine Mitarbeiter fest, daß »die Menschen, die der Gesellschaft neue Begriffssysteme brachten, oft persönliche Probleme hatten, die denen der Gesellschaft ähnlich waren oder doch in enger Beziehung dazu standen. Indem sie ihre eigenen Probleme lösten, entwickelten sie auch brauchbare Lösungen für die Probleme ihrer Kultur.«[29] Welcher Art die mythischen Schwierigkeiten einer Kultur sind, zeigt sich oft am deutlichsten in den Kämpfen der sensibleren Mitglieder dieser Kultur. Und unter denen, die von einem Mythoklasmus am meisten betroffen sind, befinden sich die Kinder. Das Damoklesschwert der nuklearen Vernichtung spiegelt sich wider in den Alpträumen der Kinder und der erschreckenden Selbstmordrate bei Jugendlichen. Die Gefühlsverwirrung findet ihren Ausdruck oft in apokalyptischen Visionen und messianischen Äußerungen. Der Psychiater John Weir Perry hat festgestellt, daß in dieser Zeit sozialer Unruhe eine umfangreiche Fachliteratur zum Messianismus entstanden ist. Er schreibt: »Die notwendige psychologische Neuorientierung und die Synthese neuer Formen, Akkulturation genannt, hat ihren Ursprung in den starken seelischen Erschütterungen und inneren Reisen phantasievoller Seher.«[30] Solche Seher können Künstler, Kinder, Psychotiker oder Mystiker sein; was in ihrem Inneren abläuft, entspricht den mythischen Stürmen, die um sie herum toben.

So hat also das Verständnis davon, wie sich persönliche Mythen beim einzelnen entwickeln, zwingende Konsequenzen für das Verständnis des kulturellen Umfeldes, in dem diese Menschen leben. Während des Zweiten Weltkriegs schreibt Erich Neumann zum Problem des Bösen im Menschen:

Die intensive Erforschung der psychischen Entwicklung des Individuums, in dem sich das Problem des Bösen manifestiert, befindet sich in einer viel besseren Position als jede Untersuchung kollektiver

Ereignisse, um jene ersten Versuche zu einer Synthese aufzudecken, die die Grundelemente einer neuen Ethik sind. Das ist auf die Tatsache zurückzuführen, daß äußere kollektive Entwicklungen um Jahrzehnte hinter der Entwicklung des Individuellen hinterherhinken; das Individuelle ist so etwas wie eine *Avantgarde* des Kollektiven und auf einer sehr viel früheren Stufe mit den Problemen befaßt, die in der Folge die Aufmerksamkeit des Kollektivs erregen.[31]

Neumann fährt fort:

»Nicht selten wird ein sensibler Mensch krank, weil er unfähig ist, mit einem Problem fertig zu werden, das von der Welt, in der er lebt, nicht als Problem erkannt wird, das aber in Wirklichkeit ein zukünftiges Problem der Menschheit ist, ihm begegnet ist und ihn zur Auseinandersetzung zwingt.«[32]

Wir glauben, daß die Prinzipien, die wir aus der Arbeit mit mythischen Konflikten auf individueller Ebene herausdestilliert haben, zumindest von heuristischem Wert sind, wenn es um Interventionsprinzipien für mythische Prozesse auf kultureller Ebene geht. Institutionen und politische Abläufe, die auf die mythologische Entwicklung des einzelnen abgestimmt sind, wären ein bedeutender sozialer Fortschritt in Richtung auf Campbells Konzept der »mythologisch geschulten Gemeinschaft«. Mythologie zu verwenden, um über persönliche wie kulturelle Ereignisse nachzudenken, hat auch den Vorteil, daß die synergetische Beziehung zwischen beiden zu einem integrierten und umfassenden Bezugsrahmen führt. Wenn die Menschen lernen, mit ihren eigenen mythischen Prozessen zu arbeiten, dann lernen sie zugleich, mit der Mythologie ihrer eigenen Kultur umzugehen und an ihrer Evolution teilzuhaben.

Soziale Fragen aus mythischer Perspektive

Wenn es bei vielen (oder allen) Mitgliedern einer Kultur bestimmte Probleme in der persönlichen Mythologie gibt, dann entsprechen diese Problembereiche oft Störungen im Mythos der Gesellschaft. Mythen, die unsere Potentiale *überfordern* – die, wie wir schon gezeigt haben, Ursachen mythischer Konflikte und individueller Störungen sein können –, spiegeln sich wider in einer Leitmythologie, in der *sozialer Aufstieg* der Maßstab für Erfolg ist. Dieser Mythos bleibt bestehen, auch wenn viele der Kinder und Jugendlichen von heute das von den Eltern Erreichte aus sozialen und ökonomischen Gründen gar nicht werden übertreffen können. Da aber der *Amerikanische Traum* mit dieser Möglichkeit sozusagen nicht gerechnet hat, werden sich viele intelligente und fähige junge Leute für Versager halten, obwohl das Ziel, das sie nicht erreichen können, gar nicht mehr der Wirklichkeit entspricht.

William Irwin Thompson hat mit Nachdruck festgestellt, daß die Welt, wenn sie die Geschichte einmal unter Langzeitgesichtspunkten ansehen würde, geradezu gezwungen wäre, die Mythologie sehr ernst zu nehmen. Unsere sterbenden industriellen Zivilisationen stützen sich auf tote Ideen, so Thompson, neue Ideen dagegen erwecken neue Kulturen zum Leben. Er fährt fort:

> Was diese neuen Ideen fordern, ist eine Neu-Sicht oder ein neues Mythologisieren der Natur, des Selbst und der Gesellschaft. Bei dieser Re-Mythologisierung verschiebt sich das Charisma von der Technik zur betrachtenden Wissenschaft, von der Industrie zur Ökologie, von den Fabriken zu den Gemeinden ... Unternehmerisches Ziel wird nicht mehr die Erhöhung des Profits, ungeachtet des Leidens der Erde und der Menschheit, sondern ganz einfach die Dienstleistung sein.[33]

In Thompsons Vision kämpfen große Möglichkeiten der Veränderung, große Chancen für ein neues Zeitalter darum, ans Licht der Welt zu kommen. Wir meinen, daß eine ausgebildete Mythologie als Hebamme dabei sein müßte, damit es keine Fehlgeburt oder Totgeburt gibt oder gar ein kleines Ungeheuer zur Welt kommt.

Die Re-Mythologisierung des Selbst und der Gesellschaft, die Thompson fordert, wäre abgestimmt darauf, wie moderne Menschen sich ihre persönlichen Leitmythologien schaffen, und sie würde die natürliche Entwicklung individueller Mythologien im Lebensverlauf unterstützen. Sie würde zudem auf der Anerkennung der Beziehung zwischen individuellen und kollektiven Mythologien beruhen und den Prozeß fördern, mittels dessen kulturelle Mythen harmonisch Schritt halten mit neuen Entwicklungen in Bewußtsein und Gesellschaft. Dies ist besonders in technikorientierten Kulturen notwendig, deren Mythologien sich weit entfernt haben von den menschlichen Dimensionen der Probleme auf der Gegenseite. Wir wollen uns hier mit der Frage beschäftigen, wie ein informiertes Verständnis der Art, wie Mythen sich entwickeln, auf individuellen, institutionellen und ideologischen Ebenen der Gesellschaft angewandt werden könnte.

Die individuelle Ebene. Unser Programm richtet sich darauf, Menschen zu lehren, wie sie 1. Problembereiche in ihrer persönlichen Mythologie erkennen und Störungen in der Entwicklung effektiverer Leitmythen bewältigen können; 2. Sichtweisen entwickeln können, die ihrem wirklichen Sein und ihren tatsächlichen Möglichkeiten besser entsprechen; 3. die persönlichen Kraftquellen, die hinter solchen Sichtweisen stehen, mobilisieren können; und 4. diese Sichtweisen den eigenen und den Veränderungen der Umwelt ständig anpassen können. Wenn Menschen lernen, sich selbst als Helden oder Heldinnen einer ganz einzigartigen Geschichte zu begreifen, einer Geschichte, die zwar ganz ihre eigene, aber dennoch geprägt und veredelt ist durch die erhabensten mythischen Motive der Welt, dann wird es ihnen möglich, ihre eigenen Potentiale wie auch die der Gesellschaft zu erkennen und zu entwickeln.

In unseren Workshops geht es vor allem um die mythischen Bilder und Vorstellungen des einzelnen; es ist aber oft auch sehr lehrreich, die eigenen Nöte und Bedrängnisse mit klassischen mythischen Gestalten und Themen in Verbindung zu bringen. Jean Shinoda Bolens populäres Buch mit dem Titel *Göttinnen in jeder Frau* zeigt die weiblichen Archetypen, die von sieben griechischen Göttinnen verkörpert werden; Klientinnen erzählen uns oft, wie sehr dieses Buch ihnen geholfen hat, bestimmte Aspekte der eigenen Persönlichkeit besser zu verstehen.[34] Konkrete mythische Vorstellungen, ob sie nun spontan entstehen oder uns in Gestalt von Göttern und mythischen Persönlichkeiten der Antike begegnen, können verborgene Potentiale ans Licht bringen. Eine Kultur, die auf diese Dynamik eingestimmt ist, befähigt ihre Mitglieder dazu, mit tieferen seelischen Prozessen in Berührung zu kommen, wie sie auch selbst die fruchtbare Verbindung zum mythischen Bereich aufrechterhält.

Stanislav Grof ist nur einer von vielen, die versucht haben, Erklärungen für die katastrophale Situation zu finden, in die die Menschheit sich hineinmanövriert hat. Trotz bemerkenswerter Leistungen in unzähligen Bereichen war die Menschheit »unfähig, bestimmte primitive Emotionen und instinktive Impulse in den Griff zu kriegen – ihre Erbschaft aus der Steinzeit«.[35] Ein weiter Abgrund trennt unsere primär-instinktiven Kräfte von der bewußten Erfahrung – das hat auch Freud immer und immer wieder deutlich gemacht. Julian Jaynes meint, die Sprache sei hier das verbindende Element,[36] und wir sind der Ansicht, daß Mythologie die natürliche Brücke über dem Abgrund zwischen Urinstinkten und rationalen Fähigkeiten ist.

Primitive Kulturen verfügten immer über soziale Mechanismen, die Entwicklungsübergänge begleiteten und die Betreffenden lehrten, was auf der nächsten Stufe vonnöten sein würde. In den modernen Industriegesellschaften gibt es solche Marksteine und Hilfen für die individuelle Entwicklung kaum noch; hier und da finden sich aber Riten und Rituale, die von primitiven Kulturen übernommen wurden. So gibt es etwa ein Programm für amerikanische Oberschüler, das einem Ritual der australischen Ureinwohner abgeschaut ist: Der Schritt ins Erwachsenenleben wird hier durch Selbsterforschung und Dienst an der Gemeinschaft markiert. Mythos und Ritual scheinen auch die wirksamsten Möglichkeiten zu sein, den einzelnen und die Gruppe in Berührung mit dem Heiligen zu bringen. Bei primitiven Stämmen haben Rituale schon immer diesem Zweck gedient; und das könnten sie, in entsprechender Form, auch heute. So gibt es ein Programm, das sich *Gemeinsame*

Visionen nennt; es orientiert sich daran, wie die amerikanischen Ureinwohner nach neuen Erkenntnissen strebten, ist aber auf die heutige amerikanische Kultur im ganzen zugeschnitten. Die Teilnehmer kommen in Gleichklang mit ihrem eigenen Inneren und damit in Verbindung mit den verborgenen Tiefen ihres Menschseins. Bei *Outward Bound*, einer Art Abenteuerurlaub, gehen die Teilnehmer in kleinen Gruppen und ohne besondere Ausrüstung *in die freie Wildbahn.* Auch hier, in enger Gemeinschaft mit der Natur und der Gruppe, entsteht ein Gefühl des Besonderen, des Heiligen, Allgültigen. Mythologie und Ritus verschaffen Bewegung in zwei Richtungen – näher ans eigene Selbst und auch darüber hinaus.

Die Suche nach sinnvollen Ritualen wird jedoch erschwert durch die Individualisierung des Bewußtseins, die eine dementsprechende Personalisierung von Ritualen notwendig macht. Wir haben in diesem Buch eine Reihe solcher persönlichen Rituale gezeigt, die helfen, sich mit der eigenen Mythologie auseinanderzusetzen und sie neu zu gestalten. Und ebenso sind kulturelle Bräuche denkbar und möglich, die die Verbindung zu den mythischen Prozessen in der persönlichen Entwicklung fördern. Dabei wäre der Schwerpunkt eher ein innerer, nämlich die Verantwortung des einzelnen wie der Gemeinschaft, Entwicklungskrisen und andere psychische Konflikte zu lösen, und nicht so sehr ein äußerer, bei dem innere Konflikte nach außen auf die Welt projiziert werden. Grof, zum Beispiel, befürwortet einen Ansatz, den man *Selbsterforschung für jedermann* nennen könnte und von dem er hofft, daß er archaische persönliche Sichtweisen der Welt beseitigen und durch reifere, erleuchtetere ersetzen würde:

Die Aufgabe besteht darin, sichere und sozial akzeptierte Bedingungen zu schaffen, unter denen schädliche und potentiell gefährliche Elemente der menschlichen Persönlichkeitsstruktur sichtbar gemacht und durchgearbeitet werden könnten, ohne daß anderen oder der Gesellschaft als Ganzer Schaden oder Verletzungen zugefügt würden.[37]

Grof bringt erschreckende Beispiele, wie zerstörerisch es sein kann, wenn bestimmte archetypische Themen ein ganzes Volk beherrschen. Ein Weg zu sozialen Bedingungen, die für solch sinnlose Tragödien weniger anfällig wären, wäre der, so meint Grof, den Menschen zu zeigen, wie sie die Wurzeln ihrer inneren Verwirrung und Gewalttätigkeit aufspüren und damit sensibler für Personen und Bewegungen werden könnten, die solches noch nicht getan haben. Mord, Selbstmord und Zerstörung seien die logischen Endergebnisse einer unkontrollierten Externalisierung – des Ausagierens primärer Prozesse archetypischer Themen. Er warnt davor, daß Politiker, die ihre emotionalen Störungen in gewalttätige politische Programme umsetzen, damit an unsere eigenen ungelösten Konflikte appellieren. Ideal wäre es, wenn nur solche Menschen politische Führer würden, die ihre unbewußten Motive gründlicher erforscht und emotionale Reife erlangt haben. Das wirkliche Problem besteht für Grof darin, das Bewußtsein der Allgemeinheit zu erweitern, so daß sie es erkennt, wenn die politischen Ansichten eines Menschen nur seine inneren Konflikte maskieren. Die Gesellschaft müßte dafür sorgen, so Grof, daß jeder sich routinemäßig mit seinen inneren Problemen auseinandersetzen könnte – das heißt auch, daß sie dafür genügend Zeit und die entsprechenden Örtlichkeiten zur Verfügung stellen müßte. Destruktive Anteile der Seele könnten so in einem geschützten Rahmen durchgearbeitet werden, und die Kultur nähme zu den Entwicklungskrisen ihrer Mitglieder eine mythische statt eine mechanistische Haltung ein. Die persönlichen Rituale in diesem Buch könnten Vorbild für derartige kulturelle Praktiken sein.

Die institutionelle Ebene. Eleanor Wilner schreibt, daß »Visionen, wie es die Natur des Mythos nahelegt, vom individuellen Geist empfangen und von der Gemeinschaft aufgenommen werden können«.[38] Die Psychologin Anne Dosher betont die reflexive Beziehung zwischen individuellen Mythen und denen einer Organisation oder Gemeinschaft.[39] Die Mythen der Menschen sind ganz sicher von der Kultur beeinflußt, in die sie hineingeboren werden; und um die

Eine Mythologie für die Zukunft: Auf einer kleinen Insel dahintreibend, müssen wir den Mut für ein Überleben in Frieden aufbringen. Wir glauben, weder feige noch blind zu sein. Kühlendes Wasser spiegelt unser Bild, rohe Kraft verbirgt sich hinter unserer Ruhe, und die Wunder schöpferischer Auseinandersetzung umgeben uns – möge das kindliche Vergnügen eines sanften Alters unser sein.

persönlichen Mythen kultureller Führerpersönlichkeiten herum entstehen neue Formen sozialer Organisation. Die persönliche Mythologie des ursprünglichen Führers wird oft zur ersten Mythologie einer Organisation, so Dosher, und diese Mythologie findet ihren Ausdruck in Stil, Philosophie, Zielsetzung, Regeln, Strukturen, übergeordneten Zielen und Strategien der Organisation.

Aus ihrer Arbeit als Organisationsberaterin beschreibt sie, wie ein mythologischer Bezugsrahmen den Leitern solcher Organisationen die Möglichkeit gibt, Differenzen zwischen dem bestehenden Mythos der Organisation und deren tatsächlichen Bedürfnissen und Möglichkeiten festzustellen. Verbindungen zu den Mythen der Organisationsgründer werden aufgedeckt, und auch, welche *inoffiziellen* Belohnungen und Sanktionen die derzeitige Mythologie der Organisation am Laufen halten. Anne Dosher hilft auch Arbeitsgruppen, implizite Mythologien zu erkennen, die vielleicht um bewußte Anerkennung kämpfen, und unterstützt sie darin, Mythologien aus der weiteren Kultur in Worte zu fassen, die den bestehenden Mythos herausfordern könnten. Solche Herausforderungen können natürlich zu Krisen im Unternehmen führen; sie können aber auch, wenn die Organisation zu selektiver Akkomodation fähig ist, konstruktive Veränderungen zur Folge haben. Anne Dosher achtet auch darauf, daß und wie die Mythologie der Organisation die persönlichen Mythologien ihrer Mitglieder aufnimmt und wieweit es den Mitgliedern innerhalb der Organisation möglich ist, nach ihren persönlichen Mythen zu leben.

Dies entspricht den Schwerpunkten unseres Fünf-Stufen-Modells, besonders was die historischen Ursprünge herrschender Mythen betrifft, Funktionsstörungen und Fehlanpassung, das Erkennen widersprüchlicher Mythologien und die mythischen Vorstellungen, die mehr und bessere Arbeits- und Lebensmöglichkeiten in sich aufnehmen können. Auch Anne Doshers Interventionen – die natürlich auf die größere Komplexität von Organisationen zugeschnitten sind – entsprechen in vieler Hinsicht den unsrigen, so etwa in diesem Punkt: »Die Schattenseiten der Mythen werden in Begriffe oder Symbole gefaßt, in irgendeiner Form niedergelegt und dann zeremoniell verbrannt, um die Funktionsstörung zu *exorzieren* und sich ausdrücklich, geradezu dramatisch sinnvolleren und besseren Arbeitsweisen der Organisation zu verpflichten.«[40]

Ein anderer Organisationsberater mit ausgesprochen mythischer Sichtweise ist Harrison Owen. Owen vergleicht Organisationen, die nur eine einzige, mächtige, zentrale Mythologie haben, mit einem Chor, in dem jeder vom selben Blatt singt. Wenn Organisationen sich jedoch innerlich verändern oder mit gesellschaftlichen Veränderungen konfrontiert werden, dann geben ihnen die Mythen, die die Organisation einst definierten und vorantrieben, nicht länger ein genaues Bild der Wirklichkeit, mit der sie fertig werden müssen. Sie müssen neue Mythen annehmen, um zu überleben. Owen nennt seine Interventionen *Geburtshilfe für ein neues Organisations-Ethos.* Er meint, daß die Entwicklung neuer Mythen, die in der Vergangenheit »eher zufällig geschah«, nun »bewußt und vorausschauend« angegangen werden kann.[41]

Institutionen sind der kulturelle Kontext, aus dem eine bestimmte Organisation entsteht und aktiv wird. Organisationen dienen als Treffpunkt zwischen den institutionellen Aspekten des Mythos einer Kultur (also den Werten und Annahmen, die etwas mit sozialen Arrangements zu tun haben) und deren Ausdruck in der Welt. Organisationsveränderungen und soziale Veränderungen interagieren ebenso wie individuelle Mythen und kollektive Mythen. Institutionelle Mythen haben Einfluß auf die Veränderung organisatorischer Praktiken und werden ihrerseits von diesen beeinflußt wie auch von mythischen Verschiebungen in der weiteren Kultur. In ihrem Buch *Corporate Cultures* behaupten Terrence Deal und Allan Kennedy, Philosophie und Symbol seien der Unterbau organisatorischer Effektivität.[42] Wie die institutionellen Mythen einer Kultur die jeweilige Organisation beeinflussen, wird auch von Struktur und Aktivitäten dieser Organisation bestimmt und läßt sich anhand einer mythologisch orientierten Analyse – wie etwa Anne Dosher sie durchführt – ermitteln.

Manchmal ist der institutionelle Mythos, der sich in einer

bestimmten Organisation widerspiegelt, leicht erkennbar. Japan zum Beispiel ist eine Gesellschaft, in der große Unternehmen ganz ausdrücklich eine bestimmte Weltsicht vertreten, spirituelle Werte verkünden, ein Credo erwünschter Verhaltensweisen aufstellen und das Bemühen, diesem Pfad zu folgen, aktiv unterstützen.[43] Vor ein paar hundert Jahren entwickelte der japanische Fürst Shotoku aus dem Buddhismus heraus ein System, das mit der Idealvorstellung, daß Individuum und Gruppe nicht Gegensätze, sondern eine Einheit seien, die ganze Kultur durchdrang. Auch Japaner, die gar nicht ausgesprochen religiös sind, leben nach buddhistischen Grundsätzen, ob im Beruf oder zu Hause, und die sozialen Institutionen in Japan wurden im Rahmen altehrwürdiger kultureller Werte modernisiert. Der traditionelle Prozeß der Entscheidungsfindung beispielsweise trägt die Bezeichnung *Das Gesetz von Uchi;* dieses Gesetz nimmt Bezug auf Familie, Dorf oder Unternehmen, dem man angehört, und legt großes Gewicht darauf, Entscheidungen nicht allein, sondern in kleinen Gruppen zu treffen. Im Gegensatz dazu betont die westliche Ideologie die individuelle Entscheidung, etwa in der Politik, bei Mehrheitsentscheidungen oder den Bürgerrechten. Die modernisierten sozialen Systeme in Japan haben das *Gesetz von Uchi* beibehalten, doch ist jedes weitgehend autonom, eine Welt für sich, die arbeitet, kämpft und auch in Konkurrenz tritt, um Überleben und Wohlergehen zu sichern. Diese Gruppen sind die Bausteine sowohl des Geschäftslebens wie auch der japanischen Gesellschaft im allgemeinen. Wenn es nötig ist, kommen sie auch zusammen und kooperieren, wie die Zellen eines Organismus. Als Folge davon ist das institutionelle Leben in Japan eine ziemlich harmonische Mischung aus persönlichen und sozialen Angelegenheiten. Arbeitskämpfe und politische Auseinandersetzungen werden meist schnell beigelegt, und ein hohes Ausmaß an beruflicher Zufriedenheit wurde nachgewiesen.[44]

Die ideologische Ebene. Fritjof Capra meint, daß die Verschiebung in Richtung auf ein ausgeglichenes soziales und ökonomisches System in westlichen Kulturen eine entsprechende Verschiebung der Werte erfordert – von Selbstbestätigung und Konkurrenz hin zu sozialer Gerechtigkeit und Zusammenarbeit, vom Expandieren zum Bewahren, von der Anhäufung materieller Werte zum inneren Wachstum. Er schreibt: »Die Rückkehr zu einem menschlicheren Maßstab bedeutet nicht Rückkehr in die Vergangenheit, sondern wird im Gegenteil die Entwicklung geradezu genialer neuer Formen von Technologie und sozialer Organisation erforderlich machen.«[45] Wilner betont, daß der »Mythos der notwendige erste Schritt zur Neuausrichtung der sozialen Ordnung ist«.[46] Sie beschreibt Mythen als »Geschichten, die die vermenschlichte Entfaltung der Jahreszeiten des kosmischen, sozialen und persönlichen Lebens enthalten. Zur Zeit aber ... ersetzt die Mutation langsam die Evolution; die Struktur der Mythen macht unter dem Druck der Veränderungen eine abrupte und radikale Umwandlung durch ... oder durch die Konfrontation von anscheinend unvereinbaren mythischen Beschreibungen der Wirklichkeit.«[47]

Die Welt steckt ganz tief in solchen ideologischen Wirren. Seit der Prometheus der modernen Wissenschaft den Göttern das nukleare Feuer entwendet hat, ist eben jenes Heim, das geschützt, erwärmt und beleuchtet werden sollte, von plötzlicher Auslöschung bedroht, und die Ideologien, die der Menschheit Sicherheit durch Technik versprochen haben, sind ins Wanken geraten. Ideologische Konflikte in den Begriffen der zugrundeliegenden Mythologien zu untersuchen führt zu einem tieferen Verständnis sozialer Entwicklungen. Wie persönliche Mythen sowohl auf bewußter, rationaler als auch auf vorbewußter Ebene arbeiten, so funktionieren auch kulturelle Mythen einerseits auf ideologischer Ebene, die der Beschreibung leicht zugänglich ist, andererseits aber in einem tieferen Bereich, der sich nicht so leicht in Worte fassen läßt und den archetypischen Mustern der klassischen Mythologie enger verbunden ist. William Rhodes beschreibt das Ereignis unserer Zeit, das jede bestehende Ideologie bis in die Grundfesten erschüttert hat, folgendermaßen:

Der Blitz von Hiroshima gab ein Licht von so schmerzhafter Intensität ab, daß die Scheuklappen der Scheinzivilisation, die wir uns zurechtgemacht hatten, uns von den Augen gerissen wurden; das Licht strahlte tief in die inneren Schichten unseres Seins ... Wir erfuhren Abgründe von Schrecken und Erkenntnis in uns selbst, welche Begriffe wie Terror, Todesangst, Schuld und Einsicht überstiegen.[48]

Die Ideologien, die Wirklichkeit definieren und Anleitung für das entsprechende Handeln geben, sind seitdem unaufhörlichen Angriffen ausgesetzt.

Die Sozialisierungsmechanismen der modernen Kulturen haben mit den rapiden Veränderungen der Weltlage nicht Schritt halten können. Der Psychologe David Barash und die Psychiaterin Judith Eve Lipton meinen, die gegenwärtige nukleare Bedrohung entstehe aus der Diskrepanz zwischen den Denkweisen, mittels derer die Menschheit in den vergangenen Jahrtausenden überlebt habe, und denjenigen, die notwendig wären, wenn dies Überleben sich auch nur bis ins nächste Jahrhundert fortsetzen solle.[49] Für sie hat die Menschheit noch immer die kognitive und emotionale Mentalität des vornuklearen Zeitalters, und die heftige Debatte zwischen den Befürwortern der atomaren Aufrüstung und ihren Gegnern ist nichts weniger als ein Konflikt zwischen einer Neandertalermentalität und einer *Nach-Neandertalermentalität.* Die Anpassung, so meinen sie, wird sich nicht biologisch vollziehen – durch den langsamen Prozeß natürlicher Selektion –, sondern, wenn überhaupt, durch kulturelle Prozesse.

Wilner hat die optimistische Beobachtung gemacht, daß »neue Mythen, die in sehr unterschiedlichen Gesellschaften, aber unter ähnlichen Bedingungen auftauchen, mit ihren gemeinsamen Eigenschaften ein Indiz dafür sind, daß es einen besonderen, ebenfalls allgemeinen Stand der Vorstellungskraft und Phantasie gibt, möglicherweise ein Heilmittel für die tiefe Krise«.[50] Alvin Toffler, für den das heraufziehende Zeitalter die *Dritte Welle* der Veränderung in der Zivilisation ist (die *Erste Welle* war der Übergang zur Agrikultur, die *Zweite Welle* die Industrialisierung), betrachtet die gewaltige Erschütterung als etwas, das »den Tod der industriellen und den Aufstieg einer neuen Zivilisation« begleitet.[51] Er meint jedoch, daß – »mit Intelligenz und ein bißchen Glück

– die entstehende Zivilisation gesünder, sensibler und dauerhafter werden könnte, anständiger und demokratischer als jede andere, die wir kennen«.[52] In diesem *neuen Zeitalter der Synthese* sieht Toffler die moderne Gesellschaft ihre »zwanghafte Beschäftigung mit dem quantifizierten Detail ohne Zusammenhang, mit immer feiner und feineren Messungen immer kleinerer und noch kleinerer Probleme« aufgeben, eine Beschäftigung, die dazu führt, daß wir am Ende »mehr und mehr über immer weniger und noch weniger wissen«.[53] Toffler beschreibt, was wir die *postrationalistische Ära mythologischer Verwirklichung* nennen, eine Ära, die die instinktiven und rationalen Fähigkeiten der Menschheit verbinden könnte.

Ken Wilber nannte seine dritte Phase in der Entwicklung des menschlichen Bewußtseins die *mythische Epoche* (Kapitel 1) und stellte sie vor die *rationale Epoche;* nun aber entsteht eine neue, postrationalistische Mythologie. In dieser Epoche wird die Rationalität den Instinkt eher mildern denn ersticken. Die Mythologie, die den ganzen menschlichen Geist umfaßt, kann ein rationales Verständnis des menschlichen Seins lebendiger machen und dieses Verständnis mit ihrer tiefen Verbindung zur Natur und urtümlichen seelischen Kräften auszeichnen. Diese Periode bringt eine große Herausforderung mit sich und ein großes Versprechen: innere Harmonie zwischen Körper und Geist und äußere Harmonie zwischen Natur und Zivilisation zu erlangen. Die alles beherrschenden, einengenden Begriffe davon, was rational ist – und damit ernsthafter Überlegung wert –, werden weit überschritten werden.

Menschliche Intelligenz und menschliche Vernunft haben sicher Wunder vollbracht: die Freisetzung nuklearer Energie, Raumschiffe auf dem Mond, Kommunikation per Ton und Farbbild über die ganze Erde und ins Weltall hinaus. Unsere rationale Zeit hat aber auch, zum erstenmal in der Geschichte, Gesellschaft und Weltall völlig verweltlicht. Noch hat die Rationalität die menschlichen Potentiale an Zerstörungswut und Gewalttätigkeit bezwingen können. Leo Tolstoi schreibt: »Sobald der Mensch seine Intelligenz und nur seine Intelligenz auf irgendein Objekt anwendet, zerstört er unfehlbar das Objekt«.[54] Sir Francis Bacon hat warnend darauf aufmerksam gemacht, daß menschliche Wesen der Natur nie wirklich befehlen könnten, wenn sie nicht zuvor gelernt hätten, ihr zu gehorchen.[55] Statt dessen hat die Menschheit die Herrschaft über die Natur erlangt, indem sie ihr widerstand, und machte sich daran, die Erde zu verwüsten, zu plündern, zu verschmutzen und ihre natürlichen Schätze auszubeuten. Als Folge davon sind die industrialisierten Gesellschaften heute »auf Materielles konzentriert, spirituell verarmt und von der Technik besessen«.[56] Das sind die Schulden, die die Menschheit angehäuft hat, indem sie mit der inflationären Währung des rationalistischen Ethos handelte und den Prometheus der Technik immer wieder aussandte, den Göttern noch mehr Feuer zu stehlen. Was wir dringend brauchen, ist Licht, und nicht Feuer, sagt Joseph Campbell[57] – ein inneres Licht, das uns den Weg in eine postrationalistische Ära mythologischer Verwirklichung erhellen könnte.

In seiner Beschreibung jener aufsteigenden *dritten Welle* schreibt Toffler unter anderem:

> Eine neue Zivilisation taucht in unser aller Leben auf, und überall sind die Blinden bemüht, sie zu unterdrücken. Diese neue Zivilisation bringt neue Arten des Familienlebens mit sich; andere Arten zu arbeiten, zu lieben und zu leben; eine neue Ökonomie; neue politische Konflikte; und darüber hinaus auch ein verändertes Bewußtsein. Teile dieser neuen Zivilisation gibt es heute schon. Millionen sind schon dabei, ihr Leben dem Rhythmus von morgen anzugleichen. Andere, in schrecklicher Angst vor der Zukunft, sind auf einer verzweifelten, sinnlosen Flucht in die Vergangenheit und versuchen, die sterbende Welt, die ihnen das Leben gab, wieder aufzubauen.[58]

Der Antagonismus zwischen alten und neu entstehenden Ideologien, den Toffler beschreibt, ist eine soziale Entsprechung des mythischen Konflikts, wie wir ihn bei Individuen beobachtet und in diesem Buch dargestellt haben. Im folgenden wollen wir die Muster der sozialen Evolution durch die *Brille* unseres Verständnisses der Entwicklung persönlicher Mythologie betrachten. Wir wenden uns noch einmal dem Fünf-Stufen-Modell zu, indem wir jede dieser Stufen mit ihren gesellschaftlichen Implikationen und Parallelen in Verbindung bringen.

1. *Die mythischen Dimensionen ideologischer Spannungen erkennen.* Wir haben gezeigt, wie tiefliegende mythische Konflikte Ausgangspunkt für persönliches Wachstum sein können; und wir glauben, daß entsprechend auch die mythologischen Konflikte, die hinter ideologischen Spannungen stehen, Ausgangspunkt sozialer Evolution sind. Diese Spannungen sind in den modernen Gesellschaften nicht zu übersehen, ob es sich nun um die nukleare Aufrüstung handelt, die Überbevölkerung, die Umweltverschmutzung, die weltweite Inflation oder die Arbeitslosigkeit, die wir der Technisierung verdanken. Wir folgen hier den Ausführungen des Soziologen Amitai Etzioni, wenn wir die mythologische Dimension ideologischer Veränderung diskutieren.[59] Etzioni nennt das wichtigste Ziel, dem eine Gesellschaft sich und ihre Kräfte verschreibt, ein *Kernprojekt.* Das *Kernprojekt* der Industrialisierung im 19. Jahrhundert sei zum Beispiel die Verpflichtung zu großer Produktion gewesen. Kernprojekte werden sowohl von einer ausgesprochenen, rational begründeten Mythologie unterstützt wie auch von einer impliziten, eher emotional orientierten. Konkurrierende Ideologien können dazu führen, daß auch andere potentielle Kernprojekte um die Ressourcen der Gesellschaft wetteifern; auch veränderte Umstände können zu einer Verschiebung auf ein neues Kernprojekt führen. Etzioni spricht auch von den Wirren, die den Übergang von einem Kernprojekt zu einem anderen begleiten. Wenn eine Gesellschaft sich einem neuen Projekt verpflichte, bevor die wichtigsten Mitglieder der Gruppe das alte aufgegeben hätten, so sei ein Konflikt unausweichlich. Dann habe man die Wahl zwischen drei Möglichkeiten: sich entweder a) dem alten oder b) dem neuen Projekt ganz zuzuwenden, oder aber c) das neue so zu verändern, daß es auch für die Befürworter des alten Projekts annehmbar würde.

In dieser Darstellung finden wir dasselbe Motiv, das die mythische Veränderung auf individueller Ebene beherrscht. Ein alter Mythos wird von einem Gegen-Mythos in Frage gestellt; und auch hier haben wir die Varianten, daß a) der alte

Mythos siegt, daß b) der Gegen-Mythos ihn ersetzt, oder aber c) daß eine Synthese aus beiden zustande kommt, wobei ein neuer Mythos entsteht, der im Idealfall die besten Eigenschaften jener beiden enthält. Dieser Prozeß findet sich auch in dem ewigen Kampf zwischen Konservativen (die oft übermäßigen Wert darauf legen, den traditionellen Mythos einer Gesellschaft aufrechtzuerhalten) und Liberalen (die eher der Reform und *progressiven* Idealen zuneigen, also den Gegen-Mythologien) wieder. Konservative Kräfte sind oft auf dem falschen Weg, wenn sie sich Lösungsmöglichkeiten der Vergangenheit so eng verbinden, daß sie nicht mehr erkennen können, wenn neue Umstände Veränderungen notwendig machen, so etwa, wenn ein Staat aus lauter Loyalität zur Vergangenheit, Angst vor Veränderung oder aus Selbstgefälligkeit an veralteten Mythen festhält. Liberale Kräfte gehen hingegen häufig in die Irre, wenn sie visionäre Vorstellungen befürworten, die mit wichtigen Traditionen nicht im Gleichklang sind oder aber kein Fundament in der Realität haben; so etwa, wenn ein politischer Aktivist magische Lösungen verkündet, deren revolutionäre Prosa ebenso verführerisch ist wie ihr Mangel an praktischer Anwendbarkeit offensichtlich.

Der Psychologe Ernest Beier hat ein Modell der Psychotherapie auf die Weltprobleme angewendet.[60] In seinen Überlegungen, warum konservative Einstellungen in der Welt an Grund gewinnen, beschreibt Beier Klienten, die sich Veränderung wünschen, ihr aber zugleich auch Widerstand leisten, weil sie Unsicherheit nicht ertragen können. Diese Rückkehr zur Sicherheit von gestern verleugnet jedoch die Realität des Heute und ist sowohl für den einzelnen wie auch für die ganze Menschheit sehr gefährlich. Nationalismus, Ethnozentrismus und Chauvinismus der Vergangenheit standen im Dienste von Mythen, die nun mit genügend Sprengstoff geladen sind, um soziale Unruhen, fanatische Reaktionen und bewaffnete Konflikte auszulösen. Der Widerstand dagegen, diese Mythen zu ändern, spiegelt oft den Drang wider, lieber bei Problemen und Lösungen zu bleiben, die man schon kennt, als sich auf diejenigen einzulassen, welche neue uns existentielle Forderungen diktieren. Sich auf reaktionäre Politik, dogmatischen Glauben oder starren

Patriotismus zurückzuziehen, mag dem einzelnen wie der Gruppe als seelisches Polster gegen die Erschütterung und Unsicherheit von Veränderungen dienen – doch schafft man sich damit nur noch größere Probleme. Beier glaubt, daß die psychotherapeutischen Prinzipien, die dem Klienten helfen, mit der Wirklichkeit fertig zu werden, auch für gesellschaftliche Veränderungen Verwendung finden könnten.

Entsprechend könnte man aus unserer Beobachtung der Arbeit mit individuellen Mythen wichtige Schlußfolgerungen für das Verständnis ideologischer Konflikte auf sozialer Ebene ziehen. Die Schlußfolgerung wäre zunächst ganz einfach die, das Ganze unter einem Blickwinkel zu betrachten, der auf zugrunde liegende mythische Muster gerichtet ist. Statt das Verständnis persönlicher und sozialer Spannungen auf die oberflächlichen Nöte und Lebensumstände des einzelnen oder die rhetorischen und politischen Manöver der Gesellschaft zu beschränken, sollte man den Diskurs auf eine viel fundamentalere Ebene verschieben. Sobald die Mythologie ins Spiel kommt, erkennt man ideologische Behauptungen und gegenwärtige Geschehnisse als das, was sie sind: oberflächliche Manifestationen sehr viel tiefer liegender Prozesse. Das ist der erste Schritt dahin, soziale Probleme unter dem Blickpunkt einer post-rationalistischen Mythologie zu betrachten.

Untersucht man ideologische Konflikte aus mythischer Perspektive, so ergibt sich eine weitere Konsequenz: Wie dringlich schnelle Veränderungen auch immer sein mögen, so muß man sich doch darüber klar sein, daß Mythen widerstandsfähig und ausdauernd sind. Leitmythen lassen sich nicht von heute auf morgen revidieren; Widerstand gegen Veränderung ist ihnen sozusagen angeboren. Individuen wie auch Gruppen redigieren die eigene Vergangenheit, verzerren neue Informationen und erinnern sich nur an solche Erfahrungen, die herrschenden Mythen entsprechen. Die Menschen neigen dazu, ihr Wissen so hinzudrehen, daß es Einschätzungen bestätigt, die sie schon haben. Alle Therapeuten kennen es, daß ihre Klienten verzweifelt versuchen, alte Mythen abzustützen, die schon am Zerbröckeln sind; Nationen und Interessengruppen sind oft ebenso fiebrig dabei,

Ideologien aufrechtzuerhalten, die nicht mehr in die Situation passen. Doch die Wetten, ob veraltete Mythen revidiert werden oder nicht, laufen mit hohen Einsätzen; das zeigt zum Beispiel ein Auszug aus der Rede, die General Douglas MacArthur 1961 in einer Gemeinschaftssitzung des Philippinischen Kongresses hielt:

> Zur Jahrhundertwende, als ich der Armee beitrat, da war die Zielscheibe des Gewehrs, der Pistole, des Bajonetts oder des Schwertes ein Feind. Dann kam das Maschinengewehr, das Dutzende töten konnte. Danach die schwere Artillerie – und Tod regnete auf Hunderte. Dann die Bombe, die Tausende tötete, und schließlich die Atomexplosion, die Hunderttausende erreicht. Nun ... arbeiten wir fiebrig und rastlos in dunklen Laboratorien, um das zu finden, was alles auf einmal vernichtet ... Der Weltkrieg ist zum Frankenstein geworden, der beide Seiten vernichten wird. Krieg ist nicht länger Abenteuer – die Abkürzung zur Macht. Wenn du verlierst, bist du ausgelöscht. Wenn du gewinnst, kannst du auch nicht mehr als verlieren. Der Krieg hat keine Sieger mehr. Er trägt nur mehr den Keim für Doppelselbstmord in sich.[61]

Es ist klar, daß man sich unter diesen Umständen eine langsame Veränderung der mythischen Vorstellungen, die einen dritten Weltkrieg unterstützen, eigentlich nicht leisten kann. Aber die unglaublichen Mittel, die man seit MacArthurs Rede in die Aufrüstung gesteckt hat, diese Anhäufung von Waffen, die der Mentalität des vornuklearen Zeitalters entspricht, und die Tatsache, daß man damit die ganze Welt nicht nur einmal, sondern eine absurde Vielzahl von Malen zerstören könnte – dies alles ist der geradezu monumentale Ausdruck dessen, wie fruchtlos herkömmliche Denkweisen sind. Die mythologische Sichtweise hingegen würde Bedingungen schaffen, die ein Volk erkennen lassen, daß seine eigenen veralteten oder unbrauchbaren Mythen mit sozialen Problemen und Gefahren viel zu tun haben.

2. *Die Gegensätze im mythischen Konflikt herausarbeiten.* Auf der zweiten Stufe unserer Arbeit mit individuellen Mythen bringen wir Methoden, mit denen man die beiden Sei-

ten des mythischen Konflikts herausarbeiten kann. Wir bitten unsere Klienten, den alten Mythos – von dem sie nun wissen, daß er nicht mehr funktioniert – zu würdigen, indem sie verstehen, welchen Dienst er ihnen einmal geleistet hat. Sie vertiefen sich in ihre eigene Geschichte, werden sich der Probleme ihrer frühen Jahre bewußt und artikulieren die persönlichen Leitmythen, die sie bei dem Versuch annahmen, diese Probleme zu lösen. Wir bitten sie auch, den auftauchenden Gegen-Mythos zu erforschen, der sich zwar meist eher auf Wunscherfüllung denn auf realistischen Alternativen begründet, oft aber auch schon die erwünschten Ziele zeigt. Auf dieser Stufe konzentrieren sich die Interventionen darauf, die Haltung, die jede Seite des Konflikts zum Ausdruck bringt, zu klären, sie deutlicher und bewußter zu machen – noch geht es nicht darum, Lösungen zu finden.

Die kulturelle Parallele zum individuellen Durchlaufen dieser Stufe, in der Leitmythen in ihrer Gegensätzlichkeit deutlich werden, findet sich in den gesellschaftlichen Spannungen, die aus dem Konflikt zwischen rivalisierenden *Kernprojekten* entstehen. Für Etzioni ist »hohe Produktion, hoher Verbrauch« das Kernprojekt, das moderne Gesellschaften seit dem Heraufdämmern der Industrialisierung beherrscht.[62] Das konkurrierende Kernprojekt, das seit den sechziger Jahren hochkommt, charakterisiert er ganz einfach als Engagement für eine verbesserte Lebensqualität. Er beschreibt es als das Bemühen der Gesellschaft, »die Zufriedenheit ihrer Mitglieder nicht durch gesteigerte Produktion und Massenverbrauch materieller Güter zu erhöhen, sondern durch größere Harmonie mit sich selbst, anderen und der Natur«.[63] Nach Toffler findet der Entscheidungskampf in der westlichen Welt zwischen denen statt, die die Industriegesellschaft ausbauen und erhalten wollen, und denen, die erkannt haben, daß sich neue Probleme nicht im alten Kontext lösen lassen, und die bereit sind, darüber hinauszugehen. Auch John Naisbitt glaubt, daß es keine Rückkehr gibt. »Obwohl wir nach wie vor meinen, wir lebten in einer Industriegesellschaft, sind wir doch in Wirklichkeit längst zu einer Ökonomie übergewechselt, die auf der Bildung und Verteilung von Information beruht.«[64]

Typisch für das Kernprojekt *hohe Produktion* war seine »enge Rationalität«.[65] Was nichts mit Profit oder Effizienz zu tun hatte, wurde kaum beachtet, und selbst wenn es – wie etwa die Gesetze zur Kinderarbeit – toleriert wurde, so sah man es doch als Einmischung und Ausnahme an. Es gab zahllose Versuche, von diesen Wertvorstellungen weg und zu einer einfacheren, beschaulicheren und natürlicheren Lebensweise zu kommen, wie etwa in den Gemeinschaften der Shaker und Mennoniten oder wie es Thoreau beschreibt. Diese Unternehmungen erregten jedoch nicht das allgemeine Interesse und hatten auch nicht die Kraft, das Kernprojekt der hohen Produktion und die rationalistische Mentalität, die dahinter stand, zu unterminieren. Die Wertvorstellungen und Anschauungen des Kernprojekts (also des alten Mythos) blieben im neunzehnten und frühen zwanzigsten Jahrhundert im wesentlichen unberührt. Erst die Weltwirtschaftskrise hinterließ tiefere Narben. Sozialversicherung und Streikrecht wurden eingeführt (A. d. Ü.: in Amerika; in Deutschland z. B. gab es beides schon); die »enge Rationalität«, die das Kernprojekt der hohen Produktion beherrschte, stieß an seine Grenzen, doch noch wurden die Grundwerte des Projekts nicht in Frage gestellt.[66]

In der Mitte des zwanzigsten Jahrhunderts war das Kernprojekt *hohe Produktion* in rascher Folge drei größeren Angriffen ausgesetzt: Der erste hatte die soziale Gerechtigkeit auf seine Fahnen geschrieben, der zweite kam von der *Gegenkultur,* und der dritte entstand aus der wachsenden Sorge um die Umwelt. Diese Herausforderungen gipfelten in der Vision einer Alternativgesellschaft mit einer anderen Mentalität, einer Gesellschaft, deren Kernprojekt eine bessere Lebensqualität war und nicht industrielles Wachstum. Aus dieser Alternativkonstruktion sozialer Wirklichkeit entstand ein Gegen-Mythos, der vermindertes Wirtschaftswachstum, Umverteilung der Ressourcen, damit auch Minderheiten daran teilhaben konnten, weniger Verbrauch und mehr Harmonie mit der Natur zu Tugenden erhob. Eine Gemeinschaft mit sozialer Gerechtigkeit, die in natürlicher Harmonie lebt und für die nichtmaterielle Befriedigung leicht erreichbar ist, wird wohl kaum – so Etzioni – ihr wichtigstes Anliegen im mühevollen Streben nach höherem Konsum sehen, der erst viel später erreichbar ist. Eine solche Gesellschaft würde Verhaltensweisen unterstützen, die weniger leistungsorientiert, weniger fordernd, dafür entspannter und mehr auf das Heute gerichtet sind. Es gebe viele Indizien, die seine These, daß das Kernprojekt *Lebensqualität* das Projekt der hohen Produktion ernsthaft in Frage stelle, bekräftigen, meint Etzioni: so etwa die Tatsache, daß immer mehr Amerikaner lukrative Stellungen aufgeben, um etwas anderes zu machen, das zwar weniger einträglich, dafür aber persönlich befriedigender ist.[67]

Etzioni betont auch die *erweiterte Rationalität* des neuen Kernprojekts im Gegensatz zur »engen Rationalität« des alten; das stellt den Bezug her zu unserer Vorstellung von einer heraufdämmernden *postrationalistischen Mythologie*. Beim neuen Kernprojekt dürfen auch Impuls und Gefühl eine Rolle spielen, und die Kriterien für Rationalität sind wesentlich weiter geworden und schließen soziale Fragen ebenso ein wie hohe Produktion. Etzioni kommt zu dem Schluß, daß es angesichts der hohen Kosten und der verfügbaren Mittel »nicht möglich ist, beide Projekte auf Prioritätsbasis anzugehen«.[68] Noch immer ist die hohe Produktion ein zwingender Wert in der westlichen Gesellschaft, doch immerhin – so Etzioni – verfügen proindustrielle Interessengruppen nicht mehr über die Machtkonzentration, die es ihnen möglich gemacht hatte, die nationale Politik stark zu kontrollieren. Forschungsergebnisse zeigen, daß beide Projekte in Amerika so ziemlich gleich viele Befürworter haben, während eine recht große Gruppe der Befragten unentschieden ist. Etzioni meint, daß »der Übergang von einem gesellschaftlichen Zentrum zum anderen oft eine Zeit großer gesellschaftlicher und persönlicher Belastung ist«.[69] In solchen Übergangsphasen wird oft sehr impulsiv gehandelt, so, als müsse die gesellschaftliche Energie erst freigesetzt werden, bevor sie wieder kanalisiert werden könne.

Die Beziehung zwischen alten herrschenden Mythen und neu entstehenden Gegen-Mythen kann viele Formen annehmen. Oft wird der Gegen-Mythos gar nicht erkannt – außer von ein paar eifrigen Verfechtern, die von seiner Botschaft fasziniert sind und sich ihm leidenschaftlich ergeben, und allzu schnell als Spinner abgetan werden –, zumindest so lange, bis der Gegen-Mythos sich gut entwickelt und Form angenommen hat. Doch auch dann bleibt er oft unbeachtet. Jantsch schreibt, neue soziale Vorstellungen »entstehen, lange bevor die Geschichte dahin kommt, sie auszuleben«.[70] Allein der Gedanke daran, einen herrschenden Mythos beiseite zu schieben, kann schon Angst, Schuldgefühl und Trauer auslösen. Darum werden Gegen-Mythen oft unterdrückt. Die stabilisierenden Kräfte, die den herrschenden Mythos aufrechterhalten, unterstützen häufig auch die veralteten Denkweisen, die mit ihm einhergehen; das führt manchmal zu Verhaltensweisen, die unter anderen Umständen bizarr erscheinen würden. Als Präsident Eisenhower erfuhr, daß einige höhere Chargen im Pentagon einen Vorrat von mehreren *hundert* Atombomben haben wollten, da soll er bestürzt ausgerufen haben: »Warum spielen wir nicht total verrückt und bauen gleich *tausend?*«[71] Heute, dreißig Jahre später, ist Amerika mittlerweile bei 30 000 Atombomben angelangt.

Der alte Mythos, nach dem mehr Waffen besser sind, kann im Nuklearzeitalter ganz schnell zu einer katastrophalen logischen Folgerung führen. Wenn Abraham Lincoln schreibt: »Die Dogmen der ruhigen Vergangenheit passen nicht zur stürmischen Gegenwart«, so drückt das die Notwendigkeit aus, Gegen-Mythen zu entwickeln, die den Herausforderungen ebendieser Gegenwart gewachsen sind. Und Lincolns Mahnung ist auch für die Auseinandersetzung mit der mythischen Trägheit unserer Tage gültig: »Unsere Zeit ist voller Schwierigkeiten, und wir müssen daran wachsen. Da unser Fall neu ist, müssen wir auch neu denken und neu handeln. Wir müssen uns aus der Knechtschaft befreien« (zitiert in [72]).

In seinem sechsbändigen Werk über die Prinzipien, nach denen Zivilisationen wachsen und niedergehen, kommt Arnold Toynbee zu dem Schluß, daß ohne ständige »Wiederkehr der Geburt« ein Schisma sowohl in der Seele wie auch im »Körpersozialen« entsteht und die Zivilisation auseinanderfällt.[73] Religionshistoriker Mircea Eliade unterscheidet zwischen den *profanen Zeiten* und den *heiligen Zeiten* eines Volkes.[74] Das Heilige bricht oft gerade in die dunkelste Stunde des Profanen ein und reinigt und ordnet die Welt profaner Zeiten neu. Die Umwandlung auf mythischer Ebene kann oft anhand der eher weltlichen Abläufe sozialer Veränderung – wie sie Etzioni untersucht hat – erklärt werden; Mircea Eliades These von den *heiligen Zeiten* in der Geschichte greift eine entscheidende Dimension kultureller Evolution und Wiedergeburt auf. Der Prozeß entspricht den *transpersonalen* Ursprüngen der individuellen Mythologie (Kapitel 2). Erlebt der einzelne oder die Gesellschaft solche Zeiten der Wiedergeburt, so hat diese Erfahrung oft etwas Beherrschendes oder gar Transzendentes, und damit beginnt vielleicht die Herrschaft eines bezwingenden, wenn auch oft beunruhigenden Gegen-Mythos.

Übergänge im Kernprojekt einer Gesellschaft, ob heilig oder profan, begleiten oft Zeiten intensiver persönlicher und gesellschaftlicher Belastung, eine Feststellung, die von den Bedingungen, die man zur Zeit überall auf der Welt findet, nur unterstrichen wird. Mythische Konflikte auf individueller Ebene manifestieren sich oft in Spannungen zwischen Subpersönlichkeiten; auf gesellschaftlicher Ebene kommen sie im Wettstreit zwischen politischen Gruppierungen, Interessengruppen und in der Veränderung institutioneller Formen zum Ausdruck. Wenn wir die Erkenntnisse aus unserer Arbeit mit Individuen hier anwenden, so heißt das: Um das Potential für konstruktive Veränderung, das einem ideologischen Konflikt innewohnt, zu erhöhen, müßte man den Blick auf die tieferliegende mythische Dimension des Konflikts und deren Gegensätze richten. Richard Cavendish schreibt, daß »Mythen in verschleierter Form die Widersprüchlichkeiten des Lebens zeigen, mit denen sich das Bewußtsein nicht auseinandersetzen will«.[75] Wenn der Kampf zwischen gegensätzlichen Ideologien am heftigsten tobt, dann ist oft die Zeit reif für die Veränderung auf mythischer Ebene. Beide Seiten des Konflikts zu erkennen und zu würdigen – die guten historischen Gründe für den alten Mythos verstehen und die reizvollen Visionen des Gegen-Mythos aufgreifen –, macht die Bühne frei für eine konstruktive Lösung.

Die Technik des *persönlichen Märchens* (Kapitel 5) hat sich als dynamische Methode erwiesen, um die individuelle Lebensgeschichte in einen mythischen Blickpunkt zu rükken, der zugleich Möglichkeiten und Sehnsüchte umfaßt. Ähnlich gefaßte Visionen könnten auch die kulturelle Evolution erleichtern. Barash und Lipton haben zum Beispiel den Begriff *Matriotismus* geprägt, der eine eher mütterliche Ehrfurcht vor dem Leben zum Ausdruck bringt. Dieser Matriotismus würde den »Scheuklappen des Patriotismus« Widerpart bieten; er könnte mit internationalen Trauertagen gefeiert werden, an denen Demeter, die griechische Göttin der Ernte, über Mars, den Gott des Krieges, erhoben würde.[76] Schauspiel, Kunst und Musik sind die kulturellen Formen, die auf die mythologischen Dimensionen widerstreitender sozialer Probleme oft am besten eingestimmt sind, und sie könnten Dialog und Verstehen im ideologischen Konflikt bereichern. Dramatische, musikalische oder andere künstlerische Darstellungen traditioneller oder fortschrittlicher Mythologien könnten ein Teil der politischen Entscheidungsfindung werden; auf diese Weise würde der politische Prozeß auch zu einem Prozeß bewußter Mythologisierung.

3. *Demokratie als dialektischer Prozeß.* Auf dem Höhepunkt seiner Entwicklung erreichte Athen ein einzigartiges Gleichgewicht zwischen Gegensatz-Demokratie (Entscheidung durch Debatte und Abstimmung) und Einigkeits-Demokratie (Entscheidung durch Übereinstimmung). In der Einigkeits-Phase, im fünften und vierten Jahrhundert v. Chr., hatten in Athen alle Bürger den gleichen Status; Freundschaft wurde als notwendige Grundlage des Staates angesehen, Entscheidungen wurden gemeinsam getroffen, und es herrschte der Geist des *Gemeinwohls.* In der Gegensatz-Phase akzeptierte man die unterschiedlichen Interessen der Bürger. So schreibt Aristoteles, die Ziele der Athener Gesellschaft sollten »in Harmonie sein« statt »unisono«. Typisch für die Einigkeits-Demokratie ist die Art, wie in einer Gruppe von Jägern und Sammlern Entscheidungen getroffen werden: von Angesicht zu Angesicht, übereinstimmend, und jeder Teilnehmer genießt den gleichen Respekt. Das gemein-

same Interesse *ist* das zentrale Anliegen. Diese Einigkeit ist Kennzeichen des Stammes, für den es am besten ist, wenn jeder der gleichen Meinung ist; eine Gegensatz-Demokratie jedoch kann unterschiedliche Anliegen tolerieren. Individuelle Interessen lagen in der demokratischen *polis* (dem Stadtstaat) oft im Widerstreit, und die gleiche Achtung für jedermann wurde allmählich durch das gleiche Recht auf eigene Interessen ersetzt, die Mehrheitsentscheidung durch geheime Abstimmung verdrängte die Entscheidung durch Übereinstimmung der Gruppe. Athen erklärte manche Konflikte für legitim und führte die Herrschaft durch die Mehrheit ein; damit begründete es als erste Gesellschaft die Institutionen, die heute die Gegensatz-Demokratie charakterisieren. Das Entstehen großer Nationalstaaten und die Marktwirtschaft legten die Fundamente für die heute weitverbreiteten Gegensatz-Demokratien.[77]

In *Beyond Adversary Democracy* schreibt Jane Mansbridge, man sollte Vorkehrungen treffen, die Einigkeits-Demokratie in bestimmten Situationen wieder einzuführen, und die Bürger sollten darin geschult werden, ihre Interessen gut genug zu vertreten, so daß sie an beiden Demokratieformen gleichzeitig wirkungsvoll teilnehmen könnten.[78] Die Einigkeitsdemokratie entstand vermutlich zur Zeit der vorrationalen Mythologie (Wilbers dritte Phase in der Entwicklung des Bewußtseins), als die Wirklichkeit der Gruppe und die des einzelnen praktisch noch vermischt waren. Mit dem Auftauchen des individualistischen, rationalen Ich in Wilbers vierter Phase wurde die Gegensatz-Demokratie möglich und notwendig. Jane Mansbridges Vorschlag, beide Formen der Demokratie wieder zu vereinen, entspricht den Erfordernissen der heraufziehenden Ära einer nachrationalistischen Mythologie.

Die zweite Stufe in unserer Arbeit mit Einzelpersonen ist ein Mikrokosmos der Gegensatz-Demokratie, in der Gegensätze betont und ausgearbeitet werden. Während der Schwerpunkt der vierten Stufe auf der Einigkeit liegt, enthält die dritte Stufe – im Mikrokosmos – eine Synthese aus Gegensatz-Demokratie und Einigkeits-Demokratie. In ihr entsteht eine dialektische (gegensätzliche) Strategie für die Suche nach einer einzigen (vereinigten), harmonischen mythischen Leitvorstellung. Während Karl Marx' *dialektischer Materialismus* Kampf und Gewalt als die Antriebskräfte im historischen Fortschritt ansah, haben andere betont, wie wichtig es sei, soziale Bedingungen zu schaffen, die »die Härten, die Uneinigkeit und die Erschütterungen, die in Zeiten großer sozialer Veränderung unvermeidlich sind, zu reduzieren«.[79] Capra zitiert aus dem *I Ging (Buch der Wandlungen):* »Die Bewegung ist natürlich, sie entsteht spontan. Das Alte wird entfernt und das Neue eingeführt. Beides steht im Einklang mit der Zeit; darum entsteht kein Schaden.«

Cavendish schreibt, daß »mythisches Denken sich von der Bewußtheit von Widersprüchen zu ihrer Lösung hinbewegt, (es versucht,) zwischen Gegensätzen zu vermitteln und sie aufzulösen«.[80] Für Lévi-Strauss vermittelt der Mythos ein logisches Modell für den Versuch, Gegensätze zu überwinden.[81] Indem wir unsere Klienten bitten, die Dynamik hinter den psychischen und ideologischen Konflikten in mythischen Begriffen darzustellen, sorgen wir dafür, daß diese vermittelnden Kräfte, die tief in der Mythologie verwurzelt sind, ausdrücklich in den Prozeß eingebracht werden.

Etzioni spricht von den Spannungen, die aus starker *Kernprojekt-Ambivalenz,* wie er es nennt, entstehen. Der Streß ist dann besonders groß, wenn eine Gesellschaft zur Schwerpunktverschiebung geradezu gezwungen ist, infolge wachsender Probleme in einem Bereich, den man vernachlässigt hat, »so als ob ein gesellschaftliches Unbewußtes signalisiere, daß eine Veränderung der Kernprojekte überfällig ist«.[82] Er untersucht das Geben und Nehmen, das in der Polarisierung von Kernprojekt-Prioritäten vorkommt, und befürwortet Lösungen, die nicht zu einem weiteren abrupten Ausschwingen des Pendels führen, sondern mehr zu ausgeglichenen Programmen. Wegen der großen Kosten sei es nicht möglich, beide Projekte bevorzugt voranzutreiben. Statt dessen macht er die Vorteile beider Seiten deutlich – auf der Seite, der Industrialisierung etwa die Verbindung von ökonomischer Stärke und nationaler Sicherheit, und auf der anderen Seite die zahllosen und offensichtlichen Vorteile, die darin liegen, etwas für die Lebensqualität zu tun. Er skizziert einen dialektischen Plan, mit dem man versuchen könnte, die Stärken beider Seiten aufzugreifen – doch darüber mehr im nächsten Abschnitt.

Auch internationale Spannungen werden von tieferliegenden mythischen Konflikten bestimmt. Richard Nixon machte die mythische Grundlage sehr deutlich: »Es mag melodramatisch erscheinen, wenn man sagt, die USA und Rußland ständen für Gut und Böse, Licht und Finsternis, Gott und Teufel. Aber so zu denken hilft uns, unsere Sichtweise des Weltkampfes zu klären.«[83] In einer Rede vor der *National Association of Evangelics* im März 1983 wetterte Ronald Reagan gegen das *Reich des Bösen,* die Sowjetunion, und drängte die Prediger, sich »dem Kampf zwischen Richtig und Falsch, Gut und Böse« anzuschließen. Andererseits hat die Sowjetunion eine ähnliche Belagerungsmentalität, wie sie Stalin sehr klar beschreibt: »Die Geschichte des alten Rußland ist die Geschichte der Niederlagen, die es erlitt, weil es schwächer war. Es wurde von den türkischen Beys geschlagen. Es wurde geschlagen vom polnischen und litauischen Adel. Es wurde von den englischen und französischen Kapitalisten geschlagen. Es wurde von den japanischen Baronen geschlagen. Alle haben Rußland geschlagen ... Das ist das Dschungelgesetz des Kapitalismus. Du liegst zurück, du bist schwach – darum hast du unrecht; also kannst du geschlagen und versklavt werden. Du bist mächtig – darum hast du recht; also müssen wir uns vor dir in acht nehmen. Und darum dürfen wir nicht länger hinterherhinken« (zitiert in[84]).

Würden die politischen Führer die mythischen Grundlagen, auf denen die Selbstgerechtigkeit der USA und die Paranoia der Sowjetunion beruhen, erkennen, so würde ein ganz neues Verständnis all die undiplomatischen Erklärungen verhindern, die nur das Mißtrauen und die Unterstellungen der anderen Seite bestärken. Carl Rogers hat vorgeschlagen, daß politische Führer auf internationalen Konferenzen die gegnerische Position nicht angreifen sollten, bevor sie nicht die Sicht des anderen vorgetragen haben – und zwar zu dessen Zufriedenheit. Rogers hat dieses Verfahren bei Übungen zur Konfliktlösung mit opponierenden Gruppen in Nordirland angewandt, was zu einem fortlaufenden Vermittlungsprogramm wurde.[85] Stanislav Grof empfiehlt Tiefenselbsterforschung für die Führer, die das, was sie in der äußeren Welt tun, mit systematischer innerer Suche verbinden wollen. Menschen, die Politik machen, könnten darin geschult werden, die Seiten eines ideologischen Konflikts in sich selbst wiederzufinden. Das würde vielleicht nicht unbedingt ihre Ideologie ändern, aber sie würden sich vermutlich besser in ihre Gegner einfühlen und kreativer zusammenarbeiten können.

Ein Mythos, der gut arbeitet, regt zu produktivem Handeln an und könnte auch politische Systeme zu besonderer Leistung und guten Taten bewegen. Funktioniert er nicht, dann kann er einen Sturm unmenschlicher Zerstörung entfachen. Der Mythos ist wesentlicher Teil der Ethik, aber er kann auch Unmenschlichkeit und Grausamkeit in einem Maße steigern, das gerade in diesem Jahrhundert bleibende Narben im Gedächtnis der Zivilisation hinterlassen hat.[86] Die Grausamkeiten Stalins bei der Landwirtschaftskollektivierung in der UdSSR, der Völkermord Hitlers im Dritten Reich und das Terrorregime Pol Pots, der Kambodscha die *klassenlose* Gesellschaft aufzwingen wollte, sind erschreckende Beispiele dafür, was passiert, wenn mit einem Mythos etwas schiefgeht. Immer gab es auch Gegen-Mythen, aber sie wurden gewalttätig unterdrückt. Und in allen diesen Fällen war es die Unfähigkeit wohlmeinender Politiker in den Nachbarländern, die die erschreckenden Mythen nicht erkannten, die zur Ermordung von Juden, Zigeunern, Homosexuellen, politischen Dissidenten, widerspenstigen Bauern und Intellektuellen führten.

Wenn wir die Erfahrungen aus unserer Arbeit mit der Mythologie auf individueller Ebene auf diese Situation übertragen wollen, so wären in dieser Phase der mythologischen Evolution auf kollektiver Ebene soziale Einrichtungen notwendig, die den dialektischen Prozeß fördern. Eine mythologisch geschulte Sichtweise in Gemeinden und sozialen Gruppen würde zu kreativem Austausch führen statt zu reaktionärem Stellungbeziehen, das eine bestimmte Sicht der Wirklichkeit schützt und die mythischen Gegensätze im sozialen Konflikt noch starrer werden läßt. Im folgenden Abschnitt werden wir sehen, welche kulturellen Einstellungen und sozialen Bedingungen den dialektischen Prozeß in Richtung auf eine erfolgreiche Lösung fördern – eine Lösung, die starke, belebende mythische Vorstellungen ins öffentliche Bewußtsein bringen könnte.

4. *Eine neue soziale Vision wählen.* Für Toynbee ist das Handeln im Sinne von »Herausforderung-und-Reaktion« das fundamentale Muster in der Entwicklung von Zivilisationen.[87] Capra führt aus, daß diese Abfolge von Herausforderung-und-Reaktion in blühenden Gesellschaften »in aufeinanderfolgenden Wachstumsphasen wiederholt wird, wobei jede erfolgreiche Reaktion ein Ungleichgewicht hervorruft, das neue kreative Anpassungen erfordert«.[88] Die ersten beiden Stufen unseres Modells beziehen sich auf das Ungleichgewicht, das entsteht, wenn ein herrschender Mythos durch einen Gegen-Mythos in Frage gestellt wird. Die dritte, vierte und fünfte Stufe bilden die systematische Annäherung an die kreativen Anpassungen, die erforderlich sind, um den *Wiederausgleich,* wie Piaget sagt,[89] zu erreichen, der den Konflikt löst und persönliche und soziale Lebenskraft auffrischt. Während die zweite Stufe einen Gegensatz-Prozeß zwischen widersprüchlichen Mythen fördert, geht es auf der vierten Stufe darum, eine neue, einigende mythische Vorstellung herauszuarbeiten, in Begriffe zu fassen und zu bestätigen. Die Dialektik der dritten Stufe schlägt die Brücke vom Gegensatz zur Synthese.

Ein besonders interessanter Fall einer Synthese von konkurrierenden Mythologien trug sich bei den Piman-Indianern im Südwesten Amerikas zu, nachdem die ersten Europäer aufgetaucht waren. Die Piman hatten eine Krankheitstheorie, die der Ethnologe B. L. Fontana als beeindruckend »differenziert und hochentwickelt« schildert.[90] Es gab zwei Hauptkategorien für Krankheiten: *wandernde Krankheit* (verursacht durch gefährliche Objekte, die durch die Welt wandern, in Menschen eindringen und sich dann als Symptome manifestieren) und *bleibende Krankheit* (Krankheiten, die lange Zeit bleiben und auf Tabuverletzung zurückzuführen sind). Als ihr System mit einem Gegen-Mythos – in Form der westlichen allopathischen *Bazillentheorie* – konfrontiert wurde, da entschieden die Schamanen der Piman, daß *Bazillen* nur ein anderer Name für die Objekte sei, die die *wandernde Krankheit* verursachten. Durch diese Synthese zweier Traditionen erleichterten die Schamanen die Zusammenarbeit mit westlichen Ärzten. Als sie merkten, daß Europäer (und später Amerikaner) Tabus verletzten, ohne von der *bleibenden Krankheit* befallen zu werden, da erklärten die Schamanen, die Regeln gälten nicht für die Neuankömmlinge, da es die Tabus in westlichen Kulturen nicht gäbe. Diese hochkreative Akkomodation hat das Gesundheitssystem der Piman jahrhundertelang am Leben erhalten und machte es ihnen möglich, sich sowohl von Ärzten wie auch von ihren Schamanen helfen zu lassen. Mittlerweile ist der Schamanismus der Piman zum faszinierenden Objekt anthropologischer, ethnologischer und medizinischer Forschung geworden, und das mit gutem Recht, denn er verfügt über umfassendes Wissen und große Erfahrung im Umgang mit Kräutern, Ritualen und Sprache.

In seiner Arbeit über den Konflikt zwischen *hoher Produktion* und *Lebensqualität* in Amerika vertritt Etzioni die Ansicht, man müsse sich für kurze Zeit wieder der Industrialisierung zuwenden. Die Arbeit wurde 1982 verfaßt, in der Etzioni schreibt, dem Wiederaufbau der amerikanischen Wirtschaft müsse Priorität eingeräumt werden, wenn die institutionelle Struktur der Nation wiederbelebt werden solle. Die Reindustrialisierung solle für etwa zehn Jahre als Kernprojekt festgelegt werden, und selbst wenn dies dann wieder in den Vordergrund rücken sollte, würde doch das gesteigerte Interesse an einem befriedigenden Leben weiterhin den Hintergrund abgeben. Damit befürwortet er die Rückkehr zum alten Kernprojekt und integriert doch zugleich Schlüsselelemente jenes Projekts, das dieses in Frage gestellt hat – im wesentlichen also Bekenntnis zu einer sozial relevanten Industrialisierung. Die Grenzen der engen Rationalität des neunzehnten Jahrhunderts würde man zugunsten eines »höheren Grades an Rationalität« aufgeben, einer Rationalität, die auf soziale wie auf ökonomische Bedürfnisse abgestimmt ist. So wären etwa Maßnahmen, um die Demokratie so zu erweitern, daß alle sozialen Gruppen Zugang zu besserer Ausbildung haben, Förderungsprogramme – soweit notwendig – oder wirtschaftliche Chancengleichheit »keine Verletzung der Rationalität, sondern ihre Ausweitung, da dies das Begabungsreservoir vergrößert, das verfügbar ist«.[91]

Etzioni fügt warnend hinzu, daß »Zickzackfahren zwischendurch wohl kaum zu vermeiden ist«; aber ein dauerhafteres Gleichgewicht von wirtschaftlichem und sozialem Wachstum sei möglich, wenn man Überreaktionen verhindere und statt dessen aus den Erfahrungen der Vergangenheit lerne – ein Problem, das jede Rückkehr zu einem früheren Kernprojekt begleitet. In seinem Buch *An Immodest Agenda: Rebuilding America Before the 21th Century* repräsentiert er die Vorschläge, die wir hier beschrieben haben, als klar formulierte rationale Vorstellung, in der all die verschiedenen mythischen Elemente, die in der Gesellschaft eine Rolle spielen, enthalten sind. Etzioni, früher Berater im Weißen Haus und seit 1968 Direktor des Center for Policy Research, wendet hier die Sozialwissenschaften sehr differenziert und durchdacht auf die Analyse öffentlicher Politik an. Seine Vorschläge für geplante soziale Veränderungen entsprechen unserer vierten Stufe in der individuellen Lösung mythischer Konflikte. Sie beruhen auf sorgfältiger Beobachtung des dialektischen Wechselspiels zwischen dem herrschenden *Kernprojekt* (alter Mythos) und einem alternativen *Kernprojekt* (Gegen-Mythos), das jenes in Frage stellt. Sie beruhen außerdem auf einer gründlichen Analyse der dabei entstehenden Strukturen, entsprechen der natürlichen Bewegungsrichtung der Situation und unterstützen das Arrangement, das seiner Meinung nach die meisten Vorteile in sich birgt.

Etzioni betont immer wieder, wie wichtig das Gleichgewicht ist; das gilt auch für die vielen Menschen, die, verführt von den wunscherfüllenden Versprechen des Gegen-Mythos, sich zu ihm als leitender Struktur flüchten. Dieser abrupte Wechsel führt dann oft zu Chaos und Durcheinander, und ehe man sich's versieht, klammert man sich wieder am alten Mythos fest. Im Gegensatz dazu würde eine Reindustrialisierung, so Etzioni, die »sozialen Bedürfnissen mehr Beachtung schenkt, nicht zu einem abrupten Ausschwingen des Pendels in Richtung auf soziale Prioritäten führen, sondern zu einem ausgeglicheneren Programm«.[92] Dieser Förderung der Industrialisierung, um soziale Ziele zu erreichen, entspräche das Verhalten vieler Klienten, die, lange nachdem sie einen verführerischen Gegen-Mythos erkannt haben, sich dennoch bewußt entscheiden, in Übereinstimmung mit bestimmten Elementen des alten Mythos zu handeln. Zumindest eine Zeitlang ist es für sie am besten, noch von den Verhaltensweisen, die mit dem alten Mythos zusammenhängen, zu profitieren, und sich weiter an Verpflichtungen zu halten, die sie eingegangen sind, als der alte Mythos noch allein herrschte. In diesem vierten Stadium geht es ja darum, eine Richtung einzuschlagen, welche die brauchbarsten Elemente beider Mythen in sich vereinigt.

Die Sozialwissenschaften könnten einer Kultur wirksame Hilfe leisten, brauchbare Leitbilder zu entwerfen, die konkurrierende mythische Elemente miteinander verschmelzen. Wir haben den Eindruck, daß die persönlichen Mythen seelisch besonders lebendiger Menschen viele Teile des Selbst harmonisch in sich aufnehmen können und auch den kreativen Gleichklang zwischen Selbst und Umwelt fördern (Kapitel 9). Eine Analyse lebendiger und gesunder Gesellschaften würde ähnliche Eigenschaften zutage fördern, und zwar bezüglich dessen, wie die Mythen solcher Kulturen die Menschen durch Wertkonflikte oder Phasen beschleunigter Veränderung leiten. In McClellands Untersuchungen zur Beziehung zwischen populärer Literatur (also kulturellen Mythen), kollektiven Motivationsfaktoren und nachfolgenden sozialen Ereignissen (wirtschaftliche Ergebnisse, politische Gewalt, Teilnahme an Kriegen) findet sich das beste Modell für derartige Forschungen, das es zur Zeit gibt.[93] Das Ergebnis einer solchen Analyse könnten bestimmte Prinzipien sein, anhand derer man die möglichen Wirkungen einer bestimmten Richtung bei der Lösung sozialer Probleme und der tieferliegenden mythischen Konflikte besser verstehen könnte. Auf der vierten Stufe der Arbeit zur Lösung mythischer Konflikte könnten solche Prinzipien aus der Analyse mythischer Muster als Maßstab verwendet werden, nach denen sich eine Kultur bei der Entwicklung einer effektiveren, gemeinsameren Mythologie richten könnte. Diese Standards könnten in der Politik ähnlich angewandt werden, wie man ja auch Untersuchungen zur Auswirkung auf die Umwelt bei der Gesetzgebung berücksichtigt – das wäre dann eine sozialwissenschaftlich fundierte Version der Praktik bei den Irokesen, die sich bei jeder politischen Entscheidung fragten, welche Auswirkungen sie wohl auf die siebte Generation nach ihnen haben werde.

Die Frage, nach welchen Prinzipien wirksame kulturelle Mythen arbeiten, könnte man sich zunächst durch sorgsame Beobachtung effektiver persönlicher Mythen beantworten. Wir glauben zum Beispiel, daß es sicher eine kulturelle Analogie gibt zu der Art und Weise, wie die Mythologien ausgeglichener, seelisch gesunder Menschen sowohl persönliche wie soziale Realitäten aufnehmen und kreative Harmonie zwischen beiden fördern. Die Anthropologin Ruth Benedict verwendete den Begriff *Synergie,* um die sozialen Bedingungen von Kulturen zu beschreiben, die eine hohe Moral haben und freundlich und wohlwollend sind. Nach ihren Beobachtungen waren die Arapesch, Dakota und Zuni selbstsicher und freundlich, die Dobu, Chuckchee, Kwakiutl und Ojibwa hingegen unsicher und mürrisch. Zwar stellte sich später heraus, daß manche ihrer Verallgemeinerungen doch recht fragwürdig waren; doch verdanken wir Ruth Benedict die grundlegenden Begriffe von Gruppen mit *hoher Synergie* (etwa die Arapesch) und mit *niedriger Synergie* (etwa die Dobu).

Ruth Benedict stellte die folgende These auf: Gesellschaften, in denen die Zusammenarbeit intensiv ist und die Aggression niedrig, haben eine soziale Ordnung, in der der einzelne mit allem, was er tut, zugleich dem eigenen Vorteil wie dem der Gruppe dient (hohe Synergie). In Gruppen mit niedriger Synergie handelt man, entsprechend der sozialen Struktur, eher gegen andere bzw. gegen die Gruppe.[94] Der Begriff der Synergie *innerhalb* einer Gruppe oder Kultur steht in enger Beziehung zum Konzept der *übergeordneten Ziele,* das Muzafer und Carolyn Sherif formuliert und erforscht haben.[95] Sie haben gezeigt, daß Zusammenarbeit und Harmonie zwischen gegensätzlichen Gruppen verstärkt werden können, wenn man erkennt, daß die Verfolgung übergeordneter Ziele – also solcher, die für beide Gruppen wünschenswert sind, aber nur durch Zusammenarbeit erreicht werden können –, die vorteilhafteste Möglichkeit darstellt, die besonderen Bedürfnisse jeder der beiden Gruppen zu erfüllen. Für Muzafer und Sherif ist das übergeordnete Ziel, das weltweiter Aufmerksamkeit wert wäre, ganz fraglos die Verhinderung des Atomkriegs; doch würde man es nur dann erreichen, wenn die Nationen ihre übertrieben nationalistische Sicht aufgäben, so daß man dieser vordringlichsten aller Notwendigkeiten größere Priorität einräumen könnte.

Für Abraham Maslow verfügen Gesellschaften mit hoher Synergie über soziale Institutionen, die so organisiert sind, daß der Gegensatz zwischen Selbstsucht und Selbstlosigkeit sowie der zwischen Egoismus und Altruismus überwunden werden kann. Als Beispiel bringt er eine Zeremonie der nördlichen Schwarzfußindianer, die er selber beobachtet hat. Bei dieser Zeremonie häuften die Männer des Stammes, deren Wohlstand sich in diesem Jahr besonders vermehrt hatte, Stapel von Decken, Nahrungsmitteln, Pepsi-Cola-Kästen und anderen wertvollen Besitztümern auf. Jeder von ihnen berichtete nun von den Leistungen, die diesen Reichtum möglich gemacht hatten; dann schenkten sie all das mit einer Geste des Stolzes, die großzügig war, ohne zu demütigen, den Witwen, den Waisen und den Behinderten. Am Ende der Zeremonie hatten die reichen Stammensmitglieder all das, was sie in diesem Jahr an Reichtümern erworben hatten, weggegeben; dafür aber zeigten sie ihre Großzügigkeit und ernteten Respekt und Bewunderung von den anderen Mitgliedern des Stammes.[96] Im Gegensatz zu vielen *fortschrittlichen* westlichen Kulturen verachtet man hier Menschen, die Besitz horten; und das, was der Reiche tun muß, um soziale Anerkennung zu bekommen, ist zugleich und ganz ausdrücklich zum Wohle anderer.

Maslow beschreibt eine Reihe von Gegensätzen, die Gesellschaften mit hoher bzw. niedriger Synergie voneinander unterscheiden, so etwa *Kanalisieren des Reichtums* (hohe Mieten, Wucherzinsen, Ausbeutung von Arbeitskraft, exzessive Profite) versus *Verteilen des Reichtums* (abgestufte Einkommensteuer, Güter-Umverteilungs-Programme wie die Schwarzfuß-Zeremonie des *Weggebens,* Investitionen, die dem Kollektiv zugute kommen, und alles, was Zusammenarbeit und gegenseitige Unterstützung fördert). Wie synergetisch die soziale Struktur einer Kultur ist, zeigt sich oft in ihren Mythen. Eskimostämme mit hoher Synergie haben zum Beispiel Mythen, die von der Versöhnung mit den Göttern und übernatürlichen Kräften handeln. Alles in der Natur hat seinen eigenen *Innua* oder Geist. Jeder *Innua* kann ein Helfer (oder Totem) der Menschen sein. Die Geister helfen den Menschen, Kranke zu heilen, Wild aufzuspüren, Material für ihre Kleider zu finden, Kinder auf die Welt zu bringen und Lieder der Freude zu schaffen. Es gibt allerdings auch böse Geister, die man mit Vorsicht behandeln muß, doch die meisten Gottheiten sind hilfreich und großzügig, was das Gefühl der Sicherheit in Kulturen mit hoher Synergie zum Ausdruck bringt.

Im Gegensatz dazu sieht Maslow die Kultur Amerikas als eine mit gemischter Synergie. Um die Synergie zu erhöhen, schlägt er vor, Macht und Profit gleichmäßiger zu verteilen, die Kinder nicht mehr dazu zu erziehen, gegeneinander um bessere Noten oder höhere Ehren zu kämpfen, der »Weisheit des Körpers« mehr Beachtung zu schenken und Liebesbeziehungen, die am gemeinsamen Wachstum orientiert sind, wichtiger zu nehmen.[97] Er weist auf die Managementinstruktionen von Douglas McGregor in seiner *Theory Y*[98] hin; sie zeigen, wie soziale Institutionen beschaffen sein müßten, um die Zusammenarbeit unter den Mitgliedern einer Gesellschaft auf synergetische Weise zu fördern, wobei Mittel und Kreativität erhöht würden. McGregors Management-Theorie hat eine interessante Geschichte. Als Lektüre war sie in den fünfziger und sechziger Jahren sehr populär in den USA und wurde lebhaft diskutiert, wirklich angewandt wurde sie jedoch kaum. Als aber Japan die Industrialisierung vorantrieb, übernahmen die Japaner viele der Management-Prinzipien, die McGregor vorgeschlagen hatte. Als nun die japanische Wirtschaft blühte und gedieh, da imitierten viele amerikanische Manager in den siebziger Jahren die Management-Praxis japanischer Unternehmen – Anregungen, die sie schon viel früher hätten haben können, denn sie stammten von McGregor.[99] Diese Richtlinien – unter anderem mehr individuelle Verantwortung für den Erfolg der Gruppe und umgekehrt mehr Verantwortung der Gruppe für die berufliche Zufriedenheit des einzelnen – sind Beispiele für hohe Synergie. Eine kollektive Mythologie mit hoher Synergie ist die kulturelle Entsprechung der Harmonie zwischen Selbst und Umwelt, die wir in den persönlichen Mythologien ausgeglichener und lebendiger Menschen finden.

Die Art, wie die persönlichen Mythologien solcher Menschen ihnen offenbar helfen, die verschiedensten komplementären und gegensätzlichen Kräfte in ihrer Seele zusammenzubringen, hat eine weitere Analogie in der Gesellschaft: den Einfluß von Minderheiten auf die herrschende Mythologie. Viele, die sich mit sozialen Fragen beschäftigen, weisen darauf hin, daß die *Art,* wie eine Demokratie mit der Meinung von Minderheiten umgeht, von besonderer Bedeutung ist. So schreibt zum Beispiel Toffler, daß in Gesellschaften der *zweiten Welle,* in denen Mehrheitsentscheidungen üblich sind, die *dritte Welle* ein demokratisches System notwendig machen wird, das Minderheiteninteressen mehr Raum gibt.[100] Er schlägt vor, die Verschiebung zuungunsten der Minderheit dadurch zu verändern, daß man in manchen Bereichen ein *kumulatives Wahlsystem* einführt, bei dem die Wähler nicht nur ihre Präferenz angeben, sondern auch Bedeutung und Rangordnung ihrer Entscheidungen. Politische Parteien könnte man dahingehend verändern, daß sie den wechselnden Formierungen von Minderheiten Rechnung trügen; das würde dann zu dem führen, was Toffler die »Stecker-rein/Stecker-raus-Partei der Zukunft« nennt.[101] Langzeit- und Kurzzeitverbindungen zwischen beruflichen, ethnischen, sexuellen und religiösen Gruppen könnten so entstehen, mit Botschaftern, die zwischen konkurrierenden Verbindungen vermitteln. Man könnte den Minderheiten die Möglichkeit verschaffen, ihre eigenen Angelegenheiten selbst in Ordnung zu bringen (z. B. im Fall von jugendlichen

Angehörigen dieser Minderheit, die gegen die Gesetze verstoßen), oder Langzeitprojekte in Angriff zu nehmen (etwa Gemeinschaftsidentität durch gemeinschaftseigene Unternehmen zu entwickeln). Hier könnten auch die Regeln der Einigkeits-Demokratie, wie Entscheidung durch Übereinstimmung oder Gruppenversammlungen, Anwendung finden.

Die Kommunikationstechnik, über die wir heute verfügen, macht es uns möglich, unsere Stimme abzugeben, ohne den Fuß in eine Wahlkabine zu setzen. Naisbitt behauptet, daß »wir uns mitten im Prozeß einer massiven Verschiebung von der Repräsentations- zur Mitbestimmungsdemokratie befinden ... Mit der modernen Informationsübermittlung wissen wir ebenso gut und ebenso schnell, was geschieht, wie unsere Repräsentanten. Tatsache ist, daß sich der historische Nutzen der Repräsentativdemokratie überlebt hat.«[102] Wenn sich aber Demokratien weiter nach der Mehrheit ausrichten, so werden ihre anwachsenden Minderheiten sich immer entfremdeter fühlen, aus dem politischen Prozeß herausfallen und schließlich zur potentiell feindseligen Bedrohung der sozialen Stabilität werden. Größere Unterschiede müssen nicht zu größerer sozialer Spannung und zu Konflikten führen, sie könnten vielmehr die Gesellschaft bereichern und die Möglichkeiten für ihre Bürger vergrößern. So beschreibt auch Ralph Waldo Emerson, der den Mythen Amerikas wie kein anderer seine Stimme lieh, seine Vorstellung von der Zukunft als eine, in der jeder Bürger seinen oder ihren »Anteil an der Regierung« hat und jede Meinung ihre »Äußerung«.[103]

Soziale Strukturen mit einem hohen Grad an Synergie und Raum für Minderheiten könnten also, wie wir meinen, als mögliche Maßstäbe dienen, um lebendige kollektive Mythen zu bilden – in Analogie zu den Mythen seelisch ausgeglichener und lebendiger Menschen. Wie weit diese Analogie reicht und unter welchen Umständen sie gilt, ist eine Frage für die soziologische Forschung. Ein Leitmythos, der auf einer Stufe der Entwicklung sinnvoll ist, kann auf einer anderen Stufe eher störend wirken; eine bestimmte Persönlichkeitsstruktur kann für den einen hilfreich sein, für einen anderen Menschen hemmend – und dies gilt auch auf kollektiver Ebene. So kann zum Beispiel rigide Triebkontrolle einen sonst sehr kreativen Menschen erstarren lassen, jemandem mit autoritärer Persönlichkeitsstruktur hingegen hilft sie, das innere Gleichgewicht zu halten. Ähnlich ist es auf gesellschaftlicher Ebene: Die Kraft, die darin steckt, wenn Minderheiten ihre Stimme erheben, kann eine demokratische Gesellschaft bereichern, in einem totalitären Regime hingegen zum Niedergang führen. Hier müßten die jeweiligen Bedingungen natürlich klarer spezifiziert und durch Forschungsergebnisse abgestützt werden; doch halten wir unsere These für berechtigt, wonach die Prinzipien, nach denen die Mythen der Menschen arbeiten, die mit sich und ihrem Leben gut zurechtkommen, Maßstäbe vorgeben, die Gesellschaften auf dieser vierten Stufe ihrer Mythen-Konflikt-Lösung in Betracht ziehen sollten.

5. *Von der mythischen Vorstellung zum sozialen Handeln.* Wenn es darum geht, die klar artikulierte Vorstellung von Stufe vier in das konkrete Handeln der Stufe fünf umzusetzen, so liegt der Schwerpunkt darauf, die Balance zu halten zwischen Entschlossenheit und Unterscheidungsvermögen. Man muß sich darüber klar sein, daß ein Auf und Ab bei der Realisierung des neuen mythischen Bildes unvermeidlich ist, und damit einfühlend Schritt halten. Beständige Anpassung ist gefordert, auch wenn weitgehend Übereinstimmung besteht. So wird zum Beispiel die Überbevölkerung weltweit als »vermutlich schwerste Bedrohung des zukünftigen Weltfriedens« erkannt.[104] Doch selbst dort, wo Maßnahmen zur Geburtenkontrolle starke Unterstützung finden, will sich der Fortschritt oft nicht einstellen.

Singapurs Programm zur Familienplanung zeigt, wie oszillierend geplante soziale Veränderungen sein können. 1965 lag der Bevölkerungsanstieg in Singapur mit 22 Prozent noch über dem Äthiopiens. Mit freier Familienplanung und diversen ökonomischen Sanktionen bzw. Anreizen hatte man es innerhalb eines Jahrzehnts geschafft, die Zuwachsrate auf die Hälfte der äthiopischen hinunterzudrücken, und weitere zehn Jahr später, 1985, näherte sie sich der Nullgrenze. Es stellte sich jedoch heraus, daß das Programm bei Frauen mit Schulbildung weit effektiver war; die Folge davon war die unvorhergesehene Zunahme der Geburten in armen Familien ohne Ausbildung. Man revidierte die Maßnahmen, um diesem Trend zu begegnen. Um die armen, ungebildeten Bevölkerungsschichten zu erreichen, versprach man jeder Frau, die sich nach dem zweiten Kind sterilisieren ließ, eine große Geldsumme bar auf die Hand. Zugleich bekamen gebildete Eltern Steuererleichterungen für ihre Kinder, und für die dritten und alle weiteren Kinder von Frauen mit Universitätsausbildung wurden besondere Ausbildungsmöglichkeiten in Aussicht gestellt. Dies Programm wurde jedoch als *elitär* attackiert, weil den reicheren Bürgern mit besserer Ausbildung Vergünstigungen gewährt wurden. Was als erfolgreiches Familienplanungsprogramm begonnen hatte, »bekam nun allmählich den Beiklang unfreundlicher Überredung«, und die allgemeine Kritik an dieser Art von Auswahl führte zu einer weiteren Revision der Maßnahmen.[105]

Natürlich stehen, zusätzlich zu den ganz unvermeidbaren Anpassungen, die auch das populärste Reformprogramm durchmachen muß, traditionell religiöse, soziale und politische Mythologien oft in Opposition zur Geburtenkontrolle. Die Folgen, die eine Überbevölkerung haben würde, sind jedoch so erschreckend, daß Regierungen in der ganzen Welt Maßnahmen treffen, um eine gleichbleibende Bevölkerungszahl zu erreichen. Der steinige Weg, auf dem solche Bemühungen sich fortbewegen, ist typisch für viele Von-oben-nach-unten-Versuche, ein Volk unter die Leitung eines Gegen-Mythos zu drängen. Wenn der dialektische Prozeß auf Stufe drei übersprungen und die Alternative zum herrschenden Mythos von denen, die an der Macht sind, ganz einfach vorgeschrieben wird (die »Wahl« auf Stufe vier), so wird der alte Mythos immer wieder offen oder verdeckt Ausdruck finden, während man sich bemüht, den neuen in die Tat umzusetzen (Stufe fünf). Diese Dynamik begleitet häufig politische Reformprogramme wie auch die undifferenzierten Selbstverbesserungsversuche einzelner (die »Theorie des Jahres zum persönlichen Wachstum«!). Ein mythisch geschulter Ansatz betont vielleicht auch die dringende Notwendigkeit, bestimmte Bedingungen oder Denkweisen zu ändern, aber er erkennt zugleich die historische und soziale Bedeutung des alten Mythos und unternimmt Schritte, seine wertvollsten Eigenschaften in ein neues und einigendes mythisches Bild zu übernehmen.

Wir sagen damit nicht, daß dies ein einfacher Prozeß oder eine Schnellkur für soziale Krankheiten sei. Der zweihundertjährige Kampf der Schwarzen in Amerika um Freiheit und Gleichheit vor dem Gesetz – und das in einer Nation, die auf dem Grundsatz »Freiheit und Gerechtigkeit für alle« gegründet wurde – zeigt, wie langsam der dialektische Prozeß oft nur vorankommt und welchen Zickzackkurs er dabei fährt. Der wohl faszinierendste Kampf zwischen gegensätzlichen Mythen in unserer Zeit ist der Versuch, den Deng Xiaoping begann, in China Kommunismus und Kapitalismus zu mischen. Bedingungen zu schaffen, die die unüberhörbaren Forderungen sozialer Probleme mit tieferliegenden mythischen Anliegen in Gleichklang bringen, ist eine hohe Kunst – doch soziale Veränderungen als solche ins Rollen zu bringen ist für die, die an der Macht sind, immer möglich gewesen. Es *ist* ja Sache von Gesetz und Führerschaft, die Muster sozialer Verstärkung auf wünschenswerte Ziele hin neu zu ordnen, und die Initiative zu konstruktivem Handeln, das Schritt hält mit der natürlichen Evolution einer Kultur, läßt sich in ihrer Bedeutung wohl kaum überschätzen. Beim Nachdenken über das alte Paradoxon, daß es »so viel Böses in der Welt gibt, aber so wenig böse Menschen«, kommt Maslow zu der Feststellung, daß »die Stimme des Göttlichen in uns *nicht* von der Stimme des Teufels übertönt wird, sondern von der Stimme des Furchtsamen«.[106] Wir haben heute die Mittel, große soziale Veränderungen herbeizuführen; jedoch ist ebendiese Fähigkeit eine der Entwicklungen der modernen Zeit, die uns am meisten angst macht.

Die Welt war starr vor Schrecken, als die Roten Khmer all die Gewißheiten kambodschanischer Zivilisation über den Haufen warfen, indem sie Kambodschas Intelligenzija vernichteten, ein Viertel seiner Bevölkerung ausrotteten und seine Kinder dazu *umerzogen,* ihren Eltern ins Gesicht zu spucken. Rhodes schreibt zur Entwicklung der Atomwaffen:

Organisierter Tod war nun möglich geworden durch ein technisches, präzises Instrument, das von den Mängeln menschlicher Organisation nicht abhängig war ... Wir konnten uns nicht mehr mit phantasierter Zerstörung beschäftigen, ohne zu riskieren, daß sich diese Phantasie zu technischer Realität verdichten würde. Haß trug nun wirklich den Keim des Todes in sich. Psychologisches und Physisches waren nun völlig auswechselbar.[107]

Doch trotz all der Verheerungen und Orwellschen Konsequenzen, zu denen die fortgeschrittene Technik und die Methoden der Informationskontrolle auch führen können – ihr konstruktives Potential bietet unvorhergesehene Möglichkeiten demokratisch geplanter sozialer Veränderungen.

Die mythisch geschulte Demokratie kann bei der Bewältigung ihrer Probleme Maßnahmen und kollektive Wunschvorstellungen auf aktuelle soziale Bedürfnisse und Potentiale abstimmen. Dazu müßten allerdings die Wahrnehmungen, nach denen Entscheidungen gefällt werden, sehr viel feiner und genauer sein. Jean-François Revel betont, wie wichtig es für Nationen sei, neue Umstände zu erkennen, unter denen Maßnahmen und Regeln aus der Vergangenheit veraltet seien; noch wichtiger aber sei es, die Lektionen der Geschichte, die die Wiederholung alter Irrtümer verhindern können, nicht zu vergessen. »Nicht zu erkennen, daß er einer neuen Situation gegenübersteht, ist ein schwerer Fehler bei einem Diplomaten«, schreibt Revel und fährt mit Nachdruck fort: »... aber eine alte Situation nicht zu erkennen, in der er schon einmal geschlagen wurde, ist noch unverzeihlicher«.[108] Revel warnt davor, daß Demokratien mit ihren hohen moralischen Maßstäben und der Hoffnung, daß andere politische Systeme sich schon noch zu ihren Wertvorstellungen bekehren werden, ständig Erinnerung und Wahrnehmung verzerren, bis sie systematisch vergangene Überschreitungen vergessen. Erfolgreiche totalitäre Systeme, wie etwa die Sowjetunion, machten diesen Fehler selten, meint er.

Mythenbildung in der modernen Welt ist eng verbunden mit der Art, wie Information organisiert und verwaltet wird. Revel ist der Ansicht, daß Demokratien mit ihrer Neigung zu Selbstkritik ironischerweise an dem Bild, das sie in den Augen der Welt schlecht dastehen läßt, selbst beteiligt sind, auch dann, wenn sie nur auf die Verletzung internationalen Rechts durch andere Nationen reagieren. Der Gebrauch von Information ist von so entscheidender Wichtigkeit, und die Mittel dazu sind so fortgeschritten, daß die postindustrielle Ära als *Informationsgesellschaft* beschrieben wurde, deren Ökonomie auf der Bildung und Verteilung von Information beruht, in welcher der *neue Reichtum* das Know-how ist und Kommunikationssatelliten und persönliche Computer zur Standardausrüstung gehören.[109] In der modernen Zeit entstehen neue mythische Erklärungen sehr schnell, und unser Fünf-Stufen-Modell ist wie ein Vergrößerungsglas, durch das man den Prozeß deutlicher erkennen und besser verstehen kann. Denn wenn eine Gesellschaft diese fünfte Stufe sicher durchlaufen will, so ist sie besonders abhängig von gültiger Wahrnehmung, verläßlichem Feedback und präziser Informationsverarbeitung.

Eine Ära, die Rationalität und Mythologie vereint, wird wissenschaftliche Erkenntnis und Analyse verwenden, um effektive Strategien für eine soziale Veränderung auszuwählen, die mit den Werten und Glaubenshaltungen einer Kultur in Übereinstimmung steht. So hat Konner sich zum Beispiel mit dem Umstand befaßt, daß Männer, aufgrund ihrer Biologie wie auch ihrer Sozialisation, eher gewalttätig werden als Frauen. Er bemerkt, daß »eine praktische Maßnahme, die Gewalttätigkeit in der Welt zu reduzieren, ganz einfach die wäre, alle Männer in einflußreichen militärischen und diplomatischen Positionen durch Frauen zu ersetzen, in dem strategischen Bemühen, zumindest einige der irrationalen Quellen gewalttätiger Konflikte einzudämmen«.[110] Er bezweifelt auch, daß es wirklich in der natürlichen Ordnung liegt, daß Eltern ihren Wohlstand an ihre Kinder weitergeben, und beschreibt, wie die Menschen versuchen, Macht und Reichtum ihrer Familie zu erhalten, auch wenn ihr Nachwuchs keine der Eigenschaften aufweist, die die Eltern so erfolgreich haben werden lassen. »Wenn die Kinder der Reichen auf der Grundlage all der Vorteile, die sie haben, solange ihre Eltern leben, nicht vorankommen, dann ist das Beweis genug, daß sie die Fähigkeiten ihrer Eltern nicht geerbt haben.« Eine

Erbschaftsteuer, die fast das ganze Erbe vereinnahmt, würde die Reichen und Mächtigen daran hindern, ihre Kinder vor dem normalen Verlauf genetischen Wettbewerbs zu beschützen.[111]

Auch wenn Konner derartiges als Beispiel dafür bringt, wie man soziale Maßnahmen aus wissenschaftlichen Ergebnissen ableiten könnte, so betont er doch, daß »die politische Erfahrung dieses Jahrhunderts überzeugend beweist, daß fast jede wissenschaftliche Theorie über Verhalten den Zwecken des Bösen angepaßt und von jemandem dazu benutzt werden kann, seinen bösen, selbstsüchtigen, zeitweise psychotischen Taten zu dienen, bis hin zu und inklusive Gemetzeln im großen Stil«.[112] Er schreibt weiter, daß »menschliche Wesen unwiderruflich biologisch mit der starken Neigung ausgestattet sind, auf eine Weise zu fühlen und zu handeln, die ihrem eigenen besseren Wissen widerspricht«.[113] Für Maslow hat sich auch das größte Vertrauen auf die Stimme des Gewissens wieder und wieder als »gefährlich« erwiesen, »es sei denn, es wird ergänzt durch Beweise, pragmatische Konsequenzen, Wissenschaft«.[114] An diesen kritischen Punkten – auf *welche* Werte werden die großen Kräfte von Technik und Informationsverarbeitung ausgerichtet? – könnten die Verhaltenswissenschaften ihren wichtigsten Beitrag zu einer rationalen kollektiven Mythologie leisten.

Die »mythologisch geschulte Gemeinschaft« könnte ihre wichtigsten Probleme und Entscheidungen systematisch und routinemäßig einer öffentlichen Untersuchung unterziehen, die nach mythischen Gesichtspunkten geleitet würde. Konner ist zum Beispiel der Auffassung, daß der Mythos, nach dem nationale Mittel in die Aufrüstung gesteckt werden müßten, damit die Nation sicher ist, zwar ein sehr verständliches Überbleibsel aus primitiven Zeiten sei, daß man aber wissenschaftlich zeigen könne, daß eben dies Überbleibsel aus Stammes-Zeiten Bedingungen schaffe, die Gewalt sehr viel wahrscheinlicher machen. Der Zyklus von »Analyse, Planung, Intervention, Beurteilung und Rückmeldung hin zur nächsten Planungsrunde«, der Kurt Lewins Methode der Aktionsforschung ausmacht (Kapitel 8), ist eine der frühesten systematischen Formulierungen durch einen Sozialwissenschaftler, die den Weg weist für geplante Interventionen, welche auf die Wechselfälle sozialer Veränderung abgestimmt sind. Dieselben Analysemethoden aus der Sozialwissenschaft, die auf andere Bereiche angewandt werden (z. B. die Identifizierung der Faktoren, die aggressives Verhalten fördern, die Einschätzung therapeutischer Effektivität, die Messung motorischer Fertigkeiten bei sportlichen Übungen), könnten – mit dem Verständnis unbewußter Motive – auf die beherrschenden Wertvorstellungen und Glaubenshaltungen einer Kultur angewendet werden – und auch darauf, wie sie versucht, neue mythische Leitvorstellungen in die Tat umzusetzen.

Mythenbildung ist zur Domäne des einzelnen wie des Kollektivs geworden. Das bedeutet auch, daß die mythologisch geschulte Gemeinschaft Expertin sein muß, was die Interaktion zwischen persönlicher und kultureller Mythologie betrifft. Ein Schritt in Richtung auf dieses Expertentum wäre unter anderem öffentliche Fortbildung bezüglich der Prozesse, in denen einzelne und Gruppen Mythen bilden. James McGregor Burns beschließt seine Untersuchung über Führerschaft – die mit dem Pulitzer-Preis ausgezeichnet wurde – mit der Beobachtung, daß die besten Führer das Gewissen einer Nation kühn interpretieren, und zwar in einer Weise, die die Menschen »über ihr Alltagsselbst« hinaushebt »in ihr besseres Selbst«.[115] Eine durchdachte öffentliche Fortbildung zum Verständnis eigener Motive könnte ähnlichen Gewinn bringen. Sie würde den Menschen auch helfen, die Dialektik im sozialen Konflikt zu erkennen und sich auf kreative Synthese statt Polarisation einzustellen.

Wir sind der Überzeugung, daß die heraufdämmernde Ära einer postrationalistischen Mythologie die rationale Analyse mit der Erkenntnis verbinden wird, daß sowohl das individuelle Bewußtsein wie auch die soziale Wirklichkeit in mythologischem Grund wurzeln. Dieses Buch ist der Versuch, psychologische Theorie und Praxis auf eine Weise zusammenzufassen, die dem einzelnen wie seiner Gemeinschaft die Fähigkeit vermittelt, bewußt, verantwortlich und wirkungsvoll an diesem Prozeß teilzunehmen.

Bibliographie

Vorwort

1 Houston, Jean; *The Psycho-Historical Recovery of the Self.* In: Stanley Krippner (Hrsg.); *Into the Mythic Underground* (Spezialausgabe von *The Association for Humanistic Psychology Newsletter),* April 1982

2 Campbell, Joseph; *Myths to Live By,* New York 1972; dt. *Lebendiger Mythos,* München 1985

3 Yankelovich, Daniel; *New Rules,* New York 1982

4 Montagu, Ashley, *Man: His First Two Million Years,* New York 1969

5 Markley, O. H.; *Human Consciousness in Transformation.* In: Erich Jantsch und C. H. Waddington (Hrsg.); *Evolution and Consciousness: Human Systems in Transition,* Reading 1976; dt. *Die Selbstorganisation des Universums. Vom Urknall zum menschlichen Geist,* München 1982

6 May, Rollo; *Love and Will,* New York 1969

7 Houston, Jean; *Lifeforce: The Psycho-Historical Recovery of the Self,* New York 1980

8 Ferguson, Marilyn; *The Aquarian Conspiracy,* Los Angeles 1980; dt. *Die sanfte Verschwörung,* Basel 1982

9 Naisbitt, John; *Megatrends,* New York 1982; dt. *Megatrends,* Garching-Hochbrück 1984

10 Montagu, Ashley, und Matson, Floyd; *The Dehumanization of Man,* New York 1984; dt. *Mensch und Aggression,* Stuttgart 1984

11 Bruner, Jerome; *Myth and Identity.* In: Henry A. Murray (Hrsg.); *Myth and Mythmaking,* Boston 1960

12 Wallace, Anthony F. C.; *Revitalization Movements.* In: *American Anthropologist 58,* 1956

13 Gardner, John W.; *Self-Renewal: The Individual and the Innovative Society,* New York 1964

14 Riesman, David, Glazer, Nathan, und Denney, Reuel; *The Lonely Crowd: A Study of the Changing American Character*, New Haven 1950
15 Mann, Thomas; *Freud and the Future.* In: Henry A. Murray (Hrsg.); *Myth and Mythmaking*, Boston 1960
16 Kris, Ernst; *The Personal Myth: A Problem in Psychoanalytic Technique.* In: *Journal of the American Psychoanalytic Association 4*, 1956
17 Warmoth, A.; *A Note on the Peak Experience as a Personal Myth.* In: *Journal of Humanistic Psychology 5*, 1965
18 Jung, C. G.; *Memories, Dreams, Reflections*, New York 1973; dt. *Erinnerungen, Träume, Gedanken*, Olten/Freiburg 1985
19 Ferreira, Antonio J.; *Family Myth and Homeostasis.* In: *Archives of General Psychiatry 9*, 1963
20 Bagarozzi, Dennis A.; und Anderson, Steven; *The Evolution of Family Mythological Systems: Considerations for Meaning, Clinical Assessment and Treatment.* In: *The Journal of Psychoanalytic Anthropology 5*, 1982
21 Ullman, Montague, und Zimmerman, Nan; *Working with Dreams*, New York 1979
22 Dosher, Anne W.; *Personal and Organizational Mythology: A Reflexive Reality.* In: Stanley Krippner (Hrsg.); *Into the Mythic Underground* (Spezialausgabe von *The Association for Humanistic Psychological Newsletter)*, April 1982
23 Feinstein, A. David; *Personal Mythology as a Paradigm for a Holistic Public Psychology.* In: *American Journal of Orthopsychiatry 49*, 1979

Kapitel 1

1 Campbell, Joseph; *The Masks of God* (Vol. IV: *Creative Mythology*), Garden City 1968
2 Teilhard de Chardin, Pierre; *The Future of Man*, New York 1964; dt. *Die Zukunft des Menschen.* In: *Werke*, Olten/Freiburg 1982
3 Capra, Fritjof; *The Turning Point: Science, Society and the Rising Culture*, New York 1982; dt. *Wendezeit*, Bern/München 1983

4 Mahler, Margaret S., Pine, Fred, und Bergman, Anni; *The Psychological Birth of the Human Infant: Symbiosis and Individuation,* New York 1975; dt. *Die psychische Geburt des Menschen. Symbiose und Individuation,* Frankfurt 1985
5 Korzybski, Alfred; *Science and Sanity,* Lakeville 1958
6 Jaynes, Julian; *The Origin of Consciousness in the Breakdown of the Bicameral Mind,* Boston 1976
7 Maranto, Gina; *The Mind within the Brain.* In: *Discover 5,* 1984
8 Ortony, Andrew (Hrsg.); *Metaphor and Thought,* New York 1979
9 Valle, Ronald S., und von Eckartsberg, Rolf (Hrsg.); *The Metaphors of Consciousness,* New York 1981
10 Upton, Albert; *Design for Thinking,* Stanford 1961
11 Cassirer, Ernst; *Language and Myth,* New York 1946; dt. *Das mythische Denken* (aus: *Philosophie der symbolischen Formen,* Band II), Darmstadt 1977
12 Upton; *op. cit.*
13 Schorer, Mark; *William Blake: The Politics of Vision,* New York 1946
14 Sarason, Seymour B.; *If It Can Be Studied or Developed, Should It Be?* In: *American Psychologist 39,* 1984
15 Foucault, Michel; *The Birth of the Clinic,* New York 1975; dt. *Die Geburt der Klinik. Eine Archäologie des ärztlichen Blicks,* Frankfurt/Berlin 1976
16 Robertson, James Oliver; *American Myth, American Reality,* New York 1980
17 Ortony; *op. cit.*
18 Slochower, Harry; *Mythopoeisis: Mythic Patterns in the Literary Classics,* Detroit 1970
19 Keen, Sam; *The Passionate Life: Stages of Loving,* New York 1983; dt. *Die Lust an der Liebe,* Weinberg 1985
20 Marlan, Stanton; *Depth Consciousness.* In: Valle und von Eckartsberg (Hrsg.); *The Metaphors of Consciousness,* New York 1981
21 Levin, Harry; *Some Meanings of Myth.* In: H. A. Murray (Hrsg.); *Myth and Mythmaking,* New York 1960
22 Wilber, Ken; *Eye to Eye: The Quest for the New Paradigm,* Garden City 1983

23 Barfield, Owen; *The Rediscovery of Meaning.* In: Richard Thruelsen und John Kobler (Hrsg.); *Adventures of the Mind,* New York 1961

24 Gebser, Jean; *Ursprung und Gegenwart,* Stuttgart 1966

25 Wilber, Ken; *Up from Eden: A Transpersonal View of Human Evolution,* Garden City 1981; dt. *Halbzeit der Evolution,* Bern/München 1984

26 Sagan, Carl; *The Dragons of Eden: Speculations on the Evolution of Human Intelligence,* New York 1977; dt. *... und werdet sein wie die Götter – Das Wunder der menschlichen Intelligenz,* München 1980

27 Neumann, Erich; *The Origins and History of Consciousness,* Princeton 1973; dt. *Ursprungsgeschichte des Bewußtseins,* Frankfurt 1980

28 Freud, Sigmund; *The Ego and the Id;* dt. *Das Ich und das Es,* in: Ges. Werke, Bd. 13, Frankfurt 1976

29 Barfield; *op. cit.*

30 Wilber; *op. cit.*

31 *Ibid.*

32 Wilber; *op. cit.*

33 *Ibid.*

34 *Ibid.*

35 Gebser; *op. cit.*

36 Wilber; *op. cit.*

37 Gebser; *op. cit.*

38 Wilber; *op. cit.*

39 *Ibid.*

40 *Ibid.*

41 *Ibid.*

42 *Ibid.*

43 *Ibid.*

44 Montagu; *op. cit.*

45 Wilber; *op. cit.*

46 Jaynes; *op. cit.*

47 Gebser; *op. cit.*

48 Jaynes; *op. cit.*

49 Whyte, Lancelot L.; *The Next Development to Man,* New York 1950

50 Wilber; *op. cit.*

51 Campbell, Joseph; *The Masks of God* (Band III: *Occidental Mythology*), New York 1964
52 Whyte; *op. cit.*
53 Wilber; *op. cit.*
54 *Ibid.*
55 Neumann; *op. cit.*
56 Wilber; *op. cit.*
57 *Ibid.*
58 Eliade, Mircea; *Shamanism: Archaic Techniques of Ecstasy,* New York 1964; dt. *Schamanismus und archaische Ekstasetechnik,* Frankfurt 1975
59 Wilber; *op. cit.*
60 Ullman, Montague, und Krippner, Stanley, mit Vaughan, Alan; *Dream Telepathy: Experiments in Nocturnal ESP,* New York 1974; dt. *Traumtelepathie – Telepathische Experimente im Schlaf,* Freiburg 1977
61 Wilber; *op. cit.*
62 Maslow, Abraham H.; *Motivation and Personality,* New York 1970; dt. *Motivation und Persönlichkeit,* 2. erw. Aufl., Olten/Freiburg 1978
63 Levy-Bruhl, Lucien; *How Natives Think,* New York 1926
64 Houston, Jean; *Lifeforce: The Psychohistorical Recovery of the Self,* New York 1980
65 Wilber; *op. cit.*
66 Houston; *op. cit.*
67 *Ibid.*
68 Kegan, Robert; *The Evolving Self: Problems and Process in Human Development,* Cambridge 1982; dt. *Die Entwicklungsstufen des Selbst,* München 1986
69 Malinowski, Bronislaw; *Sex, Culture and Myth,* New York 1961; dt. *Magie, Wissenschaft und Religion,* Frankfurt 1983
70 Maranda, Pierre (Hrsg.); *Mythology: Selected Readings,* Baltimore 1972
71 Bagarozzi, Dennis A., und Anderson, Steven; *The Evolution of Family Mythological Systems: Considerations for Meaning, Clinical Assessment and Treatment.* In: *The Journal of Psychoanalytic Anthropology 5,* 1982
72 Kirk, G. S.; *Myth: Its Meaning and Functions in Ancient and Other Cultures,* Berkeley 1970

73 *Ibid.*
74 McIver, R.M.; zitiert in: Herbert I. London und Albert L.Weeks; *Myths that Rule America,* Washington, D. C. 1981
75 London, Herbert I., und Weeks, Albert L.; *Myths that Rule America,* Washington, D. C. 1981
76 Zitiert in: James O. Robertson; *American Myth, American Reality,* New York 1981
77 Hillman, James; *Re-Visioning Psychology,* New York 1975
78 Robertson; *op. cit.*
79 *Ibid.*
80 Bruner, Jerome; *On Knowing: Essays for the Left Hand,* Cambridge 1979
81 London und Weeks; *op. cit.*
82 Robertson; *op. cit.*
83 *Ibid.*
84 Thompson, William I.; *Darkness and Scattered Light,* New York 1977
85 Schnall, Maxine; *Limits: A Search for New Values,* New York 1981
86 Thompson; *op. cit.*
87 Durnad, Gilbert; *The Image of Man in Western Occult Tradition.* In: James Hillman (Hrsg.); *Spring,* New York 1976
88 London und Weeks; *op. cit.*
89 Marlan, Stanton; *Depth Consciousness.* In: R. S. Valle und Rolf von Eckartsberg (Hrsg.); *The Metophors of Consciousness,* New York 1981
90 *Ibid.*
91 London und Weeks; *op. cit.*
92 Barfield; *op. cit.*
93 *Ibid.*
94 *Ibid.*
95 London und Weeks; *op. cit.*
96 Henry, Jules; *Culture Against Man,* New York 1963
97 Montagu, Ashley; *Man: His First Two Million Years,* New York 1969
98 Bagarozzi und Anderson; *op. cit.*
99 Wilhelm, Richard, und Baynes, Cary F. (Übersetzer); *The I Ching or Book of Changes,* Princeton 1967; dt. *I Ging – Das Buch der Wandlungen, Text und Materialien,* Köln 1986

100 Berger, Brigitte, und Berger, Peter; *The War over the Family: Capturing the Middle Ground,* Garden City 1983
101 *Ibid.*
102 Friedan, Betty; *The Second Stage,* New York 1971
103 *Ibid.*
104 Mead, Margaret; *Male and Female. A Study of the Sexes in a Changing World,* New York 1949; dt. *Mann und Weib. Das Verhältnis der Geschlechter in einer sich wandelnden Welt,* Reinbek 1985
105 Berger und Berger; *op. cit.*
106 *Ibid.*
107 *Ibid.*
108 Friedan, Betty; *The Feminine Mystique,* New York 1963; dt. *Der Weiblichkeitswahn oder die Selbstbefreiung der Frau,* Reinbek
109 Berger und Berger; *op. cit.*
110 Thompson, Keith; *What Men Really Want: A New Age Interview with Robert Bly.* In: *New Age,* Mai 1982
111 Steinem, Gloria; *Tales of a Reincarnated Amazon Princess: The Invincible Wonder Woman.* In: Charlene Spretnak (Hrsg.); *The Politics of Women's Spirituality: Essays on the Rise of Spiritual Power within the Feminist Movement,* Garden City 1982
112 Stone, Merlin; *When God was a Woman,* New York 1976
113 Goldenberg, Naomi; *Changing of the Gods: Feminism and the End of Traditional Religions,* Boston 1979
114 Spretnak (Hrsg.); *op. cit.*
115 Bolen, Jean Shinoda; *Goddesses in Everywoman,* San Francisco 1984; dt. *Göttinnen in jeder Frau,* Basel 1986
116 Leonard, Linda S.; *The Wounded Woman,* Boulder 1983
117 Johnson, Robert A.; *She: Understanding Feminine Psychology,* New York 1977
118 Weigle, Marta; *Spiders & Spinsters: Women and Mythology,* Albuquerque 1982
119 Friedan; *op. cit.*
120 Pogrebin, Letty C.; *Family Politics: Love and Power on an Intimate Frontier,* New York 1984
121 Campbell, Joseph; *The Hero with a Thousand Faces,* Princeton 1968; dt. *Der Heros in tausend Gestalten,* Frankfurt 1978

122 Perry, John Weir; *Roots of Renewal in Myth and Madness: The Meaning of Psychotic Episodes,* San Francisco 1976
123 Campbell, Joseph; *Myths to Live By,* New York 1972; dt. *Lebendiger Mythos,* München 1985
124 Neumann; *op. cit.*
125 Maslow; *op. cit.*
126 Randall, John H.; *The Making of the Modern Mind: A Survey of the Intellectual Background of the Present Age,* New York 1954
127 Bellah; *op. cit.*
128 Naisbitt; *op. cit.*
129 *Ibid.*
130 Pogrebin; *op. cit.*
131 *Ibid*
132 *Ibid.*
133 *Ibid.*

Kapitel 2

1 Shorer, Mark; *William Blake: The Politics of Vision,* New York 1946
2 Campbell, Joseph; *The Hero with a Thousand Faces,* Princeton 1968, dt. *Der Heros in tausend Gestalten,* Frankfurt 1978
3 d'Aquili, Eugene G.; *The Biopsychological Determinants of Culture,* Reading 1972
4 d'Aquili, Eugene G., und Laughlin, Charles D.; *The Neurobiology of Myth and Ritual.* In: d'Aquili, Laughlin und John McManus; *The Spectrum of Ritual: A Biogenetic Structural Analysis,* New York 1979
5 d'Aquili, *op. cit.*
6 Lévi-Strauss, Claude; *Structural Anthropology,* New York 1967; dt. *Strukturale Anthropologie,* Frankfurt 1978
7 Bruner, Jerome; *On Knowing: Essays for the Left Hand,* Cambridge 1968
8 Campbell; *The Masks of God (Creative Mythology),* Garden City 1968
9 Campbell, Joseph; *Historical Atlas of World Mythology* (Band 1), San Francisco 1983

10 Feinstein, A. David; *Personal Mythology as a Paradigm for a Holistic Public Psychology.* In: *American Journal of Orthopsychiatry 49,* 1979
11 Northrop, F. S. C.; *The Meeting of East and West,* New York 1968
12 Martindale, Colin; *Cognition and Consciousness,* Homewood 1981
13 Wilson, Terence G.; *Cognitive Behavior Therapy: Paradigm Shift or Passing Phase?* In: John B. Forcyth und Diana P. Rathjen; *Cognitive Behavior Therapy: Research and Applications,* New York 1978
14 Piaget, Jean; *Biology and Knowledge: An Essay on the Relations Between Organic Regulations and Cognitive Process,* Chicago 1971; dt. *Biologie und Erkenntnis,* Frankfurt 1983
15 Tolman, Edward C.; *Purposive Behavior in Animals and Men,* New York 1932
16 Lewin, Kurt; *A Dynamic Theory of Personality,* New York 1935; dt. *Dynamische Theorie der Persönlichkeit,* Werkausgabe (in Vorb.), Stuttgart
17 Lewin, Kurt; *Resolving Social Conflicts,* New York 1948
18 Kelly, George; *The Psychology of Personal Constructs* (Band I), New York 1955; dt. *Die Psychologie der persönlichen Konstrukte,* Paderborn 1987
19 Kegan, Robert; *The Evolving Self: Problem and Process in Human Development,* Cambridge 1982; dt. *Die Entwicklungsstufen des Selbst,* München 1986
20 Epstein, Seymour; *The Unconscious, the Preconscious and the Self-Concept.* In: J. Suls und A. Greenwald (Hrsg.); *Psychological Perspectives on the Self* (Band 2), Hinsdale 1983
21 Kegan; *op. cit.*
22 Epstein; *op. cit.*
23 Lecky, Prescott; *Self-Consistency: A Theory of Personality,* New York 1946
24 Kelly; *op. cit.*
25 Epstein; *op. cit.*
26 *Ibid.*
27 *Ibid.*
28 *Ibid.*

29 *Ibid.*
30 *Ibid.*
31 Blanck, Gertrude, und Blanck, Rubin; *Ego-Psychology: Psychoanalytic Developmental Psychology* (Band II), New York 1979; dt. *Ich-Psychologie, II. Psychoanalytische Entwicklungspsychologie,* Stuttgart 1980
32 Federn, Paul; *Ego-Psychology and the Psychoses,* New York 1952; dt. *Ich-Psychologie und die Psychosen,* Frankfurt 1978
33 Berne, Eric; *Transactional Analysis in Psychotherapy,* New York 1961
34 *Ibid.*
35 Moreno, Jacob L.; *The First Book on Group Psychotherapy,* New York 1957
36 Perls, Frederick S.; *Gestalt Therapy Verbatim,* Lafayette 1969; dt. *Gestalt-Therapie in Aktion,* Stuttgart 1979
37 Watkins, John G.; *The Therapeutic Self,* New York 1978
38 Epstein; *op. cit.*
39 Assagioli, Roberto; *Psychosynthesis,* New York 1965; dt. *Handbuch der Psychosynthesis,* Freiburg 1978
40 Vargiu, James G.; *Subpersonalities.* In: Abe Arkoff (Hrsg.); *Psychology and Personal Growth,* Boston 1980
41 Jung, C. G.; *Collected Works* (Vol. 9); dt. *Grundwerk* (Bd. 9, Teil 1), Olten/ Freiburg
42 Hillman, James; *Re-Visioning Psychology,* New York 1975
43 Watkins; *op. cit.*
44 Epstein; *op. cit.*
45 May, Rollo; *Freedom and Destiny,* New York 1981; dt. *Freiheit und Schicksal,* Frankfurt 1985
46 d'Aquili und Laughlin; *op. cit.*
47 d'Aquili; *op. cit.*
48 Freud, Sigmund; *Das Ich und das Es.* Aus: *Gesammelte Werke,* Bd. 13, Frankfurt
49 Freud, Sigmund; *Vorlesungen zur Einführung in die Psychoanalyse,* Frankfurt
50 Epstein; *op. cit.*
51 Maslow, Abraham H.; *The Farther Reaches of Human Nature,* New York 1971
52 Rodgers, Joann Ellison; *Brain Triggers: Biochemistry and Behavior.* In: *Science Digest,* Jan. 1983

53 Rossi, E. L.; *Psychosynthesis and the New Biology of Dreams and Psychotherapy.* In: *American Journal of Psychotherapy 27*, 1973
54 Epstein, H. T.; *Growth Spurts during Brain Development: Implications for Educational Policy and Practice.* In: J. S. Chall und A. F. Mirsky (Hrsg.); *The Seventh Yearbook of the National Society for the Study of Education* (Teil 2: *Education and the Brain*), Chicago 1978
55 Plutchik, Robert; *Emotion: A Psychoevolutionary Synthesis,* New York 1980
56 Dychtwald, Ken; *Body-Mind,* New York 1977; dt. *Körperbewußtsein,* Essen 1981
57 Sheikh, A. A. (Hrsg.); *Imagery: Current Theory, Research and Applications,* New York 1982
58 Marx, Jean L.; *Brain Peptides: Is Substance P a Transmitter of Pain Signals?* In: *Science 205,* 1979
59 Wilber, Ken; *Up from Eden: A Transpersonal View of Human Evolution,* Garden City 1981; dt. *Halbzeit der Evolution,* Bern/München 1984
60 Montagu, Ashley; *Man: His First Two Million Years,* New York 1969
61 Montagu, Ashley (Hrsg.); *Sociobiology Examined,* New York 1980
62 Benedict, Ruth; *Patterns of Culture,* New York 1970
63 May, Rollo; *Existential Psychotherapy,* Toronto 1967
64 Maslow, Abraham; *Motivation and Personality,* New York 1970; dt. *Motivation und Persönlichkeit,* Olten/Freiburg 1978
65 Grof, Stanislav; *Beyond the Brain: Birth, Death and Transcendence in Psychotherapy,* Albany 1985; dt. *Geburt, Tod und Transzendenz,* München 1985
66 Chamberlain, David B.; *Reliability of Birth Memories: Evidence from Mother and Child Pairs in Hypnosis.* (Abhandlung vorgebracht am Annual Meeting of the American Society of Clinical Hypnosis, Minneapolis, November 1980)
67 Leboyer, Frédérick; *Birth without Violence,* New York 1975; dt. *Geburt ohne Gewalt,* München 1986
68 Berezin, Nancy; *The Gentle Birth Book,* New York 1980
69 Erikson, Erik H.; *Childhood and Society,* New York 1963

70 Walsh, Roger N., und Vaughan, Frances; *Beyond Ego: Transpersonal Dimensions in Psychology,* Los Angeles 1980; dt. *Psychologie in der Wende,* Bern/München 1985
71 *Ibid.*
72 Wheelwright, Philip; *Metaphor and Reality,* Bloomington 1962
73 Campbell; *op. cit.*
74 Stevens, Anthony; *Archetypes: A Natural History of the Self,* New York 1983
75 *Ibid.*
76 *Ibid.*
77 Neumann, Erich; *The Origins and History of Consciousness,* Princeton 1973; dt. *Ursprungsgeschichte des Bewußtseins,* Frankfurt 1980
78 *Ibid.*
79 Campbell; *op. cit.*
80 Greely, Andrew; *Ecstacy: A Way of Knowing,* Englewood Cliffs 1974
81 Neher, Andrew: *The Psychology of Transcendence,* Englewood Cliffs 1980
82 Maslow, Abraham H.; *Religions, Values and Peak Experiences,* New York 1970
83 Maslow; *op. cit.*
84 Parker, Barbara, und Maliszewski, Michael; *Ecstatic Components of Childbirth: A Psychological and Phenomenological Investigation.* In: *Birth Psychology Bulletin 3,* 1982
85 Tennov, Dorothy; *Love and Limmerence,* New York 1979; dt. *Limerenz – über Liebe und Verliebtsein,* München 1981
86 Stevens; *op. cit.*
87 Stevens; *op. cit.*
88 Nehrer; *op. cit.*
89 *Ibid.*
90 Wilber; *op. cit.*
91 Stevens; *op. cit.*
92 Goleman, Daniel; *The Varieties of Meditative Experiences,* New York 1977; dt. *Die Höheren Stufen des Bewußtseins,* Heidelberg 1984
93 Eliade, Mircea; *Schamanismus und archaische Ekstasetechnik,* Frankfurt 1975

94 Wilber; *op. cit.*
95 Maslow; *op. cit.*
96 Campbell, Donald T.; *On the Conflict Between Biological and Social Evolution and Between Psychology and Moral Tradition.* In: *American Psychologist 30,* 1975
97 Huxley, Aldous; *The Perennial Philosophy,* New York 1970
98 Huxley; *op. cit.*
99 Maslow; *op. cit.*
100 James, William; *Die Vielfalt religiöser Erfahrung,* Olten/Freiburg 1979
101 Wheelwright, Philip; *Poetry, Myth and Reality.* In: A. Tate (Hrsg.); *The Language of Poetry,* Princeton 1942
102 Hillman; *op. cit.*
103 Reich, Wilhelm; *Charakter-Analyse,* Köln o. J.
104 Plutchik, Robert; *Emotions in Early Development: A Psychoevolutionary Approach.* In: Plutchik und Henry Kellerman (Hrsg.); *Emotion: Theory, Research and Experience* (Vol. 2), New York 1983
105 Prinz, W.; *Wahrnehmungen und Tätigkeitssteuerung,* Berlin 1983
106 Miller, George A., Galanter, Eugene, und Pribram, Karl H.; *Strategien des Handelns – Pläne und Strukturen des Verhaltens,* Stuttgart 1974
107 Epstein; *op. cit.*
108 Bandura, Albert; *Sozial-kognitive Lerntheorie,* Stuttgart 1976
109 Mahoney, Michael J., und Arnkoff, Diane B.; *Cognitive and Self-Control Therapies.* In: Sol. L. Garfield und Allen E. Bergen (Hrsg.); *Handbook of Psychotherapy and Behavior Change,* New York 1978
110 Epting, Franz R.; *Personal Construct Counseling and Psychotherapy,* New York 1984
111 Piaget, Jean; *Die Äquilibration der kognitiven Strukturen,* Stuttgart 1976
112 Epstein; *op. cit.*
113 Colin; *op. cit.*
114 Piaget; *op. cit.*
115 *Ibid.*
116 *Ibid.*
117 Kegan; *op. cit.*

118 Epstein; *op. cit.*
119 Whyte, L. L.; *The Next Development in Man,* New York 1950
120 Staude, John-Raphael; *The Adult Development of C. G. Jung,* Boston 1981
121 Kuhn, Thomas S.; *Die Struktur wissenschaftlicher Revolutionen,* Frankfurt 1978
122 Whyte; *op. cit.*
123 Marx, Karl; *Das Kapital,* Berlin o. J.
124 Lévi-Strauss; *op. cit.*
125 May, Rollo; *Love and Will,* New York 1969
126 May, Rollo; *Power and Innocence,* New York 1972
127 May, Rollo; *Freiheit und Schicksal,* Frankfurt 1985
128 Kelly; *op. cit.*
129 Malinowski, Bronislaw; *Magie, Wissenschaft und Religion und andere Schriften,* Frankfurt 1983
130 Campbell; *op. cit.*
131 Meadows, Sara (Hrsg.); *Developing Thinking: Approaches to Children's Cognitive Development,* London 1983
132 Wilber, Ken; *Wege zum Selbst,* München 1986
133 Maslow, Abraham H.; *Motivation und Persönlichkeit,* Olten/Freiburg 1978
134 Horn, Robert E. (Hrsg.); *Trialectices: Toward a Practical Logic of Unity,* Lexington 1983
135 McConnaughy, Eileen A., Prochaska, James O., Velicer, Wayne F.; *Stages of Change in Psychotherapy: Measurement and Sample Profiles.* In: *Psychotherapy: Theory, Research and Practice 20,* 1983

Kapitel 3

1 Goldenberg, Naomi R.; *Changing of the Gods: Feminism and the End of Traditional Religions,* Boston 1979
2 Krippner, Stanley, Ruttenber, James A., Engelman, Suzanne R., und Granger, Dennis L.; *Toward the Application of General Systems Theory in Humanistic Psychology.* In: *Systems Research* 2, 1985
3 Rogers, Carl R.; *Client-Centered Therapy,* Boston 1951; dt. *Die klientenzentrierte Gesprächstherapie,* Frankfurt 1978

4 Singer, June; *Forward.* In: Murray Stein (Hrsg.); *Jungian Analysis,* Boulder 1984
5 Bandura, Albert; *The Principles of Behavior Modification,* 1969
6 Perls, Frederick S.; *Gestalt Therapy Verbatim,* Lafayette 1969; dt. *Gestalt-Therapie in Aktion,* Stuttgart 1979
7 Maslow; *op. cit.*
8 Harding, M. Esther; *Psychic Energy: Its Source and Its Transformation,* Princeton 1973
9 Reich, Wilhelm; *Charakter-Analyse,* Köln o. J.
10 Jung, C. G.; *Die Dynamik des Unbewußten* (Ges. Werke, Bd. 8), Olten/Freiburg 1979
11 *Ibid.*
12 Van der Hart, Onno; *Rituals in Psychotherapy: Transition and Community,* New York 1983
13 *Ibid.*
14 Turner, Victor; *The Ritual Process: Structure and Anti-Structure,* Ithica, 1969
15 Huxley, Aldous; *The Uses of Ceremony: Two Views.* In: *Parabola 7,* 1982
16 Willson, Margaret T.; *Touchstones: Activities for Enhancing Personal Functioning.* Unveröff. Dissertation, Saybrook Institute, San Francisco 1982
17 Progoff, Ira; *At a Journal Workshop,* New York 1975
18 Kopp, Sheldon; *The Hanged Man: Psychotherapy and the Forces of Darkness,* Palo Alto 1974; dt. *Kopfunter hängend sehe ich alles anders,* Köln 1984
19 Fordham, Frieda; *An Introduction to Jung's Psychology,* New York 1953
20 Friedan, Betty; *The Feminine Mystique,* New York 1963; dt. *Der Weiblichkeitswahn oder die Selbstbefreiung der Frau,* Reinbek
21 Mander, Anica, und Kent, Anne Rush; *Feminism as Therapy,* New York 1974
22 Bloomfield, Harold, und Felder, Leonard; *The Achilles Syndrome: Transforming Your Weaknesses into Strengths,* New York 1985; dt. *Das Achilles-Syndrom,* Reinbek 1986
23 Jung, C. G.; *C. G. Jung: Psychological Reflections* (Jolande Jacobi, Hrsg.), New York 1953

24 Thie, John F.; *Touch for Health,* Marina del Rey 1979; dt. *Gesund durch Berühren,* Basel 1982
25 Jacobson, Edmund; *Progressive Relaxation,* Chicago 1938
26 Starhawk; *The Spiral Dance: A Rebirth of the Ancient Religion of the Great Goddess,* San Francisco 1979; dt. *Der Hexenkult als Ur-Religion der Großen Göttin,* Freiburg 1985
27 Richardson, Alan; *Imagery: Definition and Types.* In: Anees A. Sheikh (Hrsg.); *Imagery: Current Theory, Research and Application,* New York 1983
28 Morris, Jill; *The Dream Workbook,* Boston 1985
29 Singer, Jerome L.; *The Inner World of Daydreaming,* New York 1975; dt. *Phantasie und Tagtraum,* München 1978
30 Delaney, Gayle; *Living Your Dreams,* San Francisco 1979; dt. *Lebe deine Träume,* Berlin 1985
31 Faraday, Ann; *The Dream Game,* New York 1974
32 Morris; *op. cit.*
33 Thurston, Mark; *How to Interpret Your Dreams,* Virginia Beach 1978
34 Ullman, Montague, und Zimmerman, Nan; *Working with Dreams,* Los Angeles 1985; dt. *Mit Träumen arbeiten,* Stuttgart 1986
35 McCarley, Robert W., und Hobson, J. Allan; *The Forms of Dreams and the Biology of Sleep.* In: Benjamin B. Wolman (Hrsg.); *Handbook of Dreams: Research, Theories and Applications,* New York 1979
36 Koella, Werner P.; *Central Nervous Effects on LSD-25.* In: B. Aaronson und H. Osmond (Hrsg.); *Psychedelics: The Uses and Implications of Hallucinogenic Drugs,* Garden City 1970
37 Wexler, Kenneth, und Culicover, Peter; *Formal Principles of Language Acquisition,* Cambridge 1980
38 Gardner, Howard; *The Making of a Storyteller.* In: *Psychology Today,* März 1982
39 Jung, C. G.; *Praxis der Psychotherapie,* Ges. Werke Bd. 16, Olten/Freiburg 1984
40 Bolen, Jean Shinoda; *The Tao of Psychology: Synchronicity,* New York 1979
41 Faraday; *op. cit.*
42 Delaney; *op. cit.*

43 Reed, Henry; *Dream Incubation: A Reconstruction of a Ritual in Contemporary Form.* In: *Journal of Humanistic Psychology 16,* 1976
44 Garfield, Patricia; *Creative Dreaming,* New York 1974; dt. *Kreativ Träumen,* München 1986
45 LaBerge, Stephen; *Lucid Dreaming,* Los Angeles 1985

Kapitel 4

1 Hampden-Turner, Charles; *Maps of the Mind,* London 1981; dt. *Modelle des Menschen,* Weinheim 1983
2 Levy-Bruhl, Lucien; *How Natives Think,* New York 1926
3 Wilber, Ken; *Up from Eden: A Transpersonal View of Human Evolution,* Garden City 1981; dt. *Halbzeit der Evolution,* Bern/München 1984
4 *Ibid.*
5 Neumann, Erich; *The Origins and History of Consciousness,* Princeton 1970; dt. *Ursprungsgeschichte des Bewußtseins,* Frankfurt 1983
6 Campbell, Joseph; *The Hero with an Thousand Faces,* Princeton 1968; dt. *Der Heros in tausend Gestalten,* Frankfurt 1978
7 Watkins, John; *The Affect Bridge: A Hypno-Analytic Technique.* In: *International Journal of Clinical and Experimental Hypnosis 19,* 1971
8 Feinstein, A. David; *Conflict over Childbearing and Tumors of the Female Reproductive System: Symbolism in Disease.* In: *Somatics 4,* 1982

Kapitel 5

1 Francine, Anthea; *Envisioning Theology: An Autobiographical Account of Personal Symbolic Journeying As a Source of Revelation.* Unveröff. Magister-Dissertation, Pacific School of Religion, Juni 1983
2 Steiner, Claude M.; *Scripts People Live: Transactional Analysis of Life Scripts,* New York 1974; dt. *Wie man Lebenspläne verändert,* Paderborn 1982
3 Keen, Sam, und Fox, Anne Valley; *Telling Your Story: A Guide to Who You Are and Who You Can Be,* New York 1973

4 McClelland, David, und Winter, David; *Motivating Economic Achievement,* New York 1969
5 Gardner, Richard, *Therapeutic Communication with Children: The Mutual-Storytelling Technique,* New York 1971
6 *Ibid.*
7 Gendlin, Eugene; *Focusing,* New York 1978; dt. *Focusing,* Salzburg 1981
8 Hinterkopf, Ellie; *Experiental Focusing.* In: *Journal of Humanistic Psychology 23,* 1983
9 *Ibid.*

Kapitel 6

1 Fordham, Frieda; *An Introduction to Jung's Psychology,* New York 1966
2 Piaget, Jean; *Die Äquilibration der kognitiven Strukturen,* Stuttgart 1976
3 Bowlby, John; *Loss,* New York 1980; dt. *Verlust, Trauer und Depression,* Frankfurt 1983
4 Assagioli, Roberto; *Psychosynthesis,* New York 1965; dt. *Handbuch der Psychosynthesis,* Freiburg 1978
5 Fethering, Dale; *The Miner's Angel,* Carbondale 1974
6 Metzner, Ralph; *Alchemy and Personal Transformation, The Laughing Man,* 1981
7 Frey-Rohn, Liliane; *From Freud to Jung: A Comparative Study of the Psychology of the Unconscious,* New York 1974; dt. *Von Freud zu Jung. Eine vergleichende Studie zur Psychologie des Unbewußten,* Zürich 1980

Kapitel 7

1 Proust, Marcel; *Auf der Suche nach der verlorenen Zeit,* Frankfurt 1976
2 Wickens, Frances G.; *The Inner World of Choice,* Englewood Cliffs 1963

1 Thompson, William I.; *Passages about Earth: An Exploration of the New Planetary Culture,* New York 1974

2 Eysenck, Hans J., und Eysenck, Sybil; *Personality Structure and Measurement,* San Diego 1969; dt. *Intelligenz. Struktur und Messung,* Heidelberg 1980

3 Mahoney, M. J., und Arnkoff, D., *Cognitive and Self-Control Therapies.* In: Garfield und Bergin (Hrsg.); *Handbook of Psychotherapy and Behavior Change,* New York 1978; dt. *Kognitive Verhaltenstherapie,* München 1979

4 Bandura, Albert; *Principles of Behavior Modification,* New York 1969

5 Beck, Aaron T., *Cognitive Therapy and the Emotional Disorders,* New York 1976; dt. *Wahrnehmung der Wirklichkeit und Neurose,* München 1979

6 Meichenbaum, Donald H.; *Cognitive Factors in Behavior Modification,* Waterloo, Kanada 1971; dt. *Kognitive Verhaltensmodifikation,* Wiesbaden 1979

7 Rush, A. J., Beck, A. T., Kovacs, M., und Hollon, S. D., *Comparative Efficacy of Cognitive Therapy and Imipramine in the Treatment of Depressed Outpatients.* In: *Cognitive Therapy and Research 1,* 1977

8 Houston, Jean; *The Possible Human,* Los Angeles, 1982; dt. *Der mögliche Mensch,* Basel 1984

9 Kiester, Edwin; *The Playing Fields of the Mind.* In: *Psychology Today,* Juli 1984

10 Ellis, Albert A., und Harper, Robert A.; *A New Guide to Rational Living,* North Hollywood 1976; dt. *Die rational-emotive Therapie,* München 1982

11 Ost, L. G., und Gotesam, K. G.; *Behavioral and Pharmacological Treatment for Obesity: An Experimental Comparison.* In: *Addictive Behaviors 1,* 1976

12 Lewin, Kurt; *Group Decision and Social Change.* In: Maccoby, Newcomb & Hartley (Hrsg.); *Readings in Social Psychology,* New York 1958

13 Lewin, Kurt; *Resolving Social Conflict,* New York 1948

Kapitel 9

1 Jung, C. G.; *Die Dynamik des Unbewußten,* Olten/Freiburg 1979

2 Havighurst, Robert J.; *History of Developmental Psychology: Socialization and Personality Development through the Life Span.* In: Baltes & Schaie (Hrsg.); *Life-Span Development Psychology: Personality and Socialization,* New York 1973

3 Erikson, Erik H., *The Life Cycle Completed: A Review,* New York 1982

4 Heuscher, Julius, E.; *A Psychiatric Study of Myths and Fairy Tales: Their Origin, Meaning and Usefulness,* Springfield 1974

5 Levinson, Daniel J.; *The Seasons of a Man's Life,* New York 1978; dt. *Das Leben des Mannes,* Köln 1979

6 Kohlberg, Lawrence; *The Philosophy of Moral Development: Moral Stages and the Idea of Justice* (Vol. I), San Francisco 1981; dt. *Gesammelte Schriften Bd. 1,* Frankfurt 1985

7 Fowler, James; *Stages of Faith: The Psychology of Human Development and the Quest for Meaning,* San Francisco 1981

8 Kegan, Robert; *The Evolving Self: Problem and Process in Human Development,* Cambridge 1982; dt. *Die Entwicklungsstufen des Selbst,* München 1986

9 *Ibid.*

10 Levinson; *op. cit.*

11 Doubiago, Sharon; *Mama Coyote Talks to the Boys.* Rede, gehalten an der Wilderness Ecology and Society Conference, University of Wisconsin, Waukesha, im April 1984

12 Kegan; *op. cit.*

13 *Ibid.*

14 Piaget, Jean; *Der Aufbau der Wirklichkeit beim Kinde* (Ges. Werke Bd. 2), Stuttgart 1975

15 Kegan; *op. cit.*

16 *Ibid*

17 Wilber, Ken; *Up from Eden: A Transpersonal View of Human Evolution,* Garden City 1981; dt. *Halbzeit der Evolution,* Bern/München 1984

18 Commons, Michael L., Richards, Francis A., und Armon, Cheryl (Hrsg.); *Beyond Formal Operations: Late Adolescent and Adult Cognitive Development,* New York 1984

19 Riegel, Klaus F.; *Dialectical Operations: The Final Period of Cognitive Development.* In: *Human Development 16,* 1973
20 Basseches, Michael; *Dialectical Schemata: A Framework for the Empirical Study of the Development of Dialectical Thinking.* In: *Human Development 23,* 1980
21 Gowan, John C.; *Development of the Psychedelic Individual,* Buffalo 1974
22 Lévi-Strauss, Claude; *Strukturale Anthropologie,* Frankfurt 1977
23 Abelson, Robert P.; *Script Processing in Attitude Formation and Decision Maling.* In: Carroll & Payne (Hrsg.); *Cognition and Social Behavior,* Hillside 1976
24 Jung, C. G.; *Psychologische Typen* (Ges. Werke Bd. 6), Olten/Freiburg 1981
25 Feinstein, A. David; *Dreams and the Ongoing Development of a Personal Mythology.* In: *Psychotherapy in Private Practice 4,* 1986
26 French, T. M.; *The Integration of Behavior,* Vol. II: *The Integrative Process in Dreams,* Chicago 1954
27 Freud, Sigmund; *Traumdeutung,* Frankfurt 1982
28 *Ibid.*
29 Greene, T. A.; *C. G. Jung's theory of dreams.* In: B. B. Wolman (Hrsg.); *Handbook of Dreams: Research, Theories and Application,* New York 1979
30 Ullman, M.; *Dreaming, Life Style and Physiology: A Comment on Adler's Review of the Dream.* In: *Journal of Individual Psychology 18,* 1962
31 Greene, *op. cit.*
32 *Ibid.*
33 Riegel; *op. cit.*
34 Jones, R. M.; *The Psychology of Dreaming,* New York 1970
35 Cartwright, Rosalind D.; *Night Life: Explorations in Dreaming,* Englewood Cliffs 1977; dt. *Schlafen und Träumen,* Frankfurt 1982
36 Hillman, James; *Re-Visioning Psychology,* New York 1975
37 Jung, C. G.; *Die Dynamik des Unbewußten,* Olten/Freiburg 1979
38 Erikson; *op. cit.*
39 Kohlberg; *op. cit.*

40 Fowler; *op. cit.*
41 Brown, Jackson; *For a Dancer.* Aus der LP *Late for the Sky,* 1974
42 Kastenbaum, Robert; *Death and Development through the Lifespan.* In: Herman Feifel (Hrsg.); *New Meanings of Death,* New York 1977
43 Jung, C. G.; *Erinnerungen, Träume, Gedanken,* Olten/Freiburg 1985
44 Rowe, Dorothy; *The Construction of Life and Death,* New York 1982
45 Wilber; *op. cit.*
46 Becker, Ernest; *The Denial of Death,* New York 1973; dt. *Die Überwindung der Todesfurcht,* München 1985
47 Becker, Ernest; *Escape from Evil,* New York 1975
48 Wilber; *op. cit.*
49 Lifton, Robert J.; *The Broken Connection: On Death and the Continuity of Life,* New York 1983; dt. *Der Verlust des Todes,* München 1986
50 James, William; *The Varieties of Religious Experience,* New York 1961; *Die Vielfalt religiöser Erfahrung,* Olten/Freiburg 1979
51 Wilber; *op. cit.*
52 Maslow, Abraham H.; *Religions, Values and Peak-Experiences,* Columbus 1964
53 Ring, Kenneth; *Life at Death: A Scientific Investigation of the Near-Death Experiences,* New York 1980; dt. *Den Tod erfahren – das Leben gewinnen,* Bern/München 1985
54 Kegan; *op. cit.*
55 *Ibid.*
56 Murray, Henry A.; *American Icarus.* In: Burton & Harris (Hrsg.); *Clinical Studies of Personality,* New York 1955
57 Maslow, Abraham H.; *Motivation and Personality,* New York 1970; dt. *Motivation und Persönlichkeit,* Olten/Freiburg 1982
58 Becker; *op. cit.*
59 Neumann, Erich; *Tiefenpsychologie und neue Ethik,* Frankfurt
60 Maslow, Abraham H.; *The Farther Reaches of Human Nature,* New York 1971
61 Maslow, Abraham H.; *Toward a Psychology of Being,* Princeton 1968; dt. *Psychologie des Seins,* Frankfurt 1978

62 *Ibid.*
63 Bloomfield, Harold H., und Felder, Leonard; *The Achilles Syndrome,* New York 1985; dt. *Das Achilles-Syndrom,* Reinbek 1986
64 Neumann; *op. cit.*

Kapitel 10

1 Miller, George A.; *Psychology as a Means of Promoting Human Welfare.* In: *American Psychologist 24,* 1969
2 Maslow, Abraham H.; *The Farther Reaches of Human Nature,* New York 1971
3 Child, Irvin; *Humanistic Psychology and the Research Tradition,* New York 1977
4 Rychlak, Joseph; *The Psychology of Rigorous Humanism,* New York 1977
5 Valle, Ronald S.; *Relativistic Quantum Psychology: A Reconceptualization of What We Thought We Knew.* In: Valle & von Eckartsberg; *The Metaphors of Consciousness,* New York 1981
6 McClelland, David C.; *Human Motivation,* Glenview 1985
7 Neumann, Erich; *Tiefenpsychologie und neue Ethik,* Frankfurt
8 *Ibid.*
9 Pepper, Stephen C.; *World Hypotheses: A Study in Evidence,* Berkeley 1961
10 Coomaraswamy, Ananda K.; *Literary Symbolism.* In: Roger Lipsey (Hrsg.); *Coomaraswamy, Selected Papers (Vol. 1),* Princeton 1977
11 Sarbin, Theodore R.; *Contextualism: A World Hypothesis for Psychology.* In: Cole & Landfield (Hrsg.); *Nebraska Symposium on Motivation 1976,* Lincoln 1977
12 Kuhn, Thomas; *The Structure of Scientific Revolutions,* Chicago 1970; dt. *Die Entstehung des Neuen,* Frankfurt 1976
13 Manicas, Peter T., und Secord, Paul F.; *Implications for Psychology of the New Philosophy of Science.* In: *American Psychologist 38,* 1983
14 Toulmin, S.; *The Cult of Empiricism in Psychology.* In: Paul F. Secord (Vorsitz); *Psychology and Philosophy.* Symposium, abgehalten an der 87. Jahrestagung der American Psychological Association, New York City 1979

15 Wachtel, P.; *Investigation and Its Discontents: Some Constraints on Progress in Psychological Research.* In: *American Psychologist* 35, 1980
16 Capra, Fritjof; *The Turning Point: Science, Society and the Rising Culture,* New York 1982; dt. *Wendezeit,* Bern/München 1983
17 Wilber, Ken (Hrsg.); *The Holographic Paradigm and other Paradoxes: Exploring the Leading Edge of Science,* Boulder 1982; dt. *Das holographische Weltbild,* Bern/München 1986
18 Ehrenwald, Jan; *A Neurophysiological Model of Psi-Phenomena.* In: *Journal of Nervous and Mental Disease 154,* 1972
19 Polanyi, Michael; *Personal Knowledge,* Chicago 1958; dt. *Implizites Wissen,* Frankfurt 1985
20 Capra; *op. cit.*
21 *Ibid.*
22 Valle; *op. cit.*
23 Pagels, Heinz R.; *The Cosmic Code: Quantum Physics as the Language of Nature,* New York 1982; dt. *Cosmic Code. Quantenphysik – verständliche Sprache der Natur,* Berlin 1983
24 Wilber, Ken (Hrsg.); *Quantum Questions: Mystical Writings of the World's Great Physicists,* Boulder 1984
25 Heisenberg, Werner; *Physics and Philosophy,* New York 1958; dt. *Physik und Erkenntnis* (Allgemeinverständliche Schriften Bd. 1), München 1984
26 Keutzer, Carolin S.; *Physics and Consciousness.* In: *Journal of Humanistic Psychology* 22, 1982
27 Comfort, Alex; *Sir Thomas Browne's Skull and Schroedinger's Cat.* In: *Revision* 6, 1983
28 Hillman, James; *Re-Visioning Psychology,* New York 1975; dt. *Die Suche nach Innen,* München 1981
29 Wilber; *op. cit.*
30 Villoldo, Alberto, und Krippner, Stanley; *Quantum Theory and »Psychic Healing«.* In: *Humanistic Psychology Institute Review* 3, 1981
31 Keutzer; *op. cit.*
32 Wolf, Fred A.; *Star Wave: Mind Consciousness and Quantum Physics,* New York 1985; dt. *Der Quantensprung ist keine Hexerei,* Basel 1985

33 Chein, Isidor; *The Science of Behavior and the Image of Man*, New York 1972
34 Kuhn; *op. cit.*
35 Valle; *op. cit.*
36 Jung, C. G.; *Aion* (Ges. Werke Band 9/II), Olten/Freiburg 1985
37 Wilber; *op. cit.*
38 Huxley, Aldous; *The Perennial Philosophy*, New York 1970
39 *Ibid.*
40 Jung, C. G.; *Two Essays on Analytical Psychology*, New York 1928
41 Huxley; *op. cit.*
42 Krippner, Ruttenber, Engelman und Granger; *Toward the Application of General Systems Theory in Humanistic Psychology*. In: *Systems Research* 2, 1985
43 von Bertalanffy, Ludwig; *Robots, Men and Minds*, New York 1967
44 Capra, Fritjof; *The Tao of Physics*, Berkeley 1975; dt. *Das Tao der Physik*, Bern/München 1984
45 Gordon, James S.; *The Paradigm of Holistic Medicine*. In: Hastings, Fadiman & Gordon (Hrsg.); *Health for the Whole Person*, Boulder 1980
46 Capra; *op. cit.*
47 Manicas, Peter T., und Secord Paul F.; *Implications for Psychology of the New Philosophy of Science*. In: *American Psychologist 38*, 1983
48 Wilber, Ken; *Eye to Eye: The Quest for the New Paradigm*, Garden City 1983
49 Maslow; *op. cit.*
50 Jung, C. G.; *Psychological Reflections* (Hrsg. Jolande Jacobi), New York 1961
51 Bettelheim, Bruno; *The Uses of Enchantment: The Meaning and Importance of Fairy Tales*, New York 1976
52 *Ibid.*
53 Campbell, Joseph; *The Masks of God* (Vol. IV: *Creative Mythology*), New York 1968
54 Hillman; *op. cit.*
55 May, Rollo; *The Healing Power of Symbols and Myths*. In: *Existential Psychotherapy*, Toronto 1967
56 Hillman; *op. cit.*

57 Upton, Albert; *Design for Thinking,* Stanford 1961
58 Jung, C. G.; *Die Archetypen und das kollektive Unbewußte* (Ges. Werke Bd. 9/I), Olten/Freiburg 1983
59 Campbell, Joseph; *The Hero With a Thousand Faces,* Princeton 1968; dt. *Der Heros in tausend Gestalten,* Frankfurt 1978
60 Coomaraswamy, Ananda K.; *Hinduism and Buddhism,* New York 1943
61 Jung; *op. cit.*
62 Bruner, Jerome S.; *Search of Mind: Essays in Autobiography,* New York 1983
63 Epstein, Seymour; *The Self-Concept Revisited: Or a Theory of a Theory.* In: *American Psychologist 28,* 1973
64 Morrow, Alfred J.; *The Practical Theorist: The Life and Work of Kurt Lewin,* New York 1977
65 Kahn, Edwin; *Heinz Kohut and Carl Rogers: A Timely Comparison.* In: *American Psychologist 40,* 1985
66 Fromm, Erich; *Märchen, Mythen, Träume. Eine vergessene Sprache,* Stuttgart 1980
67 Lévi-Strauss, Claude; *Structural Anthropology,* New York 1964; dt. *Strukturale Anthropologie,* Frankfurt 1977
68 Krippner, Stanley, und Carpenter, Bruce; *The Interface between Cultural and Personal Mythology as Revealed by Three Balinese Dreams.* In: Ruth-Inge Heinze (Hrsg.); *Proceedings of the Second International Congress on Shamanism,* Berkeley 1985
69 Perry, John Weir; *Roots of Renewal in Myth and Madness: The Meaning of Psychotic Episodes,* San Francisco 1976
70 Szasz, Thomas; *The Myth of Mental Illness,* New York 1964; dt. *Der Mythos der Psychotherapie,* Wien 1982
71 Naisbitt, John; *Megatrends,* New York 1982; dt. *Megatrends,* Garching-Hochbrück 1984
72 Harding; *op. cit.*
73 Hillman; *op. cit.*
74 Bruner; *op. cit.*
75 Chew, Geoffrey; *Bootstrap: A Scientific Idea?* In: *Science 161,* 1968
76 Reich; *op. cit.*
77 Rank, Otto; *The Trauma of Birth,* New York 1929
78 Grof, Stanislav; *Beyond the Brain: Birth, Death and Tran-*

scendence in Psychotherapy, New York 1985; dt. *Geburt, Tod und Transzendenz,* München 1985
79 *Ibid.*
80 Ullman, Montague, und Zimmerman, Nan; *Working with Dreams,* Los Angeles 1985; dt. *Traumtelepathie,* Freiburg 1977
81 Jung, C. G.; *Psychologische Typen* (Ges. Werke Bd. 6), Olten/Freiburg 1981
82 Feil, Naomi; *Resolution: The Final Life Task.* In: *Journal of Humanistic Psychology 25,* 1985
83 Greenwald, Anthony G.; *The Totalitarian Ego: Fabrication and Revision of Personal History.* In: *American Psychologist 35,* 1980
84 *Ibid.*
85 Kegan; *op. cit.*
86 Jung, C. G.; *Vermischte Schriften* (Ges. Werke Bd. 18), Olten/Freiburg 1981

Nachwort

1 Erikson, Erik H.; *Insight and Responsibility,* New York 1964; dt. *Einsicht und Verantwortung,* Stuttgart 1966
2 de Tocqueville, Alexis; *Über die Demokratie in Amerika,* München 1985
3 Bellah, Madsen, Sullivan, Swidler und Tipton; *Habits of the Heart: Individualism and Commitment in American Life,* Berkeley 1985
4 Bellah, *op. cit.*
5 Erikson; *op. cit.*
6 *Ibid.*
7 Markley, O. H.; *Human Consciousness in Transformation.* In: Erich Jantsch und Conrad H. Waddington (Hrsg.); *Evolution and Consciousness: Human Systems in Transition,* Reading 1976
8 Toffler, Alvin; *The Third Wave,* New York 1980; dt. *Die Dritte Welle,* München 1987
9 Yankelovich; *op. cit.*
10 Robertson; *op. cit.*
11 Jantsch, Erich; *Introduction and Summary.* In: Jantsch &

Waddington (Hrsg.); *Evolution and Consciousness: Human Systems in Transition,* Reading 1976
12 Bühler, Charlotte, und Allen, Melanie; *Introduction to Humanistic Psychology,* Monterey 1972; dt. *Einführung in die humanistische Psychologie,* Berlin 1983
13 Jantsch; *op. cit.*
14 von Eckartsberg, Rolf; *The Social Psychology of the New Age.* Vortrag, gehalten an der Konferenz »On Learning to Be Human: Exploring the Metaphors of Consciousness« in Pittsburgh, Mai 1979
15 Jantsch; *op. cit.*
16 Jantsch, Erich; *Design for Evolution: Self-Organization and Planning in the Life of Human Systems,* New York 1975; dt. *Die Selbstorganisation des Universums,* München 1982
17 May, Rollo; *Freedom and Destiny,* New York 1981; dt. *Freiheit und Schicksal,* Stuttgart 1983
18 Ferguson, Marilyn; *The Aquarian Conspiracy,* Los Angeles 1980; dt. *Die sanfte Verschwörung,* Basel 1982
19 Naisbitt, John; *Megatrends,* New York 1982; dt. *Megatrends,* Garching-Hochbrück 1984
20 Montague, Ashley, und Matson, Floyd; *The Dehumanization of Man,* New York, 1984; dt. *Mensch und Aggression,* Weinheim 1974
21 May; *op. cit.*
22 Patai, Raphael; *Myths and Modern Man,* Englewood Cliffs 1972
23 Campbell, Joseph; *The Hero with a Thousand Faces,* Princeton 1968; dt. *Der Heros in tausend Gestalten,* Frankfurt 1978
24 Patai; *op. cit.*
25 Campbell, Joseph; *Myths to Live By,* New York 1972; dt. *Lebendiger Mythos,* München 1985
26 *Ibid.*
27 Campbell, Joseph, und Chunliang, Al Huang; *The Sword and the Flute: Mythologies of War and Peace.* Seminar, abgehalten vom Esalen Institute, 18.–23. März 1984
28 Williams, Janet, und Spitzer, Robert L. (Hrsg.); *Psychotherapy Research: Proceedings of the 73rd Annual Meeting of the American Psychopathological Association,* New York 1984
29 Markley; *op. cit.*

30 Perry, John Weir; *The Far Side of Madness,* Englewood Cliffs 1974
31 Neumann, Erich; *Tiefenpsychologie und neue Ethik,* Frankfurt
32 *Ibid.*
33 Thompson, William J.; *Darkness and Scattered Light,* Garden City 1977
34 Bolen, Jean Shinoda; *Goddesses in Everywoman: A New Psychology of Women,* New York 1984; dt. *Göttinnen in jeder Frau,* Basel 1986
35 Grof, Stanislav; *Beyond the Brain: Birth, Brain and Transcendence in Psychotherapy,* Albany 1985; dt. *Geburt, Tod und Transzendenz,* München 1985
36 Jaynes, Julian; *The Origin of Consciousness in the Breakdown of the Bicameral Mind,* Boston 1976
37 *Ibid.*
38 Wilner, Eleanor; *Gathering the Winds: Visionary Imagination and Radical Transformation of Self and Society,* Baltimore 1975
39 Dosher, Anne W.; *Personal and Organizational Mythology: A Reflexive Reality.* In: Stanley Krippner (Hrsg.); *Into the Mythic Underground* (Sondernummer des *Association for Humanistic Psychology Newsletter*), April 1982
40 *Ibid.*
41 Vogel, Marta; *Storied Beginnings and Legendary Deeds: Charting Organizational Myths.* In: *Human Potential,* Oktober 1984
42 Deal, Terrence E., und Kennedy, Allan A.; *Corporate Cultures,* Reading 1984
43 Dosher; *op. cit.*
44 Clark, Gregory; *Japan as a Model for Development.* In: Masatoshi Matsushita (Hrsg.); *Emerging Asia: The Role of Japan,* Tokio 1981
45 Capra; *op. cit.*
46 Wilner; *op. cit.*
47 *Ibid.*
48 Rhodes, William C.; *Behavior Threat and Community Response: A Community Psychology Inquiry,* New York 1972
49 Barash, David P., und Lipton, Judith Eve; *The Caveman and the Bomb: Human Nature, Evolution and Nuclear War,* New York 1985

50 Wilner; *op. cit.*
51 Toffler; *op. cit.*
52 *Ibid.*
53 *Ibid.*
54 Konner, Melvin; *The Tangled Wing: Biological Constraints on the Human Spirit,* New York 1983
55 Stevens, Anthony; *Archetypes: A Natural History of the Self,* New York 1982
56 *Ibid.*
57 Campbell; *op. cit.*
58 Toffler; *op. cit.*
59 Etzioni, Amitai; *An Immodest Agenda: Rebuilding America Before the 21st Century,* New York 1984
60 Beier, Ernest G.; *The Application of a Model of Psychotherapy to World Problems.* In: *Journal of Clinical Psychology 40,* 1984
61 Barash & Lipton; *op. cit.*
62 Etzioni; *op. cit.*
63 *Ibid.*
64 Naisbitt; *op. cit.*
65 Etzioni; *op. cit.*
66 *Ibid.*
67 *Ibid.*
68 *Ibid.*
69 *Ibid.*
70 Jantsch; *op. cit.*
71 Barash & Lipton; *op. cit.*
72 *Ibid.*
73 Toynbee, Arnold J.; *A Study of History,* Oxford 1972
74 Eliade, Mircea; *The Sacred and the Profane: The Nature of Religion,* New York 1959
75 Cavendish, Richard; *An Illustrated Encyclopedia Of Mythology,* New York 1980
76 Barash & Lipton; *op. cit.*
77 Mansbridge, Jane J.; *Beyond Adversary Democracy,* New York 1980
78 *Ibid.*
79 Capra; *op. cit.*
80 Cavendish, *op. cit.*
81 Lévi-Strauss, Claude; *Primitive und Zivilisierte,* Zürich 1972

82 Etzioni; *op. cit.*
83 Nixon, Richard M.; *America Has Slipped to Number Two.* In: *Parade,* Oktober 1980
84 Alexander, Arthur; *Decision-Making in Soviet Weapons Procurement.* In: *Adelphi Papers 147/148,* 1978/1979
85 Rogers, Carl R.; *A Way of Being,* Boston 1980
86 London, Herbert I., und Weeks, Albert L.; *Myths that Rule America,* Washington, D. C., 1981
87 Toynbee; *op. cit.*
88 Capra; *op. cit.*
89 Piaget, Jean; *Die Äquilibration der kognitiven Strukturen,* Stuttgart 1976
90 Fontana, Bernard L. Forward to Donald M. Bahr, Juan Gregorio, David I. Lopez & Albert Alvarez, *Piman Shamanism and Staying Sickness,* Tucson 1974
91 *Ibid.*
92 *Ibid.*
93 McClelland, David C.; *Human Motivation,* Glenview 1985
94 Benedict, Ruth; *Synergy: Patterns of the Good Culture.* In: *American Psychologist 72,* 1970
95 Sherif, Muzafer, und Sherif, Carolyn W.; *Groups in Harmony and Tension,* New York 1966
96 Maslow, Abraham H.; *The Farther Reaches of Human Nature,* New York 1971
97 Maslow; *op. cit.*
98 McGregor, Douglas; *The Human Side of Enterprise,* New York 1960
99 Naisbitt; *op. cit.*
100 Toffler; *op. cit.*
101 *Ibid.*
102 Naisbitt; *op. cit.*
103 Emerson, Ralph Waldo; *Miscellaneous Works* (Vol. II), Boston 1883
104 Konner, Melvin; *The Tangled Wing: Biological Constraints on the Human Spirit,* New York 1982; dt. *Die unvollkommene Gattung. Biologische Grundlagen und die Natur des Menschen,* Basel 1984
105 Ackerman, Laura; *The Successful Animal: Fertility Rights.* In: *Science 7,* 1986

106 Maslow, Abraham; *The Journals of Abraham Maslow* (Hrsg. Richard J. Lowry), Lexington 1982

107 Rhodes; *op. cit.*

108 Revel, Jean-François; *So enden die Demokratien*, München 1986

109 Naisbitt; *op. cit.*

110 Konner; *op. cit.*

111 *Ibid.*

112 *Ibid.*

113 *Ibid.*

114 Maslow; *op. cit.*

115 Burns, James MacGregor; *Leadership*, New York 1978